清嘉善鍾氏本春秋穀梁經傳補注

第一册

晋 范甯集解 清 鍾文烝補注

中國國家圖書館藏清光緒二年嘉善鍾氏信美室刻本

山東人民出版社·濟南

圖書在版編目（CIP）數據

清嘉善鍾氏本春秋穀梁經傳補注 /（晋）范甯集解；（清）鍾文烝補注 .— 濟南：山東人民出版社，2024.3
（儒典）
ISBN 978-7-209-14274-8

Ⅰ．①清… Ⅱ．①范… ②鍾… Ⅲ．①《穀梁傳》- 注釋
Ⅳ．① K225.04

中國國家版本館 CIP 數據核字（2024）第 040867 號

項目統籌：胡長青
責任編輯：劉一星
裝幀設計：武　斌
項目完成：文化藝術編輯室

清嘉善鍾氏本春秋穀梁經傳補注
〔晋〕范甯集解　〔清〕鍾文烝補注

主管單位　山東出版傳媒股份有限公司
出版發行　山東人民出版社
出 版 人　胡長青
社　　址　濟南市市中區舜耕路517號
郵　　編　250003
電　　話　總編室（0531）82098914
　　　　　市場部（0531）82098027
網　　址　http://www.sd-book.com.cn
印　　裝　山東華立印務有限公司
經　　銷　新華書店

規　　格　16開（160mm×240mm）
印　　張　73.25
字　　數　586千字
版　　次　2024年3月第1版
印　　次　2024年3月第1次
ISBN 978-7-209-14274-8
定　　價　175.00圓（全四册）

#《儒典》選刊工作團隊

學術顧問　杜澤遜　李振聚　徐　泳

項目統籌　胡長青

責任編輯　劉　晨　劉嬌嬌　張艷艷
　　　　　呂士遠　趙　菲　劉一星

前言

中國是一個文明古國、文化大國，中華文化源遠流長，博大精深。在中國歷史上影響較大的是孔子創立的儒家思想，因此整理儒家經典、注解儒家經典，爲儒家經典的現代化闡釋提供权威、典范、精粹的典籍文本，是推進中華優秀傳統文化創造性轉化、創新性發展的奠基性工作和重要任務。

中國經學史是中國學術史的核心，歷史上創造的文本方面和經解方面的輝煌成果，大量失傳了。西漢是經學的第一個興盛期，除了當時非主流的《詩經》毛傳以外，其他經師的注釋後來全部失傳了。東漢的經解祇有鄭玄、何休等少數人的著作留存下來，其餘也大都失傳了。南北朝至隋朝興盛的義疏之學，其成果僅有皇侃《論語疏》幸存於日本。五代時期精心校刻的《九經》、北宋時期國子監重刻的《九經》以及校刻的單疏本，也全部失傳。南宋國子監刻的單疏本，我國僅存《周易正義》、《爾雅疏》、《春秋公羊疏》（三十卷殘存七卷）、《春秋穀梁疏》（十二卷殘存七卷），日本保存了《尚書正義》、《毛詩正義》、《禮記正義》（七十卷殘存八卷）、《周禮疏》（日本傳抄本）、《春秋公羊疏》（日本傳抄本）、《春秋正義》（日本傳抄本）。南宋兩浙東路茶鹽司刻八行本，我國保存下來的有《周禮疏》、《禮記正義》、《春秋左傳正義》（紹興府刻）、《論語注疏解經》（二十卷殘存十卷）、《孟子注疏解經》（存臺北『故宫』），日本保存有《周易注疏》《尚書正義》（凡兩部，其中一部被清楊守敬購歸）。南宋福建刻十行本，我國僅存《春秋穀梁注疏》、《春秋左傳注疏》（六十卷，一半在大陸，一半在臺灣），日本保存有《毛詩注疏》《春秋左傳注疏》。從這些情况可以看出，經書代表性的早期注釋和早期版本國内失傳嚴重，有的僅保存在東鄰日本。

鑒於這樣的現實，一百多年來我國學術界、出版界努力搜集影印了多種珍貴版本，但是在系統性、全面性和準確性方面都還存在一定的差距。例如唐代開成石經共十二部經典，石碑在明代嘉靖年間地震中受到損害，明代萬曆初年西安府學等學校師生曾把損失的文字補刻在另外的小石上，立於唐碑之旁。近年影印出版唐石經拓本多次，都是以唐代石刻與明代補刻割裂配補的裱本爲底本。由於明代補刻采用的是唐碑的字形，這種配補本難以區分唐刻與明代補刻，不便使用，亟需單獨影印唐碑拓本。

爲把幸存於世的、具有代表性的早期經解成果以及早期經典文本收集起來，系統地影印出版，我們規劃了《儒典》編纂出版項目。

《儒典》出版後受到文化學術界廣泛關注和好評，爲了滿足廣大讀者的需求，現陸續出版平裝單行本。共收録一百十一種元典，共計三百九十七册，收録底本大體可分爲八個系列：經注本（以開成石經、宋刊本爲主。開成石經僅有經文，無注，但它是用經注本删去注文形成的）、經注附釋文本、纂圖互注本、單疏本、八行本、十行本、宋元人經注系列、明清人經注系列。

《儒典》是王志民、杜澤遜先生主編的。本次出版單行本，特請杜澤遜、李振聚、徐泳先生幫助酌定選目。特此説明。

二〇二四年二月二十八日

目録

第一册

第二册

第三册

第四册

春秋穀梁經傳補注

光緒二年歲在丙子
二月既望俞樾題耑

鍾氏信美室藏板

春秋穀梁經傳補注目錄

序

魯之春秋魯所獨也孔子之春秋孔子所獨也魯所獨者王禮所在其史法較諸國爲備故石尙欲書春秋當時以爲重孔子所獨者是非二百四十二年之中脩其辭以明其義子游子夏不能贊一辭改一字故梁鄭正其名石鶂盡其辭正隱治桓皆卓然出於周初典策之上夫梁鄭之事舊文也而名有所必正則其加損舊文者可知矣石鶂之事微物也而辭有所必盡則大焉者可知矣正隱治桓揭兩字於卷首則全書悉可知矣然而斯義也左氏公羊不能道獨穀梁子稱述而發明之實爲十一卷大指總要之處推之千八百事無所不通故穀梁傳者春秋之本義

也葢嘗論之聖人既作春秋書於二尺四寸之策其義指數千弟子口受之自後遞相授受錄以爲傳則穀梁之與左氏公羊宜若無大異者而漢博士言左氏不傳春秋實以其書專主記事不若二家純論經義二家之中公羊當六國之亾穀梁去孔子近則見聞不同公羊五傳至其元孫當漢孝景時始著竹帛穀梁作傳親授荀卿則撰述亦不同公羊爲齊學穀梁乃魯學則師承又不同今觀穀梁隕霜不殺草之傳據韓非書乃夫子荅哀公問春秋之語而公羊無之穀梁引尸子公子啟蘧伯玉沈子之外有稱傳曰者十傳者七十子所記其來甚古儀禮喪服傳亦有此例而公羊又無之舊傳與喪服傳所引舊傳非必說春秋說喪服之專書而皆出七十子喪

服傳出七十子之後或云子夏作非也毛詩序亦非子夏自作有引高子語當與公羊同時以公羊氏所未聞明穀梁氏之近古以儀禮傳之可信明春秋傳之得眞知其爲春秋之本義無疑也左氏公羊之失甚多就其最淺著者如左氏於仲子之賵以爲桓母未死而豫賵誤紀子伯爲紀子帛則以君爲臣左氏亦以臣先於君其義不安故於襄十六年叔老會鄭伯晉荀偃之傳釋之曰爲夷故也杜注孔疏以爲諸侯之大夫與鄭伯尊卑皆平是也又於僖二十九年傳曰卿不會公侯會伯子男可也皆是曲爲彌縫以申成臣得先君之說誤尹氏爲君氏則內外男女皆失其實開卷之初其謬如是公羊妄意曹伯爲有罪則曰甚惡也又不能言其惡則曰不可以一罪言也妄意盟宋再出豹爲殆諸侯則曰衞石惡在是惡人之徒也妄意西宮爲宮寢之宮又不敢決言三宮之制則曰以

有西宮亦知諸侯之有三宮也凡若此類第在事實人名禮制之閒亦不及穀梁遠何論其他矣漢世三傳並行大約宣元以前則公羊盛明章以後則左氏興而穀梁之學頗微江左中興妗謂穀梁膚淺不足立學相沿至唐初謂之小書而穀梁之學益微苟非有范甯徐邈闡明於前楊士勛賡纘述於後則穀梁傳之在今日幾何不爲十六篇書三家詩之無徵不信哉吾於此歎唐人義疏之功大也大[歷]以降經學一變前此說春秋者皆說三傳主於一而兼其二未有自我作故去取唯欲者啖助趙匡陸淳之書出而兩宋孫復劉敞孫覺程子葉夢得胡安國陳傅良張洽之徒繼之元之黃澤趙汸用功尤深又踵而詳之於是

三家之書各不成家而春秋之説滋亂至於今未已也然而風氣日開智慧日出講求益密義理益詳則亦自有灼然不惑之説故啖助謂穀梁意深陸淳謂斷義不如穀梁之精孫覺謂以三家之説校其當否穀梁最爲精深葉夢得謂穀梁所得尤多胡安國謂義莫精於穀梁蔡元定謂三傳中道理穀梁及七八分某氏六經奥論謂解經莫若穀梁之密而乾道中浦江鄭綺遂著穀梁合經論三萬言惜不可見矣　清興李文貞公光地變通朱子之學以治羣經其論春秋曰三傳好穀梁尤好迨後惠士奇父子倡古學於東南亦云論莫正於穀梁其專宗穀梁者溧水王芝藻而後亦頗有人而書皆不行（四庫附存目有王芝藻春秋類義折衷十六卷）

載其自序謂左傳多不可信公羊亦多繆戾惟穀梁猶不失聖門之舊又謂公羊襲取穀梁書續爲之鎮江柳氏有穀梁傳學海州許桂林有穀梁時月日釋例道光中阮元皆爲之序許書今有刻本取其一條竊以 國家二百年來經籍道盛宜有專門巨編發前人所未發者且以范注之略而舛也楊疏之淺而庬也苟不備爲補正將令穀梁氏之面目精采永爲左氏公羊所掩謂非斯文之闕事乎哉文烝年九歲十歲時（道光丙戌丁亥）先君子親以三傳全文授讀備承庭訓兼奉慈箴（考諱棠縣諸生先母氏奚）後來博搜諸家書見而記記而疑其甚疑者則時時往來於心不能自已年將三十始知穀梁源流之正義例之精數年之間所見漸多頗有所得用是不揣檮昧詳爲之注存豫章之元文擷助教之要義繁稱廣引起例發凡敷暢脩言宣揚

幽理條貫前後羅陳異同典禮有徵詁訓從朔辭或旁涉事多創通竊謂穀梁解春秋似疏而密甚約而該經固難知傳亦難讀學者旣潛心於兹又必熟精他經融貫二傳備悉周秦諸子及二千年說者之得失然後補苴張皇可無遺憾以予淺學蓋未之逮唯曰實事求是而盡心平心則庶幾矣（詹體仁語眞德秀居官莅民之道曰盡心平心實亦讀書要法）夫不得於心則不得於言趙岐之拙王弼之巧皆失之不明（朱子曰解書難得分曉趙岐孟子拙而不明王弼周易巧而不明）李鼎祚衞湜之浩博又苦於不斷予期於明且斷而已矣乙巳迄癸丑歲稾立己未歲始有定本直題補注無取異名疏卷二十今二十有四左氏公羊之經異者具列經下并證明之别爲論經傳各若干條冠

書首爲咸豐九年己未夏五月乙未嘉善鍾文烝朝美氏自序

自後又脩飾暢衍之而紀之以詩癸亥之三月也又六歲增易又以千百計然後疑滯疏漏漸漸免矣夫學欲多也思欲專也取羣書以治一書者其道無以易此也予討論百家之解稽合四部之言所謂思之思之鬼神教之蓋有之矣所謂天下之理貺於求而眞於遇蓋有之矣敢自謂多且專乎哉抑亦有二十餘年心力之勤爲於是乎又記時同治七年戊辰七月七日

論經

傳稱夫子曰君子之於物無所苟而已石鶂且猶盡其辭而況於人乎故五石六鶂之辭不設則王道不亢矣又曰梁亾鄭棄其師我無加損焉正名而已矣春秋始元終麟止是正名而盡其辭以明王道此直揭全書本旨也隱無正唯元年有正傳曰謹始也所以正隱也桓無王唯元年有王傳曰謹始也所以治桓也此特標開宗要義也開宗之義卽冒全書故孟子以春秋爲亂後之一治謂之天子之事而引夫子知我罪我之言也正名盡辭以爲之綱正隱治桓以弁其首而左氏之三體五例公羊之三科九旨皆不足言矣

李光地曰三代學校之教詩書禮樂四術而已自夫子贊周易脩春秋於是二書稍見於世此朱子說也文烝案易傳不必夫子自作下注論之故記禮者名爲六經而莊周之徒頗知其意者亦往往並述焉今案禮記經解述孔子之言曰其爲人也屬辭比事春秋教也屬者屬合之比者比次之春秋之義是是非非皆於其屬合比次異同詳略之閒見之是其本教也趙汸云春秋有筆有削與述而不作者事異荀子論夫子事曰一家得周道舉楊倞注曰一家得謂作春秋周道舉謂刪詩書定禮樂文烝案刪詩史記文刪詩書讖緯文自高第如游夏尚不能贊一辭苟非聖人爲法以教人使考其異同之故以求之則筆削之意何由可見乎此屬辭比事所以爲春秋之教不得與五經同也莊周之言曰春秋以道名

分又曰春秋經世先王之志聖人議而不辯道名分者正名以順言順言以成事名之必可言言之必可行也名由於分故曰名分推其本則孟子云所性分定又推其本則大戴禮本命云分於道謂之命形於一謂之性議而不辯者假事以明義推見以至隱議之甚詳而其文則但爲記事之文也李光地論語正名章說云夫子脩經不過使其言之順理然先儒以爲制事之權衡揆道之模範葢周公之禮樂在焉而又爲孔子之刑書皆不離乎書法抑揚輕重婉直微顯之閒而得之趙汸云春秋存策書之大體而假筆削以行權有不書有變文有特筆有日月之法而歸於辭從主人皆所謂議而不辯者也

孟子曰王者之迹熄而詩亡詩亡然後春秋作晉之乘楚

之檮杌魯之春秋一也其事則齊桓晉文其文則史孔子曰其義則[某]竊取之矣此言春秋以義爲重也公羊述孔子之言曰其辭則[某]有罪焉爾（公羊本作詞字依說文當作䛐此正字也今通用辭字）此又言春秋以辭爲重也其實義卽是辭辭卽是義說文解䛐字曰意內而言外義者內之意辭者外之言公羊所述卽孟子所述而史記引孔子曰春秋以道義亦同旨也是故君子之脩春秋脩其辭以取其義也此楊雄法言所謂說理者莫辯乎春秋（李軌注曰屬辭比事之義文烝案春秋議而不辯者邵子所謂錄實事而善惡形於其中也於文不辯於理則辯矣故左傳亦曰微而顯婉而辨）而非其事與文之謂也泥於其事溺於其文左氏所以失也卽其辭而明其義穀梁所以得也公羊亦近之而文多意少或不知而

強爲之說故未盡善也

左傳昭二年晉韓宣子聘於魯觀書於大史氏見易象與魯春秋曰周禮盡在魯矣吾乃今知周公之德與周之所以王也案易繫辭傳言易之興也當殷之末世周之盛德當文王與紂之事左傳又載衞祝佗語魯公初封分之祝宗卜史備物典策杜預以典策爲春秋之制而賈逵解周禮句云史法最備然則於易見周之所以王而亦可見周禮於春秋見周禮而即見周公之德也孔穎達正義解周公之德二語最分明而於周禮禮句未盡其意案禮者治世之大名古人每通言之故易象魯春秋可觀周禮夏時坤乾可觀夏殷之禮孟仲子說周頌維天之命則曰美周之禮而周官經稱周禮自劉歆已然禮記明堂位曰魯王禮也天下傳之久矣君臣未嘗相弒也禮樂刑法政俗未

嘗相變也王禮即周禮其未嘗相弑相變則謂雖相弑明堂位本作殺字古書凡弑字皆作殺也說詳隱四年而不言弑君殺大夫雖相變而其文不直不盡亦史法之一端也君子脩春秋以史法爲經法而例立葉酉謂夫子所本之史即韓宣子所見者杜預不知聖人因史作經非爲魯國脩史於是以韓子所見爲周之舊典禮經於夫子所本者一則以爲赴告策書諸所記註多違舊章故刊而正之即此一語見杜氏受病之處於是有變史例以爲例者於是有自變其例以爲變例者此其正名盡辭以當王法豈不尤備乎哉夫例者義而已矣其字古秖作列見禮記服問訓爲等比說禮服說律不能外是而春秋家亦用之服問引傳曰皋多而刑五喪多而服五上附下附列也鄭君曰列等比也徐邈音例程子曰大率所書事同則辭同後人因謂之例然有事同而辭異者蓋各有義非可以例拘此言

最切當所謂非可例拘者今所謂變例是也（白居易云明則有凡例幽則有微旨洪興祖云春秋本無例學者因行事之迹以爲例猶天本無度治厤者即周天之數以爲度也並與程子語相發明）嘗竊謂夫子自言七十而從心所欲不踰矩（從依舊讀爲縱）春秋之書事事有其矩事事從心而爲之不易變易相因相成欲求春秋義例者當知斯意然則其說如之何曰穀梁備矣（胡承諾謂三傳各有義例皆不敢以私意亂聖法是也又謂學者不必較量異同非也）春秋十一卷千八百餘事萬六千五百餘言（公羊疏引春秋說云一萬八千字）（經字萬六千五百五十有奇公羊多百五十有奇）義指宏多科條周委至精至深至孅至悉（王充論衡云孔子意密春秋義纖）猶周公制作禮樂之書無鉅無細無不備舉劉勰文心雕龍論儀禮云禮以立體據事制範（制舊誤作剬）章條纖曲執而後顯而委廷堪作釋例具言同中之異異中之同

先聖後聖其揆一也子曰禮儀三百可勉能也威儀三千則難也春秋之難讀正如此此之謂作孟子此之謂游夏不能贊一辭文選注引史記改一字公羊疏引春秋說此之謂其義竊取此之謂見素王之文漢書董仲舒傳明素王之道說苑立素王之法左傳正義引賈逵序此之謂微荀子此之謂推見以至隱史記此之謂議而不辯此之謂約而不速荀子郎杜預云辭約義微趙匡云辭簡義隱是也此之謂能繫心於微而致之著春秋繁露此之謂約其文辭而指博史記此之謂殺史見極平易正直後漢書班彪傳引傳曰此之謂立義創意眇思自出於胸中論衡統而論之大氐明於辨是非而嚴於正名分本之以智約之以禮智崇禮卑故其制作侔天地智崇禮卑四字包括萬理

唐之中葉啖趙陸始自名其學而大致猶無變乎古韓文

公愈爲儒者宗亦言聖人作春秋深其文辭至宋諸儒因伯沖之書益出新意程伯子亦重陸書皆未有言春秋不過直書其事者唯朱子言之學者惑焉夫使春秋不過隨事直書別無書法則一良史優爲之矣何以游夏不能贊一辭何以齊魯師儒遞有授受何以孟子謂之作謂之亂後之一治何以荀子謂其微謂其約而不速豈一切皆不足信邪陸龜蒙復友生書云春秋大典也舉凡例而褒貶之非周公之法所及者酌在夫子之心凡例本周公用杜預說故游夏不能措一辭若區區於敘事則魯國之史官耳孰謂之春秋哉陸氏此論實不可易矣程子謂春秋大義易見其微辭隱義爲難知愚以爲劉歆言夫子沒而微言絕七十子卒而

大義乖二語必有所本春秋微言也大義在其中而弟子口受之今其遺文即穀梁傳也微言者議而不辯之謂作傳辯之而大義出矣伊川語大概近是朱文公於此經固自云未學又云終不能自信於心又云此經簡奥立說雖易貫通爲難聖人之言平易中有精深處則亦未嘗以直書之說爲定且自高第黄幹已不謂然矣今正無容苟同焉耳黄氏云其間亦有曉然若出於微意者

聖人不空作其作經以爲典法也故如衞齊惡君臣同名之屬無關筆削者亦論其義以詔後世家鉉翁謂之因事垂法是矣學者當存此意求之庶幾可以弗畔

春秋以義脩辭不以記事爲重徐邈於重耳卒下論之曰事仍本史而辭有損益又曰若夫可以寄微旨而通王道

者存乎精義窮理不在記事少多案堯舜百五十載之久孔門七十餘賢之多而典謨論語事迹人名闕疏寥落古人爲書意別有在也況聖者之制作乎此數語包絡全旨開釋羣疑爲諸儒所不及學者先識此意乃可與論春秋矣若欲求解經之法則當先讀何休注何氏固多恠妄之說而條例文義之細密融貫實爲古今第一孔廣森嘗稱其體大思精今補注中或采其語或師其意獲益甚多并有孔氏遺義所未及致意者凡讀諸經典須通全部先定大主意必如徐仙民則可又須用逐句逐字之功必如何邵公則可殷侑作公羊注欲得韓子爲序而韓子荅書以爲前聞口授指略如遂蒙開釋章分句斷其心曉然直使序所注其又奚辭既言指略又言章句此眞讀書之法歟朱子

曰必析之有以極其精而不亂然後合之有以盡其大而無餘

愚自己酉歲來最憙黃澤之學黃氏之言允切中樞要者曰史記事從實而是非自見雖隱諱而是非亦終在夫子春秋多因舊史則是非亦與史同但有隱微及改舊史處始是聖人用意然亦有止用舊文而亦自有意義者

黃氏所獨得者史法經法之說也趙汸繼黃而加詳其大致亦自足取但因求詳之故遂欲舉史法經法截然分之則非也夫史法既變爲經法則其所遵用史法者亦皆經法而非史法史法固不可不知而亦不可過執也此在穀梁梁亾一傳本有端緒何也梁亾鄭棄其師義主正名而文仍舊史以此推之則不論其文之加損不加損而其義

皆有所取不計其與舊史本意同異何如也說經者若必截分史法經法而一一臆斷其孰爲策書本文孰則聖人脩改無論其未必是卽使盡得之亦將疑於仍舊者之無所取義此說者之大蔽也杜預雖專治左氏而於釋例終篇特言之曰仲尼雖因舊文固是仲尼之書也丘明所發固是仲尼之意也此實開通洞達之言可破百家曲說愚之此書或有推求其爲仍舊爲改舊者皆不違本傳之文仍竊取征南之意子常可作或子許焉

戊午冬日病中偶思論語麻冕章深悟春秋之義子曰麻冕禮也今也純儉吾從衆拜下禮也今拜乎上泰也雖違衆吾從下夫純也拜上也皆是俗尚苟簡積漸使然非儉

亦非泰也但純之本意雖非儉以義斷之則儉也聖人之從純自取義於儉此春秋因舊之比也拜上之本意雖非泰以義斷之則泰也聖人不從其泰乃據禮以正其義此春秋改舊之比也

若以問十世章擬諸春秋其理則同其事則異殷因於夏禮所損益可知也周因於殷禮所損益可知也其或繼周者雖百世可知也非因無以爲損益非損益無以爲因後監於前經承乎史是則同也禮行於中國而不可息魯史記則周禮也夫子脩之亦約以周禮（鄭衆賈逵服虔潁容說）是其所以異也或謂殷變夏周變殷春秋變周（淮南子）以繼周損益之事說春秋夸矣或又謂春秋改周之文從殷之質（公羊家及

（讖緯說）用夏之忠（啖助說）以三王循環之道說春秋妄矣以上諸條多定於乙丑丙寅之閒與世之馳騁浮辭增飾鑿說者蓋不同矣尚有須申論者則從心所欲不踰矩之說也夫魯史記之爲信史也其體嚴其事重也脩之若無可脩也以義斷之又甚難言也而觀於穀梁傳則述作新舊之閒去留加損之際章之離合句之繁約字之先後亦既一一精其義而深其文辭矣（李光地曰春秋不過幾個字換來換去忽如此用忽不如此用忽用忽不用千變萬化不可思議又至穩至當）而在聖人不過歲月閒之事也（公羊閔因序及諸緯云九月經立謂獲麟後之九月卽春作秋成之謬說也脩春秋在哀十一年冬自衞反魯後不知何時始其成則在十四年春）豈非無矩而有矩有心而無心者歟夫矩者中也中者權也（矩者方之所出有上下前後左右則有中矣中無定故曰權沈善登曰矩

者方之至而實分於圓故其所出之綫長短不等皆歸於圓聖人之心渾圓如天因物付物物得之卽爲矩矣堯曰允執其中子曰中庸之爲德也其至矣乎又曰過猶不及孟子曰執中無權猶執一也此之謂也中又謂之節權者因其節而節之節性節禮樂皆是大氐聖人之學始於志中於立終於權故四十而不惑五十而知天命六十而耳順皆由立而權之節次功候也至於七十而從心所欲不踰矩則權道之備而作春秋之年也知禮者可與立知春秋者可與權權者立之極至也春秋者禮之極至也記曰禮時爲大孟子曰孔子聖之時者也時者謂中而權也韓詩外傳作聖之中所謂君子而時中以一事之正變言之如正月言公卽位正也隱不言卽位變也定以六月卽位尤變也而言日又變之正也莊閔僖

不忍言卽位亦變之正也桓宣言卽位則變之變也公如京師正也而言月正之變也朝王所變也其日變之變也皆言朝又變之正也公大夫盟言日正也不日變也齊桓盟不日則正也其日又正之正也公親逆女正也使人逆變也莊親逆於齊則亦變也親納幣又變也桓使人逆而又親焉始變終正也文親逆而速婦之始正終變也

以諸事之善惡功罪是非眞似言之如正隱則醇其善矣治桓則盡其惡矣美齊桓之正則功多罪少矣譏晉文之譎則罪多功少矣至如紀侯棄國衞專避兄荀息死不正伯姬坐待火之類似非而眞是也不見善人思見有恆不得中行思得狂狷此之謂也宋襄守正非信楚靈討罪非

義曹世子從父非孝臧武仲多智非道之類似是而眞非也鄉原亂德爲德之賊居之似忠信行之似廉潔此之謂也伯夷柳下惠夫子自謂我則異於是孟子亦言君子不由又目之爲聖謂其能興起百世蓋夫子思狂狷有恆之意乎其必距楊墨何也曰夷惠可師者爲其使頑夫廉懦夫有立志薄夫敦鄙夫寬也楊墨必距者爲其無君無父也推孟子之意可徧讀天下書而進退之莊子末篇亦近是

凡此皆中也皆權也語其大要有寬嚴焉有輕重焉蘇軾云春秋之義立法貴嚴而責人貴寬是故用嚴之極至於仁不勝道此如論令尹子文陳文子憂國忘身許其忠不許其仁潔身去亂許其清不許其仁也用寬之極至於叛而許悔此如告冉有原思富不當繼然且謂其不吝而不直拒之又不深責之祿不當辭然且喜其能廉而不深責

之又代爲處之也本朱子說於是觀其輕重尊尊親親賢賢之義皆最重其相値則迭重文之大事定之卽位滅項葬宋共公王師敗績欒書伐鄭傳有明文也此卽諱昭公不知禮告葉公父子相隱論古而美尚德論今而貴民稱之意也內中國外夷狄之義最重一値其重則他義俱在所輕楚莊之入陳靈之誘蔡吳子之戰伯舉會欑函會鍾離傳有明文也此卽夷狄有君不如諸夏之亡之意也夫子賢楚昭見葉公觀吳季子之葬子豈謂其無賢君臣哉論中國夷狄之辨則善惡是非不論矣若夫進狄人則思中國之有伯也善宋盟則喜中國之小康也莒潰楚弑皆謹日則又以中國君臣父子之義公之於夷狄也葢海之可浮九夷之可居蠻貊之所可行夷狄之所不可棄春

秋皆有其意也

總之讀春秋者當知其辭之深微隱約而不可以史家之學求之雖曰左史書動爲春秋右史書言爲尙書然而尙書說事者也春秋說理者也（並本法言）說事故覽文如詭而尋理卽暢也說理故觀辭立曉而訪義方隱也（並本文心雕龍）後人以史視春秋一誤於杜預則謂春秋不可無左傳再誤於劉知幾則謂左傳勝於春秋異言喧豗而斷爛朝報之說起矣韓子荅劉秀才論史書曰凡史氏褒貶大法春秋已備之矣後之作者在據事跡實錄則善惡自見司馬光作通鑑於魏紀特言之曰臣今所述止欲敘國家之興衰著生民之休戚使觀者自擇其善惡得失以爲勸戒非若春

秋立褒貶之法撥亂世反諸正也由二子之言思之可以知史可以知經

至於經之何以始終也其終易知其始難知易知者文成致祥事備絕筆本一說也其難知者若謂始於元之一字則如鄭君說禮運天地爲本至於四靈爲畜以爲春秋始於元終於麟包之而固非禮運之本旨且十二公皆有元凡史書莫不有元矣若如公羊學者言五始則列國史書亦皆如此且隱惟四始不得爲五始每公有五始則十二公將爲六十始矣若依公羊謂始乎隱者祖之所逮聞則是强爲之辭殆習聞春秋尊祖之說而致誤矣反覆求之始隱之意但當如杜預范甯趙匡陳岳所論而春秋大義

實以正隱治桓並爲始故穀梁子兩著謹始之文而正隱謹始尤爲全書大始劉向以正春正君建本立始發明之（具隱十一年下）實穀梁家遺說也正隱之義根於不言卽位不言卽位傳謂之無事此亦別見一義焉甲戌孟秋沈善登書來曰春秋記千八百事乃欲以無事發端至獲麟絕筆而復於無事矣惟隱接乎東遷之初而可得爲無事之文惟麟爲王道之成而可以無事聖人皆因其自然而已旣見義於無事卽寓意於無言故始於無事者猶曰天何言哉云爾中閒千八百事猶曰四時行焉百物生焉云爾終於無事者猶曰夫何言哉云爾（魯論語）是說也活潑潑地（程伯子云會得時活潑潑地會不得只是弄精神）遂并記之

論傳

孝經鉤命決稱孔子之言曰吾志在春秋行在孝經以春秋屬商孝經屬參然則得春秋之眞傳者必在卜氏之門矣韓非子稱八儒曰子張子思顏氏孟氏漆彫氏仲良氏孫氏樂正氏不數子夏者子夏傳經與著書立教者異仲良氏卽檀弓毛詩傳之仲梁子也孫氏卽荀卿也陸淳纂例趙匡引應劭風俗通云穀梁子夏弟子名赤釋文序錄引作子夏門人卽弟子也楊士勛疏云穀梁子名淑字元始魯人釋文序錄引七錄同淑當依孝經序正義引作俶一名赤受經於子夏爲經作傳傳孫卿陸德明釋文序錄太平御覽並引桓譚新論云左氏後百餘年魯人穀梁赤爲春秋序錄又引麋信注云穀梁與秦孝公同時案如風俗通楊疏之言是穀梁子受業於子夏也如新論麋注之言是

穀梁子不及見子夏也桓以爲獲麟後百餘年桓論左傳以爲獲麟時作非也下辯之而史記秦孝公渠梁之元年距獲麟百有二十一年是爲周顯王扁之八年魯共公奮之十六年魏惠王罃韓懿侯若山之十年趙成侯種之十四年楚宣王良夫之九年燕文公之元年齊威王因齊之十八年宋剔成君之九年衞聲公馴之十二年其說相合也王應麟曰傳載尸子語而尸佼與商鞅同時故麋氏以穀梁子爲秦孝公時人然不可考漢書但云魯學而已文烝案麋南山固無他據桓君山謂獲麟後百餘年必有據而應仲瑗之說亦非無因蓋穀梁受業於子夏之門人因遂誤以爲子夏門人史記孟子列傳云孟軻受業於子思之門人王劭誤以人爲衍字應氏之誤正相類矣大氏穀梁子之於子夏孟子之於子思事同而時亦相近也子夏傳經

必非妄語荀子譏子夏氏之賤儒正其衣冠齊其顏色嗛然而終日不言正見門人謹守師傳之氣象

楊疏曰穀梁爲經作傳傳孫卿孫卿傳魯人申公申公傳博士江翁卽瑕丘江公案孫卿卽荀卿其沒在秦始皇九年後而燕子噲子之時已有賢名葢當秦之惠王矣據韓非子難三篇燕子噲賢子之而非孫卿史記荀卿列傳年五十始來游學於齊齊襄王時而荀卿最爲老師又云春申君死而荀卿廢因家蘭陵戰國楚策有孫子自趙謝春申君書又載李園殺春申君事云是歲秦始皇立九年矣然則荀卿自齊之宣王歷閔王襄王至王建於秦爲惠武昭文莊及始皇也韓非與李斯俱事荀卿其言必不誤而史記獲麟後周及諸國之年葢有誤且衍者後漢馮光陳晃言麻獲麟至漢興百六十二年較史記少百十二年似又失之

棟曰荀卿著書言師不越時隱五年傳伐不踰時荀子議兵同言天子以惠下廟數僖十五年傳天子七廟云云荀子禮論同及賻賵襚含之義隱元年傳在大略篇誥誓盟詛交質子之交隱八年傳在大略篇諸侯相見使仁居守隱二

年傳仁者守在大略篇以大上爲天子隱三年傳大上故不名在君子篇皆本穀梁之說其言傳孫卿信矣文烝案荀子又云春秋賢繆公以爲能變也與公羊文十二年傳同穀梁無其義漢劉向治穀梁而封事中引祭伯來以爲奔乃用公羊說苑亦或用公羊義是何也葢聖人既沒齊魯之閒人自爲師家自爲書異說紛拏故雖荀卿亦閒取他說劉子政時則公羊之學方盛尤不能無染於其說矣六藝論公羊春秋顏安樂弟子有劉向

惠棟又曰隱元年傳云春秋成人之美不成人之惡僖二十二年傳云過而不改又之是謂之過二十三年傳云以其不教民戰則是棄其師也今皆在論語中鄭君論語序云仲弓子夏等所撰定論語讖亦言子夏等六十四人或作

七十二人共撰仲尼微言論語與後世語錄相似蓋本弟子各記短簡以便懷持其撰次成書則在魯悼公後以有孟敬子謚知之也說苑孟敬子作孟儀則曾子弟子公明儀是歟禮記坊記有引論語曰孟子題篇已法論語矣其諸聖人之徒私淑諸人者乎又傳中所載與儀禮禮記諸經合者不可悉舉故鄭君六藝論云穀梁善於經文叅案穀梁又有與毛詩傳合者王應麟所舉大侵蒐狩二禮其最著者也毛公之學出於荀卿而傳於子夏益知穀梁子之果爲荀卿師而源出子夏也又易彖象傳釋經有曰其位漸其吉同人有曰吝道也安行也王弼曰安辭也並同人徧辭也益依孟喜虞翻本志疑也巽有止一字者曰窮也明也並屯咎也夬行也困豐下也井順也渙儥也既濟穀梁文句多與相似易傳十篇蓋弟子錄易家舊語并述所聞於夫子者輯比爲之論語班易占於巫醫明易實占書也五十以學

易本是亦字屬下句讀明史記世家所言皆未可信也愚之此說與歐陽脩又不同俟後賢辨之

釋文序錄論三傳次第云左丘明受經於仲尼孔安國論語注云魯大史劉歆以來因之史記謂之魯君子公羊高受之於子夏先儒皆云齊人子夏弟子風俗通同廣韻云子夏門人穀梁赤乃後代傳聞此言眞朁說也案桓譚新論云左氏傳遭戰國寖微後百餘年魯人穀梁赤爲春秋殘略多所遺失又有齊人公羊高緣經文作傳彌離其本事矣本釋文序錄及太平御覽鄭君釋廢疾云穀梁近孔子公羊正當六國之亾本王制正義觀桓鄭之言穀梁先於公羊明矣而陸元朗乃爲斯言不亦謬乎序錄注解傳述人中亦引新論文何不一爲檢照乎要由漢世公羊先出藝文志已以穀梁列公羊後迨江左中興妟謂穀梁膚淺不足立博士

范甯徐邈之後徵學幾絶遺書僅存遂皆申公而屈穀耳且公羊高去子夏固遠而左丘明亦非夫子同時人也左氏載韓魏滅智伯事有趙襄子謚在春秋後已五十餘年作書又當在其後豈得以爲受經而作桓君山謂左氏作傳後百餘年而穀梁子始爲春秋傳亦以左傳之作即在獲麟時班彪則直以爲定哀之閒皆失之矣穀梁與左氏時代不甚相遠公羊則在其後此無可疑者公羊之學當亦由子夏之弟子展轉相授而去聖彌遠意義不備或多亂說雖與穀梁同源而其歸迥異左氏爲魯太史本不得其傳授而能博采諸國史書詳陳事迹使一經本末具見深爲有功於經但其中與經違異據經臆測者亦正不少

其於經之取義則罕有合趙匡所謂左氏解經淺於公穀誣謬實繁者也桓君山誤以太史記事之冊爲聖門傳經之宗不知穀梁公羊實得其傳而穀梁尤得所傳之正於事雖略未嘗多所遺失也左氏丘明爲魯大史作傳及國語今姑用舊說趙匡頗疑其不然而葉夢得據史遷云左丘失明厥有國語以爲左氏蓋左史之後以官氏者國語則出左丘氏文烝案左丘明自見論語書題左傳似不相涉晉楚俱有左史葉說似近之國語則本不題撰人也杜預病世之說左氏春秋者進不成爲錯綜經文以盡其變退不守丘明之傳如杜此言苟能錯綜經文以盡其義例之變則固不必守丘明之傳以爲義例也愚治穀梁傳二十年乃知傳之於經實有如杜所云錯綜盡變者蓋魯學授受之可憑如是惜乎元凱氏未嘗潛心

漢書儒林傳云宣帝即位聞衞太子好穀梁春秋以問丞相韋賢長信少府夏侯勝及侍中樂陵侯史高皆魯人也言穀梁子本魯學公羊氏迺齊學也宜興穀梁斯言也天下之公言也春秋猶論語也漢初魯論語齊論語並行其後孔氏壁中古文論語出篇簡章句與魯論大同不若齊論多所附益是魯學必勝齊學也公羊作傳多齊言且其解經多有護齊者何足憑乎

史記十二諸侯年表云孔子西觀周室論史記舊聞興於魯而次春秋上記隱下至哀之獲麟約其辭文去其煩重以制義法王道備人事浹七十子之徒口受其傳指爲有所刺譏褒諱挹損之文辭不可以書見也儒林列傳云仲

親周故殷卽新周故宋也舊讀誤

尼因史記作春秋以當王法其辭微而指博後世學者多錄焉司馬遷所言史記皆謂周及諸國之史記故又言因史記作春秋十二公據魯親周故殷又言讀史記至文公召王讀史記至楚復陳此本當時公羊家謬說以爲春秋之書乃夫子廣采諸書約其文而爲之非據魯史記定十四年下辯之此二條言口受言多錄其說可信經義則口受於夫子經文則遞相傳錄也錄或作繆字蓋誤考諸董仲舒春秋繁露俞序篇有如閔子子貢子夏曾子子石孔子弟子公孫龍也公肩子孔子弟子公肩定也又疑當作公扈子見公羊及說苑世子七十子之弟子世碩也子池之倫子池未聞皆以此經爲授受之業但其義則徒有口說而無書其有書亦但如穀梁子所引傳曰之類實非專書蓋至穀梁始有專書矣公羊作傳則當六國之亾直至漢景帝時乃著竹帛其初皆是口說相授見何休注又戴宏序云子

三

夏傳與公羊高高傳與其子平平傳與其子地地傳與其子敢敢傳與其子壽至漢景帝時壽乃共弟子齊人胡毋子都著於竹帛文烝案孔子七世孫曰子愼當六國之亾又四世至延年安國當漢景武閒自公羊高至壽年數略同也故其經字與左氏穀梁異者大率音同聲近之字而傳文亦多齊言或以語急而易他字如以得爲登之屬

史記儒林列傳云瑕丘江生爲穀梁春秋自公孫宏得用嘗集比其義卒用董仲舒然則當時固非以瑕丘之學爲不如廣川也以公孫氏力主之上遂信之天下莫敢言耳董生自是醇儒其說經自災異以外多合正理惟一主公羊故有失經本義者楊雄法言以災異推董學今所不取

漢初陸賈造新語十二篇其第一篇道基之末引穀梁傳曰仁者以治親義者以利尊萬世不亂仁義之所治也今

傳中無此四語蓋在漢志所稱穀梁外傳穀梁章句中而通謂之傳也說苑漢書白虎通後漢書注大唐郊祀錄所引有類此者並詳補注又第八篇至德之末論魯莊公事而曰故春秋穀梁云云今自梁字以下皆缺不知何語觀陸生兩引穀梁則此傳信爲周代書幷外傳章句之屬有非晚出者矣

穀梁文章有二體有詳而暢者有簡而古者要其辭清以淡義該以貫氣峻以厲春秋謹嚴穀梁峻厲韓柳二子確論意婉以平徵前典皆據正經述古語特多精理與論語禮記最爲相似論語述古語如克復敬恕之類甚多唯傳亦然古書之不可考者多矣如丹書敬義之訓道經危微之言非有大戴禮荀子則無以知其書名古人學問無方豈專四術哉至其解經之妙或專釋或通說或備言相發或省文相包或一經而明衆義或闡義至於

無文此乃程瑤田之論喪服傳所謂端緒雖多一綫不亂而凌躐以爲唯鄭氏能綜核不誤者也若夫左氏得之品藻失之浮誇公羊得之於辯失之於俗具如舊說楊雄韓子范序語其解經不及穀梁又無論矣鄭君論三傳曰左氏善於禮公羊善於讖穀梁善於經案左氏言禮未必盡當圖讖起於哀平乃附合公羊家說爲之鄭評二傳竊所未安唯穀梁善經一語則不可易墨子曰夫辯者將以明是非之分審治亂之紀明同異之處察名實之理處利害決嫌疑焉摹略萬物之然王念孫謂摹略猶無慮廣雅曰無慮都凡也論求羣言之比以名舉實以辭抒意文烝爲此書頗有志乎此數語而要以穀梁善經一語爲準

穀粱多特言君臣父子兄弟夫婦與夫貴禮賤兵內夏外夷之旨明春秋爲持世教之書也家鉉翁謂三代下有國家者所恃以扶綱常植人極皆春秋之大經大法而公穀氏所傳其實公與穀異穀粱又往往以心志爲說以人己爲說桓文之霸曰信曰仁曰忌僖文之於雨曰閔曰喜曰不憂明春秋爲正人心之書也持世教易知也正人心未易知也然而人事必本於人心則謂春秋記人事即記人心可也謂孟子亦欲正人心直承上文成春秋可也災異以人事統之又所謂洚水警余者也故春秋非心學亦心學也唯傳知之愚至癸酉季夏而後悟之

史之有論也自左氏始也述人言以評之稱君子以斷之即一家之書而一時之人心見焉霸之譎正國之夷夏弗

論也論強弱而已侯王之等臣主之分弗論也論曲直而已堯舜爲的文武爲首周公爲翼未之有也徒有怪力亂神之論而已士莫賢於叔肸而惟美其後嗣之卿女莫賢於伯姬而乃謂之女而不婦人心如此何以說聖人正人心之書哉記曰春秋之失亂孟子曰君子反經將去亂而反諸經非穀梁惡乎可

杜牧嘗言天儻不生夫子於中國紛紜冥昧百家鬭起是己所是非己所非天子隨其時而宗之誰敢非之縱有非之者欲何所依據而爲其辭至哉斯言春秋之有穀梁傳亦猶是矣夫春秋之爲事非董狐南史左史倚相左丘明司馬遷班固之事也乃欲以據事直書求之或以綱羅浩

博考核精審求之不亦淺乎春秋之爲道非伯夷伊尹柳下惠之道也況執後世儒生之見哆口而議其義理不亦偏且謬乎故是己所是非己所非說愈多而愈無定惟依據穀梁傳則皆有以斷之或曰穀梁何以必可依據也曰商子有言曰先聖人爲書而傳之後世必師受之乃知所謂之名不師受之而人以其心意議之至死不能知其名與其意愚之宗穀梁亦宗其師受而已矣

漢書藝文志有左氏微二篇又有鐸氏微三篇注曰楚太傅鐸椒又有張氏微十篇又有虞氏微傳二篇注曰趙相虞卿史記十二諸侯年表云鐸椒爲楚威王傅爲王不能盡觀春秋采取成敗卒四十章爲鐸氏微釋文序錄左傳

序正義並引劉向別錄云左丘明授曾申申授吳起起授其子期期授楚人鐸椒鐸椒作抄撮八卷授虞卿虞卿作抄撮九卷授荀卿荀卿穀梁去左氏不遠作傳授荀卿而左氏七傳而至荀卿可疑也趙匡以爲僞妄荀卿授張蒼案諸文或言微言微傳或言抄撮其篇章卷數又不同大概皆是左氏之學記事之流故太史公繼左氏春秋言之而劉子政言其源出丘明也說苑魏武侯問元年於吳子吳子對曰言國君必謹始也謹始柰何曰正之正之柰何曰明智王應麟以爲此吳起學春秋之證戰國楚策虞卿謂春申君曰臣聞之春秋於安思危危則慮安此春秋二字吳師道疑涉下王之春秋高句而誤衍惠棟以爲引左傳襄十一年魏絳語非也又年表云趙孝成王時其相虞卿上采春秋下觀近世亦著八篇爲虞氏春秋虞卿列傳云曰節義稱號揣摩政謀凡八篇以刺譏國家得失案此蓋即藝文志

儒家之虞氏春秋十五篇其書如今晏子春秋與虞氏微傳各爲一書也年表下文又言呂氏春秋井荀卿孟子公孫固韓非各捃摭春秋以著書至於張蒼厤譜五德董仲舒推春秋義皆附及耳又疑太史公所云爲王不能盡觀春秋虞卿上采春秋者承上左丘明成左氏春秋言兼指左傳不専指夫子經文戰國楚策孫子爲書謝春申君韓非子姦劫弑臣篇並引楚王子圍齊崔杼弑君事與左傳大同乃云春秋記之策作戒之是其證也又當時通謂諸國史記爲春秋如周春秋燕春秋宋春秋齊春秋晉春秋之類揔爲百國春秋墨子汲冢瑣語故晉語司馬侯言羊舌肸習於春秋楚語申叔時言教之春秋管子山權數篇春秋者所以記成敗也法法篇春秋之記臣有弑其君子有弑其父者戰

國東周策呂倉謂周文君春秋記臣弑君者以百數燕策奉陽君曰今臣逃而紛齊趙始可著於春秋望諸君報書臣聞賢明之君功立而不廢故著於春秋韓非子備內篇上古之傳言春秋所記犯法爲逆以成大姦者未嘗不從尊貴之臣也此等皆是史記之通稱唯魏策魏謂趙王言春秋罪虞公內儲說上七術言春秋記霣霜外儲說右上子夏說春秋略同說苑此等則指夫子春秋當分別觀之史公所云亦其比矣左氏微張氏微二書無可考當亦鐸虞之類臧庸以張氏爲張蒼自丘明以史說經已有傳事不傳義之譏此葉夢得語朱子亦云左氏史學事詳而理差況其支流餘裔乎

鄒氏夾氏之書藝文志列穀梁傳之後其傳皆十一卷據王吉傳吉能爲鄒氏春秋鄒亦作騶而吉上宣帝疏言春秋所

以大一統者六合同風九州共貫也其說與公羊同然則鄒之大體於公羊爲近其時代或亦相近矣志於夾氏傳注曰有錄無書其下又曰鄒氏無師夾氏未有書是知鄒氏書無傳其學者故漢書中自王吉之外絶無所聞夾氏則但有口說如景帝以前之公羊傳未著竹帛公羊卒著之夾竟不著也

略例

凡范注全載或移其處疏則補注中采之頗有增删并析隨宜也

凡補注之作以徵引該貫學鄭君三禮注以探索精密學朱子四書章句集注或問雖不能至心鄉往之求詳也

凡春秋中不决之疑今悉决之其未經人道者竊比於梅鷟辯僞書陳第談古韻皆可以俟後世徵實也

凡百家之解四部之文今已逸者從他書所引引之不連舉他書之名省煩也

凡古今諸儒皆直稱其姓名本范注舊例范於鄭君獨不名今又以朱子配之而推及於韓子周子程伯子程子張

子部子表異也
凡經傳中　聖諱字　廟諱三字皆敬缺筆經傳外諸應
敬避者或缺筆或改寫若以他字代則方匡其外至私諱
水部木部各一字亦缺筆在經不缺筆慎辨也
凡經傳注疏及所稱引皆以舊本善本精校本審定其字
懲誤也
凡傳皆連於經經傳一條第二行以後皆下一字一條畢
乃提行無傳之經每條提行便覽也
凡撰異上皆加圈補注有餘意更端者亦加圈注中有注
則於眉端附存之避殽也

范氏元序

昔周道衰陵乾綱絕紐禮壞樂崩彝倫攸斁弑逆簒盗者國有淫縱破義者比肩是以妖災因釁而作民俗染化而遷陰陽爲之愆度七耀爲之盈縮川岳爲之崩竭鬼神爲之疵厲故父子之恩缺則小弁之刺作君臣之禮廢則桑扈之諷興夫婦之道絕則谷風之篇奏骨肉之親離則角弓之怨彰君子之路塞則白駒之詩賦天垂象見吉凶聖作訓紀成敗欲人君戒愼厥行增脩德政蓋誨爾諄諄聽我藐藐履霜堅冰所由者漸四夷交侵華戎同貫幽王以暴虐見禍平王以微弱東遷征伐不由天子之命號令出自權臣之門故兩觀表而臣禮亾朱干設而君權喪下陵

上替僭逼理極天下蕩蕩王道盡矣孔子觀滄海之橫流迺喟然而歎曰文王既沒文不在茲乎言文王之道喪興之者在己於是就大師而正雅頌因魯史而脩春秋列黍離於國風齊王德於邦君列於風而謂之王亦其舊也夫子因之耳所以明其不能復雅政化不足以被羣后也劉向列女傳云平王之後周與諸侯無異即孟子所謂詩亾然後春秋作於時則接乎隱公故因茲以託始杜預以爲平王東周之始王隱公讓國之賢君其時相接故春秋始隱范所本也史記平王三年惠公即位至四十九年入春秋陸淳集傳纂例孝公二十五年犬戎殺幽王惠公三年平王東遷此啖助趙匡之說與史記不同沈括云不知啖趙得於何書王應麟引吳仁傑鹽石新論謂出何休公羊音訓錢儀吉云何氏爲春秋專家之學其言必有所受非誤也陸又引趙云春秋始隱公一則因平王之遷二則賢隱之讓陳岳云建篇首隱所以崇讓該二儀之化育贊八道之幽變舉得失以彰黜陟明成敗以著勸誡拯頹

綱以繼三五鼓芳風以扇遊塵舊解以正樂爲芳風淫樂爲遊塵又或善之顯著者惡之煩碎者一字之褒寵踰華衮之贈片言之貶辱過市朝之撻德之所助雖賤必申義之所抑雖貴必屈故附勢匿非者無所逃其罪若翬潛德獨運者無所隱其名若公弟叔肸信不易之宏軌百王之通典也先王之道既宏麟感化而來應穀梁家皆以爲麟應春秋而至與左氏舊說公羊孔衍本同與諸公羊家史記杜預皆異因事備而終篇故絕筆於斯年公羊曰備矣元命苞云始於元終於麟王道成也成天下之事業定天下之邪正莫善於春秋春秋之傳有三而爲經之旨一臧否不同褒貶殊致蓋九流分而微言隱異端作而大義乖左氏以鬻拳兵諫爲愛君此事非春秋經文公納幣爲用禮穀梁以衞輒拒父爲尊祖不納子糾爲內惡公羊以祭

仲廢君爲行權，妾母稱夫人爲合正，以兵諫爲愛君，是人主可得而脅也；以納幣爲用禮，是居喪可得而婚也；以拒父爲尊祖，是爲子可得而叛也；以不納子糾爲內惡，是仇讐可得而容也（二事補注詳之，范誤傳不誤）；以廢君爲行權，是神器可得而闚也；以妾母爲夫人，是嫡庶可得而齊也（公羊又美齊襄爲賢者，比宋襄於文王，黃仲炎以爲誤天下後世不淺）。若此之類，傷教害義，不可得強通者也。凡傳以通經爲主，經以必當爲理，夫至當無二，而三傳殊說，庸得不棄其所滯，擇善而從乎（注中偶有之，要當兼取三家而斷以本傳）？既不俱當，則固容俱失，若至言幽絕，擇善靡從，庸得不並舍以求宗，據理以通經乎（此已開啖趙先聲，然注中似此者尚少）？雖我之所是，理未全當，安可以得當之難，而自絕於希通哉！而漢興以來瓌望碩儒各信所習是非紛錯準裁靡定故有父子異同之論（劉向主穀梁劉歆主左氏）石渠分爭之說（甘露元年召名儒大議殿中平公穀同異）廢興由於好惡（武帝尊公羊宣帝好穀梁）盛衰繼之辯訥（董仲舒治公羊江公治穀梁江公訥）斯蓋非通方之至理誠君子之所歎息也左氏豔而富其失也巫穀梁清而婉其失也短（文簡耳非短也其義實視二傳爲密）公羊辯而裁其失也俗若能富而不巫清而不短裁而不俗則深於其道者也故君子之於春秋沒身而已矣（孫覺極取此語）升平之末歲次大梁先君北蕃迴軫頓駕于吳（晉穆帝升平五年甯父汪爲安北將軍徐兗二州刺史其十月以罪免爲庶人屏居吳郡是年歲在辛酉）乃帥門生故吏（門生同門後生故吏謂昔日君臣江徐之屬）我兄弟子姪（甯自謂及謂從弟邵三子泰雍凱）研講六籍次及三傳左氏則有服杜之注（案范注無引服者

公羊則有何嚴之訓嚴氏章句時尚未亾何則用顏氏本范注引之釋穀梁傳者
雖近十家皆膚淺末學不經師匠江左中興荀崧奏請立公穀博士詔許立公羊
云穀梁膚淺不足立博士由此數家末學誤之也辭理典據既無可觀又引左氏
公羊以解此傳文義違反斯害也已范亦多無可觀又其以二傳殽亂本書者
亦往往有故知解經難故知何杜不可及於是乃商略名例范別為略例百餘條敷陳疑
滯博示諸儒同異之說昊天不弔大山其頹注卒當在簡文之世匍
匐墓次死亾無日日月逾邁跂及視息乃與二三學士及
諸子弟各記所識并言其意業未及終嚴霜夏墜從弟彫
落謂邵二子泯沒謂雍凱天實喪予何痛如之今撰諸子之言
各記其姓名名曰春秋穀梁傳集解晉書云沈思積年為之集解其義精審為
世所重此當在豫章免郡後凡解古書集眾家記姓名者何晏李鼎祚之屬專記前人者也范氏兼記同時人及其

子弟者也裴駰李善之屬又推及所引他書之注者也
文烝附范書爲補注兼用三例記姓名者三百餘焉

序論例元序終

大萬一千八百七十四字
小三千九百卄九字
眉注卅二字

春秋隱公經傳第一補注第一

傳曰春秋編年四時具而後爲年言春秋之名因乎四時也左傳杜預序曰春秋者魯史記之名也史之所記必表年以首事年有四時故錯舉以爲所記之名楊士勛疏曰春先於夏秋先於冬故舉春秋二字以包之春秋立名仲尼以往然矣今案孟子稱晉之乘楚之檮杌魯之春秋而國語晉司馬侯云羊舌肸習於春秋楚申叔時論傳大子之法云教之春秋孔穎達以爲乘檮杌者晉楚私立別號春秋是其大名汲冢瑣語有晉春秋則孔說是也又案墨子稱周之春秋燕之春秋宋之春秋齊之春秋又稱吾見百國春秋汲冢瑣語又有夏殷春秋知天子諸侯之史書皆名春秋也隱公惠公長庶子周公八世孫史記名息世本名息姑母聲子以平王四十九年即位仲尼所脩謂之經穀梁所說謂之傳作傳時經與傳分經傳各十一卷漢以後合傳於經此隱公經傳總爲第一今以補注文繁增其卷數各別著之

穀梁漢書藝文志班固自注曰穀梁子魯人楊疏曰爲經作傳傳荀卿但穀梁子之名諸書不同桓譚新論應劭風俗通蔡邕正交論並云名赤王充論衡案書篇云穀梁寘阮孝緒七錄云名俶字元始顏師古藝文

志注云名喜未知誰得其實也

范氏集解 范氏名甯案晉書甯字武子順陽縣人爲豫章太守集解者范作注所題之名因其父汪之說博采諸家并下己意又取其長子泰中子雍小子凱從弟邵之說故曰集解

鍾文烝詳補 皆題補曰以別於集解其經下論左氏公羊異字者題撰異曰也

元年春王正月 隱公之始年周王之正月也杜預曰凡人君卽位欲其體元以居正故不言一年一月也補曰孔廣森曰古者諸侯分土而守分民而治有不純臣之義故各得紀元於其竟內孔氏不純臣之說本五經異義公羊說及白虎通其云各得紀元又左傳義也孔穎達引爾雅曰元始也正長也文烝案左傳曰王周正月謂建子月也月所以有建者相承謂斗杓所指據逸周書周月云是月斗柄建子始昏北指也但恒星右旋有歲差虞夏與周已差一次至今差二次故祖沖之云月位稱建諒以氣之所本非謂斗指而戴震因據周髀北極璿璣四游說之顧觀光又考而明之謂周髀者繪圖之法也其圖皆借象非實數也以黃赤二極聯爲一綫於此綫上距北極五度指一星以爲識命曰北極璿機一晝夜左旋一周而過一度恒以冬至夜半

加子春分夜半加卯夏至夜半加午秋分夜半加酉十二月建之名因之而起也范注用杜預者最多此以杜預曰著於下其實上二句亦杜語

雖無事必舉正月

補曰玉篇曰雖詞兩設也疏曰此言無事直據正月無即位之事非是通一時無事文烝案雜記曰過而舉君之諱鄭君注曰舉猶言也又史記載書湯誓稱亂爲舉亂士相見聘禮檀弓注並曰稱舉也則舉亦訓稱矣說文爯字爾雅偁字皆訓舉

謹始也

謹君即位之始補曰於文無即位之事而當時實有其事不可全沒其實故空書正月以謹其始即十一年傳云所以正隱是申足此義也莊閔僖之元年皆空書正月皆以明其實即位定之元年不空書正月則知其實未即位矣不釋春者月繫於時史之常文也夏正建寅殷建丑周建子孔穎達謂月改則春移是也不釋王者亦史之常文謂此建子之月乃周王之正月無他義也唯桓元年之書王有謹始之義與諸公不同故彼傳明之也公羊家及諸讖緯有五始之說謂元也春也王也正月也公即位也此皆俗師增益誇飾經義不可援以說傳也凡傳言謹者皆謂詳其文以慎其事凡傳專釋經之取義如言謹則明君子脩經取義於謹也春秋之書一言以蔽之楊雄謂說理莫辯者是也夫子言春秋以道義言其義則某竊取之正是此意故穀梁子

釋經專明義理十一卷皆同鄭君謂穀梁善於經啖助謂穀梁意深陸淳孫覺胡安國等謂穀梁最精密葉夢得謂穀梁所得多而李光地善承朱子之學其論春秋家曰穀梁尤好皆不易之言

公何以不言即位

據文公言即位補曰左氏賈逵服虔注以爲隱莊閔僖四公皆實即位孔子脩經乃有不書顓容亦以爲魯十二公國史盡書即位也凡傳多設疑問辭自易文言傳已有此體

成公志也

成隱讓桓之志補曰注豫探下爲說志意也言成者桓弑而讓事不成特成之也杜預謂諸公不行即位之禮劉敞極辯之戴震曰凡以不書即位爲不行即位之禮者非也杜氏以爲雖不即君位而亦改元朝廟與民更始夫正君臣之位不可不有始即位者正君位之始云爾位者命之天子承之始封之君非先君一人之位雖先君不有其終新君不可不有其始不即君位於改元之初及其視朝將不正朝位乎苟繼故者視朝然後即君位亦豈得無深痛不忍之情不廢改元朝廟與民更始而廢正百官非義也以桓之事考之左氏言討寪氏有死者是欲掩隱之見弑而不可方詐爲自掩之計以治斯獄使繼故不即君位處大變者無敢或異一行其禮則爲忍於先君桓何所快於行即位之禮而顯示國人以與聞乎弑哉用是言之春秋十二公皆行即位之禮魯史記

皆書即位也君子脩春秋於隱不書者終隱之身自以爲攝不忘先君之志故書春王正月以存其事不書即位以表微於莊閔僖不書者繼故即君位經國之體不可以已也踐其位者宜有深痛之情異於繼正故書春王正月以存其事不書即位以見其情隱爲繼正之變文莊閔僖爲繼故之正例桓宣亦是繼故而書即位以莊閔僖之不書即位者比事類情是爲忍於先君是又繼故之變變文也春秋始乎隱其事之値於變者三焉諸侯無再娶之文惠公失禮再娶當立桓爲大子然非隱所得而追議於先君也上卿爲攝主禮也居上卿之位攝行君之政生不稱公死不稱薨隱嗣爵改元非攝主比也繼世之君盡臣諸父兄弟隱旣立而猶奉桓爲大子異於君臣之體者也魯之禍惠公啟之也明乎嗣立即位之義君臣父子夫婦昆弟之閒其盡矣乎

焉成之補曰焉安也**言君之不取爲公也**言隱意不取爲魯君也公君也上言君下言公互辭補曰明隱雖行即位之禮而意不取爲魯之公如未嘗即位也君公雖是互辭而公字是經書即位之文故必出於下**君之不取爲公何也**補曰據以下皆書公何得有不取爲公之義**將以讓桓也**補曰將俟桓長讓之自謂攝也**讓桓正乎曰不正**隱長桓幼補曰

不正者言君子之取義以爲不正也問春秋以讓桓爲正乎荅言不以爲正也下言善則其不正焉何也加一焉字意尤明也十一年傳曰隱十年無正隱不自正也元年有正所以正隱也是卽春秋不正隱讓之微文也正之訓是也定也直也中也善也古讀皆平聲如正月隱讓所以爲不正者下所云成父之惡廢兄弟之倫忘君父之命以行小惠其義多端而兄弟之倫爲主故注專以長幼言之春秋成人之美不成人之惡補曰疏曰此云春秋成人之美下云春秋貴義而不貴惠顯言春秋者上廣稱春秋之理以明之下既以隱爲善又惡其不正恐人不信故亦言春秋也隱不正而成之何也將以惡桓也不明讓者之善則取者之惡不顯補曰欲惡桓故善隱春秋懲惡而勸善也其惡桓何也隱將讓而桓弑之則桓惡矣補曰陸德明音義曰弑又作殺說詳後四年桓弑而隱讓則隱善矣補曰桓惡而隱善故善隱以惡桓申足上意上言美下言善者朱子所謂善者美之實也善則其不正焉何也據善無不正春秋貴義而不貴惠惠謂私惠信道而不信邪信申字古今所共用補曰鄭君士相見禮

注曰古文伸作信儒行注曰信讀如屈伸之伸假借字也韋昭國語注曰信古申字**孝子揚父之美不揚父之惡先君之欲與桓非正也邪也**補曰與予通惠公以再娶仲子之故嘗欲立桓爲世子公羊稱諸侯不再娶明再娶亦妾也呂大圭曰仲子不得爲夫人則桓不得爲適子故曰非正也邪也**雖然既勝其邪心以與隱矣**終歸之於隱是以正道制邪心補曰既終也毛詩傳曰既者終其事鄉飲酒禮注既卒也爾雅卒既也義皆同惠公終不敢以仲子爲夫人故終不立桓爲世子以隱是長庶故以與隱案左傳隱母聲子爲繼室有謚桓母仲子雖再娶無謚是知桓母但有手文之祥曰爲魯夫人惠終不以爲夫人明矣公羊不知惠欲與桓後終與隱乃謂桓以母貴當立諸大夫以隱長權立隱隱爲桓立故欲反之桓開卷之初便失事實左傳言隱立而奉桓言攝亦不明言惠之終立隱而隱不宜爲攝蓋由魯子孫皆桓之宂史書不盡其辭而左氏因之歟**已探先君之邪志而遂以與桓**補曰已己隱也爾雅曰探取也又曰試也**則是成父之惡也**補曰成即揚也**兄弟天倫也**兄先弟後天之倫次補曰兄弟兼適兄弟庶兄弟言之公羊稱諸侯

壹聘九女謂夫人八妾也夫人之長子爲太子太子死則立其母弟是立適依兄弟之倫也八妾所生子適以年長幼爲兄弟無太子適子則立庶子最長者一人是立庶亦依兄弟之倫也惠公元妃孟子早卒無太子適子隱以長庶爲兄宜立桓爲弟不宜立周制天子諸侯立子之法穀梁與左氏說同以後四年傳文十八年傳與此傳合觀之略可見又論之於彼二處**爲子受之父爲諸侯受之君**隱爲世子親受命於惠公爲魯君已受之於天王矣補曰左傳桓稱大子據始也此言爲子受之父據終也齊陽生正荼不正春秋不以陽生君荼猶以荼受命同之正君況隱乎**已廢天倫而忘君父以行小惠曰小道也**弟先於兄是廢天倫私以國讓是忘君父補曰小惠非義也小道非道也邪也曰者目經意**若隱者可謂輕千乘之國**補曰千乘之國大國也古書皆以千乘目大國千乘者賦也詩魯頌言魯制曰公車千乘毛傳曰大國之賦千乘陳奐疏曰此賦兵之車數也司馬法有二說一說云九夫爲井四井爲邑四邑爲丘丘十六井有戎馬一匹牛三頭是曰匹馬丘牛四丘爲甸甸六十四井出長轂一乘馬四匹牛十二頭甲士三人步卒七十二人戈楯具備謂之乘馬一說云六尺爲步步百爲

畝畝百爲夫夫三爲屋屋三爲井井十爲通通爲匹馬三十家士一人徒二人通十爲成成百井三百家革車一乘士十人徒二十人成十爲終終千井三千家革車十乘士百人徒二百人終十爲同同方百里萬井三萬家革車百乘士千人徒二千人案前一說旬出一乘因是而推四旬爲縣出四乘四縣爲都出十六乘後一說成出一乘終出十乘同出百乘與漢書刑法志同井邑巳甸縣都出賦法逼成終同出軍法說者混爲一制非也千乘亦有二說一說以一乘七十五人計之千乘有七萬五千人一說以一乘三十人計之千乘有三萬人出軍之千乘與出賦之千乘本自不同楚語國馬足以行軍公馬足以稱賦明不同也文烝案包咸論語注曰方里爲井井十爲乘百里之國適千乘也何休公羊注亦曰十井共出兵車一乘公侯封方百里凡千乘伯四百九十乘子男二百五十乘其說又異又詩言公徒三萬鄭君籛以三萬爲三軍鄭志荅臨碩以爲二軍鄭志是也說見襄十一年許愼五經異義曰公車千乘謂大總計地出軍也公徒三萬謂鄉遂兵數也

蹈道則未也未履居正之道補曰二句又申小道義也疏曰伯夷叔齊及太伯等讓國史傳所善今隱讓國而云小道者伯夷爲世子其父尚存兄弟交讓而歸周父沒之後國人立其中子可謂求仁而得仁故以爲善

今隱公上奉天王之命下承其父之託百姓已歸四鄰所與苟探先君之邪心而陷父於不義開篡弒之原啟賊臣之路卒使公子翬乘釁而動自害其身故謂之小道至於太伯則越禮之高以興周室不可以常人難之文烝案疏說是也傳以成志之文著而不正之文微故詳言以明之昔楚子發克蔡其辭賞荀卿子譏之曰反先王之道亂楚國之法抑卑其後世以為私廉與傳論隱讓相似師徒之說可以互證後來惟柳宗元論董安于能得荀卿之意而傳所論者君臣父子兄弟夫婦之義備焉實夫子之遺意也葉夢得曰三傳釋經各異穀粱之言近實惟能察事之實所以能盡經之義家鉉翁曰此春秋垂世之法穀粱子得之孔門高第述之為傳千古一大條貫也又曰穀粱之義無以加矣葉氏家氏所見甚是讓美則成之惠小則不正之此董仲舒所謂春秋常於其嫌得者見其不得而史記世家云春秋約其文辭而指博司馬相如又以春秋義理繁茂比之林藪卽開宗之章可見矣抑愚因以見穀粱文章之工隨輕重而曲直之所謂甚峻而可以厲其氣者蓋如此

三月公及邾儀父盟于眜邾附庸之國眜魯地補曰魯侯爵稱公者白虎通曰臣子之義心俱欲尊其君父故皆令臣子得稱其君為公也尚書曰公曰嗟秦伯也詩云覃公惟私覃子也禮大射經曰

公則釋獲大射者諸侯之禮伯子男皆在也孔穎達曰
五等皆稱公禮之常也汪克寬曰燕禮大射儀聘禮五
等諸侯皆稱公而公食大夫禮又以名篇則謂君爲公
周之制也說又見僖五年注曲禮曰涖牲曰盟傳曰盟
國之重也何休曰于者於也凡以事定地者加于例以
地定事者不加于例范注諸說地名皆本杜預○撰異
曰邾公羊作邾婁春秋皆然婁力俱切邾人語聲後
曰婁或曰齊人語禮記檀弓同國語孟子諸書謂之鄒
眛从目从午未之未左氏作蔑案楚唐蔑亦作唐眛與
鄭穀蔑皆字明說文蔑勞目無精也眛目不明也二字
蓋古通眛以午未之未爲聲莫蓋切別有眛字以本末
之末爲聲莫達切目不正也非此字王引之以廣韻校
正說文玉篇考之詳矣諸稱二家與此異字皆據今本
并陸德明音義陸湻纂例其或與今不合乃各出之

及者何內爲志焉爾內謂魯也補曰公羊爾雅皆曰及
與也及者期定於我而彼來會我
我及之也故曰內爲志是魯主而外客也
用兵言及者亦然何休曰焉爾猶於是也**儀字也父猶**
傅也男子之美稱也傅師傅附庸之君未王命例稱名
善其結信於魯故以字配之補曰
注釋傅非也傅讀爲夫毛詩傳曰夫傅相也鄭君郊特
牲注曰夫或爲傅明夫傅古通用士冠禮記章甫鄭以

爲表明丈夫又云甫或爲父古書甫父亦通用傳言父猶傳曰猶甫者猶夫以其非本訓而義相近故言猶耳郊特牲傳曰夫也者夫夫爲男子美稱故春秋時人名字多加父名或加夫也邾儀父左傳曰邾子克也案周有王子克字子儀楚鬭克亦字子儀宋桓魋之臣曰子儀克盟會者所以繼好息民邾與魯最近爲好於魯春秋尤重之故不言邾克而言邾儀父左傳所謂貴之也注附庸三句本杜預**其不言邾子何也**據莊十六年邾子卒稱邾子**邾之上古微未爵命於周也**邾自此以上是附庸國補曰左傳曰未王命與此同詩魯頌曰乃命魯公俾侯于東錫之山川土田附庸**不日其盟渝也**日者所以謹信盟變故不日七年公伐邾是也補曰爾雅曰渝變也疏曰公盟皆日故知非例不日左氏惟大夫卒及日食以日月爲例自餘皆否此傳凡是書經皆有日月之例者以日月相承其事可悉此史官記事必當具文豈有大聖脩撰而或詳或略故知無日者仲尼略之見襃貶耳文悉案春秋無事猶空書時月蓋本魯史舊文豈有例當具日月者而史反遺之後儒又以當日月而不日月者槩目爲史闕文不知夫子所據策書如夏五之屬者甚少傳惟於夏五言以遠傳疑不可悉援此例也舊史有日君子以後之渝盟追去日者凡

春秋之文屬辭比事前後相顧彼此互明斯乃大聖制作之義非以爲史法也必以不日見之者隱之渝盟遠在七年不去盟日無以顯之與定三年盟拔同義皆所以重盟約之信貴邾魯之好桓十七年盟趡哀二年盟句繹則一二年閒卽背盟好其爲惡事昭然易知故還依公大夫盟書日之常文而其義自見傳亦可不復發文也

昧地名也 補曰公羊曰地期也疑此亦當爲期涉後文宿邑名而誤

夏五月鄭伯克段于鄢 段有徒衆攻之爲害必深故謹而月之鄢鄭地補曰舊史凡殺世子母弟皆月君子改從時例志者葢來告說見後三年○撰異曰陸湻春秋纂例曰克公羊作剋案今公羊不作剋趙匡引汲冢紀年鄭莊公殺公子圣說文圣讀若兔鹿窟

克者何能也 補曰爾雅同

何能也能殺也 補曰訓殺公羊同爾雅曰剋勝也又曰勝殺克也是亦同也傳合能殺二字以解克字依說文別有从力之勊古祇一字

何以不言殺 補曰據殺世子母弟皆言殺

見段之有徒衆也 言鄭伯能殺則邦人不能殺矣知段衆力彊盛唯國君能殺之補曰傳解克字非解鄭伯字注非也傳言段有徒衆變言克以見之卽左傳得儁曰克之例所謂如二君故曰克者也凡傳解經言見者

皆謂經文所該使人望而可知是所以見之或言著者亦見也段鄭伯弟也何以知其爲弟也補曰知亦見也周秦之書多以知爲見左傳曰晉侯聞之而後喜可知呂氏春秋曰文侯不悅知於顏色經文雖隱皆有所見問何以見之殺世子母弟目君以其目君知其爲弟也母弟同母弟也目君謂稱鄭伯補曰目見也謂斥見之何休訓如此後皆同也君殺大夫公子則直稱國而不斥見君故目君則明其爲世子母弟公不嫌段是世子者非所嫌也高澍然以爲大夫公子對國言弟世子對君言屬辭之審段弟也而弗謂弟公子也而弗謂公子貶之也補曰何休曰貶猶損也文烝案凡言貶者皆謂有所卑損後儒泛以襃貶作美刺字解非也疏曰叔肸爲賢稱弟則不賢去弟乃是其常而云弗謂弟貶之也者天王殺其弟佞夫以無罪而稱弟今段不稱公子又不稱弟故云貶之又且相殺之例與尋常異故知去弟者貶之也文烝案傳解弗謂弟又稱弗謂公子者連類并言之段失子弟之道矣補曰失道故貶賤段而甚鄭伯也賤段謂不稱公子公弟甚鄭伯謂目君也補曰殺世子母弟以目君爲例者皆是甚其惡此亦從例何甚

乎鄭伯甚鄭伯之處心積慮成於殺也雍曰段恃寵驕恣彊足當國鄭伯不能防閑以禮敎訓以道縱成其罪終致大辟處心積思志欲殺弟補曰爾雅曰慮謀也思也墨子經曰慮求也雍注取左傳譏失敎爲說理固如此非傳意也傳但據殺弟言之處心積慮成於殺者卽上文能殺之謂與殺侫夫言忍親言甚之正同譏失教之義自在其中矣**于鄢遠也猶曰取之其母之懷中而殺之云爾甚之也**段奔走乃至于鄢去已遠矣鄭伯猶追殺之何以異於採其母懷中赤子而殺之乎君殺大夫例不地此甚鄭伯之殺弟故謹其地補曰又以謹地見甚也**然則爲鄭伯者宜柰何緩追逸賊親親之道也**君親無將將而必誅焉此蓋臣子之道所犯在己故可以申兄弟之恩補曰左傳周公作誓命曰毀則爲賊掩賊爲藏注首二句本公羊他處文案傳及公羊並以爲鄭伯殺段左傳曰段入于鄢公伐諸鄢五月辛丑大叔出奔共又曰不言出奔難之也杜預謂段實出奔而以克爲文明鄭伯志在於殺難言其奔杜意克亦是殺而事實是奔劉敞則以爲實見殺左氏誤也今考左傳五月之文在伐諸鄢之下與經似不合

秋七月天王使宰咺來歸惠公仲子之賵宰官咺名仲字子宋姓也婦人以姓配字明不忘本因示不適同姓也妾子爲君賵當稱謚成風是也仲子乃孝公時卒故不稱謚平王新有幽王之亂遷於成周欲崇禮諸侯仲子早卒無由追賵故因惠公之喪而來賵之賵例時書月以謹其晚補曰天王義在莊三年傳注首二句公羊杜預語公羊又曰曷爲以官氏宰士也何休曰天子上士以名氏通中士以官錄下士略稱人孔廣森曰周禮冢宰之屬宰夫下大夫四人上士八人中士十有六人旅下士三十有二人左傳載晉聘周之辭曰歸時事于宰旅然則下士稱宰旅中士上士稱宰士也文烝案孔說得之服虔說左氏以爲宰夫而孔穎達引宰夫職曰凡邦之弔事掌其戒令與其幣器財用以爲既掌弔事或卽充使其說甚核但服孔依左傳以爲咺貶稱名本當稱字則必以下大夫四人當之不可通於宰士之說非也凡王臣不繫官繫官者唯宰宰者謂大宰卿也小宰中大夫也宰夫下大夫也上士也中士也說見僖九年何氏謂上士以名氏通不知宰夫之上士亦稱官也謂中士以官錄不知中士非屬宰夫者亦稱氏也唯謂下士略稱人當依用之葢宰旅亦同矣惠公史記名弗湟孝公稱子也仲子繫惠公猶成風繫僖公非夫人之辭也直言仲子成

風則夫人之辭也成風違禮有謚故稱謚仲子無謚故稱字注言賵皆當稱謚非也仲字子姓五句本何休平王新有六句本鄭君釋廢疾見雜記正義鄭意謂經原其情故不如文五年之榮叔不言來耳傳例來者接公之辭言之者緩辭爾雅曰之間也杜預曰歸一者不反之辭何休曰言歸者與使有之辭天地所生非一家之有有無當相通文烝案舊史歸賵之屬皆月君子或略之

母以子氏妾不得體君故以子為氏**仲子者何惠公之母孝公之妾也**補曰明以惠公氏也左氏公羊皆以仲子為桓公母謂兼歸二賵今穀梁獨異者疏曰文九年秦人來歸僖公成風之禭彼不先書成風明母以子氏直歸成風禭而已成風既是僖母此文正與彼同知是惠公母也鄭釋廢疾亦云若仲子是桓之母桓未為君則是惠公之妾天王何以賵之則惠公之母亦為仲子也鄭云亦為仲子者以左氏公羊言仲子桓母故也然則魯女得並稱伯姬叔姬宋女何為不得並稱仲子也文烝案疏申鄭確矣左氏公羊但知桓母為仲子而桓母仲子不見經者也桓母不知沒於何時卽沒於桓時而當時猶未敢立妾母為夫人史不得書薨書卒書葬故經無文也自成風以前妾母無為夫人者故隱母聲子桓母仲子閔母叔姜卒葬皆不見經也隱於妾祖母則考宮

以尊之彼三母者又無追尊之事焉疏引歸禭爲證公羊於彼亦誤以爲兼二禭**禮賵人之母則可賵人之妾則不可君子以其可辭受之**補曰不知天王爲是賵人母邪賵人妾邪君子受之謂是賵我惠公之仲子從其可辭也昔孟子受宋薛之餽金於宋將有遠行而辭曰餽贐於薛有戒心而辭曰爲兵餽皆以可受而受此能以春秋決事者矣凡言君子者謂脩春秋之君子也孔門或稱師爲君子故論語曰君子不以紺緅飾君子溫而厲也易詩書儀禮屢言君子蓋伊尹所謂君國子民是其本義而孔子對哀公言君子者人之成名又其轉義也凡傳解經多言辭經之取義皆以辭見故此曰可辭二年曰專行之辭三年曰內辭外辭此類不可悉數知其辭則知其義乃讀經之要法實脩經之本旨也辭之正字作詞依說文當作詈詈者意內而言外也**其志**補曰志記也凡傳言其志者猶公羊言何以書何休曰諸言何以書者問主書**不及事也**常事不書補曰荀子曰吉行五十奔喪百里賵贈及事禮之大也此不及事故志不及事者鄭云仲子早卒范云仲子乃孝公時卒是也鄭范特以傳云不及事意之耳惠公之立凡四十六年或卒在惠之世亦未可知矣時因惠公之喪賵仲子必賵惠公可知此年無葬惠公文

左傳謂十月庚申改葬又以賵惠公爲緩杜預以爲惠公葬在春秋前明惠公之賵亦不及事傳必以爲一賵非二賵者賵諸侯自是恒事例所不志及事與否非所論也若然賵諸侯雖不及事不志賵諸侯之妾母雖及事亦志傳以妾母之義易明不及事之義未著故就一邊言之也注言常事不書是也但以事及事爲常事非也常事不書本公羊語依傳則當言恒事不志傳言恒公羊言常傳言志公羊言書以恒爲常者避漢諱也公羊於田狩祭祀兩言常事不書此史例本爲恒事而經因之也傳於公出親迎言恒事不志此經改從恒事之例而傳特言之以包其餘也田狩祭祀之屬爲恒事全不志者也公出親迎之屬爲恒事雖志而略其文猶不志也推校全經一一可見

賵者何也乘馬曰賵衣衾曰襚貝玉曰含

錢財曰賻四馬曰乘含口實補曰四馬馬下者謂大夫以上至天子也士不備四士喪禮下篇公賵元纁東馬兩是也公羊曰車馬曰賵荀子作輿馬孔廣森引雜記諸侯相賵以乘黃大輅明亦得有車也衣者兼裳爲言衾被也士喪禮小斂散衣服散衣凡十九稱大斂絞紟衾二君襚祭服散衣庶襚凡三十稱喪大記以爲大夫五十稱君百稱襚之多少無以言之貝水物古者以爲貨玉者璧也飯以貝含以玉通言之皆曰含

雜記天子飯九貝諸侯七大夫五士三此所謂飯用米貝傳不言米者米非所歸也周禮天子不飯以貝而有飯玉鄭君曰碎玉以雜米白虎通則云天子飯以玉諸侯以珠大夫以碧士以貝也周禮有含玉鄭君謂柱左右齻及在口中者雜記諸侯相含執璧將命左傳陳子行使其徒具含玉又聲伯夢食瓊瑰爲含象則大夫含兼珠玉矣錢者金幣之名以銅爲之所以貿買物通財用故曰錢財先儒說泉布以爲藏曰泉行曰布泉錢古今字但據周禮泉府鄭衆注云故書泉或作錢則疑錢爲正字泉爲假借字非取泉水通泉義也何休曰賵猶覆也襚猶遺也賻猶助也案四句通釋經例荀子書略同又云玩好曰贈又云賻賵所以佐生也贈襚所以送死也

九月及宋人盟于宿及者何內卑者也宋人外卑者也卑者

謂非卿大夫也補曰韋昭國語注曰卑微也左氏劉歆賈逵說春秋之序三命以上乃書於經穎容以爲再命稱人至劉敞則謂三命以名氏通再命名之一命略稱人案此皆無以言之凡非大夫皆曰卑者大夫即卿命大夫即命卿全傳所同注並言卿大夫非也此傳解及兼爲內諸直書事者發例解宋人兼爲列國盟會言人者發例也列國皆有大夫非大夫則稱人稱人則知是卑者此其常文猶內之直書其事諸小國本無大夫雖

大夫亦稱人亦是卑之楚之先無君無大夫不論君臣其常文皆稱人戎狄吳淮夷不論君臣其常文皆無人

卑者之盟不日凡非卿大夫盟信之與不例不日補曰略之也傳發通例**宿邑名也**補曰此宿非國故辯之左傳後七年宋鄭盟于宿當是宿國耳

冬十有二月祭伯來補曰何休曰月者爲下卒也例見下四年注案來朝時者經例也史例皆月何休又曰十言有二者起十下復有二非十中之二杜預釋例說有年有鸜鵒之等以十有一年十有一月二爲比然則有與又異○撰異曰祭邑字汲冢穆天子傳說文皆作鄒**來者來朝也**補曰以不稱使而言來知是來朝**其弗謂朝何也寰內諸侯**天子畿內大夫有采地謂之寰內諸侯補曰文選注引尹更始曰天子以千里爲寰寰古縣字爾雅曰侯君也王官各君其采地故亦稱諸侯雖爲諸侯不全爲國故書曰百里采二百里男邦明采無邦名散文或通言耳左傳周公之胤有祭有凡文之昭有毛聃原皆采地之名聃即九年之南傳曰南氏姓也則凡采皆氏也孟子曰天子之卿受地視侯大夫受地視伯元士受地視子男王制曰天子之三公之田視公侯卿視伯大夫視子男元士視附庸此言采地之制禮運

曰大夫有采以處其子孫或云采取其邑之租稅不得有其土地人民或云采官也因官食地故曰采或訓爲供王事或訓種菜前二說近是國語晉文公屬百官大夫食邑士食田官宰食加周禮有賞田有加田有士田士田卽孟子王制之圭田三者又皆在采地外總之天子之上士以上皆有采地春秋稱氏者皆以采氏矣九年傳曰季字也則伯叔皆字也定十四年傳例曰天子之大夫不名明自下大夫以上皆不名與書卒者異例但公羊以渠伯糾爲下大夫則凡直稱伯叔季者當是上中大夫此祭伯蓋上大夫祭氏前有祭公謀父後又有祭公皆爲三公則此來朝者當爲卿卽是上大夫也經又有稱父稱子者穀梁公羊無明文以意測之稱子者上大夫稱父者遍上中駁**非有天子之命不得出會諸侯**補曰言會以包朝聘**不正其外交故弗與朝也**補曰與許也後皆同使人聘則不與使自來朝則弗與朝皆同意也春秋之義主於撥亂反正凡傳或言不正其云云或言非正也皆以明君子取義所在與讓桓不正同**聘弓鍭矢不出竟場束脩之肉不行竟中有至尊者不貳之也**聘遺所以結二國之好將彼我之意臣當稟命於君無私朝聘之道補曰疏曰麋信

云聘問也古者以弓矢相聘問文烝案若鄢陵之戰楚子使工尹襄問郤至以弓衞出公自城鉏使以弓問子贛是也爾雅曰金鏃翦羽謂之鍭孫炎曰金鏑斷羽使前重也考工記曰鍭矢參分一在前二在後毛詩傳曰鍭矢參亭方言曰關西曰箭江淮謂之鍭又曰凡箭鏃廣長而薄鐮謂之錍郭璞謂鍭即今之錍箭也竟場者疏曰竟是疆界之名至此易主故謂之疆場文烝案詩曰疆場翼翼毛傳場畔也廣雅疆場隄畔界也孔穎達謂田之疆畔至此易主名之爲場義與此同古祇作易字故周易陸績本喪羊于場諸家皆作易也周禮鄭衆注說文皆曰脩脯也鄭君注曰薄析曰脯捶之而施薑桂曰鍛脩又曰脩脯鍛也脩與脯析言則異統言則同也每一脯爲一膱鄉射記曰膱長尺二寸一膱謂之一挺亦曰一胊束者十挺也凡物十曰束不行猶不出易字以便句耳檀弓曰古之大夫束脩之問不出竟王引之曰玉篇貳並也左傳注貳敵也天子聘遺諸侯天子之臣亦聘遺諸侯則是與天子相比並相敵耦故謂之貳人臣不敢並於至尊故無外交故曰有至尊者不貳之也郊特牲曰大夫執圭而使所以申信也不敢私覿所以致敬也而庭實私覿何爲乎諸侯之庭爲人臣者無外交不敢貳君也正與此同義范注楊疏以不稟命自專爲貳禮記正義又解爲二心皆非其訓文烝案聘

遺器物比並至尊卽專命之事也六句申言不得外交之義兼王臣及諸侯臣言

公子益師卒補曰孝公子衆父也何休曰公子者氏也諸侯之子稱公子公之子稱公孫案此不去氏義在後五年傳**大夫曰卒正也**君之卿佐是謂股肱股肱或虧何痛如之故錄其卒日以紀恩補曰許桂林曰正者言常理也常例也文烝案大夫日卒諸侯日卒傳皆曰正也又曰葬時正也日弑正卒也子卒日正也又他釋經每曰正也並悉同解而其事各異注前四句左傳晉屠蒯語**不日卒惡也**罪故略之補曰疏曰益師之惡經傳無文蓋春秋前有其事麋信云益師不能防微杜漸使桓弑隱若益師能以正道輔隱則君無推國之意桓無篡弑之情所言亦無案據也文烝案此傳發通例也凡大夫書卒者公家皆有恩禮施焉而後史書於策晉荀盈卒未葬平公飲酒作樂而屠蒯譏諫知當時於卿佐之喪君爲之變有常禮矣至君子脩經以日不日分別見義仍其舊而存日者爲正變其例而去日者爲惡而別正與正惡與惡又各有別則又有賢之疏之之文或并沒其卒皆據舊史而加損之若柔溺單伯之不卒則史所本無也

二年春王以配之所以見王者上奉時承天而下統正萬凡年首月承於時時承於年文體相接春秋因書

國之義然春秋記事有例時者若事在時例則時而不月月繼事末則月而不書王書王必皆上承春而下屬於月表年始事文莫之先所以致恭而不驟者他皆放此唯桓有月無王以見不奉王法爾

公會戎

南蠻北狄東夷西戎皆底羌之別種潛魯地會例時補曰曲禮曰諸侯相見於郤地曰會左傳曰會以訓上下之則制財用之節戎直以號舉者啖助曰凡戎狄舉號君臣同辭注南蠻二句本杜預杜元文曰戎狄夷蠻皆氐羌之別種也皆謂居中國若戎子駒支者杜此言甚當凡春秋之戎狄夷蠻皆在禹貢職方九州之內非爾雅所云九夷八狄七戎六蠻謂之四海者也八荒之內爲四海四海之內爲九州五服胡渭說禹貢曰古所謂中國者甸侯綏三服之地所謂四夷者要荒二服之地皆九州之內也所謂四海者九州之外東夷西戎南蠻北狄王者所不治也胡說是也舊史會皆具月○撰異曰陸淳纂例曰潛公羊作岑案今公羊不作岑書禹貢沱潛毛詩養魚之潛史記韓詩皆作涔

會者外爲主焉爾

補曰會者期定曰於彼而我往會彼故曰外爲主是魯客而外主也凡會而復盟者如公及邾儀父盟于眛及宋人盟于宿此類皆內爲志也若後文公會齊侯盟于艾之屬則外爲主也會而不盟者此潛之屬皆外爲主若是內爲志文不得稱

及以會其書之則曰衛侯會公于沓鄭伯會公于棐邾子來會公傳發內爲志外爲主之例則用兵從例可知故四年伐鄭十一年入許皆不發傳**知者慮**察安審危補曰疏曰謂卿爲司徒主教民察民之安危也**義者行**臨事能斷補曰疏曰謂卿爲司馬司馬主斷制也**仁者守**衆之所歸守必堅固補曰疏曰謂卿爲司空司空主守也文烝案慮行皆言出竟也守言守國也大戴禮虞戴德荀子書並云諸侯相見卿爲介以其教士畢行使仁守又白虎通曰王者出一公以其屬守二公以其屬從毛詩傳曰使文武之臣征伐與孝友之臣處內謂尹吉甫張仲也○仁者守之爲守國猶論語仁能守之莊以涖之謂守官涖官也易繫辭傳何以守位曰仁語意亦同矣穀梁言諸言仁者皆朱子所謂愛之理也仁較深於愛如言仁子妻愛子仁者民愛物皆是若以心之德言則如左傳仲尼曰古也有志克己復禮仁也晉臼季曰臣聞之出門如賓承事如祭仁之則也管子書管仲曰語曰非其所欲勿施於人仁也此類乃衆善之大名不可槩論**有此三者然後可以出會**補曰言國有此三者之臣或從君出或留居國然後君可會諸侯春秋盟會雖多三者得人則尟傳蓋引古書成文通爲凡會言其正法乃春秋文外之意**會戎危公也**無此

三者不可以會而況會戎乎補曰注非也此與上五年文意不相屬乃專解經志會戎意也以華會戎事有可危史有其文君子取其義也注誤連上爲說疏申之曰人君之行二卿從一卿守然後可會中國之君桓公無三臣之策而出會齊侯身死於外故後桓十八年重起例明其不可是以此注云無此三臣不可以會而況會戎乎兼爲桓公生此意楊氏說亦明暢其實非傳意也又曰此既危公而不月者徐邈云會戎雖危有三臣之助不至於難故不月也文烝案范注既誤以無三臣爲危徐允失之戎不而言會即爲危矣不須復加月

夏五月莒人入向入例時惡甚則日次惡則月他皆放此補曰左傳例曰弗地曰入公羊曰入者何得而不居也稱人者小國無師無大夫非君將則以稱人爲常不皆從微者之文皆是微之與下鄭人略有異也舊史入皆具月日**入者內弗受也**入無小大苟不以罪則義皆不可受補曰傳謂凡稱入者是內弗受之辭注非也言入則不以罪明矣**向我邑也**自魯而言故曰我也補曰左傳以此爲向國杜預據漢志云沛國向縣古向國謂即譙國龍亢縣東南之向城於今爲鳳陽府之懷遠縣地而莒爲今沂州府之莒州相距且千里蕞爾之邦懸師遠入事必不然顧炎武引于欽齊乘說以爲沂州西南一百里之向

城鎮郎後篇城向盟向取向之向於今爲莒州地是矣呂大圭曰讀春秋之法經之所有則從經文烝案諸伐內邑直言伐我某鄙常文也言伐某鄙又言圍部圍成變文也直言入向尤變文也其說見下舊史當先言伐某鄙後言入向

無侅帥師入極二千五百人爲師補曰無侅公子展之孫師者衆之通名言師猶言軍如後世之言兵也范泥周禮人數非也說見襄十一年此事蒙上月○撰異曰侅左氏公羊作駭後同奇侅非常與駭聲義皆同也帥公羊作率終春秋皆然公羊於帥師字本皆作率同師而唐石經公羊此作帥僖十五年作率以後率帥錯出皆由轉寫亂之

入者內弗受也極國也諱滅同姓故變滅言入傳例曰滅國有三術中國日卑國月夷狄時極蓋卑國也內謂所入之國非獨魯也補曰疏曰內弗受復言之者恐內外不同故兩發以同之文烝案內滅皆諱言取此言入者蓋欲與入向連文說見下公羊入取並爲諱孔廣森以爲易曰取難曰入孔意以帥師爲文則不得但言取頗得其辭未盡其義也入向爲邑入極則爲國故傳特備文賈逵說左氏以極爲戎邑非也舊史凡滅皆具日

苟焉以入人爲志者人亦入

之矣補曰此合上入向言之我欲入極則入亦入我向矣事在而志著全經推見至隱之教也志動而機應此經屬辭比事之旨也凡外來伐者皆言伐我某鄙今特變言入向以顯茲義然則入極變取言入實爲此歟春秋亂世日尋干戈受師出師內事先見若同常文無以寄義故因連文書入益曰天道好還貪兵必死己所不欲勿施於人乃治國之要道開篇設戒餘從同矣春秋以一心正萬心傳諸解經曰探邪志曰處心積慮曰以入人爲志此類皆卓絕於左氏公羊之外呂祖謙曰史心史也記心記也**不稱氏者滅同姓貶也**補曰公羊曰無駭者何展無駭也考左傳無無駭死而後命爲展氏則史本書無侅不書展無侅但君子脩經大夫例稱氏左傳無駭之官司空也當追氏之使經例前後畫一今不追氏是知爲滅同姓貶之抑或左氏命族之文不可依用矣後漢書李固曰春秋褒儀父以開義路貶無駭以閉利門案貶無侅即所以譏公也不從隱不爵大夫去氏者後卒從例則此處稱氏無所嫌也滅同姓爲伐本說具僖二十五年

秋八月庚辰公及戎盟于唐傳例曰及者內爲志焉爾唐魯地補曰唐蓋郎下五年之棠此與上會非一事也上是外爲主會而不盟此是內爲志會而復盟與桓元年盟越同又論之於彼

九月紀履緰來逆女不親逆則例月重錄之親迎則例時補曰爾雅曰逆迎也注本何休○撰異曰履緰左氏作裂繻陸湻曰誤也**逆女親者也**親者謂自逆之也補曰何休曰禮所以必親迎者所以示男先女也於廟者告本也夏后氏逆於庭殷人逆於堂周人逆於戶徐彥曰即書傳夏后氏逆於廟庭云云是也文烝案亦即詩齊風之俟著俟庭俟堂蓋齊魯韓三家義也著即戶三家作戶**使大夫非正也**補曰非正故志之微者則不志諸侯來親迎亦志內出親迎則削史文不志皆常例也**以國氏者爲其來交接於我故君子進之也**傳例曰當國以國氏卑者以國氏進大夫以國氏國氏雖同而義各有當公子公孫簒君代位故去其氏族國氏以表其無禮齊無知之徒是也若庶姓微臣雖爲大夫不得爵命無代位之嫌既不書其氏族當知某國之臣故國氏以別之宋萬之倫是也履緰以名繫國著其奉國重命來爲君逆得接公行禮故以國氏重之成九年宋不書逆女以其逆者微今書履緰亦足知其非卑者公羊傳曰春秋貴賤不嫌同號美惡不嫌同辭左氏舍族之例或厭以尊君或貶以著罪此傳隱公去即位以明讓莊公去即位以表繼弒文同而義異者甚衆故不可以一方求之補曰交

接於我者謂交接公也注論國氏之例非傳意也傳言爲其來交接於公故進之言紀履緰明從小國無大夫例也小國無大夫者雖是大夫皆直稱人與列國卑者同例若有不可不目言者則不氏而直以國氏亦與列國卑者同例履緰之進所謂不可不目言者也傳唯於曹莒言其無大夫以曹莒之列盟會次於許長於邾滕以下言曹莒則諸小國該之故何休言紀無大夫最爲得旨而范乃以宋例紀謂履緰非卑者誤矣在紀則履緰非卑者故書之在春秋則履緰亦卑也故書之而以國氏

冬十月伯姬歸于紀伯姬魯女補曰公羊杜預語也何休曰不稱公子者婦人外成不得獨繫父母文烝案女子許嫁則稱字見僖九年傳凡女子不以名行若曰與女簡壁則紀逃之辭也曰君之妾棄則謙抑之辭也曰請使重見則親昵之辭也何休又曰書者父母恩錄之也禮男之將取三日不舉樂思嗣親也女之將嫁三夜不息燭思相離也內女歸例月恩錄之

禮婦人謂嫁曰歸反曰來歸嫁而曰歸明外屬也反曰來歸明從外至反謂爲夫家所遣補曰左傳出曰來歸公羊大歸曰來歸從人者也補曰從者從其教令謂從夫也從夫故稱歸婦人在家制於父既嫁

制於夫，夫死從長子。婦人不專行，必有從也。補曰：此承上備言之也。制於父，制於夫，亦從也。喪服傳、郊特牲、大戴禮本命、劉向列女鄒孟軻母、魯之母師、齊杞梁妻傳皆略同。伯姬歸于紀，此其如專行之辭何也？曰：非專行也。吾伯姬歸于紀，故志之也。補曰：疏曰，麋信云不稱使者，似若專行也，謂決魯夫人至幷稱逆者。此直云伯姬歸，故問之。下云吾伯姬歸，故志之也，明佗逆者不足錄，故與內夫人至異也。其不言使何也？怪不言使履綸來逆女。逆之道微，無足道焉爾。言君不親迎，而大夫來逆，故曰微也。既失其大，不復稍明其細，故不言使履綸也。補曰：逆女本無使道，使則逆之道微矣，故不足道。此道言也，稱也。趙汸曰：納幣使人，禮也。逆女使人，非禮也。非禮者，禮無其文。禮無其文而稱使，是制禮也。

紀子伯、莒子盟于密。密，莒地。補曰：不日，例在後八年傳。○撰異曰：伯，左氏作帛，杜預以爲裂繻字。案：趙匡引汲冢紀年同此，左氏謬而竹書因之也。趙氏曰：左傳云魯故也，竹書自是晉史，亦依此文而書，何哉？明不足據。或曰：紀子伯莒子而與之盟。紀子以莒子爲伯而與之盟。伯，長也。

補曰注伯長爾雅文古有東西二伯春秋時曰王
官伯曰侯伯又一州之長爲牧亦曰伯即方伯也或曰
年同爵同故紀子以伯先也年爵雖同紀子自以爲伯而先補曰此兩或曰與下
八年異師並疑之傳亦並載之非以前
說爲較長也傳於師所授無疑信皆存
十有二月乙卯夫人子氏薨夫人薨例日夫人曰薨從夫稱補曰論語曰邦君之妻君
稱之曰夫人邦人稱之曰君夫人何休曰夫人以姓配
號義與仲子同傳曰言夫人必以其氏姓何休又曰日
者恩錄之公夫人皆同例也夫人薨不地夫人無出竟之事薨有常處補曰常處者小寢也說
見莊三十二年夫人者隱之妻也補曰隱稱公故妻稱夫人隱雖將讓桓猶在君位妻之喪
或降禮亦從正書之疏曰左氏以爲桓母仲子桓未爲
君其母稱夫人是亂嫡庶也公羊以爲隱母則隱見爲
君何以不書葬若以讓不書葬何爲書夫人子氏薨也卒而不書葬夫人之義從
君者也隱弒賊不討故不書葬補曰君子去隱之葬因并去其夫人之葬明亦非以爲史法哀十二年
疏曰隱夫人從夫之讓故不書葬程子曰公在故不書
葬於此見夫婦之義葉夢得曰先薨不葬待君而後葬

周道也胡安國曰明順胡銓曰合葬張洽曰葬禮未備諸說皆與注異於傳從君之義亦可通也不言薨言卒者傳便文左氏公羊解經皆以書不書立義此傳多言志少言書古人用字之例各有不同也

鄭人伐衛傳傳例曰斬樹木壞宮室曰伐伐例時補曰注引傳傳例在後五年傳人微者也義在僖二十六年傳微者謂非卿將言將卑也稱人則將卑可知不稱師則師少亦可知是其常文也若將尊而亦稱人文以前則有之疏曰文承月下者日月自爲魯夫人薨文烝案舊史伐皆具月君子略之從時例

三年春王二月補曰何休以爲二月三月皆有王者二月殷正月三月夏正月王者存二王之後使統其正朔所以通三統漢書律厤志述劉歆之言亦云春三月每月書王元之三統也今宜從上二年范注爲是漢儒說不可依用在夏殷皆是王正月耳既言二月三月則王爲周王明矣孔穎達已有是論**已**

日有食之杜預曰日行遲一歲一周天月行疾一月一周天一歲凡十二交會然日月動物雖行度有大量不能不小有盈縮故有雖交會而不食者或有頻交而食者唯正陽之月君子忌之故有伐鼓用幣之事京房易傳曰日者陽之精人君之象驕溢專明爲陰所侵則有日食之災不救必有篡臣之萌其救也君懷

謙虛下賢受諫任德日食之災爲消也補曰大戴禮誥志孔子曰古之治天下者必聖人聖人有國則日月不食星辰不孛漢書天文志古人有言曰天下太平五星循度亡有逆行日不食朔月不食望唐書厤志一行之言曰小雅十月之交朔月辛卯虞劆以厤推之在幽王六年開元厤定交分四萬三千四百二十九入食限加時在晝交會而食數之常也然而君子猶以爲變詩人悼之然則古之太平日不食星不孛葢有之矣若過至未分月或變行而避之或五星潛在日下禦侮而救之或涉交數淺或在陽厤陽盛陰微則不食或德之休明日有小眚焉則天爲之隱雖交而不食此四者皆德教之所由生也又曰黃初以來治厤者始課日食疏密及張子信而益詳劉焯張冑元之徒自負其術謂日月皆可以密率求是專於厤紀者也以戊寅麟德厤推春秋日食大最皆入食限於厤應食而春秋不書者尚多則日食必在交限其入限者不必盡食開元十二年七月戊午朔於厤當食半强自交阯至朔方候之不食十三年十二月庚戌朔於厤當食太半時東封泰山還次梁宋閒亦不食雖算術乖舛不宜如此然後知德之動天不俟終日矣若因開元二食曲變交限而從之則差者益多又曰自開元治厤史官每歲校節氣中晷因檢加時小餘雖大數有常然亦與時推移每歲不等杜預云

日月動物不能不小有盈縮有雖交會而不食者有頻交而食者是也又曰使日食皆不可以常數求則無以稽厤數之疏密若皆可以常數求則無以知政教之休咎文烝案大戴載三朝記漢志引古語後儒或疑之然而魯史所記悉本舊章聖人之經所以示警陳兵伐鼓古之遺型入門廢朝禮之明訓一行著論推校精詳大概得之故張洽深取之漢建安中太史上言正旦當日食劉卲以為梓慎裨竈古之良史猶占水火錯失天時禮記稱諸侯旅見天子及門不得終禮者四日食在一然則聖人垂制不為變豫廢朝禮者或災消異伏或推術謬誤也荀彧善其言曰竟不食此足與一行說相證矣堯舜禹時歷年多無日食左傳引夏書乃有辰不集房之事楊簡之言也春秋二百四十二年日食三十六并哀十四年為三十七而前漢二百一十二年日食五十三東漢而下轉益加數或一歲而三食大約世愈降則日食愈數此大運盛衰之候與其他災異不同趙汸之言也杜預謂唯正陽之月伐鼓用幣者本左氏說益未可據諸日食皆為記異通謂之災左傳晉士文伯論弭災之政一曰擇人二曰因民三曰從時京房所論其意相近范於諸災異所引用易傳五行傳月令穀梁說及劉向許鄭等語頗甚用意以其有理皆當存之皆可不必深論具說於後九年傳○撰異曰食本亦作蝕後

同左氏同諸稱三家別本之異皆據陸德明音義

言日不言朔食晦日也補曰凡食晦日者范以爲皆卽本月之晦故於宣十年十七年日食下更書日者並以爲閏月徐邈以爲皆是前月之晦疏引徐曰己巳爲二月晦則三月不得有庚戌明也宣十年四月丙辰十七年六月癸卯皆是前月之晦也則此己巳正月晦也冠以二月者蓋交會之正必主於朔今雖未朔而食著之此月所以正其本亦猶成十七年十月壬申而繫之十一月也取前月之日而冠以後月故不得稱晦以其不得稱晦知非二月晦也李廉曰徐說是也𡨴父烝案日食必在朔故一行曰日月合度謂之朔無所取之取之蝕也但當時日官日御失厤以爲前月之晦故君子書後月以正之謂如此已巳食者乃二月也非正月也桓十七年十月食二日亦厤之失故不言其日而言朔謂此十月食者乃朔也非二日也莊十八年三月僖十五年五月皆食朔日之夜故不言日不言朔以明之也春秋之文簡而有法於此見焉當時所以有失厤者蓋厤家有平朔有定朔自後漢劉洪乾象厤以前皆用平朔有大月之晦日已合辰者有承小月之後而合辰於二日者故或失之也君子正之卽定朔之理也凡日食三十六朔二十六晦七夜二二日一公羊併二日於朔以晦爲二日以夜爲晦誤矣杜預長厤

推此已乃二月朔又一行大衍[麻]推宣八年七月甲子朔日食長[麻]推宣十年四月丙辰朔是年閏五月大衍[麻]亦推四月丙辰大日食又長[麻]推宣十七年六月癸卯朔此四條皆合徐說**其曰有食之何也**補曰曰音聿**吐者外壤食者内壤**凡所吐出者其壤在外其所吞咽者壤入於内補曰疏曰壤字爲穀梁音者皆爲傷徐邈亦作傷麋信云齊魯之閒謂鑿地出土鼠作穴出土皆曰壤或當字從壤蓋如麋信之言也文烝案壤亦通作瘍埤倉云瘍鼠垤也郭璞方言注音傷**闕然不見其壤有食之者也**今日闕損而不知壤之所在此必有物食之**有内辭也或外辭也**邵曰食者内壤故曰内辭吐者外壤故曰外辭傳無外辭之文者蓋時無外壤也而曰或外辭者因事以明義例爾猶傳云三穀不升謂之饉四穀不升謂之康亦無其事補曰邵注非也注以内辭指食外辭指吐吐非經所宜書也饉康之不書包於饑中亦非無其事也此二句蓋言有爲疑辭與或字同例但有之疑爲内辭其辭最微如日有食之是也或之疑爲外辭其辭較著如周易或躍在淵之類文言傳云或之者疑之也是也若通言之其義不異故周秦漢人之書有與或多同用管子曰或者何若然者也墨子曰或也者不

盡也若然不盡然內外辭得兼通也莊十八年傳曰一有一亾曰有爲諸有字發例此則別爲一例故卽經所無之或字分內外辭以明之內卽上下文內字外外非外壤之外**有食之者內於日也**內於日以壤不見於外補曰此申上內辭也韓非子曰日月暈圍於外其賊在內言之亦緩辭尊而詳之案詩小雅曰十月之交朔月辛卯日有食之明古人文例如此史記秦本紀厲共公三十四年日食昭襄王六年日食晝晦莊襄王三年四月日食凡日食三見六國表秦厲共公三十四年日食晝晦星見躁公八年六月日月食簡公五年日食惠公三年日食獻公三年日食晝晦十年日食十六年日食昭王六年日食晝晦莊襄王二年日食凡日食九見此十二文皆直書食不云有食之蓋據秦記舊文失魯史立文之法矣**其不言食之者何也**補曰疏曰不言食之者謂不書月食日文烝案焦贛易林比之萃曰團團白日爲月所食家人之小畜團團作杲杲**知其不可知知也**補曰未知字依今音讀去聲卽爾雅說文智爵字墨子經曰知材也經說曰知也者所以知也而必知此今去聲字也又經篇及莊子並曰知接也經說曰知也者以其知過物而能貌之此今平聲字也論語曰知之爲知之不知爲不知是知也未知字亦音智爲是干

寶周易注引傳曰不求知所不可知者智也王念孫以爲古書智慧之智或作知知識之知亦或作智據墨子他處及管子呂氏春秋韓非子戰國策淮南子諸書有以智爲知者也二字音義互得通借疑其本無定字殆不然矣何休以爲不言月食日者其形不可得而覩故疑言日有食之與傳義相發而說文則曰有不宜有也春秋傳曰日月有食之从月又聲其引經既衍月字其說又非也有爲不宜有蓋依放一有一亾之義而失之至以月食日爲有之本義則與知其不可知之義適相剌謬必非蒼頡作書之恉矣許氏書往往有傳會字義穿鑿字形者不可不察。春秋書日食不書月食史法之舊也案詩小雅曰彼月而食則維其常此日而食于何不臧漢書天文志引詩傳曰月食非常也比之日食猶常也日食則不臧矣此足明陰陽尊卑之義齊履謙以爲常者謂常數時月食已有術可推故春秋不書夫安見古人必不能推日食乎此言似是而非說又見襄二十一年

三月庚戌天王崩平王也補曰史記名宜臼幽王太子或作宜咎日者蓋以明正傳於下諸侯發例天子當亦同矣王崩九皆日不書葬例在莊三年傳高曰崩梁山崩厚曰崩沙鹿崩補

曰墨子經曰厚有所大也**尊曰崩天子之崩以尊也**補曰何休曰崩大毀壞之辭薨小毀壞之辭卒猶終也**其崩之何也**補曰問魯曾春秋何以崩天子**以其在民上故崩之**補曰史承赴書崩君子從而取義焉何休曰爲天下恩痛王者**其不名何也**補曰據諸侯卒名**大上故不名也**夫名者所以相別爾居人之大在民之上故無所名補曰大上者最上之稱卽上文在民上也天下一人故不必名又不敢斥名

夏四月辛卯尹氏卒文三年王子虎卒不日此日者錄其恩深也○撰異曰尹左氏作君以爲隱母聲子楊時曾問程伯子伯子曰聲子而書曰君氏是何義當以尹氏爲正**尹氏者何也天子之大夫也**不書官名疑其譏世卿補曰案譏世卿者公羊之義傳無是意也不書名者時魯人在周知其卒史因志之非彼來赴故略其名而君子仍之也或者君君前臣名時嗣王當喪未君故不名也不稱尹子者寰內諸侯不得稱爵以卒劉卷卒亦不言劉子卷也傳言大夫當是上大夫上大夫者卿也尹氏爲卿故有世卿之說○公羊於尹氏齊崔氏並曰譏世卿世卿非禮於黑肱來奔曰大夫之義不得世五經異義載

公羊穀梁說卿大夫世則權并一姓妨塞賢路專政犯君故經譏周尹氏齊崔氏也穀梁傳本無此意異義云爾者穀梁家依放公羊爲之也左傳隱八年衆仲曰官有世功則有官族邑亦如之異義載左氏說卿大夫得世祿不得世位父爲大夫死子得食其故采如有賢才則復升父故位也文烝案左氏與公羊有同有異而左氏爲備言卿大夫不世位是其同也大戴禮千乘孔子對哀公曰爵不世孟子述齊桓葵丘之命曰士無世官皆其證也言子世父祿賢則世位又論世功官族是其異也其商書盤庚之誥曰世選爾勞予不絕爾善周易訟六三曰食舊德許慎以爲爻位三爲三公二爲卿大夫食舊德者謂食父故祿詩文王篇曰凡周之士不顯亦世毛傳曰不世顯德乎士者世祿也鄭箋曰謂其臣有光明之德者亦得世世在位重其功也又緇衣序曰美武公也父子並爲周司徒毛傳曰有德君子宜世居卿士之位焉又干旄曰在浚之郊毛傳曰古者臣有大功世其官邑又裳裳者華序曰古之仕者世祿刺幽王棄賢者之類絕功臣之世論語曰興滅國繼絕世許慎以爲國謂諸侯世謂卿大夫孟子曰文王之治岐也仕者世祿又曰所謂故國者有世臣之謂也此類皆左氏之證也公羊不言得世祿與否而王制曰內諸侯祿外諸侯嗣又曰諸侯世子世國大夫不世爵又曰諸侯之大

夫不世爵祿蓋謂天子之大夫但得世祿諸侯之大夫并祿不世疑公羊意亦相同是一偏之説也大氏古者官人之法本與封建相輔故子得世父祿賢則并世位其有大功德者則世世在位所以差別取舍貫聯邦家天子諸侯實無異制溯夫盤庚之誥則知周因於殷迨春秋以來尤唯貴戚世臣是賴雖以罪誅皆不絶世積貴所在人望有歸陳亮嘗言孟子以為故國必有世臣至於不得已而後使卑踰尊疏踰戚使人君皆得魯季友叔肹齊高子之倫而用之則亦何厭於世臣而欲求天下特起之賢於不可知之際哉愚謂陳氏此論最為明通設以夫子為政於天下亦必仰稽前典俯順時宜庶姓雖參世臣自在作經垂訓何轉致譏穀梁子解宋殺大夫言司馬為祖之位此正春秋不譏世卿之驗而漢世穀梁家乃用公羊為說誣經并誣傳矣列國獨秦無世臣沿及始皇而世國與世家並廢天下大勢於是一變學者習於後世情事則必以古制為疑傳既隱約三朝記等又不備故詳論焉公羊之書言母以子貴言大夫不世及國君九世猶可復讐之等皆秦人之法戰國之論也

外大夫不卒此何以卒之也補曰不卒者經例因史例也**於天子之崩為魯主故隱而卒之**隱猶痛也周禮大行人職曰若有大喪則詔相諸侯

之禮然則尹氏時在職而詔魯人之弔者補曰傳言爲魯主公羊言諸侯之主文異意同此君子之取義也史亦有此意而傳不論史也辛卯與庚戌相去四十二日王喪既赴而魯弔四旬之內來往千里喪事尚急則然矣王王子虎劉卷不日此以其新爲魯主恩深故仍史文錄日所以盈隱文

秋武氏子來求賻天王使不正者月今無君不稱使故亦略而書時**武氏子者何也天子之大夫也**補曰左氏後五年傳尹氏武氏並稱武氏亦上大夫歟**天子之大夫其稱武氏子何也**補曰何休曰據宰渠氏官仍叔不稱氏尹氏不稱子**未畢喪孤未爵**平王之喪在殯補曰五五斷仁謂之畢喪三年問荀子書皆曰三年之喪二十五月而畢是也孤謂新君未爵者未爵命公羊曰父卒子未命謂武氏子之父已沒亦新嗣爲大夫而新君未爵命之也未爵命不得稱其字故稱武氏子也任叔之子繫其父字此直言氏明其父已沒不得繫之既不錄父故不須加之爲緩辭詩言彼留之子易繫辭傳言顏氏之子彼等皆是便文非春秋文例**未爵使之非正也**補曰使之已非正**其不言使何也**據桓十五年天王使家父來求車稱使**無**

君也桓王在喪未即位故曰無君補曰猶公羊云未君也未葬未踰年皆不稱王益亦當稱子矣天子諸侯並是以世子繼父則其辭宜同此包毛伯言之歸死者曰賵歸生者曰賻補曰士喪禮下篇曰知死者贈知生者賻疑傳賵字亦當爲贈荀子曰玩好曰贈也凡傳發例或有連及經外者而觀下注則范本已誤曰歸之者正也求之者非正也喪事無求而有賵賻補曰歸爲正禮恆事不志歸賵歸含歸襚志者爲歸妾母又不及事耳求所以爲非正者公羊曰喪事無求益通于下何休曰禮本爲有財者制有則送之無則致哀而已不當求求則皇皇傷孝子之心文烝案求者徵求也定元年傳曰請也言使之求賻又非正周雖不求魯不可以不歸魯雖不歸周不可以求之補曰歸爲正況諸侯於天子求爲非正況天子於諸侯求之爲言得不得未可知之辭也補曰得不得非己能主明皆非正如求婦之屬亦是也交譏之補曰何休曰譏猶譴也文烝案凡言譏者與非刺意皆相近疏曰交猶俱也指事而書則周魯之非俱見

八月庚辰宋公和卒天子曰崩諸侯曰薨大夫曰卒周之制也春秋所稱曲存魯史之義內稱公而書薨所以自尊其君則不得不略外諸侯書卒以自異也至於既葬雖鄭許子男之君皆稱謚而言公各順臣子之辭兩通其義鄭君曰禮雜記上曰君薨赴於他國之君曰寡君不祿敢告於執事曲禮下曰壽考曰卒短折曰不祿君薨赴而云不祿者臣子之於君父雖有壽考猶若短折痛傷之至也若赴稱卒是以壽終無哀惜之心非臣子之辭鄰國來赴書以卒者無老無幼皆以成人之稱亦所以相尊敬補曰注天子曰崩十四句本杜預釋例引鄭君者駮五經異義文也見雜記正義大夫曰卒對文別言之卒也壽考曰卒散文通言之卒也二說當兼之八年傳以不名為未能同盟明同盟皆名諸侯既世國名所以別之公羊言卒從正是也生不得名卒得名者蓋春秋於內為臨一國之言從大上之例於外則亦臨天下之言也釋例言葬稱謚而言公順臣子之辭者生有五等沒則壹申其臣民之稱公羊言葬從主人是也終春秋書卒者十八國宋衛蔡陳鄭齊晉卒葬兼備大國例也曹許從大國例者也邾薛杞前不葬後葬小國例也宿一見隱篇故亦不葬也滕秦前不葬後葬楚莒吳不葬皆夷狄例也

諸侯曰卒正也正謂承嫡補曰宋繆公者宣公之弟

宣公之立繆公蓋時事宜然所以爲正凡自世子適子外或立長庶或以賢或以卜或以弟及或以孫繼諸宜爲君者皆謂之正天子諸侯其制悉同傳之言正者如此注專言承嫡非也諸釋經言正正也者謂常理常例而諸侯卒之爲正又兼有嗣立正不正之義故後傳屢言之而注家據以爲說古人文辭簡渾大夫日卒正也諸侯日卒正也葬時正也固無須分別耳

冬十有二月齊侯鄭伯盟于石門 傳例曰外盟不日石門齊地補曰不日者亦略之注當於前盟密引例張洽曰隱十一年之閒盟而不食言者唯此石門之盟二君終身未嘗相伐案杜預曰來告故書馬驌曰國之大事曰會盟曰朝聘曰征伐曰滅取曰奔違曰死喪曰弑殺曰災異必有告赴史乃承而書之文烝謂外相朝聘不入例奔違下當加歸復

癸未葬宋繆公 ○撰異曰繆本亦作穆左氏作穆案繆者假借字 **日葬故也危不得葬也** 天子七月而葬諸侯五月而葬大夫三月而葬傳例曰諸侯時葬正也月葬故也日者憂危最甚不得備禮葬也他皆放此徐邈曰文元年傳曰葬曰會言有天子諸侯之使共赴會葬事故凡書葬皆據我

而言葬彼所以不稱宋葬繆公而言葬宋繆公也弔會之事賵襚之命此常事無所書故但記卒記葬錄魯恩義之所及則哀其喪而恤其終亦可知矣若存沒隔絕情禮不交則卒葬無文或有書卒不書葬蓋外雖赴卒而內不會葬無其事則闕其文史策之常也穀梁傳稱變之不葬有三弑君不葬滅國不葬失德不葬言夫子脩春秋所改舊史以示義者也弑君之賊天下所當同誅而諸侯不能治臣子不能討雖葬事是供義何足筭亾國之君喪事不成則不應書葬失德之主無以守位故沒葬文傳於宋襄公著失民之咎宋共公發非葬之問言伯姬賢而不荅共公不能[宏]家人之禮然則爲君者外之不足以全國內之不足以正家皆所謂失德而終禮宜貶者也於時諸國多失道不可悉去其葬故於二君示義而大體明矣補曰凡傳言故者皆謂變故俞樾引楊倞荀子注曰故事變也是也葬具月日知其有變故不爲正矣而日葬尤爲危不得葬甚於月此所以爲危文者繆公逐其子馮而立其兄子與夷卒致弑逆其理危也危者危與夷與公羊略同書葬者魯使卑者往會葬孔穎達曰位賤非卿不合書名故直書其所爲之事而已盟則云及某盟會則云會某人葬則云葬某王某公若叔孫得臣如京師葬襄王叔弓如滕葬滕成公之類遣卿行者皆書使名也何休曰禮天子七月而

葬同軌畢至諸侯五月而葬同盟至大夫三月而葬同位至士踰月外姻至孔子曰葬於北方北首三代之達禮也之幽之故也

四年春王二月莒人伐杞取牟婁傳例曰取易辭也伐國不言圍邑言圍邑皆有所見伐國及取邑例時此月者蓋爲下戊申衛君完卒日起也凡例宜時而書月者皆緣下事當日故也日必繼於月故不得不書月事實在先故不得後錄也他皆放此補曰注引易辭例在莊九年傳舊史伐國及取邑皆月內取邑又日君子略之從時例

傳曰稱傳曰者穀梁子不親受於師而聞之於傳者補曰案全傳稱傳曰者十皆正解春秋之文此蓋出七十子雜記之書乃皆聞諸夫子者穀梁子直用其成文故特言傳曰以相別當亦聞之於師也春秋繁露稱閔子子貢子夏曾子子石公肩子世子子池之倫皆論春秋或當時諸子皆有書也古書通稱爲傳非必說春秋之專書猶儀禮喪服傳引傳亦非必說喪服之專書也喪服傳稱傳曰者六其一乃在記中竊意記出大子前傳出七十子後所引舊傳則出七十子與穀梁書相類

言伐言取所惡也既伐其國又取其土明伐不以罪而貪其利兩書取伐以彰其惡補曰舊傳發經通例也

謝湜曰伐而戰戰雖有功不若伐而不戰之爲善也況戰而無功者乎伐而入入雖有義不若伐而不入之爲善也況入而無義者乎伐而圍圍雖以直不若伐而不圍之爲善也況圍不以直者乎伐而取取雖以順不若伐而不取之爲善也況取不以順者乎凡書伐於前而書戰入圍取於後皆甚其惡也

諸侯相伐取地於是始故謹而志之也 注春秋之始補曰公羊義同之始者託始也內外諸取邑史必備文君子於外取邑告之略去其存之者欲以見義外圍邑亦然汪克寬曰隱公以後爭地爭城殺人盈野諸侯城邑得失無常不足悉書故左傳言取地而經不書取者甚多葢以擅興殘民爲重而土地之攘奪不暇論矣汪氏葢本陳傅良趙汸說

戊申衛祝吁弒其君完 弒君日與不日從其君正與不正之例也祝吁衛公子○撰異曰戊申汲古閣左氏作庚戌誤也祝左氏公羊作州下同爾雅祝州木古音同也漢石經公羊殘碑十一年傳弒作試字白虎通曰弒者試也欲言臣子殺其君父不敢卒候閒伺事可稍稍試之陸湻纂例曰殺君公羊皆作弒君案纂例皆本啖趙據此條則啖趙陸所據穀梁左氏無弒字諸弒君皆作殺考之陸德明釋文元年傳音義

曰弒申志反又作殺如字下同此經音義曰弒音試舊作殺注下同昭十三年音義曰凡弒字從式傳本多作殺字左氏此經音義曰弒本又作殺同音試凡弒君之例皆放此然則啖趙陸所據穀梁左氏卽陸德明所見又作舊作多作之本也竊意古祇有殺字而上殺下及敵者相殺讀殺短言之下殺上讀殺長言之其字則皆从殳杀聲之字穀梁左氏經傳所用也弒者後出之字从殺省式聲或又假借試字亦式聲公羊經傳所用也凡六藝羣書在公羊前者皆有殺無弒也其參差混亂幷公羊中字亦不畫一者皆寫本栞本之失也釋文通部說此二字雖詳未能各從善本唯陸湻獨得之而此字有兩讀無兩字伯沖亦未知之今知必然者宋弒與夷捷晉弒卓皆有及大夫文傳與左傳皆言里克弒二君與一大夫明堂位言魯君臣未嘗相弒弒其字皆必當作殺者也但以諸弒字相承已久未便輒改姑沿用之而著其說於此完本又作皃字體之異

大夫弒其君以國氏者嫌也凡非正嫡則謂之嫌補曰謂非正嗣也嫌疑也疑於君也坊記曰貴不嫌於上鄭君本作慊字云慊或爲嫌王引之曰慊亦嫌字也文烝案凡傳言嫌者猶公羊言當國

弒而代之也補曰言以嫌代正也昭十三年傳曰取國者稱國以弒

夏公及宋公遇于清遇例時清衛地及者內爲志焉爾元年與宋人盟于宿故今復尋之八年傳曰不期而會曰遇今曰內爲志非不期也然則遇有二義補曰䟽曰重發傳者嫌盟遇禮異故重發以同之亥烝案范言有二義非也凡遇皆是不期而會八年傳言之此略耳內爲志者彼來遇我我及之是我爲主矣若是外爲主則當言公遇宋公于清不當言及春秋內書遇四無不言及者蓋時無外爲主之事或以遇事小於會外爲主則不足書耳遇者志相得也補曰得如得大子適郢之得相得謂相親說猶史記言相中也易序卦傳曰物相遇而後聚爾雅曰遇遻也見也又曰偶也

宋公陳侯蔡人衛人伐鄭補曰君將常文皆稱君皆不加言帥師者公羊云書重是也據毛詩序時衛使公孫文仲將

秋翬帥師會宋公陳侯蔡人衛人伐鄭補曰左傳曰秋諸侯復伐鄭言復伐是也復伐而翬會之經文自明故傳不釋翬者何也公子翬也補曰桓三年文字曰羽父其不稱公子何也據莊二年公子慶父帥師伐於餘丘稱公子補曰注非也當云據益師彊

稱公子與無侅俠不氏不同**貶之也**杜預曰外大夫貶皆稱人內大夫貶皆去族稱名記事之體他國可言某人而已之卿佐不得言魯人補曰杜自用左傳說不宜引爲注**何爲貶之也與于弒公故貶也**補曰與即豫豫預字士昏禮記子有吉我與在古文作豫鄉飲酒以下古文其字皆同論語有天下而不與白虎通作預貶義公羊同謂後年事豫貶於此也案易文言傳曰臣弒其君子弒其父非一朝一夕之故其所由來者漸矣由辯之不早辯也韓非子引子夏曰春秋之記臣殺君子殺父者以十數矣皆非一日之積也有漸而以至矣凡姦者行久而成積積成而力多力多而能殺故明主蚤絕之推早辯蚤絕之義可無疑於豫貶之法襄五年以吳抑繒正此之比不可以史法論也史法隨時記事文有常體自不得以後事追正前文矣孔廣森曰單貶之於始仲遂貶之於終皆言乎罪大惡極足以貫其沒世者也傳末句貶字下或增之字誤

九月衞人殺祝吁于濮濮陳地水名補曰孔廣森以爲衞地近今淇縣衞靈公之晉宿濮水上是也季本王夫之江永略同**稱人以殺殺有罪也**有弒君之罪者則舉國之人皆欲殺

之補曰傳解本經并發通例也人者衆辭下傳言之公羊曰討賊之辭亦衆辭之謂也案傳稱桓弑隱百姓不能去無王之道也而鳳韶引周禮大司馬放弑其君則殘之以爲王得討之衆不得殺之與陳遷鶴說同甚失其義王討之者正以衆欲殺之故也罪非弑逆而稱人以殺則亦孟子所謂國人殺之王制所謂刑人於市與衆棄之也孟子言用舍殺三事於殺獨多一句又有故曰之文知國人殺之爲古語而傳義不可易矣

祝吁之挈不書氏族提挈其名而道之也補曰疏曰徐邈以挈爲舉即是提挈之稱范則以爲單挈不具足之辭文烝案墨子經說曰挈有力也引無力也音義曰挈本又作絜注同

失嫌也衆所同疾威力不足以自固失當國之嫌補曰注非也以國氏者嫌文也挈者失嫌之文也所以得失者爲其既殺

其月謹之也討賊例時也衛人不能即討祝吁致令出入自恣故謹其時月所在以著臣子之緩慢也補曰舊史討賊皆月君子改從時例齊人殺無知是也

于濮者譏失賊也譏其不即討乃令至濮補曰殺於國者亦無知是也

冬十有二月衛人立晉立納入皆簒也大國簒例月小國時補曰左傳曰衛人逆公子晉于

邢注本何休衛人者衆辭也補曰猶言殷人周人義取衆立者不宜立者也嗣子有常位故不言立補曰易稱利建侯左傳載衛之筮曰嗣吉何建建非嗣也故自人言之曰立某知皆不宜立宜立立者則自君言之曰公即位矣依鄭周禮注古者立位同字古文經公即位皆爲即立傳三解公羊並同晉之名補曰名謂直名爲挈文不言公子惡也惡謂不正其稱人以立之何也補曰據立王子朝稱尹氏得衆也補曰公羊曰衆之所欲立左傳亦曰衆也得衆則是賢也賢則其曰不宜立何也春秋之義諸侯與正而不與賢也雍曰正謂嫡長也夫多賢不可以多君無賢不可以無君立君非以尚賢所以明有統也建儲非以私親所以定名分名分定則賢無亂長之階而自賢之禍塞矣君無嬖幸之由而私愛之道滅矣補曰疏曰言春秋者得衆而言立恐理不相合故廣稱春秋以包之文烝案正者謂世子適子長庶子也賢謂庶子之賢者也無太子適子則立長庶子長幼鈞則立賢賢鈞則卜左傳所稱周制實春秋之義諸侯固然天子亦然不得以文王舍伯邑考而立武王爲難文王乃聖人之權當刱業之世非常例矣又魯自伯禽以來

一生一及而檀弓載孔子言周制立孫謂太子有孫而死者春秋宋繆公以弟繼兄爲正齊昭公惠公或繼兄或繼弟皆爲正桓王以孫繼祖爲正晉悼公以君之曾孫而亦爲正此皆時事之宜不拘立子之限晉悼公之兄無慧不立衛靈公之兄有惡疾不立則又周制變通之法也若公羊何休之說有與傳及左氏不同者公羊元年傳曰立適以長不以賢立子以貴不以長何休曰子謂左右媵及姪娣之子禮適夫人無子立右媵右媵無子立左媵左媵無子立嫡姪娣嫡姪娣無子立右媵姪娣右媵姪娣無子立左媵姪娣質家親親先立娣文家尊尊先立姪嫡子有孫而死質家親親先立弟文家尊尊先立孫其雙生也質家据見立先生文家据本意立後生皆所以防愛爭何氏說頗詳備不知以左右媵姪娣之子分貴賤者乃公羊之誤不可用也穀梁於正不正之說持之甚堅此周人繼體之大法春秋經世之深志注多賢二句愼子文〇姜炳璋曰書立君二衛人立晉不告於王慨天下之無王也尹氏立王子朝晉不之問慨天下之無霸也文烝案此又春秋文外之意

隱補注一終

大千六百九十一字
小二萬二千百四十二字
眉注無

春秋隱公經傳第一補注第二

穀梁　范氏集解　鍾文烝詳補

五年春公觀魚于棠傳例曰公往時正也正謂無危事耳棠魯地補曰公羊曰棠者何濟上之邑也劉敞曰觀社稱如觀魚不稱如內外之辨也諸侯於其竟外可言如竟內不可言如劉說是也左傳以如棠出上史例非經例注引往時例在莊二十三年傳何休曰觀例時○撰異曰觀左氏作矢傳曰常事曰視視朔之類是非常曰觀觀魚之類是補曰此引舊傳文知經文舊非矢字孫覺曰矢言陳也陳魚無義理禮尊不親小事卑不尸大功尸主補曰兼言以起下訓主爾雅文魚卑者之事也周禮獻人中士下士補曰中士二人下士四人也傳出經魚字而說之魚即⿰氵鱻漁⿰氵⿱魚寸字說文曰⿰氵鱻捕魚也从鱻水漁篆文⿰氵鱻从魚石鼓文鰋鯉處之君子⿰氵⿱魚寸之又从魚下寸此經傳作魚字周禮作獻字魰字亦作魚字皆一字耳左傳曰觀魚者孔穎達引說文以爲捕魚謂之魚魚者猶言獵者音義云本亦作漁者依石鼓處⿰氵⿱魚寸爲韻高誘呂氏春秋淮南子注漁讀如論語之語相語之語周禮音義獻

又音御知此字音與水蟲本音異**公觀之非正也**補曰非禮即非正

夏四月葬衛桓公月葬故也有祝吁之難故十五月乃葬補曰疏曰重發傳者前起日例今起月例故重發之文烝案觀其謹月知其有故此故自指祝吁之難桓公葬緩而言而非以緩葬爲故也有故者或亦五月而葬

秋衛師入郕○撰異曰郕公羊作盛汲冢穆天子傳同**入者內弗受也**補曰疏曰重發傳者前起者邑今是國故重發之**郕國也**補曰文與入向相似故言國以別之又以魯有成邑字亦作郕也**將卑師衆曰師**書其重者也將卑謂非卿補曰此發全經內外通例與公羊同注上句亦公羊語也有稱師而非將卑師衆者未有將卑師衆而不稱師者故爲通例至於將尊師衆內通稱某師師外則文以後始稱某師師文以前亦稱師將尊師少內通稱將外則文以後始稱將文以前稱人將卑師少內直書其事外則通稱人皆內外前後有異未可以公羊之例爲定葉酉說近之矣然則文以前外稱師者其將或尊或卑此之稱師非必將卑傳但舉通例大概言之猶僖二十六年云人微者也亦此意也凡外用兵之

稱四其例大率如此惟如齊桓之稱人稱師晉襄之稱人楚靈之稱師晉趙盾之直稱師直稱將晉宋之別於衛而稱師齊宋之繼公而稱人則皆是特爲變文傳當文一一言之猶有不著於傳者固當推而知矣燕曹虞諸小國無師又無大夫苟非君將則無論將之尊卑師之衆寡皆以稱人爲常楚之先未與中國同文無論君臣亦皆以稱人爲常荊徐吳於越戎狄淮夷無論君臣其常文皆直以號舉此其各有等差又皆與盟會之文相準也中庸曰文理密察足以有別也春秋之謂乎

九月考仲子之宮失禮宗廟功重者月功輕者時莊二十三年秋丹桓宮楹是也補曰何休曰加之者宮廟尊卑共名非配號稱之辭故加之以絕也絕者卽傳所謂綴辭**考者何也考者成之也**補曰成之謂宮成而祭以成之也路寢之屬初成則設盛食以成之亦謂之考爾雅逸周書謚法同訓**成之爲夫人也**立其廟世祭之成夫人之禮補曰謂成之爲夫人之宮也孝公之夫人自在孝宮仲子以妾母之宮不繫惠公直言仲子則夫人之宮矣生而加夫人之稱曰用致夫人沒而有夫人之廟曰考仲子之宮皆譏辭**禮庶子爲君爲其母築宮使**也注言立非也說見下

公子主其祭也公當奉宗廟故不得自主也公子者長子之弟及妾之子於子祭於孫止貴賤之序補曰喪服小記曰慈母與妾母不世祭也鄭君引此傳又小記及雜記妾祔於妾祖姑無妾祖姑則中一以上從其昭穆之妾庾蔚之曰妾祖姑無廟爲壇祭之仲子者惠公之母隱孫而脩之非隱也非責也三年父喪畢不於三年考者又有天王崩至此服竟乃脩之補曰疏曰此所以書者惠公雖爲君其母惟當惠公之世得祭至隱不合祭之故書以見譏也立者不宜立也不言立者爲庶母築宮得禮之變但不合於隱之世祭之故止譏其考不譏立也文烝案仲子之宮惠公時所築也隱探父志脩而考之非隱始立之疏非也脩舊曰新新亦變例所當志此重在考自當言考也傳以經無新文故特言脩明此是脩成而考與凡考廟小異注凡訓非爲責者非誹同用墨子經曰譽明美也誹明惡也

初獻六羽羽翟羽舞者所執獻者下奉上之辭作之於廟故言獻補曰玉篇曰獻奉也進也上也奏也

初始也遂以爲常補曰公羊爾雅夏小正傳皆同訓猶後世之著爲令也穀梁子曰言穀梁子者非受於師自其意也補曰自著穀梁子者因下有尸子故以相別非必不受諸師也穀梁子得自稱者

猶孟子書自稱孟子莊子書自稱莊子又其先則曾子承夫子之意作孝經自稱曾子

舞夏天子八佾諸公六佾諸侯四佾夏大也大謂大雉大雉翟雉佾之言列八人為列又有八

列八八六十四人也並執翟雉之羽而舞也天子用八象八風諸公用六降殺以兩也不言六佾者言佾則干在其中明婦人無武事獨奏文樂補曰王引之曰夏益五色羽之名也周禮染人秋染夏鄭注曰染夏者染五色謂之夏者其色以夏狄為飾禹貢曰羽畎夏狄是其總名其類有六曰翬曰搖曰鬲曰甾曰希曰蹲其毛羽五色皆備成章舞羽謂之舞夏則所執羽備五色可知樂記曰五色成文而不亂益謂此也文烝案注言每佾必八人與馬融王逸蔡邕高誘服虔韋昭等同白虎通何休杜預六六四四之說非也宋書傳隆論之不言六佾四句并上釋初及釋獻第一句皆本何休獨奏文樂疏謂徐邈亦同也諸公諸侯者公羊以為天子三公稱公王者之後稱公其餘大國稱侯小國稱伯子男如公羊說益諸侯包伯子男矣傳及公羊并下戶子說皆不論大夫士儀禮少牢特牲禮並無樂舞而左傳載衆仲語天子八諸侯六大夫四士二非禮之正故劉敞疑之也凡禮自天子至士降殺以兩者不殊諸公諸侯其不及大夫士者則諸公異等故如六佾三軍之類皆降於

天子而崇於諸侯**初獻六羽始僭樂矣**下犯上謂之僭補曰何休曰僭齊也下傚上之辭說文曰僭儗也**尸子曰**補曰傳稱尸子曰者二漢書藝文志諸子雜家有尸子二十篇班氏自注曰名佼魯人秦相商君師之鞅死佼逃入蜀又史記孟荀傳曰楚有尸子裴駰引劉向別錄曰今案尸子書晉人也宋翔鳳以爲晉與魯形近而譌魯爲楚滅故史記以爲楚人阮元又疑傳所稱之尸子非即佼或當在佼前**舞夏自天子至諸侯皆用八佾初獻六羽始厲樂矣**言時諸侯僭侈皆用八佾魯於是能自滅厲而始用六穀梁子言其始僭尸子言其始降補曰疏曰凡言初者有二意若尸子所言是復正之初也若初稅畝是譏事之初文烝案如注疏之意六佾但當言近正耳言復正非也廣雅曰厲近也此厲字或當訓近未能用四佾亦不用八佾是始近乎樂范未得厲字之訓爾雅厲作也郭璞引傳爲說亦不可通王引之不用注疏義以爲厲之言裂也廣雅云裂裁也尸子之意天子諸公諸侯皆以八佾爲正魯用六佾則爲厲譏其不當裁減而裁減也○公羊曰僭諸公猶可言也僭天子不可言也孔廣森曰前此羣公之宮已徧舞八佾今於仲子降一等猶僭諸公春秋內大惡諱僅因其可言者譏始於此然六

羽猶議八羽可知故曰易本隱以之顯春秋推見以至隱此之類也

郲人鄭人伐宋郲主兵故序鄭上補曰此本杜預

螟禮月令曰仲春行夏令則蟲螟爲害補曰劉歆說五行傳螟爲蠃蟲之孽何休以爲煩擾之應蟲災也補曰杜預曰蟲食苗心者羅願引漢孔臧蓼蟲賦爰有蠕蟲厥狀似螟以爲螟是無足小青蟲孔廣森曰爾雅食苗心螟食葉蟘食節賊食根蟊經唯書螟者散文通矣甚則月不甚則時甚則卽盡不及歷月補曰注非也時者七月也災在八九月則甚七月則不甚

冬十有二月辛巳公子彄卒杜預曰大夫書卒不書葬葬者自其臣子事非公家所及補曰公子彄孝公子子臧謚曰僖伯杜因左傳有葬之加一等語故於此說其義范引之宜在元年益師卒下

隱不爵命大夫補曰其義見下九年傳祭統曰古者明君爵有德而祿有功必賜爵祿于大廟示不敢專也故祭之日一獻君降立于阼階之南南鄉所命北面史由君右執策命之再拜稽首受書以歸而舍奠於其廟是爵命大夫之禮也左傳記衛成公使周歃冶廑爲卿皆先服卿服公祀先君而命之又鄭成公

卒子騶稱官命未改孔穎達以爲先君既葬嗣君正位乃得建官命臣晉平公改服脩官烝于曲沃是其事如孔說則似舊有命者嗣君皆須改命但平公於既葬即位後即烝祭改命非正禮當然正禮在三年喪畢後三年傳所云是也

其曰公子彄何也據八年無侅卒不稱公子補曰無侅或說是貶又非公子注非也當云據俠不氏**先君之大夫也**隱不成爲君故不爵命大夫公子不爲大夫則不言公子也補曰先君之大夫者言彄爲大夫而氏以公子乃先君之子也凡史書卒者皆在大夫位隱之大夫雖在位而不爵命故史不書其氏而經因之但無侅氏爲展俠亦非公子皆可以不氏見其不命彄之氏則爲公子公子者或爲今君之子或爲先君之子故既爲繫於今君之稱又爲繫於先君之通稱公子彄以先君之子而爲大夫是爲先君之大夫既親且貴今君雖不命之史不得去其氏經亦因之也傳於此言之則明益師亦同於彼發全經日不日之例於此說隱篇稱公子之義互相明也然則彄與益師俱是今君之子固當去其公子之氏而隱必無其事故知無侅俠必非公子翬則爲貶也若自隱篇而外唯溺一貶翬不復貶餘悉以公子書先君之子今君之子初無二例莊二十二年傳稱公子之重視大夫命以執公子是則公子之貴不減大夫

故雖不爲大夫例所不卒者亦存其公子之號公子慭
非大夫公子結公子買公子偃等亦未必皆爲大夫又
陳公子禦寇未命爲大夫曹公子手莒公子意恢皆在
無大夫之國此類皆稱公子而范謂公子不爲大夫則
不言公子倍經反傳後儒多用其語謬矣凡經傳中列
國言大夫者皆卿也王制曰諸侯之上大夫卿卿卽上
大夫故謂卿爲大夫天子亦以上大夫爲卿故
周禮序官有卿有中下大夫則無上大夫矣

宋人伐鄭圍長葛 長葛鄭邑圍例時補曰常例言圍者皆圍國何休曰以兵守城曰圍疏曰此爲
久圍故謹而月之耳或解上文日月者爲公子彄
卒不爲圍也文烝案舊史圍皆月君子略書時 **伐國**
不言圍邑此其言圍何也 據莊二年公子慶父帥師伐於餘丘不言圍也伐國不言
圍邑書其重也補曰公羊曰邑不言圍故何注據伐於
餘丘文范襲之非也末句本襄十二年傳得之此常例

久之也 宋以此冬圍之至六年冬乃取之古者師出不踰時重民之命愛民之財乃暴師經年僅而後
克無仁隱之心而有貪利之行故圍伐兼舉以明之補
曰久之者言春秋以爲久也墨子經曰久彌異時也注
以重命愛財說不踰時義其說未備詩曰女心悲止征
夫歸止毛傳曰室家踰時則思白虎通曰古者師出不

踰時者爲怨思也天道一時生一時養人者天之貴物也踰時則內有怨女外有曠夫**伐不踰時**補曰言不越三月也此說正禮明宋不然孔穎達左傳正義據此傳知行役聘問亦不踰時**戰不逐奔**補曰司馬法曰逐奔不過百步從綏不過三舍**誅不塡服**來服者不復塡厭之補曰王引之曰誅謂殺戮非特塡壓之而已塡讀爲殄謂殄戮之也不殄服猶言不殺降作塡者假借字耳毛詩傳曰塡盡也爾雅曰殄殄盡也集韻殄或作塡凡從眞從㐱之字多以聲近而通文烝案此言戰誅亦有仁心因論伐并及之**苞人民毆牛馬曰侵斬樹木壞宮室曰伐**制其人民毆其牛馬賊去之後則可還反樹木斬不復生宮室壞不自成故其爲害重也補曰王念孫曰注訓苞爲制非也苞讀爲俘俘取也賈逵國語注曰伐國取人曰俘作苞者假借字耳爾雅曰俘取也漢書晉灼劉德注曰包取也說文捊引取也或作抱凡從包從孚之字多以聲近而通文烝案詩采薇正義引穀梁作拘字僖四年疏亦言拘人民今姑從王說言斬樹木者古者列樹以表道也春秋說題辭曰伐者涉人國內行威有所斬壞依傳義也注論害之輕重本鄭君釋廢疾見疏其實亦不然傳言斬壞謂旣俘毆又斬壞故爲重耳古書釋名義之文多有此例

爾雅釋饑饉荒與傳襄二十四年之文相出入其最著者矣此傳逼釋經例即凡古之侵伐者如易言利用侵伐書言侵于之疆殺伐用張亦大率皆同所謂兵者民之殘於是見之趙匡陸淳駁之斯不然矣

六年春鄭人來輸平左氏作渝○撰異曰輸**輸者墮也**補曰公羊同詩曰載輸爾載亦是也墮謂敗壞也又昭四年左傳寡君將墮幣焉服虔曰墮輸也則輸與墮可互訓輸又與渝通朱子引秦詛楚文曰變輸盟刺**平之為言以道成也**杜預曰和而不盟曰平補曰平成疊韻為訓公羊爾雅同以道者即宣十五年傳云反義**來輸平者不果成也**春秋前魯與鄭平四年翬與宋伐鄭故來絕魯壞前平也補曰孔廣森曰蓋自翬伐鄭後二國未有成今謀與鄭成而不果若所謂平莒及郯莒人不肯者故得以輸平言之歸輸於鄭人者起鄭人不肯也文烝案墮平當有兵事平例稱人故來墮平亦稱人

夏五月辛酉公會齊侯盟于艾艾魯地隱行皆不致者明其當讓也補曰艾當云齊地杜預曰凡公行還不書至者皆不告廟也隱不書至謙不敢自同於正君書勞策勳杜意隱無告廟飲至之

事史不書至此卽大夫不爵命而不氏之比也范意似謂史書至而經去之經本不正其讓成志之文止可一見不當屢見則知注意非也又此注當移於後文伐邾會中已下經例凡離會本以不致爲常

秋七月無事書首月不遺時也他皆放此補曰傳在後九年

冬宋人取長葛前年冬圍至今乃得之上有伐鄭圍長葛言長葛則鄭邑可知故不繫之鄭補曰何休曰不繫鄭舉伐者明因上伐圍取也范注本杜預杜無言字則字末句作故不言鄭也言取者從易辭例兵已經年得爲易者於圍文見難於取文見易互以相明

外取邑不志此其志何也久之也補曰此與上傳久之合爲一義明經意深疾之故牟婁後又志

七年春王三月叔姬歸于紀叔姬伯姬之娣至此歸者待年於父母之國六年乃歸媵之爲言送也從也不與嫡俱行非禮也親逆例時不親逆例月許愼曰姪娣年十五以上能共事君子可以往二十而御易曰歸妹愆期遲歸有待詩云韓侯取妻諸娣從之祁祁如雲娣必少於嫡知未二十而往也補曰案杜預曰叔姬伯姬之娣也至是歸者待年於父母國不與嫡俱行故書范注本之凡姪娣從嫡而歸書嫡不

書姪娣叔姬爲娣本不得書以不與伯姬俱歸故書此後更無不與嫡俱歸之事者或史文惟此一事或是君子獨存此文將有其末不得不錄其本也許愼十五二十之說與何休同何又云八歲備數也言娣又言媵者姪娣從嫡皆謂之媵與左右媵無異名江有氾之詩序以爲美媵是也賈逵以爲書之者刺紀貴叔姬殆未可據注親逆例時二句已見前此處無所取義宜刪去**其不言逆何也**據莊二十七年莒慶來逆叔姬言逆補曰其事全異不得據也當云據言歸當言逆**逆之道微無足道焉爾**逆者非卿補曰此二句與上二年伯姬歸紀傳莊二十五年伯姬歸杞傳皆同二年以不言使發義微謂君不親逆無足道者謂使也此及莊二十五年以不言逆發義微謂逆者非卿無足道道者謂逆也莊二十五年兼爲諸內女見例即成九年伯姬歸宋逆者微之意皆是爲嫡而不言逆之事此則爲娣娣或本不須卿逆明三處之義各不同也方苞曰有履綸之逆而後知叔姬之爲媵是謂二年言逆之文以別乎叔姬特存之說似可通其實非也

滕侯卒滕侯無名自無名非貶之補曰謂匿其名不通於外耳說在下**少曰世子長**

曰君狄道也其不正者名也戎狄之道年少之時稱曰世子長立之號曰君其非
正長嫡然後有名爾責滕侯用狄道也補曰少曰世子
長曰君不以名通於外故曰無名非謂不作名也孟子
稱滕文公爲世子又稱滕定公薨世子使然友問孟子
趙岐據古紀世本滕國有考公麋其子元公弘疑其卽
定公文公明滕世子實有名矣有名而不稱其名當時
滕用狄道以爲尊世子此滕侯宣成篇滕子是也若不
正而爲君者其初固曰公子某皆以名通僖篇嬰齊之
執昭篇以後原亭結虞母是也公羊釋秦伯卒以爲秦
用夷禮匿嫡之名當是傳聞之誤而所云匿嫡之名正
可取證傳義原亭結虞母四君適皆不正似無可疑亦
容後來滕自舍其狄道春秋無文以別之耳此及宣篇
正而不日成篇正而日以後不正皆日者滕之卒以前
不日後日爲詳略皆從夷狄例不言正不正此宣十八
年傳之明文特滕之正不正則望文可知也不名皆不
葬者蓋君子以其狄道而削之注以長嫡釋正依傳
世子之文凡嫡子長庶之等或爲世子通得包之

夏城中丘城例時中丘魯地**城爲保民爲之也**建國立城邑有定所高下大小存乎
王制刺公不脩勤德政更造城以安民補曰立城之始
意在保民脩舊可耳左傳子服景伯曰民保於城城保

於德范以安訓保今案國語注曰保持也謂持守之說文曰城以盛民也**民衆城小則益城**

益城無極夫保民以德不以城也如民衆而城小輒益城是無限極也補曰益城者舊有城而廓之

舊無城而營之皆是也上注言高下大小者疏引考工記王宮門阿之制五雉宮隅之制七雉城隅之制九雉

門阿之制以爲都城之制宮隅之制以爲諸侯之城制是其高下也先儒據考工記天子城方九里推之以爲

公七里侯伯五里子男三里疏又引左傳大都不過參國之一中五之一小九之一是其大小也雉者公羊及

戴禮韓詩說五堵而雉雉長四丈高一丈古周禮及左氏說三堵爲雉雉長三丈高一丈**凡城之志**

皆譏也此發凡例施之於城內邑補曰譏者君子所取義以其益城過於王制也史書內城皆是益城

脩舊補完有國常事非史所志非經所譏也諸譏城者惟冬城較可義在莊二十九年傳

齊侯使其弟年來聘聘例時凡聘皆使卿執玉帛以相存問補曰聘皆云云本杜預今儀禮第

八篇備焉其記曰久無事則聘焉若有故則卒聘束帛加書將命周禮大行人大戴禮朝事儀並云諸侯歲相

問殷相聘鄭君曰殷中也孔廣森曰中如中一以上之中謂甲聘丙又聘何休曰不言聘公者禮聘受之於大

廟孝子謙不敢以己當之歸美於先君且重賓也傳之例
凡言其者亦緩辭猶言之弟之兄何休曰公子不言之
兄弟言之者敵體辭嫌於尊卑不
明故加之以絕之所以正名也

諸侯之尊弟兄不得以屬通

禮非始封之君則臣諸父昆弟匹敵之稱人臣
不可以敵君故不得以屬通所以遠別貴賤尊
君卑臣之義補曰屬謂弟兄之秩次通者自通達於他
國也喪服傳曰始封之君不臣諸父昆弟封君之子不
臣諸父而臣昆弟封君之孫

其弟云者以其來接於我

盡臣諸父昆弟范舉其概耳

舉其貴者也

弟是臣之親貴者殊別於凡庶補曰接於
我謂接公也疏曰叔肸稱弟傳云賢也此
年稱弟傳云舉其貴者則稱弟有二義文烝案傳於段
佞夫謂之母弟又昭二十年傳曰其曰兄母兄也足明
凡稱弟者皆母弟矣左傳例曰凡大子之母弟公在曰
公子不在曰弟又曰凡稱弟皆母弟也數語義最明白
公羊曰母弟稱弟母兄稱兄例亦同也若非同母皆曰
公子宋之辰地是其明徵稱弟實不止二義見莊二十
五
年

秋公伐邾

冬，天王使凡伯來聘。補曰：書王聘義在後九年傳。**戎伐凡伯于楚丘以歸。凡伯者何也？天子之大夫也。**凡氏，伯字，上大夫也。補曰：左傳有公卿之文，明亦上大夫。**國而曰伐，此一人而曰伐，何也？大天子之命也。**伐一人而同一國，尊天子之命。補曰：凡言伐者，皆國也。今以伐凡伯爲文，是一人之辭。明大之。左傳稱君行師從卿行旅從，非謂凡伯惟有一人。**戎者衛也。戎衛者，爲其伐天子之使，貶而戎之也。楚丘，衛之邑也。**夫天子之使過諸侯，諸侯當候在疆埸，膳宰致餼，司里授館，猶懼不敬。今乃執天子之使，無禮莫大焉。昭十二年晉伐鮮虞，傳曰晉狄之也。今不曰衛伐凡伯，乃變衛爲戎者，伐中國之罪輕，故稱國以狄晉；執天子之使罪重，故變衛以戎之。補曰：疏曰麋信云不言夷狄獨言戎者，因衛有戎邑故也。范意或然。文烝案：自伐山戎以前，戎名皆不別。此戎卽衛之戎邑也。左氏哀十七年傳：衛莊公登城以望，見戎州，曰我姬姓也，何戎之有焉？賈逵曰：戎州，戎人之邑。又公踰于北方，入于戎州己氏。又公自城上見己氏之妻髮美。彼時莊公在帝丘，是帝丘北接戎州也。帝丘爲漢之東郡濮陽縣。鄭志荅張逸問詩楚

宮云楚丘在濟河間疑在今東郡界而水經注引京相
璠云濮陽城西南十五里有沮丘城六國時沮楚同音
卽衛之楚丘是帝丘西南接楚丘也詩稱升彼虛矣以
望楚矣虛者漕虛左傳作曹字是楚丘又接曹邑也漢
之濮陽今直隸大名府開州也曹邑爲漢之白馬縣
今河南衛輝府之滑縣也開州之西南滑縣之東數十
里內乃楚丘所在隋嘗於濮陽置楚丘縣後改名衛南
縣今其廢縣在滑縣東六十里春秋楚丘約略在其處
也戎州者蓋南接帝丘而西南附屬楚丘同爲一邑凡
伯自魯聘還衛之戎州人攻而執之或未聘時奪之幣
而執之若爲直文當言衛伐凡伯于戎衛伐不可言也
戎伐猶可言也故變言戎伐而貶衛爲戎之義存焉故
傳曰戎者衛也戎衛者爲其伐天子之使貶而戎之也
既言戎伐故下變言于楚丘故傳又解之曰楚丘衛之
邑也言邑者對後文成時爲衛都言之亦明卽戎所屬
也杜預云楚丘衛地又云在濟陰成武縣西南是誤爲
曹國之楚丘乃左傳襄十年宋享晉侯之地自漢志已失之矣

以歸猶愈乎執也以一人當
一國諱執言以歸皆尊尊之正義春秋之微旨補曰孔
廣森引書序以箕子歸明以歸之文非甚賤辭以者不
以者也義在哀七年傳愈勝也此執猶云獲也在經則
執與獲異執者皆是以大執小以强執弱是非兼有之

獲之語意較執爲重不論其大小強弱皆以不與之辭書但執不可通言獲而獲可通言執古人之爲文辭固多通言以便文者故此傳以執爲獲也此旣諱獲猶不名者王臣非諸侯比也

八年春宋公衛侯遇于垂垂衛地補曰左傳以爲犬丘王夫之曰宋地漢之敬丘也睢陽有猚水字从犬而音同垂**不期而會曰遇**補曰曲禮曰諸侯未及期相見曰遇相見於郤地曰會孔穎達正義謂未至所期之日及非所期之地而忽相見則並用遇禮相接旣及期又至所期之地則行會禮一然則傳所謂不期有二一是日期一是地期**遇者志相得也**補曰重發傳者嫌內外異故也

三月鄭伯使宛來歸祊凡有所歸例時祊鄭邑補曰此請以祊易許也凡田邑實我取言取實彼歸言歸皆史文之舊也月者爲下入日疏曰一解以擅易天子田故謹而月之○撰異曰祊左氏作邴下同案古枋柄仿俩皆同字**名宛所以貶鄭伯惡與地也**去其族惡擅易天子邑補曰謂惡鄭伯也凡歸田邑之屬稱人者皆是卑者非大夫此不稱鄭人明宛是大夫大夫當氏今直名不氏明惡鄭伯而貶之猶云病公子所以譏乎公也公羊以宛爲微者非也

庚寅，我入邴。徐邈曰入承鄭歸邴下嫌內外文不別故著我以明之補曰徐說得之此亦是直書其事文承來歸則非卑者文也傳例書來者皆接公之文明得承上顯公矣崔子方曰見鄭伯雖來歸之而未定於我待我入然後定也

入者，內弗受也。補曰疏曰重發傳者嫌易田與兵入異故重發以明之

日入，惡入者也。補曰謹日以惡之今音讀去聲字也惡下入字各本脫今依唐石經十行本俞皋集傳釋義本李廉會通本補正

邴者，鄭伯所受命於天子而祭泰山之邑也。王室微弱無復方岳之會諸侯驕慢亦廢朝覲之事故鄭以湯沐之邑易魯朝宿之田也諸侯有大功盛德於王室者京師有朝宿之邑泰山有沐浴之邑所以供祭祀也魯周公之後鄭宣王母弟若此有賜邑其餘則否許慎曰若令諸侯京師之地皆有朝宿之邑周有千八百諸侯盡京師之地不足以容不合事理補曰以邑易魯者杜預謂各從本國所近之宜也注言湯沐公羊文言沐浴何休注文引許慎者五經異義駁公羊說也見王制正義傳也字各本脫今依唐石經十行本呂本中集解本俞皋集傳釋義本補正

夏六月己亥，蔡侯考父卒。諸侯日卒，正也。補曰疏曰重發之者宋公起例

之始蔡侯嫌爵異故重發以明之舉此二者足以包宿男故宿男不復發傳

辛亥宿男卒補曰宿亦書日則日正不日不正之例兼施於小國明矣**宿微國也**補曰明與元年盟地異**未能同盟故男卒也**補曰男卒謂不名薛伯杞子四秦伯同義也未能同盟所以不名者以其情疏而不親彼既赴我則但略記其卒雖知其名不欲詳之也若然秦康公共公亦未同盟得書名者彼時秦與魯稍親故與桓公景公哀公惠公異也自餘中國諸侯及吳楚君亦多有未同盟而名者皆以情親故也傳以盟是國之重事言同盟未同盟足見諸國交好之合離當時恩義之厚薄要是大概言之不得膠執同盟二字據他經以難傳而實失傳意也不書名爲未同盟左傳亦同但左氏於滕侯卒發例云凡諸侯同盟於是稱名故薨則赴以名又於杞子卒發例云凡諸侯同盟死則赴以名禮也赴以名則亦書之不然則否此二條皆不可通於穀梁據雜記赴辭曰寡君不祿則諸侯赴於諸侯未必名趙匡所疑是也凡不名者蓋皆因史之舊宿薛杞不葬者或魯不會或史以微國而略之

秋七月庚午宋公齊侯衛侯盟于瓦屋宋序齊上王爵也瓦屋周地補曰杜

預曰齊侯尊宋使主會杜是也此亦齊僖小伯之事**外盟不日此其日何也**據僖十九年夏六月宋公曹人邾人盟于曹南不日補曰凡外盟史皆書日君子略之**諸侯之參盟於是始故謹而日之也**世道交喪盟詛滋彰非可以經世軌訓故存日以記惡蓋春秋之始也補曰曲禮曰離坐離立毋往參焉兩謂之離三謂之參三以上皆爲參王元烋曰前猶兩國交盟今三國合黨驪致列國同盟矣前此會盟各於其竟今在王畿驪致翟泉抗盟矣**誥誓不及五帝**五帝謂黃帝顓頊帝嚳帝堯帝舜也誥誓尚書六誓七誥是其遺文五帝之世道化淳備不須誥誓而信自著補曰尚書大傳言六誓五誥謂甘誓湯誓大誓牧誓費誓秦誓大誥康誥酒誥召誥雒誥也范言七誥蓋并梓材康王之誥數之疏不數梓材數湯誥此枚氏古文新增之篇若數湯誥又當數仲虺之誥當云八誥知疏說非矣范數五帝大戴禮五帝德世本帝繫史記五帝本紀白虎通說也白虎通數三皇於伏羲神農外有燧人或云祝融鄭君中侯注依運斗樞易以女媧而軒轅少昊高陽高辛陶唐有虞六代爲五帝某氏尚書傳序皇甫謐帝王世紀則以犧農黃帝爲三皇少昊至舜爲五帝是皆以五帝應有少昊今案五帝德乃夫子荅宰我語豈

容違異魯語展禽曰黄帝能成命百物以明民共財顓頊能脩之中間不言少昊祭法亦同則五帝無少昊甚明又檢大戴禮帝繫及晉語黄帝之子有兩青陽先儒說己姓之青陽即少皞清名摯亦作質爲帝稱金天氏者也姬姓之青陽即元囂降居泜水爲諸侯者也或恐青陽唯一人後稱少皞金天氏而實不爲帝歟逸周書嘗麥曰乃命少昊清司馬鳥師而山海經稱少昊之國先儒亦頗疑之

盟詛不及三王

三王謂夏殷周也夏后有鈞臺之享商湯有景亳之命周武有盟津之會衆所歸信不盟詛也補曰曲禮曰涖牲曰盟鄭君曰坎用牲臨而讀其盟書左傳曰盟諸僖閔詛諸五父之衢杜預曰詛以禍福之言相要陽虎盟季桓子又盟公及三桓盟國人皆盟而復詛先儒以爲詛小於盟盟者盟將來詛者詛往過也凡盟書所以告上下庶神詛亦告神事略相類注夏后三句并下齊桓二句皆昭四年左傳文彼文夏后作夏啟會作誓又云成有岐陽之蒐康有酆宮之朝穆有塗山之會也周禮有司盟之官邦國有疑會同則用盟又有詛法其文屢見毛詩傳據之許慎異義及鄭君並據之謂當從左氏說於禮得盟今案傳云不及三王三王禹湯文武也或欲逼此傳於周禮謂司盟起周公周公制禮正是王制不得謂在三王之外左氏所論但據時事謂爲周法實屬可

疑竊意今之周禮未必無周公舊制而晩周改作漢初采集皆當有之先儒之辯論多矣而趙匡言盟誓不必在周季世皆有之聖人豈先立此官張子言周禮盟詛之屬必非周公之意所見皆尤確也若夫覲禮設方明以依神本不言盟國語叔向云成王盟諸侯于岐陽與左傳椒舉言蒐顯然不同而內外傳展禽之言或云成王勞周公大公而賜之盟或云王命之曰質之以犧牲竊謂皆未可據也夫自少皡之衰九黎亂德民神雜糅咸瀆齊盟顓頊受之乃命重黎絕地天通其後苗民弗靈詛盟罔信堯復育重黎之後使復典之三王脩堯舜之道先成民而後致力於神故禮無盟詛末世有黎苗之德不徵於人而徵於鬼故幽王爲大室之盟而小雅言屢盟出詛矣

交質子不及二伯

二伯謂齊桓晉文齊桓有召陵之師晉文有踐土之盟諸侯率服不質任也補曰質贄也說文解贄字曰以物質錢解質字曰以物相贅此猶今人之抵押也據左傳春秋之初有交質子至二伯乃不用與上句不及同意周代唯有二伯合夏伯昆吾商伯大彭豕韋爲五伯凡言周有五伯者蓋非古義應劭風俗通及趙鵬飛家鉉翁趙汸辯之明矣詰誓交質子因論盟詛并及之以參盟甚於特盟經特謹日故於此發傳荀子書有此三句正述傳文孔穎達於晉古文書大禹謨正義以此文爲妄

且謂穀梁傳漢初始作其誣甚矣

八月葬蔡宣公月葬故也補曰重發傳者衛桓葬緩此三月而葬速嫌異故也

九月辛卯公及莒人盟于包來包來宋邑補曰杜預曰浮來紀邑○撰異曰包左氏作浮聲近字可言公及人不可言公及大夫稱人衆辭可言公及人若舉國之人皆盟也不可言公及大夫如以大夫敵公故也補曰言公及大夫謂既言公又言大夫氏名也莒本無大夫此論經盟會通例耳非謂盟者非公莒得有氏名也內與外特盟以其無大夫故從以公會人之例不從齊高傒之例稱氏名而沒公也稱氏名不可稱人則可者當如注衆辭義又以人是微者微者不嫌敵公猶周公制禮君沐粱大夫沐稷士沐粱士去君遠不嫌其僭也君與羣臣燕不以公卿爲賓而以大夫爲賓使宰夫爲獻主公與族燕則異姓爲賓膳宰爲主人皆以位卑不嫌其偪也杜預亦有見於此而孫覺嘗論之

螟

冬十有二月無侅卒無侅之名補曰謂直名不氏未有聞焉未聞者不

知爲是隱之不爵大夫爲是有罪貶去氏族穀梁子不受之於師故曰未有聞焉補曰非不受之於師師已疑之如下所云**或曰隱不爵大夫也**若俠卒是**或說曰故貶之也**若無侅帥師入極是補曰疏曰後或曰是也不日則惡可知矣文烝案如前說則本不當稱氏如後說則本當稱氏貶去之耳傳於入極已發貶義不定從後說者蓋以無侅非公子卽不貶亦當不氏與益師及弫不同故以隱不爵之義列於前序經意依違之也貶義已見當從前說其惡則自於不日見之王引之曰說字蓋衍文故字亦衍文蓋涉上四年傳而衍

九年春天王使南季來聘南氏姓也南季天子之上大夫氏以爲姓也所以別姓者經有王季子來聘祭伯來王祭皆非姓也嫌與同故別之也補曰注非也姬姜等是姓祭尹武凡南等是采邑卽是氏姓凡氏皆姓也氏姓與桓二年字謚意略同惠棟以爲南季者文王子南季載之後也白虎通引詩傳文王十子末曰南季載南與周公之周及諸叔管蔡曹成霍康皆地名也左傳列女傳謂之聃季史記作冉季南聃冉三字並同史公謂冄季載後世無所見未之考耳文烝案國語富辰曰聃由鄭姬蓋聃由娶鄭女

鄭又誤引彖甫

而〡又當在此後數十年間也注言上大夫其實或上或中無以言之季字也季云字者明命爲大夫不以名通也補曰元年傳曰儀字也父猶傳也男子之美稱也以釋某父之爲字也此傳曰季字也以釋伯仲叔季之亦爲字也周人稱字之法見儀禮禮記儀禮士冠禮賓字冠者曰伯某甫仲叔季唯其所當禮記檀弓曰幼名冠字五十以伯仲死謚周道也鄭君解某甫謂如宋孔甫及孔子爲尼甫之類賈公彥孔穎達並據禮緯質家積仲文家積叔兄弟不止四人則唯末者稱季但賈謂周於二十造字時權稱伯仲其實未呼至五十乃加而呼之若孔子始冠但字尼甫至五十乃稱仲尼是也孔謂二十時雖云伯仲皆配某甫而言至五十則捨其某字直呼伯仲二說不同朱子疑孔說爲是段玉裁從賈說以爲伯仲叔季定於天冠時必連舉之而不以爲五十前之常稱但稱某甫至五十乃稱伯某甫又曰某甫者儀禮禮記公羊注所謂且字也且稱者承藉於下之辭凡冠而字祇有一字必五十而後以伯仲故下一字所以承藉伯仲也言伯某仲某是稱其字單言某甫是稱其且字且字之說儀禮禮記注各四見公羊注三見士喪父某甫士虞皇祖某甫少牢皇祖伯某曲禮天王某甫雜記陽童某甫四某甫一某皆爲且字檀弓尼甫爲且字桓四年宰渠伯糾糾爲且字宣十五年

王札子札爲冠且字定四年劉卷卷爲且字文烝案賈孔二說各有理段氏解且字亦極詳明何休注解伯糾可從解札卷皆不可從總之古之制禮二十而冠四十而仕五十而后爵位隨年異稱謂斯殊逮周衰禮變多有未五十四十未冠而命爲大夫者而謂其稱謂之辭悉準舊時期限事必不然也且春秋諸文如邾儀父如宋之孔父則稱某父如祭伯凡伯南季任叔榮叔祭叔毛伯召伯王季子如蔡叔許叔蔡季紀季蕭叔如內之單伯夷伯公子季友公弟叔肸鄭之祭仲陳之女叔原仲則又直稱伯仲叔季如渠伯糾叔服則又稱伯某叔某如宋之山則又直稱某如家父則又直稱父詩有程伯休父國語有樊仲山父左傳有內史叔興父連稱伯某父仲某父叔某父經則無所見又經文宋子哀爲疑義而王人子突則何休鄭君皆以爲字書傳中以字繫子者亦多凡此六科參差岐異今說經傳但通其可通者未敢妄生枝蔓矣又據經及他書似凡伯召伯毛伯及單伯皆世稱伯任叔榮叔皆世稱叔南季世稱季家父世稱父亦未知何說也

聘問也補曰聘與問對文則大聘曰聘小聘曰問其實聘亦是存問之義爾雅荀子毛詩傳皆同也

聘諸侯非正也周禮時聘以結諸侯之好殷覜以除邦國之慝間問以諭諸侯之志歸脤以交諸侯之福賀慶以贊諸侯

之喜致禬以補諸侯之災許愼曰禮臣病君親問之天子有下聘之義傳曰聘諸侯非正甯所未詳補曰注首周禮下有天子二字大謬今删之許氏異義以公羊說天子無下聘義引周禮斷之如此見王制正義傳與公羊說同故范疑傳不合周禮其實非不合也案周禮大行人大戴禮朝事儀皆先言春朝秋覲夏宗冬遇時會殷同鄭君曰此六事者以王見諸侯爲文次言時聘殷覜鄭曰此二事者亦以王見諸侯之臣使來者爲文又次言閒問歸賑賀慶致禬鄭曰此四者王使臣於諸侯之禮也以此觀之時聘是諸侯聘天子故墨子說詩云古者諸侯春秋朝聘天子毛詩傳亦云文王率諸侯朝聘乎紂是也閒問是天子問諸侯猶諸侯使人於諸侯曰聘聘使人於大夫則曰問與小聘同名故聘禮曰賓皮弁聘又曰賓朝服問卿是也是故上之於下有問無聘分異而禮殊禮殊而名別王室既卑諸侯逐進於是變問爲聘蓋自夷王以降東遷以來然矣君子學文武之道垂憲章之書因史成文明經人義諸書王聘皆見非正故穀梁子承師說言之而公羊家因之此正可與大行人朝事儀文相證而說者誤解時聘之句輒生疑難惟杜諤萬斯大能考而辨之其識卓矣大氏經文皆據周典爲義故傳諸所陳制度及凡言古言禮言正者亦皆依周制言之以今之周禮五篇合諸傳唯若盟詛征

稅之法祭祀田獵之文此類頗爲乖異自餘則可取證者多也古書莫詳核於周禮莫博麗於左傳國語學者愼擇之而已凡朝聘之道多端此傳曰聘諸侯非正也後傳曰天子無事諸侯相朝正也足明諸侯朝聘於王及其自相聘俱是正矣蕭穎士曰於穀梁師其簡當於此類觀之

三月癸酉大雨震電補曰大雨水而震電也雨依今音讀上聲與下雨異左傳以爲霖雨自三日以往書金縢言天大雷電以風天乃雨反風春秋不言天不敢斥尊也地震則言之尊親之義

震雷也電霆也補曰段玉裁曰詩十月之交言震電采芑雲漢常武言雷霆震雷一也電霆一震也古義霆電不別許叔重造說文始分析言之曰靁陰陽薄動生物者也霆靁餘聲鈴鈴所以挺出萬物電陰陽激耀也震劈歷振物者許意統言之謂之靁自其振物言之謂之震自其餘聲言之謂之霆自其光耀言之謂之電王引之曰疏云電卽雷之光霆者霹靂之別名分電霆爲二非也古言霆有二義一爲霹靂之別名爾雅云疾雷爲霆是也一爲電之別名此傳云電霆也是也開元占經電占引京房語皆以霆爲電則謂電爲霆西漢猶有此語文烝案淮南子曰疾雷不及塞耳疾霆不暇掩目亦謂電爲霆又曰天之偏氣怒者爲風地之含氣和者

哭之二句

依劉績本與范子計然合

為雨陰陽相薄感而為雷激而為霆亂而為霧陽氣勝則散而為雨露陰氣勝則凝而為霜雪大唐郊祀錄太平御覽並引陰陽相薄三句以為穀梁傳而郊祀錄霆作電字汪曰楨語予此傳逸文予謂此非逸文蓋王涇及編御覽者誤記或誤據他類書否則當為穀梁外傳穀梁章句等書中語與新語說苑漢書白虎通後漢書注所引同並見後

庚辰大雨雪補曰孔穎達曰不直書大雪與大水異者水見其在地之多故不言大雨水雪見其自上而下故言大雨雪其大雨雹亦同**志疏數也**補曰疏曰謂災有遠近也遠者為疏近者為數文烝案爾雅曰數疾也廣雅曰疏遲也高誘淮南子注並同此以數而謹日下申言之劉向奏論日食日異有小大希稠占有舒疾緩急而聖人所以斷疑也**八日之間再有大變陰陽錯行故謹而日之也**劉向云雷未可以出電未可以見雷電既以出見則雪不當復降皆失節也雷電陽也雨雪陰也雷出非其時者是陽不能閉陰陰氣縱逸而將為害也補曰墨子經說曰閒謂夾者也變猶異也災異之事陰陽而已傳特揭之為諸災異括例錯亂也史於二事錄日當亦如傳所說而傳則唯論經也劉子

下一句作夫何言哉從論語

政推陰陽之占明篡弑之兆孔廣森申之曰易中孚傳雷之始發大壯始君弱臣強從解起推是年三月癸酉猶在漸泰之氣雷已發聲臣強之甚蓋翬驕蹇將弑君徵也陽氣既不以時出八日之間陰氣又旋脅之而成雪盛陰厲甚臣有作威之象也孔又引惠士奇曰吳孫亮太平二年二月甲寅大雨震電乙卯雪大寒兩日之間一雷一雪晉安帝義熙六年正月丙寅雷又雪并在一日之中亮竟被廢安恭二帝皆強臣劉裕弑之與隱公同占也文烝竊謂惠孔所言足裨劉義但此等之學未審傳意如何案傳於蝝生曰非稅畝之災也又於梁山崩稱輦者之言曰天有山天崩之天有河天齊之君親素縞帥羣臣而哭之既而祠焉又於宋衛陳鄭災稱子產之言曰天者神子惡知之是人也同日為四國災也自餘諸災異皆不言某災由某事所致亦不言某異為某事之兆觀傳所言與其所不言足明有國家者宜兢兢於人事而不宜屑屑於天意宜有堯舜洚水警余之心而不宜為瞽史某日有災之說蓋春秋之教本是如此故曰子不語怪神子罕言命又曰夫子之言天道不可得聞而及其言天則曰天何言哉四時行焉百物生焉夫何言哉簡易切近如此而已鄭君說論語天道為七政變動之占而荀子引傳曰萬物之怪書不說淮南子曰孔子作為春秋不道鬼神史記天官書曰孔子

論六經紀異而說不書重規疊矩相為發明是則天文五行諸占有其說而不說之驗也高閌引商書高宗雊雉之變祖已曰惟先格王正厥事不言其吉凶禍福惟正厥事明春秋之旨亦不異也穀梁子為經作傳悉本夫子之意公羊異流而同源故其傳自螟生以外皆直曰記災記異別無他說與穀梁正同若左傳則雜采當時之言而意無專主自是史家之學異乎孔門所傳孔穎達詩小雅及左傳正義說士文伯論日食曰神道可以助教不可專以為教神之則惑衆去之則害宜故其言若有若無其事若信若不信期於大通而已此讀左傳者所不可不知矣自漢孝武時董仲舒說公羊於災異百餘事一一推言其應而何休繼之劉向治穀梁傳以洪範其說時有出入劉歆又自以其意附合左氏今見於漢書五行志者煩蕪岐誤大約如史通內外篇所譏范解多采劉向語佐以他書擇之頗嚴說皆近理愚復略有稱引附見其閒聊以蒐取舊聞志其大者遠者或亦不背傳意也而終未敢信也

雨月志正也

雨得其時則月補曰疏曰僖三年六月雨是也文烝案傳明雨得正則不日上大雨為霖審矣霖自癸酉始至庚辰而轉為雪五行傳曰貌之不恭是謂不肅厥咎狂厥罰恆雨說曰上嫚下暴則陰氣勝故其罰常雨也

俠卒○撰異曰：俠，左氏作挾。案漢書俠陛顏注同挾。**俠者，所俠也。**俠，名也；所，其氏。補曰：疏曰：徐邈引尹更始云所者俠之氏，今范亦云所其氏，則所者是俠之氏族。麋信以爲所非氏，所謂斥也。文烝案：麋氏之意，所者斥言爲某氏之辭，猶言某俠也。疑麋說是。莊三年解溺爲公子溺，是魯人相傳云爾。俠別有氏，魯人失之。**弗大夫者，隱不爵大夫也。**俠不命爲大夫，故不氏。補曰：弗大夫，謂直名不氏也。隱不爵命，故雖居大夫位，書卒而不氏，足明無侅亦同矣。不爵命而不氏，與列國卑者以國氏略相類。諸小國無命大夫者，欲目其人則直名，亦其比也。桓與隱異，而柔亦不氏者，柔出會時未命，非終不命，若書其卒則必氏也。公子慭、臧孫紇非大夫得氏者，公子之重視大夫，紇之祖父又本世大夫，又皆例所不卒，以出奔特書，故稱氏無所嫌也。**隱之不爵大夫何也？曰：不成爲君也。**明將立桓。補曰：不自成爲君也，猶云不取爲公。

夏，城郎。郎，魯邑。補曰：方苞曰：據左傳元年費伯已帥師城郎，至是始書，必前此城制猶未備也。文烝案：此亦舊有城而益城之證。

秋七月無事焉何以書不遺時也四時不具不成年也補曰不於六年發傳者傳及左傳皆周人書其體例無所拘限桓元年又多二句公羊曰春秋雖無事首時過則書何休曰過歷也歷一時無事則書其始月

冬公會齊侯于防防魯地也補曰近齊撰異曰防公羊作邴○會者外爲主焉爾補曰疏曰重發傳者嫌華戎異故也

十年春王二月公會齊侯鄭伯于中丘隱行自此皆月者天告雷雨之異以見篡弒之禍而不知戒懼反更數會故危之補曰往月例在定八年傳

夏翬帥師會齊人鄭人伐宋翬隱之罪人也故終隱之世貶之補曰此本公羊何焯曰加貶於隱一代之中使人因而推得其故所謂微而顯

六月壬戌公敗宋師于菅敗例日與不日皆與戰同菅宋地內不言戰補曰別內於外故不言戰而以戰爲敗文此蓋經改舊史以立例舉其大者也戰然後敗故敗大於

戰補曰明内所以不言戰也大猶重也敗重於戰言敗則戰可知故舉重而書可損去舊文也此事與莊十一年同書曰義於彼傳發之

辛未取郜補曰孔廣森曰郜本郜子國宋滅郜有其地今爲魯取**辛巳取防**補曰於是魯有二防邑近齊者爲東防此爲西防**取邑不日此其日何也**據僖三十三年伐邾取訾樓不日補曰凡内取邑史皆日君子略之**不正其乘敗人而深爲利取二邑故謹而日之也**禮不重傷戰不逐北公敗宋師于菅復取其二邑貪利不仁故謹其日補曰乘猶因也胡瑗以爲十一日之間取其二邑不日則其實不明程端學引陳岳説甚謬取二邑唐石經磨改作又取二邑

秋宋人衛人入鄭

宋人蔡人衛人伐載鄭伯伐取之凡書取國皆滅也變滅言取明其易補曰伐取之殺之用之刺之凡句末言之者皆緩辭例與日有食之亦同也何休曰不月者移惡上三國何非也既不言

滅則從伐例故略之○撰異曰載本或作戴左氏作戴唐石經左氏磨改及音義亦作載案釋名載戴也戴載也孔穎達曰地理志云梁國甾縣故載國古甾載聲相近故鄭詩箋讀傚載爲熾甾文烝案載國字說文字林皆作䵵

不正其因人之力而易取之故主其事也三國伐載自足以制之鄭伯不能矜人之危而反與共伐故獨書鄭伯伐取之以首其惡其實四國共取之補曰注言四國共取不可通也因人之力而易取之者解經言取之也主其事者謂取之之上加言伐也因人之力所以爲易取者易辭取之云者因人力而易取之之辭因人易取是爲蒙上之文不爲特主其事今加言伐明欲爲主事之文也加伐所以爲主事者如三國言伐載而鄭伯言取載與徐人取舒同文則三國爲主事鄭伯亦爲主事直言取之但爲蒙上不爲主事今言伐取之則是既爲蒙上又爲主事也必主之者鄭伯因人之力全無仁心反得託兼弱攻昧之義罪甚三國不正其如此故三國既主之鄭伯又主之也不蒙乎上無以著其因人之實不主其事無以見因人之爲不正是故戰不言伐圍不言戰入不言圍滅不言入而取特言伐焉所謂其義則丘竊取之者也如此之屬必是改舊史之文也家鉉翁曰孟子曰善戰者服上刑連諸侯者次之此春秋初年用

義讀爲儀
謂等儀

法之意也若鄭莊宋殤者可以當此刑矣

冬十月壬午齊人鄭人入郕○撰異曰郕公羊作盛入者內弗受也日入惡入者也補曰重發傳者前日入是易田今是兵入郕國也

十有一年春滕侯薛侯來朝補曰朝者白虎通謂用朝時見也傳曰諸侯相見曰朝何休曰不言朝公者禮朝受之於大廟與聘同義疏曰十是盈數更以奇從盈故言有欲見一者非十中之物也孔穎達引干寶同天子無事諸侯相朝正也事謂巡守崩葬兵革之事補曰周禮大行人凡諸侯之邦交歲相問也殷相聘也世相朝也大戴禮朝事儀曰使諸侯世相朝交歲相問殷相聘考禮脩德所以尊天子也補曰禮器曰禮也者猶體也祭義仲尼燕居並以爲履鄉飲酒義曰德也者得於身也王制曰考禮正刑一德以尊于天子朝事儀曰習禮考義正刑一德以崇天子左傳曰朝以正班爵之義帥長幼之序又朝事儀曰諸侯相朝之禮各執其圭瑞服其服乘其輅建其旗旂施其樊纓從其貳車委積之以其牢禮之數君使大夫迎于境卿勞于道君親郊勞致館及將幣之拜迎于大門外而

廟受北面拜貺君親致雍既還圭饗食致贈郊送所以相與習禮樂也諸侯相與習禮樂則德行脩而不流也

諸侯來朝時正也朝宜以時故書時則正也補曰謂正例不月注非**犆言同時也**犆言謂別言也若穀伯綏來朝鄧侯吾離來朝同時來不俱至補曰音義曰犆獨也本或作特**累數皆至也**累數總言之也若滕侯薛侯來朝同時俱至補曰累積也數計也目也皆至於魯魯則先後受之劉敞葉夢得等以為旅見非也○陳則通曰來朝皆小國也畏大國不獲已是以來也鄭人曰曹畏宋邾畏魯也宋人曰滕薛郳吾役也晉人曰滕薛小邾之不至皆齊故也不寧惟是繒畏邾也杞畏莒也紀畏齊也郜畏宋也郯畏吳也穀鄧畏楚也介葛牟畏東夷也春秋錄之悲其無以自存依人以為安亦幸其猶未亾也春秋之末諸姬垂盡覼昔日來朝者獨有區區之滕耳

夏五月公會鄭伯于時來時來鄭地○撰異曰左氏無五月張壽恭疑其脫時來公羊作祁黎左經與此同傳作郲案時來祁黎古音皆同後如曲池毆蛇之類放此

秋七月壬午公及齊侯鄭伯入許補曰劉敞曰伐宋敗宋取郜取防朝滕薛入許

隱之所以弑也德薄而多大功慮淺而數得意也備其四竟禍反在內可不哀與孔子曰人無遠慮必有近憂不在顓臾而在蕭牆也○撰異曰許國字說文作鄦史記鄭世家有鄦字

冬十有一月壬辰公薨補曰內君薨皆不名者國所獨尊從大上之例十二公唯莊見名隱閔不葬并不見謚故史家之學別有世本譜諜之書矣左傳固史學而此類則從略故隱桓閔文宣成襄哀之名亦皆不著

公薨不地故也不地不書路寢之比補曰魯史之法備用王禮王無弑時史無書道故明堂位曰魯王禮也君臣未嘗相弑也禮樂刑法政俗未嘗相變也觀於晉史之書趙盾齊史之書崔杼則足以明體例之異焉君子作春秋以當王法因其舊制更立新例弑逆大禍則不忍地本不地者乃又不日觀其有異文知其有變故矣鄭玉曰常事直書義自見大事變文義始明方苞曰春秋之特文皆所以發疑事雖變而義非隱無所用特文也惟事變而義隱然後特文以揭之文異然後疑生疑生然後義見范言路寢之比者以桓公在外則地也

隱之不忍地也隱猶痛也補曰何休曰不忍言其僵尸之處○桓公與公子翬弑隱公傳不如左氏公羊明言其事但於前後略見之傳似此者多矣以內之大事言之如文

姜齊襄之殺桓公哀姜慶父之賊般閔季子之討慶父宣公仲遂之殺惡視意如之出昭公陽虎之竊國寶左氏載其事甚詳公羊亦明述其事獨此傳於經各當文下既不一言其發傳於他處者亦皆隱約其辭而無紀錄事迹之語若此者何也傳之釋經主於明義義明則止也經文書法簡婉深微其實經之當文及前後文未嘗無以見之故傳亦於當文前後文明其義所見而止不復敘述事迹也全傳十一卷義最該密而文或簡略季子之鴆叔牙叔彭生之死歸父之遺與夫宋宣繆之讓國殤閔之被弒孔父仇牧之死難華元之平楚陳袁濤塗之誤齊桓晉荀息之死難齊豎刁易牙之爭權逢丑父之救君陳乞之迎陽生衛叔武之被殺甯殖之命子鄭弦高之犒秦師楚莊王之赦鄭靈王之經死左氏公羊皆有明文傳絕無之又公羊載曹子之劫齊桓孔子之行乎季孫曹羈之諫君齊高子之城魯傳亦絕無之又公羊解經有衛石踖鄭高克楚子玉得臣晉先軫曹公子喜時等姓氏名字傳皆不具夫此數十事者公羊高尚能得之於師則穀梁子凡當知之今皆隱約其辭或沒而不說是其好從簡略矣然則內事如獲莒挐敗鹹叔肸卒叔倪卒至自頰谷外事如滅夏陽盟召陵盟葵丘殺里克滅黃戰泓敗殽殺陽處父弒夷皋殺泄冶戰鞌盟爰婁梁山崩宋災伯姬卒殺慶封宋衛陳鄭

災弑買唁乾侯戰伯舉入楚歸賑會黃池此二十七傳者何以述事獨詳蓋作書時意有所到偶然詳之或以當時習知其事習聞其義因備述於傳如滅夏陽一條則戰國策魏謂趙王論晉人伐虢之事春秋罪虞之義可相證也桓譚謂穀梁之書殘略多所遺失是謂傳所不載者並是不知其事豈其然乎

其不言葬何也君弑賊不討不書葬

補曰此內外所同亦經之新例

以罪下也

責臣子也補曰公羊曰以爲無臣子也又曰子沈子曰葬生者之事也春秋君弑賊不討不書葬以爲不繫乎臣子也

隱十年無正隱不自正也

無正謂不書正月補曰不自正謂不自正爲君公羊曰隱將讓乎桓故不有其正月也此傳以爲不自正明讓桓是不正之事君子取義如此也或疑十年中正月適無事日食適是厤誤故得移晦入朔改正爲二又朝聘會遇觀魚輸平等適皆在時例耳否則亦必有正十年中或有竟春無事者又必有正此皆疑非所疑也今已無正故經因就無正起義義隨文變無意無必

元年有正所以正隱也

明隱宜立補曰正隱謂正隱之爲君也既以無正取義於不自正故元年之正又取正隱之義傳與元年傳謹始之意相因相足見經義之深遠也劉向說苑曰春秋之義有正春

者無亂秋有正君者無危國是故君子貴建本而重立始謂隱元年也案隱二年入向入極三年日食四年伐鄭五年螟六年輸平七年伐邾八年入邴螟九年震電大雪十年伐宋敗宋取郜取防十一年入許此皆兵戎災異之事而皆在無正之歲元年有正則悉無之故曰有正春者無亂秋也隱不自正爲君故身弒而統絶正其爲君則能終享其國子孫保之故曰有正君者無危國也此爲建本立始開卷之首義蓋穀梁家相承之說而公羊學者因之遂謂春秋有五始矣

隱補注二終

大千三百廿九字
小萬六千二百五十七字
眉注卅八字

春秋桓公經傳第二補注第三

桓公亦惠公子隱公弟也惠公嘗立之爲太子史記名允一作軌與世本同母亦曰仲子以桓王九年卽位

穀梁 范氏集解 鍾文烝詳補

元年春王正月補曰舊本正月二字退在下經公字上以王字斷句此以傳合經者之誤今移而改正之或幷欲移公卽位於此則非全傳附經之例凡經一事有數句者皆以傳文隨句散附與公羊附經之例一事爲一傳者不同嚴可均辯之甚明故今亦仍舊例桓無王補曰謂文無王其曰王何也謹始也諸侯無專立之道必受國於王若桓初立便以見治故詳其卽位之始以明王者之義其曰無王何也補曰據周實有王桓弟弑兄補曰音義曰弟殺本亦作弑下及下注同案今皆作弑臣弑君天子不能定諸侯不能救百姓不能去補曰定正也安也若宣王殺伯御更立孝公是救止也謂討賊以止亂百姓葢官民之通稱去除也諸大夫國人共除賊也以爲無王之道遂可以至焉爾補曰以爲無王之道遂至

於此故文無王也必於餘年去王而後足見此年之特書王故傳欲申謹始之義而先釋無王之文

有王所以治桓也補曰治討也此申足上謹始義也謹始卽以治桓隱之書正曰謹始也又曰所以正隱也桓之書王曰謹始也又曰所以治桓也文意一例以明二字爲兩篇大要也孟子曰世衰道微邪説暴行有作臣弒其君者有之子弒其父者有之孔子懼作春秋春秋天子之事也是故孔子曰知我者其惟春秋乎罪我者其惟春秋乎又曰孔子成春秋而亂臣賊子懼無王之道遂可以至此孔子所以懼也稱王治之以大彰天下有王之義此所以爲天子之事而亂臣賊子懼也內之變甚於外桓之罪重於宣故於桓特文以著義明其餘皆從同矣傳與孟子合是聖門所傳如此春秋經世議而不辯此其大者疏曰范氏例云春秋上下無王者凡一百有八桓無王者見不奉王法餘公無王者爲不書月不得書王桓初卽位若已見治故書王以示義二年書王痛與夷之卒正宋督之弒宜加誅也十年有王正曹伯之卒使世子來朝王法所宜治也十八年有王取終始治桓也○春秋撥亂反正以當王法故隱之始有正桓之始有王冠兩篇而冒全書者也公羊但知隱十年無正而不能言其義孟子於桓篇之義則深有合焉世衰道微但據春秋之初以無王之

道始於桓也春秋成而亂賊懼懼王治之也春秋天子之事則以王之冒全書者言也知我者惟春秋公羊所謂堯舜之知君子是也罪我者惟春秋公羊所謂其詞則某有罪又謂主人習其讀而問其傳未知己之有罪是也

公即位杜預曰嗣子位定於初喪而改元必須踰年者繼父之業成父之志不忍有變於中年也諸侯每首歲必有禮於廟諸遭喪繼位者因此而改元即位百官以序故國史亦書即位之事於策補曰何休曰即者就也先謁宗廟明繼祖也還之朝正君臣之位也事畢而反凶服焉文烝案左傳曰晉悼公即位于朝○撰異曰周禮小宗伯建國之神位注曰故書位作立鄭司農云立讀爲位古者立位同字古文春秋經公即位爲公即立段玉裁曰古文經者左氏古經也**繼故不言即位正也**故謂弑也補曰弑者故之實非曰故之訓**繼故不言即位之爲正何也曰先君不以其道終則子弟不忍即位也**哀痛之至故不忍行即位之禮補曰雖實即位而不言即位明其有不忍心子弟同義故兼言之亦以容桓**繼故而言即位則是與聞乎弑也**

繼故而言卽位是爲與聞乎弑何也曰先君不以其道終已正卽位之道而卽位是無恩於先君也推其無恩則知與弑也此明統例耳與弑同然況親弑者補曰疏曰桓是親弑之主而傳論與弑之事故知傳意本明統例耳文烝案注疏非傳意弑逆之事非一人所能獨爲與弑卽是親弑故於桓曰與聞乎弑翬曰與于弑公宣曰與聞乎故許止曰與夫弑者衛獻曰知弑皆同解也前見故後言卽位皆爲與弑之辭夫先君不正終而繼之者安然卽位無不忍心習其讀而深思之知其必與乎弑矣

三月公會鄭伯于垂垂衛地也傳例曰往月危往也桓大惡之人故會皆月以危之補曰何休曰桓弑賢君篡慈兄無仁義之心與人交接則有危也文烝案桓公十餘會無不有月知舊史月日之文最爲詳備而君子有所去取明矣崔子方謂春秋之例以日月爲本此言深有見劉敞乃謂穀梁窘於日月何哉近儒或引王充論衡謂穀梁公羊日月之例使平常之事有怪異之說徑直之文有曲折之義非孔子之心夫唯俗儒見以爲怪異曲折斯其爲聖人之經也漢諸儒無敢議日月例者獨王充妄言之彼無師法豈足據依

今本祊誤作璧

會者外爲主焉爾鄭伯所以欲爲此會者爲易田故補曰疏曰重發傳者嫌易田與直會異故也

鄭伯以璧假許田補曰以者重辭當從僖二十一年之例玉圜肉倍好曰璧圜剡上方下曰圭假借也依說文當作叚史記魯世家集解引麋信曰鄭以祊不足當許田故復加璧十二諸侯年表鄭莊公二十九年與魯祊易許田三十三年以璧加魯易許田假不言以言以非假也實假則不應言以璧補曰假則直假耳言以璧是易也非假也非假而曰假諱易地也補曰假可言易不可言故婉其文而爲諱禮天子在上諸侯不得以地相與也諸侯受地於天子不得自專補曰申上意也許翰曰以祊近魯許田近鄭而以相與利則利矣而義不得凡情之所便而亂之所生春秋所謹也無田則無許可知矣補曰所稼曰田所居曰邑許者邑之名以田繫邑名無田知亦無邑矣諸言田如濟西汶陽自鄣水龜陰鄣東沂西皆繫山水名不繫邑者有田無邑也其繫邑者則兼有邑叔弓疆鄆田是也公羊以爲田多邑少稱田邑多田少稱邑趙匡改之云有邑稱邑

無邑稱田趙說近之矣若然言田不必皆兼邑直言邑者卽皆以邑見田故疆鄆田之前直言取鄆是其驗也鄭以邴易許歸邴我入邴直言邴則此亦當直言許傳言無田則無許可知者明許下不須加言田以起下文也魯頌美僖公曰居常與許鄭君謂卽此許毛傳以爲魯西鄙當是魯西近鄭之地而公羊乃謂諱取周田以其近許而繫之許杜預從之夫邑自名許何關許國宜來劉炫之規**不言許不與許也**但言以壁假許而不繼田則許屬鄭也今言許田明以許之田與鄭不與許邑也諸侯有功則賜田以祿之若可以借人此蓋不欲以實言補曰不與者經不與得假也假許田可言假許不可言故亦婉其文案左傳楚子重請於王取於申呂以爲賞田申公巫臣曰此申呂所以邑也是以爲賦以御北方若取之是無申呂是古者賞田之制以田不以邑之事**許田者魯朝宿之邑也邴者鄭伯之所受命而祭泰山之邑也用見魯之不朝於周而鄭之不祭泰山也**朝天子所宿之邑謂之朝宿泰山非鄭竟內從天王巡守受命而祭也擅相換易則知朝祭並廢補曰傳釋許連言田者便文也何休曰宿者先誠之辭文烝案泰或作大也諸侯朝王王巡助祭皆周代大

典春秋猶有以見之王制曰諸侯之於天子也比年一小聘三年一大聘五年一朝天子五年一巡守此與五經異義公羊說及何休注同鄭君據左傳以爲記所言大聘與朝乃晉文襄霸時所制諸侯自相朝聘之法也左傳又有歲聘間朝再朝而會再會而盟之文又有諸侯五年再相朝之文周禮大行人大戴禮朝事儀侯甸男采衛要服六者各以其服數來朝十二歲王巡守殷國虞書堯典五載一巡守羣后四朝

夏四月丁未公及鄭伯盟于越○撰異曰越公羊本亦作粤**及者內爲志焉爾**補曰時鄭與魯會垂而去魯復因易田事志在結鄭故又會於越而盟也此與隱盟唐同與盟蜀盟宋盟皋鼬陳袁僑盟皆異重發傳者垂越地近時又相接嫌與盟蜀諸文爲類也盟唐盟越皆與上會判爲兩事不復書會而書及則是內爲志蜀宋皋鼬陳袁僑之屬書及者皆與其上會爲一非是罷會歸國復會而盟上書會而下書及自足見爲尊卑內外之常文非是內爲志矣用兵書及如公孫敖救徐亦承會文亦是也**越盟地之名也**越衛地也補曰盟地盟所期之地此越亦非國故又辯之傳釋宿越二文明後文會鄧會郲盟黃會穀築臺薛秦之屬皆從此例故不復發傳也杜預以垂爲衛地越爲近垂地名王夫

之謂垂屬宋顧棟高江永疑越當爲曹地

秋大水禮月令曰季秋行夏令則其國大水大水例時補曰五行傳曰簡宗廟不禱祠廢祭祀逆天時則水不潤下董仲舒曰水者陰氣也春秋考異郵曰陰盛臣逆民情悲發則水出水災歷月而成故例時**高下有水災曰大水**補曰明以災書也張尙瑗曰高下言田之高下交烝案左傳魯弔宋曰天作淫雨害于粢盛

冬十月無事焉何以書不遺時也春秋編年四時具而後爲年編錄補曰二語公羊同備四時而後謂之年編年而後謂之春秋也禮運曰播五行於四時卽論語云四時行焉是也洪範九疇五行居始春秋之書五行五事八政五紀王極三德稽疑庶徵五福六極悉備焉故上律天時義之所重又案周之正月七月二至月也四月十月二分月也故漢志引劉歆云時以記啟閉月以記分至

二年春王正月戊申宋督弒其君與夷宋督宋之卑者卑者以國氏補曰注

二語本莊十二年宋萬弑君傳文傳於彼發以明例左傳稱督爲大宰宋六卿無大宰則大宰非卿非命卿郎非命大夫皆爲卑者卑者宜稱人弑君殺大夫非衆辭皆不稱人不可不目言之故從卑者以國氏之例也督本公孫後賜氏爲華若是大夫當書公孫督或追書華督矣與夷殤公○撰異曰督本又作晳字體之異

桓無王其曰王何也正與夷之卒也諸侯之卒天子所隱痛姦逆之人王法所宜誅故書王以正之補曰左傳文十五年宋華耦辭公曰君之先臣督得罪於宋殤公名在諸侯之策此可見魯史之舊

及其大夫孔父補曰孔穎達曰其君者督之君其大夫者與夷之大夫**孔父先死**補曰說在下

其曰及何也書尊及卑春秋之義也邵曰會盟言及別內外也尊卑言及上下序也補曰凡及皆以尊及卑君臣也夫婦也內外也主客也華夷也一也故特言春秋之義所以廣包諸文注未得傳意**孔父之先死何也督欲弑君而恐不立於是乎先殺孔父**補曰不立謂事不成公羊曰督將弑殤公孔父生而存則殤公不可得而弑也

故於是先攻孔父之家是也左傳亦謂先攻殺孔父乃由督豔孔父之妻殺而取之咲助曰大夫妻乘車不可在路而見其貌文烝以爲左氏好言婦女多宋無稽小說爲之故華之傾孔也莒之入向也晉之討同括也齊之取讙闡也各自有其本末而皆爲鄙言褻語所亂此年既載奪妻事又言因民之不堪命歸罪司馬是其所據之書不一學者詳之

孔父閑也閑謂扞禦補曰孔父所以爲閑者公羊所謂義形於色也特爲言此者明兩下相殺不志郎志之不言殺其大夫又或當言遂殺其大夫今以閑故得志又得言其大夫又得蒙弑君文言及不言遂殺也呂大圭曰書及者以其與君存亾汪克寬曰若言遂殺則不見其爲君而死而大臣扞君之節不著其說皆是也劉知幾以爲稱及則弑殺不分君臣靡別及宜改爲殺文烝以爲古弑字祇作殺異音同字故其辭得以相統說已具隱四年劉氏妄矣此句與上數句文意不相屬

何以知其先殺孔父也補曰知見也言經以何文見之**曰子既死父不忍稱其名臣既死君不忍稱其名**補曰論君臣并及父子者其事同也五經異義公羊說臣子先死君父猶名之孔子云鯉也死是已死而稱名左氏說既沒稱字而不名孔父先君死故稱其字穀梁同左氏說鄭

君以爲論語云鯉也死者未葬以前也文烝案原仲夷伯皆此例說又見彼**以是知君之累之也**累謂從也補曰注非也累之正字本作纍省作累戰國策纍累通用玉篇纍字有力僞切一音云延及也又曰累同上廣韻曰累緣坐也緣與延同義王逸楚辭注纍緣也毛詩傳纍蔓也緣蔓皆延也傳言君之累之者謂督欲弒君延坐及於孔父以致先死也左傳引書康誥父子兄弟罪不相及管子曰凡過黨其在家屬及于長家劉績注曰及坐及也上言以尊及卑及者與也此言累之明凡殺大夫言及者又爲延及坐及之及公羊曰及者何累也與傳同也凡殺言及皆爲累而孔父之累則爲先死公子瑕箕鄭父慶寅傳皆言累並無先死之事事雖不同其爲延坐一也傳曰罪累上也又曰以累桓也累及許君也衛侯累也皆爲緣坐延及之義正可與此相證而范乃訓累爲從何休說公羊以爲累從君而死齊人語疏又引麋信云累者從也謂孔父先死殤公從後被弒皆失之矣孔廣森說公羊讀若伏生書甫刑傳大罪勿纍勝於舊說又引反離騷之湘纍李奇注謂諸不以罪死曰纍則牽合之說也**孔氏**補曰此合下句字字爲義言以字爲氏也左傳曰孔父嘉嘉名也孔字也父美稱也啖助以爲春秋時名嘉者多字孔說文巳言之矣弗父何讓國四世至正考父

宋君未賜氏族五世至孔父君命以其字爲氏故左傳亦曰督攻孔氏也史記敘孔子之先曰孔防叔防叔爲奔魯之始祖故據而言之非防叔始氏孔也孔父嘉爲孔氏猶華父督爲華氏

父字諡也

孔父有死難之勳故其君以字爲諡補曰此又合上句孔字爲義父者美稱連孔言皆爲字沒則爲諡故曰字諡也左傳世本宋大夫皆無諡殷禮則然孔父以字則稱得爲諡者葢字以表德沒稱之以易名自周法言之則謂之諡以字氏爲君命則以字諡亦君命矣檀弓魯哀公誄孔子曰嗚呼哀哉尼父與左傳同鄭君曰因且字以爲之諡或又少牢饋食禮皇祖伯某鄭君曰伯某且字也大夫或因字爲諡引左傳魯無駭卒請諡與族公命之以字爲展氏與檀弓注相合鄭以彼傳衆仲言諸侯以字爲諡因以爲族當於諡字斷句而孔穎達哀十六年正義反謂鄭錯讀非也傳言字諡諸證歷歷夫子本宋人哀公用殷禮竊意衆仲所述未必周制亦據周既有諡之後而言也孔廣森經學卮言說則異矣以爲王褒賦之言諡爲洞簫也諡本訓號非始於周特周始以行制諡耳般法生有名死以字爲號諸王以十幹稱者皆其字措之廟立之主配帝言之即諡也文王之父曰公季亦其比也周既以行制諡宋之君皆得諡於王而賜大夫諡皆以字自秉殷禮故有正考父孔父好父華父樂父碩父

夷父之等疑他國亦本如是故左傳曰諸侯以字爲謚謂諸侯賜其臣謚之禮也魯謚夫子爲尼父一則以爲夫子本殷人一則尊聖人不敢以末世非禮之謚謚之衛大夫有石駘仲駘字不見謚法蓋東周之初猶守禮典當亦以字爲謚者孔說未知是否學者擇焉范注甚不了疏申之尤誤又引舊解云三月既葬之後嗣君謚之使者以葬後始來故得稱謚又云或當孔父以字爲謚得據後言之二說皆泥於葬後之制且未思嗣君簒立不應爲先大夫作謚也

或曰其不稱名蓋爲祖諱也孔子故宋也

孔子舊是宋人孔父之元孫補曰疏曰案世本孔父嘉生木金父木金父生祁父祁父其子奔魯爲防叔防叔生伯夏伯夏生叔梁紇叔梁紇生仲尼是孔父是孔子六世祖范云元孫者以元者親之極至來孫昆孫之等亦得通稱之文烝案孝經鄭氏注曰蓋者謙辭謙謂謙愼與疑辭意近上言祖下言故宋謂孔子以故國視宋不忘祖也此或曰與後八年同言經文亦包此義也孔父卽不先君死夫子亦必不稱祖名若盟會聘問之屬可準臨文不諱之例今此最隱痛之事不得斥名後篇四殺大夫皆不名由此處已有諱義也魯史本以孔父先君死稱字君子仍之又寓諱義然則一史惟一意經兼二旨故傳備言之也○春秋因舊文爲一義出聖筆又爲一

關雎傳專言樂師說如是序混哀樂爲一蓋後來附益

通故通義繁露作達詁達辭王應麟引辭作例

義相兼乃備嘗讀詩而益信凡詩有兩作者即有兩義可明證者三焉其一左傳富辰論常棣詩既以爲周公作又言召穆公作召穆公亦云鄭君解之以爲凡賦詩者或造篇或誦古也其二晉郤至曰世之治也公侯扞城其民故詩曰赳赳武夫公侯干城及其亂也略其武夫以爲己腹心股肱爪牙故詩曰赳赳武夫公侯腹心此兔罝一篇之文而以一章爲治詩三章爲亂詩明是互文錯舉也其三毛詩以關雎爲文王之時后妃之德魯韓詩則以爲康王房后佩玉晏鳴應門失守畢公作諷而觀論語夫子之言曰關雎樂而不淫哀而不傷上句謂文王詩下句謂康王詩則亦兩義兼用也劉向說苑稱傳曰詩無通故春秋無通義此類皆是也

滕子來朝隱十一年稱侯今稱子蓋時王所黜補曰此等多用杜預義疏曰周公之制爵有五等所以擬其黜陟今傳無貶爵之文明降爵非春秋之義疏是也滕子薛伯杞伯杞子皆時王所黜曹之爲伯左傳所謂曹爲伯甸而汲冢穆天子傳有曹侯此穆王後黜爵之驗

三月公會齊侯陳侯鄭伯于稷以成宋亂稷宋地也**以者內爲志焉爾**補曰疏曰以者內爲志即是以者不以之例文丞案傳稱以者不以者也又稱以重辭也范據

之謂以有二義故疏云爾其實內爲志又別爲義**公爲**與莊八年以侯陳人蔡人同例則以有三義也**志乎成是亂也**爲欲會者外也欲受賂者公也補曰齊僖公也受賂自在下文與此無涉且三國亦皆有賂矣家鉉翁曰魯桓逆黨所以使三國成此亂者魯也穀梁深得聖人之意**此成矣取不成事之辭而加之爲於內之惡而君子無遺焉爾**取不成事之辭謂以成宋亂也桓弒逆之人故極言其惡無所遺漏也江熙曰春秋親尊皆諱蓋患惡之不可掩豈當取不成事之辭以加君父之惡乎案宣四年公及齊侯平莒及郯傳曰平者成也然則成亦平也公與齊陳鄭欲平宋亂而取其賂鼎不能平亂故書成宋亂取郜大鼎納于大廟譏旨見矣尋理推經傳似失之徐邈曰宋雖已亂治之則治治亂成不繫此一會若諸侯討之則有撥亂之功不討則受成亂之責辭豈虛加也哉春秋雖爲親尊者諱然亦不沒其實故納鼎于廟躋僖逆祀及王室之亂昭公之孫皆指事而書哀七年傳所謂有一國之道者有天下之道者也君失社稷猶書而不隱況今四國羣會非一人之過以義致譏輕於自己兆亂以此方彼無所多怪補曰江熙非也平訓成者字義也成則書成平則

書平者經辭也自杜預始爲平亂之說以改鄭衆服虔成就之訓而江氏因之且議傳失旣乖經例又昧傳旨矣范謂極言其惡徐謂指事而書說皆得之案昭二十二年傳曰亂之爲言事未有所成也宋督弑與夷立馮事已成矣不得言亂今日亂曰成之是取不成事之辭加之於桓也但文雖有加而意在誅惡乃是極言之無所遺漏所謂盡而不汙非苟爲加文耳論宋事則已成論內惡實欲成其不成此之謂內爲志朱子曰程子所謂春秋大義數十炳如日星者如成宋亂之類直著誅絕自是分明文烝謂此是經特增舊史文徐引哀七年傳字句微異

夏四月取郜大鼎于宋補曰左傳稱宋以郜大鼎賂公言取者受賂之辭也衛寶諱取此不諱亦所謂無遺

戊申納于大廟傳例曰納者內不受也日之明惡甚也大廟周公廟補曰疏曰此傳亦有弗受之文而引傳例者凡傳言內弗受指說諸侯相入之例今此言不受謂周公也恐其不合故引例以明之文烝案例在僖二十五年傳

桓內弑其君外成人之亂受賂而退以事其祖非禮也補曰以亂助亂以賂事祖非禮如是書不可遺總解會取二文也

其道以周公爲弗受也補曰其道猶言其義此解納字郜鼎者郜之所爲也曰宋取之宋也此鼎本郜國所作宋後得之補曰疏曰何休曰周家以世孝天瑞之鼎以助享祭諸侯有世孝者天子亦作鼎以賜之禮祭天子九鼎諸侯七卿大夫五元士三也故郜國有之文烝案何說自有據恐未必爾以是爲討之鼎也討宋亂而更受其賂鼎補曰錢儀吉曰討之鼎猶檀弓其不謂之殺厲之師與文烝案經著取之宋之辭者以是爲討之鼎故也成亂者其實討亂者其名音義引麋氏云討或作糾孔子曰名從主人物從中國故曰郜大鼎也主人謂作鼎之主人也故繫之郜物從中國謂是大鼎補曰名從主人謂從郜言郜物從中國謂從魯言大鼎左傳稱吳壽夢之鼎莒之二方鼎甲父之鼎正與郜大鼎同孔廣森曰文王克崇伐密而魯有崇鼎晉有密須之鼓亦是也文烝案此夫子用舊史文而釋其義公羊曰器從名地從主人傳聞未審也又曰宋始以不義取之故謂之郜鼎則別爲一說尤失之

秋七月紀侯來朝隱二年稱子今稱侯蓋時王所進補曰白虎通曰紀子以嫁女於天子故增爵

稱侯何休曰稱侯者天子將娶於紀與之奉宗廟傳之無窮重莫大焉故封之百里○撰異曰紀左氏作杞

朝時此其月何也據隱十一年春滕侯薛侯來朝稱時補曰舊史朝皆具月君子略之**桓內弒其君外成人之亂於是爲齊侯陳侯鄭伯計數日以賂**桓既罪深責大乃復爲三國計數至日以責宋賂補曰傳及注計字各本皆誤作討今依音義唐石經改正**己卽是事而朝之惡之故謹而月之也**己紀也桓與諸侯校數功勞以取宋賂不知非之爲非貪愚之甚紀不擇其不肖而就朝之補曰疏曰桓雖不君臣不得不臣所以極言君父之惡以示來世者桓既罪深責大若爲隱諱便是長無道之君使縱以爲暴故春秋極其辭以勸善懲惡也

蔡侯鄭伯會于鄧鄧某地補曰杜預釋例蔡地也公羊以爲鄧國賈服從之杜改之范注某字或作厶後皆同左傳曰始懼楚也

九月入杞我入之也不稱主名內之卑者補曰疏曰何嫌非我而發傳者以隱八年云我入邴

此直云入杞故發之文烝案此內稱人之文也陳傳艮以爲內恆言大夫帥師唯桓師非君將皆不言大夫陳氏又謂於晉靈公凡會盟皆不序諸侯是天下之辭於魯莊公凡會齊襄皆書人是一國之辭於魯桓公凡大夫將皆不言大夫於宋昭公凡大夫皆不名是一人之辭案陳氏之說亦已巧矣姑記之耳

公及戎盟于唐補曰不日者蓋以桓既姦逆又與戎盟其事可惡故略之歟襄十九年傳曰不日惡盟也

冬公至自唐告廟日至傳例曰致君者殆其往而喜其反此致君之意義也離不言會故以地致補曰注引例在襄二十九年傳告廟飲酒策勳書勞者至之事也左氏所據史例也喜其反者至之義也經例也注言離不言會故以地致非也離會不致致者皆危之危之故以地致例在定十年傳**桓無會而其致何也遠之也**桓會甚衆而日無會蓋無致會也弒逆之罪非可以致宗廟而今致者危其遠會戎狄喜其得反補曰無致會者爲其不足言會故曰無會也遠之者言春秋以爲遠也唐在竟內非遠以其會戎則亦爲遠而可危故遠之以危之常例會夷狄不致就本當致會者言桓則本不當致會故於常例所不

致者特致焉其文則從穀氏頰谷黃之例其義則獨以危其遠爲義與彼四事又略殊

三年春正月公會齊侯于巖巖齊地

夏齊侯衛侯胥命于蒲蒲衛地胥之爲言猶相也補曰言猶者義相近公羊爾雅何休注皆以相爲本訓相命而信諭謹言而退以是爲近古也申約言以相達不歃血而誓盟古謂五帝時補曰相命卽謹言爾雅曰誥誓謹也曲禮曰約信曰誓戰國策韓非子知伯曰吾與二主約謹矣此謂約謹其言以相告命而兩國之信已足曉達故不盟而退經著此不盟之文以是爲近古故也傳多以信爲申古讀信皆作申音此信字則爲人而無信之信注以爲申字非也俞樾曰謹讀爲結公羊正作結爾雅之謹謂約謹約謹卽約結一聲之轉廣雅劼勤也是其例文烝案表記曰信以結之左傳曰言以結之讀謹爲結於義優矣古謂三王時隱八年傳有明文注依周禮及左氏說遠指五帝甚謬左傳直曰不盟也公羊曰近正也古者不盟結言而退荀子曰春秋善胥命而詩非屢盟其心一也是

必一人先其以相言之何也不以齊侯命衛侯也江熙曰夫

相與親比非一人之德是以同聲相應同氣相求齊衛胥命雖有先倡倡和理均若以齊命衛則功歸于齊以衛命齊則齊僅隨從言其相命則泯然無際矣補曰注非也命令之事必有一人爲先而餘人從之先者命之者也後者從命者也今此齊爲先實是齊侯命衛侯春秋正名以順言不欲以齊命衛故以相言之

六月公會杞侯于郕郕魯地補曰此杜預下六年注其字作成○撰異曰杞公羊作紀郕公羊作盛

秋七月壬辰朔日有食之既○撰異曰辰汲古閣公羊作申誤也**言日言朔食正朔也**朔日食也補曰王引之曰廣韻曰正正當也言日之食當月之朔也正之言貞也廣雅曰貞當也定四年傳曰正是日囊瓦求之亦謂當是日**既者盡也**補曰公羊同何休曰光明滅盡毛詩傳訓既爲盡爲終墨子經曰盡莫不然也說文曰盡器中空也**有繼之辭也**盡而復生謂之既補曰傳例曰又有繼之辭也既亦爲有繼者盡則復生有既則有又義以相轉而相足此訓詁之理

公子翬如齊逆女翬稱公子者桓不以爲罪人也補曰桓所不罪故從常例而仍史文後不書翬

卒者弒君賊安死卿位不得書卒例在宣八年傳葢君子削之也爾雅曰如往也小爾雅曰如適也逆女前不見納幣事者或在即位前或不納幣或納而不使卿正月會嬴左傳以爲成昏于齊則知其有異常禮疑其不納幣或不使卿矣

逆女親者也使大夫非正也補曰疏曰重發傳者履綸外之始翬是內之初故重發以明外內不異文烝案如者內稱使之文也履綸逆女以無使道不言使此言如者逆女大典不可同於臧孫辰私行之文又不得與祭公劉夏無別故不言逆女于齊也

九月齊侯送姜氏于讙已去齊國故不言女未至于魯故不稱夫人讙魯地月者重錄之補曰注釋稱姜氏義本杜預得之公羊以爲父母之辭非也上下經文內女伯姬叔姬等稱字父母之辭且以別其人也內夫人子氏姜氏等稱氏夫家之辭又各繫於其君不待別之也仲子稱字者既沒無謚辭窮也紀季姜亦外女稱字者與其上文王后互見義一從王朝之辭一從其父母辭也王姬不字者別於內女也故曰名之必可言也言之必可行也

禮送女父不下堂補曰堂廟堂**母不出祭門**祭門廟門也闕兩觀也在祭門之外補曰闕門即經書雉門諸侯之

諸母兄弟不出闕門

中門也周禮祭義並云建國之神位右社稷左宗廟謂中門內路寢門外之左右鄭君說禮誤也兄弟蓋兼女兄弟言

父戒之曰謹愼從爾舅之言補曰謹卽愼疊言之耳又愼者誠也靜也審也

母戒之曰謹愼從爾姑之言補曰國語子夏曰婦學於舅姑者禮也

諸母般申之曰謹愼從爾父母之言般囊也所以盛朝夕所須以備舅姑之用補曰士昏禮記曰庶母及門內施鞶鄭君以鞶爲鞶囊男鞶革女鞶絲范從鄭義與先儒異先儒皆以鞶爲大帶也音義曰般一本作鞶申重也上所論禮皆謂壻親迎父母以女授壻時

送女踰竟非禮也補曰齊僖過寵其女違不下堂之禮左傳例曰凡公女嫁於敵國姊妹則上卿送之以禮於先君公子則下卿送之於大國雖公子亦上卿送之於天子則諸卿皆行公不自送於小國則上大夫送之

公會齊侯于讙無譏乎齊侯送女踰竟遠至于讙嫌會非禮之人當有譏補曰注非也言公既不親逆而此會又似親逆禮所未有問經意無譏否乎

曰爲禮也齊侯來也公之逆而會之可也爲親逆之禮補曰荅上問曰爲禮也猶檀弓云其庶幾乎亾於禮者之禮也明

經意無譏也所以然者齊侯既以送女來至讙則公之逆姜氏而因會齊侯可旣失於前猶得於後

夫人姜氏至自齊補曰公與夫人同至得禮異於莊故無公至文或從桓無致會例歟何休曰不就讙上致者婦人危重故据都城乃致也孔廣森曰于讙已入國矣見宗廟然後致不言至自讙者從國有行乃以其地致夫人本自齊來與往讙地而還歸者異何休曰月者爲夫人至例危重之

其不言翬之以來何也據宣元年遂以夫人婦姜至自齊**公親受之于齊侯也**重在公補曰是公受之非翬以之親受則幾於親逆矣

子貢曰冕而親迎不已重乎冕祭服補曰冕者以版爲幹三十升布覆之元表朱裏後高而前低故曰冕冕俛也王制毛詩傳白虎通古冠冕圖並言夏曰收殷曰冔周曰冕其制蓋皆相似禮器曰天子之冕朱綠藻十有二旒諸侯九上大夫七下大夫五士三士三旒者天子之上士耳其中下士及列國之士則以爵弁當冕矣爵弁覆版略如冕故士冠禮記郊特牲說文獨斷公羊宣元年注並言夏收殷冔周弁弁者爵弁卽冕也爵弁雖與冕類但冕有旒垂前而低周禮五冕皆以旒數爲別爵弁則無旒而前後平故不得冕名而從銳上合手之稱曰弁又以其如雀頭色曰

爵又以其用韋不用布謂之韋弁陳祥道據周禮言韋弁皮弁荀子言士韋弁皆別無爵弁書顧命某氏傳釋名又並言爵韋弁故知韋弁即爵弁也周禮冕服有六大裘而冕袞冕鷩冕毳冕希冕玄冕也以鄭君注言之九章曰袞謂畫龍也有龍山華蟲火宗彝畫以爲繢有藻粉米黼黻刺以爲繡荀子稱天子山冕即此服也七章曰鷩謂華蟲也五章曰毳謂宗彝虎蜼也三章曰希刺而不畫也一章曰玄以其衣色言也若言其章則左傳晉士會黻冕是也說文解袞字云卷龍繡於下裳似畫刺皆在裳其上衣直玄而已稱其衣曰玄稱其裳曰袞鷩毳希黻但衣之稱上得兼下故詩言袞衣毳衣黻衣荀子言黼黻衣而實則皆玄衣也禮器曰天子龍袞諸侯黼大夫黻士玄衣纁裳此略言之而玄衣其所同也士冠禮曰爵弁服纁裳純衣緇帶韎韐純衣即玄衣也玄衣純衣者絲衣也衣之用絲者獨冕服及爵弁服尊祭服也纁裳緇帶韎韐皆士之制據玉藻則大夫以上冕服皆素帶其韠謂之韍諸侯卿大夫皆赤裳赤韍天子朱裳朱韍也冕而親迎謂玄冕也士爵弁而親迎說文冕或作絻覍或作弁又作舁魯論語子見絻衣裳者見絻者古論語皆作弁文相似制相近明皆貴服矣音義曰迎一本作逆

孔子曰合二姓之好以繼萬世之後何謂已

重乎補曰夫子荅端木氏與大小戴記對哀公略同引之者明春秋貴親迎之意以明桓公親受較愈於宣成以夫人之文也古人愛厥妃必先敬其主妻者所安之主也以愛言也妻者內主也親之主也以敬言也

冬齊侯使其弟年來聘補曰昏事畢而聘也許翰曰自贏之會至仲年來聘備紀姜氏如此謹昏義也春秋反復意有所致者不可不察也必有深誡其中故志文姜悉者一閑其亂也錄伯姬詳者矜其節也顧棟高曰會贏至聘一年中連書六事皆爲昏文姜盟防至用幣三年中連書十三事皆爲昏哀姜志閨門之禍謹履霜之漸

有年有年例時補曰凡言年者取禾一熟一年之言稔也說文季穀孰也从禾千聲言有亦一有一亾之例周禮以凶歲爲無年**五穀皆熟爲有年也**補曰五穀黍稷稻麥菽也周禮逸周書豫州并州其穀宜五五種魯當青兗雖有不宜者非全無也不如其宜者多耳或以麻易稻未是麻與桑爲類合五穀爲七賦也熟成也疏曰冬五穀畢入計用豐足然後書之不可繫以日月故例時文悉案有年時者十二月納禾稼畢乃書也書金縢言秋大熟未穫謂周十二月以前其下言歲則大熟乃據十二月猶詩言歲其有皆與有年同

木稷亦曰蜀黍蜀大也

意此書有年宣書大有年公羊皆曰以喜書此左氏昭元年傳所謂國無道而年穀和熟天贊之也胡安國本孫復說謂桓宣十八年獨此二年書有年他年之歉可知方苞曰書有年皆承歲祲也隱五年螟八年螟桓元年大水故三年有秋喜而志之宣自即位後螽蝝水旱不絕書故十六年大有秋喜而志之莊六年螟七年大水二十四年二十五年皆大水而其後不書有年者繼災之後稍熟不可謂有年久則民氣漸復雖有年不復書矣○黍稷之說夥矣程瑤田曰今北人呼黍子穈子黃米黃粱又呼穄米穄子其音如稷者皆即黍也今呼高粱紅粱麤粱秫秫者即稷也稷米麤所謂疏食者也今呼穀子小米者則粱也粱即禾禾者粱之專名也文烝也案程氏九穀考世所推重其言黍是也其言稷未盡是也其言粱及禾非也禾爲黍稷稻既秀之通名說見莊二十八年今之小米當爲稷說文霰稷雪也釋名霰星也周禮注肉有如米者似星三文互證皆言細小則稷爲今小米可知今之高粱當是稷中一種廣雅曰藋粱木稷也即高粱也高粱高大如木故稱木稷既別之爲木稷則非稷之正種但玉藻稷食菜羹實即論語疏食菜羹所稱稷當爲木稷鄭君月令注引舊說稷爲首種今北人收穫黃米最先高粱次之小米又次之播種則高粱最先小米次之黃米又次之是高粱小米並合

首種之名矣若詩三禮左傳所謂粱者說文但云米名知其非穀名楊泉物理論謂黍稷之總名曰粱合稻菽爲三穀竊意黍稷之中並有米名粱史記索隱引三蒼曰粱好粟韋昭國語注曰粱食之精者蓋得其實故左傳粱與鱻對猶毛詩粺與疏對矣楊泉又以爲粱稻菽三穀穀各二十種爲六十蔬果之實助穀各二十凡爲百穀也

四年春正月公狩于郎 春而言狩蓋用冬狩之禮蒐狩例時而此月者重公失禮也莊四年冬公及齊人狩于郜傳曰齊人者齊侯也其曰人何也卑公之敵所以卑公也然則言齊人者所以人公則譏已明矣狩得其時故不月補曰凡史書狩皆月也狩與蒐皆書地哀十四年傳云狩地知非以地遠譏何休云禮諸侯田狩不過郊孔穎達以爲大野是魯狩常地皆未可據以 **四時之田皆爲宗廟之事也** 補曰田者四時取獸之總名何休引易曰結繩罔以田魚是也何氏又曰已有三牲必田者孝子之意以爲己之所養不如天地自然之牲逸豫肥美禽獸多則傷五穀因習兵事又不空設故因以捕禽獸所以共承宗廟示不忘武備又因以爲田除害 **春曰田** 取獸於田補曰白虎通曰總名爲田何爲田除害也

春歲之本舉本名而言之也

夏曰苗

因爲苗除害故曰苗補曰此本杜預左傳注也白虎通曰擇其未懷任者也鄭君解周禮謂擇取不孕任者若治苗去不秀實者云何休解公羊春苗曰苗苗毛也明當毛物取未懷任者毛即現字擇也公羊夏不田而董仲舒繁露增入夏獮異其師說

秋曰蒐

蒐擇之舍小取大補曰此本何休也白虎通曰蒐索肥者也音義曰蒐麋氏本又作搜周禮左傳爾雅春蒐秋獮國語云蒐於農隙獮於既烝古書異說不可強同

冬曰狩

狩圍守也冬物畢成獲則取之無所擇補曰此亦本杜預也白虎通曰守地而取之也疏曰周之十二月夏之十月萬物已收故得以畢成言之文烝案春夏秋冬皆用當代制不從夏時傳明經以非禮書也凡四時之田有田苗蒐狩猶四時之祭有祠禴嘗烝也失時失正而史書於策八者一也終春秋不見書田苗祠禴者田苗禮簡蒐狩禮盛祠禴禮約嘗烝禮豐非禮之事必於盛且豐者而取備焉故或非時而狩或非時而大蒐或非時而亟烝無有非時而田苗祠禴者也或值狩時而見脅於仇讐或遇嘗時而不綏其所可綏無有田苗祠禴而蹈斯失者也凡狩二蒐五嘗一烝二惟蒐紅別見義若西狩則非狩矣孔穎達王制正義引鄭君釋廢疾謂穀梁四時田者近孔子故也公羊正當六國之亾得見孔

子所藏之讖緯改爲三時田從春秋之制鄭與何休皆信讖緯以爲是孔子之書後漢之妄說也讖緯卽用公羊公羊世遠失實孔廣森以爲諸侯制似取楊疏之義亦無徵也

四時之田用三焉唯其所先得補曰目在下王制天子諸侯歲三田正義引釋廢疾謂以乾豆等三事爲田非三時田也與禮注異俞樾曰言唯其所先得則自以所得先後一爲一二三之次疑下注上殺次殺下殺之說未足據

爲乾豆上殺中心死速乾之以爲豆實可以祭祀補曰何休曰一者第一之殺也自左膘射之達於右髃豆祭器名狀如鐙天子二十有六諸公二十有六諸侯十有二卿上大夫八下大夫六士二

二爲賓客次殺射髀骼死差遲補曰何休曰二者第二之殺也自左膘射之達於右脾

三爲充君之庖下殺中腸污泡死最遲先宗廟次賓客後庖廚尊神敬客之義補曰何休曰三者第三之殺也自左脾射之達於右髃中腸腸污泡充備也案公羊王制毛詩傳皆有此三句

夏天王使宰渠伯糾來聘宰官也渠氏也天子下大夫老故稱字下無秋冬二時當所未詳補曰公羊曰下大夫也孔穎達引周禮大宰卿一人小宰中大夫二人宰夫下大夫四人謂未知伯糾是何

宰今據公羊當爲宰夫周禮鄭衆注以詩家伯維宰爲宰夫此宰夫稱宰之證服虔以晅爲宰夫當移以說此渠氏亦是采惠棟引左傳昭二十六年劉子以王出次于渠是也伯糾猶叔服皆字也何休曰天子下大夫繫官氏且字稱伯者上敬老也老臣不名何以糾爲且字得之以伯爲老稱范用其說實未可據傳例天子之大夫皆不名耳左傳曰父在故名父在之義與老臣之說相反杜預說渠爲氏伯糾爲名孔穎達引鄭箴膏肓云名且字則渠爲名伯糾爲字公羊注繫官氏且字傳寫氏下衍一名字徐彥因謂渠是名要之皆非也下無秋之七月冬十月者十四年傳曰立乎定哀以指隱桓隱桓之日遠矣夏五傳疑也明此亦爲世遠之故仍史之闕以示傳疑傳於彼言之則此可不發也

五年春正月甲戌己丑陳侯鮑卒補曰前正與夷後正終生此不正者以二日爲變文不復須正**鮑卒何爲以二日卒之春秋之義信以傳信疑以傳疑**明實錄也補曰稱春秋以包全經**陳侯以甲戌之日出己丑之日得不知死之日故舉二日以包也**國君獨出必辟病潛行補曰公羊曰

慨也甲戌之日亾己丑之日死而得何休曰慨者狂也齊人語此注辟病謂辟易之病卽狂也惠士奇說死而得死讀爲屍謂得其屍也案傳明此仍舊史從赴之文

夏齊侯鄭伯如紀外相如不書過我則書例時補曰注據下冬傳也疏曰紀在齊東鄭在齊西北鄭欲如紀則直過齊何以二君並得過魯蓋齊侯出竟西行而逢鄭伯遂與至紀途過於魯故得記之文烝案如者朝也左傳曰齊侯鄭伯朝于紀欲以襲之紀人知之杜預曰外相朝皆言如案外相朝言如者略之以别於來朝之文從內朝外之例凡過我則有借道之禮故或得書

天王使任叔之子來聘任叔天子之大夫補曰未知爲上爲中○撰異曰任左氏公羊作仍孔廣森詩聲類以爲冬綏蒸三類古通用故仍亦作任而戎菽謂之荏菽戎與茸通茸當音仍集韻戎兼入蒸部小雅朋戎爲韻邶風大雅仲任爲本句韻張壽恭引史記索隱曰地理志東平有任縣蓋古仍國

任叔之子者錄父以使子也錄父使子謂不氏名其人稱父言子也補曰廣雅曰詮錄具也王念孫曰詮者論之具也字亦通作譔錄者記之具也凡言之者綏辭此錄父以使子明之亦綏辭何休所謂

辟一人也武氏子雖未爵父没爲大夫矣不得録父故無煩緩也**故微其君臣而著其父子不正父在子代仕之辭也**君闇劣於上臣苟進於下蓋譏之補曰稱君以使而所使之臣無姓氏名字是微之録父以使子是著之其辭如此者明不正其父在子代仕也疏曰闇劣苟進止是二譏而言參者舊解傳言微其君臣而著其父子是刺其父之不肖而令苟進更又刺其君臣故曰參譏之或以爲參參者交互之義不讀爲三理亦得通文烝案公羊曰父老老者致仕之謂

葬陳桓公補曰葬時正也例在成十三年傳

城祝丘譏公不脩德政恃城以安民

秋蔡人衛人陳人從王伐鄭王親自伐鄭補曰稱人者孫復以爲衆辭文烝案傳例公與諸國大夫會盟大夫悉稱人明或公會諸國卑者則同文也王與諸侯並在焉猶公會諸大夫也王與諸大夫並在焉猶公會諸卑者也今此三國稱人蓋蔡衛皆君而陳佗使大夫通以稱人爲例猶蜀之盟楚人秦人等爲爲大夫而齊人爲卑者澶淵之會晉人爲大夫而宋人爲卑者也服虔以陳亂無君而決三國皆大夫未得

稱人之旨呂大圭謂有天子在則諸侯稱人有諸侯在則大夫稱人其言是也謂三國皆諸侯則未盡是也不言天王者趙汸曰凡言天以其無上故王不在辭端則不加天文烝案此亦所謂致恭而不瀆公朝于王所亦同也以王配謚本無加稱**舉從者之辭也**使若王命諸侯伐鄭書從王命者三國也補曰疏曰麋信曰舉從者之辭謂解經稱人也徐邈云舉從者之辭謂王不能以威致三國三國自以義從耳范以二者不逼故爲別解謂若王不親伐文烝案范是也以王文冠於伐鄭之上未嘗沒其事之實特其屬文爲舉從者之辭謂以蔡衛陳主其事不以王主其事孫復以爲不使天子首兵是矣若不欲爲舉從者之辭當先言天王伐鄭而後言蔡人衛人陳人從如河陽先言王守後言朝是則以王主其事左傳稱王以諸侯言以者豈史之舊歟**其舉從者之辭何也爲天王諱伐鄭也**諱自伐鄭**鄭同姓之國也在乎冀州於是不服爲天子病矣**鄭姬姓之國冀州則近京師親近猶不能服則疏遠者可知補曰疏曰徐邈云新鄭屬冀州案爾雅兩河閒曰冀州新鄭在河南不得屬冀麋信云韓哀侯滅鄭遂都之韓故晉也本都冀州傳以當時言之遂以目鄭然則伐鄭時未有韓國何得將

後代之事以爲名韓侯從冀州都鄭亦不得謂鄭爲冀州也葢冀州者天下之中州古者天子之常居鄒衍書云九州之內名曰赤縣赤縣之畿從冀州而起故後王雖不都冀州亦得以冀州言之鄭近王畿故舉冀州以爲說王引之曰士冠禮注曰病猶辱也故凡羞愧者皆曰病曰爲天子病矣曰公子病矣此類以由己羞之者言也曰病公子曰所以病齊侯也此類以爲人羞之者言也徐邈於襄八年傳注誤以爲疾病之病楊氏於哀九年傳疏又誤以爲病患之病古訓疏而經說遂踳矣文烝案此言同姓之親冀州之近猶且不服以爲是天子之羞辱故婉其文而諱親伐也春秋之義至是而止伐而後服在所不論若左傳所載戰于繻葛師敗王傷爾不可道矣○趙鵬飛曰親征非平世之事也武王創業則親征宣王再造則親征成康平世不聞親征有大司馬之法在也

大雩雩者旱祭請雨之名傳例曰雩得雨曰雩不得雨曰旱月雩正也時雩不正也禮月令曰仲冬行夏令則其國乃旱補曰秋不月者七月也傳例在僖十一年成七年爾雅曰舞號雩也何休曰使童男女各八人舞而呼雩故謂之雩鄭君荅臨碩難周禮引董仲舒曰雩求雨之術呼嗟之歌祭法注曰雩之言吁嗟也賈逵服虔

杜預皆曰雩之言遠也遠爲百穀祈膏雨賈又曰言大別山川之雩葢以諸侯雩山川魯得雩上帝故稱大何休曰不地者常地也鄭君論語注曰沂水在魯城南雩壇在其上五行傳曰言之不從是謂不艾厥咎僭厥罰恆暘說曰僭差也刑罰妄加羣陰不附則陽氣盛故其罰常暘也何休曰旱者政教不施之應

螽禮月令曰仲冬行春令則蟲蝗爲敗補曰劉歆說五行傳螽爲介蟲之孽何休曰螺者煩擾之所生○撰異曰公羊作螺後蚣蝑之屬補曰此本杜預也孔皆同亦作蚤

螽蟲災也穎達曰釋蟲云蜇螽蚣蝑楊雄方言云春黍謂之蚣蝑陸機毛詩疏云幽州人謂之春箕春箕即春黍蝗類也長而青股鳴者或謂似蝗而小班黑其股狀如瑇瑁文爾雅又有蟿螽土螽樊光云皆蚣蝑之屬然則螽之種類多也文烝案說文曰螽蝗也爾雅阜螽草螽析螽蟿螽土螽李巡以爲皆分別蝗子異方之語唐石經初刻蟲上無螽字

甚則月不甚則時補曰疏曰重發傳者經書時雩非正故不月螽災與之同不月嫌其甚而不月故發以明之文烝案螽時者亦皆七月也災在八月以後則甚七月則不甚唯文三年秋雨螽于宋甚而亦時彼以外災特志又加言雨足以別之矣此七月得雨書雩災不甚可見前發螟例此發螽例疏未得其意

冬州公如曹補曰董仲舒曰州公化我奪爵而無號文烝案曹小國而州朝之公非本爵明矣稱公者明其從此失國爲寄公猶郭公虞公皆生稱公也喪服經於失國者稱寄公知是古之常稱此言如下言來皆不言奔故稱公以起之左傳謂之淯于公**外相如不書此其書何也**補曰不書者經例因史例也**過我也**過我六年寔來是也將有其末故先錄其本補曰注以過我卽下寔來又用何休爲下張本之說皆未分明如曹者州公本意也書於冬者是冬過我也正月又言來者以過相朝也過我當書以過過相朝亦當書疏引齊侯鄭伯如紀無寔來亦言過我者不必悉有下事此因有下事故以相發明其齊侯鄭伯直塗過於魯不入國都故不言寔來也

六年春正月寔來來朝例時月者謹其無禮**寔來者是來也**補曰公羊曰猶曰是人來也何休曰不錄何等人之辭爾雅曰寔是也杜預曰寔實也案覲禮曰伯父實來鄭君注今文實作寔左傳曰鞏伯實來子皮實來印段實往外傳亦曰叔父使士季實來左氏書古文也杜讀從之說亦可通但今文家訓是自有所受不可輒改毛詩寔命不同傳云寔是也韓詩作實云有也此二訓之異**何謂是來**

謂州公也其謂之是來何也以其畫我故簡言之也諸侯不以過相朝也畫是相過去朝遠補曰此注尤不可曉傳意自明也上冬傳及此傳皆與公羊同公羊曰曷為謂之寔來慢之也曷為慢之化我也簡慢義同畫化聲近何休曰行過無禮謂之化齊人語也然則畫者魯人語也簡言之者謂言寔來不言朝也畫者卽下句以過相朝是也俞樾曰傳與公羊略同惟公羊於化我下不置一辭傳又申之曰諸侯不以過相朝也於是其義明矣蓋諸侯惟過天子之國必行朝禮成十三年公羊傳所謂不敢過天子是也若諸侯之於諸侯本非臣屬但須假道不必相朝而州公乃以如曹之故道出魯竟遂行朝禮朝不以禮與無禮同故謂之畫我化我何休行過無禮之說必有師承又謂諸侯相過至竟必假塗入都必朝今州公過魯都不朝魯則大非傳義矣文烝案俞說是也俞又謂左氏與公穀絕異今案左傳曰冬湻于公如曹度其國危遂不復六年春自曹來朝書曰寔來不復其國也蓋左氏讀經不審以為上冬自州如曹今春又自曹來魯於二家言過言畫言化之旨皆不得通唯解來字亦為來朝而不復國之說足證明公為寄公之義並可依用其留曹留魯則無以言之

夏四月公會紀侯于郕○撰異曰郕左氏公羊作成

秋八月壬午大閱補曰孔穎達曰大蒐大閱國之常禮公身雖在例不書公比蒲昌間皆舉蒐地此不言地者蓋在國簡閱未必田獵昭十八年鄭人簡兵大蒐在城內此亦當在城內文烝案孔言未必田獵不爲決辭準諸此傳不田明矣大閱者何閱兵車也閱爲簡練補曰左傳曰簡車馬也公羊曰簡車也今本公羊車下衍徒字孔廣森曰閱義如伐閱之閱簡義如簡稽之簡必取名簡閱者明主爲簿拔之周禮所謂校登其夫家之衆寡及其六畜車輦旗鼓兵器者是也先王之治安不忘危存不忘亾井牧其田野而寄軍令焉居則有戶籍田結行則有尺籍伍符故大師曰拱稽大役曰抱磨大田曰讀書契凡所以使軍實可數卒兩可比然後等列辨少長順而坐作進退之節可習脩敎明諭國道也脩先王之敎以明達於民治國之道補曰言此固治國之道也所以起下二句平而脩戎事非正也邵曰禮因四時田獵以習用戎事存不忘亾安不忘危之道乎謂不因田獵無事而脩之補曰周禮大宗伯大田之禮簡衆也鄭君曰古者因田習兵閱其車徒之數文烝謂因田習兵每歲四時行之因田習兵又大

加簡閱疑當如何休說以爲三年一行三年一行亦國之常史例不志今魯屆三年之期不因田獵以行此禮輒於城内行之故史特蒐閲例時補曰注以爲崇志之而經因以見非正**其日**因蒐以推閲也注**以爲崇武故謹而日之**補曰崇重也時史見事有異故特志之又日之君子從而取義如此**蓋以觀婦人也**補曰觀示也婦人夫人也古文孝經傳曰蓋者辜較之辭劉炫曰辜較猶梗概也推傳此言疑夫人自桓時已與聞國政爲後來出會如師之漸桓既從妻所好他年國外簡閲或與俱行爲後來共會共如之漸兹因子同之生將及月辰故夫人不出特行事於城内以悦之耳於說似奇於情或得家鉉翁曰時當淫姜煽豔之始穀梁必有所本也

蔡人殺陳佗陳佗者陳君也其曰陳佗何也匹夫行故匹夫稱之也補曰庶人稱匹夫匹偶也言其夫婦相偶耳人君而匹夫稱之爲其有匹夫之行**其匹夫行柰何陳侯憙獵**補曰說文曰喜樂也憙說也顔師古曰喜下施心是好憙之意音虛記切說文又曰嗜憙欲之也太元元衝曰務則憙又曰窮無喜憙卽憙省而與喜别急就篇勉力務之必

有憙皇象不誤他本皆誤此傳音義亦虛記反板本皆不誤惟唐石經誤白虎通曰四時之田總名爲獵蔡邕月令章句曰獵捷取之名也**淫獵于蔡與蔡人爭禽**淫獵謂自放恣遺失徒衆補曰是所謂匹夫行也傳聞之誤遂以爲姦淫公羊似此者多**蔡人不知其是陳君也而殺之**補曰蔡自殺匹夫陳佗耳不殺陳侯**何以知其是陳君也**補曰此知字訓見問於經文何以見之**兩下相殺不道**兩大夫相殺不書春秋補曰注言兩大夫是謂卿與卿相殺傳云兩下不必兩者皆卿兩下者別乎君殺大夫及衆殺大夫之辭猶言兩臣也兩臣相殺苟非矯王命殺世子事涉重大則皆以不道爲常不道者或是經例因史例或專是經例未能定也此蔡稱人本是衆辭稱人而不言殺其大夫則雖是衆辭之例而實爲兩臣相殺之文以兩臣相殺常例不道足明陳佗爲陳君也**其不地於蔡也**補曰疏曰鄭人戕繒子于繒書地今不地故決之

九月丁卯子同生子同桓公嫡子莊公補曰青史氏記稱王大子生而泣繼以卜名而依內則凡子生命名皆在三月之末則此書名者史追書也不稱世子者賈逵杜預皆曰書始生也案禮士冠記曰天子

之元子猶士也天下無生而貴者也

疑故志之

莊公母文姜淫于齊襄疑非公之子補曰案左傳十八年文姜如齊齊侯逼焉彼時莊年已十三次年而卽位人共見之無所可疑其所以疑者時謂姜氏未嫁已亂其兄此致疑之由也君子案史記齊世家劉向列女傳鄭君詩箋皆有其說使習其讀者知夫人嫁魯四年而生子中閒無如齊出會之事則文姜雖惡而疑可釋矣內則說大夫士生子夫告宰名宰書日某年某月某日某生而藏之宰告閭史閭史書爲二以是推諸侯之禮魯史書生必不止此君子於此獨存之其爲以疑特志不亦明乎朱子及張大亨高閔趙鼎程端學郝敬近儒顧棟高方苞牛運震洪亮吉張應昌皆發明穀梁之義而惠士奇言未嫁私通最得之楊疏亦知未嫁私通乃謂此四年中齊襄仍尚往來所以可疑不謂志以破疑反謂志以見疑誤會傳意其言鄙倍且齊世子何嘗來魯夫人何嘗往眞無稽之談也○杜預曰十二公唯子同是適夫人之長子備用大子之禮故史書之於策杜意聲姜爲文公母左傳無明文聲姜又未知何年所娶左傳雖以定姒爲定公夫人而定姒爲哀公母亦無明文亦未知何年所娶又以傳載公衛事推之則成公非穆姜所生又傳於此云以大子生之禮舉之則如文篇不書子惡之生或是

未嘗備禮杜說未審信否依杜亦得兼通史雖唯有此
文君子自取疑義明不當疑也張應昌以爲聖筆第存
其舊而自别具妙義是也朱彝尊曰易芈以黄易羸以
呂易司馬以牛其事或未足深信惟無聖人之書法可
以祛惑史沒其文斯疑者益甚耳**時曰同乎人也**時人僉曰齊侯之子同於他人補曰范解
同乎人本左傳徵舒似女亦似君之意案山海經伯陵
同吳權之妻阿女緣婦郭璞曰同猶通言淫之也或當
依彼作解因其名同謂是姜氏同通乎人所生毛詩序
曰人以爲齊侯之子焉是當時齊魯之人有此語申上
句疑字意也左傳桓公曰是其生也
與吾同物命之曰同杜預曰謂同日

冬紀侯來朝

七年春二月己亥焚咸丘日之謹其惡補曰焚之者蓋公也不書公蓋諱之或亦與前入杞後伐邾同**其不言邾咸丘何也**據襄元年圍宋彭城言宋補曰此當如何休據紀邴鄑郚既無伐邾文咸丘當繫邾**疾其以火攻也**不繫於國者欲使焚邑之罪與焚國同補曰注
又失其解若攻不以火則直言伐邾不目咸丘矣今疾
其以火攻詳其所焚之邑則略其所繫之國也凡書紀

邢鄑郚宋彭城鄭虎牢者變文也伐邑取邑滅邑悉不繫國常文也蘇轍謂邑有常處不待國別而知其說是也故不言邾由於言咸丘言咸丘則由於疾焚也經辭有體而皆相貫傳文甚簡而有所包當以此意讀之疾猶惡也何休曰征伐之道不過用兵服則以退不服則可以進火之盛炎水之盛衝雖欲服罪不可復禁故疾其暴而不仁也杜預以咸丘爲魯地焚爲火田左傳中兵事言焚者多矣杜非也又失時月日之例

夏穀伯綏來朝鄧侯吾離來朝其名何也據隱十一年滕薛來朝不名**失國也**禮諸侯不生名失地則名補曰注用曲禮文上句亦見襄七年二十五年**失國則其以朝言之何也**據文十二年郕伯來奔不名補曰疏曰郕伯與穀鄧並與常例違故據之以相決何則郕伯不言名而云來奔穀鄧書名而稱朝二者相反故特據之**嘗以諸侯與之接矣雖失國弗損吾異日也**待之以初也下無秋冬二時甯所未詳補曰注待之以初用公羊也言前者嘗以諸侯之禮相接今雖失國託寄於我我猶以諸侯待之而用朝禮故言朝此史文之舊君子所取也何休曰所謂故舊不遺則民不偷又據禮記諸侯不臣寓公寓公不繼世論其事曰獨妻得配夫

託衣食於公家子孫當受田而耕疏曰郕伯與魯同姓故不名以表其親言奔以明失國穀鄧與魯有好故言名以彰失國稱朝以見和親但入春秋以來無同好之事葢春秋前有之文烝案下無秋七月冬十月者與四年同

說

桓補注三終

大千六百七十一字
小萬六千三百七十一字
眉注五十七字

礿即禴字

春秋桓公經傳第二補注第四

穀梁　范氏集解　鍾文烝詳補

八年春正月己卯烝失禮祭祀例日得禮者時定八年冬從祀先公是也僖八年秋七月禘于大廟月者謹用致夫人耳禘無違禮**烝冬事也**春祭曰祠薦尚韭卵夏祭曰禴薦尚麥魚秋祭曰嘗薦尚黍肫冬祭曰烝薦尚稻鴈無牲而祭曰薦薦而加牲曰祭禮各異也補曰詩小雅曰禴祠烝嘗于公先王此周四時祭名周禮公羊爾雅皆同范注約何休注文何休又曰祠猶食也猶繼嗣也春物始生孝子思親繼嗣而食之故曰祠因以別死生麥始熟可汋故曰礿嘗者先辭也秋穀成者非一黍先熟可得薦故曰嘗烝衆也氣盛貌冬萬物畢成所薦衆多芬芳備具故曰烝董仲舒曰祠者以正月始食韭也礿者以四月食麥也嘗者以七月嘗黍稷也烝者以十月進初稻也又曰春上豆實夏上尊實秋上杌實冬上敦實豆實韭也尊實麷也杌實黍也敦實稻也始生故曰祠善其司也夏約故曰礿貴所受初也先成故曰嘗嘗言甘也畢孰故曰烝烝言衆也董生大恉與何氏同此古義也嘗烝二字其本義皆非祭乃用其引申之義蓋其由來久也祠礿禘

祫當皆是後來之禮故特製正字葉夢得引詩那烈祖楚茨皆但言烝嘗又逸禮篇有烝嘗禮有禘于大廟禮是則時祭烝嘗爲重大祭禘其大名歟○何休又論祭曰祭於室求之於幽祭於堂求之於明祭於祊求之於遠皆孝子博求之意也大夫求諸明士求諸幽尊卑之差也殷人先求諸明周人先求諸幽質文之義也禮天子諸侯卿大夫牛羊豕凡三牲曰大牢天子元士諸侯之卿大夫羊豕凡二牲曰少牢諸侯之士特豕天子之牲角握諸侯角尺卿大夫索牛案國語觀射父曰天子舉以大牢祀以會諸侯舉以特牛祀以大牢卿舉以少牢祀以特牛大夫舉以特牲祀以少牢士食魚炙祀以特牲庶人食菜祀以魚韋昭曰會會三大牢舉四方之奠

春興之志不時也補曰周正月夏十一月以爲不時而志者時祭之名亦不以夏制爲準也以春秋言之桓嘗在八月文大嘗亦然建未月也然則烝宜用戌亥之月不從夏時之冬矣論語顏淵問爲邦子曰行夏之時皇侃以爲顏淵魯人問治魯國之法孔子舉魯舊法爲荅謂田獵祭祀播種皆用夏時以行事是魯之舊也案論語下文殷路周冕韶舞皆魯國禮樂之舊皇說甚有理逸周書周月曰至於敬授民時巡狩烝享猶自夏焉竊意周魯之初悉如此但後來漸有變更遂一以周時爲準隱桓之代沿用已久故田祭一

失周時則卽謂之非禮而史書於策春秋事仍本史㠯

卽據以爲義若論語則本魯之初制言之故不相同也

依王制嘗烝皆祫祭五廟爲時祭之祫左傳亦稱齊嘗

于大公之廟此不言烝于大廟十四年不言嘗于大廟

者主爲烝嘗書

舉祭名則義見

天王使家父來聘 家父天子大夫家氏父字補曰家氏亦采也鄭君引家父釋冠禮某甫孔廣森遂以家爲且字非也疏曰何休云中大夫故不稱伯仲范意或然文烝案稱伯仲稱父葢並通乎上中下大夫似當時世世爲是稱毛詩序仍叔美宣王家父刺幽王孔穎達謂春秋所書别是一人猶晉之知氏世稱伯趙氏世稱孟宋孔父之父正考父其子木金父累世同字父也又大雅宣王時有皇父小雅之皇父序爲幽王時鄭譜及箋爲厲王時孔氏亦疑是傳世稱之

夏五月丁丑烝烝冬事也春夏興之黷祀也志不敬也 補曰公羊曰亟則黷黷則不敬何休曰黷渫黷也說文曰敬肅也釋名曰警也案敬與恭散文通對文則如少儀賓客主恭祭祀主敬鄭君曰恭在貌也而敬又在心張栻曰心在焉謂之敬是也疏曰一失禮尚可故以不時言

之再失禮重故以不敬釋之程子曰旣烝復烝者必以前烝爲不備也其瀆禮甚矣

秋伐邾補曰亦內稱人之文

冬十月雨雪禮月令曰孟冬行秋令則霜雪不時補曰五行傳曰聽之不聰是謂不謀厥咎急厥罰恆寒劉歆以爲大雨雪及未當雨雪而雨雪及大雨雹隕霜殺菽皆恆寒之罰也何休曰周十月夏八月未當雨雪此陰氣大盛兵象也文烝案月者例也范引孟冬者但取下一句之事非以夏正解經十月范諸引月令皆然

祭公來遂逆王后于紀祭公寰內諸侯爲天子三公者親逆例時不親逆例月故春秋左氏說曰王者至尊無敵無親逆之禮祭公逆王后未至京師而稱后知天子不行而禮成也鄭君釋之曰大姒之家在郃之陽在渭之涘文王親迎于渭卽天子親迎之明文矣天子雖尊其于后猶夫婦夫婦判合禮同一體所謂無敵豈施此哉禮記哀公問曰冕而親迎不已重乎孔子愀然作色而對曰合二姓之好以繼先聖之後以爲天地宗廟社稷之主君何謂已重焉此言親迎繼先聖之後爲天地宗廟社稷之主非天子則誰乎補曰

公羊曰祭公者何天子之三公也何休曰祭者采也天子三公氏采稱爵注引鄭君說天子當親迎非也下辨之王后王世子王姬王人王師王室言王猶言周也若言京師后京師世子則不成辭曲禮曰天子之妃曰后后君也左傳稱后繙方娠自夏然矣何休曰不言如紀者辟有外文**其不言使焉何也**據四年天王使宰渠伯糾稱使補曰不得獨據彼當依何休云据宰周公稱使**不正其以宗廟之大事即謀於我**時天子命祭公就魯共卜擇紀女可中后者使逆之不復反命補曰娶女所以崇宗廟故曰宗廟之大事即就也就成也公羊曰使我爲媒可則因用是往逆矣何休曰婚禮成於五先納采問名納吉納徵請期然後親迎時王者遣祭公來使魯爲媒可則因用魯往迎之不復成禮疾王者不重妃匹逆天下之母若逆婢妾將謂海內何哉**故弗與使也**補曰去使以譏王**遂繼事之辭也**補曰疏曰依范氏略例凡有十九遂事傳亦有釋之者亦有不釋者此是例之首又天子大夫嫌與諸侯臣異故發繼事之辭文烝案遂事實有二十此所以爲繼事者來成謀即往逆趙與權曰因而成事是也**其曰遂逆王后故略之也**以其遂逆無禮故不書逆女而曰王后略謂不以禮稱之

適與敵同

補曰俞樾曰此故字衍文蓋涉上故字而衍文烝詳繹此傳知經注下范所引鄭說非傳意也隱二年桓三年傳並曰逆女親者也使大夫非正也彼言逆女無使道自論諸侯之禮此祭公之來非有他事乃爲逆后使之來傳曰不正其以宗廟之大事即謀於我故弗與使也又曰其曰遂逆王后略之也明若非成謀而即往逆則此事不爲失禮春秋書之當曰天王使祭公逆女于紀不言王后而言女不言來不言遂而言使不如諸侯之禮不得有使道也范所引乃許愼五經異義及鄭君駁語見詩大明禮記曲禮哀公問左傳此條諸正義及通典其文互有詳略諸正義引異義禮戴說天子親迎春秋公羊說天子至庶人娶皆當親迎左氏說王者至尊無體敵之義故不親迎使上卿逆上公臨之諸侯有故若疾病則使上大夫逆上卿臨之許氏謹案高祖時皇太子納妃叔孫通制禮以爲天子無親迎從左氏義觀異義所載不稱穀梁云何固未可以公羊說爲穀梁說也荀子曰天子無妻告人無匹也四海之內無客禮告無適也無妻者蓋謂稱妃不稱妻以妃之言媲妻之言齊其義略異故也既曰無妻必無親迎之禮左氏說謂至尊無敵故不親迎者正是此意荀卿學於穀梁必不違其師說則穀梁說必與左氏同也戴禮公羊春秋非古義而白虎通從之鄭亦從之不如許從古爲得也何

休說公羊襄十五年傳曰禮逆王后當使三公雖違其本傳之舊說而義則是也詩稱文王親迎大姒考其事當在文王即位後文王爲殷之諸侯未可據以爲天子禮毛傳亦無天子親迎之說非若造舟爲梁傳稱天子造舟皋門應門冡土傳稱王之郭門曰皋門王之正門曰應門美大王作郭門正門以致皋應美其社遂爲大社以爲因祖制而定爲王禮又非若六師及之傳稱天子六軍直以天子事追述文王也孔子對哀公稱繼先聖後者自指周公稱爲天地主者自據魯得郊天而言非謂天子有親迎禮也孔穎達於禮記左傳二疏不以鄭駮爲允其說最是啖助疑而不定而趙匡斷從不親迎之說不可易矣范引異義左氏說祭公逆王后未至京師而稱后知天子不行而禮成此自左傳家釋稱王后之義與穀梁不同又通典引異義左氏說公子翬如齊逆女春秋不譏知諸侯有故得使卿逆有故而得使卿可與穀梁相補備但桓之使翬未聞有故經亦未嘗不譏其說不可用也祭公逆后卿亦當行杜預曰卿不書舉重略輕杜是也家鉉翁據左傳莊十八年虢公晉侯鄭伯使原莊公逆王后于陳不言王使而曰虢晉鄭使之以證公羊昏禮不稱主人之義不可通於穀梁

或曰天子無外王命之則成矣四海之濱莫非王臣王命紀女爲后則已成王

后不如諸侯入國乃稱夫人或說是補曰孔廣森曰禮
女未嫁而壻死女當改適唯王者妃匹至尊無偶雖在
其國義成爲后設遇大故不得更許嫁可以此經決之
文烝案此稱或曰者經意旣如上所說又兼見此義也
襄十五年亦同公羊經師傳聞有此一說
遂以爲專義矣范據公羊故曰或說是耳

九年春紀季姜歸于京師季姜桓王后書字者申父母之
尊姜紀姓補曰此皆本杜預杜
釋書字義本公羊與上稱王后相對爲義也逆稱王后
故歸稱季姜若逆稱女已從父母辭則其歸當稱王后
姜氏矣京師義在文九年傳不月者程子曰
書王國之事不可用無王之月故書時而已**爲之中者**
歸之也中謂關與婚事補曰當讀爲之中者絕句我爲
之中者則歸之也歸之者謂春秋之文書歸以爲
歸之經仍史之舊何休曰
明魯爲媒當有送迎之禮

夏四月

秋七月

冬曹伯使其世子射姑來朝補曰言其者凡世子上有目
君文則爲緩辭○撰異曰音

義曰射麋氏本作亦朝不言使補曰異於聘言使非正也補曰包姬言之使世子伉諸侯之禮而來朝曹伯失正矣補曰國語注曰伉對也左傳注曰敵也疏曰禮諸侯世子誓於天子攝其君則下其君之禮一等未誓則以皮帛繼子男此謂會同急趨王命者也今曹伯或有疾雖闕朝魯未是急事而使世子攝位來朝故云非正也案疏論諸侯適子之禮本周禮典命大戴禮朝事儀曹伯有疾何休杜預皆云爾諸侯相見曰朝以待人父之道待人之子以內爲失正矣補曰待與止同義謂處待也直書朝明魯以處曹伯之禮處之又譏內也左傳曰賓之以上卿葢失之內失正曹伯失正世子可以已矣則是放命也父有爭子則身不陷於不義射姑廢曹伯之命可補曰已止也謂止不來也太平御覽引麋信注曰放違也文烝案書康誥曰大放王命堯典及孟子言方命馬融趙岐皆曰方放也鄭君王肅讀堯典之方爲放謂放棄教命也注以廢釋放亦同以爲世子可放命非也傳言魯與曹伯既皆失正則世子可以止不來矣又言世子若止不來則嫌是違棄父命疑若未可此句所以起下尸了語文意與莊七年則

是兩說也定十三年則是大利也正同放各本誤作故今依唐石經陸湻徵旨太平御覽引及呂本中集解本俞皋集傳釋義本程端學本義改正胡安國傳言方命所據亦未誤**尸子曰夫已多乎道**郜曰已止也止曹伯使朝之命則曹伯不陷非禮之愆世子無苟從之咎魯無失正之譏三者正則合道多矣補曰言世子止不來則合道多不以放命爲嫌荀子引傳曰從道不從君從義不從父唐律有子孫違犯敎令及供養有闕之罪注曰謂可從而違堪供而闕並與尸子義合也可止不止明又譏世子矣程子以君病而世子出爲危道經無此義然亦得包之

十年春王正月庚申曹伯終生卒桓無王其曰王何也正終生之卒也徐乾曰與夷見弒恐正卒不明故復明之補曰疏曰案范荅薄氏駁云曹伯亢諸侯之禮使世子行朝故於卒示譏則傳云正者謂正治其罪是與徐解不同而引其說者以徐說得通一家故引之范意仍與徐異或以范意權荅薄氏故云譏曹伯若正說仍與徐同

夏五月葬曹桓公

秋，公會衛侯于桃丘，弗遇。桃丘衛地桓弒逆之人出則有危故會皆月之衛侯不來無危故時

弗遇者，志不相得也。弗，內辭也。倡會者衛魯至桃丘而衛不來故書弗遇以殺恥補曰內辭言弗非內辭言不經之通例何休曰弗者不之深也

冬十有二月丙午，齊侯、衛侯、鄭伯來戰于郎。結日列陳則日傳例日不日疑戰也補曰注引例在莊十年傳凡不日者皆月敗師日不日皆與戰同惟中國敗夷狄不論其疑戰不疑戰皆不日略之則又不月夷狄相敗皆是疑戰皆不月何休曰合兵血刃曰戰

來戰者，前定之戰也。先已結期戰補曰明從來盟之例

內不言戰，補曰疏曰內不言戰又發傳者公敗宋師起例之始此戰沒公故重發例以明之

言戰則敗也。兩敵故言戰春秋不以外敵內書戰則敗補曰史本言我師敗績經改立例惟乾時仍舊文爲變例注非也春秋爲王師諱敵爲內不諱敵成元年傳有明文不言戰爲舉大隱十年傳又有明文矣范於全傳多所未究

不言其人，以吾敗也。不言及者，爲內諱也。補曰既言戰則以所不言者示義也來者接公之文明此戰是公及

之

十有一年春正月齊人衛人鄭人盟于惡曹惡曹地闕補曰劉敞曰此非徵者也大夫之交盟於中國自此始故貶之也葉夢得從其說文烝案以瓦屋之例推之此說有理但於傳與左傳俱無徵

夏五月癸未鄭伯寤生卒

秋七月葬鄭莊公莊公殺段失德不葬而書葬者段不弟於王法當討故不以殺親親貶之補曰疏曰此據晉侯殺世子不葬而發文烝案突忽更出更入不書日危莊公葬者事近在下又非尋常小故危理易見故不須日楊氏之解葬景王已發此意

九月宋人執鄭祭仲祭氏仲名執大夫有罪者例時無罪者月此月者爲下盟補曰說文執捕辠人也案謂拘止之注首二句本杜預祭仲名而疑於字申侯名而疑於爵古人命名不拘但據左傳或言祭仲足或言祭足是名足公羊亦以仲爲字蓋與單伯女叔同義耳疏曰有罪時若鄭詹無罪月若季孫行父文

烝案范以月爲下盟而何休云執例時此月者爲突歸鄭奪正鄭伯出奔與范異也**宋人者宋公也**補曰能執他國權臣足明其爲宋君**其曰人何也貶之也**惡其執人權臣廢嫡立庶補曰不言行人蓋非使人劉炫及襄十一年疏得之疏又引舊解以爲私罪乃以單伯儗之非也**突歸于鄭**突鄭厲公昭公之弟莊公之子補曰此歸亦入也宜蒙月**曰突賤之也**補曰賤其不正故直名猶齊小白等之國氏見嫌也本亦當言鄭突今直名者因下文鄭世子忽出奔方變文稱鄭忽以見義若稱鄭突則上下文同故不得也辭雖與挈文類實無挈義公羊以爲挈乎祭仲非也**曰歸易辭也**傳例曰歸爲善自某歸次之此傳曰歸易辭也然則歸有二義不皆善矣突篡兄之位制命權臣則歸無善補曰此與衛侯衎復歸于衛皆是易辭非善辭衛侯嫌得善故謹日以明知弑此既直名以賤之言歸無所嫌胡安國曰內則權臣許之立外則大國爲之援而世子忽之才不能自固也故穀梁子曰易辭也劉敞曰歸者順辭也有易辭焉非所順而書歸易也入者逆辭也有難辭焉非所逆而書入難也范所引例在成十六年傳**祭仲易其事權在祭仲也**易辭言廢立在己補曰中上也注以廢立解權

字言廢忽立突皆已主之傳言權在祭仲是聖門相承說經語公羊經師習聞其言遂誤以爲祭仲行權衍爲侈大之論與納北燕伯傳之誤正同

死君難臣道也 補曰君謂忽也宋執祭仲脅令立突是忽有難仲宜死之

令立惡而黜正惡祭仲也 補曰立惡立不正也惡祭仲故爲易辭以彰仲罪劉敞駁公羊曰若祭仲知權者宜效死勿聽使宋人知雖殺祭仲猶不得鄭國迺可矣且祭仲謂宋誠能以力殺鄭忽而滅鄭國乎則必不待執祭仲而劫之矣如力不能而夸爲大言何故聽之且祭仲死焉足矣又不能是則若强許焉還至其國而背之執突而殺之可矣何故黜正而立不正又曰若仲之爲者春秋之亂臣也季本曰不言自宋自歸者上言宋執則突自宋歸可知文省而義自備此本趙汸說

鄭忽出奔衛 忽鄭昭公補曰爾雅曰奔走也淮南子曰走者人之所以爲疾也步者人之所以爲遲也此亦宜蒙月

鄭忽者世子忽也 補曰十五年文也言非嫌

其名失國也 其名謂去世子而但稱忽補曰疏曰此年去世子書名表其失國十五年稱世子明其反正故與常例不同常例已葬未踰年宜稱子

柔會宋公陳侯蔡叔盟于折蔡叔蔡大夫名未命故不氏折某地補曰折當云地闕內大夫與外君可相盟會例在文二年傳范解蔡叔依杜預爲名又申之非也凡內之不氏者或不命或未命實皆爲卿傳謂之大夫而外自小國夷狄以外其直以國氏者雖與內之不氏相當其實皆非卿傳謂之卑者皆與其稱人之文不異特以不可不目言其人故稱名而不稱人此蔡叔若是卑者則盟事本無須目言宜稱蔡人若如范意以爲未命之卿則恐史於外卿未暇細別傳所不言何得以柔相擬且未命之卿絕少之事叔之爲名又未見必然蔡叔與許叔蔡季紀季同例當依陸湻孫復爲蔡侯之弟蔡季之兄經若言蔡侯之弟某則於文不便故特稱字傳後言蔡季蔡之貴者舉季則可見叔故此不言也外用兵稱將稱某師師皆起文以後盟會則無此例故蔡叔齊高傒莒慶衛甯速悉書於經也疏曰不日者柔是未命大夫雖得書名仍從卑者例也

柔者何吾大夫之未命者也補曰疏曰重發傳者隱不成爲君不爵大夫故俠卒不氏今桓成爲君而有未命大夫嫌有罪故明之文烝案大夫未命故史無氏也未命而曰大夫明亦非卑者故不如宿盟直書其事蓋攝卿也於隱曰不爵命於桓曰未命其事既異傳亦各從實言之疏以此傳爲

重發非也柔後不卒者何休以爲深薄桓公不與有恩禮於大夫文烝謂柔卒當在桓莊之世當是桓莊無恩禮史不記卒也

公會宋公于夫鍾夫鍾郕地○撰異曰鍾公羊作童音義虡氏本亦作童音鍾

冬十有二月公會宋公于闞闞魯地

十有二年春正月

夏六月壬寅公會紀侯莒子盟于曲池曲池魯地○撰異曰紀左氏作杞曲池公羊作毆蛇趙匡引汲冢紀年魯桓公紀侯莒子盟于區蛇

秋七月丁亥公會宋公燕人盟于穀丘穀丘宋地補曰杜預曰燕人南燕大夫孫覺曰時北燕猶爲山戎所隔也文烝案燕稱人者從小國無大夫例左傳句瀆之丘即穀丘也論語音義穀公豆反句瀆音鉤竇皆古讀

八月壬辰陳侯躍卒陳厲公也補曰不葬者葢魯不會傳稱變之不葬有三求諸三者而不得

又非微國夷狄則魯不會葬可知矣

公會宋公于虛虛宋地○撰異曰虛公羊作郲

冬十有一月公會宋公于龜龜宋地

丙戌公會鄭伯盟于武父武父鄭地補曰許翰曰觀隱十年見兵革之亂也桓十一年以來見盟會之亂也霸統興起則無復此亂諸侯有所一矣是以君子不得已於斯民而以禮樂征伐與桓文

丙戌衛侯晉卒再稱日決日義也明二事皆當日也晉不正非日卒者也不正前見矣隱四年衛人立晉是也與齊小白義同補曰疏曰決日義者謂二事決宜書日故經兩舉日文也月則不然縱有兩事合月但舉一月以包之其有蒙日明者則亦不兩舉故范荅薄氏云貜且之卒連於日食之下可知同日是也文烝案玉篇決判也廣韻決斷也決日義者謂日義有嫌判斷以明之與僖十六年傳決不日而月同意再稱日是決異日之嫌是月是決同日之嫌經本相對見義皆為特文故傳釋同也陳傅良曰於以見春秋之有日例也邵寶曰史法一是卽書一是追書卽書者紀事之職追書者承赴之體

十有二月及鄭師伐宋補曰此非內卑者也不言及之者亦諱也月者爲戰日丁未

戰于宋非與所與伐戰也非責補曰疏曰糜信云此傳解經書下日之意也非責也言責魯反與其所與伐者戰也謂還與鄭戰其言責其還與鄭戰是也言解經下日之意則非也文烝案莊二十八年衛人及齊人戰不言于衛知此與鄭戰明矣程端學謂傳不通文義何易其言之甚邪不言與

鄭戰恥不和也補曰恥之故不復言及鄭師而加言于宋於伐與戰敗也內

諱敗舉其可道者也於伐宋而與鄭戰內敗也戰輕於敗戰可道而敗不可道

十有三年春二月公會紀侯鄭伯己巳及齊侯宋公衛侯

燕人戰齊師宋師衛師燕師敗績徐邈曰僖九年傳曰禮柩在堂上孤無外事今衛宣未葬而嗣子稱侯以出其失禮明矣宋陳稱子而衛稱侯隨其所以自稱者而書之得失自見矣補日不於會上日者趙匡以爲先行會禮別日合戰衛稱侯與穀戰晉子稱人不同疏曰晉爲大國不勞自戰故貶稱人衛從齊宋之命未是大過故譏而不貶文烝案敗績義在宣十二年傳其言及者由內

及之也補曰會則外爲主戰則由內及各有其義故傳明之常例客不言及魯雖客亦言及內即是主不以戰之主爲主於文不得以外及內也但若內一國與外敵惟內主敗有及文否則言敗某師不言及矣若內連諸侯之師則以內及外此及鞌戰是鞌戰魯與三國皆客也艾陵仍以主及客則沒魯文矣故由內及外者亦通例也晉與秦戰必以晉及秦內晉而外秦也晉與楚戰必以晉及楚內晉而外楚也皆是例也不論主客者也

其曰戰者由外言之也內不言戰言戰則敗今魯與紀鄭同討以有紀鄭故可得言戰補曰亦包鞌戰

戰稱人敗稱師重衆也補曰小國無師君將稱君非君皆稱人雖以戰書不稱師也敗則舉衆爲重

其不地於紀也春秋戰無不地即於紀戰無爲不地也鄭君曰紀當爲己謂在魯也字之誤耳得在龍門城下之戰迫近故不地補曰戰于紀而不地者上言會紀侯故下省其文省文者蓋變文也范疑之非也范語本何休廢疾而鄭君釋之如此見疏得在龍門得疑當作時轉寫誤也王引之曰六年傳曰其不地於蔡也文義正與此同蔡紀皆國名不得破紀爲己傳凡目魯皆曰我或曰內無言己者鄭君從公羊戰魯龍門之說以改穀梁說非也文烝案王說甚當公羊以不地爲近乎圍而何

休謂兵攻城池親戰龍門徐彥疏引春秋說董仲舒繁露亦言之左傳謂鄭不堪宋命故戰不書所戰後也其說又異趙匡孫覺胡安國詳繹經文知是齊以三國伐紀而魯與鄭救之明穀梁之說最長范注傳而反駁傳故李廉怪之矣

三月葬衛宣公補曰劉敞曰葬自內録也君子怨不棄義怒不廢禮惡不忘親

夏大水

秋七月

冬十月

十有四年春正月公會鄭伯于曹補曰杜預曰以曹地曹與會又隱元年注曰凡盟以國地者國主亦與盟孔穎達曰會盟之地地必有主舉地者地主之國或與或否故其國亦序於列舉國名以爲盟地者國主與在其中不復序之於列以其可知故也會于曹亦是例文烝案左傳曰曹人致餼哀十二年傳子服景伯曰諸侯之會事既畢矣侯伯致禮地主歸餼以相辭也

無冰皆君不明去就政治舒緩之所致五行傳曰視之不明是謂不哲厥咎舒厥罰常燠補曰疏曰徐邈云無冰者常陽之異此夫人淫泆陰爲陽行之所致也何休注公羊亦然今范云云則非獨爲夫人也蓋爲桓公聞於去就不達是非外不能結好鄰國內不能防制夫人又成亂助簒貪賂廢祀以火攻人反與伐戰此等皆是不明去就政教舒緩五行傳云不哲者謂不昭哲文烝案哲字或作悊楊依鄭君作哲訓昭哲也范引五行傳本劉向劉以爲周失之舒秦失之急故周衰無寒歲秦滅無燠年傳例一有一亾曰有有明言無者皆一亾一有可知趙汸曰常無曰有常有曰無孔廣森曰藏冰之禮先王所重無以取冰則春無以薦夏無以頒故不曰水不爲冰而曰無冰自人事目之之辭文烝案此略同趙鵬飛說

無冰時燠也補曰疏曰舊解謂無冰書時燠煖也時字上讀爲句因即解成元年正月公即位二月葬宣公三月作巳甲無冰在其中不是爲無冰書月可知也此正月公會鄭伯于曹下云無冰則正月者直爲公會鄭伯不爲無冰何者無冰一時之事固當不得以月書也徐邈亦然今以爲成元年傳云加之寒之辭則無冰亦當蒙月也傳云無冰時燠也者謂今所以無冰者正由時燠也於字下讀理亦足通文烝案無冰例時襄二十八年有著例成元年傳又云終時則

志舊解及徐得之成元年得蒙二月此不得蒙正月晏子春秋曰陰氷凝陽氷厚五寸者寒溫節寒溫節則政平政平則上下和上下和則年穀熟陰氷者不見日之氷陽氷者見日之氷王念孫校正晏子文其說如此言燠明不節矣

夏五鄭伯使其弟禦來盟○撰異曰禦本亦作御左氏公羊作語案越地禦兒張守節史記正義云今作語兒諸侯之尊弟兄不得以屬通其弟云者以其來我舉其貴者也補曰疏曰重發例者前弟年來聘今禦來盟嫌不同故重發之來盟前定也補曰前定謂盟誓之言素定來者接公之文明與公盟矣不言及義在僖三年不日前定之盟不日言信在前非結於今補曰疏曰此云前定之盟不日則丙午及荀庚盟之屬是後定可知孔子曰聽遠音者聞其疾而不聞其舒疾謂激揚之聲舒謂徐緩望遠者察其貌而不察其形貌姿體形容色補曰國語曰目之察色也不過墨丈尋常之間立乎定哀以指隱桓隱桓之日遠矣夏五傳疑也

孔子在於定哀之世而錄隱桓之事故承闕文之疑不書月明皆實錄補曰此承孔子言而述其意世近則無疑疑由遠而起故於桓篇遠日特仍闕文以示傳疑之義與五年傳言疑以傳疑爲一經通例者又略異也言哀連定言桓連隱皆便文也言夏五傳疑以例其餘明上四年七年無秋七月冬十月皆同此義而莊與桓接二十二年夏五月下無事明亦同義可知也子曰多聞闕疑愼言其餘又曰吾猶及史之闕文也又曰蓋有不知而作之者我無是也春秋月字之闕不補秋七月冬十月之闕不補夏五月不改爲夏四月並以世遠傳疑見義此之謂也或謂此等闕文之理易知何必傳疑夫唯理所易知故傳疑之義得因以見也公羊經師失其傳授故其傳曰夏五者何無聞焉爾孔廣森以穀梁說之非公羊意也尋公羊所說蓋亦習聞隱桓遠於定哀之言而不知卽指夏五傳疑之屬故隱元年桓二年哀十四年傳並曰所見異辭所聞異辭所傳聞異辭定元年傳又曰定哀多微辭以爲昭定哀所見之世文宣成襄所聞之世隱桓莊閔僖所傳聞之世內大夫卒則近辭詳而遠辭略內大惡則近辭微而遠辭顯此皆展轉附益致失本眞者也傳先釋來盟後釋夏五明來盟文與夏五相連何休以爲莅盟來盟例皆時非也莅盟來盟例不日皆當書月其有不月而時者乃是同中之異

後各當文論之齊桓盟不日者皆月或閒書時其例正相似

秋八月壬申御廩災御廩藏公所親耕以奉粢盛之倉也何休曰御者謂御用於宗廟廩者釋治穀名火自出燒之曰災文烝案國語曰廩于籍東南鍾而藏之周禮有廩人倉人蔡邕月令章句曰穀藏曰倉米藏曰廩五行傳曰棄法律逐功臣殺太子以妾爲妻則火不炎上劉向以爲御廩夫人八妾所舂米之藏以奉宗廟者也時夫人有淫行挾逆心天戒若曰夫人不可以奉宗廟

乙亥嘗御廩之災不志以其微補曰疏引徐邈云不足志志謂內災如御廩者不足志左傳司鐸火不志是也亦史例也此其志何也補曰據經而問以爲唯未易災之餘而嘗可也志不敬也鄭嗣曰唯以未易災之餘而嘗然後可志也用火焚之餘以祭宗廟非人子所以盡其心力不敬之大也補曰范用鄭嗣說讀可也志爲句不敬也爲句疏曰徐邈云而嘗可也言可以嘗可上屬與范注違王念孫曰徐讀可也絕句志不敬也自爲句實得傳意八年文十三年哀元年傳皆言志不敬也是其明證矣唯者雖之借字古二字通用言魯人不易其災之餘而嘗者其意若曰雖未易

災之餘而嘗可也則不敬莫大乎是故書曰壬申御廩災乙亥嘗所以志不敬也少儀雜記注並曰雖或爲唯表記注曰唯當爲雖大戴禮墨子荀子戰國策史記漢書列女傳多有借唯爲雖者**天子親耕以共粢盛**天子親耕其禮三推黍稷曰粢在器曰盛補曰共者供龔之省說文曰供設也一曰供給龔給也爾雅曰供共具也玉篇曰龔奉也**王后親蠶以共祭服**王后親蠶齊戒躬桑夫人三繅遂班三宮朱綠玄黃以爲黼黻文章服既成君服以祀之補曰案祭義祭統天子籍田千畝在南郊諸侯籍田百畝在東郊王后夫人皆有公桑蠶室在北郊傳不言諸侯耕夫人蠶者舉尊以該之范注夫人以下亦約祭義文彼言夫人親蠶之事又錯互王后事言之故云遂布於三宮夫人世婦之吉者使繅其實王后則班於所卜三夫人之吉者夫人則惟班於所卜世婦之吉者而已**國非無良農工女也**補曰工亦良也毛詩傳曰善其事曰工**以爲人之所盡事其祖禰不若以己所自親者也**凱曰夫治人之道莫急於禮禮有五經莫重於祭祭者非物自外至者也由中出者身致其誠信然後可以交於神明祭之道也補曰盡盡心力也人之所盡不若己自盡故必自親之祭統曰誠信之

謂盡盡之謂敬俞樾讀此盡字爲進蓋未是凱注用祭統文頗不了也傳言事祖禰必自親解上粢盛祭服之文亦兼解下春米之文其意主說春米以共盛共服起之耳**何用見其未易災之餘而嘗也**補曰問經文何用見之**曰甸粟而內之三宮三宮米而藏之御廩**甸甸師掌田之官也三宮三夫人也宗廟之禮君親割夫人親春補曰九章粟米術曰粟率五十糲米三十粺米二十七鑿米二十四御米二十一凡禾實連稃曰粟去穅曰米又通言之則糲米爲粟粺以上爲米段玉裁說書禹貢四百里粟五百里米云粟者糲米米者精米傳之粟米當同彼矣內即納字周禮注曰婦人稱寢曰宮宮隱蔽之言范以三宮爲三夫人非也王后之下有三夫人此三宮則言諸侯制也諸侯惟一夫人夫人有三宮猶王后有六宮也范又引文十三年傳夫人親春以證此之三宮米則又以爲諸侯之夫人其說是也三宮之人皆春粟而夫人爲主劉向所謂夫人八妾也公羊僖二十年傳引魯子曰以有西宮亦知諸侯之有三宮也是其於三宮之制猶須推而知之益信其學之晚出音義曰麋氏宮作官**夫嘗必有兼甸之事焉**夫人親春是兼甸之事補曰自粟而米須兼甸音義曰兼甸如字十日爲甸一

本作甸注亦然案楊疏謂夫人兼甸師所據本作甸此涉上甸字而誤也今依音義正本唐石經改正**壬申御廩災乙亥嘗以爲未易災之餘而嘗也**鄭嗣曰壬申乙亥相去四日言用日至少而功多明未足及易而嘗補曰趙與權曰災在致齊三日前也

冬十有二月丁巳齊侯祿父卒

宋人以齊人蔡人衛人陳人伐鄭○撰異曰公羊作衛人蔡人**以者不以者也**不以者謂本非所得制今得以之也補曰宋非伯者故非所得制伯者得以之則不言以杜預釋例以爲非例所及是也此發以字例明惡宋也左傳例曰凡師能左右之曰以詩箋國語注曰東西之**民者君之本也**補曰孟子曰民爲貴社稷次之君爲輕用下敬上則君重於師用上敬下則民貴於君故曰君之本**使人以其死非正也**刺四國使宋專用其師輕民命也補曰使人以其死者謂驅民以聽命他國置之死地也自民者以下又明兼惡四國也

十有五年春二月天王使家父來求車補曰何休曰求例時此月者桓行惡

不能誅反從求之故獨月案此與求賻下范注異古者諸侯時獻于天子以其國之所有補曰時者每歲春也周禮小行人令諸侯春入貢職方氏制其貢各以其所有逸周書職方同左傳曰諸侯不貢車服周禮大宰大行人則有器貢服貢故有辭讓而無徵求補曰辭以文辭告曉之讓譴責也此國語所謂威讓之令文告之辭所以懲不貢獻者求車非禮也求金甚矣文九年毛伯來求金補曰言甚者在喪而求非禮尤甚也疏曰不云求賻甚而云求金甚者喪事有賻但求之非禮金非喪所供故以爲甚文烝案傳言金以包賻也左傳曰天子不私求財公羊曰王者無求劉向說苑說求車求金曰天子好利則諸侯貪諸侯貪則大夫鄙大夫鄙則庶人盜鹽鐵論引傳曰諸侯好利則大夫鄙大夫鄙則士貪士貪則庶人盜何休說公羊曰王者求則諸侯貪大夫鄙士庶盜竊案此三文相似說苑庶人上脫士字鹽鐵論誤

三月乙未天王崩桓王補曰史記名林太子泄父子平王孫書日者正也周制太子有孫而死則立孫

夏四月己巳葬齊僖公 補曰危之者孔廣森以爲僖公寵其弟年之子公孫無知衣服禮秩如適卒成簒弒幾致奪正

五月鄭伯突出奔蔡 補曰何休曰月者大國奔例月重乖離之禍小國例時也文烝案舊史大國奔皆日小國皆月

譏奪正也 禮諸侯不生名今名突以譏之補曰所謂惡也

鄭世子忽復歸于鄭 補曰汪克寬曰前先書突歸繼書忽奔此先書突奔繼書忽歸突與忽之强弱見矣文烝案此蒙上月左傳曰六月乙亥昭公入左氏別有所據未可用也諸侯出奔歸國入國例月見執歸國例時說見僖三十年注舊史大國出奔歸入者皆日

反正也 補曰疏曰釋其稱世子也孫復曰鄭曰忽今日世子忽明忽世嫡當嗣也崔子方曰忽未踰年而失國不成爲君故其復歸曰鄭世子且見當立也文烝案復歸義在僖二十八年傳言復者明其實已爲君宜有國也言世子言復足知上稱鄭忽非嫌矣左氏載續經哀十六年春王正月己卯衛世子蒯聵自戚入于衛衛侯輒來奔子稱衛侯而父稱衛世子據實爲辭與此有合言入不言復入不言歸以蒯聵未嘗一日立乎其位又不宜有國也其義亦當

許叔入于許補曰此在時例**許叔許之貴者也莫宜乎許叔其曰入何也其歸之道非所以歸也**傳例曰大夫出奔反以好曰歸以惡曰入泰曰許國之貴莫過許叔叔之宜立又無與二而進無王命退非父授故不書曰歸同之惡入又補曰言貴者解稱叔義也案左傳隱十一年魯齊鄭入許許莊公奔衛鄭人使許叔居許東偏叔者杜預以爲莊公之弟故爲貴經欲顯其爲貴又不得以弟爲文故稱叔本宜立乃遲之十有五年閒鄭之亂以入于許故曰歸之道非所以歸啖助曰字之善興復也言入志非其正也啖之二語傳得包之入例在莊六年傳注引例在莊九年傳

公會齊侯于蒿補曰此又蒙上月○撰異曰蒿左氏作艾公羊作鄗陸湻孫覺皆從穀梁

邾人牟人葛人來朝何休曰桓公行惡而三人俱朝事之三人爲衆衆足責故夷狄之補曰公羊曰皆何以稱人夷狄之也董仲舒說之曰爲其天王崩而相朝聘也與何氏說異劉敞劉絢家鉉翁皆從董說案襄元年一朝二聘別無異文者從此可知成五年蟲牢之盟亦同其例杜預則以爲彼朝聘皆未聞喪於董生此言殆皆無以相難今以繁露未必廣川本書而邵公注多依胡毋生條例姑兩存焉若胡安國謂天王

崩而相率朝弑君之賊合兩說爲一轉非說經之法胡書往往如此

秋九月鄭伯突入于櫟櫟鄭邑也突不正書入明不當受補曰杜預曰櫟鄭別都疏曰案齊小白入于齊傳曰以惡曰入衛侯朔入于衛傳曰入者內弗受也蓋舊爲國君而入者則是內不受若衛侯朔鄭伯突是也公子不正取國者則是以惡若許叔齊小白是也但舊無此解不敢輒定或傳文互舉之其實不異文悉案互舉之說是也嘗爲君不言復入者未入國都不得言復名者惡也月者入國例○上書忽歸謂之鄭世子此書突入謂之鄭伯自後唯莊四年遇垂一見鄭伯又十年而有鄭之會俞樾曰春秋若曰當有鄭國者忽也終有鄭國者突也文悉案左傳下十七年十月辛卯高渠彌弑忽而子亹立十八年七月戊戌齊殺子亹而子儀立莊十四年六月甲子傳瑕弑子儀而突復立毛詩序亦云公子五爭春秋悉不志何也葉夢得曰鄭亂不以告則魯不得書於策春秋安得而見哉春秋因人以見法不求備於史而著其人故曰其事則齊桓晉文其文則史李光地曰魯桓黨於突當時鄭通赴告突也非忽亹儀也文悉謂突自櫟入于鄭不書亦不告

冬十有一月公會宋公衛侯陳侯于袲伐鄭袲宋地○撰異曰公羊宋

上有齊侯家作侈案說文引春秋傳公會齊侯于移**地而後伐疑辭也**補曰錄會地於伐上是遷延不進之辭故曰疑辭**非其疑也**鄭突欲簒國伐而正之義也不應疑故責之補曰注非也左氏以爲謀伐鄭將納厲公傳意亦如是言疑者諸侯亦知忽之當立而岐意於突卒助突也胡安國曰昭公雖正其才不足以君一國之人厲公雖簒其智足以結四鄰之援諸侯不顧是非而計其强弱始疑於輔正終變而與邪穀梁所謂非其疑者非其疑於爲義而果於爲不義也

十有六年春正月公會宋公蔡侯衛侯于曹

夏四月公會宋公衛侯陳侯蔡侯伐鄭蔡常在衛上今序陳下葢後至補曰此本杜預

秋七月公至自伐鄭桓無會其致何也危之也桓公再助簒伐正危殆之甚喜得全歸故致之補曰疏曰公與諸侯此年爲突伐鄭前年雖爲忽討突疑而不用心亦是其助故云再助范荅薄氏駮云明桓伐突非本心故言再助是也范必知前年爲忽伐鄭而此年爲突伐鄭者以前年責

其疑若是伐嫡而疑則不足可責明是爲忽討突也此年傳云危之若是助嫡則不須云危故知是助突討忽也文烝案上伐亦是助突范言再助是也荅薄駁及疏說非也危致者阻兵弗戢以篡助篡齊禍將發其危甚也唐不月此月者唐從凡以地致之例致之已是危之此從凡致伐之例不月爲平文加月爲危也異事異例故各發傳致月例在莊二十三年傳

冬城向

十有一月衛侯朔出奔齊惠公名朔朔之名惡也天子召而不往也補曰名而不往是其惡也公羊亦有其事而左傳無之蓋隱桓莊閔之篇左氏所據史書多殘闕有得之傳聞者有采用雜史者程子曰朔搆急壽二兄使至於死其罪大矣然父立之諸侯莫得而治也天子治其舊惡而廢之宜也趙汸曰時衛立公子黔牟而後來王人救衛朔入于衛放黔牟于周則黔牟之立蓋天子之命

十有七年春正月丙辰公會齊侯紀侯盟于黃黃齊地補曰下有郎

今通志堂刻葉傳本剜板擠增夏字

戰渝盟依暨盟公子結盟之例則當去日因下趡盟不去日故亦存日以明同

二月丙午公及邾儀父盟于趡 趡魯地補曰不以秋伐渝盟去日者魯渝邾盟遠則不日近則日近則惡易見不假去日文得相變也此與句繹同襄二十年盟澶淵亦其比矣儀父稱字者重邾魯之好故褒之與昧同義於盟既貴其親魯於朝必不責其事桓前朝自當依董生說○撰異曰公字各本脫今依唐石經十行本補正左氏作公會左傳直言及

夏五月丙午及齊師戰于郋 補曰左傳曰及齊師戰于奚疆事也杜預曰奚魯地○撰異曰公羊無夏左氏唐石經亦無夏惟穀梁唐石經有夏嚴可均曰孔穎達左傳序正義云桓十七年五月無夏昭十年十二月無冬則孔所見本無夏字文烝案陸湻孫覺皆曰左氏公羊無夏字蘇轍本葉夢得本張洽本皆無夏字呂本中黃震皆曰穀梁有夏字段玉裁見湻化本左氏亦無夏字郋左氏公羊作奚張壽恭曰說文郋汝南召陵里从邑自聲讀若奚凡說文讀若之字皆可通假穀梁蓋假郋爲奚後人少識郋字以其與郎相似故誤爲郎耳

內諱敗舉其可道者也 敗恥大戰恥小補曰重發傳者彼與所與

伐者戰此直稱及以戰嫌有異也**不言其人以吾敗也**言人則微者敗於微者其恥又甚故言師**不言及之者爲內諱也**及當有人公親帥之恥大不可言補曰此傳與戰升陘傳全同不言其人四句又與來戰于郎傳三處皆同來戰無及文故以不言及爲諱此及升陘並有及文故以不言及之者爲諱不言及之者即是不言其人下二句即申上二句注非也帥之者亦非必公也傳重發之者彼不言及此不言及之者嫌有異也○桓賊也故無恕辭桓君也故有諱義子曰舉一隅而示之不以三隅反則吾不復也子貢曰回也聞一以知十賜也聞一以知二伯御之誅死也不作謚不序昭穆而其稱公紀年以書事則十一年矣設以君子脩之亦若是而已矣

六月丁丑蔡侯封人卒

秋八月蔡季自陳歸于蔡補曰蔡季杜預以爲即獻武也非出奔歸非篡月者爲下葬日**蔡季蔡之貴者也**補曰亦解稱季義也季者何休杜預並以爲桓侯之弟桓侯之弟故爲貴桓已卒不得以弟爲文故稱季也前十一年之蔡叔當爲季兄叔蓋先桓侯卒故是時季立得爲正**自陳**

陳有奉焉爾陳以力助補曰公羊例曰有力焉者也

癸巳葬蔡桓侯徐邈曰葬者臣子之事故書葬皆以公配謚此稱侯蓋蔡臣子失禮故即其所稱以示過補曰劉歆賈逵許淑說左氏曰桓卒而季歸無臣子之辭也杜預曰史書謬誤也二說最爲近之何休亦以抑桓稱侯爲奪臣子辭而其所據爲說者則不可用徐注謂即其所稱以示過此不合事實史記蔡世家蔡諸君自宮侯而下皆以侯配謚無稱公者前此宣公考父亦稱宣侯後此文公申而下皆稱侯左傳有哀侯穆侯文侯景侯靈侯平侯昭侯皆不稱公啖助又舉世本爲證然則蔡臣子悉自稱侯春秋何獨於桓侯仍其本稱知徐爲不然矣孔廣森曰五等諸侯皆得以公配謚本周之舊制若魯考公煬公齊丁公乙公是也然書有文侯之命題篇則亦有謚配本爵者文烝案晉未爲曲沃時皆稱某侯此等先儒多已言之竊意謚以公配亦不禁人配以本爵者周制之便俗也雖以本爵配而春秋必稱公者魯策之守禮也此葬蔡桓侯若是史文當如杜說若是經意當如劉賈許說今未敢定焉又考周初諸侯猶多沿殷舊制不可繩以正典周公曰周文公而魯公不見其謚齊大公亦無謚丁公乙公癸公皆非謚也杞之東樓公西樓公題公謀娶公亦非謚也衛曰

康叔康伯宋曰微子微仲蔡曰蔡仲蔡伯曹曰曹叔晉曰唐叔唯微子仍舊稱餘皆以字繫地繫國也晉侯燮宋公稽不見他稱許文叔則以字配謚德男至康男五世乃多配以本爵衛孝伯至貞伯五世曹大伯至惠伯八世多以字配謚也此葬爲危文者季自外歸以貴嗣位有危道焉

及宋人衛人伐邾補曰及者內卑者也猶稱人也許翰曰正月與齊爲黄之盟五月戰焉二月與邾爲趡之盟八月伐之詩曰君子屢盟亂是用長豈不然哉

冬十月朔日有食之言朔不言日食既朔也既盡也盡朔一日至明日乃食是月二日食也補曰實亦是月朔食日官日御失厤以爲二日故不言日而言朔所以正之

十有八年春王正月此年書王以王法終治桓之事補曰此與元年之治桓以始終相對傳於彼言之此從可知也宣元年之王與他公一例與桓不同故其薨年無王同於隱莊與夷之弒終生之卒則皆春月第一事所以與隱莊宣之薨不同也

公會齊侯于濼公夫人姜氏遂如齊濼公本與夫人俱行至濼公與齊侯行會禮故先書會濼既會而相隨至齊故曰遂遂繼事之辭他皆放此

補曰濼齊魯閒水名注故曰遂以上皆本杜預其實夫人亦行會禮也如亦并蒙月○撰異曰公下各本衍與字今依唐石經刪正左氏有與字段玉裁曰左經疑俗增之春秋書及書暨未有書與者僖十一年公及夫人姜氏夫人偕行書例也左傳記其始謀曰將與姜氏如齊記其實事曰公會齊侯于濼遂及文姜如齊至聖人筆之曰公夫人姜氏遂如齊不言及何注云明遂在夫人也

濼之會不言及夫人何也據夫人實在當言公及夫人姜氏會齊侯于濼**以夫人之伉弗稱數也**濼之會夫人驕伉不可言及故舍而弗數今書遂如齊欲錄其致變之由故不可以不書實驕伉而不制故不言及補曰傳解會不言及夫人因以見如齊不言及之義夫人會如皆非禮此處皆未暇論之夫人如者父不在而歸寧也公如者朝也左傳魯人告齊曰來脩舊好禮成而不反行朝禮可知

夏四月丙子公薨于齊夫人與齊謀殺之不書諱也魯公薨正與不正皆日所以別內外也補曰夫人從君亦皆日定元年傳曰內之大事日**其地於外也**閔補曰疏曰據隱不地故決之文烝案內君內夫人內大夫外君苟死於外則皆地重其異常故謹之也外謂竟外若國都之外**薨稱**

公舉上也公五等之上

丁酉公之喪至自齊補曰何休曰加之者喪者死之通辭也本以別死生不以明貴賤非配公之稱故加之以絕案此卽傳所謂緩辭也又曰凡公薨外致日者危痛之朱子曰孔子直書義在其中云公會齊侯于濼公夫人姜氏遂如齊公薨于齊公之喪至自齊夫人孫于齊此等顯然在目雖無傳亦可曉

秋七月

冬十有二月己丑葬我君桓公補曰公夫人葬亦並日

葬我君接上下也言我君舉國上下之辭補曰疏曰公者臣子之稱也我君者接及舉國上下之辭文烝案注疏以上下爲臣民非也臣民正皆稱公耳廣雅曰接合也上下謂五等爵也公爲五等之上君則合上下稱之於薨專舉其上稱於葬兼舉其合上下之稱四句意相貫何休曰以公配謚者終有臣子之辭加我君者錄內也

君弑賊不討不書葬此其言葬何也據隱公不書葬不責踰國而討于是也禮君父之讎不與共戴天而曰不責踰國而討于是者時齊强大非己所討君子卽而恕

之以申臣子之恩補曰于是於此時也後不復讐而釋怨乃刺之疏以爲公雖不能報理當絶交明其當讎以討爲念而此時則姑不責其討蘇軾謂春秋之義立法貴嚴而責人貴寬胡安國謂春秋立法謹嚴而宅心忠恕正此之類申臣子之恩者謂不奪其葬也**桓公葬而後舉謚謚所以成德也於卒事乎加之矣**謚者行之迹所以表德人之終卒事畢於葬故於葬定稱號也昔武王崩周公制謚法大行受大名小行受小名所以勸善而懲惡禮天子崩稱天命以謚之諸侯薨天子謚之卿大夫卒受謚於其君補曰注首句及大行二句逸周書謚法文也案此傳二句當以表記二句證之人兼有衆善者取其大善一字爲謚卽善惡相雜苟不至純惡無善者亦以其善取一字爲謚然則惡謚如幽厲者葢有所不得已故曰謚所以成德而表記曰節以壹惠也周書謚法爲字無多卽論語所論兩人知同謚亦容異行而昭穆世近則謚必不同於此無以通之推其本意特因旣葬之後人事卒而鬼事始舊名將諱則新名宜尊故別易一字爲名以相加崇而其中又因有所取義耳故曰於卒事乎加之而表記曰謚以尊名也爾雅加崇重也崇高也充也內則注加猶高也國語注加猶上也以此意讀傳則也字矣字皆有意理而此禮亦通矣白

虎通據葬定公文
明祖載而有謚
知者慮義者行仁者守有此三者備然後可以會矣
桓無此三者而出會大國所以見殺補
日疏日復發傳者隱表會戎之危此明
桓見殺之事故重發之○家鉉翁曰是歲由正月迄歲終惟書魯桓所以死不聞以他事於此見聖人之經為誅亂賊而作案家氏論經多如此謂隱四年所書皆衛事莊九年所書皆齊事僖二十八年所書皆晉事昭八年所書皆陳事以為春秋非史也史者備記當時事春秋主乎垂法多所不書又謂春秋始於誅魯之亂賊而終於齊陳恆弒君之年其說皆未必然姑記於此

桓補注四　終

大千六百六十字
小萬四千百五十五字
眉注廿二字

清嘉善鍾氏本春秋穀梁經傳補注

第二册

晉 范甯集解 清 鍾文烝補注

中國國家圖書館藏清光緒二年嘉善鍾氏信美室刻本

山東人民出版社·濟南

春秋莊公閔公經傳第三補注第五

莊公桓公世子同也母文姜以莊王四年卽位閔公莊公子史記名開世本名啟方母叔姜哀姜之娣也以惠王十六年卽位凡閔之謚古書多作湣案漢書藝文志曰春秋古經十二篇謂左氏春秋經也又曰經十一卷謂公羊穀梁春秋經也又曰左氏傳三十卷公羊傳十一卷穀梁傳十一卷謂左傳卷數不與經篇數同公羊穀梁傳卷數皆與經卷數同也何休說公羊云繫閔公篇於莊公下故十二公爲十一卷也公羊音義於僖十六年云本或從此下別爲卷案七志七錄何注止十一卷公羊以閔附莊故也後人以僖卷大輒分之爾穀梁音義於莊十九年云傳本或分此以下爲莊公與閔公同卷唐石經公羊及鄂州本僖公第五其下注曰卷四以至哀公第十二注曰卷十一凡此皆何范本十一卷之證也三家之經各有所受閔不別卷者葢因文稀簡少附合前篇後易綸素亦遂仍之而何休以爲子未三年無改於父之道引傳三年稱子云云不可通於穀梁之義

穀梁　范氏集解　鍾文烝詳補

元年春王正月繼弒君不言卽位正也繼弒君不言卽位

之爲正何也據君不絶**曰先君不以其道終則子不忍卽位也**補曰君無不行卽位之禮者行其禮而不書見嗣子之不忍葉夢得曰卽位者禮也忍不忍者情也孔廣森曰君弑賊不討不書葬以義治也君弑子不言卽位以仁治也二者並春秋新意

三月夫人孫于齊桓公夫人文姜也補曰何休曰非實孫月者起練祭左右○撰異曰孫本亦作遜後同左氏公羊皆同段玉裁曰孫作遜者俗也或將左氏音義孫遜互易者謬**孫之爲言猶孫也**孫孫遁而去補曰言猶者義相近孫遁之孫義近子孫之孫也爾雅子之子爲孫郭璞曰孫猶後也後謂退在後後生也此與蒙者蒙也徹者徹也虛虛也已也相似後來又製遜字爾雅曰遜遯也孫炎曰遁逃去也易序卦傳曰遯者退也明亦若退在後生矣**諱奔也**補曰內諱公夫人奔謂之孫公羊亦同諱者經例因史例也左傳載子贛對衞出公曰昔成公孫于陳獻公孫于齊今君再在孫明臣子之辭如是奔急辭孫緩辭**接練時錄母之變始人之也**夫人初與桓俱如齊今又書者於練時感夫人不與祭故始以人道錄之補曰接與際同義猶言會也練者十三月之祭此日以練布爲冠服故以名祭

即小祥也注言以人道録之非傳意王念孫曰傳言録者閔録之也人之者仁之也謂於練時閔録夫人之不與祭於是始仁之也公羊言念母此言仁之其義一也仲尼燕居注曰仁猶存也墨子經篇曰仁體愛也說文曰仁親也又方言曰凡相憐哀九疑湘潭之間謂之人兮中庸曰仁者人也注曰人讀如相人偶之人以人意相存偶之言表記曰仁者人也注曰人謂施以人恩則人與仁同義公羊成十六年傳曰此其言舍之何仁之也曰在招丘悕矣何休注曰仁之者若曰在招丘可悲矣閔録之辭表記注引公羊傳仁之作人之古書仁與人二字多通用義通故字亦通也文烝案王說是也二句明所以特書孫齊義也公羊曰夫人固在齊矣其言孫于齊何念母也賈逵服虔說左氏曰桓公之薨至是年三月期而小祥公憂思少殺念及於母以其罪重不可以反之故書孫于齊耳其實先在於齊本未歸也孔廣森以爲莊公念母將迎而復之乃著之曰是時固孫于齊也前此孫文無所施文烝案他孫及凡奔皆去而不反之辭此孫亦獨異

不言氏姓貶之也

哀姜有殺子之罪輕故僖元年曰夫人氏之喪至自齊去姜以貶之文姜有殺夫之罪重故去姜氏以貶之此輕重之差補曰此氏姓與隱九年異男子有姓有氏姓女子姓而已姓即氏氏即姓僖八年傳曰言夫人

必以其氏姓婦人以姓爲重且變於君之直言公也注云云者與左氏賈服說略同賈服以爲殺子罪輕故孫不去姜氏賈又以說喪至但去姜之義孔廣森曰夫人姜氏孫于邾是內絕之之辭絕之則無惡也於其喪歸乃復以小君事之故惡之於彼夫人孫于齊內逆之之辭也自後遂終以小君事之故惡之於此後不待貶矣

人之於天也以道受命補曰此下申貶義也賈子曰命者制令也制謂限制令者號令下所云以言而在天亦若諄諄然者也人爲父母所生其中有天焉下三年傳曰三合然後生是也道者天人之際可言可行之名也自天之人則曰自誠明謂之性自人達天則曰自明誠謂之教性始之教終之道在其中矣堯舜性之自誠明也誠者天之道也湯武身之自明誠也誠之者人之道也誠之者思誠也身之者反之謂反身而誠也不明乎善則不誠其身善者所性而有也誠言乎自成也道言乎自道也皆大名也若道與德對文則道者若大路也德者得善於身也其綱親親仁也尊賢義也其殺其等禮所生也其目君臣也父子也夫婦也昆弟也朋友之交也皆道也所以行之者知也仁也勇也皆德也言乎心之皆有則曰仁也義也禮也知也言乎心所同然則曰理也義也此夫子子思孟子之精言而傳之所指也中庸曰自誠明謂之性自明誠

謂之教其發端則曰天命之謂性率性之謂道脩道之謂教陸賈曰天地生人以禮義之性人能察己所以受命則順順之謂道董仲舒曰明於天性知自貴於物然後知仁義知仁義然後重禮節重禮節然後安處善安處善然後樂循理諸文語意皆與傳同而陸生似郎本傳義但陸以受命之後能順爲道傳言受則已兼有順義與下以言受命一例天者自始生而然也天命之謂性也受命者終身之所受也率性之謂道也案下傳三合然後生詩大雅曰天生烝民有物有則左傳劉康公曰民受天地之中以生論語曰人之生也直諸生字皆謂始生而左傳論語二生字又爲生存生活之生與始生之生相因爲義可知此傳二句之說矣○性之爲字从心从生是由始生得名故曰生之謂性曰性者生之質曰與生俱生是其訓詁然也經傳性字有二解如孝經天地之性人爲貴直訓生也父子之道天性則性情之性也左傳民樂其性亦生也協於天地之性性情之性也夫傳言人之於天以道受命而皋陶曰天敘有典天秩有禮逸書大甲曰顧諟天之明命尹吉甫曰天生烝民有物有則民之秉彝好是懿德劉康公曰民受天地之中以生所謂命也夫子曰人之生也直子思曰天命之謂性自誠明謂之性比而觀之性善明矣然而孟子言性善乃爲發前聖所未發者可欲之謂善無惡之

捁从手即攪字王引之說

謂善孟子以爲人性但有善無有不善且人人所同此性字眞切究竟之義其原出於中庸之言誠而自詩書以來皆引而不發子貢所謂夫子之言性與天道不可得聞者也論語言性之文唯曰性相近也習相遠也唯上知與下愚不移其辭最渾而其理最密得其言不得其意未有不以爲善惡混者又未有不以爲三品者非孟子固不能辯之矣蓋自夫子沒而微言絕學者多失其旨於是有子賤漆彫開世碩公孫尼之說有樂記之說有告子四章之說有公都子所稱告子曰及兩或曰之說大率或言靜或言動皆有似乎相近之言而言有性善有性不善者則又似乎上下不移之言今取孟子之書詳考而深繹之人與聖人皆同類而相似卽口目耳鼻四肢之形色其血氣心知之中而仁義禮智具焉斯則謂之爲天性性不可知於情知之情不必專善而以其皆有惻隱羞惡恭敬是非之心乃所謂故以利爲本者故知其皆有仁義禮智根於心而所性皆善雖曰皆善而非堯舜之至誠不可言性之雖非性之而皆可反身以思誠卽皆可以爲堯舜惟不思不求而不能盡其才陷溺焉捁亾焉則其本相近者倍蓰相遠而至於無算斯夫子所謂下愚矣下愚從習而來至此則亦不移相遠之實以下愚爲極相近之名從上知而生此則孟子未嘗引論語而實密合論語之意廣大精微明白

淮南子亦云四子說樂記說告子五說皆即是可爲善可爲不善之說楊雄所謂善惡混也韓子所謂中品也

洞達言天人性道者必至此而其說乃盡文烝讀孟子積久乃悟之章句既多用特檃括焉聖人與我同類同類者相似二語最分曉以聖人之與人相似即知人之與上知相近也相似即是相近而於所謂好惡與人相近所謂違禽獸不遠者近遠之文雖同其意異也七篇言性最先處曰孟子道性善言必稱堯舜堯舜者善之極性之準以是知論語兩相字必指上知也一章再出子曰者始吾於人善人不見之例也四德有智即上知之知明性中有知無愚而下愚自由於習故又曰困而不學民斯爲下也趙岐解倍蓰無算云非天獨與此人惡性其有下愚不移者譬如被疾不成之人所謂童昏也此注是也趙又解湯武反之云反之於身明反非反性之謂管子言內靜外敬能反其性性將大定莊子言反性復初彼皆道家之學異乎孟子所論也宓子漆彫子世子公孫尼子之書見漢志而王充論衡稱之曰周人世碩以爲人性有善有惡舉善性養而致之則善長因惡性養而致之則惡長故世子作養書一篇宓子賤漆彫開公孫尼子之徒亦論情性與世子相出入皆言性有善有惡此即公都子所述可以爲善可以爲不善之說也樂記亦公孫尼所作其言曰人生而靜天之性也感於物而動性之欲也民有血氣心知之性而無哀樂喜怒之常其言靜即告子無善無不善之說其言動

卽告子杞柳湍水食色及以生訓性之說亦卽可爲善可爲不善之說也至於仁義禮智信五性爲五行物象之說好惡喜怒哀樂六情生於六氣之說又有喜怒哀懼愛惡欲七情之說與夫性爲陽氣情爲陰氣陽氣有仁陰氣有欲之說又有性不發爲陰情形外爲陽之說性其情情其性之說此等分論性情皆於孟子無妨古人言凡有血氣莫不知愛其類亦曰凡有血氣皆有爭心言孩提之童知愛其親亦曰兒善訟言人義人利又言人患言道心之微兼言人心之危此等言情言心亦於孟子無妨詩書所稱不虞天性俾爾彌爾性並不主於論性其曰節性者則以好惡喜怒哀樂之無節於內者言之而不害其爲本自有節也孟子又言忍性亦節性之意也言豈一端各有所當學者亦務究性善大旨而已荀卿後出其學深於禮好非子思孟子作性惡一篇與孟子爲難而以性與僞對則亦明知性之爲誠漢儒言天地生人以禮義之性言明於天性知自貴於物然後知仁義重禮節安處善樂循理言天之所生皆有仁義禮智順善之心保定人甚固其餘言五性者甚衆而後來輯古文書者言恒性說文之訓則直曰性善者也其實於孟子之言終未能篤信而發明之故董仲舒著書言性未可謂善其後楊雄荀悅及王充本性唐韓子性原皇甫湜之論杜牧之辯皆不宗孟子者也李翱

僞非爲字

作原性者誤

聖人言復禮不言復性

善談名理四字潘興嗣墓誌語

鄭君解樂記天理亦云理猶性也必如朱子云在心喚做性在事喚做理方得分明

張程朱言性者周子太極之學也太極之學實從易大傳三句來

宗孟而始爲滅情復性之說性不可言復且離情無以求性矣宋周子善談名理而程子因以有理與氣之說張子亦有天地之性氣質之性之說朱子皆取以說孟子夫天生萬物莫不有性性故水性下山性生羽性輕雪性消玉性堅犬性守牛性順馬性健而人性則善善謂之仁義禮智仁義禮智之心有所同然者謂之理義今日性即理也不及在我在物之別則語未足矣人有性而情以見之才以充之形色以載之或謂之天性或謂之血氣心知之性各便文以爲言今必兼論性與氣而分論天地之性氣質之性則辭又費矣且諸大儒之發明性善與論語三言終不合一則後人安得無疑哉周子以來皆引易繫辭傳一陰一陽之謂道繼之者善也成之者性也先道次善而後及性與中庸孟子所指各殊其言道即論語之天道大戴禮本命言分於道謂之命者也今不復繫文焉

於人也以言受命

臣子則受君父之命婦受夫之命補曰言謂教令也生民之初有男女而後有夫婦有父子有君臣帝王之教君者臣之天父者子之天夫者妻之天是故子之愛親命也不可解於心臣之事君義也無適而非君也無所逃於天地之間陰之從陽女之順夫天地之義也三綱之道本諸性而垂諸教者也以道受命以言受命其實一也言或有不當受者若傳論曹世子則亦以

道爲斷也**不若於道者天絶之也不若於言者人絶之也**若順補曰爾雅文也惠士奇曰婦人殺夫天與人皆絶之案左傳曰不稱姜氏絶不爲親禮也亦謂魯當絶之**臣子大受命**言義得貶夫人補曰臣謂時史子謂莊公史承公意錄母之變存以人恩宜大所以受命於天人者不可不貶夫人此君子所以示義益舊有姜氏文而創之君子亦史臣也子則亦容時君或言臣得連言子耳自人之於天也以下董仲舒繁露亦有其文董未必用穀梁蓋古書成文也末一句當非成文或董所本無矣葉夢得曰有春秋之教有春秋之法教者施之後世曰夫人矣不可謂之奔故言孫法者行之其人夫人之罪不可容於魯故不書氏

夏單伯逆王姬○撰異曰逆左氏作送左以經諸單伯皆爲天子之大夫案傳有魯大夫費庈父亦稱費伯與單伯相似又史記魯邑有單父明單伯實魯大夫矣孔廣森曰逆則据往之日書先行單伯而後築館可也送則据來之日書時尚未有以居王姬也是不可通也案此卽張洽俞皋說**單伯者何吾大夫之命乎天子者也命大夫故不名也**單姓也伯字諸侯歲貢士

于天子天子親命之使還其國爲大夫者不名天子就其國命之者以名氏通也補曰注言歲貢士者射義言古者天子之制諸侯歲獻貢士於天子故范云爾但據鄭君注以歲獻爲獻國事之書及計偕物以貢士爲三歲而貢士則范非也何休曰禮諸侯三年一貢士於天子天子命與諸侯輔助爲政所以通賢共治示不獨專重民之至大國舉三人次國舉二人小國舉一人何注與伏生書大傳同射義注悉依爲說范言天子就其國命之者以名氏通亦非也大夫稱名氏者皆其君所命君不命則名而不氏此乃傳之明文范說不亦謬乎王制曰大國三卿皆命於天子次國三卿二卿命於天子一卿命於其君小國二卿皆命於其君鄭君疑記文誤脫以爲小國亦三卿一卿命於天子二卿命於其君單伯後不卒何休無說當與柔溺皆同命於

其不言如何也據僖三十年公子遂如京師言如**其義不可受於京師也其義不可受於京師何也曰君躬弑於齊使之主婚姻與齊爲禮其義固不可受也**禮尊卑不敵天子嫁女于諸侯必使同姓諸侯主之魯桓親見殺于齊若天子命使爲主則非禮大矣春秋爲尊者諱故不可受之于京師補曰爾雅曰壻之父爲姻婦之父

爲婚注天子嫁女二句本公羊也衰麻接弁冕亦是義不可受下傳乃備言之君躬各本誤作躬君今依胡安國傳俞臯集傳釋義本李廉會通本趙汸集傳乙正王引之曰注以魯桓釋君親釋躬傳文誤倒未考宋元人所見本也音義曰弑又作殺注同案殺字是今注未誤

秋築王姬之館于外補曰毛詩傳聘禮注皆曰館舍也說文曰館客舍也雜記曰公館者公宮與公所爲也私館者自卿大夫以下之家也曾子問略同加之者緩辭○撰異曰館白虎通引作觀築禮也補曰於禮宜築館也築館與築邑築臺築囿亦同但無虞之之事爲異苟不爲其築于外則史不記而經無文成十八年傳所謂築不志也何休曰繕故曰新有所增益曰作始造曰築說文曰築擣也于外非禮也外城外也補曰於禮不當築館城外築之爲禮何也補曰據諸侯宮非一宜不須改築館主王姬者必自公門出公門朝之外門主王姬者當設几筵于宗廟以俟迎者故在公門之內築王姬之館補曰朝者治朝治朝之外門卽雉門也雉門曰公門言必自公門出者所以起下二句注末二句宜刪去於廟則已尊於寢則已卑爲之築節矣補曰公羊

曰於路寢則不可小寢則嫌羣公子之舍則以卑矣其道必爲之改築者也何休曰公子女公子也當築夫人之下羣公子之上文烝案節者制斷也傳意似當築廟下寢上

築之外變之正也築之外變之爲正何也補曰俞樾曰當作爲變之正爲字變之字誤倒

仇讐之人非所以接婚姻也補曰謂非可於廟中接婚姻

衰麻非所以接弁冕也親迎服祭服者重婚姻也公時有桓之喪補曰喪服經曰斬衰裳苴絰杖絞帶冠繩纓菅屨者父凡服上曰衰下曰裳男子衰與裳殊此言衰則該裳矣麻謂首要絰也斬疏齊大小功布緦五服皆曰衰其絰皆麻言衰麻猶言衰絰此以配衰而足其文非指衰之布爲麻也弁冕皆親迎之服大夫以上服冕此兼言弁亦以足句又弁是大名故疏曰弁冕者連言之周禮弁師掌王之五冕故傳亦通言之也趙匡曰言築之爲宜不若辭之爲正也故君子貴端本也孫復亦云

其不言齊侯之來逆何也不使齊侯得與吾爲禮也補曰齊侯與魯不可相爲禮不復讐則怨不釋卽四年傳之義也疏曰舊解齊侯親逆不至京師文王親逆不至于洽則天子諸侯親迎皆不至婦家矣今恐不然何者此時王姬魯主婚故

不至京師詩稱親迎于渭者爲造舟爲梁張本焉知文王不至大姒家乎

冬十月乙亥陳侯林卒諸侯日卒正也補曰疏曰重發之者此共錫命相連恐日月爲錫命錄故明之

王使榮叔來錫桓公命榮氏叔字天子之上大夫也禮有九錫一曰輿馬二曰衣服三曰樂則四曰朱戶五曰納陛六曰虎賁七曰弓矢八曰鈇鉞九曰秬鬯皆所以褒德賞功也德有厚薄功有輕重故命有多少何休曰桓弑逆之人王法所宜誅絕而反錫命悖亂天道故不言天王也文五年王使榮叔歸含且賵則曰含者臣子之職也以至尊行卑事故不言天王也三月王使毛伯來會葬又曰刺比失禮故亦不言天王也甯案僖二十四年天王出居于鄭不可最大矣禮天子既有賵含之制傳但譏二事共一使耳言且所以示譏一事無再貶之道也以天王之尊會人妾祖母之葬誠失禮矣孰若使任叔之子來聘使家父來求車之不可乎此三者皆言天王明非義之所存舊史有詳略夫子因而弗革故知曲說雖巧致遠則滯矣補曰此依杜預以榮爲氏文五年注以榮爲采地文元年叔服注云未受采邑故不稱氏氏即采地三公至元士皆同榮

叔亦得爲中大夫也書序有榮伯爾雅曰錫賜也九錫
之文本何休注何休又曰百里不過九命七十里不過
七命五十里不過五命范謂以功德爲多少與何異也
韓詩外傳春秋緯禮緯皆言九錫書大傳則言諸侯三
年一貢士一適謂之好德再適謂之賢賢三適謂之有
功有功者天子一賜以車服弓矢再賜以秬鬯三賜以
虎賁百人號曰命諸侯是三錫也但春秋錫命及左傳
諸所載似皆未可援三錫九錫爲說惟齊桓晉文錫命
爲侯伯略略相近焉王不稱天范駁何休甚善然非舊史
有詳略也春秋書錫命三桓書王文書天王成書天子
其義一也其義一而或稱王或稱天子者八年傳云
見一稱也但傳惟以見一稱釋天子而不釋王者天子
終春秋祇一見而王則一本配謚之稱其爲見一稱易明
無待釋也夫同此錫命一事而其文三變焉所以得爲
見一稱耳至於榮叔歸含召伯會葬皆在文公逆祀後
則是傳所謂文無天者因魯起義非關王身而先儒亦
莫能悟深可喟矣大氐王不稱天決無貶王之義春秋
言王言天王言天子言王后言公言夫人皆稱名之最
尊者雖有貶時不貶於其**禮有受命無來錫命錫命非**
尊稱之名也此事蒙上月
正也曰賞人於朝與士共之當召而錫也周禮大宗伯職
曰王命諸侯則儐之是來受命補曰鄭君注曰儐

左傳補注五　八

二七一

進之也王將出命假祖廟立依前南鄉儐者進當命者
延之命使王登內史由王右以策命之降再拜稽首登受
策以出此其略也諸侯爵祿其臣則於祭焉
生服之死行之禮也補曰公羊曰錫者何
賜也命者何加我服也何休曰言命不言服者重命不
重其財物孔廣森引覲禮諸公奉篋服加命書于其上
大史述命侯氏降拜升成拜
大史加書于服上侯氏受
生不服死追錫之不正甚矣補曰周禮大史賜謚無追錫命之禮何休曰禮生有善行死當加善謚不當復加錫疏曰書錫命者三此
追命其失禮最大故以甚言之文烝案杜預釋例曰天子
錫命其詳未聞諸侯或即位而見錫或歷年乃加錫或
已薨而追錫魯桓之薨後見錫則亦衛襄之比也魯文即
位見錫則亦晉惠之比也魯成八年齊靈二十三年乃
見錫隨恩所加
得失存乎其事
王姬歸于齊補曰齊侯來逆而姬歸也何休曰內女歸例月外女不月者聖人探人情以制恩實不如魯女
為之中者歸之也補曰明與紀季姜略同與齊桓夫人異重發傳者彼為媒此為主也
讀同彼傳丁溶曰中當作主疏云彼王姬非魯主
昏又二年傳為之主者卒之也明此亦當為主

齊師遷紀郱鄑郚補曰爾雅曰遷徙也蒼頡篇曰徙移也○撰異曰紀下或有于字傳所明記而先儒失之今以夏小正傳例推知之紀國也郱鄑郚國也此國以三言為名或曰遷紀于郱鄑郚十年宋人遷宿傳曰遷亾辭也其不地宿不復見矣齊師遷紀四年復書紀侯大去其國者紀侯賢不與齊師之亾紀故變文以見義郱鄑郚之君無紀侯之賢故不復見從常例也若齊師遷紀于郱鄑郚當言于之以明之又不應復書地當如宋人遷宿齊人遷陽或曰之說甯所未詳補曰案傳有誤字當云郱鄑郚邑也或後人妄改之紀之為國前已屢見傳先言紀國也者以起下郱鄑郚之為紀邑也四年紀侯始去國此時安得遷紀國都豈有國遷而君猶在國者乎公羊以為外取邑以為自是始滅杜預曰齊欲滅紀故徙其三邑之民而取其地又論語稱管仲奪伯氏駢邑三百應劭說即此郱也不曰齊師伐紀取郱鄑郚者實是遷徙其民且遷是亾辭欲以著亾紀之漸也邑得言遷又繫紀皆變文也傳言紀是國都之大名郱鄑郚乃其三邑明與他例不同也又稱或說者謂經文異本多一于字猶夏小正傳說初歲祭耒云或曰祭韭也說鹿從云或曰人從皆記別家經之異與此正同矣此有于字者謂遷紀都之民於其三邑文異則義異也

諸稱或曰其一曰者文同而義異也皆示傳疑兼存之師說如是

二年春王二月葬陳莊公

夏公子慶父帥師伐於餘丘慶父名字仲父補曰杜預曰莊公時年十五則慶父莊公庶兄案慶父謚曰共仲也慶父所弑乃莊之子故不如翬豫貶且翬弑別無見文慶父弑當文自見**國而曰伐於餘丘邾之邑也其曰伐何也**補曰據凡言伐國侵國者皆其四竟之內不必迫近國都雖伐於餘丘當言伐邾李廉曰經書魯大夫帥師伐國者九獨於餘丘以邑而書伐欲以起問者察事情也**公子貴矣師重矣而敵人之邑公子病矣**補曰既貴且重乃敵一邑病也明特變國言邑以顯新義**病公子所以譏乎公也**補曰太夫之事皆公命**其一曰君在而重之也**邾君在此邑故不繼于邾使若國補曰疏曰一曰之說亦解稱伐之意言爲君在重之使若國然故邑亦稱伐文孫案此亦解變國言邑之意注本公羊失之疏亦未了

秋七月，齊王姬卒。補曰：何休曰內女卒例日，外女卒不日者，恩實輕於內女。爲之主者卒之也。主其嫁則有兄弟之恩，死則服之，服之故書卒。禮記曰：齊告王姬之喪，魯莊公爲之大功。補曰：此亦讀爲之主者絕句，我爲之主者則書卒，以卒之經仍史之舊也。主字各本脫，今依唐石經、陸淳集傳纂例及十行本、俞皋集傳釋義本、李廉會通本補。正注引禮記檀弓文。

冬十有二月，夫人姜氏會齊侯于禚。禚，齊地。補曰：月者爲下卒日，文姜初如莒不月，則此亦當不月。○撰異曰：禚，公羊作部，玉篇禾部引作禚。婦人既嫁不踰竟，踰竟非正也。補曰：何休以爲婦人無外事，外則近淫也。此通說諸婦人踰竟事。婦人不言會，言會非正也。補曰：會或在竟內，或在竟外，君大夫之事，非婦人事也。此說本經，亦通說下二會及聲姜二會，并包杞伯姬。饗甚矣。饗在四年。補曰：饗者兩君之事，亦非婦人事，飲食宴樂，其情彌親，尤亂男女之別，故非正尤甚也。此指說四年事。

乙酉，宋公馮卒。補曰：疏曰馮是穆公長子，與夷既弒，則馮當正，故書曰三年春王正月溺會齊師伐衛徐邈曰傳例曰往月危往也齊受天子罪人爲之興師而魯與同其理危也補曰徐意危往之例亦通於大夫徐是也傳言會仇讎解溺直稱名之義徐以危往又別取一義○撰異曰師各本誤作侯今依唐石經改正溺者何也公子溺也補曰左氏公羊皆所未聞其不稱公子何也據二年公子慶父帥師伐於餘丘稱公子補曰當云據凡公子無不氏者惡其會仇讎而伐同姓故貶而名之也補曰貶溺亦所以譏公也溺後不卒者何休以爲莊公薄於臣子之恩故不卒大夫與桓同義文烝案溺卒在莊世容有其理要亦其卒時實無恩禮史所不書公子彄之子哀伯達其卒在莊世不書亦其比也桓莊五十年中自末年公子牙外無卒大夫者翬卒當是君子所削其餘如柔溺單伯達之類當皆是二君不加恩禮而史不錄卒也牙之卒左傳稱立叔孫氏則明其有恩禮

夏四月葬宋莊公月葬故也補曰重發傳者五月而葬非緩非速而有故傳未有明文也

五月葬桓王傳曰改葬也若實改葬當言改以明之猶郊牛之口傷改卜牛是也傳當以七年乃葬故謂之改葬補曰此引舊傳文公羊又同而注猶疑之又引改卜牛亦不倫矣前者桓王之葬不書下所謂天子志崩不志葬也猶平王之葬亦不書也今此改葬故特志之疏妄引感精符以申范非也依左傳葬有闕則改葬鄭君喪服記注謂墳墓以他故崩壞將亾失尸柩者**改葬之禮緦舉下緬也**緦者五服最下言舉下緬上從緦皆反其故服因葬桓王記改葬之禮不謂改葬桓王當服緦也猶晦震夷伯之廟因明天子諸侯之制不謂夷伯非魯之大夫也甯之先君與蔡司徒論之之詳矣江熙曰葬稱公舉五等之上改葬禮緦舉五服之下以喪緬藐遠也天子諸侯易服而葬以爲交於神明者不可以純凶況其緬者乎是故改葬之禮其服唯輕言緬釋所以緦也補曰國語注曰緬猶邈也喪服記曰改葬緦韓子說喪服及此傳曰此皆謂子之於父母妻爲夫如子其他皆無服無服則弔服而加麻緬猶遠也下謂服之最輕者也以其遠故其服輕也韓從江說以范爲非案鄭君喪服記注服緦者臣也子也妻也韓說是也喪服傳說緦之制十五升抽其半有事其縷無事其布江云易服而葬者疏引檀弓弁絰葛而葬與神交之道也鄭君注云接神之

道不可以純凶天子諸侯變服而葬冠素弁以葛爲環經旣虞卒哭乃服受服也又喪服記注曰緦三月而除之**或曰郤尸以求諸侯**停尸七年以求諸侯會葬非人情也補曰郤者說文玉篇云節郤也廣韻云節也退也此郤尸蓋取退義謂郤退其下柩之期尸卽是柩對文則異散則通也左傳曰緩也是同或說傳姑載之本不可從張大亨據之遂以七年閒嘗書王命駮未葬不稱使之說**天子志崩不志葬必其時也何必焉舉天下而葬一人其義不疑也**補曰不志葬謂平桓惠定靈五王非魯不會葬蓋舊史皆有之矣君子以爲魯史非周史比改立不志葬之例取義於必其時明其不疑於不葬也文選注引劉兆注曰舉盡也其義文九年作其道義道一也不志葬爲必其時公羊亦同獨五王不志葬者說具襄二十八年靈王崩下**志葬故也危不得葬也**補曰志葬謂襄匡簡景四王此改葬桓王亦是也志葬者月甚則日**曰近不失崩不志崩失天下也**京師去魯不遠赴告之命可不踰旬而至史不志崩則亂可知補曰日者目經意也不志崩謂莊僖頃三王也周有赴告於魯爲近地則千里屬則文昭理必赴崩史不失志今經不志明史本無

近而失之知其不赴近而不赴是失天下君子將使人考其事知其義也注言不踰句甚言其速耳以平王簡王之崩觀之當言不踰二旬左傳例曰凡崩薨不赴則不書方苞本程子語爲說曰抑於此見經因魯史有可損而不能益焉天王之崩雖易世以後可考而知而魯史所無者不敢益也其文則史而義卽於是乎取焉此其較著者也文烝案自天子志崩以下總論周諸王崩葬事

獨陰不生獨陽不生獨天不生三合然後生 徐邈曰古人稱萬物負陰而抱陽其沖和之功而神理所由也會二氣之和極發揮之美者不可以柔剛滯其用不得以陰陽分其名故歸於冥極而謂之天凡生類稟靈知於天資形於二氣故又曰獨天不生必三合而形神生理具矣補曰陰謂母陽謂父注似未了其解天字則是也人之生受形於母得氣於父稟靈於天皆合焉而後爲人楚辭天問曰陰陽三合何本何化邵子曰氣者神之宅也體者氣之宅也體氣神卽陰陽天歟注萬物二句老子文

故曰母之子也可天之子也可 補曰凡爲母之子者皆天之子也不言父之子者省句以便文從可知

尊者取尊稱焉卑者取卑稱焉 王者尊故稱天子衆人卑故稱母子

補曰喪服傳曰禽獸知母而不知父野人曰父母何算焉都邑之士則知尊禰矣大夫及學士則知尊祖矣諸侯及其大祖天子及其始祖之所自出尊者尊統上卑者尊統下鄭君曰及始祖之所由出謂祭天也案此段與傳義相表裏夫禰也祖也大祖也始祖也祭祀之鬼神吾心之鬼神也故祭祀之天天吾之天也吾之天者三合是也此爲道之本教之至說文曰古之神聖人母感天而生子故偁天子是乃漢儒聖人無父之妄說不足據也董仲舒繁露亦有獨陰以下數語蓋是古書成文彼無獨天句中二句作父之子也可尊母之子也可卑似是而非當由轉寫妄改

其曰王者民之所歸往也補曰史記正義引逸周書謚法仁義所往曰王謂身有仁義爲衆所歸往也王往同聲爲訓呂氏春秋曰帝也者天下之適也王也者天下之往也適亦往也自獨陰以下又論稱天稱天子稱王之義推此知天王者合二稱爲稱也何休解天王義以爲時吳楚上僭稱王王者不能正而上自繫於天春秋不正者因以廣是非劉敞孔廣森引董仲舒曰古之造文者三畫而連其中謂之王三者天地人也而參通之者王也皆非傳意

秋紀季以酅入于齊季紀侯弟補曰杜預用公羊文也○撰異曰酅左氏本又作攜**酅紀**

之邑也入于齊者以酅事齊也雍曰紀國微弱齊將吞并紀季深覩存亾之機大懼社稷之傾故超然遐舉以酅事齊庶充嗣不泯宗廟永存春秋賢之故褒之以字補曰雍注皆非也以酅事齊者左傳云紀於是乎始判公羊云請後五廟以存姑姊妹杜預以爲以邑入齊爲附庸是也此通解以酅入于齊五字義舉經句不出以酅二字者省文也傳但言以酅事齊其文簡略而左氏賈逵說以爲紀季不能兄弟同心以存國乃背兄歸讐書以譏之賈明於穀梁此數語必穀梁家義也書以者從邾庶其衛孫林父等文之例庶其之等傳多云以者不以者也明此亦同義舉後可以包前也黑肱以濫來奔傳云來奔內不言叛明以邑出奔他國者皆當舉叛爲重故孫林父以戚出奔晉但書叛不書出奔是其例也此之以酅入于齊亦是以叛而出奔不舉叛爲重者或當以凡出奔不重於叛故以叛爲重而此之入于齊爲附庸事不止於出奔又重於叛故不言出奔而言入不得以叛爲重也左氏劉歆賈逵說以爲紀季以酅奔齊不言叛不能專酅此說非也紀季稱字者從許叔蔡季之例傳言許叔許之貴者蔡季蔡之貴者明此亦以貴舉可知也不言紀侯之弟某者啖趙以爲兄無惡傳解衛侯之兄輒云目衛侯衛侯累也則啖趙是也傳與左傳皆無賢紀季之義惟

公羊以稱字爲賢之杜預遂據以改左氏舊注范甯因以注穀梁後儒相沿爲說誤矣公羊言賢其服罪服罪之說從齊襄復讐而起本不可通於穀梁左氏且公羊但以稱字爲賢未嘗謂其非叛故何休注猶以叛爲言杜范等并失公羊本意惟孫復杜諤言其惡黃仲炎言其爲自全之計家鉉翁謂貶而非褒程端學以爲季有罪不可以訓蓋有合穀梁左氏之舊義

入者內弗受也齊受人之邑而滅人之國故於義不可受也補曰注非也此又言書入之義與凡入同例也齊受叛人之邑非義所當受故爲不可受之辭言齊不可受則紀季之罪益著雖不言叛叛可知也疏曰此齊不可受嫌違例故重發之案疏語亦無發明也

冬公次于郎補曰何休曰次例時○撰異曰郎左氏作滑王夫之曰宜以郎爲正

次止也補曰何休曰次者兵舍止之名左傳例曰凡師一宿爲舍再宿爲信過信爲次

有畏也欲救紀而不能也畏齊補曰不能救是畏也公羊同次成諱恥此直文者蓋刺其畏讐不致者蓋舊史無之竟內兵不告廟也

四年春王二月夫人姜氏饗齊侯于祝丘饗食也兩君相見之禮以非禮

尤甚故謹而月之凡會書月著時事有危雖於公發例亦無無所不闕祝丘魯地補曰注首二句本杜預訓食者渾言之饗大於食與燕如左傳鄭侯享楚文王齊侯享魯定公之類是也何休曰牛酒曰犒加飯羹曰饗月者再出重也三出不月者省文從可知例○撰異曰饗本又作享左氏作享案左傳中凡饗禮食禮之饗皆用祭享亨獻字於六書爲假借猶曲禮月令禮器等篇假饗食字爲祭享也歆享亨國與祭獻義相因毛詩儀禮今文尚書等用饗者亦當爲假借二字相亂故記之**饗甚矣**補曰覆說上傳專謂夫人也**饗齊侯所以病齊侯也**補曰饗齊侯謂春秋之文言饗以饗之言饗又所以病齊侯病其爲鄰國夫人加以甚非正之事也女失既甚男惡安辭淫妹之事隱然可見故病之也文姜與齊襄淫亂於饗於諸會於如齊師皆有焉春秋書會但與會卞之屬一例書如齊師亦與他書如不殊惟此書饗雖亦記事之一直文而狐之綏綏魚之遺遺殆不可掩夫兩君相饗從無書者而獨書夫人饗其爲甚且病不已明乎

三月紀伯姬卒隱二年履緰所逆者內女卒例日伯姬失國略之故月也補曰注首句杜預語不日者三十年傳以爲爲紀亡略之時紀未亡卒而即亡猶未葬當以亡論**外夫人不卒此其**

言卒何也補曰外夫人通言諸外夫人也不卒者經例因史例也吾女也適諸侯則尊同以吾爲之變卒之也禮諸侯絶旁朞姑姊妹女子子嫁於國君者尊與己同則爲之服大功九月變不服之例然則適大夫者不書卒補曰變者既服其喪則與常日異禮故言變與宣八年傳變字同義注言變不服之例非傳之變字也此發已嫁女書卒通例注言適大夫不卒疏謂莒慶齊高固並逆叔姬無卒文是也

夏齊侯陳侯鄭伯遇于垂傳例曰不期而會曰遇遇者志相得也補曰鄭伯者突也孫覺胡安國高閌陳傳良胡寧程公說張洽趙鵬飛呂大圭皆云

紀侯大去其國補曰去違也離也言其亦緩辭不月者小國奔例大去者不遺一人之辭也補曰葉夢得曰大猶盡也盡無麥禾曰大無麥禾盡去其國曰大去其國文烝案左氏襄十四年傳記晉伐秦事曰乃命大還注克寬引爲證并引婦人大歸此滅而奔也謂之大去有奔事無奔文言民之從者四年而後畢也補曰謂元年既失郱鄑郚而三邑之民猶有從者至

此乃合國都之民并其餘邑民皆從君避難而去故曰四年而後畢明以紀侯得民不欲言奔也**紀侯**

賢而齊侯滅之不言滅而曰大去其國者不使小人加乎君子不曰滅而曰大去其國蓋抑無道之強以優有道之弱若進止在己非齊所得滅也何休曰春秋楚世子商臣弒其君其後滅江六不言大去又大去者於齊滅之不明但知不使小人加乎君子而不言滅縱失襄公之惡反為大去也鄭君釋之曰商臣弒其父大惡也不得但為小人江六之君又無紀侯得民之賢不得變滅言大去也元年冬齊師遷紀三年紀季以酅入于齊今紀侯大去其國是足起齊滅之矣卽以變滅言大去為縱失襄公之惡是乃經也非傳也且春秋因事見義舍此以滅人為罪者自多矣補曰疏曰言春秋有因事見義者不得不舍此以滅人為罪也若晉人執虞公梁亾之類是也文烝案前文足起齊滅既如鄭言下文又明稱齊侯則此文本當言齊侯滅紀亦無嫌不明故可又不言滅也又去者奔之異文若言滅又言奔如齊師滅譚譚子奔莒楚人滅弦弦子奔黃則紀侯為不能死社稷而其賢隱矣故春秋不罪紀侯者以其賢也言大去不疑為罪文者由於不言滅也經之改舊精傳之說經密鄭君言齊師遷紀不連邾鄑郚亦不知彼傳

誤字

六月乙丑齊侯葬紀伯姬補曰上旣不言齊侯滅紀又不出齊師齊人故稱齊侯葬以著之異於陳哀公俞皋曰見齊侯之滅紀也胡安國曰如紀似禮存季似義葬伯姬似仁君子惡似而非者

外夫人不書葬此其書葬何也補曰疏曰此外夫人卽謂吾女吾女爲外夫人者惟當書卒不合稱葬文烝案諸外夫人及內女爲外夫人者魯多會葬史於內女志卒亦必志葬至君子並刪之則其存而不削者別有義矣

吾女也失國故隱而葬之隱痛也不日卒而日葬閔紀之亾也補曰注二語本後三十年葬叔姬傳文但彼傳是總發伯姬叔姬卒葬四文之義就日不日言之此傳則直論伯姬書葬之義以包叔姬與彼傳義各別也隱伯姬叔姬之失國猶隱宋共姬之卒災皆於其書葬見之至於閔紀之亾不日卒而日葬義由紀起不專在二姬之身自不可與宋共姬類論

秋七月

冬公及齊人狩于郜郜齊地補曰非也卽取諸宋者○撰異曰郜左氏作禚

齊人者

齊侯也補曰公親出與狩明是齊君其曰人何也卑公之敵所以卑公也內無貶公之道補曰卑之猶言貶之貶齊侯正以貶公何為卑公也不復讐而怨不釋補曰能復讐則善矣既不能復則怨不可釋苟見齊侯則殺之故必無相見之理刺釋怨也補曰刺其釋怨相見故為卑公之文也公羊釋齊人之文曰讐與讐狩曰於讐者將壹譏而已故擇其重者而譏焉莫重乎其與讐狩也公羊之言譏即傳所謂卑刺公羊言譏而傳不言者言卑刺則譏可知明經以卑刺為義也若不以卑刺為義直以譏為義則當不言公而直言及齊侯今言公及齊人則明以譏見譏譏者其文而卑刺者其義故但言譏則無以知其為卑刺但言卑刺則譏可知也不致者葢亦舊史無之凡狩不告廟也

五年春王正月

夏夫人姜氏如齊師補曰孔穎達曰於時齊無征伐之事不知師在何處葢齊侯彊理紀地有師在紀不言會者往其軍內就齊侯耳不行會禮師而曰如衆也言師衆大如國故可以言

如若言如齊侯則不可補曰此為凡書如師如會者發例注末二句可刪**婦人既嫁不踰竟踰竟非禮也**補曰疏曰復發傳者嫌師與國異也孔廣森曰戎事不邇女器目言如齊師惡甚矣文烝案如齊師之為非禮當與會同論皆不若饗之甚謝湜等說未是

秋郳黎來來朝○撰異曰郳公羊作倪段玉裁曰公羊葢作兒五兮反十五年可證黎左氏作犁**郳國也黎來微國之君未爵命者也**黎來名也補曰未爵命於周也左傳亦曰未王命杜預曰附庸國重發傳者前稱字此稱名前是盟此是朝嫌有異也注本左氏公羊

冬公會齊人宋人陳人蔡人伐衛納惠公朔補曰左傳文**是齊侯宋公也**補曰公與共伐致來王人之救足見齊宋君親來不言陳侯蔡侯者省文**其曰人何也人諸侯所以人公也**補曰人之猶言貶之卑之**其人公何也逆天王之命也**王不欲立朔也補曰案上經言公及齊人刺釋怨而卑之卑其相見而諱使若不相見也卑之之義卽寓於諱之之文則此經人公當亦同上諱不沒公直言及齊侯此諱亦不沒公直言會齊侯其諱亦正

相等但上經卑公專以釋怨相見起義卑之郎是諱之此經人公則不專是齊魯之故乃以逆王命起義會郎無齊齊郎非讐亦當人公不專爲諱也春秋包含萬理而其義之重且急者乃經之本旨陳傅良趙汸說此伐衛及後圍郕以爲公與仇人接春秋終諱之萬斯大謂使若終不相見者其論固是而此經本義猶未得也圍郕不言公亦爲諱此經則不專爲諱

六年春王三月王人子突救衛徐邈曰諸侯不奉王命朔遂得簒王威屈辱有危故月也救衛於義善故重子突功不立故著其危補曰疏曰日月之例見危者惟施於內今施之於外者范荅薄氏云王者安危天下所繫故亦與內同也文烝案何休曰救例時此經例也史例皆月○撰異曰三月各本誤作二月今依唐石經十行本呂本中集解張洽集註程端學本義李廉會通改正左氏作正月**王人卑者也**補曰何休以爲下士稱人杜預釋例同**稱名貴之也**何休以爲稱子則非名也鄭君釋之曰王人賤者錄則名可今以其銜命救衛故貴之貴之則子突爲字可知明矣此名當爲字誤爾徐乾曰王人者卑者之稱也當直稱王人而已今以其能奉天子之命救衛而拒諸侯故加名以貴之僖八年公會王

人齊侯是卑者之常稱補曰案何休注意突仍是名與廢疾異史記自序曰春秋襃周室諸有尊貴文者皆襃也陸湻曰天子無上無以襃之故襃子突則王美可見也孫覺曰春秋之義天王無襃非無善也其善者衆不可以一善襃也天王無貶非無惡也天王之位非爲惡者居之雖有惡不加貶焉故善天王之救衛而書子突之字貶王師之敗績而以自敗爲文葢曰天王無襃又其善不可掩也則襃其臣天王無貶其惡不可諱也則書王師之自敗所以推尊而責備之也

善救衛也

補曰疏曰計王者有伐無救而云善者朔叛逆王命天子不廢之立其嗣子而遣師往救有存諸侯之功故曰善不可廢以大平之法格之文烝案疏說固通但據周禮大司馬及師大合軍以行禁令以救無辜伐有罪則大平亦有救法書救卽爲善與上稱名貴之各一義羅喩義曰春秋筆法空處最奇隱之薨不地不葬知有亂者桓之薨前書夫人如齊後書夫人孫知有淫者衛朔之入書王人救衛知有天子所立之公子黔牟

救者善則伐者不正矣

補曰此句通謂凡救凡救皆善非善則沒其救文如襄十一年秦人伐晉以救鄭彼時晉伐鄭爲近正秦救鄭無善春秋不言救故言救者必善卽知伐者之非正矣胡安國得其解

夏六月衛侯朔入于衛其不言伐衛納朔何也（據九年伐齊納糾言納補曰問上經）不逆天王之命也（不與諸侯得納王之所絕補曰公羊曰辟王也與此同）入者內弗受也（補曰此發君入通例故重舉之朔嘗爲君不言復入者方欲絕之若其本末有國劉敞曰不與復）何用弗受也爲以王命絕之也（補曰何休曰絕者國當絕徐彥曰絕有二種一是絕滅其國一是絕去其身）朔之名惡也（補曰與出同義）朔入逆則出順矣（補曰疏曰順者比之入國爲順仍是惡也一解此當文自相比入爲逆則出當爲順矣）朔出入名以王命絕之也（補曰公羊解出名曰絕曷爲絕之得罪于天子也解入名曰絕曷爲絕之犯命也）

秋公至自伐衛（補曰上冬伐此秋至歷四時之久甚於伐楚之屬不月者此在不致之例致之已足見危不須月）惡事不致此其致何也（據襄九年時有穆姜之喪會諸侯伐鄭不致補曰注用公羊何休說與襄九年本傳顯戾當云據侵宋及伐邾取須句之屬皆不致）不致則無用

見公之惡事之成也補曰不致則知其爲惡事矣而云不致無用見者此之惡事謂公與王人戰也戰在伐後不致則見伐不見戰張自超所云似王人來救而諸侯之師已散衛朔自入于衛是也故下有分惡殺惡文而先以此文見惡之成乃是特變常例轉存史文也僖二十六年至自伐齊傳云危之此亦得兼有危義而見惡之意爲多故言見惡也董仲舒曰春秋視人所惑爲立說以大明之若此類不言則不見是之謂大明葉夢得譏此傳非也

螟補曰自此後無書螟者高閌曰螟食苗心蟊無所不食螟之爲災較蟊爲輕春秋之初災之輕者亦書之及其久也輕者不勝書書其重者耳

冬齊人來歸衛寶補曰何休曰寶者玉物之凡名說文曰寶珍也○撰異曰左氏作衛俘誤左傳亦曰寶孔穎達曰案說文保從人案省聲古文保不省然則古字通用寶或作保與俘相似故誤作俘耳文烝案說文孚从爪子古文作𤓽从𥝢𥝢古文保保亦聲**以齊首之分惡於齊也使之如下齊而來我然惡戰則殺矣**若衛自歸寶於齊過齊然後與我齊首其事則

我與王人戰罪差減補曰注全失之首猶主也下齊齊爲我下也言惡言惡戰卽上之惡事經無戰文故言戰以明之也時齊率諸侯與王人戰共敗王師惡不可道衛侯以爲有功出寶賂齊齊又讓魯齊所以讓魯者公羊稱齊侯曰此非寡人之力魯侯之力也明魯尤多戰功故讓魯也衛賂齊而齊讓魯是受賂者魯也郜大鼎之賂以取爲文濟西田之賂以齊取爲文取者受賂之辭今不言取衛寶于齊與取郜大鼎于宋一例而以齊人來歸爲文則是以齊爲主但言齊讓賂不言我受賂而齊之惡戰彰故曰以齊首之分惡於齊也齊人來歸衛寶與齊侯來獻戎捷同文則是經之立文又使若齊自爲我下而來我并不爲讓賂來而我之惡戰又隱故文曰使之如下齊而來我然惡戰則殺矣此傳之旨若不以取鼎獻捷兩文觀之則不得其解

七年春夫人姜氏會齊侯于防防魯地婦人不會會非正也

補曰疏曰防是魯地故重發傳

夏四月辛卯昔恆星不見補曰各本此經下衍夜中星隕如雨六字今依唐石經十行本刪正○撰異曰昔本或作宵左氏公羊作夜公羊一本無恆星者經星也經常也謂常列宿補

曰公羊曰列星也疏曰周四月夏二月常列宿者南方七宿也孔穎達曰月令仲春之月日在奎昏弧中鄭云弧在輿鬼南則於時南方之星盡當列見文烝案四方二十八宿稱經星故木火金水土五星稱緯星合之爲九星也又古書星辰連文者皆以緯星爲星經星爲辰謂之辰者以二十八舍日月所會也周禮大宗伯注疏有此說

日入至於星出謂之昔補曰此以夕訓昔也廣雅曰昔夜也王念孫疏證曰凡日入以後日出以前通謂之夜左傳列子注並訓昔爲夜莊子音義昔夜也案昔之言夕也夕時亦謂之昔故夕昔古通用詩樂酒今夕楚辭注引作今一昔是也周禮腊人注腊之言夕也依說文昔腊本一字

不見者可以見也補曰大戴禮夏小正傳說參則伏曰星無時而不見我有不見之時左傳曰夜明也

夜中星隕如雨如而也星既隕而復雨鄭君曰衆星列宿諸侯之象不見者是諸侯棄天子禮義法度也劉向曰隕者象諸侯隕墜失其所也又中夜而隕者象不終其性命中道而落補曰爾雅曰隕落也墜也夏小正傳曰墜也注解如雨非也下論之引鄭君者駁五經異義文見開元占經也漢書五行志董仲舒劉向以爲常星二十八宿者人君之象也衆星萬民之類也列宿不見象諸侯微也衆星隕墜民失其所也夜中者

爲中國也不及地而復象齊桓起而救存之也鄉亾桓公星遂至地中國其良絕矣劉向以爲夜中者言不得終性命中道敗也或曰象其叛也言當中道叛其上也趙汸曰公羊稱不脩春秋曰雨星不及地尺而復此魯史舊文漢志永始二年二月癸未夜過中星隕如雨長一二丈繹繹未至地滅至雞鳴止不及地尺而復郎未至地滅也古今星變固有如此者其所隕者星之光魄故雖多而不見在地之形戴溪謂積氣消散所致葢比他異尤重許翰所謂王運終而霸統起矣○撰異曰隕公羊作霣後同

其隕也如雨是夜中與

言星既隕而雨必晦瞑安知夜中乎補曰春秋之文與雨借劉歆杜預讀如爲而讀雨如今上聲字范依之皆非也劉敞固言夜雨不足記矣傳舉經下句以釋上句而先設問辭杜諤引集義得之中者不須臾故下言其幾而發句如此穀梁子太史公文章之工柳宗元有得焉往往在發句處更端處

春秋著以傳著疑以傳疑

明實錄也補曰包全經

中之幾也而曰夜中著焉爾

幾微也星既隕而雨中微難知而曰夜中自以實著爾非億度而知補曰著焉爾唐石經初刻作實著焉爾注第二句當刪

何用見其中也

補曰

謂史何所據**失變而録其時則夜中矣**失星變之始而録其已隕之時檢録漏刻以知夜中補曰時如公羊至乎日若時之時一日夜有十二時史記厤書謂之十二節曲禮曰信時日孔穎達亦謂四時及十二時也時者期也時加子曰夜中亦曰夜半依素問天官書吳越春秋及左傳昭五年杜預注寅曰平旦卯曰日出辰曰食時巳曰隅中午曰日中未曰日昳申曰晡時酉曰日入戌曰黄昏亥曰人定子曰夜半丑曰雞鳴范意謂史檢漏刻而録之案周制有挈壺氏以水火分日夜見周禮及毛詩傳周禮注曰以水沃漏夜則火視刻數漏之箭晝夜共百刻冬夏之間有長短焉又說漢法曰大史立成法有四十八箭孔穎達曰於時春分之月夜當五十刻二十五刻而夜半也**其不曰恆星之隕何也我知恆星之不見而不知其隕也**補曰我者我魯又君子自我也知見也隕者見其爲星而已莫明其爲何星**我見其隕而接於地者則是雨說也**言我見從上來接於下然後可言雨星今唯見在下故曰隕星補曰此亦設問辭注非也隕與雨皆自上下下之稱疑隕卽是雨矣何以言隕又言如雨文意與則是放命則是大利皆同**著於上見於下謂之**

雨著於下不見於上謂之隕豈雨說哉解經不得言雨星而言隕星也

補曰此解如雨也在物言著在人言見傳互文錯言之著上見下謂上下一時並見著下不見上謂必至下乃見疏引徐邈以著上爲雲著上不可通也隕非雨說故言如雨公羊曰如雨者何如雨者非雨也非雨則曷爲謂之如雨不脩春秋曰雨星不及地尺而復君子脩之曰星霣如雨觀乎公羊則傳義益明矣夫雨星不及地尺而復者舊史之紀實也君子據其文改之曰星隕如雨春秋之正名也雨雪雨雹時刻不絕雨螽上下皆合舉首即見衆目昭然雨星則異是故不直言雨而謂之隕如雨也言雨則必先言雨而後言其物言隕則其文各隨所施星隕與隕霜異蕭楚謂霜以著物然後可知故先言隕後言霜星麗於天見隕則知之故指言星隕也星隕又與隕石異傳解隕石云隕而後石左氏說爲隕星杜預謂隕石者見在地之驗不見始隕之星星隕如雨見星之隕而隊於四遠不見在地之驗也若然則隕者主於下之辭也先言星後言隕又有主於上之辭焉其言如雨宜也言星不言石又有不及地之辭焉不須更言不及地而復也舊史之意經悉該之惟尺者約計之辭非由實定故置而不論○公羊之不脩春秋王充解爲魯史記是也其解如雨謂雨從地上而下星亦

從天貫而復故曰如則未是也案雨從地上而下亦可通於著上見下之說但讀雨爲上聲殊非傳意而以從地起者之復於地明從天隕者之復於天紆曲實甚矣至欻助以爲奔流者衆如雨之多引詩雨無正序語案隕與流異如雨自足見多若讀雨上聲而喻多詩辭有之非史筆也詩書禮易其文體辭例與春秋各異詩有韻諸經傳古書亦往往有韻春秋無韻他書文春秋質也

秋大水高下有水災曰大水 補曰疏曰復發傳者嫌大水無麥苗異於常故重發之

無麥苗 補曰五行傳曰治宮室飾臺榭內淫亂犯親戚侮父兄則稼穡不成 **麥苗同時也** 與麥黍稷之苗同時死補曰魯於周禮周書當青州兗州之地青州穀宜稻麥兗州穀宜四種四種者黍稷稻麥也黍稷稻皆稱苗何休曰苗者禾也生曰苗秀曰禾何說是也此言麥苗謂二穀或二穀以上苗猶可復種是年不收者惟麥一穀不升謂之嗛不謂之饑故冬無饑文凡諸水旱螟蝝之等苟其害不至無二穀則但書水旱螟蝝而已

冬夫人姜氏會齊侯于穀 穀齊地 **婦人不會會非正也** 補曰疏曰

再發傳者穀是齊邑也文烝案文姜三會皆具發傳明後洮陽穀卞之屬皆同義可知故不復發也文姜之孫齊不言姜氏既取義於臣子大受命會禚以下皆言姜氏但以非正非禮取義者前之辭嚴後之辭婉也詩曰人之無良我以爲兄人之無良我以爲君言人則無善耳我國人猶以爲君之兄猶以爲國小君也此夫子之語顔淵所謂親屬之言也春秋因事因時而抑揚輕重其文游夏不能贊一辭卽文姜孫會諸文可見而穀梁之合經亦見矣○焦袁熹曰夫人饗齊侯如齊師及諸會齊侯先儒謂皆以國事出也夫魯既不能討齊齊復何憚於魯而六七年間二國之交日益親密四鄰既從齊令亦無一旅之師涉魯竟者皆夫人之爲之也夫人既歿謚之曰文婦人無武事言文則美備非有非常之才智何以得此聲乎文烝案金履祥已有此說深合事情世衰道微邪說紛起故魯桓齊襄皆獲美謚而桓妻別作謚焉然猶爲之肆大眚者以其淫而害夫公議不可違耳

莊閔補注五 終

大千五百七十一字
小萬六千零卅七字
眉注百四十七字

春秋莊公閔公經傳第三補注第六

穀梁　范氏集解　鍾文烝詳補

八年，春，王正月，師次于郎，以俟陳人、蔡人。時陳蔡欲伐魯，故出師以待之。補曰：注用左氏賈逵注，賈用穀梁家說也。此次蓋公不在，故言師，不言公，非諱也。陳蔡稱人者，略之，爲衆辭也。以者，內爲志之文，與桓二年同。書者，善之，別於他之有畏者也。次郎非畏，自明，故不假加文別之。月者，爲下治兵日。

次，止也。補曰：重發傳者，此有俟文，嫌異也。俟，待也。補曰：爾雅曰：竢，待也。明非畏。

甲午，治兵。補曰：不地者，于郎也，承上次可知。左傳曰：治兵于廟，非也。日者，時史善而志之，又日之，經仍之也。○撰異曰：治，公羊作祠。鄭君駁五經異義曰：公羊字誤。案謂聲之誤也。

出曰治兵，習戰也。補曰：兵革將出，治其事。爾雅曰：尚威武也。孫炎曰：幼賤在前，貴勇力。入曰振旅，習戰也。振，整也；旅，衆也。補曰：爾雅曰：反尊卑也。孫炎曰：尊老在前，復常法。

治兵而陳蔡不至矣。兵事以嚴終。以嚴整終事，故敵人不至。補曰：陳蔡不至，則治兵有效。又云兵事以嚴終者，言君子之取義如此也兵將出而治兵猶三年因田而大閱亦國之常禮史以此治兵陳蔡不至最有功效故特志之而經因以事嚴見義孫子曰將者智信仁勇嚴也劉晝謂之五德**故曰善陳者不戰**補曰善猶好也陳謂軍陳行列**此之謂也**補曰此嚴以終事之謂**善爲國者不師**導之以德齊之以禮江熙曰鄰國望我歡若親戚何師之爲**善師者不陳**師衆素嚴不須耀軍列陳江熙曰上兵伐謀何乃至陳**善陳者不戰**軍陳嚴整敵望而畏之莫敢戰**善戰者不死**投兵勝地故無死者江熙曰辟實攻虛則不死**善死者不亾**民盡其命無奔背散亾者也江熙曰見危授命義存君親雖沒猶存補曰江熙說愚有取焉老子曰死而不亾者壽列子曰由生而生故雖終而不亾李軌法言注曰仁者之壽死而不亾名無窮也此卽左傳叔孫穆子稱立德立功立言雖久不廢死而不朽也夫生死者吉凶之極也釋名曰吉實也凶空也然則死而不亾者以其空而猶實也論聖賢之心則有若無實若虛論鬼神之德則無如有虛如實一而二二而一也辱老氏死而不亾之說實合儒術至言浴神不死則取義亾遠求之過深由以道受命之說而過求之謂之有物謂之無明由善死不亾之說而過求之謂之不死

謂之無生皆聖賢所弗論也此五句承上廣言之皆古書成文漢書刑法志稱故曰善師者不陳善陳者不戰善戰者不敗善敗者不亾舜脩百僚咎繇作士命以蠻夷猾夏寇賊姦軌而刑無所用所謂善師不陳也湯武陳師誓衆放禽桀紂所謂善陳不戰也齊桓南服彊楚北伐山戎存亾繼絶功爲伯首所謂善戰不敗也楚昭王國滅出亾父老曰有君如是其賢也相與從之或奔走赴秦號哭請救遂走吳師昭王返國所謂善敗不亾也疏引舊說曰善爲國者不師謂古明王時導德齊禮不起軍師而四海賓服則黃帝堯舜是也善師者不陳若齊桓伐楚不設行陳而服罪也善陳者不戰即此魯能嚴整終事而陳蔡不至也善戰者不死若文王伐崇因壘而崇自服也善死者不亾若伯舉之戰吳雖入楚父老致死還復楚國也文烝案此皆各以意言其解亾字又並爲亾國也鈔本北堂書鈔引遹周書大武曰武有七制一曰政二曰攻三曰侵四曰伐五曰陳六曰戰七曰鬬善政不攻善攻不侵善侵不伐善伐不陳善陳不戰善戰不鬬善鬬不敗鹽鐵論曰善克者不戰善戰者不師善師者不陳文各有異周書政即征字

夏師及齊師圍郕郕降于齊師 補曰降義在三十年傳○撰異曰兩郕字公羊並作

成其傳曰成者盛也**其曰降于齊師何不使齊師加威於郕也**郕同姓之國而與齊伐之是用師之過也故使若齊無武功而郕自降補曰言不使齊師加威明實齊師加威也不左傳稱郕降于齊師仲慶父請伐齊師公曰不可我實不德齊師何罪蓋齊不與魯共謀獨自以威力降郕魯爲齊弱郕又同姓不欲直言齊師降郕故婉其文使若郕自欲降于齊非齊以力降之也不使齊師加威於郕猶元年不使齊侯得與吾爲禮四年不使小人加乎君子注未盡其旨公羊以爲諱滅同姓變盛言成又辟不言降吾師非也劉敞曰實共圍盛改謂之成實滅其國改謂之降實降於魯又獨言齊改白爲黑曰己爲人皆非聖人之文也文烝案鄣爲紀邑降卽爲取郕則國也若已滅不得但書降

秋師還還者事未畢也補曰爾雅曰還復返也二字訓同辭異以事未畢事畢別之事畢者據其至於國其辭曰復呂大圭云反其故所之辭是也事未畢者據其至而未至其辭曰還呂大圭云自彼反此而未至國之辭是也襄十九年傳曰還者事未畢之辭也加二字則意尤明矣凡訓詁相同字如還復獲得及暨弗不而乃弃孫刺殺之類春秋別白其辭無所假借蓋訓詁之法同類相通制作之文正名不苟故鄭君

以論語正名爲正文字亦自有理也又論語曰君子周而不比小人比而不周王引之據左傳文十八年注哀十六年注離騷注周密也親也合也又據說文大司馬注吳語注比密也親也合也以爲周比同訓而周以義比以利故辨別之王說即朱子說最爲明確餘如和同驕泰之旨聞達政事之義聖有恆言孰非春秋之教矣

遯也鄭已降而以未畢爲文者蓋辟滅同姓之國示不卒其事補曰注既失未畢之義言滅又誤也遯者退也逃避也齊襄強暴魯畏之不敢伐其師故退避而去傳言此不言復言還爲至而未至之辭者以其退避不欲盡其辭與晉士匃略同也左傳上圍郕實公自將陳傅良以爲莊之會齊皆譏故不言公文烝案齊侯或不在而會讐伐親亦不可明言公然則師即是公此言師還者當依趙汸以爲公至自圍郕之變文也文十三年公及晉侯盟還自晉公亦言還故言還不嫌非公也傳不說諱公言師者以師之還春秋無一書今特書之明公在矣惟以還義未明故發傳以明之

冬十有一月癸未齊無知弒其君諸兒補曰下年傳大夫曰公孫無知

弒其君以國氏者嫌也弒而代之也補曰重發傳者諸兒罪重嫌義異故

重發以明與祝吁同

九年春齊人殺無知無知之挈失嫌也稱人以殺大夫殺有罪也補曰疏曰重發之者月與不月地與不地之異故重發之劉敞疑無知非大夫不得解以大夫例王念孫曰大夫二字衍文涉上下文而衍也僖七年疏引此無大夫二字呂大圭曰踰年而不以成君書之正其爲賊也正其爲賊者明以賊討之也不正其爲賊者明不以賊討之也

公及齊大夫盟于暨暨魯地○撰異曰暨左氏作蔇陸湻纂例唯云公羊作暨**公不及大夫**春秋之義內大夫可以會諸侯公不可以盟外大夫所以明尊卑定內外也今齊國無君要當有任其盟者故不得不以權通補曰此及下二句文體與昭十三年傳取國者稱國以弒三句同也言今可以及者以齊無君之故明所以不沒公又不稱齊人也**大夫不名無君也**禮君前臣名齊無君故大夫不名補曰言齊大夫既以無君不稱人則當以氏名見今不名名者亦以齊無君故也無君不當稱名又不可稱字故直書大夫而公羊以爲諱與大夫盟使若衆然劉敞曰諱則沒公足矣文烝以爲人者衆辭使若衆當

稱人矣盟納子糾也不日其盟渝也變盟立小白補曰不日又不月者蓋以齊無君異之當齊無君制在公矣補曰制制義制命之制當可納而不納補曰賈逵服虔以爲齊大夫來迎子糾公不亟遣而盟以要之齊人歸迎小白此穀梁家相承說也故惡內也補曰惡內者謂不日也魯方積爲齊弱幸而讐人斃國嗣奔大夫來迎制皆在我及是時而急納焉庶幾猶可雪恥計不出此而盟以要齊事機既失恥辱彌甚故不日以惡之也上言不日以其盟渝此又言惡內者觀其不日則知齊之渝盟觀其盟則知此盟惡內在齊固無信而所惡在內也不致者會大夫也

夏公伐齊納糾不言子糾而直云糾者盟繫在於魯故挚之也春秋於內公子爲大夫者乃記其奔子糾不爲大夫故不書其奔鄭忽既受命嗣位是以書其出然則重非嫡嗣官非大夫皆事例所略故許叔蔡季小白重耳通亦不書出補曰上言伐者公羊以爲伐而言納者猶不能納也案下有小白入則公不能納糾自明晉納捷菑言弗克納又無伐事公羊非也此實是伐故言伐傳曰師師而後納者有伐也謂高傴趙鞅之屬皆以帥師當伐文君將則不得言帥師故此言伐也公羊以不稱公子糾爲君前臣名范以不稱子糾爲

摯辭言摯辭是也孔穎達文十四年正義謂不言齊糾者蒙伐齊文與摯辭說異未可用也不言納糾于齊者孔氏以爲此有伐齊之文故不須言于齊此說是也凡納皆爲篡此下有入文則不嫌是篡何休曰不月者非納篡辭孔廣森以爲納不皆爲篡例皆時孔說亦近是范言許叔蔡季之等許叔蓋本無出事此等或書或不書皆史例之舊也以臧孫紇公子慭觀之則內奔有非卿而書者矣外奔書弟書公子亦不必皆卿也又有宋萬爲卑者○撰異曰左氏舊有二本或作納糾或作納子糾唐定本始以有子字爲正徐彥陸德明所見左氏亦有子字徐彥當是晉宋以後唐以前人或疑爲北齊人也沈文何據傳鮑叔來言子糾親也謂有齊人稱子糾非也此傳便文耳猶述石碏曰陳桓公方有寵於王史記仲尼弟子傳子羔曰出公去矣

當可納而不納齊變而後伐故乾時之戰不諱敗惡內也

何休曰三年溺會齊師伐衛故貶而名之四年公及齊人狩于郜故卑之曰人今親納讎子反惡其晚恩義相違莫此之甚鄭君釋之曰於讎不復則怨不釋而魯釋怨屢會仇讎一貶其臣一卑其君亦足以責魯臣子其餘則同不復譏也至於伐齊納糾譏當可納而不納爾此自正義不相反也甯謂讎者無時而可與通縱納之遲晚又不

能全保讐子何足以惡內乎然則乾時之戰不諱敗齊人取子糾殺之皆不迂其文正書其事內之大惡不待貶絕居然顯矣二十四年公如齊親迎亦其類也惡內之言傳或失之補曰此范之誤傳釋經不誤也齊變者謂是時齊人已歸迎小白卽上傳渝盟是也當可納而不納以致齊變變而後伐取敗之道故下文直書敗績不復爲諱又所以惡內也上惡內謂盟不書日微見惡意此惡內謂戰不諱敗明著惡文皆惡其當可納而不納其義一也當可納而不納與復讐義不相涉所以然者魯所讐齊襄也襄已殺死何讐之有子糾小白據左傳管子史記本僖之子襄之弟卽以爲襄子而讐子亦不爲讐罰不及嗣怒不可遷是時而猶言復讐此公羊復百世之讐之妄論非君子意也鄭說未爲詳備而委曲推究大概得之范氏讐無時而可通之言猶襲用公羊語宜多誤矣若然魯與齊已不可以讐言而後文如齊親迎夫人姜氏入又爲不可者夫人所以崇宗廟妃匹之愛謂之親讐故讐人之女子子姊妹皆不可以爲魯夫人故曰夫言豈一端而已夫各有所當也程子曰春秋窮理之要也張子曰非理明義精殆未可學今於穀梁此年兩傳取黃澤之意而暢之庶不謬於義理

齊小白入于齊

補曰不月者疏以爲與公伐齊同時既伐例不月故小白亦不月文烝案傳云先入

入不後於伐也故以伐爲主何休曰移惡于魯大夫出奔反以好曰歸成十四年衞孫林父自晉歸于衞是也以惡曰入補曰以惡卽內弗受之例

齊公孫無知弑襄公公子糾公子小白不能存出亾子糾奔魯小白奔莒補曰本左傳齊人殺無知而迎公子糾於魯補曰糾與小白皆僖公庶子而糾爲長襄無嗣子立庶弟宜立長者故齊人迎糾公子小白不讓公子糾先入補曰齊變而後魯納糾時小白已入左傳亦云自莒先入也孔穎達申杜曰伐齊納糾始行卽書小白入齊得告乃書故至齊之時出小白之後也又殺之于魯故曰齊小白入于齊惡之也補曰僖十七年傳曰以不正入虛國故稱嫌焉爾

秋七月丁酉葬齊襄公諸公子爭立國亂故危之補曰魯師雖在齊猶有人會其葬故史書之不以襄之失德削史文者賊已討以討賊爲重

八月庚申及齊師戰于乾時我師敗績不言及者主名內之卑者乾時齊地

補曰杜預曰時水在樂安界岐流旱則竭涸故曰乾時范言内卑者非也案左氏公羊戰者公也此無諱文不言公者承上伐齊可知孫覺趙鵬飛程端學趙汸得之劉知幾謂尚書務於寡事春秋貴於省文趙匡謂春秋省辭以從簡孫氏亦謂春秋之法文從簡易文烝以爲聘禮記言辭多則史論語言文勝質則史君子脩春秋變乎史矣客言及者由内及之不直言師敗績者文承齊師故言我以相別與我入邴同皆屬文之宜也不致者此著惡内文雖納正亦惡事

九月齊人取子糾殺之言子糾者明其貴宜爲君補曰此本公羊也何休曰以君薨稱子某言之者著其宜爲君文烝案齊稱人者略之從衆辭例不地亦略之不日者實未成君**外不言取**補曰不以外取於内也宣元年昭二十五年傳皆曰内不言取其意一也不言取者經例因史例也**言取病内也取易辭也**補曰凡取皆易辭傳因以明通例左氏公羊例皆同**猶曰取其子糾而殺之云爾**猶言自齊之子糾今取而殺之言魯不能救護也補曰是彼之子糾直從内取而殺之若取物然此所以爲病内公羊謂脅我使我殺之左傳以爲鮑叔帥師來言是也此非韓穿來言

之比，故不得書矣。劉敞曰內私人之國而奪焉，外敗人之師而脅焉，是取其子糾戮之而已矣。葉夢得曰此子路子貢所謂桓公殺公子糾者歟。凡義所得殺者殺在上，衛人殺祝吁、齊人殺無知是也；義所不得殺者殺在下，齊取子糾殺之、楚誘蔡侯般殺之、蔡以沈子嘉歸殺之是也。

十室之邑可以逃難，百室之邑可以隱死，補曰藏隱死罪，或云猶內外傳言逃死。**以千乘之魯而不能存子糾，**補曰言大國不如小邑。**以公爲病矣。**補曰七句又申病內意。

冬，浚洙。補曰杜預釋例曰洙水出魯國東北，西南入泗水，下合泗。**浚洙者，深洙也，**補曰公羊訓同毛詩傳，浚，深也，爾雅作濬，說文作睿容，濬謂鑿深遍之爲阻固。**著力不足也。**畏齊難。補曰注本公羊也，何休曰洙在魯北，齊所由來。

十年春王正月，公敗齊師于長勺。長勺，魯地。**不日，疑戰也。**疑戰者，言不剋日而戰，以詐相襲。補曰疑戰猶公羊言詐戰，疑詐同意，何休曰詐，卒也，齊人語，蓋誤。**疑戰而曰敗，勝內也。**勝內謂勝在內。補曰言敗則亦戰也，詐戰非戰而謂之敗者，勝在內，舉其勝者言之，非是。

成敗之也凡敗師不日者皆非成敗之雖發例於內其餘亦無所不逼不致者凡敗某師之屬皆不致克敵而反無危故也

二月公侵宋侵時此其月何也補曰舊史侵皆月君子略之**乃深其怨於齊又退侵宋以衆其敵惡之故謹而月之**補曰惡之而謹月即往月危往之例疏曰舊說以爲公與宿盟宋方病宿故公侵之若此則何惡也公與宿盟經無其事爲宿侵宋傳無其文是舊說妄文

烝案不致者惡事也

三月宋人遷宿補曰月者例也遷者遷之者皆同例惟許爲變例疏曰許四遷不月者以其小略之如邑也遷紀不月者文承月下蒙之可知也案疏論許遷是也論遷紀非也紀不人諸遷例前辨之**遷亾辭也**爲人所遷則無復國家故曰亾辭閔二年齊人遷陽亦是也補曰公羊引子沈子曰盖因而臣之杜預以爲强遷之而取其地也案書堯典竄三苗于三危亦作黎三苗臯陶謨謂何遷乎有苗書序成王東伐淮夷遂踐奄將遷其君于蒲姑周公告召公作將蒲姑葉夢得引此舜與成王二遷以爲遷者但徙其地孔傳言

滅奄而徙之者誤也宋人遷宿齊人遷陽亦存其君長而徙之但諸侯所不得爲故見譏焉又謂周禮大司馬九伐之法有滅無遷蓋伐得之而後遷非以師直遷尤見先王之愼乎遷人非如有苗與奄亦不爲也

其不地宿不復見也

國亾不復見經不言滅者言滅則殺其君滅其宗廟社稷就而有之不遷其民補曰葉夢得曰以遷人爲罪義不在地也

遷者猶未失其國家以往者也

謂自遷者僖元年邢遷于夷儀成十五年許遷于葉之類是也彼二傳曰遷者猶得其國家以往者也此傳云遷者猶未失其國家以往互文也補曰未失國家故復見復見故地遷者輙遷之者爲愈也傳總明遷有二例疏曰不於元年遷紀發傳者彼以紀侯賢經變文以示義非正例故不發之遷陽不發從此省文也遷有二種傳文三起例此是亾辭之始邢是復國之初許獨自不月故三發之也范略例云凡遷有十亾遷三遷紀遷宿遷陽是也好遷七邢遷夷儀衛遷帝丘蔡遷州來許遷葉夷白羽容城是也文烝案范例及疏幷言遷紀非也諸遷外如衛遷于楚丘以不與專封不書杞遷于緣陵又遷于淯于以其皆言城略而不書邾遷于繹晉遷于新田楚遷于鄀事皆無危史本不書

夏六月齊師宋師次于郎補曰月者爲下敗宋次止也畏我也補曰重發傳者嫌外內異也

公敗宋師于乘丘乘丘魯地不日疑戰也補曰孔廣森曰左傳公子偃曰宋師不整可敗也自雩門竊出蒙皋比而先犯之公從之此詐戰不日之證疑戰而曰敗勝內也補曰疑戰一勝內重發傳者二師次而敗一師嫌有異也

秋九月荆敗蔡師于莘以蔡侯獻武歸莘蔡地補曰獻武蔡哀侯也不書日與雞甫異者疑戰也○撰異曰武本亦作舞左氏公羊作舞案周禮射有興武馬融云與舞同荆者楚也補曰荆以州言楚以國言詩商頌謂之荆楚何爲謂之荆狄之也補曰狄之故不欲言其國名略以州舉此傳與後十四年傳互相備何爲狄之聖人立必後至天子弱必先叛故曰荆狄之也補曰公羊僖四年傳亦言楚有王者則後服無王者則先叛漢書賈捐之謂其動爲國家難自古而患之今考殷之中興武丁伐荆楚周之中興宣王征荆蠻並是

後至先叛之事以二代同有此患故言必也陳奐曰楚當夷厲之際其國漸大侵犯中國故宣王中興旣命方叔南征又徙封申伯於謝邑以禦南方其事皆在初年至宣王之末當楚若敖之初左傳稱若敖蚡冒篳路藍縷以啟山林其喪南國之師已載見於國語幽王荒廢荊叛不至漸漸之石是以爲刺平王東遷楚患尤甚申甫與許並勞屯戍魯桓之世楚已稱王漢陽諸姬蠶食殆盡矣○李光地曰學者謂夫子周游諸侯之邦采其國史而作春秋誤也如果夫子參采晉乘楚檮杌而脩春秋楚文以上晉獻以前翦幷諸姬滅翼作晉其事甚章夫子何用隱之而沒其本乎荊於是始書始通也秦晉以暨晚出之吳越凡其入經之先後皆然也推此例則有赴告而後有書舊史有書而後春秋有筆不以他史益國史故事有沿故而遺其以聞見覈所因故事又有革舊而審且信也文烝案左傳例曰凡諸侯有命告則書不然則否師出臧否亦如之雖及滅國滅不告敗勝不告克不書於策又曰凡崩薨不赴則不書禍福不告亦不書此自是史氏相承確鑿有據之言杜預以爲周公之垂法史書之舊章蓋近之矣穀梁雖無明文而近不失崩一條正周有赴告之證卽公羊亦云卒赴而葬不告觀於崩卒則他事亦可推也啖助乃謂公羊穀梁不知有不告則不書之事義左氏舊解皆言從告二者之說俱不得中

此其所見卓絕以論左氏則可以論公羊穀梁則未可學者治穀梁當以李氏此條及僖三十二年徐邈注爲定

蔡侯何以名也據僖十五年秦獲晉侯不名絕之也何爲絕之獲也補曰公羊與此同何休曰獲得也戰而爲敵所得文烝案戰既無勇敗又不死未能奔亾乃見俘獲可絕之道何氏又曰獻舞不言獲故名以起之

中國不言敗此其言敗何也據宣十二年晉荀林父帥師及楚子戰于邲晉師敗績不言敗晉師補曰經例夷狄敗中國言敗復言戰不直言敗與中國相敗者同文猶外敗內之直言戰也

中國不言敗蔡侯其見獲乎補曰若不直言敗而言戰則當先言蔡侯及荆戰于莘而後言蔡師敗績蔡侯既能戰何以見獲乎夫蔡侯所與戰者夷狄也非晉與秦比也蔡侯君也非齊國書比也言敗雖見衆力之盡言戰實彰君職之虧是其耻彌深於文不可也

其言敗何也釋蔡侯之獲也補曰釋解也解釋之者爲中國殺耻上二句反言此正言

以歸猶愈乎執也爲中國諱見執故言以歸補曰重發傳者獲諸侯與王臣異也執卽獲也

冬十月齊師滅譚譚子奔莒

桓十一年鄭忽出奔衛傳曰其名失國也十六年衛侯朔出奔齊傳曰朔之名惡也然則出奔書名有二義譚子國滅不名蓋無罪也凡書奔者責不死社稷不言出者國滅無所出也他皆放此補曰爾雅曰滅盡也又曰絕也何休曰取其國曰滅注解不言出杜預用公羊文也葉夢得曰孟子言周公相武王誅紂伐奄滅國五十而天下大悅蓋外內亂鳥獸行則滅之先王之政也必武王周公而後可滅人非武王周公而滅一人之國交相滅之道也鄭玉曰三王之興行一不義殺一不辜得天下不爲也齊桓殺糾得國殺一不辜矣滅譚立威行一不義矣月者何休以爲惡不死位文烝案月自爲滅兼施於奔說見昭三十年滅不日例在後十三年傳舊史滅皆具月日○撰異曰陸淳纂例曰公羊作十年有一月案今公羊亦作十月譚說文邑部作鄿

十有一年春王正月

夏五月戊寅公敗宋師于鄑鄑魯地內事不言戰舉其大者補曰重發傳者敗菅前有伐宋文嫌此與異也其日成敗之也結日列陳不以詐相襲得敗師

之道故曰成也補曰伯禽之誓曰甲戌我惟征徐戎是古者戰必結日結日者得正故日之以成其敗之之事公羊謂之偏戰者也此爲内言敗補曰獲師者發例亦通於外惟穀爲變例

宋萬之獲也宋萬不書者卑者不志又内不言獲左傳在乘丘之役

秋宋大水外災不書此何以書補曰不書者經例因史例也**王者之後也**補曰魯史爲殷之後記災而經仍之也孔子亦殷人則襄九年傳云故宋是也於彼論之**高下有水災曰大水**補曰疏曰重發傳者嫌外災與内異也

冬王姬歸于齊其志過我也補曰此猶外相如以過我書公羊同何休曰明當有送迎之禮左傳謂齊侯來逆共姬非也

十有二年春王三月紀叔姬歸于酅酅紀邑也紀季所用入于齊者紀國既滅故歸酅補曰何休曰月者恩錄之**國而曰歸此邑也其曰歸何也吾女也失國喜得其所故言歸焉爾**江熙曰四年齊滅紀不言滅而言大去者義有

所見爾則國滅也叔姬來歸不書非歸寧且非大歸也
叔姬守節積有年矣紀季雖以酅入于齊不敢懷貳然
襄公豺狼未可闇信桓公既立德行方宣於天下是以
叔姬歸于酅魯喜其女得申其志補曰傳曰歸者歸其
所也紀國既滅而酅爲齊附庸猶立五廟是得其所家
鉉翁曰夫死無子而終於父母家者非正也終於夫家
正也文烝案喜而言歸者經順魯而喜之也言歸不嫌
若嫁者上繫紀前有以酅文也注來歸三句本杜預

夏四月

秋八月甲午宋萬弒其君捷捷宋閔公○撰異曰捷公羊作接徐彥公羊疏曰正本皆作接字故賈氏云公羊穀梁曰接是也案今穀梁不作接爾雅曰接捷也二字通用**宋萬宋之卑者也**補曰南宮萬非命大夫**卑者以國氏**補曰此發通例明同於隱元年稱人之例皆爲卑者也不目言者稱人不可不目言者直以國氏其實一也前發稱人之例與內之直書其事者並言而曹莒諸小國無大夫者雖大夫亦稱人足知其亦是卑之即楚之先亦足兼見也此發以國氏之例乃與內之不氏相當而曹莒諸小國雖大夫亦以國氏知亦卑之即楚及吳皆足兼見也惟公子公孫弒君篡國其以國氏則

爲嫌文不入此例

及其大夫仇牧以尊及卑也仇牧閑也仇牧扞衛其君故見殺也桓二年傳曰臣既死君不忍稱其名今仇牧書名則知宋君先弒補曰仇牧所以爲閑者公羊所謂不畏彊禦也疏曰復發傳者孔父先君死發傳以明閑此則後君死故又發傳文烝案孔父爲司馬仇牧不知何官要以從晉荀息之例則不從四殺大夫不稱名姓之例

冬十月宋萬出奔陳宋久不討賊致令得奔故謹而月之補曰疏曰無知既經三月齊人得殺之故書時文烝案左氏載續經二年事外大夫奔者八而哀十四年六月宋向魋自曹出奔衛宋向巢來奔十五年夏五月齊高無丕出奔北燕十六年二月衛子還成出奔宋四者皆月則知舊史外大夫奔多以月爲例君子悉改從時例而閒以仍舊文存月者爲變例也據左傳萬亦卒見討不書殺萬者或史本無之或經欲別於失嫌之文既不書殺故亦不書葬或者葬在殺萬前雖書殺萬亦不追書葬也

十有三年春齊人宋人陳人蔡人邾人會于北杏北杏齊地○撰

異曰齊人左氏公羊作齊侯**是齊侯宋公也**補曰齊桓初行伯事足明親來宋亦大國禦說新立明亦身在會陳蔡邾君蓋亦親至傳不言者略之左傳曰會于北杏以平宋亂孔潁達以爲新君位未定齊爲會以安定之孔說是也**其曰人何也始疑之**補曰疑齊也疑者謂春秋之文也下傳曰信齊侯也二十七年傳曰信之也疑之信之之皆謂春秋之文此卽十六年傳所謂外疑之**何疑焉桓非受命之伯也**補曰非受王命爲侯伯也伯者長也蓋卽古所謂二伯其在內曰王官伯在外則曰侯伯矣戰國策先生王升曰先君桓公九合諸侯一匡天下天子授籍立爲大伯立爲大伯者謂二十七年賜齊侯命既曰大伯明是以二伯準之卽知僖二十八年策命晉侯爲侯伯亦不異也讀伯長言之曰霸白虎通曰霸者伯也行方伯之職其釋霸是也其曰方伯蓋非也案王制八州八伯謂之方伯此曲禮所謂牧左傳所謂侯牧周禮八命作牧是也又有二伯分天下爲左右此曲禮左傳所謂伯左傳又稱侯伯王官伯周禮九命作伯是也公羊每言上無天子下無方伯似以方伯爲侯伯詩韓奕因以其伯毛傳謂韓侯受命爲侯伯又似以侯伯爲方伯楚辭天問言伯昌號衰秉鞭作牧亦似以牧爲二伯之伯名稱通借所未審矣詩旄

上序云責衛伯其下文明言方伯而鄭箋乃謂周之制使伯佐牧以爲方伯者州牧也牧之下又有州伯二八佐之則衛宣公爲之也下泉有郇伯所謂思明王賢伯故傳謂二伯而箋亦爲州伯如鄭所序云更滋殺亂

將以事授之者也言諸侯將權時推齊侯使行伯事補曰注非也此謂春秋將以伯事授桓也此年將以伯事授之二十七年遂以諸侯授之此言授伯事彼言授諸侯其意一也齊桓晉文春秋所重故繁露言曾子子石盛美齊侯安諸侯尊天子而孟子亦曰其事則齊桓晉文是春秋之志也楊子法言曰聖人之法未嘗不關盛衰焉堯有天下舉大綱命舜禹夏殷周屬其子唐虞象刑惟明夏后肉辟三千堯親九族協和萬國湯武桓桓征伐四克禮樂征伐自天子所出春秋之時齊晉實予不膠者卓矣崔寔政論曰孔子作春秋褒齊桓懿晉文歎管仲之功豈不美文武之道哉誠達權救敝之理楊崔所論最合經旨足與曾子子石孟子之語相爲發明者也孟子他日又言以力假仁者霸五霸假之五霸者三王之罪人謂之小補此則論語小管仲之意亦卽僖二年傳仁不勝道之意乃義理之極至述作之指歸而不害其爲與桓文也蘇洵作春秋論謂夫子託周公之國以假天子之權蓋曰有周公之心而後可行桓文之事斯言盡之矣若夫孟子言仲尼之

徒無道桓文之事荀卿董仲舒亦言仲尼之門五尺之
豎子言羞稱五伯孟子又言不爲管仲言以齊王猶反
手言王不待大文王以百里與夫司馬遷列傳劉向新
序言管仲能霸不能王故孔子小之凡此亞聖之權辭
後儒之推說也夫桓文之事備載於經論語稱之不必
無道而羞稱也管仲尊周室豈宜以齊王夫子小其德
非以霸小之至孟子則其時有異故夫子爲東周謂行
周於魯孟子王齊梁則謂代周而王而論管仲亦異也
大戴禮孔子三朝記言周昌霸諸侯以佐紂以文王爲
西伯故謂之霸猶共工氏之霸九州但其繼世遂王天
下而德又與五霸異以位則霸以德則王猶後儒論漢
與唐以位則王以德則霸此非王霸正解也文烝昔年
十四時先君子誨以孟子各條之義謹述遺意因而詳
之俾衆說共貫焉○揔之謂春秋尊王而亦與霸可也
謂春秋貴王賤霸亦可也尊王而亦與霸者以位言之
王霸也故孫復李覯司馬光既以霸爲伯則謂王霸無
二道也貴王賤霸者以德言之王霸也故孟子荀卿董
仲舒皆以爲霸劣於王而漢孝宣言漢家本以霸王道
雜之也宣帝習穀梁家言可與傳相證矣

曰可矣乎未乎

邵曰疑齊桓雖非受命之伯諸侯推
之便可以爲伯乎未也補曰曰者目經意也此注較下
十六年注爲勝彼注解此文謂諸侯之意此注謂春秋

之文此注是也春秋於此文以爲可以事授之乎未可以事授之乎是之謂疑**舉人衆之辭也**稱人言非王命衆授之以事補曰注言衆授非也其首句亦不了上言稱人爲疑又釋疑意而稱人所以得爲疑者其理未顯故復言稱人者衆辭齊侯從衆辭則隱其爲伯之迹宋陳蔡邾之君從衆辭則不爲從伯之文故得爲疑也左氏公羊之經皆言齊侯一字之譌而精義泯矣

夏六月齊人滅遂遂國也其不日微國也補曰發例以包譚也國語曰單譚遂而不有葉夢得以爲妄李廉以爲誇大桓公之辭凡國滅不言其君者公羊曰國滅君死之正也何休謂舉滅國爲重

秋七月

冬公會齊侯盟于柯柯齊地**曹劌之盟也信齊侯也**曹劌之盟經傳無文蓋有信者也公羊傳曰要盟可犯而桓公不欺曹子可讐而桓公不怨桓公之信著於天下自柯之盟始補曰范意以公羊要劫之說爲可據而非爲請所侵汶陽田要劫也案荀子稱桓公劫于魯莊此要劫之證戰

國策屢言曹沬劫桓公而魯連燕太子丹皆言反地此又因請田要劫之證公羊蓋得之劌或作沬者王當云聲之誤

桓盟雖內與不日信也公盟例日外諸侯盟例不日桓大信遠著故雖公與盟猶不日補曰此發桓盟之例以申上句意與公羊同謹日所以明信大信則不假謹之二幽洛姑貫首戴寧毋洮牡丘八盟皆書月此及召陵但書時者此有要劫之事召陵楚來受盟故略而異之要同以不日爲義不致者離會也又桓會皆不致明安之例在後二十七年傳○五經異義公羊說復百世之讐古周禮說復讐之義不過五世許愼謹案魯桓公爲齊襄公所殺其子莊公與齊桓公會春秋不譏又定公是魯桓公九世孫孔子相定公與齊會于夾谷是不復百世之讐也從周禮說文烝案公羊分別國家以爲國可家不可故許氏但就國君之事折之周禮說與國君之事亦不合

十有四年春齊人陳人曹人伐宋補曰程子曰將卑師少曰某人齊自管仲爲政莊十一年而後未嘗與大衆也其賦於諸侯亦寡矣終管仲之身四十年息養天下厚矣惟救邢稱師譏其次也至於秦晉使之不競而已不强致也是以其功卑而易成胡安國曰蓋齊以制用兵而賦於民薄矣李廉據

國語管子書管仲制齊萬人爲軍凡三軍有士三萬八以爲比之周制誠爲簡便故曰節制之師此三說得之文烝以爲兵數既少其用之又恆少耳自陽處父以前師少稱人雖尊卿爲將亦不別

夏單伯會伐宋補曰陸淳曰左氏謂單伯是周大夫若然何得會鄄之時不列序而言單伯會齊侯乎孫復劉敞亦云**會事之成也**伐事已成單伯乃至補曰會事之成謂諸侯伐宋之事已成而單伯乃會之也因經會下不再出齊人陳人曹人故特釋之明與隱四年伐鄭異

秋七月荊入蔡荊者楚也其曰荊何也州舉之也補曰何休曰州謂九州冀兗青徐楊荊豫梁雍文烝案周禮逸周書九州曰楊荊豫青兗雍幽冀并疏曰麋信云楚子貪淫爲息嬀滅蔡故州舉之是取左傳之說非也此與十年傳同耳**州不如國**言荊不如言楚補曰當云言荊不如言吳荊改稱楚後未有以國舉者**國不如名**言楚不如言介葛盧**名不如字**言介葛盧不如言邾儀父補曰凡四夷舍本爵僭稱王者州之國之荊徐吳於越是也黜淫名也若戎狄等爲種號則又異矣微國本未爵者名之字之邾儀父郳黎來蕭叔介葛盧是也著實錄也若寰內諸侯書字則以

不嫌而同辭矣州劣於國字優於名州國一類名字一類傳言國不如名者便文連言之謂四夷不如微國耳公羊於國上增氏與人於字上增子學者因謂春秋以七等進退諸侯其說多不可通宜葉夢得駮之也

冬單伯會齊侯宋公衛侯鄭伯于鄄鄄衛地○撰異曰宋公衛侯各本脫今依唐石經十行本補正鄄左氏公羊一作甄復同會也諸侯欲推桓以爲伯故復同會于此以謀之補曰十六年傳曰外內寮一疑之外從北杏可以見義故自此無疑文內始會非公故疑文在後

十有五年春齊侯宋公陳侯衛侯鄭伯會于鄄復同會也爲欲推桓爲伯故復會於此補曰左傳曰齊始霸也疏曰重發傳者諸侯至此方信齊桓故更發之文烝案當云方伯齊桓

夏夫人姜氏如齊婦人既嫁不踰竟踰竟非禮也補曰疏曰重發之者此非淫恐異故發傳同之

秋宋人齊人邾人伐郳宋主兵故序齊上也班序上下以國大小爲次夷狄在下征伐則以

主兵爲先春秋之常也他皆放此補曰注首二句本杜預班序以下則下年夏伐鄭下注也杜無夷狄在下句宜删四字○撰異曰郳公羊作兒

鄭人侵宋

冬十月

十有六年春王正月

夏宋人齊人衛人伐鄭補曰杜預曰宋主兵也

秋荆伐鄭

冬十有二月會齊侯宋公陳侯衛侯鄭伯許男曹伯滑伯滕子同盟于幽幽宋地補曰杜預曰陳國小每盟會皆在衛下齊桓始霸楚亦始彊陳侯介於二大國之間而爲三恪之客故齊桓因而進之遂班在衛上終於春秋滑國都費○撰異曰板本公羊會上衍公字唐石經亦無公董仲舒繁露曰幽之會莊公不往下十九年何注曰先是鄄幽之會公比不至徐彥疏曰

夷字依陳奐訂正

彼二經皆不言公會故知不至矣陸湻纂例所據公羊已誤左氏無曹伯段玉裁曰此等陸氏音義所不著者案纂例載之

同者有同也同尊周也補曰疏曰同尊周者諸侯推桓爲伯使翼戴天子卽是尊周之事文烝案疏未得旨周自東遷以來此時最爲微弱考諸史記前十二年莊王崩明年僖王崩而春秋皆不志明雖以魯之近周而赴告不及故傳謂之失天下言其微弱之甚也左傳此一經後云王使虢公命曲沃伯以一軍爲晉侯詩無衣序云武公始幷晉國其大夫爲之請命乎天子之吏史記云晉侯緡立二十八年曲沃武公伐晉侯緡滅之盡以其寶器賂周僖王僖王命曲沃武公爲晉君列爲諸侯於是盡幷晉地而有之夫以曲沃之三世爲逆卒滅宗國王法之所必誅而敢於以賂請命遂如其欲則周之陵夷不振爲何如哉齊桓勃興始與諸侯共會盟以尊周春秋深與之因加言同以顯其事下文邾進書子實由齊桓爲之請命其與曲沃之請命順逆相反亦尊周之一端矣迨乎僖崩惠立子頹爲亂虢鄭胥命綏定王家左傳備記其事周人不告春秋不書也桓力未及君子不責也惠之十年再盟于幽復申前約於是又以同盟盟書自後則存亾國怙荆夷而會王世子焉會王人焉且會宰周公以明王禁焉諸侯翕然歸齊皆獎王室不疑其無此意不

須特異其文矣語云名生於不足是之謂乎**不言公**補曰據柯盟言公**外內寮一疑之也**十三年春會于北杏諸侯俱疑齊桓非受命之伯欲共以事推之可乎今于此年諸侯同共推桓而魯與齊讐外內同一疑公可事齊不會不書公以著疑焉同官爲寮謂諸侯也至二十七年同盟于幽遂伯齊侯補曰疏曰舊解謂會北杏不言諸侯是外疑之也今此會不言公是內疑之也自此以後外內不復疑之故曰一疑也推尋范注必不得爾范意外內寮者諸侯之國或遠或近故以外內總之一者同一也文烝案范注非也舊解是也遠近之國皆爲外不得言內傳言外內寮者外謂宋陳蔡邾內謂魯其於齊皆寮也春秋之文外則北杏稱人一疑之內則此不言公一疑之傳以內之一疑解經不言公因蒙北杏并言之明外內之文相準也柯爲離會齊無爲伯之事鄄是大夫會故皆無所謂疑與此異也外內寮一疑之文意與成十二年上下一見之正同至於當時外內諸侯之疑齊與否內與齊之有舊讐皆無須論范於北杏傳此傳皆誤解

邾子克卒補曰即儀父**其曰子進之也**附齊而尊周室王命進其爵補曰至是爵命於周則進矣經因其進而進之杜預曰蓋齊桓請王命以爲諸侯賈服說以爲北杏之會時已得王命案邾卒無

不名者邾近魯情最親故雖小國皆以名錄觀於邾而宿男薛伯杞子秦伯之不名者明史以其疏遠而略之矣不日者或不正或史以其附庸新進略之不葬者或魯不會或亦是史略之

十有七年春齊人執鄭詹○撰異曰詹公羊作瞻下同人者衆辭也補曰實是齊侯以衆辭稱人明此非貶以人執與之辭也與合得執補曰衆辭者與之之辭與其執有罪也昭八年傳曰稱人以執大夫執有罪也與此同意皆發明諸以衆辭稱人之例文互相備鄭詹鄭之卑者補曰疏曰重發傳者嫌有罪去氏也知非有罪去氏者外大夫身有罪例不去氏祭仲之類是也宛所以去氏者爲貶鄭伯也卑者不志此其志何也補曰不志者經例因史例也以其逃來志之也補曰主爲逃來志逃來則何志焉補曰但當志逃來何幷志執將有其末不得不錄其本也末謂逃來補曰本謂執錄執方可言自齊逃來鄭詹鄭之佞人也補曰說文曰佞巧讇高材也國語注曰僞善爲佞爾雅壬佞也公羊謂詹爲甚佞猶書言孔壬矣但謂微者言執書甚佞也直以佞故志執與傳意小異

夏齊人殲于遂補曰劉貺論汲冢竹書紀年曰齊人殲于遂鄭棄其師皆孔子新意知後人案春秋經傳而爲之文烝案劉謂此經是新意蓋得之其說棄師則非也竹書棄師之文出瑣語晉春秋其父所著史通明言之貺并以爲紀年亦其疏也○撰異曰殲公羊作瀸殲者盡也補曰盡殺也爾雅同然則何爲不言遂人盡齊人也無遂之辭也補曰言遂人盡齊人者以遂主其事有遂之辭也言齊人盡于遂者以齊主其事無遂之辭也無遂則何爲言遂補曰雖不以遂主事而遂文自在其猶存遂也以其能殺齊戍故若遂之存存遂奈何曰齊人滅遂使人戍之補曰戍守遂之因氏飲戍者酒而殺之齊人殲焉補曰因氏遂大夫杜預曰遂之彊宗此謂狎敵也狎猶輕也補曰傳因齊事論其理劉敞孫覺譏之非也許翰曰齊師滅譚譚子奔莒其君不詘也齊人滅遂齊人殲于遂其民不歸也孟子謂霸者以力服人非心服也力不贍也胡安國曰包胥一身可以存楚楚雖三戶可以亾秦足爲强而不義之戒

秋，鄭詹自齊逃來。逃義曰逃。齊稱人以執，是執有罪也。執得其罪，故曰義也。今而逃之，是逃義也。補曰：此爲凡書逃者發例。其言來，則從接公之例。蓋齊惡詹佞而執之，公說而受之歟？公旣受之，故卑者得志矣。公羊曰：何以書？書甚佞也。曰佞人來矣，佞人來矣。夫子告顏淵爲邦曰：放鄭聲，遠佞人。公羊義可通也。來奔先言來，此後言來者，葉夢得曰：奔以適我爲志，逃以舍彼爲志也。歸入言自者，有奉之辭。承執稱逃，則不嫌有奉。

冬，多麋。京房易傳曰：廢正作淫，爲火不明，則國多麋。補曰：易傳又曰：震遂泥，厥咎國多麋。此以爲溺愛淫女也。劉向以爲麋色青，近青祥也。麋之爲言迷也，蓋牝獸之淫者也。是時莊公將取齊之淫女，其象先見，天戒若曰：勿取齊女，淫而迷國。莊不寤，遂取之。夫人旣入，淫於二叔，終皆誅死，幾亾社稷。左氏劉歆說以爲毛蟲之孽爲災。杜預曰：麋多則害五稼，故以災書。案春秋諸記異，如蜮、蜚、雨雹之類，左傳皆謂之災也。疏曰：魯之常獸，是歲偏多，故書多也。螟螽不言多者，螟螽是微細之物，不可以數言之。

十有八年，春，王三月，日有食之。不言日，不言朔，夜食也。補曰與正朔晦日既朔皆異文足明其爲夜食其實夜食亦朔也周以夜半爲朔夜半後爲雞鳴爲平旦爲日出下言朝日朝朔明是日出後見而知之史因書於策也日出以前逼爲夜故曰夜食**何以知其夜食也**補曰謂史何所據**曰王者朝日**王制曰天子[元]冕而朝日於東門之外故日始出而有虧傷之處是以知其夜食也補曰疏曰魯事而輒言王者朝日者言王者朝日所以顯諸侯朝朔也注引王制者乃禮記玉藻文文烝案東門之外者東郊也[元]冕者每月朔朝日之服其正月則異大戴禮四代孔子曰天子盛服朝日于東堂孔廣森以爲盛服者袞冕國語所謂大采朝日日東堂者明堂東門之堂迎日東郊反而禮日東堂也依書傳略說在夏正之朔即此三月矣**故雖爲天子必有尊也貴爲諸侯必有長也故天子朝日諸侯朝朔**何休曰春秋不言月食日者以其無形故闕疑其夜食何緣書乎鄭君釋之曰一日一夜合爲一日今朔日日始出其食虧傷之處未復故知此自以夜食夜食則亦屬前月之晦故穀梁子不以爲疑補曰朝朔者北面朝受天子所班朔政謂以每月朔受之於禰廟經書視朔是也朝日明日尊也朝朔明天子長也疏曰朝日朝朔禮異皆早旦行事而昨夜有虧

傷之處尚存故知夜食也徐邈云夜食則星無光張靖箋廢疾云立八尺之木不見其影並與范意異文烝案徐張非但與范異乃於傳外自爲說范引鄭言屬前月晦是謂在夜半以前則日出安得尚有虧傷之處吳萊又以後世事況之曰世之登泰山者夜半觀海出日人世之間闇猶故於此而或食謂之食朔可矣書食未可也安得不曰夜食乎魏永安二年十月己酉日食地下虧從西南角起亦是夜食吳氏於事類頗近亦非傳意也唯漢書五行志說此曰史推合朔在夜明旦日食而出出而解是爲夜食斯則事核而義得矣日食而出出而解較所謂虧傷未復語意尤明

夏公追戎于濟西補曰何休曰以兵逐之曰追追例時其不言戎之伐我何也補曰據追齊師言侵西鄙狄侵我言侵西鄙以公之追之不使戎邇於我也邇猶近也不使戎得逼近於我故若入竟望風退走補曰言追伐可知矣所追爲戎追者爲公故略文以示義于濟西者大之也何大焉爲公之追之也言戎遠來至濟西必大有徒衆以公自追之知其審然補曰注非也濟西猶言河陽不限於地名故爲大濟西大公猶河陽大天子

也大公者華戎之辭大天子者君臣之辭傳言何大爲爲公之追追之者既以公追爲文必言齊西以大之公自追戎而但錄其地名如追齊師至巂云者以爲不可也不言伐某鄙不言地名不言至言于沓以戎故也不致者竟內兵也

秋有蜮京房易傳曰忠臣進善君不識厥咎國生蜮補曰不識漢書五行志引作不試顏師古曰試用也劉向以爲蜮生南越越地多婦人男女同川淫女爲主亂氣所生故聖人名之曰蜮蜮猶惑也在水旁能射人射人有處其甚者至死南方謂之短弧近射妖死亾之象也時莊將取齊之淫女故蜮至天戒若曰勿取齊女將生淫惑篡弒之禍莊不寤遂取之入後淫於二叔二叔以死兩子見弒之夫人亦不誅○撰異曰蜮本亦作蜮陸湻篡例曰三傳皆然

一有一亾曰有補曰疏後一說一有一亾者謂或有有時或有無時言不常也螟螽之類是常有之物不言有也文烝案一猶或也王制禘一犆一祫爾雅泉一見一否夏小正傳一則在本一則在末義皆爲或也傳言一有一亾者四亾皆不作無疑經字無冰之等非其舊矣徐彥曰不書來者亂氣所生不從外來故也

蜮射人者也蜮短狐也蓋含沙射人補曰疏曰洪範五行傳云蜮如黿

三足生於南越南越婦人多淫淫女惑亂之氣所生也陸璣毛詩義疏云蜮短狐一名射景在江淮水中人在岸上景見水中投人景則殺之或謂含沙射人入皮肌其創如疥左傳及詩正義與此疏同毛傳說文皆曰短狐也說文又曰似鼈三足以氣射害人音義曰本草謂之射工左傳音義同詩音義曰俗呼之水弩陸璣前一說徐彥引草木志同後一說范所用服虔說左傳亦同以爲徧身漊漊或或故爲災也五行志狐作弧左傳音義曰弧又作狐

冬十月

莊閔補注六終

大千五百八十七字
小萬三千百卌五字
眉注七字

春秋莊公閔公經傳第三補注第七

穀梁　范氏集解　鍾文烝詳補

十有九年春王正月

夏四月

秋公子結媵陳人之婦于鄄遂及齊侯宋公盟媵淺事也不志此其志何也補曰凡內女出媵他國女爲夫人者史皆詳書之君子以爲淺事削而不志辟要盟也魯實使公子結要二國之盟欲自託於大國未審得盟與不故以媵婦爲名得盟則盟不則止此行有辭也補曰公羊十三年何休注曰臣約其君曰要又云要脅欲明魯辟要盟若直言公子結及齊侯宋公盟于鄄則無以見魯之本情故存媵文但視舊史爲略耳魯所以要盟者洪咨夔葉酉謂以背盟納逋懼討也何以見其辟要盟也補曰問經文何以見之媵禮之輕者也盟國之重也以輕事遂乎國重無說以輕遂重無他異說故知辟要

盟耳補曰考工記曰有說鄭君曰說猶意也墨子經曰說所以明也以遂爲文無說則辟要盟之本情足見矣舊史盟必有日書日未必有遂文**其曰陳人之婦略之也**但爲遂事假録媵事耳故略言陳人之婦不處其主名補曰何休曰此陳侯夫人也文烝案桓八年傳曰其曰遂逆王后略之也彼稱后此稱婦其意相類舊史書媵事當有詳文孔穎達曰鄄是衛之東地蓋陳取衛女爲婦孔廣森曰鄄者盟地非致媵地本送女如陳行及于鄄也猶曰鄙子會盟于郲謂會曹南之盟而行及于郲也**其不日**補曰桓盟本不日結要盟與凡盟異還宜具日**數渝惡之也**補曰疏曰數疾也謂秋共盟冬而見伐變盟之疾或以數渝爲今冬伐我西鄙明年齊又伐我故云數文烝案明年伐我我乃戎之誤數字當如前解此必疏所述舊說蓋猶據未誤之本也暨之盟曰不日其盟渝也又曰惡內也此盟亦其例桓十七年黃之盟則爲變例矣暨盟不日又不月此亦不月者蓋以辟要盟異之

夫人姜氏如莒婦人既嫁不踰竟踰竟非正也補曰疏曰重發傳者嫌此適異國恐別故發傳以同之

冬，齊人、宋人、陳人伐我西鄙。其曰鄙，遠之也。補曰：何休曰：鄙者，邊垂之辭。其遠之何也？不以難邇我國也。補曰：亦猶十八年不使戎邇於我。何休曰：榮見遠也。文烝案：內言鄙者與外直言侵伐文相當，哀篇直言伐我則與外言圍入文相當。孫覺曰：春秋外師之至魯，雖入其郛，亦皆曰鄙；侵伐他國，但曰某而已，不曰某鄙。魯必曰鄙者，蓋我國之君治國之道素脩，禦敵之道素備，彼之來寇者，乃適吾間隙，犯吾邊鄙耳。故春秋之法，內言戰不言敗，言侵言伐不言其至於國都，所以親之尊之而備責之也。哀八年、十一年再言伐我，而不言其鄙者，春秋之終而聖人之微旨也。穀梁言不以難邇我國，此深於春秋者之說也。傳傳之字各本脫，今依唐石經、十行本、俞皋集傳釋義本補正。

二十年春王二月，夫人姜氏如莒。夫人比年如莒，過而不改，無禮尤甚，故謹而月之。補曰：何休曰：月者，再出也，不從四年已月者，異國。○撰異曰：呂本中曰：公羊作正月，桼呂葢誤。婦人既嫁不踰竟，踰竟非正也。補曰：疏曰：重發傳者，比再如莒，失禮之甚，故詳之。

夏，齊大災。外災例時。補曰：疏曰：范例云：災有十二，內則書日，外則書時，國曰災，邑曰火。其志以

甚也外災不志甚謂災及人也補曰災及人故大大故志重人也宋災伯姬卒與此相似雨螽及沙鹿梁山崩皆以害大變重志於魯策亦此之類

秋七月

冬齊人伐我補曰我當爲戎穀梁與左氏公羊本同字葢轉寫誤也哀以前皆書四鄙不應此獨直文傳於上年發書鄙義不應於此無傳知必是誤字矣張洽曰戎在徐州之域最近齊魯故先治之○撰異曰我左氏公羊作戎宜從戎

二十有一年春王正月

夏五月辛酉鄭伯突卒補曰書日與齊小白同

秋七月戊戌夫人姜氏薨補曰桓公夫人莊公母婦人弗目也鄭嗣曰弗目謂不目言其地也婦人無外事居有常所故薨不書地僖元年傳曰夫人薨不地此言弗目葢互辭爾定九年得寶玉大弓傳曰弗目羞也葢此類也江熙曰文姜有弒公之逆而弗目其罪補曰鄭是江非也鄭不引隱

二年傳亦失之疏曰隱二年著不地之例此復發傳者嫌有罪去地故發之

冬十有二月葬鄭厲公補曰何休曰春秋篡明者書葬文烝案篡立乃失德之大者旣有明文魯會葬則葬之

二十有二年春王正月肆大眚易稱赦過宥罪書稱眚災肆赦經稱肆大眚皆放赦罪人蕩滌衆故有時而用之非經國之常制補曰此本杜預第三句作傳稱肆眚圍鄭范改之此注言自古以來有時而用也○撰異曰肆公羊或作佚眚公羊作省案石鼓㫖車義作省車

肆失也眚災也災謂罪惡補曰惠棟曰失讀爲佚佚與逸同謂逸囚也古多以失爲佚佚文烝案惠說是也公羊曰肆者何跌也似亦略相近杜預襄九年左傳注某氏堯典傳皆曰肆緩也逸周書謚法曰肆放也緩放亦佚之意以災訓眚者堯典康誥言眚災是也某氏傳曰眚過也災害也是就二字析言之杜預亦曰眚過也凡罪有過有故故者堯典謂之怙終康誥所云非眚惟終

災紀也失故也紀治理也有罪當治理之今失之者以文姜之故補曰墨子曰絲縷有紀說文曰紀絲別也引伸之爲治理

爲嫌天子之葬也文姜

罪應誅絕誅絕之罪不葬若不赦除衆惡而書葬者嫌天子許之明須赦而後得葬補曰天子之葬者謂天子之法所當葬也文姜淫而害夫於法無赦魯秉周禮猶知畏法所嫌若法所當葬爲是故大赦於國滌除衆罪咸與惟新一嫌若文姜之淫弑亦可不論者所以掩其生前之惡而成其沒後之禮也賈逵說左氏曰文姜有罪故赦而後葬以說臣子也魯大赦國中罪過欲令文姜之過因是得除以葬文姜賈之此注卽穀梁家語也傳但言其有故言其所爲卽其事可知其義明猶似乎亾於禮者之禮而與失德不葬之旨亦足相發也嘗論之肆眚者卽堯典所云眚災肆赦也肆小眚又肆大眚者卽康誥所云乃有大罪非終乃惟眚災適爾又旣道極厥辜時乃不可殺也先王之世本有其事而觀左氏爲襄九年傳晉悼公肆眚圍鄭是爲圍鄭特行赦與魯之爲葬文姜特行大赦相類知當時赦令皆有所爲矣或凡赦無所爲者史所不記有所爲乃記耳

癸丑葬我小君文姜補曰何休曰夫人以姓配謚欲使終不忘本也**小君非君也**不治其民**其曰君何也以其爲公配可以言小君也**補曰夫人與公一體從公稱也周制天子至士夫婦皆合葬祭於廟設詞几祝曰以某妃配明夫婦精氣合也孫覺曰姜氏之

惡春秋載之備矣而薨葬皆詳書之無貶辭焉春秋魯史其載魯事有臣子之法所以訓忠孝也姜氏雖大惡然魯之臣子不可以母禮待之蘇轍曰君雖不君臣不可以不臣父雖不父子不可以不子子爲父隱道在其中矣而文姜之惡何損焉文烝案孫蘇皆正論陸湻聞於師者亦略同要因魯旣不能絶文姜則宜有臣子之禮亦卒仲遂致意如之意也

陳人殺其公子禦寇禦寇宣公之子補曰稱人者衆辭從殺有罪例傳又舉例於文七年○撰異曰禦又作御左氏作御亦作禦段玉裁曰左傳作大子則左經當本作世子史記亦云大子文烝案左氏史記非也殺世子當目君不目君不得言其**言公子而不言大夫公子未命爲大夫也**補曰未命爲卿**其曰公子何也**補曰據旣非大夫何得稱公子見經**公子之重視大夫**視比**命以執公子**大夫旣命得執公子之禮一本大夫命以視公子補曰言以公子氏者非他氏族比他氏族不命爲卿則直名不氏矣臧孫紇亦氏內外異耳張大亨曰殺公子雖未命必志之惡賊親也先王之制公族有罪不以犯有司

夏五月以五月首時，甯所未詳。補曰：孫復以爲月下有脫事，是也。史文殘闕，經遂仍之，亦夏五傳疑之例。桓莊相接，莊亦遠也，若在近世，多見而識，其事或可考矣。不改從始月例，明春秋無不知而作者。

秋七月丙申，及齊高傒盟于防。補曰：毋喪十三月，不言公。**高傒伉也。**書日則公盟也。高傒驕伉，與公敵體，恥之，故不書公。補曰：一君一臣，特相盟會，是臣無禮，故曰伉。伉處父、嬰齊並同此義。注云書日則公盟，本文二年傳文。傳於彼乃發之者，彼又須辨公不言如晉意，故就彼亦發之，說見彼疏。不致者，既會大夫，又沒公。

冬，公如齊納幣。補曰：納幣與諸書納者異。**納幣，大夫之事也。**補曰：正禮。說**禮：有納采，**采擇女之德性也。其禮用鴈爲贄者，取順陰陽往來。補曰：昏禮納采、問名、納吉、請期、親迎皆用鴈。注本鄭君說也。**有問名，**問女名而卜之，知吉凶也。其禮如納采。補曰：昏禮記曰：「敢請女爲誰氏。」鄭君曰：謙，不必主人之女。**有納徵，**徵，成也。納幣以成婚。補曰：何休曰：納幣即納徵。禮曰：主人受幣，士受儷皮是也。納徵用玄纁束帛儷皮。玄纁取其順天地也。儷皮者，鹿皮，所以重古也。孔廣森曰：幣者，六幣之通名諸侯聘女以大璋皮帛文烝案注言納幣以成婚者賈公彥曰納納幣則昏禮已成女家不得移改又案納徵前有納吉禮得吉卜而往告也疏曰傳略納吉不言或以爲諸侯與士禮異者非也**有告期**告迎期補曰昏禮曰請期用鴈主人辭賓許告期如納徵禮謂先請於女家後告之也或云傳之告即禮之請二十八年傳曰告請也定元年傳曰求者請也求請告三字同義竊以彼皆散文告期則禮與請對文告非請也**四者備而後娶**補曰娶謂親迎**禮也**補曰因納幣備言其禮唯娶親之**公之親納幣非禮也故譏之**公母喪未再朞而圖婚傳無譏文但譏親納幣者喪婚不待貶絕而罪惡見補曰傳言譏之者明經所以仍史文書其事禮父卒則爲母齊衰三年孔廣森以爲親納幣失之小三年之內圖婚失之大大小者猶譏大者可知

二十有三年春公至自齊補曰疏曰二十七年傳云桓會不致此與下文觀社皆書公至者公羊傳云危之也徐邈亦云不以禮行故致以見危范下注云公怠棄國政比行犯禮憂危甚矣則亦以二者爲憂危致之也若然定八年傳稱致月危致下傳云致月有懼此致不月者以二者皆非禮而行不假書月

危懼可知傳以危而不月嫌與例乖故發傳詳之或以爲二者皆非禮之行與好會異故致之非是見危理亦通也文烝案此處二往皆見非禮致之已足見危非如致會致伐之等須加月以危之又非如奔喪會葬之等往致皆須月也疏說未明又案凡春如春至若是正月則亦必月春不月者皆非正月也

祭叔來聘其不言使何也天子之内臣也祭叔天子寰内諸侯叔名補曰疏曰徐邈云祭叔爲祭公使則徐意以祭叔爲祭之大夫也范以叔爲名似同徐說但舊解不然文烝案杜預引穀梁正同徐語此必穀梁家古義不言使謂不言祭公使内臣亦指祭公范意以使爲王使以内臣即指祭叔益失之而疏以爲范似同徐說又失之矣叔當是字猶任叔榮叔周禮大宰施則于都鄙而建其長立其兩謂公卿及王子弟食采邑者得立兩卿祭叔爲祭之大夫葢所謂兩卿者孔穎達曰或是祭公之弟也**不正其外交故不與使也**何休曰南季宰渠伯糾家父宰周公來聘皆稱使獨于此奪之何也鄭君釋之曰諸稱使者是奉王命其人無自來之意今祭叔不一心於王而欲外交不得王命來故去使以見之補曰范取鄭說以爲祭叔外交無王命故不與王得使之非也既無王命則非使何云不與王得使若

無使之者則當爲朝何以云聘若以爲請命於王非王本心則石尙亦請命何以得云使此當依徐杜說謂不正祭公外交故不與其得使也趙汸曰不言祭公使者王臣無外交無其禮則不得襲其文與卿爲君逆不稱使同

夏公如齊觀社 補曰何休曰觀社者觀祭社社者土地之主祭者報德也生萬物居人民德至厚功至大故感春秋而祭之天子用三牲諸侯用羊豕僖三十一年公羊傳曰天子祭天諸侯祭土何休曰土謂社也天子所祭莫重於郊諸侯所祭莫重於社卿大夫祭五祀士祭其先祖哀四年公羊傳曰社者封也文烝案祭社曰社猶祭於郊曰郊 **常事曰視** 視朔是也 **非常曰觀** 補曰疏曰復發傳者嫌觀魚觀社異故發之文烝案此不言傳曰者省文 **觀無事之辭也** 言無朝會之事 **以是爲尸女也** 尸主也主爲女往爾以觀社爲辭補曰經著無事之辭者以是爲尸女故也意主於女謂之尸女莊子曰是其言也猶時女也處女爲時所求謂之時女古人語如此六經奧論說以墨子曰燕有祖齊有社宋有桑林楚有雲夢此男女之所屬而觀也家鉉翁曰尸女云者盛其車服炫惑婦人要其從己也文烝案左氏說

以爲齊因祭社蒐軍實國語曹劌曰齊棄太公之法而觀民於社臣不聞諸侯相會祀也祀又不法蒐軍實而曰觀民曰不法足與墨子相證也**無事不出竟**補曰說正禮

公至自齊公如陳公行例補曰凡往皆是不專謂如某**往時正也**正謂無危懼也皆放此**致月故也**補曰故謂變故定八年傳曰致月危致也於往言時則月可知於致言月則時可知互句以省文**如往月致月有懼焉爾**補曰定八年傳曰往月致月惡之也此皆經例舊史凡往與致無不月者案此及上致皆時傳發經通例也傳以桓兩致皆變文莊致伐衞又非常例故於此兩致發之此例之外惟正月如某及正月至者雖無危懼亦必書月據文自明故傳無說也王引之曰上言公如下不須更言如下如字蓋衍文

荊人來聘善累而後進之補曰累積**其曰人何也**補曰據當言荊來聘如白狄來**舉道不待再**明聘問之禮朝宗之道非夷狄之所能故一舉而進之補曰以聘書故人之不如白狄不言朝也公羊曰荊何以稱人始能聘也能聘卽傳所謂舉道

公及齊侯遇于穀及者內爲志焉爾遇者志相得也補曰疏曰重發傳者公爲淫如齊嫌異於常故重發之

蕭叔朝公微國之君未爵命者補曰杜預曰附庸國疏曰書名者附庸常例傳於儀父言字言美稱此傳直云微國不言字則叔名也重發傳者嫌名字異故也文烝案叔蓋字也故黎來後重發傳疏從杜杜預爲名又不記黎來傳何歟其不言來於外也言於穀朝公也補曰杜預曰就穀朝公故不言來孔穎達曰穀是齊地故也定十四年大蒐于比蒲邾子來會公比蒲魯地故言來也趙汸以爲蕭君至穀朝伯主因得朝公朝於廟正也補曰廟大廟於外非正也補曰以其非正故加言公明公一人專受之不能尊先君共其榮杜預曰凡在外朝則禮不得具嘉禮不野合

秋丹桓宮楹楹柱補曰服虔曰丹形楹謂之柱釋名曰楹亭也亭亭然孤立旁無所依也案禮言東楹西楹劉熙就一楹言之禮天子諸侯黝堊黝堊黑色補曰范解黝字連言堊堊耳非以堊亦爲黑也疏引徐邈曰黝黑柱也堊白壁也謂白壁而黑柱文烝案詩禮多以黝爲幽爾雅曰黑謂之黝說文以

爲微青黑色孫炎從之堊者說文曰白涂爾雅所謂牆謂之堊山海經大次之山多堊亦當爲白土又有黃堊又有白堊黑青黃堊據呂氏春秋云白堊黑漆則直言堊者皆白也太平御覽引此傳作天子丹諸侯黝堊王引之曰御覽丹字涉上下文丹楹而誤衍廣雅云天子諸侯廟黝堊正用傳文左傳正義北堂書鈔白帖引傳皆同今本

大夫倉補曰孔穎達月令正義曰倉亦青也遠望則倉

士黈黈黃色補曰音義曰麋氏云張斗反文烝案其堊皆同省文從可知

丹楹非禮也補曰黝倉黈皆禮之所有丹則禮之所無

冬十有一月曹伯射姑卒補曰終生卒日葬月自此射姑班襄盧負芻滕須年露九君卒皆月而不日惟壽卒日盧負芻以踰竟故不日射姑等七君皆當是不正不應八世之中獨壽得以正立射姑前稱世子又非不正以意度之或者射姑雖爲世子本不正班襄諸君皆不正正蓋所謂楚國之舉恆在少者乎傳記無文不敢定也班襄盧滕須葬皆時射姑壽負芻露葬皆在上事月下午葬月何休以爲爲下出也○撰異曰射本或作亦

十有二月甲寅公會齊侯盟于扈桓盟不日此盟日者前公如齊觀社傳曰觀無

事之辭以是爲尸女也公怠棄國政比行犯禮憂危甚矣霸主降心親與之盟實有匡濟之功而魯得免於罪臣子所慶莫重於此時事所重文亦宜詳故特謹日以著之補曰注說未然此當從孫復程子葉夢得說以爲婚盟亦與諸桓盟不同故還從常例書日也不致者離會例公羊以書日爲危之危之則當致公羊非也扈鄭地孫復以此爲齊地

二十有四年春王三月刻桓宮桷補曰杜預曰刻鏤也服虔曰桷謂之榱榱椽也

案說文曰桷榱也椽榱也榱椽也又曰椽方曰桷又以榱爲秦名屋椽周謂之椽齊魯謂之桷何休曰月者功重於丹楹范例本之或此爲下葬故月

禮天子之桷斲之礱之加密石焉以細石磨之補曰斲斫也削也謂以斧斤斫削木礱礪之也密密理也石謂砥也先粗礱之加以密砥諸侯之桷斲之礱之補曰無密石大夫斲之補曰不礱士斲本補曰但斲其首不達稜達稜見書大傳此以上國語晉張老對趙文子同書大傳又云庶人到加刻桷非正也補曰非正者非正禮刻亦非禮之所有也言非正不言非禮者因下以娶讐女爲非禮故避其文也夫楹

桷之爲物小而禮可識也禮所以教儉故林放問禮之本子曰禮與其奢也寧儉古者自天子至士事事物物皆有等差以爲雖貴如天子諸侯必有其節而不得過焉此荀子所謂欲必不窮乎物物必不屈於欲貴賤有等長幼有差貧富輕重皆有稱魯策書以周禮書事故重之矣

夫人所以崇宗廟也補曰崇崇奉祭統載取夫人之辭曰請君之玉女與寡人共有敝邑事宗廟社稷又曰夫祭也者必夫婦親之昏義曰昏禮者將合二姓之好上以事宗廟而下以繼後世也

取非禮與非正而加之於宗廟以飾夫人非正也非禮謂娶讐女非正謂刻桷丹楹也本非宗廟之宜故曰加言將親迎欲爲夫人飾又非正也補曰漢書五行志劉歆說莊飾宗廟刻桷丹楹以夸夫人與劉向列女傳略同韋昭曰哀姜將至當見於廟故丹柱刻榱以夸之案此一舉而三失也言春秋所以見義

刻桓宮桷丹桓宮楹斥言桓宮以惡莊也不言新宮而謂之桓宮以桓見殺於齊而飾其宗廟以榮讐國之女惡莊不子補曰新宮斥謚則如疏之然疏之則不恭明有所惡矣張自超以爲文姜新入廟亦齊女也葢尊文姜以尊齊張履祥亦云丹刻爲文姜也案此義亦得兼見

葬曹莊公

夏，公如齊逆女。親迎，恆事也，不志，此其志何也？補曰：凡公出親迎，史法自當書之，君子以爲恆事，略而不志，但直言公如某，不目其事，而別言夫人某氏至自某，則其事自明。外諸侯來親迎則書，時適無其事耳。不正其親迎於齊也。補曰：失禮，非復恆事。

秋，公至自齊。迎者行見諸，舍見諸。諸，之也。言瞻望夫人乘車。補曰：舍，止息也。詩曰：有女同行。是。先至，非正也。補曰：以其非正，故書至以危之。若與夫人偕至，當但書夫人。

八月丁丑，夫人姜氏入。哀姜。入者，內弗受也。日入，惡入者也。補曰：疏曰：重發傳者，嫌夫人與他例異故也。文烝案：舊史夫人之至皆書至而具日，君子獨改此至文言入，又獨存其日，明與庚寅入邴、壬午入郕等同例也。王元杰曰：剏其告至之辭。案左傳曰「哀姜至」，舊史亦必書至。

何用不受也？以宗廟弗受也。補曰：國之小君而可以弗受辭加之者，臨之以先君。

其以宗廟弗受何也？娶仇人子弟以薦舍於前，其義不可受也其薦進舍置補曰言子弟者或是齊襄之女或是其妹作傳時已不審也公羊曰其言入何難也其言日何難也夫人不僂不可使入與公有所約然後入何休曰僂疾也齊人語約約遠媵妾也夫人稽留不肯疾順公不可使即入公至後與公約定八月丁丑乃入故爲難辭也文烝案公羊解書入書日之義頗近事情未協經旨自以穀梁爲允妻不可以樞機寢席之事要其夫其義僻而賠子孫不可以讐國女見於祖禰其義正而明

戊寅大夫宗婦覿用幣宗婦同宗大夫之婦補曰此用國語注也賈逵杜預注作同姓左傳桓六年子同生公與文姜宗婦命之襄二年葬齊姜齊侯使諸姜宗婦來送葬杜或言同宗或言同姓案左傳同姓近者爲同宗又近爲同族杜於二者散文通言矣同姓之卿稱宗卿故其妻稱宗婦祭統說君與夫人祭大廟有卿大夫士有宗婦亦謂同宗之婦皆自國言之之辭也特牲饋食禮主婦之外又有宗婦自家言之之辭也若內則所言宗子宗婦則絕不同彼謂大夫士大宗之婦也國君不統宗故禮有大宗小宗大宗者君之別子爲祖適長繼別爲宗世世收族雖無子族人必以支子後之者也小宗者別子之諸子其適長繼禰者爲

小宗五世服盡而遞遷者也大宗一小宗四葉夢得分別禮之言宗婦有三文烝取焉**覿見也**補曰訓見者渾言之公羊爾雅同對文析言卑於尊言覿敵者言見不見公未見諸侯是也疏曰舊解言私爲覿正爲見今以爲不然**禮大夫不見夫人**補曰宗婦宜覿大夫不宜行婦道非禮故志之何休杜預皆云禮夫人至大夫執贄以見孔穎達以爲禮無此文是亦不安於其說也**不言及不正其行婦道故列數之也**補曰及者夫婦之辭大夫行婦道則不得以尊及卑矣故不言及猶書公夫人姜氏也**男子之贄羔鴈雉腒**贄所執以至者也上大夫用羔取其從帥羣而不黨也下大夫用鴈取其知時飛翔有行列也士冬用雉夏用腒取其耿介交有時別有倫也腒腊也雉必用死爲其不可生服也夏用腒備腐臭也補曰此皆本鄭君士相見禮注腒之本義爲鳥腊當依說文說此腒爲乾雉**婦人之贄棗栗鍛脩**棗取其早自矜莊栗取其敬栗鍛脩取斷斷自脩整補曰注本何休而小異周禮注曰大物解肆乾之謂之乾內薄析曰脯捶之而施薑桂曰鍛脩腊小物全乾士昏禮婦見舅以棗栗見姑以腶脩曲禮曰婦人之摯椇榛脯脩棗栗傳舉男女贄者疏曰見俱不得用幣**用幣**

左傳補注七

非禮也補曰又非禮謝湜曰諸侯庭實有幣獻方物也贄則與幣異矣男以玉帛禽鳥以示執此德不敢廢也女以棗栗腶脩以示修此職不敢廢也今皆用幣則是相交以財相賂以利也外內交賂以財利而閨門之禮亂矣**用者不宜用者也**補曰言用知不宜用公羊同**大夫國體也而行婦道**國體謂爲君股肱補曰墨子經曰體分於兼也經說曰若二之一疋之端也董仲舒曰陰者陽之合妻者夫之合子者父之合臣者君之合**惡之故謹而日之也**補曰時史以大夫覿夫人又男女用幣並是非禮故特志之又日之君子從而取義焉大夫而覿夫人其事可惡贄不足復論

大水補曰何休曰夫人不制遂淫二叔陰氣盛故明年復水也文烝案何說與漢書五行志董仲舒劉向義同此事在時例

冬戎侵曹

曹羈出奔陳補曰羈曹大夫也曹無大夫以國氏而言羈者以出奔目之也出奔得志者案傳曰曹莒皆無大夫其所以無大夫者其義異也證以盟會之序則曹之爲國亞於許而尊於莒故莒書奔者必如牟夷

之以地來奔乃得書曹則羈直奔陳公孫會直奔宋皆書也公羊曰此何以書賢也何賢乎曹羈戎將侵曹曹羈諫曰戎衆以無義君請勿自敵也曹伯曰不可三諫不從遂去之故君子以爲得君臣之義也案傳於下殺大夫言崇曹羈之賢不言此奔以賢書且羈之爲賢必是素以賢稱若專以出奔一事爲賢亦非其理凡公羊所指爲賢而論其事者其文往往如此似未可用也孔廣森引韓非子曰夷吾束縛而曹羈奔陳伯里子道乞傳說轉鬻孔又疑郎左傳之僖負羈案僖負羈去此遠孫覺以爲決非一人是也○撰異曰陸湻纂例曰羈公羊作羇案今公羊不作羇

赤歸于曹郭公赤蓋郭公也何爲名也禮諸侯無外歸之義外歸非正也徐乾曰郭公郭國之君也名赤蓋不能治其國舍而歸于曹君爲社稷之主承宗廟之重不能安之而外歸他國故但書名以罪而懲之不直言赤赤復云郭公者恐不知赤者是誰將若魯之微者故也以郭公著上者則是諸侯失國之例是無以見微之義補曰疏曰薄氏駁云赤若是諸侯不能治國舍而歸曹應謂之奔何以詭例言歸乎徐乾又云不言郭公疑是魯之微者若是微者則例所不書何得以微

者爲譬二事俱滯而范從之者凡諸侯出奔其國者或爲人所滅或受制強臣迫逐苟免然後書出今郭公在國不被迫逐往曹事等於歸故以易辭言之不得云出奔也凡內大夫未得命者例但書名若使赤亦直名而無所繫則文同俠等故又云郭公也徐乾之說理通故范引而從之文烝案此與紀侯大去並奔之詭例孔廣森以爲據其國言之則曰大去據所之之國言之則曰歸也稱公者失國外歸棄其本爵爲寄公與州公同也徐謂以郭公著上則是失國之例無以見義此說非是孔廣森曰郭公不當倒在下疑傳春秋者赤上字舊漫鈌經師相承以爲郭公謹愼不敢補入正文故著之於下耳孔說甚有理傳曰赤蓋郭公也公羊亦曰曹無赤者蓋郭公也蓋者疑辭謙辭當實如孔所言矣段玉裁曰注不直言赤不字疑衍徵之義當作懲之義○自杜預始疑有闕誤而杜諤劉敞以來疑當爲郭亾牽合管子韓詩外傳新序風俗通說文以爲說鄭玉等訾之

二十有五年春陳侯使女叔來聘女氏叔字**其不名何也**據成三年晉侯使荀庚來聘稱名補曰不得獨據彼當云據例稱名**天子之命大夫也**補曰猶單伯

夏五月癸丑衛侯朔卒惠公也犯逆失德故不書葬補曰書日亦與齊小白同本又當從鄭

厲公例書葬以其犯王命不可葬故還去之

六月辛未朔日有食之言日言朔食正朔也 補曰重發傳者此有救變之文嫌異常食故發以同之

鼓用牲于社 補曰此經各本誤跳在傳言日上今依唐石經十行本移正 **鼓禮也用牲非禮也** 補曰用者不宜用者也書名諸曰用牲于郊彼自記事常文與春秋異陸湻所謂春秋之文至簡故字皆有義其例不可偏求之於五經也左傳例曰凡天災有幣無牲 **天子救日置五麾陳五兵五鼓** 麾旌旛也五兵矛戟鉞楯弓矢補曰曾子問篇孔子曰如諸侯皆在而日食則從天子救日各以其方色與其兵周禮鼓人救日月則詔王鼓大僕凡軍旅田役贊王鼓救日月亦如之疏曰五麾者麋信云各以方色之旌置之五處也五兵者徐邈云矛在東戟在南鉞在西楯在北弓矢在中央麋信與范數五兵與之同是相傳說也孔廣森曰周禮司兵五兵外別有五盾則五兵數楯非也司馬法曰弓矢圍殳矛守戈戟助凡五兵長以衞短短以救長當從鄭君注戈殳戟酋矛弓矢爲是又疏曰五鼓者麋信徐邈並云東

方青鼓南方赤鼓西方白鼓北方黑鼓中央黃鼓案五兵兵有五種未審五鼓是一鼓有五色爲當五種之鼓也何者周禮有六鼓雷鼓靈鼓路鼓鼖鼓鼛鼓晉鼓之等若以爲五種之鼓則不知六鼓之內竟去何鼓若以爲一種之鼓則不知六鼓之內竟取何鼓又周禮云雷鼓鼓神祀則似救日之鼓用雷鼓但此用之於社周禮又云靈鼓鼓社祭則又似救日之鼓用靈鼓進退有疑不敢是正故直述之而已檢麋徐兩家之說則以五鼓者非六鼓之類別用方色鼓而已諸侯三者則云降殺以兩去黑黃二色是非六鼓之類也下云大夫擊門士擊柝則此陳五鼓亦擊之也但擊之之時陳列於社之塋域因五兵五麾是陳故亦以陳言之之非謂直陳而不擊也

諸侯置三麾陳三兵三鼓補曰三兵三鼓各本誤作三鼓三兵今依北堂書鈔開元占經太平御覽引互易正**大夫擊門士擊柝**柝兩木相擊**言充其陽也**

凡有聲皆陽事以壓陰氣充實也補曰孔穎達曰日食厤之常也古之聖王因事設戒故鳴之以鼓柝射之以弓矢庶人奔走以相從嗇夫馳騁以告衆降物辟寢以哀之祝幣史辭以禮之立貶食去樂之數制入門廢朝之典示之以罪己之宜教之以脩德之法所以重天變警人君也天道深遠有時而驗或亦人之禍釁偶與相

逢故聖人得因其變常假爲勸戒使智達之士識先聖之幽情中下之主信妖祥以自懼

伯姬歸于杞其不言逆何也逆之道微無足道焉爾 補曰疏曰重發傳者紀伯姬釋不稱使之微此解不言逆之微故別發傳案又當引紀叔姬叔姬爲娣又有異而微字之解則同

秋大水鼓用牲于社于門 門國門也補曰此本杜預也孔穎達曰國門謂城門 高下有水災曰大水 補曰疏曰重發之者此有用牲之失嫌異常水故更發之 既戒鼓而駭衆 補曰警鼓傳達衆則駭動 用牲可以已矣 補曰孔穎達引詩雲漢禮祭法謂爲水旱禱祭則有牲 救日以鼓兵救水以鼓衆 補曰疏曰救日以鼓兵者謂伐鼓以責陰陳兵示禦侮救水以鼓衆者謂擊鼓聚衆皆所以發陽案董仲舒曰大旱雩祭而請雨大水鳴鼓而攻社天地之所爲陰陽之所起也或請焉或怒焉者何大旱者陽滅陰也陽滅陰者尊壓卑也雖大甚拜請之而已無敢有加也大水者陰滅陽也陰滅陽者卑勝尊也日食亦然自下犯上以賤傷貴皆逆節也故鳴鼓而攻之朱絲

而脅之爲其不義也又案公羊曰于門非禮也孔廣森曰時薀以五祀秋祀門故因爲水禳焉然非禮典

補曰杜預曰公子友莊公之母弟稱公子

冬公子友如陳

者史策之通言文烝案友謚曰成季不稱公弟與齊年鄭禦異文明內外異例也凡外書弟者來我則以貴錄出奔見殺則以親錄亦兼見無罪殺世子亦以親錄帥師亦以親貴錄內書弟者則以賢錄然必於其卒而稱之此皆傳之明文惟不言帥師耳然亦推而可知也如者內稱使之文此報女叔之聘也諸魯出朝聘皆直書如不稱朝聘者何休以爲尊內夫言如不朝言朝聘安見其尊且何以有變文言朝者何以外相事朝亦言如乎杜預以爲不果彼國必成其禮夫朝聘之事既至彼國則禮無不成不至而不成則有他文矣且納幣莅盟之屬豈能果彼國必成其禮何以明書也孫覺曰聘問之禮諸侯常事略而不書若記其所往之事者皆非常也吳澂程端學皆曰言如者內辭也說並得之公朝大夫聘皆爲恆事恆事不志史文之常別內於外非有他義外相朝言如以別於其來朝者正由此例推之也至如拜田拜命拜盟拜葬拜師拜辱聽政聽朝聘之數弔喪弔敗納賂賀慶有言謝罪獻俘之屬皆直書如亦以恆事而不志且其事多於朝聘中包之也公出奔喪會葬於大國則亦不目其事雖同之於恆事而其

事則觀上下文而可知亦所以別於小國之來我者也此等葢亦皆史文之舊惟莅盟乞師納幣逆女舊史皆重而志之外內同辭同例不在恒事不志之列至君子則以納幣之得正禮者爲恒事成十一年言如齊不言納幣是也以親迎爲恒事上年傳所云是也外來納幣亦有志有不志來親迎則以志爲正不志爲變皆案經傳而可知也內大夫出會葬者上言如下言葬某某諸侯之大夫來會葬我者則皆全沒其文以別於王臣之來者此又錄內略外之例

二十有六年春公伐戎○撰異曰公羊無春字唐石經及板本脫也陸湻所見已然

夏公至自伐戎

曹殺其大夫補曰孟子述齊桓公葵丘之命曰無專殺大夫諸稱國以殺皆以諸侯專殺爲罪而大夫則多無罪者例在僖七年十年傳又徐幹中論以爲譏其不能以智自免此義亦時有之**言大夫而不稱名姓無命大夫也**徐邈曰于時微國衰陵不能及禮其大夫降班失位下同於士故略稱人而傳謂之無命大夫也莒慶莒挐邾庶其邾快皆特以事書非實能貴故略名而已楚雖荊蠻漸自

逼於諸夏，故莊二十三年書荆人來聘，文九年又褒而書名，國轉彊大，書之益詳。然當僖公、文公之世，楚猶未能自同于列國，故得臣及萩並略名。惟屈完來會諸侯，以殊禮成之。楚莊王之興，爲江漢盟主，與諸夏之君遂行抗禮，其勢彊于當年，而事交於內外，故春秋書之，權從中國之例。夫政俗隆替存乎其人，三后之姓日失其序，而諸國乘閒與之代興，因詳略之文，則可以見時事之實矣。秦爵伯也，土據西周，班列中夏，故得稱師，有大夫。其大夫當名氏，而文十二年秦術略名，葢于時晉主魯盟，而秦方敵晉，則魯之于秦情好疏矣。禮以飾情，情疏則禮略，春秋所以略文乎。又吳札不書氏，以成尊于上也；宋之盟叔孫豹不書氏，以著其能恭。此皆因事而爲義。補曰：命大夫者，命卿也。凡諸小國，其君亦皆有命卿，而云無者，當時小國命卿出，僅附列國卑者之末，不以爲卿也。必以爲下同於士，亦未然也。又注「荆人來聘」下當改云：僖元年進書楚人，二十一年又進書大夫名，文九年又進書楚子。「得臣」之上當增「宜申」。史文詳略，因乎時事，勝於公羊家三世異辭之說。秦稱師，有大夫，亦較公羊秦無大夫之言爲長。疏引薄氏駁曰：術之名爲晉貶秦，然楚亦敵晉，何以不略而貶之？范荅之曰：秦以交疏之故而略其臣，楚與諸夏會同，所以不略也。

無命大夫而曰大夫，補曰：據莒殺直言公子賢也爲曹羈崇也補曰疏曰薄氏駁曰曹羈出奔經無歸處曹自殺大夫何以知是羈也又此注雖多未足通崇之義徒引證據何益於此哉范荅之曰羈曹之賢大夫也曹伯不用其言乃使出奔他國終於受戮故君子愍之書殺其大夫卽是崇賢抑不肖之義也案大夫出奔或書出不書入秦后子是也或書入不書出蔡季是也史有闕漏非是一般何得以無歸之文則怪其非羈也是范氏論崇曹羈之事也曹羈三諫不從是公羊之說也文烝案范意曹所殺者卽是羈以莒殺意恢傳觀之似得其實或曰成十五年傳曰夫人之義不踰君也爲賢者崇也彼謂崇伯姬之賢故共公得書葬不欲使伯姬配失德之君也此謂崇曹羈之賢故曹得言大夫羈任爲大夫不欲使居無大夫之國也似所殺別是一人不當如范說

秋公會宋人齊人伐徐補曰杜預曰宋序齊上主兵文烝案不致者會人共伐外無君也羅泌以爲徐卽戎也前稱戎後稱徐猶荆之進而稱楚也此說亦可存但如戎伐凡伯非徐明矣○撰異曰陸淳纂例曰左氏無公字張洽據古本左氏亦無公字今左氏有公字

冬十有二月癸亥朔日有食之

二十有七年春，公會杞伯姬于洮。伯姬，莊公女。洮，魯地。補曰：此皆本杜預左傳曰：非事也。何休曰：書者，惡公教內女以非禮也。洮，內地。女會來例皆時。文烝案：會不致者，蓋舊史無之。會婦人亦不告廟也。何氏又曰：伯姬不卒者，蓋不與卒於無服。案無服則不卒者，亦本舊史例也。杞伯姬之無服，是當爲服而不服耳。徐彥以爲此之杞伯姬是嫁於大夫者，與上下文各爲一人，非也。何氏亦無此意。○撰異曰：洮本或作桃。

夏六月，公會齊侯、宋公、陳侯、鄭伯，同盟于幽。同者，有同也，同尊周也。補曰：疏曰：復發傳者，前同盟于幽，諸侯尚有疑者，今外內同心，推桓爲伯，得專征伐之任，成九合之功，故傳詳其事也。文烝案：疏言諸侯有疑，當改云前未授之諸侯，再言尊周，說見前，疏未悟。於是而後授之諸侯也。補曰：十三年外疑之，十六年內疑之，猶未以諸侯授之，至此而後授之也。授之者，謂外序爵，內稱公。其授之諸侯何也？齊侯得衆也。補曰：至此桓已得衆，故雖未受王命而遂以諸侯授之。據左傳，是年冬王使召伯廖賜齊侯命，杜預曰：賜命爲侯伯。知此盟時尚未受命王元烝曰桓公創伯之始其事亦有可觀仗義尊周制强服異自其始會北杏再會于鄄陳鄭之叛服無常魯宋之疑信未定磨以歲月人知有齊王室旣卑而稍尊諸侯羣起而略定威令已振事權有歸再盟于幽陳鄭服從願與之盟非出勉强

桓會不致安之也桓盟不日信之也補曰四句發通例公羊略同**信其信仁其仁**補曰言春秋之意旣信桓之信又仁桓之仁論語曰桓公九合諸侯不以兵車管仲之力也如其仁如其仁**衣裳之會十有一未嘗有歃血之盟也信厚也**十三年會北杏十四年會鄄十五年又會鄄十六年會幽二十七年又會幽僖元年會檉二年會貫三年會陽穀五年會首戴七年會甯毋九年會葵丘補曰申上信也疏曰論語稱九合諸侯者貫與陽穀二會管仲不欲故去之鄭釋廢疾云自柯之明年葵丘以前去貫與陽穀固已九合矣則鄭意不數北杏文烝案鄭去貫陽穀又去北杏又不可加以柯則止八會故疏述諸說紛紛疑之皇侃陸德明說論語更滋舛誤孫復則謂去北杏與單伯會鄄爲九合其實皆非也論語九合即穀梁十一會穀梁每會計之論語則據所會之地合二鄄爲一二幽爲一也俞樾以爲九合者大概之辭以極數言之古人凡

言數少半言三太半言七舉中言五舉極數則言九如曰叛者九國反者九起皆見其至多耳案俞說亦通歃血玉篇及士相見禮音義引作呫血呫嘗也呫卽餂字廣雅餂嘗同訓食

兵車之會四未嘗有大戰也愛民也

僖八年會洮十三年會鹹十五年會牡丘十六年會淮於末年乃言之不道侵蔡伐楚者方書其盛不道兵車也此則以兵車會而不用征伐補曰申上仁也傳言未嘗有大戰於四會外廣言之侵蔡伐楚之屬俱非大戰傳意論會則四以兵車論侵伐則從無大戰也國語管子皆言兵車之會六乘車之會三與傳及論語相違知其皆不足信也自桓會不致以下因其始得衆授之諸侯遂具言桓之美

秋公子友如陳葬原仲

原仲陳大夫原氏仲字補曰此本杜預杜又曰禮臣既卒不名故稱字何休曰稱字者葬從主人二說當兼之孔穎達引玉藻曰士於君所言大夫沒矣則稱謚若字又引穀梁桓二年傳文烝案不言葬陳原仲者蒙如陳爲一事左傳曰原仲季友之舊也

言葬不言卒不葬者也

外大夫例不書卒補曰有葬無卒是不當書葬者

不葬而曰葬諱出奔也

言季友辟內難而出以葬原仲爲辭補曰辟內難者公羊文謂公子慶父公子牙通乎夫人以脅公是內

難也左傳但言共仲逼哀姜而穀梁家舊說云夫人淫於二叔則同公羊矣季友避內難乃以葬原仲事請於君而行其事非奔其情是奔故以出奔言之也不諱其情則不須書其事當直言公子友如陳同於常文今加言葬原仲書所不當書以其所書在此則知其所諱在彼也公羊曰通季子之私行又曰請至于陳凡大夫出竟雖私行皆請於君故得以如爲文以左傳考之僖五年公孫茲如牟左傳曰娶焉文六年季孫行父如陳傳曰聘於陳且娶焉文七年公孫敖如莒莅盟傳曰且爲襄仲逆成八年公孫嬰齊如莒傳曰逆也昭二十五年叔孫婼如宋傳曰宋元夫人生子妻季平子昭子如宋聘且逆之彼五者皆有私事亦容有請而行者經皆直言如明此公子友亦本當直言如矣杜預於茲之如牟嬰齊之如莒皆以爲聘孔穎達以爲牟是微國魯不應使卿聘牟當是公孫茲請於公因娶而聘孔說甚有理疑公子友亦是因葬而聘也

冬杞伯姬來歸寧補曰左傳文也公羊曰其言來何直來曰來何休曰直來無事而來也諸侯夫人尊重既嫁非有大故不得反唯自大夫妻雖無事歲一歸宗惠士奇曰穀梁子稱婦人既嫁不踰竟踰竟非禮也然則夫人歸寧非禮也諸侯夫人父母在使卿歸寧沒則否左氏襄十二年傳秦嬴歸于楚司馬子庚聘于秦

爲夫人寧時秦嬴母在身不自歸而使卿寧左傳以爲禮則凡內女嫁於諸侯雖父母在直書來者皆非禮也何氏謂夫人惟有大故得反大故謂奔父母喪也又謂大夫妻雖無事歲一歸宗說見喪服傳此謂同國也如大夫娶乎鄰國則不可宣五年譏子叔姬是也

莒慶來逆叔姬慶名也莒大夫也叔姬莊公女禮檀弓記曰陳莊子死赴於魯魯人欲勿哭繆公召縣子而問焉縣子曰古之大夫束脩之問不出竟雖欲哭之安得而哭之今之大夫交政於中國雖欲勿哭安得而勿哭則大夫之越竟逆女非禮也董仲舒曰大夫無束脩之餽無諸侯之交越竟逆女紀罪也補曰注解慶叔姬本杜預莒無大夫以國氏而言慶者以來逆目之也僖二十五年又書莒慶傳特言之公羊以爲書此者譏大夫越竟逆女也案禮重親迎而大夫不得私出疆大夫妻有歸宗之義而婦人既嫁不踰竟是知大夫不得娶於他國鄭君喪服注謂古者大夫不外娶而何休之意以爲大夫任重爲越竟逆女於政事有所損曠故竟內乃得親迎所以屈私赴公也劉敞以爲莒慶非有君命其實亦請於君而行

諸侯之嫁子於大夫主大夫以與之君不敵臣補曰公羊以爲同姓大夫**來者接內也**

接內謂與君爲禮也補曰接內者接公也隱二年傳言來交接於我亦同意此兼見凡書來之例蓋亦逆於來奔

不正其接內故不與夫婦之稱也夫婦之稱當言逆女補曰或疑不接公爲禮而言逆女則與履緰爲君逆女不別不知不接公則不得言來史例所不志宋蕩伯姬之嫁不見經是其證也又案公孫茲季孫行父公孫嬰齊皆因出聘而自爲逆此年莒慶來逆宣五年齊高固來逆亦或是因聘而逆但我往則以聘爲重外來則以接公逆女爲重故內外異文孔穎達曰從魯而出私娶輕而君命重故書聘不書逆自外而來嫁女重而受聘輕故書逆不書聘其說最爲有見惟言逆女重不言接公重則猶非也若莒慶齊高固逆不接公亦當以卿來行聘爲重矣○呂本中曰此一歲中會洮葬原仲伯姬來莒慶來逆皆爲非禮然則治平之世聖王在上惟能使人克己復禮而已爾使人克己復禮春秋所爲作也文烝案呂說葬原仲不合傳義而其言能見大意

杞伯來朝杞稱伯蓋時王所絀補曰此本杜預

公會齊侯于城濮城濮衛地

莊閔補注七終

大千四百七十五字
小萬二千二百八十八字
眉注無

春秋莊公閔公經傳第三補注第八

穀梁　范氏集解　鍾文烝詳補

二十有八年春王三月甲寅齊人伐衛衛人及齊人戰衛人敗績補曰疏曰伐戰兩舉者初伐其竟內戰在國都故兩舉之胡安國曰日者戰之日也齊伐方以是日至衛卽與戰文烝案胡說卽公羊兩言至之日於伐與戰安戰也問在何處戰戰衛補曰疏曰謂衛都戰則是師也補曰齊是霸國既言戰非君則宜稱齊師其曰人何也微之也何為微之也今授之諸侯而後有侵伐之事故微之也齊桓始受方伯之任未能信著鄰國致有侵伐之事貶師稱人以微之也補曰注首句方伯當改作侯侯伯此本左傳非傳意傳言授之諸侯謂上年盟幽春秋授之也公羊曰衛未有罪董仲舒曰齊桓為幽之會衛人不來其明年桓公怒而大敗之其人衛何也補曰衛為諸姬魯之寮國非君言戰亦宜稱師以其人齊不可不人衛也人不可以敵于師師不可以與人戰故亦

以衛師爲人衛非有罪補曰霸國何稱人不可稱衛師也衛小齊大其以衛及之何也以其微之可以言及也補曰言以其微之可從以主及客之常文否則當以齊及衛猶晉與秦楚戰必以晉及秦及楚也齊大而衛小晉親而秦疏晉夏而楚夷一內之一外之也其稱人以敗何也補曰言敗言敗績無稱人者敗績雖小國夷狄稱師不以師敗於人也人輕而師重補曰宋襄特變文以責之非常例

夏四月丁未邾子瑣卒補曰邾卒書日始此或是克不正瑣正

秋荊伐鄭荊者楚也其曰荊州舉之也補曰前書荊人矣故復發傳

公會齊人宋人救鄭○撰異曰公羊宋人下有邾婁人陸湻所見穀梁左氏似無公字善救鄭也補曰重發傳者嫌與王人異也程子曰齊桓伯主魯望國宋王者後此救鄭制楚之始蓋天下大勢所在朱朝瑛曰齊宋非君而公會之者齊之南伐以魯爲主也文烝案朱說本國語管子得之前伐徐亦是也北伐以燕爲主則伐山戎是惟西伐以衛爲主未見耳不致者會人共救外無君也

冬築微微魯邑築例時補曰築者以杵擣土有所造也○撰異曰微左氏作郿案音義云左氏作麋公羊音義同今左氏皆作郿段玉裁以爲麋眉相假或古作築眉後加邑耳**山林藪澤之利所以與民共也**補曰周禮注曰積石曰山竹木生平地曰林水鍾曰澤澤無水曰藪又曰水希曰藪商子曰地方百里者山林處什一藪澤處什一谿谷流水處什一都邑蹊道處什一惡田處什二良田處什四其言山林郎王制之山陵林麓今商子林作陵**虞之非正也**固而築之又置官司以守之是不與民共同利也築不志凡志皆譏也補曰虞者掌山澤之官廣雅曰虞候望也惠士奇曰司馬相如上林賦亭皋千里靡不被築郭璞注皆築地令平案築之者禁之也凡所被築悉爲禁地有官守之梁惠成王發逢忌之藪以賜民明舊禁而守之齊之衡鹿舟鮫虞候祈望亦是也文烝案注言築不志本成十八年傳文凡志皆譏郎隱七年傳發城例文明同例

大無麥禾○撰異曰何休說此爲秋水所傷郎漢書五行志董仲舒說也各本漢書載此經遂作大水亾麥禾王念孫據景祐本無水字辨正其誤**大者有顧之辭也**補曰疏曰顧猶待也案疏非也

說文顧還視也詩箋旋視也書大無者下注所謂不收甚傳以大爲有顧者對七年無麥苗爲說也彼直言無爲同時此言一災不書於冬無禾而大無爲有顧**於無禾及無麥也**後顧錄無麥故言大明不收甚補曰此所謂有顧之辭也秋雖無麥而禾猶有苗是謂之嗛不足記於策疏曰徐邈亦云至冬無禾於是顧錄無麥是也范以大爲不收甚不收甚故顧錄顧錄之意無與於甚不甚范非也以爲甚則是也秋既無一穀冬所無自一穀至於四穀皆得顧錄故知范非也此文稱大無明是五穀俱無禾所該者實有四穀故知范言甚則是也穀不升自二以上四以下皆當言饑五穀不升當言大饑此不言大饑者疏曰不言饑舊解以爲諱或當雖無麥禾得糴不至饑案舊解與下傳文合其說得之若以爲得糴不至大饑則襄二十四年不出告糴尙能自救者何爲反至大饑也諸饑皆由水旱螽此無災而無麥禾者劉向曰土氣不養稼穡不成服虔用其說疏引徐邈亦曰麥禾自死不由水旱也蘇轍曰沈約宋書五行志言吳孫皓時嘗有之苗稼豐美而實不成百姓以饑闔境皆然連歲不已此所謂大無麥禾也土氣養禾之理如蘇軾詩云露珠夜上秋禾根自注云稻方含秀每夜露珠起於其根纍纍然忽自騰上或入莖心或垂葉端稻乃秀實是其理也禾之說自程瑤

田以來失之案詩豳風十月納禾稼說文曰禾之秀實爲稼莖節爲禾此禾與稼連言而別義猶禮言禾與米也說文又曰禾嘉穀也从木从𠂹省𠂹象其穗何休公羊注曰生曰苗秀曰禾此以禾該稼單言禾者也廣雅曰粢黍稻其采謂之禾禾采穗正俗字粢卽稷也是禾者黍稷稻三穀旣秀之通稱也豳風十月納禾稼之下又繼之曰黍稷重穋禾麻菽麥孔穎達正義曰禾稼禾麻再言禾者以禾是大名非徒黍稷重穋四種而已其餘稻秫苽粱之輩皆名爲禾麻與菽麥則無禾稱故於麻麥之上更言禾字以總諸禾此文所不見者明其皆納之孔解下禾字大概近是若上禾字則得幷包麻菽麥以詩而推春秋明此經禾字旣據黍稷稻又包菽矣定元年書殺菽明魯地雖不宜菽亦非全不種菽此經爲大饑之變文大饑者五穀不升明以禾總四穀也又古書多有以禾與黍稻並言者蓋皆專以稷爲禾非禾之本義也

臧孫辰告糴于齊臧孫辰魯大夫臧文仲補曰辰彊之曾孫也彊生哀伯達達生伯氏缾缾生文仲辰○撰異曰陸湻纂例張洽皆曰辰穀梁作臣案今不作臣**國無三年之畜曰國非其國也**補曰非其所有墨子引周書畜作食曰作者**一年不升告糴諸侯**補曰

升成也與登同用一年不成遂至告糴是無一年之畜告請也補曰謂求請公羊爾雅同糴糴也補曰說文米部糴穀也从米翟聲入部糴市穀也从入糴出部糶出穀也从出从糴糴亦聲竊意古文唯有糴字訓穀而市穀出穀皆用其字因糴之爲穀本施於市者之稱而翟字有短言長言兩讀故从之爲聲者兼用而異施焉市穀則短言讀徒歷切从翟羽通作狄狄人通作翟之例出穀則長言讀他弔切从守祧亦作守濯佻佻亦作嬥嬥及燿曜藋櫂諸音之例後來別製从入糴从出糶二字分配其聲而糴字罕用作傳時已行此二字而經文但依古文作糴故傳曰糴糴也謂此糴字乃短言讀者卽今之糴字是所以通古今顯聲讀自轉寫概作入部字遂失其精意矣晏子春秋言田氏糴百姓之死命其義猶詩之穀我士女民莫不穀明是訓穀之糴而通作糴趙岐解孟子過糴云過止穀糴穀糴乃漢人常語疑亦本作古文字何休云買穀曰糴韋昭亦云市穀則皆入部字也市買者以貨財魯語云臧文仲以鬯圭與玉磬如齊告糴齊人歸其玉而與之糴孔穎達引以釋何休語是也不正補曰無一年之畜故曰不正故舉臧孫辰以爲私行也爲內諱故不稱使使若私行補曰如者內稱使之文也今以告糴親臧孫辰之下爲急辭而後

言于齊是私行之文何休曰諱使若國家不匱大夫自私行糴也此上發義已備下文反覆申明之孫覺曰春秋罪莊在位之久畜積無素穀梁最深切與孫復同**國無九年之畜曰不足無六年之畜曰急無三年之畜曰國非其國也**補曰王制賈子皆有此文**諸侯無粟諸侯相歸粟正也**補曰歸者正告者不正傳以正形不正猶喪禮之賵賻歸爲正求爲非正歸粟定五年文也粟糴二字廣雅同訓穀但彼買而歸之或直歸之則皆曰粟唯據買者則曰糴故左傳曰晉饑秦輸之粟秦饑晉閉之糴左傳多古文當亦本是糴字足明春秋粟糴異稱之義矣況形曰案周禮大司徒職大荒大札則令邦國移民通財小行人職若國凶荒則令賙委之不聞有告糴之禮也外傳以卿出告糴爲古制其始於西周之衰乎逸周書糴匡曰大荒卿參告糴亦記衰周之制如況說又足發明正不正之義矣夫周亟矜窮王政所重救災恤鄰叔世所崇齊禁貯粟晉誡蘊年二伯盟書此焉致謹然在無畜之國則當深自引咎故春秋大歸粟而譏告糴兩見其義劉敞論告異弔災二事云凡物不當待於外者己不可不內自竭也其當待於外者人亦不可不勉趨之也卽此理也隱六年冬京師來告饑公爲之請糴于

宋衛齊鄭不書於經杜預謂告饑不以王命或是君子諱之沒其文耳**臧孫辰告糴于齊告然後與之言內之無外交也**補曰經言臧孫請齊而齊乃與是知內無外交內謂魯君也內無外交則臧孫私行矣**古者稅什一**宣十五年注詳矣**豐年補敗**敗謂凶年補曰補者謂豐年斂之凶年發之漢書食貨志引孟子曰狗彘食人食而不知斂塗有餓莩而不知發言豐不知斂凶不知發也常歲什一豐年豫斂是以能有畜**不外求而上下皆足也**補曰疏曰上謂君下謂民**雖累凶年民弗病也**補曰累者謂三年六年九年**一年不艾而百姓饑君子非之**補曰疏引麋信云艾穫也文烝案艾卽刈字國語槍刈耨鎛韋昭曰刈鐮也引伸之爲穫禾芟草傳言今特一年不穫耳而民已病饑故君子非之非之故諱不言饑使若麥禾自無民猶不饑以起私行之文傳幷見此意也若然宣公襄公之篇皆是一年不艾而百姓饑而直書饑者彼無告糴文百姓病饑尙能自救雖曰非之以爲猶可言也此則計無所出仰給他國得不得未可知若直書饑則其失愈顯諱莫如深故旣諱如幷諱饑也其實大無麥禾非饑而何告糴于齊非如而何特立文不

欲質言之耳傳不言大饑而言饑者便文也左傳亦直曰冬饑國語曰魯饑**不言如爲内諱也**補曰國語言如齊告糴紀事之常也君子改舊史以立義

二十有九年春新延廄脫○撰異曰有字各本今依唐石經補正**延廄者法廄也**周禮天子十二閑馬六種邦國六閑馬四種每廄一閑言法廄者六閑之舊制也補曰疏曰自每廄一閑以上周禮校人有事馬六種者彼校人云辨六馬之屬種馬一物戎馬一物齊馬一物道馬一物田馬一物駑馬一物是也鄭云玉路駕種馬戎路駕戎馬金路駕齊馬象路駕道馬田路駕田馬駑馬給宮中之役是天子六種之馬分爲左右廄故十二閑也彼又云邦國六閑馬四種家四閑馬二種鄭云諸侯齊馬道馬田馬各一閑駑馬則分爲三大夫則田馬一閑駑馬分爲三也孔穎達曰延是廄之名名之曰延義不可知王䕠曰廄名延廄猶府名長府左氏說此以爲書不時謂當以秋分馬還入廄時治廄**其言新有故也**言改故而新之補曰當云因故非改也此發經通例**有故則何爲書也**補曰公羊曰脩舊不書何休曰新宮災後脩不書案西宮大室亦是也劉敞又言魯頌僖公脩泮宮得其時制則春秋不書詩有過

厚春秋無虛美**古之君人者必時視民之所勤**補曰勤苦也李軌法言注曰勤苦高誘戰國策注曰苦勤時視者謂五年天子一巡守三年二伯出述職黜陟一年方伯行國諸侯行邑一說見白虎通五年一巡守與周禮十二年之一說異**民勤於力則功築罕**罕希**民勤於財則貢賦少**補曰財者貨寶穀帛之通名周禮大宰注曰財泉穀也坊記注曰財幣帛也貢賦若大宰九賦九貢及禹貢九等賦**民勤於食則百事廢矣**凶荒殺禮補曰百事皆廢況功築貢賦乎玉藻曰年不順成君衣布搢本關梁不租山澤列而不賦土功不興大夫不得造車馬**冬築微春新延廄以其用民力爲已悉矣**悉盡補曰不廢功築又頻焉是盡也黃仲炎引范仲淹皇祐中浙西興役之事謂莊公豈知以此濟民直困民爾方苞曰後世興功築以救荒上傭之也古者力役征於民則厲民甚矣張洽曰孔子以敬事而信節用而愛人使民以時爲道千乘之國之法春秋比事而書見莊無君國子民之心於斯三者皆失之矣

夏鄭人侵許補曰張洽曰或齊命歟

秋有蜚穀梁說曰蜚者南方臭惡之氣所生也象君臣淫泆有臭惡之行補曰劉向以爲蜚色青近青眚也非中國所有南越盛暑男女同川澤淫風所生爲蟲臭惡是時莊公取齊淫女爲夫人既入淫於兩叔故蜚至天戒若曰今誅絕之尚及不將生臭惡聞於四方莊不寤其後夫人與兩叔作亂二嗣以殺卒皆被辜文烝案穀梁說言君臣淫泆者君謂公與夫人臣謂兩叔慶父牙也爾雅曰蜚蠦蜰郭璞曰卽負盤臭蟲劉歆說左氏據之以爲食穀故爲災殆非有字之義

一有一亡曰有補曰重發傳者物不同也

冬十有二月紀叔姬卒紀國雖滅叔姬執節守義故繫之紀賢而錄之補曰此本杜預叔姬執節守義固足爲賢然非以賢錄也傳例凡內女書卒者皆以吾爲之變而後史得書之叔姬既不爲嫡又已失國而特書卒明當時亦爲之變也當時以叔姬不幸遭變終全婦道哀其遇而重其節故特制服待以嫡禮一如伯姬史因得書卒書葬亦悉準伯姬之文也文既不異其賢自明君子因史之舊不必言賢而錄也此一條張應昌得之矣既書叔姬自當繫紀此又屬文之常無他義白虎通曰叔姬者伯姬之娣也伯姬卒叔姬升于嫡經不譏也或曰嫡死不復更立明嫡無二防簒殺也祭宗廟攝而已以禮不聘爲妾明不升

城諸及防諸防皆魯邑可城也傳例曰凡城之志皆譏今云可者謂冬可用城不妨農役耳不謂作城無譏補曰此亦發通例左傳曰書時也又發例曰凡土功龍見而畢務戒事也火見而致用水昏正而栽日至而畢以大及小也補曰由書尊及卑之義推之於言無所苟亦發通例也賈逵以爲言及先後之辭若使先後興役當別言不總言

三十年春王正月

夏師次于成補曰成魯地郎桓三年六年之郕○撰異曰左氏無師字杜注以爲將卑師少張洽引任公輔說以爲微少則不見經知當書師段玉裁曰凡次皆師也恐左經脫字次止也有畏也欲救鄣而不能也畏齊補曰重發傳者前言公此言師嫌異故也不言公補曰據次郎言公恥不能救鄣也補曰恥者經恥之齊桓非讐恥而爲諱

秋七月齊人降鄣補曰何休曰月者重於取邑○撰異曰陸湻纂例曰鄣左氏作障案今左氏不作障纂例鄣字刊本誤彰降猶下也補曰言猶者義相近爾雅夏小正傳皆曰降下也則以爲本訓

戰國秦漢之際多言下降古語下今語也春秋言降後言下春秋言取後言拔春秋言敗後言破春秋言滅後言屠春秋言伐後言擊春秋言師後言兵傳以下釋降又戰泓敗殽入楚傳皆有擊字左傳亦時有擊字葢左穀梁相繼作傳時語言漸異

鄣紀之遺邑也者補曰公羊同又曰降之者何取之也取之則曷為不言取之為桓公諱也外取邑不書此何以書盡也葉夢得引周禮環人降圍邑以為諸侯而擅納降皆罪也

八月癸亥葬紀叔姬不日卒而日葬閔紀之亾也補曰此總發紀伯姬紀叔姬卒葬四文之義言不日卒而日葬者經之正例內女卒皆日不書葬葬則月之宋共姬是也今特相反故據以問言閔紀之亾者卒不日削史之文略其所當詳明紀之亾也葬日仍史之文詳其所當略明閔紀之亾而欲存之也若不特為變文則無以見義故日不日特反常也閔紀之亾與隱二姬之失國各自為義書葬乃以見隱傳已於葬伯姬發文故不須復發

九月庚午朔日有食之鼓用牲于社救日用牲既失之矣非正陽之月而又伐

鼓亦非禮補曰注兼用左氏說非也

冬公及齊侯遇于魯濟濟水名補曰杜預曰濟水歷齊魯界在齊界為齊濟在魯界為魯濟蓋魯地孔廣森曰濟水上也斥言魯者名山大澤天子不以封故謂之魯濟可謂之我濟則不可左傳曰謀山戎也以其病燕故也及者內為志焉爾遇者志相得也補曰疏曰重發傳者齊為伯者嫌與諸侯異也

齊人伐山戎補曰自此諸戎名皆別言之唯下獻捷承此直言戎餘無直言者案襄二十九年傳曰其曰北燕從史文也明此等皆從例舉後以包前也何休以為山戎行進故錄非也齊人者齊侯也補曰下獻捷稱齊侯又後有齊侯伐北戎足明親伐左傳宰孔曰齊侯北伐山戎南伐楚其曰人何也愛齊侯乎山戎也不以齊侯敵乎山戎故稱人其愛之何也補曰據伐北戎不愛桓內無因國外無從諸侯而越千里之險北伐山戎危之也內無因緣山戎左右之國為內閒者外無諸侯者不煩役寮國補曰危其獨越險故

爲憂辭則非之乎善之也遠伐山戎雖危勤王職貢則善何善乎爾燕周之分子也燕周大保名康公之後成王所封分子謂周之別子孫也補曰經之北燕是也音義曰分扶問反又如字本或作介音界注同姚鼐以爲傳本作別子古別字作八因誤作分作介范作注時猶未誤貢職不至山戎爲之伐矣言由山戎爲害伐擊燕使之隔絕於周室

三十有一年春築臺于郎補曰高誘呂氏春秋注曰積土四方而高曰臺臺加木爲榭何休曰禮天子有靈臺以候天地諸侯有時臺以候四時登高遠望人情所樂動而無益於民者雖樂不爲也五經異義載公羊說天子有靈臺時臺圓臺諸侯但有時臺圓臺皆在國之東南二十五里

夏四月薛伯卒補曰薛改稱伯與滕同義不名者國小情疏史不記名從宿男例不日者或不正或史以微國略之不日而猶月足知時卒爲惡之明也不葬者或不會或亦史略之自後薛不書卒葢不赴至昭三十一年與大國同例矣

築臺于薛薛魯地

六月齊侯來獻戎捷 獻下奉上之辭也春秋尊魯故曰獻補曰言獻蓋據宗廟爲辭劉向說苑曰獻之周公之廟也宜申來不月此月者疏引徐邈云霸主服遠之功重故詳而月之 **齊侯來獻捷者內齊侯也** 補曰疏曰徐邈云齊還經魯界故使人獻捷不入國都而言來獻敬重霸主親而內之也麋信亦云言內齊侯者解經稱來之意也范雖不注理亦當然楚人使宜申來獻捷亦稱來者宜申身來鄉魯接公行禮故 **不言使內與同不言使也** 泰曰齊桓得稱來與齊侯異也齊內救中國外攘夷狄親倚之情不以齊爲異國故不稱使若同一國也 **獻戎捷軍得曰捷戎菽也** 補曰此句豆補曰疏曰案管子云北伐山戎包宋捷言出戎菽及冬葱布之天下則以戎爲豆也故徐邈云今之胡豆也據僖二十一年傳及彼注意則宋是中國故捷不繫國戎是夷狄故繫之戎又似不以戎爲豆今疑不敢正故兩載之一解齊侯此時克山戎幷得胡豆來故傳云戎菽謂克戎之菽文烝案戎菽之戎乃以名菽非解經戎字此承上句言今此所得則戎菽是也管子言出戎菽逸周書王會亦曰山戎戎菽皆足爲此傳之證此菽所以名戎菽者自以其産於山戎而爲名即後世之胡豆至若詩大雅之荏菽爾雅

毛傳皆釋爲戎菽荏戎之名皆取大義當如鄭君箋及孫炎注以爲大豆與胡豆自是別物孔晁以巨豆解周書舍人樊光李巡郭璞並以胡豆解爾雅皆失之又案劉向說苑曰桓公分山戎之寶獻之周公之廟荅戎菽外又有他物

秋築臺于秦秦魯地**不正罷民三時**補曰罷疲通勞也三時春夏秋左傳曰三時不害國語曰三時務農**虞山林藪澤之利**補曰築臺猶築圃亦禁守之**且財盡則怨力盡則懟**懟恚恨也補曰多虞利是財盡屢罷民是力盡爾雅懟亦怨也**君子危之故謹而志之也**補曰凡人己相對未有人不安而己安者況一國之民乎故君子危之志其三役明視築微爲甚矣以有三役故言謹也**或曰倚諸桓也**補曰此存或說謂春秋所以謹而志者非但危之乃以依倚諸桓之行事如下所論也倚者謂經文倚彼爲義○王引之曰倚讀爲奇奇異也奇諸桓者異於桓也謂書其異於桓者以譏之王逸楚辭注云奇異也古字倚與奇通字或作畸莊子大宗師篇畸人者畸於人而侔於天謂異於人而同於天郎天下篇之倚人也荀子曰墨子有見於齊無見於畸文烝案董

仲舒繁露曰人受命乎天也故超然有以倚物**桓外無諸侯之變**補曰謂來侵伐之變**內無國事**補曰謂災喪之事兩言無者孟子所謂國家閒暇也**越千里之險北伐山戎爲燕辟地**開辟**魯外無諸侯之變內無國事一年罷民三時虞山林藪澤之利惡內也**譏公依倚齊桓而與桓行異補曰注言公依倚誤解上倚字也經以魯事倚桓事與伐戎獻捷之文相連相錯明桓之善如彼魯之惡如此惡公與桓行異張洽引孟子以爲及是時般樂怠敖者也

冬不雨補曰疏曰徐邈云僖十一年傳曰雩不得雨曰旱然則此云不雨者或當不雩也范意亦未必然或當不言旱不爲災也文烝案言不爲災是也公羊曰記異也何休引京房易傳曰旱異者旱久而不害物徐邈說失之傳曰冬無爲雩豈得於此言雩乎不言無雨與無冰異者常有忽無曰無可以然而不然曰不易曰密雲不雨古之文例皆如此書時者例也與旱同

三十有二年春城小穀小穀魯邑補曰左傳曰爲管仲也杜預曰小穀齊邑濟北穀城縣城

中有管仲井范不從之范是也左氏昭十一年傳楚申無宇曰齊桓公城穀而寘管仲焉則是穀也非小穀也齊有穀魯有小穀孫復曰曲阜西北有小穀城自孫氏以來皆從范說趙鵬飛因此疑左氏全書多附會段玉裁曰徐彥公羊疏曰二傳作小字與左氏異此疏作字葢誤葢是穀梁公羊有小字與左氏異也左氏葢本作城穀無小字

夏宋公齊侯遇于梁丘遇者志相得也補曰疏曰重發傳者外與伯者遇嫌異故發之梁丘在曹邾之閒去齊八百里補曰杜預釋例宋地名梁丘高平昌邑縣西南梁丘鄉非不能從諸侯而往也辭所遇遇所不遇大齊桓也辭所遇謂八百里閒諸侯必有願從者而不之遇遇所不遇謂遠遇宋公也補曰言齊侯遠至梁丘獨遇所不必遇者旣霸而能自下經意大之也地以梁丘而書齊宋其爲大桓明矣宋序齊上者齊侯旣往遇之又特下之亦大桓也

秋七月癸巳公子牙卒牙慶父同母弟何休曰傳例大夫不日卒惡也牙與慶父共淫哀姜

謀殺子般而曰卒何也鄭君釋之曰牙莊公母弟不言弟其惡已見不待去日矣甯案傳例諸侯之尊弟兄不得以屬通蓋以禮諸侯絕朞而臣諸父昆弟稱昆弟則是申其私親也宣十七年公弟叔肸卒傳曰其曰公弟叔肸賢之也然則不稱弟自其常例耳鄭君之說某所未詳補曰注首句本杜預謚曰僖叔牙欲廢般立慶父而季子鴆殺之不書刺書卒者時爲牙立後施以恩禮若其自卒然故史以卒書而經仍之也注引鄭君說而辨之皆以牙爲莊公母弟左傳不言慶父與牙爲莊之母弟唯公羊有其文蓋未可據范意以此書日爲疑義今案此當以下文慶父事比觀之其義乃見慶父首惡牙次之慶父猶公子遂牙猶叔孫得臣也慶父諱奔言如又諱其縊死則牙卒可書日以掩惡矣遂卒見不卒之文則得臣卒當去日以明惡矣首從輕重之差咸各相稱繹傳所言而其所不言者皆可以三隅反先儒或未深思也

八月癸亥公薨于路寢公薨皆書其所謹凶變補曰此本杜預**路寢正寢也**補曰爾雅曰路大也路寢亦曰大寢此君每日聽政之寢故爲正寢其庭曰大庭是路門內之內朝**寢疾居正寢正也**補曰平時恆寢於燕寢或夫人之寢詩言與子同夢是也疾則移居正寢此是正禮

自天子通於士故士喪禮死于適室記曰士處適寢寢東首于北墉下鄭君曰將有疾乃寢於適室**男子**

不絕于婦人之手以齊終也齊絜補曰此申上二句意也男女不同寢而寢於正寢猶祭而齊也士喪禮記又曰有疾疾者齊鄭曰正情性也適寢者不齊不居其室又曰養者皆齊鄭曰憂也又曰疾病屬纊以俟絕氣男子不絕於婦人之手婦人不絕於男子之手喪大記兩絕字並作死鄭曰君子重終爲其相褻皆與傳義同也音義曰齊本亦作齋注同趙匡曰君必終於正寢以就公卿也大位奸之窺也危病邪之何也若械於隱是女子小人得行其志也案趙氏此論亦何得兼通但非禮經正義矣夫人所薨之寢喪大記亦以爲路寢然據毛詩傳君聽朝於路寢夫人聽內事於正寢不於夫人亦言路寢何休服虔杜預皆以夫人之寢爲小寢知夫人之正寢名小寢與君之大寢相對也依鄭君及孔賈諸說天子六寢路寢一燕寢五后亦六寢正寢一燕寢五諸侯三寢路寢一燕寢二夫人亦三寢正寢一燕寢二夫人之三寢蓋即桓十四年傳之三宮也夫人三寢中之正寢蓋即僖三十三年經之小寢也但天子諸侯及后夫人之燕寢又通謂之小寢蓋對路寢與正寢而言未知僖所殁者是夫人正寢歟是己與夫人之燕寢歟疑不能明也

冬十月乙未子般卒在喪故稱子般其名也莊公大子不書弒諱也補曰案左傳是孟任之子而慶父弒之注略本杜預也疏曰公羊傳云君存稱世子君薨稱子某既葬稱子踰年稱公范意亦與之同但踰年年雖在國稱公若未葬亦不得稱侯以接鄰國桓十三年注識衛惠是其事也未踰年之君例不書葬故子野亦不書文烝案公羊又曰有子則廟廟則書葬無子不廟不廟則不書葬鄭君駮許氏異義曰未踰年君者魯子般子惡是也皆不稱公書卒弗謚不成於君也廟者當序於昭穆不成於君則何廟之立凡無廟者爲壇祭之近漢諸幼少之帝尚皆不廟祭而祭於陵蔡邕獨斷曰殤冲質三少帝皆以未踰年崩不列宗廟四時就陵上祭寢而已文烝案三少帝皆以其元年崩蔡遍謂之未踰年親鄭爲疏○撰異曰乙未左氏作己未

子卒日正也襄三十一年秋九月癸巳子野卒是也補曰日者仍史文**不日故也**文十八年冬十月子卒是也補曰不日者削史文若亦書日無以別於正矣未成君不稱薨則皆不地故以日不日爲例

有所見則日閔公不書即位是見繼弒者也故慶父弒子般子般可以日卒不待不日而顯補曰既有所見矣故還從常例不削舊史書日文也君子之爲春秋董仲舒所謂明其義之所審勿使嫌疑者也故

惟取其文之足以明義斯已矣既足見義不改恆例全經之文皆以是求之

公子慶父如齊此奔也補曰後文弒閔公而奔此弒子般明亦是奔**其曰如何也**據閔二年慶父奔莒不言如**諱莫如深深則隱**深謂君弒賊奔隱痛之至也故子般日卒慶父如齊補曰深幽深也與公羊言盈乎諱者略相似隱微也如推見至隱之隱注訓痛非也言春秋諱法莫如文之幽深者其諱最甚如此經不言賊臣之奔但言如是諱文之幽深者其文幽深則其事微隱如此經言如爲幽深之文則奔事微隱不著也成九年傳曰爲尊者諱恥爲賢者諱過爲親者諱疾閔公尊且親也賊臣出奔恥疾也季子賢也不能卽討過也三者兼之矣二句專解如齊之義注合上子般日卒幷言之又非也般弒而慶父奔事固相因但上經本應不日而書日不得謂之諱凡所不言者爲諱書日何諱之有**苟有所見莫如深也**閔公不書卽位見子般之弒慶父出奔補曰此承上二句而足成其義凡爲諱文者皆以其事不沒而得諱今此爲深諱之文文深則事隱事隱則疑於不見不見則不可深諱故又承上傳有所見之文以明之也上傳言子般之卒以有所見得從常例見者見閔公繼故之文也夫閔繼故則般

被弒可知卽慶父弒般而奔亦可知文雖深諱事不竟没隱而有不隱者焉則深諱可也故曰茍有所見莫如深也有所見三字卽承上傳故加一茍字以顯其意凡經以有所見而從常文者於上傳可類推以有所見而深諱之者又於此傳見例

狄伐邢 補曰呂氏春秋曰中山亾邢高誘曰中山狄國也一名鮮虞文烝案邢實未亾言亾非也許翰曰春秋戎先見荊次之狄次之而荊暴於戎狄又暴於荊南夷與北夷交中國不絕若綫使無齊桓攘服定之豈復有諸夏哉

元年春王正月繼弒君不言卽位正也 補曰疏曰復發傳者以非父非君嫌異故發之僖公又發之者兄之後弟義異故重發之文公繼正之始故發傳以明之成公不發傳者蒙之可知故不發也襄昭發傳者昭公承子野之卒嫌其非正故發傳以明之昭繼子野傳言繼正嫌襄公與之異故亦發傳父子同有繼正之文所以相發明也或以襄非嫡夫人之子嫌非正故發傳案襄四年夫人姒氏薨彼注云成公夫人襄公母也明非爲母賤而發傳也文烝案姒氏實是妾或說是又昭母歸氏亦妾也

親之

非父也兄也尊之非君也未踰年也繼之如君父也者受國焉爾補曰傳重所自故從繼弒君例

齊人救邢補曰救例時不連上正月善救邢也善齊桓得侯伯之道補曰重發傳者嫌霸國獨救義異也

夏六月辛酉葬我君莊公莊公葬而後舉謚謚所以成德也於卒事乎加之矣補曰疏曰復發傳者桓公被殺莊公好終僖公葬緩嫌異禮故各發傳以明之

秋八月公及齊侯盟于洛姑洛姑齊地補曰艾柯等皆書公會此書公及者彼來會我也故曰及者內爲志觀洛姑之盟而傳例無疑矣此亦喪十三月而盟隱盟眛亦近之○撰異曰洛一本作路左氏作落盟納季子也補曰據左傳般弒而季子奔陳不書者亦諱也下言來歸足知其奔矣陸淳聞於師曰季子出奔不書者慶父之難季子力不能正違而去之權也君立見名而來義也故聖人善其歸

不識其去以明變而得中進退不違道也文烝案陸說近之然亦爲賢者諱過胡安國亦是也慶父則言如季子則不書又其別也趙汸曰時閔公九歲耳陳魯方睦季子不嘗再如陳是盟蓋季子援陳人以請於齊桓

季子來歸補曰此在時例外大夫歸入亦皆時**其曰季子貴之也**大夫稱名氏今曰子

是貴之也子男子之美稱補曰注末句與鄭君士冠禮注同非也子者士以上之貴稱說詳孔子生下又見子叔姬卒下不言公子以友而稱季子是貴之而說者皆以季爲字又非也稱字進於稱名稱子又進於稱字者鄉射禮曰司正升自西階相旅作受酬者曰某酬某子鄭君曰某者字也某子者氏也旅稱酬者之字受酬者曰某子旅酬下爲上尊之也案旅酬之禮以尊酬卑稱字酬者子受酬者而曰下爲上曰尊之知稱子實進於稱字周禮之舊也子既進於字則不須並稱之但子文須有所繫以友之氏爲季故繫之季儀禮某子爲氏此文正同也王季子是天子之大夫例本當稱字以其爲母弟加稱子若列國之大夫則稱字已爲變例稱子者無取於兼稱齊高子自有明文不可援王季子以相況也季爲字又爲氏後文言季明友爲字此言季子爲氏各有所當也友之氏實爲季孫此直言季者言季孫而又言子非屬文所宜也友之身得以季孫爲氏下條論之傳曰其曰

季子貴之也其曰高子貴之也其曰王季王子也其曰子尊之也三文或同或異則居可知矣○季稱子進於稱字而孝經仲尼居曾子侍曾子稱子夫子但以字稱據史記弟子傳夫子以曾子爲能通孝道故授之業作孝經陶淵明五孝傳云曾參受而書之則孝經之作亦夫子之意所以與春秋異例而類下爲上之禮者殷仲文注曰夫子深敬孝道故稱表德之字又論語曰孝哉閔子騫夫子稱弟子不名者獨此明皆非常之文矣

其曰來歸喜之也大夫出使歸不書執然後致不言歸國內之人不曰來今言來者明本不欲遂去國同他國之人也言歸者明實魯人也喜之者季子賢大夫以亂故出奔國人思之懼其遂去不反今得其還故皆喜曰季子來歸補曰公羊語同謂經順魯而喜之朱子以爲魯亂已甚季子歸國國人皆慰故國史喜而書之後來立僖公安社稷有此大功故夫子取之因舊史文而書之與取管仲意同

冬齊仲孫來其曰齊仲孫外之也魯絕之故繫之于齊補曰實是吾仲孫繫齊以外之公羊亦同言來者順外文也案慶父得稱仲孫而仲孫自齊來得稱齊仲孫者楚殺慶封傳曰其以齊氏何也爲齊討也明慶封已爲吳大夫本當言吳慶封此齊仲孫之比也下傳又曰言齊以累桓明以齊桓受之

同之於齊人矣

其不目而曰仲孫疏之也

不目謂不言公子慶父補曰公子而不言公子但言仲孫是疏之不曰齊慶父者既繫諸齊則不欲直其文上言季郎季孫故連文言仲孫也案前後經文仲慶父叔牙季友皆稱公子其子稱公孫其孫乃稱仲孫叔孫季孫今慶父之身得稱仲孫者仲孫叔孫季孫之氏雖至其孫始爲專稱其實當身已有此稱已以爲氏左傳於牙之卒曰立叔孫氏公孫茲稱叔孫戴伯又公子彄字子臧稱臧僖伯其子稱臧哀伯亦稱臧孫達明當時大夫逼有此例故一稱季一稱仲孫也諸言仲孫者左傳皆謂之孟孫又稱孟氏他書皆然白虎通云適孫稱伯庶長稱孟陸湻謂左傳諸國大夫有非庶而稱孟者不知何故

其言齊以累桓也

繫仲孫於齊言相容赦有罪補曰累者緣坐也延及也此又申外之之義以桓不能去慶父又反受之故遂同之於齊人得爲外文也閔公爲哀姜娣之子而齊桓立之慶父弒般之罪已不復論又因慶父黨於哀姜曲相容受故以累桓之文大著其義明洛姑未盟以前桓未有功且有罪也既盟洛姑而綿季子則黜慶父立僖公殺哀姜相繼見於策矣○左傳謂齊仲孫湫來省難書仲孫者嘉之杜預以仲孫爲字夫書字即是嘉之何以不言齊侯使若湫無君命私來覘國又何以得志此

不可遍也葢時齊實有仲孫湫嘗勸齊侯務寧魯難左氏遂以爲湫實來魯强附於齊仲孫來之經謂之省難正猶隱公時魯有鄭尹氏後人强以當尹氏卒之經也大氏莊閔之篇左氏於齊魯事多闕略

二年春王正月齊人遷陽

夏五月乙酉吉禘于莊公三年喪畢致新死者之主於廟廟之遠主當遷入大祖之廟因是大祭以審昭穆謂之禘莊公喪制未闋時別立廟廟成而吉祭又不於大廟故詳書以示譏補曰此本杜預唯第四句大祖之廟四字元文作祧一字依聘禮注諸侯大祖廟爲祧遷主所在之名也禘祫之說自昔聚訟文烝詳考之周制三年一祫五年一禘而皆以喪畢之祭爲本喪畢祫則後禘喪畢禘則後祫自爾更迭行此二祭總之五年而再殷祭也何休曰禮禘祫從先君數朝聘從今君數三年喪畢遭禘則禘遭祫則祫今案此年吉禘在五月文二年祫嘗在八月毛詩傳又言夏禘秋祫竊意遭禘年而以秋冬祭者以祫代禘遭祫年而以春夏祭者以禘代祫也祫者合也合毁廟未毁廟之主於大廟故文二年言大事于大廟也禘者遞也諦也第也遷主既遞位因以審諦昭穆次第尊卑陳毁廟主於大廟而未毁廟新舊皆特祭故僖八年言禘于大廟

此年言禘于莊公，左傳又言禘于武公、禘于襄公，禘于僖公也。逸禮有禘于大廟篇，專言大廟者，舉大以包之。猶僖八年言禘于大廟，亦包羣廟也。別論之於傳下及僖八、文二、宣八、昭十五、定八年諸處。

吉禘者，不吉者也。

補曰：公羊曰：「其言吉何？言吉者，未可以吉也。」案汲冢紀年康王三年定樂歌吉禘于先王，春秋之例喪畢吉祭恆事不志，志之亦不言吉，猶當立者不言立、當以者不言以，故言吉知不吉，明未可以吉也。

喪事未畢而舉吉祭，故非之也。

莊公薨至此方二十二月，喪未畢。補曰：此申上意也。公羊曰：「曷爲未可以吉？未三年也。三年矣，曷爲謂之未三年？三年之喪實以二十五月。」何休曰：「時莊公薨至是適二十二月，所以必二十五月者，取期再期恩倍漸三年也。」孔子曰：「子生三年然後免於父母之懷。夫三年之喪，天下之通喪。」禮士虞記曰：「期而小祥曰薦此常事，又期而大祥曰薦此祥事，中月而禫，是月也吉祭，猶未配。」是月者，二十七月也。傳言二十五月者，在二十五月外可不譏。文烝案：傳言吉祭，卽士虞記之吉祭也，在士直曰吉祭，在天子諸侯曰禘曰祫。鄭君解士虞記曰：「當四時之祭月則祭。」左傳例曰：「凡君薨，卒哭而祔，祔而作主，特祀於主，烝嘗禘於廟。」賈逵、服虔解之曰：「三年終禘，遭烝嘗則行祭禮。」此說有禘無祫，非也。鄭君解

詩元鳥大宗伯王制及作魯禮禘祫志皆曰魯禮三年
喪畢而祫於大祖明年春禘於羣廟自爾之後五年而
再殷祭一祫一禘此說閔行吉禘又先行祫亦非也何
休解公羊曰遭禘則禘遭祫則祫此又說論祭年不論祭
月又非也今以爲再期中月禫之後春夏遭祭則禘
秋冬遭祭則祫自後每六十月更迭禘祫庶得其實也
禘祫之異則孔穎達詩周頌正義申鄭說云祫則合聚
祭之禘則各就其廟是也此不言吉禘于大廟舉大以
包而言于莊公者言莊公則祭大廟可知言大廟則莊
喪未畢嫌不祭莊據文自明故傳不釋也何休曰經舉
重不書禘于大廟嫌獨莊公不當禘于大廟可禘者故
加吉明大廟皆不當何氏之意禘祭亦合未毀廟主於
大廟與祫同禮而莊主未當入大廟今閔既禘大廟又
禘新宮何氏不知禘祫之異非也公羊又曰其言于莊
公何未可以稱宮廟也何休曰時閔公以莊公在三年
之中未可入大廟禘之於新宮故不稱宮廟又曰曷爲
未可以稱宮廟在三年之中矣何休曰當思慕悲哀未
可以鬼神事之杜預別爲一解以是時廟之遠主未遷
莊主未入廟故謂別立廟別立廟則非後日之莊宮故
不得稱宮杜氏非也公羊是也莊公卽莊宮以在三年
中不忍稱宮與西宮新宮不言不謚同意公羊又曰吉禘
于莊公何以書譏何譏爾譏始不三年也賈逵說此經

日禘者遞也審諦昭穆遷主遞位孫居王父之處後漢書張純奏曰禘之爲言諦諦諟昭穆尊卑之義也禘祭以夏四月夏者陽氣在上陰氣在下故正尊卑之義也崔靈恩曰禘以夏者以審諦昭穆序別尊卑夏時陽在上陰在下尊卑有序故大次第而祭之故禘者諦也第也說文曰禘諦祭也段玉裁注曰諦者審諦昭穆恐有如夏父弗忌之逆祀亂昭穆者故於禘時審諦而定之天子諸侯之禮兄弟或相爲後諸父諸子或相爲後祖行孫行或相爲後必後之者與所後者爲昭穆不與族八同昭穆故仲尼燕居曰嘗禘之禮所以仁昭穆也中庸曰宗廟之禮所以序昭穆也○諸侯皆有禘祫二祭趙鵬飛嘗論之劉向五經通義言王者諸侯三年一祫五年一禘自前漢穀梁家說已如此而明堂位言成王命魯禘祭統言成王康王賜魯大嘗禘大嘗者卽祫二文並爲特賜魯者謂特賜以天子之禮樂也故左傳晉荀偃士匄曰諸侯宋魯於是觀禮魯有禘樂賓祭用之禮運孔子言魯禘非禮論語言禘自既灌吾不欲觀或問禘之說曰不知也又言知其說者之於天下明以魯有王禮爲異也左傳例曰烝嘗禘於廟僖八年傳曰禘而致哀姜五經異義曰左氏說歲祫及壇墠終禘及郊宗石室終者謂孝子三年喪終則禘於大廟以致新死者也漢書劉歆引國語歲貢終王以爲壇墠則歲貢大

禘則終王又襄十六年冬晉人辭於魯曰寡君未禘祀杜謂三年喪畢之吉祭是左傳及傳說有吉禘無吉祫也劉歆賈逵之徒皆云禘祫一祭二名禮無差降孔穎達王制正義曰左氏說及杜元凱皆以禘爲三年一大祭在大祖之廟傳無祫文然則祫即禘也取其序昭穆謂之禘取其合集羣祖謂之祫是諸儒既以喪畢之三年推諸自後之三年又知祫必不可廢而彌縫之也致新死者之言起於致哀姜之誤禘必於大廟亦與此經及他傳禘羣廟之文不合禘祫爲一與其舊說所云歲祫終禘者又相乖戾歲祫終禘亦非國語本文明其說皆不可用也晉平公禘祀一文似可爲喪畢專行禘之證其實有禘必有祫但無文以見之耳文二年之祭傳及公羊皆爲吉祫而左傳晉荀偃士匄言魯有禘樂及論語明堂位禮運皆言魯禘不言祫者皆是舉禘以該祫唯祭統則備言之也禘與祫斷非一祭鄭衆說周禮追享爲禘朝享爲祫其文稱四時之間祀在時祭之外鄭君說周禮肆獻祼爲祫饋食爲禘其文在時享之上公羊曰五年而再殷祭漢書韋元成等四十四人奏議釋之曰言壹禘壹祫也何休曰殷盛也謂三年祫五年禘劉向說苑許愼異義說文春秋說並有其文而劉氏作五經通義及張純引禮說並言三年一閏天氣小備五年再閏天氣大備故三年一祫五年一禘其義尤明

說文亦云周禮此五句依陳壽祺校正本

也異義謹案三歲一祫五歲一禘此周禮也三歲一禘
疑先王之禮也鄭君駮之據禮讖殷之五年殷祭亦名禘
禘以爲三年一祫五年一禘百王通義鄭說是也周語
云日祭月祀時享歲貢終王先王之訓也楚語云古者
先王日祭月享時類歲祀荀子說湯武之制與周語文
同而先儒說周語多以終王爲終禘故許氏因疑其爲
先王之禮謂其不始於周也許此說亦是也五歲禘爲
殷禘三歲禘爲終禘吉禘其實本無二禮也喪終之祭
不必爲禘而終禘之說可通至以歲貢爲歲祫則不可
曉文二年穀梁公羊明見吉祭有祫左傳記鄭子張有
殷祭卽大傳大夫干祫之祭又可見殷祭有祫從無云
歲祫者是其爲說必誤矣竊意歲貢之祭謂以歲計者
耳不必解爲每歲其祭則或祫或禘貢祫者三歲禘者
歲也終王之祭亦或祫或禘有遭祫年而禘三歲禘者五
年一禘之說若遭禘年而祫則以三年而者故有三
年喪畢爲主不得謂之五年一祫也

秋八月辛丑公薨補曰慶父與哀姜弒之○撰異曰陸湻纂例曰丑公羊作酉案今公羊不作酉

不地故也補曰重發傳者明異於桓也下有所見還從不地例者不忍地也張洽曰諱國惡者臣子
之禮也存事實者傳信之法也聖人之經兩存禮法故
不徒隱諱而已而不書地以變於常又比事屬辭以見

其實將使後人因例啟疑考究始末以知莊公不能正身齊家致後嗣再弒國幾滅亾雖欲諱之而其實終不可得而揜究觀書法則知左氏所謂微而顯志而晦婉而成章盡而不汙懲惡而勸善非聖人孰能脩之者蓋指此類而言之其說必有所傳而施於稱族舍族之傳則非也

其不書葬不以討母葬子也　凡君弒賊討則書葬哀姜實被討而不書葬者不以討母葬子補曰莊子所謂春秋以道名分如此類者甚微也殺慶父不見經殺哀姜見經故經惟據討母爲義孫覺不達此旨遂譏傳失孫氏之誤若是者多矣又案殺哀姜在明年七月左傳先敘慶父之縊次敘齊殺哀姜容此二事皆在葬閔公後劉敞以爲賊未討而葬慢也賊雖卒討葬不追書此說甚有理然則傳言此者特就經中所書明其義之重者耳

九月夫人姜氏孫于邾　哀姜與弒閔公故出奔補曰月者例也公奔則日何休曰凡公夫人奔例日此月者有罪

孫之爲言猶孫也諱奔也　補曰疏曰重發傳者文姜殺夫哀姜殺子嫌異故重發之文烝案下有所見不深諱之言如邾者爲後薨于夷見罪將有其末宜錄其本故直書孫也

公子慶父出奔莒補曰案內大夫奔日者傳曰正之慶父罪重不正之者蓋以自此不復見卽以奔文當卒刺之文卒刺皆以不日見惡也何休曰外大夫奔例皆時**其曰出絕之也慶父不復見矣**慶父弑子般閔公不書弑諱之補曰疏曰慶父前奔不言出書曰如齊爲之隱諱是不絕其位之辭今不諱言出奔明是絕其位也又云慶父不復見者明弑二君罪重不宜復見故特顯之矣文烝案與注既不釋傳文疏又不得傳旨傳以出爲絕之者此莊三十二年奔齊其下皆有所見彼言如此不言如是絕之不更諱也又言慶父不復見者申所以絕之之意也慶父後雖被逼縊死經爲魯諱又諱季子之行誅故不復記若此處猶諱言如是使內之賊臣竟無文以顯書其罪故直書出奔以結前事與上如齊之文相對則爲絕之也縊死既諱故出奔不諱不諱出奔正以起後文之諱討賊也是故慶父之死不復見卽所謂諱莫如深也直書出奔則不復見其死卽所謂苟有所見莫如深者也韓子言聖人之作春秋深其文辭愚謂穀梁傳亦未易讀

冬齊高子來盟其曰來喜之也其曰高子貴之也補曰此亦順魯

而喜之喜其立君以存魯也書來雖接公之平文見貴則亦見喜明與季子來歸同矣公羊以不名爲喜之

盟立僖公也　補曰季子實立僖而齊定其位齊立公爲君亦是接公矣此盟亦前定前定之盟不日桓盟亦不日以是立君大事故又不月以異之

不言使何也　據桓十四年鄭伯使其弟禦來盟言使

不以齊侯使高子也　齊侯不討慶父使魯重罹其禍今若高子自來非齊侯所得使也猶屈完不稱使也江熙曰魯頻弑君僖公非正也桓公遣高傒立僖公以存魯魯人德之不名其使以貴之貴其使則其主重矣補曰范注非也不以齊侯使高子者謂旣稱高子則不得以齊侯使爲文也凡稱君以使者其臣皆名不可名則字女叔是也惟文繫王使者又有稱子稱宰稱公之等宰與公尊矣子是貴稱亦不得以諸侯使之爲文今欲貴高子令與季子俱稱子故不稱齊侯使也桓三年不以齊侯命衛侯莊二十八年不以師敗於人僖二十八年不以晉侯畀宋公文意皆相似也此經貴高子正以美齊桓桓之不討慶父上有累文與此無涉以屈完例之尤非其倫也江注謂僖公非正亦非也僖是長庶般旣弑則僖爲正不正者乃閔也閔猶周之悼王僖猶敬王矣劉敞曰公羊曰不稱使我無君也非也僖公之盟何謂我無君盟于暨齊無

君文不沒公卽魯無君何故沒齊侯哉

十有二月狄入衛僖公二年城楚丘以封衛則衛爲狄所滅明矣不言滅而言入者春秋爲賢者諱齊桓公不能攘夷狄救中國故爲之諱補曰公羊曰爲桓公諱范注本之賈逵曰不與夷狄得志於中國文烝案汲冢紀年以狄爲赤翟滅不日者深諱之於是懿公赤戰死戴公申廬于曹而卒立其弟文公

鄭棄其師補曰不書鄭高克出奔陳者何休所謂舉棄師爲重此全用舊史文僖十九年傳言之〇撰異曰棄左氏或作弃惡其長也兼不反其衆則是棄其師也長謂高克也高克好利不顧其君文公惡而遠之不能使高克將兵禦狄于竟陳其師旅翱翔河上久而不召衆將離散高克之進不以禮文公退之不以道危國亡師之本補曰傳言鄭伯惡其長而兼不反其衆劉向說苑曰夫天之生人也蓋非以爲君也天之立君也蓋非以爲位也夫爲人君行其私欲而不顧其人是不承天意忘其位之所以宜事也如此者春秋不予能君而夷狄之鄭伯惡一人而兼棄其師故有夷狄不君之辭案此解經直言鄭也注衆將離散四字當改云衆散而歸其下又當增云高克奔陳此事左氏公羊毛詩序皆同而毛序爲

詳注全本之高克之進舊作高克進之朱子詩序辨說曰當作之進趙汸屬辭從之今據乙正也

莊閣補注八終

大千四百零六字
小萬四千零八十五字
眉注十六字

春秋僖公經傳第四補注第九

僖公亦莊公子名申閔公庶兄母成風以惠王十八年即位凡僖之謚古書多作釐

穀梁　范氏集解　鍾文烝詳補

元年春王正月繼弒君不言即位正也補曰疏見閔元年公羊曰公何以不言即位繼弒君子不言即位此非子也其稱子何臣子一例也何休曰僖公者閔公庶兄禮諸侯臣諸父兄弟以臣之繼君猶子之繼父也其服皆斬衰故傳稱臣子一例

齊師宋師曹師次于聶北救邢聶北邢地補曰疏曰邢滅并不書入故有救次之文衛亾書入故沒其救次文烝案邢實未滅衛則雖欲救之已不及救疏皆非也次救例俱時不連上正月○撰異曰曹師板本左氏作曹伯誤唐石經亦作曹師說文品部引春秋傳次于嵒北从品相連讀與聶同段玉裁以爲此左氏經傳之古文後人以其同音易其字如築麋之改築郿救不言次據莊六年王人子突救衛不言次言次非救也次止也救赴急之意今方停止故知非救也非救而曰

救何也？遂齊侯之意也。錄其本意。補曰：遂，申也，成也，如其意而申成之，故曰救，所謂春秋成人之美。杜預、蘇轍以爲衆兵待事，卒能救邢是也。莊公次郎，次成，亦有救紀救郭之意，而謂之不能救，則直言次，次不言救，不得遂其意也。叔孫豹次雍渝，亦是不能救晉，而先言救後言次者，以豹是魯臣，臣不可廢君命，故先言救，爲通君命之辭，又與此遂其意者異也。是齊侯與？怪其稱師。齊侯也。何用見其是齊侯也？據經書齊師。補曰：問經文何用見之。曹無師，曹師者，曹伯也。小國君將稱君，卿將稱人，不得稱師，言師則是曹伯也。曹君不可在師下，故知是齊侯。補曰：前言曹無命大夫，此言曹無師，明小國無大夫，又無師也。小國無師者，國勢削弱，雖本得有一軍之制，而當時以爲不成軍也。楚之先及諸夷狄亦皆無師者，兵衆雖盛，而春秋黜之，四年傳言楚無大夫，明亦無師矣。禮，伯子男皆一軍，說見襄十一年。不說宋公者，從可知。其不言曹伯何也？以其不言齊侯，不可言曹伯也。補曰：此猶莊二十八年以其人齊，不可不人衛。其不言齊侯何也？以其不足乎揚，不言齊侯也。救不及事，不足稱揚。補曰：注本公羊，非也。公羊曰：救不言次此其言次何不及事也不及事者何邢已亾矣孰亾之蓋狄滅之公羊以邢已亾滅故謂之不及事非傳意也傳言不足稱揚者卽指言次文言次非救故不足稱揚不謂其無及下城邢純為美辭此加非救之文而後遂其意明但愈於郎成雍渝不及諸直言救之善與下各自見義

夏六月邢遷于夷儀辟狄難夷儀邢地○撰異曰夷公羊作陳案夷陳聲轉義逼矢雉尸夷諸字皆訓陳陸湑所見穀梁亦作陳**遷者猶得其國家以往者也**補曰重發傳者彼為遷之者發此正解遷也公羊曰遷者何其意也遷之者何非其意也**其地邢復見也**非若宋人遷宿滅不復見

齊師宋師曹師城邢是向之師也使之如改事然美齊侯之功也是向聶北之師當言遂今復列三國者美齊桓存亾國補曰向往也或作鄉其正字作曏皆同是往之師實非改事何休所謂桓公宿留城之故當言遂言遂則不須重舉三師矣上以不足乎揚變爵稱師此重舉則已揚之故得以美為義也春秋譏益城雖夷儀楚丘緣陵或遷或封理合得城昔齊去薄姑而遷臨

菑王命城之毛詩傳以爲古者諸侯之居逼隘則王者遷其邑而定其居是其類晉城杞亦是遷國城成周則王者遷都之事也左傳例曰凡侯伯救患分災討罪禮也

秋七月戊辰夫人姜氏薨于夷哀姜補曰莊公夫人杜預曰夷魯地注在上年傳范遂遺之公羊以爲齊地**夫人薨不地地故也**補曰變於君也

齊人以歸補曰齊稱人者旣諱之若其以喪歸則從卑者之常文此經各本誤跳在傳夫人薨上今依唐石經十行本移正

不言以喪歸非以喪歸也加喪焉諱以夫人歸也泰曰齊人實以夫人歸殺之于夷諱故使若自行至夷遇疾而薨然後齊人以喪歸也歸在薨前而今在下是加喪之文也經不言以喪歸者以本非以喪歸也傳例曰以者不以者也微旨見矣**其以歸薨之也**以歸然後殺之補曰如傳言則夷爲齊地是歟

楚人伐鄭補曰疏曰不以州言之者以楚雖荊蠻漸自通於諸夏國轉强大與中國抗衡故不復州舉之何休云稱楚人者爲僖公諱與夷狄交婚故進之使若中國穀梁無交婚之事杜預云荊始改號曰楚與傳亦

不同文烝案李光地曰將有齊桓膺懲之事不得復舉州其說亦可存也楚皆以稱人爲常不直以國舉

八月公會齊侯宋公鄭伯曹伯邾人于檉 檉宋地補曰何休曰月者危公會霸者而與邾婁有辨也○撰異曰檉一本作村公羊作村徐彥曰村字左氏作檉亦有作村字

九月公敗邾師于偃 偃邾地補曰邾稱師以我之敗之舉其重者與升陘異也凡敗皆稱師燕邾莒頓胡沈許皆有師惟徐狄吳以國舉衛言人楚言爵則變例也疏曰何休云公怨邾人以夫人與齊故敗之未知范意然不○撰異曰偃一本作堰公羊作纓 **不日疑戰也疑戰而曰敗勝內也** 補曰重發傳者嫌小國與齊宋異例也

冬十月壬午公子友帥師敗莒師于麗獲莒挐 麗魯地傳例曰獲者不與之辭補曰注引例在宣二年傳○撰異曰麗左氏作酈公羊作犂挐公羊一本作茹 **莒無大夫** 補曰明與曹同也舉曹莒則邾滕以下可知昭十四年又言曹莒之異 **其曰莒挐何也** 據非大夫不書 **以吾獲之目之也內不言獲此其言獲何也** 獲者不與

之辭主善以內故不言獲據文十一年叔孫得臣敗狄于鹹不言獲長狄補曰疏曰內不言獲乃是常例至於長狄則異於餘宜書獲以表功而彼文略之由重傷故也此注據以爲證者取不書獲之成文不謂義旨全合文烝案注是疏非也說見敗鹹傳下內不言獲者經例因史例或專是經例歟此唯施於兵獲**惡公子之紿**紿欺紿也補曰公子下唐石經初刻有友字**紿者奈何公子友謂莒挐曰吾二人不相說士卒何罪**補曰戰有甲士有步卒**屏左右而相搏**補曰屏除搏手搏左傳曰晉侯夢與楚子搏漢有卞射武戲手搏爲卞角力爲武戲**公子友處下左右曰孟勞孟勞者魯之寶刀也**補曰刀名見廣雅北齊本或誤作寶力見顏氏家訓**公子友以殺之**補曰明此獲乃殺也公羊曰大夫生死皆曰獲**然則何以惡乎紿也**據得勝也**曰棄師之道也**江熙曰經書敗莒師而傳云二人相搏則師不戰何以得敗理自不通也夫王赫斯怒貴在爰整子所愼三戰居其一季友令德之人豈當舍三軍之整佻身獨鬬潛刃相害以決勝負者哉雖千載之事難明然風味之所期古猶今也此又事之不然傳或失之補

曰棄師之道者言潛刃相紿將棄師不用也傳謂戰畢乃相搏耳江熙之疑非也疏曰若季子無輕鬭之事經不應書獲以惡之經傳文符而江熙妄難范引其說非也○春秋記事不記言傳隨事釋其義事之本末皆所不論言之委悉更無從見而自此傳以後則稍稍詳矣公羊晚出掇拾較多左傳事言並記乃是史家之學剙始之體劉知幾所謂左氏漢書二家後來祖述者也

十有二月丁巳夫人氏之喪至自齊其不言姜以其殺二子貶之也二子子般閔公補曰至此始貶者公羊曰貶必於其重者莫重乎其以喪至也孫復曰孫于邾不貶不以子討母也此而貶者正王法也孔廣森以爲至此復以小君事之故貶之於此著其罪兼惡臣子文烝案貶不言姜猶言氏者見莊元年注**或曰爲齊桓諱殺同姓也**補曰疏曰夫人於齊桓非是姑姊卽是妹姪齊桓討得其罪疏而遠之託言同姓文烝案疏說皆非也姑姊妹姪卽是同姓無分親疏也傳引或說以爲爲齊桓諱非桓託言也言討得其罪又非或說意也此於正說後別爲一說謂經所以不言姜者不主於貶夫人而主於爲齊桓諱其義甚明姜本齊姓沒不言則爲諱矣上文齊殺哀姜傳

不論其是非如或曰之意則與左氏公羊同左傳曰君子以齊人之殺哀姜也爲已甚矣女子從人者也公羊但言桓公召而縊殺之而漢書鄒陽之言曰魯公子慶父使僕人殺子般獄有所歸季友不探其情而誅焉慶父親殺閔公季子緩追免賊春秋以爲親親之道也魯哀姜薨于夷孔子曰齊桓公法而不譎以爲過也鄒論季子事皆本公羊文則其論殺哀姜事亦必用公羊家舊說而如外戚傳解光言春秋予齊桓何休言不阿親親者乃皆後來說也鄒所引孔子語出論語法當作正正之古文作正法之古文作金正上誤增遂成法字此訓正譎爲經權謂齊桓專守正經不能行權譎以免其親是其過也蓋齊魯諸論語家說謂齊桓長於經而短於權晉文長於權而短於經與馬鄭注異也

二年春王正月城楚丘補曰月者別於內城此何休意也**楚丘者何衛邑也**補曰重發傳者起下也衛都朝歌在河北楚丘則在河南所謂東徙渡河也漕邑亦相近**國而曰城此邑也其曰城何也**據元年齊師宋師曹師城邢邢國也**封衛也**閔二年狄入衛遂滅補曰國於楚丘故言城注當云閔二年狄滅衛傳言封衛以見上入爲滅也衛與邢杞異衛已滅城

以封之邢杞未滅但遷而城之耳故傳與左傳皆止有封衞之文不言封邢封杞也齊桓存三亾國雖統邢衞杞言之其實邢杞與衞小不同公羊於邢杞亦言已滅亦以爲齊所封此桓譚所謂彌離其本事者矣國語言封邢管子言封邢封杞呂氏春秋言立邢悉不可據**則其不言城衞何也衞未遷也**補曰劉敞據詩定之方中作于楚宮揆之以日作于楚室序云文公徙居楚丘始建城市而營宮室以爲夏之十月周之十二月衞必先徙居而後建城市建城市而後營宮室魯人後期以正月會城不得云衞未遷文烝案劉說皆非也詩序雖兼言城市而詩但言作宮室卽或城與宮室並作無妨十二月始事正月以後畢功春秋豈必以始事書哉書城旣不獨指魯而謂營宮室必在遷後尤聽且固詩序必先言徙居者乃文勢之便劉氏善讀書無容不知也**其不言衞之遷焉何也**據元年邢遷于夷儀言遷也**不與齊侯專封也**補曰前有入衞文言城又言遷則封衞之事太明疑若與其專封矣孟子述葵丘之命曰無有封而不告雖告王猶爲專**其言城之者**補曰謂直言城**專辭也**補曰此專字與專封之專異專辭猶言內辭諸侯共城之文若魯獨城然戍陳傳曰內辭歸粟于蔡傳亦曰專辭所

以爲專辭者歸粟傳曰義邇也李光地曰古之侯伯有存亾繼絕急病分災攘夷狄安諸夏之義脩而行之是天下之公利也春秋書諸侯事如內辭者四城楚丘戍陳戍鄭虎牢歸粟于蔡是也楚丘不城衛入於狄矣戍虎牢不戍鄭入於楚矣戍陳粟蔡皆公舉也故皆以公辭也文烝案穀梁言專辭內辭者謂其辭如此就使魯不在列亦得爲此辭以其是諸侯公義之舉春秋引而近之同諸內事故曰義邇也專辭內辭鄧李氏所謂公辭但所從言之異耳晉城杞城成周扶危定傾故列序其人以著其美此則國已滅而城以封之其美尤大故從專辭例也邢固未滅而城邢之文上有所蒙無庸列序其列序則爲變文明較杞與成周彌美也城緣陵不劣於城杞城成周亦當列序而不序者與城邢以盛衰相對其立文又與此相對也**故非天子不得專封諸侯諸侯不得專封諸侯**補曰王引之曰下不得二字衍文蓋涉上不得而衍**雖通其仁以義而不與也**存衛是桓之仁故通令城楚丘義不可以專封故不言遷衛補曰以專辭書城是通其仁不書衛遷是斷以義劉敞所謂以小惠訐之則桓公爲有德以大法論之則諸侯無專封得傳旨矣凡專辭皆爲義事故曰義邇既謂之仁則義有未盡故曰以義而不與言各有

墨子義字皆作羛从羊古文我也王引之據周晉姜鼎銘

當也陸賈新語引穀梁傳曰仁者以治親義者以利尊萬世不亂仁義之所治也今檢傳無此文當是後學者說傳此條之語漢書藝文志有穀梁外傳二十篇穀梁章句三十三篇此類蓋出其中歟董仲舒曰春秋之所治人與我也所以治人與我者仁與義也以仁安人以義正我故仁之為言人也義之為言我也言名已別矣是故春秋為仁義法仁之法在愛人不在愛我義之法在正我不在正人義者謂宜在我者宜在我者而後可以稱義故言義者合我與宜以為一言案董生訓義字甚精其外則管子云義者謂各處其宜鄭君周禮注云能斷時宜意同程朱而言尤約也

故曰仁不勝道仁謂存亾國道謂上下之體補曰傳引古語足上意也注解道字未盡其理荀子曰君子處仁以義然後仁也行義以禮然後義也制禮反本成末然後禮也三者皆通然後道也然則道者仁義禮之合故仁不勝道抑又論之此道蓋謂聖人之道而專封與否又非所計也夫義所不得與者專封也竊意當日周既衰矣衛既滅矣設以聖人而為齊桓亦不過告王而封之亦必不聽其終滅而在齊桓則謂之專封在聖人則為道亦論其心而已矣孟子曰五霸者摟諸侯以伐諸侯三王之罪人也以摟伐為罪正猶以專封為非義然而湯伐葛文王伐崇伐密豈有桀紂之命哉又如伊尹放

大甲孟子曰有伊尹之志則可無伊尹之志則簒也此論心不論事之明文也傳以事封爲非義又必曰仁不勝道而後其說乃盡孟子以摟伐爲罪他日又必曰以德行仁者王以力假仁者霸五霸假之也小補之也而後其說乃盡以論語夫子之言求之管仲之力到今受賜言仁也管仲之器小哉言道也孫綽解器之小曰功有餘而德不足是孟子德力之說小補之義也○愚於傳此句思之甚深夫君子之惡惡也有所謂誅意者矣君子之善善也未嘗苛求其心也事善則善之猶曰有功於子之可食而食之矣夫何以其志爲哉桓公管仲之功著乎天下春秋方過其仁則夫聖人之道固所未暇論耳雖然書不盡言言不盡意故張敞曰心之精微口不能言也言之微眇書不能文也程子易傳序亦曰予所傳者辭也由辭以得其意則在乎人焉是故仁不勝道不可不察也讀管子之書質實而詳密伊管同稱亦宜矣而自孟子言之則慮夫王者之道之不行也讀墨子之書閎肆而深奇儒墨同稱亦宜矣而自孟子言之則懼夫孔子之道之不著也

夏五月辛巳葬我小君哀姜

虞師晉師滅夏陽○撰異曰夏左氏作下陸淳曰據上陽下陽俱虢邑都左氏爲是文烝案漢爲

大陽縣夏大同義江永言之非國而曰滅重夏陽也補曰下所謂塞邑虞無
師補曰疏曰小國無師傳三發之者並是小國不合言師師燕爲敗而重衆故得言師曹言師者明其是君虞
言師者表其先晉以其言師不同各舉備文耳其曰師何也以其先晉不可以
不言師也人不得居師上貴賤之序其先晉何也據小不先大爲主乎滅
夏陽也補曰虞主兵也凡小國兵序上者皆是主兵傳於此見例夏陽者虞虢之塞
邑也其地險要故二國以爲塞邑補曰虢邑接虞者也虞虞仲之後虢虢叔之後西虢國胡安國曰塞邑
猶秦有潼關蜀有劍嶺皆國之門戶滅夏陽而虞虢舉矣補曰疏引徐邈云舉猶拔也案
高誘戰國策注曰舉得也又曰拔也虞之爲主乎滅夏陽何也補曰虞不應不知塞
邑之不可滅必不反出兵助晉何得有主兵之文也五年傳曰虞虢之相救晉獻公欲伐虢
荀息曰君何不以屈產之乘垂棘之璧而借道乎虞也
荀息晉大夫屈邑產駿馬垂棘出良璧補曰乘四馬也公羊曰垂棘之白璧何休曰玉以備白爲美凌廷堪曰

呂氏春秋曰以屈產之乘爲庭實而加以垂棘之璧以假道於虞而伐虢是謂晉人聘虞行享禮時束帛所加之璧爲垂棘之璧庭實所設之馬爲屈產之乘也聘禮曰賓裼奉束帛加璧享記曰凡庭實皮馬相間可也閒猶代也晉地多馬故聘禮享庭實用皮而晉代以馬也文烝案呂氏春秋不言聘㚒說似是而非此專爲借道非聘也聘享用璧而有庭實自是常禮又未有不受者下言小國所以事大國言幣重不便又言不借吾道不敢受吾幣其非享禮明矣借道之事依聘禮文但用束帛許而後受幣故下云然也伐虢必過虞故借道賈逵曰虞在晉南虢在虞南

公曰此晉國之寶也如受吾幣而不借吾道則如之何荀息曰此小國之所以事大國也此謂璧馬之屬彼不借吾道必不敢受吾幣如受吾幣而借吾道則是我取之中府而藏之外府取之中廄而置之外廄也補曰三蒼云府文書財物藏也虞可并得故言猶外府外廄公曰宮之奇存焉宮之奇虞之賢大夫必不使受之也補曰不使受而借荀息曰宮之奇之爲人也

達心而愞愞弱又少長於君達心則其言略明達之人言則舉綱領要不言提其耳則愚者不悟愞則不能彊諫少長於君則君輕之補曰杜預曰親而狎之必輕其言且夫玩好在耳目之前而患在一國之後補曰王引之曰之後二字衍文蓋後人增之不可通此論地之大小非論時之遠近此中知以上乃能慮之臣料虞君中知以下也補曰中知疏謂猶論語中人也呂氏春秋曰義者百事之始也萬利之本也中智之所不及也虞爵非公故荀息不曰虞公公羊則曰虞公貪而好寶矣公遂借道而伐虢宮之奇諫曰晉國之使者其辭卑而幣重必不便於虞虞公弗聽補曰此稱虞公者便文也案詩衛風言譚公與齊侯衛侯邢侯並稱即春秋譚子也公羊鄶公與鄭伯並稱據國語史伯言鄶實子男之國也紀以子而進爲侯而杜預左傳後序引汲冢紀年紀公之鄺即傳紀侯之鄺也然則小國之君通稱某公凡言虞公虢公者皆同斯例固非其爵爲公亦不因春秋所書矣又國語管子言晉公秦公燕公吳公晏子春秋言齊公魯公是凡諸侯

皆得通稱遂受其幣而借之道補曰如上所述晉之滅夏陽虞實爲之是虞主兵也據傳虞實未出兵與公羊同與左傳異杜氏後序引汲冢紀年正與左同似皆非宮之奇諫曰補曰王念孫曰此諫字衍文蓋因上諫字而衍下云云者退而私論也文烝案弗聽之後無妨復諫脣亡一句左氏公羊皆爲諫辭王說未是語曰脣亡則齒寒其斯之謂與語諺言也補曰范依左氏也公羊以爲記挈其妻子以奔曹補曰宮之奇再諫而奔左傳在後五年再借道時又不云奔奔何國國語云適西山高誘戰國策注以爲適秦獻公亡虢五年而後舉虞補曰五年當依公羊爲四年字之誤疏以爲僖五年非也左傳以爲再借道而滅虢還師滅虞此以滅夏陽爲亡虢者或以後之滅虢實由此之滅夏陽或傳意此年滅夏陽後旋卽滅虢之都與公羊郭君在夏陽之意雖異而與其言取郭則同皆與左傳異也水經注引紀年曰晉獻公十有九年獻公會虞師伐虢滅下陽虢公醜奔衛獻公命瑕父呂甥邑於虢都彼書雖出後人追脩亦由滅虢之說當時相承故也經無滅虢文者重夏陽故但舉滅夏陽爲重舊史當備文矣荀息牽馬操璧而前曰璧則猶是也

而馬齒加長矣猶是言如故補曰荀息戲言也戰國策魏謂趙王曰昔者晉人欲亡虞而伐虢伐虢者亡虞之始也故荀息以馬與璧假道於虞宮之奇諫而不聽卒假晉道晉人伐虢反而取虞故春秋書之以罪虞公觀魏人之言知春秋此等之文其義著矣

秋九月齊侯宋公江人黃人盟于貫貫宋地補曰王夫之曰衛地史記田齊世家齊伐衛取毌丘即此○撰異曰公羊作貫澤下九年傳曰貫澤之會貫之盟不期而至者江人黃人也補曰二國聞會自至本不與結期江人黃人者遠國之辭也補曰以遠國辭稱人實是其君中國稱齊宋遠國稱江黃以爲諸侯皆來至也補曰舉此四國爲徧至之辭疏曰何休云時實晉楚之君不至君子成人之美故褒益以爲徧至之辭事或然矣魯不至故不書或以爲魯公亦在舉大以包之文丞案不至者不獨晉楚如茲如虞虢蓋皆不至也不書公者疏言舉大以包是也江黃不期而至則除常會諸國之外皆不期而至者此桓霸之盛也下會陽穀即此盟之諸侯

冬十月不雨不雨者勤雨也言不雨是欲得雨之心勤也明君之恤民補曰注解勤字非也音義曰勤勤麋氏音覲後年同集韻去聲勤渠吝切憂也春秋傳勤雨麋氏說王念孫曰麋說是也勤字平去二聲皆可讀下年傳亦言勤雨又言閔雨言憙雨閔者憂之甚轉之則爲憙明勤雨閔雨皆爲憂雨也文二年傳言文不憂雨正與僖之勤雨閔雨相反若以爲欲得雨之心勤則非其意矣古謂憂爲勤問喪曰服勤三年呂氏春秋曰勤天子之難毛詩序曰憂勤楚辭曰愁勤皆謂憂爲勤也文烝案注既不知勤之爲憂又直以書不雨爲說不以每首月輒書不雨爲說亦非也僖所以爲勤雨者正以一月不雨卽憂勤之春秋三以首月書不加自文使後之讀者以文公之經比類相較則僖之勤雨自見故傳於此三不雨分釋之曰不雨者勤雨也又總釋之曰一時言不雨者閔雨也總釋者卽承分釋之文足成其意也十月不雨不嫌十一月十二月得雨者以下有六月雨之文也

楚人侵鄭

三年春王正月不雨不雨者勤雨也補曰不嫌二月三月得雨者以下有六月

雨也復發傳者此已隔年嫌不與上不雨爲一事故發以同之此既連上則下四月亦承此可知故下傳省勤雨文

夏四月不雨一時不雨則書首月不言旱不爲災補曰此本杜預下二句上有傳例曰三字言作曰一時不雨書首月與莊三十一年冬不雨之文相違非傳義傳以經美僖公故不以歷時書而一時輒書繫諸首月明其一月不雨卽有勤心因下明書雨月則不嫌五月雨又不嫌旱竟夏也**一時言不雨者閔雨也**經一時輒言不雨憂民之至閔憂也補曰閔之爲憂謂憂雨非謂憂民閔者勤之至也此合三**閔雨者有志乎民者也**補曰春秋以其閔雨爲有志乎民不與文同也不雨總釋之左傳曰自十月不雨至于五月不曰旱不爲災也公羊亦爲記異而三不雨各爲一事非也

徐人取舒補曰徐夷且僭與楚吳越同直以國舉乃其恆文敗婁林伐莒是也進稱人者案左傳齊桓娶於徐是時徐實附齊故從中國例伐英氏亦同也孔廣森曰魯頌曰戎狄是膺荊舒是懲皆詠僖公從齊桓征伐之事懲荊者召陵是也懲舒者疑此取舒是也蓋徐人爲中國取也其下章曰遂荒徐宅言乎徐人之服從

中國也案此略同林之奇趙鵬飛家鉉翁李廉說○撰異曰舒玉篇邑部引作郚

六月雨雨云者喜雨也喜雨者有志乎民者也補曰疏曰書者明僖公得雨則心喜是於民情深文烝案不雨不言所至之月則此必言雨杜預謂示旱不竟夏是也但上既見閔則此足見喜春秋以其喜爲有志乎民矣常例周六月龍見而雩雖雨不志傳上年言仁不勝道記事不必論心而足以見心者也上冬至此言勤言閔言喜記事本以見心而足以論心者也凡人事皆人心之所爲也全經記事全傳解經以是求之○莊之季年歲荒民貧財殫力竭重以哀姜慶父之亂魯幾不國矣僖承其敝有恤民之心卒成中興頌聲以作君子於此深致美焉公羊家說謂其遇旱改政躬節儉閉女謁放讒佞理冤獄誅稅民受貨者退舍南郊澍雨立應或其言有所本也

秋齊侯宋公江人黃人會于陽穀陽穀齊地**陽穀之會桓公委端搢笏而朝諸侯**委委貌之冠也端元端之服搢插也笏以記事者也所謂衣裳之會補曰委貌元冠也元冠者吉冠用黑繒爲之夏曰毋追殷曰章甫周曰委貌周禮又謂之冠弁元端者元冠之服陳

奐曰周禮鄭衆注曰衣有襛裳者爲端是端者不連裳之稱對朝服言之也朝服亦元冠服而連衣裳士冠禮曰主人元冠朝服緇帶素韠元端元裳黃裳雜裳可也緇帶爵韠特牲饋食記曰特牲饋食其服皆朝服元冠緇帶緇韠唯尸祝佐食元端元裳黃裳雜裳可也皆爵韠元端衣皆元而裳有元黃襍三等之異朝服皆不言裳明其衣裳不殊全似深衣爲袍制不與元端同矣朝服布十五升其類乎元端者一元衣一緇衣也其異於深衣者一緇衣有韠一白布爲衣又無韠也文烝案陳說是也續漢志注引戴聖說朝服布上素下與鄭君同疑有誤矣任大椿引通典漢明帝永平中議乘輿服衣深衣制有袍隨五時色蓋因當時說禮家皆謂朝服如深衣袍制故遂以爲天子之朝服史稱賜皁袍又稱三老五更服絺紵大袍單衣皁緣其以皁者猶沿古緇衣之制也玉藻曰笏天子以球玉諸侯以象大夫以魚須文竹士竹本象可也笏度二尺有六寸其中博三寸其殺六分而去一諸侯天下諸侯也國語管子皆曰大朝諸侯於陽穀

諸侯皆諭乎桓公之志

補曰疏曰諭曉也言不須盟誓文烝案論語稱管仲相桓公一匡天下漢書注謂陽穀之會天下從令據疏是鄭君說也又李賢後漢書注引穀梁傳曰齊桓公爲陽穀之會一匡天下傳無此文亦當是後學者說傳

語在穀梁外傳穀梁章句中

冬公子季友如齊涖盟傳例曰涖位也內之前定之盟謂之涖外之前定之盟謂之來補曰注引例後二句昭七年傳文也二盟字當爲辭據左傳齊侯爲陽穀之會來尋盟則知會陽穀公亦與杜預注非也公與會陽穀則貫可知○撰異曰此季字衍文左氏公羊皆無季字涖左氏作涖後皆同依說文涖涖皆隸之假借字涖者位也盟誓之言素定今但往其位而盟補曰爾雅曰臨涖視也郭璞曰察視廣雅曰位涖也其不日前定也日補曰與來盟同也前定之盟不日此又不月者凡盟當日故前定則月而已齊桓盟本不日故友往涖盟又不月以異之乃與柯召陵高子來盟一例不言及者以國與之也不言其人亦以國與之也補曰疏曰舊解此傳是外內之通例不據此一文而已不言及者以國與之謂若外國之來盟及魯人往盟經直舉外來爲文不言及者欲見以國與之也故舉國爲主即宣七年衛侯使孫良夫來盟此公子季友如齊涖盟是也不言其人亦以國與之謂不言來盟之類經雖言及而不書魯之主名者亦見舉國與之即成三年丙午及荀庚盟是也不言外及者

經無故也麋信徐邈並據當文解之理亦通也但據成三年傳注則宜從舊說

楚人伐鄭

四年春王正月公會齊侯宋公陳侯衛侯鄭伯許男曹伯侵蔡蔡潰傳例曰侵時而此月葢爲潰補曰舊史潰皆具日君子略之從月例**潰之爲言上下不相得也**君臣不和而自潰散補曰上下謂君及臣民也公羊曰潰者何下叛上也左傳例曰凡民逃其上曰潰杜預曰潰衆散流移如積水之潰自壞之象也**侵淺事也**補曰疏曰侵者拘人民而謂之淺者對伐爲淺也又傳云不分其民是拘之而不取亦是淺之義傳本意言桓公不深暴於蔡纔侵之而即潰故因發淺例左氏無鍾鼓曰侵傳或當然**侵蔡而蔡潰以桓公爲知所侵也**責得其罪故裁侵而潰補曰明經譏蔡不譏齊與伐沈伐莒異也夫古者民之於上也或不能欺或不忍欺或不敢欺民既不欺臣亦可知臣民同力何有於潰況侵事之淺乎凡潰不以諸侯潰之爲文重出國者何休曰侵爲加蔡舉潰爲惡蔡錄明沈莒亦同也劉向說苑曰春秋記國家存亾以察來世雖有廣土

衆民堅甲利兵威猛之將士卒不親附不可以戰而勝取功晉侯獲於韓楚子玉得臣敗於城濮蔡不待敵而衆潰故語曰文王不能使不附之民先軫不能戰不能教之卒

不土其地

補曰傳曰則是終土齊俞樾曰土讀爲度周禮大司徒以土圭土其地鄭君曰土其地猶言度其地典瑞封國則以土地鄭曰土地猶度地也

不分其民

補曰不俘取之蓋覩凡侵尤輕

明正也

補曰疏曰論語稱齊桓公正而不譎指謂伐楚此侵蔡亦言正者伐楚是責正事大故馬鄭指之其實侵蔡不土其地不分其民亦是正事故傳言正也

遂伐楚次于陘

楚彊齊欲綏之以德故不速進而次于陘陘楚地補曰此本杜預也公羊以爲俟屈完蓋因莊八年次郎有俟文故云爾

遂繼事也

補曰重發傳者此是用兵又是霸者事嫌異故也時本爲伐楚故侵蔡耳齊桓用兵自滅遂以來若非自將則無大衆其用諸侯之師無過二國者今乃大舉侵蔡則知伐楚爲本謀葉夢得辯左傳蔡姬事而戰國策游騰謂楚王以爲桓公號言伐楚其實襲蔡韓非書詳其事史記亦用之皆謬妄

次止也

補曰疏曰次有二種有所畏之次卽齊師宋師次于郎傳曰畏我是也有非所畏之次卽此次于陘傳直曰次止也是也文烝案此次非畏故重發傳謝湜曰書次陘善其不以攻

戰爲事其說得之管子曰至善不戰吳澂引孫子曰百戰百勝非善之善者也不戰而屈人之兵善之善也

夏許男新臣卒十四年冬蔡侯肸卒傳曰諸侯時卒惡之也宣九年辛酉晉侯黑臀卒于扈傳曰其地于外也其日未踰竟也然則新臣卒于楚故不日耳非惡也補曰案不日者從曹伯廬曹伯負芻杞伯成之例明新臣實卒于師也注言卒于楚故不日是以許男甯蔡侯東國爲比非也傳明言卒于師矣說詳成十三年但不日則當月今時而不月與蔡侯肸等同者此處方盛美齊桓七國之君咸被褒錄無嫌於惡之則書此時猶書月大氏春秋之文多從簡質○撰異曰陸湻纂例曰新公羊作辛案今公羊不作辛**諸侯死於國不地死於外地**補曰閔之變於內也或書地名或書其國或書師會皆地也**死於師何爲不地**據宣九年晉侯黑臀卒于扈地補曰此地即謂師書于師則地矣注據黑臀非也當云據曹伯廬曹伯負芻**內桓師也**齊桓威德洽著諸侯安之雖卒於外與在其國同

楚屈完來盟于師盟于召陵屈完來如陘師盟齊桓以其服義爲退一舍次于召陵而與之盟召陵楚地補曰成二年齊侯使國佐如師己酉及國佐盟于爰婁傳曰爰婁在師之外明召陵亦在師

之外矣左傳曰師進次于陘夏楚子使屈完如師師退次于召陵左杜預言退舍范所本也師行一舍三十里李
廉曰召陵恐亦楚之要地故後來楚平王簡東國之兵於召陵文烝案今許州郾城縣東即其地桓盟不日此
又不月者夷狄受盟與常盟異故略其月以異之**楚無大夫**無命卿也補曰疏曰無大夫有三等
之例曹本非微國後僻小莒是東夷本微國楚則蠻夷大國僭號稱王其卿不命於天子文烝案曹莒等無命
大夫者其君本有命卿而當時不以爲卿也楚無命大夫者其君亦本有命卿而春秋黜之也其例實止有二
等皆不須以不命於天子爲說無大夫以無師皆同意**其曰屈完何也**補曰略名之當言楚完
以其來會桓成之爲大夫也尊齊桓不欲令與卑者盟補曰不氏則從曹莒直名
之例是列國卑者之文**其不言使權在屈完也**邵曰齊桓威陵江漢楚人大懼未能
量敵遣屈完如師完權事之宜以義卻齊遂得與盟以安竟內功皆在完故不言使補曰權在屈完猶言權在
祭仲注言權事之宜非傳之權字也以義卻齊者依左傳也左傳屈完別自有言不如下所云下所云不爲完
語又在次陘前**則是正乎曰非正也**臣無自專之道補曰君臣之義不以楚而廢也**以**

其來會諸侯重之也重其宗中國歸有道補曰若屈完者亦變之正歟來者何

內桓師也來者內辭也內桓師故言來于師前定也補曰此解經上盟字言來盟者從前定之例美其事而異之也不言使而言來先言于師而後言于召陵皆變文也若爲平文當如齊國佐

于召陵得志乎桓公也屈完來盟桓公退于召陵是屈完得其本志補曰注非也此解經下盟字再言盟者見得志乎桓公謂桓公得志也公羊曰其言盟于師盟于召陵何師在召陵也師在召陵則曷爲再言盟喜服楚也案公羊言師在召陵非也其以再言盟爲喜則是也何休言屈完來陘退次召陵所以補正傳說又引春秋緯孔子曰書之重辭之複嗚呼不可不察其中必有美者焉繁露亦有其語汪克寬曰盟于召陵與會于蕭魚書法不異皆一經特筆美齊服楚美晉定鄭也黃震述其師說曰來盟于師楚有盟心退盟召陵齊有盟禮與盧仝同得志者不得志也屈完得志則桓公不得志補曰注非也經見桓公之得志以此盟乃時人所謂不得志也故曰得志者不得志也以桓公得志爲僅矣桓爲霸主以會諸侯楚子不來屈完受盟令問諸江辭又不順僅乃得志言楚之難服補曰案傳下云我

將問諸江非令齊問也注誤依左傳文又此句與下屈完語不相屬注亦誤會國語賈逵注曰僅猶言纔能也韋昭曰猶劣也經意以爲桓公退盟召陵不窮兵力以不得志爲得志其得志也劣能如此耳美其事複其文其義乃著楊子法言曰周康之時頌聲作乎下關雎作乎上習治也齊桓之時縕而春秋美邵陵習亂也故習治則傷始亂也習亂則好始治也漢孝文詔曰堅邊設候結和通使休寧北陲爲功多矣且無議軍此得召陵之意賈誼謂帝不能爲齊桓過也

屈完曰大國之以兵向楚何也桓公曰昭王南征不反

補曰杜預曰昭王成王之孫南巡守涉漢船壞而溺案齊以爲楚罪

菁茅之貢不至故周室不祭

菁茅香草所以縮酒楚之職貢補曰書禹貢荊州之貢苞匭菁茅卽此也鄭君曰菁茅茅之有毛刺者杜預曰茅之爲異未審今案史記封禪書管仲謂桓公江淮之閒一茅三脊所以爲藉也水經注引晉書地道志云泉陵縣有香茅氣甚芳香言貢之以縮酒二者其此茅乎菁者蓋言菁菁然盛也左傳言包茅縮酒周禮鄭興注曰莤讀爲縮束茅立之祭前沃酒其上酒滲下去若神飲之故謂之縮縮浚也浚者說文抒也廣雅盝也鄭君曰縮酒泲酒也又曰以茅縮去滓也不祭謂不以菁茅祭

屈完曰菁茅之貢不至則諸昭王南征不反我將問諸江問江邊之民有見之者不此不服罪之言故退于名陵而與之盟屈完所以得志桓公之不得志爾補曰漢水入江言將問江神注非也傳因盟事并記桓公屈完語得志之僅亦其一驗非以此便爲僅也注都未了○蘇轍曰楚人方強齊將綏之以德故次于陘以待之既而楚屈完來求盟因而許之雖有諸侯之衆而不用蓋伯者之師求以服人而已非若後世必以戰勝爲功也二十八年晉楚戰于城濮晉文公退三舍以避楚楚成得臣從之不已而後戰方其退舍而楚還則文公亦將不戰矣由此觀之桓文之於用兵皆求服人而不求必勝也家鉉翁曰蘇氏立論平實得桓文之用心

齊人執陳袁濤塗袁濤塗陳大夫補曰不月則濤塗亦有罪何休以爲執例時○撰異曰袁左氏作轅段玉裁曰左氏音義袁本多作轅乃俗人以轅袁互易也文悉案據陳之袁氏或作轅他書又作爰難定其孰爲本字段據北史李繪謂袁爲狎語以爲黃帝十二姓内有轅當从車旁而今國語誤爲儇遂定陳大夫氏爲轅今考陳袁氏爲公族乃嬀姓無關黃帝姓也

齊人者齊侯也補曰文承上盟足明其爲齊侯

其人之何也於是哆然外齊侯也不正其踰國而執也

江熙曰踰國謂踰陳而執陳大夫主人之不敬客由客之不先敬主人哆然衆有不服之心故春秋因而譏之所謂以萬物爲心也莊十七年齊人執鄭詹傳與其執者詹奔在齊因執之補曰疏曰左氏公羊皆以爲濤塗誤軍道傳與注無是言則以濤塗不敬齊命故執之陳人有不服之意哆然疏外齊侯哆然寛大之意也萬物爲心莊子文文忝案注疏皆失傳指哆然外齊侯者謂經意哆然外之故稱人也經所以外之者踰國而執其大夫以爲不正此桓十一年之例也濤塗之見執當依左傳所載齊侯初從濤塗之請師出東方後因鄭申侯言仍由陳鄭閒出遂執濤塗濤塗從陳侯在師時已至陳地齊侯執之於陳故謂之踰國而執是聖門相承說經語也至於陳有不服之心觀下一伐一侵固亦可見而濤塗之請乃其實迹公羊以爲不脩其師而執濤塗古人之討則不然其說亦可用也上文內桓師此文外齊侯義各有當是之謂萬物爲心鄭玉所云功過不相掩也疏解哆然字亦非也哆然者離外之意爾雅曰誃離也誃郎哆字荀子曰有傪離之德傪亦郎哆字高郵王氏父子說

秋，及江人、黃人伐陳。補曰：左傳曰：討不忠也。**不言其人，及之者何？內師也。**補曰：內師，魯師也。此當言內卑者，而言內師，便文也。桓十七年及宋人、衞人伐邾正與此同，傳特於此言內師者，疏曰：文承齊人執濤塗下，恐非魯及，故也。吳澂曰：時江、黃之師在其國，以其近於陳，故令伐陳也。必使魯人及之者，江、黃遠國，不可無魯主兵也。文烝案：此亦所謂南伐以魯為主。

八月，公至自伐楚。補曰：月者，似為下葬然。曹宣、許靈葬皆不月。何休曰：凡公出滿二時，月，危公之久。何注二或作三，誤。**有二事偶，則以後事致；**補曰：偶者，相當敵，言後事不小於先事也。後不小則後為大，此為常例。**後事小，則以先事致。**補曰：後小則先為大，此為變例。**其以伐楚致，大伐楚也。**鄭君曰：會為大事，伐為小事。今齊桓伐楚而後盟于召陵，公當致會而致伐者，楚彊莫能伐，伐者故以伐楚為大事。補曰：鄭言會大伐小，非也。凡伐與會為偶，先會後伐當以伐為大，先伐後會當以會為大。此先伐後會而不以會為大，明伐尤大也。定四年侵楚，盟皋鼬，以會致，則依偶事致後之例，以會為大矣。書序稱成王東伐淮夷，遂踐奄。其下云成王歸自奄，以踐奄為大也。又稱夏師敗績，湯遂從

之遂伐三䑋其下云湯歸自夏以勝夏爲大也汪克寛引以證春秋得之又此傳特明統例耳桓之盟會皆不致固不謂名陵有書至之義

葬許穆公○撰異曰穆公羊作繆後謚皆同

冬十有二月公孫茲帥師會齊人宋人衛人鄭人許人曹人侵陳莊十年春二月公侵宋傳曰侵時此其月何也惡之故謹而月之然則凡侵而月者皆惡之補曰三國伐七國又侵故惡之也公孫茲公子牙子叔孫戴伯也自陽處父以前稱人者皆是師少不必將卑魯以貴卿帥師外亦將尊可知但七國獨魯用大衆恐非事情蓋齊桓節制之兵獨不用衆宋以下雖或用衆旣序齊後從而稱人耳○撰異曰茲公羊作慈後同

五年春晉侯殺其世子申生補曰殺世子母弟例時**目晉侯斥殺惡晉侯也**斥指斥補曰目見也惡晉侯者公羊云甚之是也與殺母弟目言同張洽曰董仲舒所謂爲人君父而蒙首惡之名謝湜曰滅國本而君道絕滅天性而父道絕

杞伯姬來朝其子婦人既嫁不踰竟踰竟非正也補曰此專釋來也重發傳者內女未有明文又嫌外孫當朝也諸侯相見曰朝伯姬爲志乎朝其子也補曰使其子伉諸侯之禮者乃伯姬之志書來已見非正又書朝其子是所以譏伯姬伯姬爲志乎朝其子則是杞伯失夫之道矣凱曰不能刑于寡妻補曰孟子曰身不行道不行於妻子使人不以道不能行於妻子言又譏杞伯也諸侯相見曰朝以待人父之道待人之子非正也補曰直書朝明魯以處待杞伯之禮待之又譏內也故曰杞伯姬來朝其子參譏也參譏謂伯姬杞伯魯侯也桓九年曹伯使其世子射姑來朝譏世子此不譏者明子隨母行年尚幼弱未可責以人子之道伯姬以莊二十五年夏嫁至今十五年則子幼可知

夏公孫茲如牟補曰言如者聘也後皆同左傳曰公孫茲如牟娶焉說見莊二十七年

公及齊侯宋公陳侯衛侯鄭伯許男曹伯會王世子于首

戴惠王之世子名鄭後立爲襄王首戴衛地補曰王世子不名者别於諸侯之世子與羣王子從大夫以上不名例也王室事自王人救衛後一志王姬歸齊至此乃見王世子○撰異曰戴左氏作止下同及以會尊之也侯言及諸侯然後會王世子不敢令世子與諸侯齊列補曰會者外爲主之文此時王世子爲主當如王人宰周公等冠齊侯上而已今書公及齊侯從尊卑內外之常文而移會王世子文殊之於下明不欲與諸侯列數是所以尊之此蓋君子改舊史以明義會又會及以及會以及皆同也何尊焉王世子云者唯王之貳也補曰貳副也國語曰貳若體焉上貳代舉下貳代履云可以重之存焉尊之也何重焉天子世子世天下也補曰公羊曰世子猶世世子也韓嬰詩傳曰所以爲世子何言世世不絕

秋八月諸侯盟于首戴言諸侯者前目而後凡他皆放此補曰公羊曰諸侯何以不序一事而再見者前目而後凡也何休曰省文從可知文烝案魯大夫與他國序再出名氏公不再出者趙匡曰鄭恐涉他臣公則無二也今以爲君臣相變無中事而復舉諸侯何也補曰據同盟新

城之屬不重舉尊王世子而不敢與盟也補曰諸侯能尊王世子經因其尊而尊之傳於會言春秋尊之於盟言諸侯尊王世子其實此會此盟皆是諸侯能尊王世子而經因爲尊文以示義皆善桓也盧仝曰此春秋尊周之微意尊則其不敢與盟何也盟者不相信也故謹信也不敢以所不信而加之尊者補曰申上意桓諸侯也不能朝天子是不臣也補曰朝者朝京師也王世子出會足見桓不能朝王世子子也塊然受諸侯之尊己而立乎其位是不子也補曰疏引徐邈云塊然安然也王引之曰徐訓非也塊然獨尊之貌凡書傳言塊者皆獨貌也字亦作傀荀子書塊傀二字並出文烝案位者世子之位也受尊禮而立其位非子道明古者世子不出會桓不臣王世子不子則其所善焉何也補曰經爲尊文善桓明矣故因以問是則變之正也雖非禮之正而合當時之宜補曰謂桓得變之正天子微諸侯不享覲補曰享獻也不貢獻不朝覲桓控大國補曰控引也扶小國補曰扶佐也佐

謂手相助**統諸侯不能以朝天子亦不敢致天王也**補曰統總雖不能以諸侯朝京師亦不敢如晉文致天王而朝之呂祖謙論受胙請隧等事以爲齊桓專在於扶名分晉文則適以壞名分見管仲舅犯之優劣**尊王世子于首戴**補曰由其不敢致天王故但致王世子而尊之於會**乃所以尊天王之命也**補曰尊世子正以尊王也言命者請於王而王命之來**世子含王命會齊桓亦所以尊天王之命也**補曰世子衛王命而來會自尊亦即以尊王命**世子受之可乎是亦變之正也**補曰亦齊桓與上同**天子微諸侯不享覲世子受諸侯之尊己而天王尊矣世子受之可也**補曰世子尊則天王尤尊故可受也自桓諸侯也以下通論會盟之善左傳曰謀寧周也服杜皆以爲王將廢世子立王子帶故齊桓帥諸侯會之以定其位於此傳未能相通或當時實有其事而經但就文見義以明其爲變之正不須詳細論之耳趙鵬飛以爲是會能假義是盟能假信引經解曰義與信伯王之器也家鉉翁則謂定世子之位之說深爲可疑只當從穀梁穀梁明變正之義有功

世教

鄭伯逃歸不盟以其去諸侯故逃之也專己背衆故書逃傳例曰逃義曰逃補曰公羊引魯子曰葢不以寡犯衆也范本之言不盟則知上諸侯無鄭伯劉敞曰出不盟者在盟前逃也猶沙隨平丘尋其先文如皆已盟復得後語乃知不與耳文烝案言不者可以然而不然之例

楚人滅弦弦子奔黃弦國也其不日微國也補曰重發傳者此是楚滅嫌異也又此奔蒙上月而滅在時例與黃夔江六同皆夷狄之微國也故重發傳

九月戊申朔日有食之

冬晉人執虞公虞公貪璧馬之寶棄兄弟之親拒絕忠諫之口不圖社稷之危故晉命行于虞使下執上虞同于晉是以謂之晉人執虞公補曰晉滅同姓不譏者惠士奇曰夏陽之滅以虞爲主至此滅虞變文言執所以末滅晉之罪而獨罪虞也不言滅故亦不得稱名文烝案此滅宜月不言滅故亦不月執不言所於地緼於晉也時虞已包裹屬於晉故雖在虞執而不書其處補曰疏曰舊解云執

人例不書地此云不地緼於晉者凡執人不地者亦以地理可明故也若晉會諸侯于溴梁執莒子邾子楚合諸侯于申執徐子皆因會而執之則在會可知故不假言地至如滅人之國執人之君則亦是就國可知也經若書晉滅虞則是言其地今不書滅虞卽不舉滅國之地不謂執人當地也所以不言滅虞者晉命先行於虞虞已屬晉故不得言之也或以爲執不言所於地謂不書執虞公于虞也緼於晉謂虞已苞裹屬晉故不得言也理亦通耳**其曰公何也**據十九年宋人執滕子嬰齊不言公**猶曰其下執之之辭也**臣民執其君故稱公江熙曰春秋有州公郭公虞公凡三公非爵也傳以爲下執之辭嘗試因此論之五等諸侯民皆稱曰公存有爵之限沒則申其臣民之稱州公舍其國故先書州公郭公盜而歸曹故先名而後稱郭公夏陽亾則虞爲滅國故宜稱虞公三人殊而一致三公歾而同歸生死齊稱蓋春秋所賤補曰左傳鄭莊公曰無寧茲許公復奉其社稷此告許大夫百里之辭從其所稱以爲稱是臣民稱公之驗又齊公子元不順懿公終不曰公明常稱皆曰公也春秋內君則稱公外稱公者自宋以外皆以配謚故曰生死齊稱春秋所賤也疏曰州公本無舍國之事郭公不見盜歸之文今江爲此說而范不難者以州公舍國左氏

有文郭公棄位適曹郎是盜之狀錢儀吉曰注盜字疑當作逃**其猶下執之之辭何也**補曰據臣出其君以自出爲文況虞實不執君邪**晉命行乎虞民矣**虞服于晉故從晉命而執其君補曰晉命既行可以使虞執之故晉執而從虞稱也縕以國言命行以民言皆指滅夏陽但言民則臣兼之**虞虢之相救非相爲賜也今日亡虢而明日亡虞矣**言明日喻其速補曰此又明虞借晉道一事君子所甚惡也前則主兵此則不言滅又稱公所以大著其義劉敞曰春秋夏之記事原始見終不失其實者也故虞之滅自夏陽始陽滅則虞亡矣宮之奇舟之僑之徒皆知之獨其君不知故春秋因大見其釁於滅夏陽而深沒其迹於執虞公使天下之爲人君者從而省之可以戒於此矣故曰家有既亡國有既滅由別之不別也可不大哀乎文烝案傳不釋稱人義者凡諸侯稱人以執諸侯皆是衆辭皆是與其執有罪與稱爵斥執者相對爲文傳於後既明稱爵斥執之非則稱人義自足見故諸稱人悉略之也諸侯執大夫皆稱人無稱爵者故或爲貶之外之或爲衆辭以其執有罪而與之文同義異而傳亦隨事備文執諸侯則有稱爵稱人二例既以稱爵當彼貶之外之文則稱人者自不煩釋

儒補注九終

大二千零七十六字
小萬三千二百卅八字
肩注廿二字

春秋僖公經傳第四補注第十

穀梁　范氏集解　鍾文烝詳補

六年春王正月

夏公會齊侯宋公陳侯衛侯曹伯伐鄭圍新城補曰左傳曰圍新密鄭所以不時城也杜預曰實新密而經言新城者鄭以非時興土功齊桓聲其罪以告諸侯劉炫曰先王之制諸侯無故不造城造城則攻其所造司馬法產城攻其所產是也伐國不言圍邑此其言圍何也據元年楚人伐鄭不言圍補曰不得獨據彼又贅病鄭也著鄭伯之罪也泰曰諸伐國而言圍邑傳皆以為伐者之罪而以此著鄭伯之罪者齊桓行霸尊崇王室糾合諸侯翼戴世子盟之美者莫盛於此而鄭伯辟義逃歸違叛霸者是以諸侯伐而圍之罪著于上討顯于下圍伐之文雖同而善惡之義有殊亦猶桓盟不日以明信而葵丘之盟日之以為美補曰疏曰前書逃歸是罪著於上也今言伐又言圍是討顯於下也文烝案注言罪著於上非卽傳所謂著罪傳言著罪者卽申病鄭意也言伐

復言圍或爲伐者之罪或爲受伐者之罪不嫌無別者下以伐鄭致變偶事致後之例亦足明之也

秋楚人圍許

諸侯遂救許伐鄭之諸侯補曰此本杜預**善救許也**補曰疏曰何嫌非善而傳言之者以許是近楚小國叛而即齊嫌救之非善故發之

冬公至自伐鄭其不以救許致何也補曰據偶事當致後**大伐鄭也**補曰疏曰大之者鄭叛中國外心事楚成蠻夷之強益華夏之弱齊桓爲伯討得其罪鄭人服從遂使世子聽命是其大也文烝案公葢以夏末行冬初至未滿二時故不月

七年春齊人伐鄭

夏小邾子來朝補曰杜預曰郳犂來始得王命而來朝也數從齊桓以尊周室王命以爲小邾子邾之別封故曰小邾案莊五年公羊曰倪者何小邾婁也○撰異曰小邾公羊作小邾婁終春秋皆然

鄭殺其大夫申侯補曰呂氏春秋謂之申侯伯**稱國以殺大夫殺無罪**

也補曰疏曰此云殺無罪是罪鄭伯也案傳例失德不葬文公不書葬則亦失德也杜殺卿佐是失德之儔未知鄭伯更有失德爲當直由殺申侯不可知也文烝案文公不葬非直由殺申侯說見後卒下

秋七月公會齊侯宋公陳世子款鄭世子華盟于寧毋寧毋某地補曰當云魯地○撰異曰陸湻纂例曰左氏陳世子款下又有鄭世子華誤加之也案今公穀皆有之又音義纂例寧左氏作甯案今公羊亦作甯說文宀部寍安也从宀心在皿上皿人之食飲器所以安人也丂部寧願䛐也从丂寍聲用部甯所願也从用寧省聲石鼓文天子永寍是訓安之字今書傳盡作丂部字晉古文書大禹謨音義辯之宀部字爲會意猶安从女在宀中丂部用部二字皆从其聲又同義明三字並通矣毋左氏作母音義曰如字又音無公穀音義曰音無又茂后反**衣裳之會也**補曰疏曰衣裳之會十有一或釋或不釋者省文以相包兵車之會少故備舉見義此是衣裳後歲兵車二文相近故傳因而別之

曹伯班卒○撰異曰班公羊作般案爾雅般訓還班訓賦而古書以聲同通用

公子友如齊補曰聘也

冬葬曹昭公

八年春王正月公會王人齊侯宋公衛侯許男曹伯陳世子款盟于洮洮曹地○撰異曰公羊款下有鄭世子華王人之先諸侯何也補曰據是下士貴王命也補曰會者外爲主王人爲主是貴王命言命者王人奉命出會與世子同也傳言寰內諸侯非有天子之命不得出會諸侯明有天子命者得出會也貴者經貴之亦由當時會實班上猶能尊貴王命故因而貴之以示義諸書王朝臣出會先諸侯者皆有王命皆是貴之卑者猶然餘可知也嘗論之齊晉皆以外諸侯而爲伯故自王人之微以至尹子單子劉子宰周公皆據王命爲先非周初二伯之制也周初之二伯自陝以東周公主之自陝以西召公主之其繼大保率西方諸侯畢公率東方諸侯皆以內諸侯爲伯葢所謂王官伯矣齊桓晉文與郇侯稱郇伯相似但齊晉既謂之侯伯又謂之霸諸侯亦其異也齊晉既爲伯而周之卿士仍謂之王官伯則又沿舊而通稱也朝服雖敝必加於上補曰朝服元冠之服十五升緇布衣而連裳說見前詩謂之緇衣逸周書大匡謂之麻衣諸侯視朝之服也天子視朝則

皮弁服皮弁者白鹿皮爲弁士冠禮曰皮弁服素積緇帶素韠素積者謂裳素者緇也其衣葢以縞舊說十五升白布爲之疑非緇帶者士制大夫以上皮弁服皆素帶諸侯視朝朝服朔視朝皮弁服天子視朝皮弁服朔視朝元冕凡在朝君臣同服論語吉月必朝服而朝謂皮弁服也與其下文朝服立阼異**弁冕雖舊必加於首**補曰左傳景王辭於晉曰我在伯父猶衣服之有冠冕卽弁冕也冕與弁與冠散文渾言之皆通**周室雖衰必先諸侯**補曰無問會者尊卑也六句申上意**兵車之會也**

鄭伯乞盟以向之逃歸乞之也向謂五年逃首戴之盟齊桓爲兵車之會于此乃震服懼不得盟故乞得與之不錄使者使若鄭伯自來所以抑一人之惡申衆人之善補曰戴祖啟曰向也逃則今也乞矣文烝案經因其乞而乞之乞之猶上云逃之皆謂春秋之文也向或作鄉注不錄使二句本何休下二句在上逃歸傳下**乞者重辭也**人道貴讓故以乞爲重補曰注依定元年重請爲說彼釋求義非釋乞義求與乞雖同是重而乞又重於求疏曰文與乞師同故爲重辭得之**重是盟也**悔前逃歸

故以重言補曰申上句**乞者處其所而請與也**言乞知不自來補曰何休曰處其國上注音義曰得與音豫下請與并下注而與同本或作豫孔廣森曰與與許也使請見許盟於齊也**盖汋之也**汋血而與之補曰此二語與公羊同汋公羊作酌何休曰酌挹也挹取其血范本之孔廣森曰周官邦汋鄭衆曰汋讀如酌酒尊中之酌斟酌盗取國家密事若今時刺探尚書事然則酌之之義猶言探之也鄭屬與楚不敢親來盟使其世子爲乞盟以探齊侯之意蓋齊侯許之故下葵丘之盟鄭伯遂自至也文烝案汋訓探亦可通言使其世子則據公羊經非也蓋者承上語辭謝湜曰爲宗廟社稷主而其始若賤者負罪而逃其終若賤者哀告而乞著其屈辱罪其不智也

夏狄伐晉

秋七月禘于大廟禘三年大祭之名大廟周公廟禮記明堂位曰季夏六月以禘禮祀周公于大廟雜記下曰孟獻子曰七月日至可以有事于祖七月而禘獻子爲之案宣九年仲孫蔑如京師於是獻子始見經襄十九年卒然則失禮非獻子所始明矣雜記之云甯所未詳補曰范依左氏說禘爲三年大祭因喪畢

始禘自後遂以三年爲節不知喪畢或禘或祫五年而再殷祭禘實五年祭之名言大廟以包羣廟閔二年詳之矣明堂位季夏六月鄭君以爲建巳月毛詩傳亦言夏禘秋祫七月禘者後世變制非唯不始於獻子亦必不始於此時是雜記之誤又禘武公在二月禘僖公在十月是魯禘實無常期矣禘既無常史例不以失時志此志者爲用致夫人也月者謹用致非譏禘不時也○禘有爲時祭名者王制祭統春曰礿夏曰禘郊特牲祭義又言春禘國語郈敬子言嘗禘蒸享皆據夏殷之禮也商頌序長發大禘自是殷祭之禘別乎時祭故言大也禘有爲祭天地名者祭法魯語周人禘嚳而郊稷周語禘郊之事則有全烝魯語天子潔奉禘郊之粢盛楚語郊禘不過繭栗天子禘郊之事必自射其牲天子親舂禘郊之盛此禘乃冬至祭昊天上帝於圜丘夏至祭地於方丘之禮周頌序昊天有成命郊祀天地亦通稱郊也喪服小記大傳不王不禘王者禘其祖之所自出以其祖配此夏正月祭上帝於南郊之禮卽魯郊子丑寅三月之禮郊而通稱禘也周禮注以圜丘方丘幷宗廟爲三大禘案爾雅曰禘大祭也大祭之合聲則禘故凡大祭皆蒙其名矣

用致夫人 劉向曰夫人成風也致之于大廟立之以爲夫人禘曰左傳以夫人爲哀姜果爾則當言用致哀姜凡小君既沒有謚不

言夫人猶君不可舍謚直言公也公羊以爲齊之媵女案左氏哀二十四年傳公立公子荆之母爲夫人宗人釁夏謂魯無此禮是知魯君當身以妾爲妻者始於彼時非春秋中所有黃澤言之矣

用者不宜用者也補曰重發傳者嫌與用幣異**致者不宜致者也**補曰言致知不宜致宜致者則曰至自某不曰致之猶立與郎位之異公羊幷上此句皆同謂之用致者始立妾母爲夫人而見於廟用此禘禮以致之亦若夫人始嫁而告至又若三月廟見之禮也沈欽韓曰妾媵不助祭尊成風爲將來祔食之地乃致成風爲此日入廟之典也文烝案左氏說以爲吉禘致新死者而此禘非値喪畢不得爲吉禘故杜預推左氏之意以爲歷三禘而行其禮紓回失實

言夫人必以其氏姓補曰說見莊元年

言夫人而不以氏姓非夫人也補曰包文姜言之哀姜去姜出姜穆姜去氏亦於此例

立妾之辭也補曰此專言成風

非正也夫人者正嫡之稱謂非崇妾之嘉號以妾體君則上下無別雖尊其母是卑其父故曰非正也禮有君之母非夫人者又庶子爲後爲其母緦是妾不爲夫體明矣補曰案庶子爲父後者爲所生母服緦三月謂君之庶子父卒者也若父在爲其母練冠麻麻

衣緦緣既葬而除不在五服中不爲後者父在同父卒則爲其母大功九月大夫之庶子父在爲其母大功九月父卒爲其母齊衰三年爲後不爲後者皆同凡大夫以上他庶母皆無服喪服經注備矣五經異義今春秋公羊說妾子立爲君母得稱夫人故上堂稱妾屈於適也下堂稱夫人尊行於國也父母者子之天也子不得爵命父母則士庶起爲人君母亦不得稱夫人至於妾子爲君得爵命其母者以妾本接事尊者有所因緣故也穀梁說魯僖公立妾母成風爲夫人入宗廟是子而爵母也以妾爲妻非禮也古春秋左氏說成風得立爲夫人母以子貴禮也許君謹案尚書舜爲天子瞽瞍爲士明起於士庶者子不得爵父母也至於魯僖公本妾子尊母成風爲小君經無譏文從公羊左氏說鄭君駁云禮喪服父爲長子三年以將傳重故也衆子則爲之期明無二適也女君卒貴妾繼室攝其事耳不得復立爲夫人魯僖公妾母爲夫人者乃緣莊公夫人哀姜有殺子般閔公之罪應貶故也近漢呂后殺戚夫人及庶子趙王不仁廢不得配食文帝更尊其母薄后非其比邪妾子立者得尊其母禮未之有也文烝案如鄭所言知穀梁爲正經明有譏文而許云無譏非也鄭論成風意謂正夫人有以罪廢妾母得成爲夫人鄭又言宣公所以得尊其母爲夫人者以姜氏歸齊不反之故又

杜預釋例以爲適母薨則申其母尊孔穎達申杜曰哀姜既薨成風乃正出姜既出敬嬴乃正齊姜既薨定姒乃正襄公一世無夫人之文故齊歸得正今案此等權宜之說皆非穀梁義唯孔說齊歸似可依用鄭援漢事乃光武非文帝也**夫人之我可以不夫人之乎夫人卒葬之我可以不卒葬之乎**鄭嗣曰君以爲夫人不君以夫人之禮卒葬之主書者不得不以爲夫人也成風以文四年薨五年葬傳終說其事補曰此有二我字益通下二句皆夫子之言與十九年傳我無加損同例也蘇轍謂春秋所書不爲異辭者君臣之禮胡安國以爲謹禮所由變薛季宣以爲不沒其實**一則以宗廟臨之而後貶焉**臣無貶君之義故于大廟去夫人氏姓以明君之非正補曰注非也貶者謂貶去夫人氏姓與文姜哀姜出姜之貶皆同**一則以外之弗夫人而見正焉**秦人來歸僖公成風之禭不言夫人補曰注亦非也以外之弗夫人而見正者謂不直言成風而言僖公成風也於彼論之夫夫人之夫人卒葬之者紀其實也貶焉見正焉者所謂春秋視人所或立說以明之也略舉數事以證斯文桓也而公我亦公之文姜也而夫人我亦夫人之楚商臣蔡般而楚子蔡侯我亦楚子

之蔡侯之惑則有說焉桓不可爲公而王不討疑若可也故將公之則先謹之也文姜不可爲夫人而子念母疑若可也故既夫人之而又貶之也不惑則無說焉楚商臣蔡般夫人而知其不可爲楚子不可爲蔡侯也故楚子之蔡侯之如恆文也是故我紀其實而已矣紀其實而無說我寄其意而已矣寄其意者亦所謂我無加損焉而名亦未嘗不正也後世史書既非聖筆不足寄意乃競立說小失則乖礙文體大失則變亂事實自王通沈既濟孫樵以來又不第如譙周干寶孫盛之書以模擬文句爲病矣

冬十有二月丁未天王崩惠王也補曰史記桓王子莊王佗莊王子僖王胡齊僖王子惠王閬世本名毋涼國語注或作涼左傳崩在上年閏月無日以爲至是來告趙匡以來皆疑之當是上冬有疾至此崩也

九年春王三月丁丑宋公禦說卒補曰宋桓公也不葬者疏曰葢魯不會○撰異曰禦本亦作御左氏作御

夏公會宰周公齊侯宋子衞侯鄭伯許男曹伯于葵丘宰官

周采地天子三公不字宋子襄公葵丘地名補曰周公名孔葵丘杜預釋例宋地也全祖望洪亮吉據左傳云西爲此會從水經注爲晉地注自末句外皆本杜預

天子之宰通于四海

宰天官冢宰兼爲三公者三公論道之官無事于會盟冢宰掌建邦之六典以佐王治邦國故曰通于四海補曰疏曰傳言通於四海者解其與盟會之事也若直爲三公論道之官則無事於會盟以兼爲冢宰通於四海爲諸侯所尊故得出會也一解通於四海者解其稱官之意與注乖文烝案一解得之於注亦不相悖孔穎達解此傳謂宰者六官之長官名通於海內故書官名是也孔又以爲傳兼解宰咺宰渠伯糾蓋自宰夫以上皆通其說未當宰周公以公兼卿以其兼冢宰通於四海而書官渠伯糾爲宰夫咺爲宰夫之屬亦書官者因冢宰連及之也官有正有貳有考冢宰卿爲正小宰中大夫爲貳宰夫下大夫爲考其官名俱爲宰故通得書宰其士則謂之殷而上士中士視旅下士爲尊故統於考而亦書宰不嫌無別者或名或字或爵足以別之也宋司城官屬俱來司馬華孫官屬亦俱來直書司城司馬亦其比也至於周公出奔晉祭公來不言所兼之卿官其餘自卿至中士皆不言官明非冢宰及其貳與考則皆略之王子虎卒左傳謂之王叔文公經不言官而國語以爲大宰似

未足據也公羊謂宰周公是天子之爲政者案周初周公以大宰攝王事明宰實爲政爲政故通於四海通四海故言官此必魯史所受周禮舊法而君子因之春秋時周之爲政者不必皆大宰矣鄭君周禮注曰百官揔焉謂之冢列職於王則稱大何休曰宰猶治也干寶賈公彥解周禮謂取調和之名爾雅曰九夷八狄七戎六蠻謂之四海李巡本爾雅下文又云八蠻六戎五狄與風俗通同又古書言四海或爲四方之通稱是有二義也時蓋百官聽於冢宰王既葬而命之出會諸侯會葬先出以侯乎**宋其稱子何也未葬之辭也**補曰內書子者既葬稱子未葬稱子某此宋子及定四年陳子未葬不名不如子般子野者既出會盟與諸國君列序不得獨出名也**禮柩在堂上孤無外事今背殯而出會以宋子爲無哀矣**攢木如椁塗之曰殯殷人殯于兩楹之閒周人殯于西階之上宋殷後也補曰注言殷後者解傳堂上爲兩楹閒也其實傳亦通言之曲禮曰在牀曰尸在棺曰柩無外事者猶云喪不貳事也殯者以大斂而徙棺也依檀弓喪大記天子之殯菆塗龍輴以椁加斧椁上畢塗屋諸侯之殯用輴欑至於上畢塗屋大夫之殯以幬欑置於西序塗不暨於棺士之殯見衽塗上帷之菆與欑同字凡柩

既殯將葬乃啟之其未啟謂之在殯也疏曰嫌稱子合正無譏故傳責其背殯文烝案傳明經意見其無哀也

秋七月乙酉伯姬卒內女也補曰疏曰不嫌非內女而云內女也者明內女有書卒之義**未適人不卒此何以卒也**補曰未適人逼言內諸未嫁女也不卒者經例因史例**許嫁笄而字之**吉笄以象爲之刻鏤其首以爲飾成人著之補曰喪服傳曰吉笄者象笄也何休曰笄者簪也所以繫持髮象男子飾也服此者明繫屬於人所以養貞一也字者尊而不泄所以遠別也昏禮曰女子許嫁笄而醴之稱字文烝案曲禮亦與傳同又曰女子許嫁纓內則曰女子十有五年而笄雜記曰女雖未許嫁年二十而笄也字卽伯仲叔季猶男子冠而字耿南仲說易女子貞不字直訓字爲許嫁誤易之字當從虞陸說**死則以成人之喪治之**女子許嫁不爲殤死則以成人之喪治之謂許嫁于諸侯尊同則服大功九月補曰何休曰不以殤禮降也

九月戊辰諸侯盟于葵丘補曰聞有事故復舉諸侯雖王臣及諸侯之世子大夫在焉皆以諸侯包之薄宋祝柯重丘皋鼬五者皆同義也左傳謂宰孔先歸傳無此意國語似與內傳同何休亦謂宰

周公不與盟似皆非**桓盟不日此何以日美之也爲見天子之禁故備之也**何休以爲卽日爲美其不日皆爲惡也桓公之盟不日皆爲惡邪莊十三年柯之盟不日爲信至此日以爲美義相反也鄭君釋之曰柯之盟不日固始信之自其後盟以不日爲平文從陽穀已來至此葵丘之盟皆令諸侯以天子之禁桓德極而將衰故備日以美之自此不復盟矣補曰疏曰毋雍泉以下是四教之事而論語一匡天下鄭指陽穀者據公羊之文其實此會亦有四教故云從陽穀已來云云也十五年盟牡丘而云不復盟者以衣裳之會不復盟彼是兵車故也文烝案陽穀大朝葵丘明禁傳本截然明白鄭必兼用公羊者凡鄭君之學主於貫通稽合往往如此劉蕡對策曰葵丘之盟特日者美其能宣明天子之禁率奉王官之法故春秋備而書之注克寬曰首戴定天下之大本洮安天下之大勢葵丘示天下之大法**葵丘之盟陳牲而不殺**所謂無歃血之盟鄭君曰盟牲諸侯用牛大夫用豭補曰疏曰衣裳之會皆不歃血以此會極盛故獨詳其事耳洮會云汋血者彼兵車之會故也徐邈云陳牲者不殺埋之陳示諸侯而已下文加於牲上者亦謂活牲非死牲**讀書加于牲上壹明天子之禁**

壹猶專也補曰讀載書以明之如下所云**曰毋雍泉**專水利以障谷補曰雍過也說文曰泉水原也管子書稱楚人攻宋鄭要宋田夾塞兩川使水不得東流雍泉亦謂此類**毋訖糴**訖止也謂貯粟補曰二注皆公羊文左傳晉盟曰毋壅利毋薀年**毋易樹子**樹子嫡子補曰何休曰樹立本正辭無易本正當立之子**毋以妾爲妻**補曰說文妻古文妻从肖女肖古文貴字明妻者貴稱文王之妃太姒大雅稱寡妻毛傳曰適妻也孔穎達曰適妻唯一故言寡寡者特也小雅之豔妻魯詩作閻妻或作剡妻鄭據之指厲王后以爲敵夫曰妻鄭是也荀子曰天子無妻謂禮之正稱其通稱則謂后爲妻**毋使婦人與國事**女正位於內補曰此謂妻也亦容母言之如文姜之比戰國秦漢以後母后爲攝主春秋之世見其端矣公羊載四教在陽穀無末句孟子述葵丘五禁亦無末句而文尤詳曰葵丘之會諸侯束牲載書而不歃血初命曰誅不孝無易樹子無以妾爲妻再命曰尊賢育才以彰有德三命曰敬老慈幼無忘賓旅四命曰士無世官官事無攝取士必得無專殺大夫五命曰無曲防無遏糴無有封而不告彼以五命爲五禁此則句別爲禁也左傳不言明天子之禁而載宰孔之言以爲齊侯不務德而勤遠略公羊既移四教事於陽

穀乃云葵丘之會桓公震而矜之叛者九國遂以此盟書曰爲危之國語亦記宰周公語戰國策蔡澤亦言震矜國叛皆他國所録末俗所傳違於經義

甲子晉侯詭諸卒 獻公也枉殺世子申生失德不葬○撰異曰甲子公羊作甲戌張洽曰甲子不應在戊辰後合從公羊作甲戌詭左氏作佹陸淳纂例唯云公羊作詭

冬晉里克殺其君之子奚齊 補曰疏曰弒書時者不正且又未成君○撰異曰殺公羊作弒案此字或作弒或作殺皆音申志反後閽弒吳子盜弒蔡侯皆同淮南子董仲舒劉向並言春秋之中弒君三十六段玉裁以爲當作二十六謂衛弒完一也宋弒與夷二也齊弒諸兒三也宋弒捷四也晉弒奚齊五也弒卓六也楚弒髡七也齊弒舍八也宋弒杵臼九也齊弒商人十也莒弒庶其十一也晉弒夷皋十二也鄭弒夷十三也陳弒平國十四也晉弒州蒲十五也齊弒光十六也衛弒剽十七也吳弒餘祭十八也蔡弒固十九也莒弒密州二十也楚弒虔二十一也許弒買二十二也吳弒僚二十三也薛弒比二十四也蔡弒申二十五也齊弒荼二十六也

其君之子云者 補曰據例當直稱子也陳侯之弟招殺陳世子偃師

重舉陳此當言弒晉子**國人不子也**諸侯在喪稱子言國人不君之故繫于其君補曰言經爲國人不子之辭也疏曰徐邈云不子者謂不子愛之也非范意高澍然曰以子繫國公也以子繫君私也文烝案加之者緩辭何休所謂起先君之子孫覺曰惡奚齊而里克之罪不減此春秋所以斷疑似之邪正盡人情之難言穀梁義最精**國人不子何也不正其殺世子申生而立之也**補曰經不正之

十年春王正月公如齊補曰言如者朝也桓偕夫人莊以他事行至此始專是朝大國如京師如晉如楚皆朝也月者疏以爲爲下滅溫疏非也孔廣森說公羊曰公以正月如某或正月至者必月重始月也猶存君之意也案孔說最爲得實正月存君本公羊文穀梁亦言存公不致者亦從安之之例

狄滅溫溫子奔衛補曰蘇子國於溫溫子即蘇子寰內諸侯天子之上大夫也滅奔皆蒙月月非但施於滅

晉里克弒其君卓補曰朱子曰里克自不當安於奚齊卓之立但不可殺之王樵曰不正既於奚

齊見義則於卓成其君臣之名以正里克之罪文烝案不日者不正也○撰異曰公羊作卓子**及其大夫荀息以尊及卑也荀息閑也**補曰荀息所以爲閑者公羊所謂不食其言也疏曰後君死重發傳者仇牧是卑者所殺此爲尊卿殺之嫌異也文烝案傳曰死君難臣道也孔父仇牧荀息經並言及傳並稱閑明同義矣柳宗元非國語曰息閒君之惑排長嗣而擁非正其於中正也遠矣不食其言又不可爲信春秋類之孔父仇牧以激不能死者耳孔子曰與其進不保其往也

夏齊侯許男伐北戎補曰有許男從伐不危之故不以愛辭稱人張自超曰桓獨徵師於許者前以諸侯之師伐鄭未嘗用許師又爲許解楚圍故伐北戎獨致許男不復煩諸侯也以江黃伐陳以曹伐厲以徐伐英氏齊桓用師節制如此

晉殺其大夫里克稱國以殺罪累上也補曰累者延坐及之上謂君上以罪延坐君上明其有專殺之罪罪君不罪臣也申侯之殺已發殺無罪之例此重發之者里克弒逆嫌例有異故重明之也弒逆不可云無罪故不曰殺無罪而曰罪累上論其事則有小異要之經書其殺專以罪君其意一

也**里克弒二君與一大夫**二君奚齊卓子一大夫荀息補曰國語惠公曰子殺二君與一大夫作殺者不誤左傳此句及此傳作弒皆誤說具隱四年**其以累上之辭言之何也**據有罪**其殺之不以其罪也**補曰非討賊還以凡殺論**其殺之不以其罪奈何里克所爲弒者爲重耳也**殺奚齊卓子者欲以重耳爲君重耳夷吾兄文公**夷吾曰是又將殺我乎故殺之不以其罪也**

其爲重耳弒奈何晉獻公伐虢得麗姬補曰左傳國語劉向列女傳謂伐驪戎所得莊子以爲艾封人之子**獻公私之有二子長曰奚齊稚曰卓子**補曰公羊列女傳同左傳國語以爲姬娣生卓子稚少也**麗姬欲爲亂**亂謂殺申生而立其子**故謂君曰吾夜者夢夫人趨而來曰吾苦畏**夫人申生母補曰齊姜也**胡不使大夫將衞士而衞冢乎**補曰胡何通衞士宿衞之士主守護者冢高墳謂築宮宿衞之**公曰孰可使曰臣莫尊於世子則世子可**

故君謂世子曰麗姬夢夫人趨而來曰吾苦畏女其將衞士而往衞家乎世子曰敬諾築宮宮成麗姬又曰吾夜者夢夫人趨而來曰吾苦飢世子之宮已成則何爲不使祠也（補曰祠者祭之通稱戰國策曰楚有祠者）故獻公謂世子曰其祠世子祠已祠致福於君（補曰福胙肉）君田而不在麗姬以酖爲酒（補曰酖之正字作鴆運日烏也其羽有毒以畫酒飲之則死）藥脯以毒（補曰國語曰寘堇于肉賈韋並曰烏頭也）獻公田來麗姬曰世子已祠故致福於君君將食麗姬跪曰食自外來者不可不試也（補曰危坐曰跪亦曰跽曰啟安坐曰坐亦曰居曰處危者直其身安者著於蹠爾雅毛詩傳皆曰啟跪也聲類曰跪跽也）覆酒於地而地賁（賁沸起也）以脯與犬犬死麗姬下堂而啼呼曰天乎天乎國子之國也子何遲於爲君（補曰兩言子者尊辭）君喟

然歎曰吾與女未有過切吾與女未有過差切急是何與我之深也補曰王念孫曰方言曰予讐也予與古字通與我讐我也文烝案言吾又言我者語意我緩於吾也使人謂世子曰爾其圖之補曰上兩言女此言爾者語音爾重於女也世子之傅里克補曰傅傅相也何休公羊注曰禮諸侯之子八歲受少傅教之以小學業小道焉履小節焉十五受大傅教之以大學業大道焉履大節焉文烝案此入學就傅之年大戴禮保傅白虎通並同葢自王大子王子以至元士之嫡子皆如是書大傅以爲十三入小學二十入大學又一說十五入小學十八入大學謂世子曰入自明補曰句絶入自明則可以生不入自明則不可以生世子曰吾君已老矣已昏矣吾若此而入自明則麗姬必死麗姬死則吾君不安所以使吾君不安者吾不若自死吾寧自殺以安吾君以重耳爲寄矣慮麗姬又譖重耳故以託里克使保全之刎脰而死補曰刎割斷也脰頸項也呂氏春秋劉向說苑以爲伏劍

死左傳國語列女傳以爲自經**故里克所爲弑者爲重耳也夷吾曰是又將殺我也**補曰傳兩言夷吾不言惠公者因稱重耳故順文稱之覾此傳重耳得正明矣公羊載里克言君殺正而立不正廢長而立幼長亦謂重耳也又以惠公文公出奔還入皆爲篡特發傳云曷爲不言惠公之入晉之不言出入者踊爲文公諱也謂惠公之入懷公之入文公之入渾皆不書爲文公諱故也又云齊小白入于齊曷爲不爲桓公諱桓公享國長美見乎天下故不爲之諱本惡文公享國短美未見乎天下故爲之諱本惡謂桓之功足以除篡文則未能須爲諱惡也案公羊皆失之文公得正當言歸懷公見殺本非出經不書惠公之入懷公之弑文公之歸者皆因魯史之舊左傳以爲不告故不書是也

秋七月

冬大雨雪補曰以大爲異也不月者蓋歷月○撰異曰雪公羊作雹徐彦曰左氏作雪

十有一年春晉殺其大夫丕鄭父○撰異曰陸湻纂例曰丕公羊作邳案今公羊不作邳徐彦公羊疏陸湻纂例並曰左氏經無父字段玉裁曰左傳言丕鄭者四不言父則其經無父字明矣

案今左經皆有父汪克寬曰傳但言鄭者省文如箕鄭父胥甲父但言箕鄭胥甲欒祁犂但言欒祁汪說亦通

稱國以殺罪累上也補曰疏曰重發傳者此里克同黨恐異故發之

夏公及夫人姜氏會齊侯于陽穀補曰姜氏聲姜也言及者以夫及婦也不致者此亦離會又會桓與柯以下同

秋八月大雩雩月正也補曰亦通九月言之**雩得雨曰雩不得雨曰旱**禮龍見而雩常祀不書書者皆以旱也故得雨則喜以月爲正也不得雨則書旱明旱災成何休曰公羊書雩者善人君應變求索也不雩則言旱旱而不害物言不雨也就如穀梁設本不雩何以明之如以不雨明之設旱而不害物何以別乎鄭君釋之曰雩者夏祈穀實之禮也旱亦用焉得雨書雩明雩有益不得雨書旱明旱災成後得雨無及也國君而遭旱雖有不憂民事者何乃廢禮本不雩禱哉顧不能致精誠也旱而不害物固以久不雨別之文二年十年十三年自十有二月自正月不雨至于秋七月是也穀梁傳曰歷時而言不雨文不閔雨也以文不憂雨故不如僖時書不雨文所以不閔雨者素無志於民性退弱而不明又見時久不

雨而無災耳補曰爲災言旱不爲災言不雨左氏公羊皆同公羊以別災與異

冬楚人伐黃

十有二年春王三月庚午日有食之○撰異曰三月各本作正月惟唐石經作三月與左氏公羊同王引之曰據杜氏長麻正月辛丑朔三月庚午朔則作三者是今據改正

夏楚人滅黃補曰不月者黃與前之弦後之夔江六羣舒等皆夷狄也故滅皆時傳於弦夔略言之於宣十五年發例貫之盟管仲曰江黃遠齊而近楚楚爲利之國也補曰言便於伐若伐而不能救則無以宗諸侯矣宗諸侯謂諸侯宗之補曰注以宗爲尊非其意風俗通曰宗長也字林曰主也言彼求與中國會盟而中國受之則當終庇之我既主諸侯爲長可因其遠而不能救乎管仲恐桓霸盛極而衰難以及遠故勸使弗受管子書以爲管仲垂死勸桓公歸江黃於楚葢記者傳聞之誤桓公不聽遂與之盟管仲死楚伐江滅黃桓公不能救補曰伐江在文之篇傳因黃事連言之耳又疑上經伐黃穀梁作伐江先

儒無說莫能明焉疏曰案史記管仲卒在桓公四十一年當魯僖十五年與傳不合文烝案史記不足據而左傳是年冬管夷吾平戎于王亦與傳異或平戎事在前年也傳必記管仲死者明管仲在猶能救**故君子閔之也**閔其貪慕伯者以致滅補曰閔黃即以病桓也黃與弦皆以近楚被滅而黃列桓盟爲春秋所閔故滅弦非桓病滅黃乃病也桓德之衰至城陵而辭始著而其端見於不救黃則當管仲之歿也其機伏於盟貫則以違管仲之言也即此一事前後貫通足明桓公之盛皆由仲父之功雖管夷吾名氏不見於經而經意可知矣董仲舒曰弗能察寂若無能察之無物不在穀梁之於春秋善察者也

秋七月

冬十有二月丁丑陳侯杵臼卒○撰異曰杵公羊作處

十有三年春狄侵衞

夏四月葬陳宣公

公會齊侯宋公陳侯衞侯鄭伯許男曹伯于鹹鹹衞地**兵車**

之會也

秋九月大雩

冬公子友如齊

十有四年春諸侯城緣陵緣陵杞邑補曰疏曰左氏以爲淮夷病杞公羊以爲徐莒脅杞案此亦城而遷之邑卽國也何休曰外城不月者文言諸侯非內城明矣案城虎牢城成周皆時者皆同義城杞上有五月亦不蒙之左傳事在六月知亦時矣其曰諸侯散辭也直曰諸侯無大小之序是各自欲城無摠一之者非伯者所制故曰散辭補曰杞雖未滅而國已危城緣陵以遷之宜列序其人以見美言諸侯而不序是散辭也散辭與二年專辭若相對其實城邢不必列序而序此當列序而不序正與元年文相對也文七年傳曰略之散辭卽是略互相備也嘗論之城楚丘及戍陳戍虎牢歸粟皆伯者之大美事故皆爲內辭城邢城緣陵城杞城成周皆伯者之尋常美事故其文皆以列序爲常邢緣陵之等所以異於楚丘者一是興滅一但持危也戍與歸粟所以又異於城邢緣陵等者危而城之城之而事已畢有警而以師守

之有急而以粟賙之其功大於城也據左傳城成周本是罷戍而城之昭二十七年晉致諸侯之戍于周三十二年王請於晉令脩城以罷戍晉人之謀曰與其戍周不如城之天子實云雖有後事晉勿與知可也是城不及戍之驗也若然城成周書成成周不書者彼時晉霸衰微兵力不足不欲與戍陳戍虎牢同辭故也左氏謂晉致諸侯之戍魯人辭以難是謂魯不在故不書若然城楚丘魯若不與亦將不書乎城邢無魯又何以書也此左氏彌縫之失也**聚而曰散何也**據言諸侯城則是聚**諸侯城有散辭也桓德衰矣**言諸侯城則非伯者之爲可知也齊桓德衰所以散也何休曰案先是盟亦言諸侯非散也又穀梁美九年諸侯盟于葵丘即散何以美之邪鄭君釋之曰九年公會宰周公齊侯宋子衛侯鄭伯許男曹伯于葵丘九月戊辰盟于葵丘時諸侯初在會未有歸者故可以不序今此十三年夏公會齊侯宋公陳侯衛侯鄭伯許男曹伯于鹹而冬公子友如齊此聘也書聘則會固前已歸矣今云諸侯城緣陵而不序其人明其散桓德衰矣葵丘之事安得以難此補曰衰者從大差小之謂桓之末年功成志怠女子小人爲政德日衰以迄於亂左氏引書所謂欲敗度縱敗禮也春秋明帝王之道貴敬義之學既以諸侯授桓深以其縱欲不終

爲惜故傳特明之不復言杞遷者亦略之也知非避封杞者杞不言入非封明也○趙鵬飛曰脩內者王脩外者霸何謂內根諸心之謂內何謂外徇於物之謂外王霸之道均依仁仗義也均伐叛討逆也均安中國攘夷狄也而王以王霸以霸何哉內外之異也脩內者逸脩外者勞故王者之脩無勤怠而霸者之脩有勤怠

夏六月季姬及繒子遇于防使繒子來朝遇例時此非所宜遇故謹而月之補曰季姬蓋莊公女周法字積於叔僖女未應有公稱季者文之篇兩子叔姬則僖女也○撰異曰繒左氏羊作鄫終春秋皆然左氏亦或作繒周語晉語鄫語繒鄫並出戰國魏策漢書地理志作繒**遇者同謀也**傳魯女無故遠會諸侯遂得淫通此亦事之不然左使來朝此近合人情補曰疏曰傳例曰遇者志相得也今云同謀者以淫通與盟會異故發傳文柔案注疏以淫通解同謀非也同謀時容有淫事而不可以同謀爲淫此謂男女同謀卽下使繒子來朝一句是所謀也此遇亦是不期而會之辭志相得之義而云同謀者非謂遇有二例正以男女不應志相得爲其同謀所以相得猶下文云請己亦非謂朝有二例以此朝則有請己爲夫人之事故使之也季姬稱字者呂大圭曰女子許嫁

笄而字豈其許嫁於繒而未歸者乎程端學以爲雖未許嫁既笄則字也注以左氏駁傳疑魯女不應遠遇諸侯案徐彥公羊疏曰何氏以爲鄫魯相近信使交通男女之情風流應合末世無禮容或有之此言足匡范失下年經書歸繒而此經季姬直字不繫繒又以內及外以女及男異於齊高固以夫及婦明左傳爲不然矣後篇子叔姬單伯之事左氏亦不知而別爲說皆不可據

來朝者來請己也使來朝請己爲妻

朝不言使言使非正也補曰疏曰重發傳者婦人使夫異於君使世子故重發非正之例文烝案此句謂季姬無禮

以病繒子也補曰此句謂言使又以病繒子病其爲大國未嫁女加以非正之事也女既惑男男亦悅女則有苟合之事故病之與病齊襄同義

秋八月辛卯沙鹿崩沙鹿晉山劉向曰鹿在山下平地臣象陰位也崩者散落背叛不事上之象補曰范以鹿字并爲山名誤依杜預與傳顯戾言晉亦未是說在下不繫國者經辭尙簡舉山名則國可知趙匡以爲山自有常處是也公羊沙鹿梁山並爲天下記異孫覺以爲書之如內辭者王道大壞天下之人皆反皇極則天見其變而日食星孛地見其妖而川竭山崩所以召之者在於天下所以應之者徧於四海雖在

於國不得著其國孫氏之論甚美傳無其意聊記之耳○撰異曰陸淯纂例曰鹿公羊作鹿上鹿字葢麓之誤陸所見穀梁左氏皆作麓也說文引春秋傳沙麓崩**林屬於山爲鹿**鹿山足補曰鹿之正字作麓古文作禁叢木生平土曰林生山足曰麓麓亦林也別所生異其名耳周禮有大林麓中林麓小林麓**沙山名也**補曰此鹿屬沙山猶詩言旱麓**無崩道而崩故志之也**補曰案公羊曰沙鹿者何河上之邑也此邑也其言崩何襲邑也何休曰襲者嘿陷入於地中此傳不言邑名而以爲山足之林無崩道而崩卽隱三年傳厚曰崩之例是亦以崩爲襲陷與公羊不異不得但如劉向散落之解也張洽曰詩所謂高岸爲谷謂是類孔廣森曰水經注言元城縣東有五鹿墟墟之左右多陷城郡國志曰五鹿墟故沙鹿是矣又曰左氏稱晉卜偃云期年將有大咎此時五鹿地猶屬衞不屬晉也漢書又云晉史卜之其繇陰爲陽雄土火相乘故有沙麓崩後六百四十五年宜有聖女興則因王氏徙居元城而附會說之益非實矣文烝案沙鹿時屬衞姜寶王夫之顧棟高江永皆云**其日重其變也**補曰趙汸曰地陷覸山崩爲變尤重故詳其月日以別之

狄侵鄭

冬蔡侯肸卒補曰蔡穆侯諸侯時卒惡之也補曰此發通例惡之故略之甚也疏引麋信曰肸父哀侯為楚所執肸不附中國常事父讐故惡之文烝案此卽何休說也不書葬者疏謂或是失德或是魯不會言魯不會是也言失德非也凡時卒惡之與失德不葬各為一例去葬之罪最重時卒之譏較輕時卒不可去葬不葬者魯不會也去葬亦不須時卒則所謂一事不再譏也

十有五年春王正月公如齊補曰孔廣森曰月者正月也文烝案再朝不致猶安之

楚人伐徐

三月公會齊侯宋公陳侯衞侯鄭伯許男曹伯盟于牡丘牡丘地名補曰當云地闕國語曰築五鹿中牟蓋與牡丘以衞諸夏之地管子中牟下有鄴牡丘作社丘○撰異曰陸湻纂例曰左氏陳侯下又有衞侯公羊亦有衞侯而在陳侯之上案陸所見穀梁無衞侯與今異與今公羊亦異程端學往往據之兵車之會也

遂次于匡 救徐也時楚人伐徐匡衞地補曰時楚五字贅甚 遂繼事也 補曰重發傳者時齊桓德衰嫌義異也 次止也有畏也 畏楚補曰疏曰復發傳者前次于陘欲綏楚以德今而畏楚故別發之

公孫敖帥師及諸侯之大夫救徐 諸侯既盟次匡皆遣大夫將兵救徐故不復具列諸國補曰公孫敖公子慶父子孟穆伯也大夫不序者何休曰起會上大夫君已目故臣凡也范注本杜預當依何氏爲明了文以前征伐自諸侯出外皆略不言其將與內異文但此處則本不當言將如何氏說也大夫下無帥師文者文以前外不言某帥師且帥師文在上從內可知也文以前外臣用兵師衆稱師此不言諸侯之師者嫌若諸侯自將也君目臣凡不直言諸侯之大夫帥師必別出公孫敖於上者嫌與諸侯之前目後凡不別出公者同所以變於君也許曹亦得言大夫者因大國連言之也言及者由內及之上言公會不嫌於內爲志也 善救徐也 補曰重發傳者疏曰徐叛楚卽齊旋爲楚所敗嫌救非善故發明之

夏五月日有食之 夜食

秋七月齊師曹師伐厲 徐邈曰案齊桓末年用師及會皆危之而月也于時霸業已衰勤王之誠替于內震矜之容見於外禍釁既兆動接危理故月衆國之君雖有失道未足爲一世興衰齊桓威攝羣后政行天下其得失皆治亂所繫故春秋重而詳之錄所善而著所危云爾補曰此伐楚與國以緩徐寇也曹稱師者蓋與次聶北同義齊師當亦同疏曰錄所善者葵丘著日以謹美著所危者此年書月以見衰文烝案震矜之容用公羊語

八月螽螽蟲災也甚則月不甚則時 補曰疏曰重發傳者嫌僖公憂民之重災不至甚故明之唐石經初刻亦無螽字

九月公至自會 莊二十七年傳曰桓會不致安之也而此致者齊桓德衰故危而致之補曰致之已變常例足以見危不須復加月月者已滿二時從伐楚例公羊以爲久故致當是以久加月也下有季姬歸又當月

季姬歸于繒 補曰孫復曰不書逆者微也

己卯晦震夷伯之廟補曰加之者與仲子同左傳曰罪之也於是展氏有隱慝焉罪之謂書以罪之杜預曰聖人因天地之變自然之妖以感動之神道助教唯此爲深也案論語曰迅雷風烈必變**晦冥也**補曰爾雅同訓毛詩傳曰晦昏也昧也義亦相近冥者爾雅毛詩傳窈也說文幽也公羊訓晦字亦同而意與傳異傳云晦冥也與成十六年傳互相備此但釋晦義故曰晦冥也彼具釋晦義故曰日事遇晦曰晦與晝朔同例彼疏云舊解以爲僖十五年傳曰晦冥也者謂月光盡而夜闇不謂非晦日也舊解是也公羊曰春秋朔有事則書晦雖有事不書其釋二晦皆曰晦者何冥也何以書記異也何休以爲晝日而冥證之他書如史記秦本紀六國表日食書晦如呂氏春秋云日有鬬蝕有晝旨如爾雅云霿謂之晦此等皆合公羊之意與穀梁截然不同矣漢書五行志劉向說穀梁二晦皆用公羊楊疏則謂二晦一同公羊一同左氏不從舊解之義孔穎達亦謂此年穀梁與公羊同其說皆誤孔廣森又彌縫之據史記日食晝晦謂春秋兩見晝晦皆適當月晦由食既之甚乃然其言尤鑿竊以晦爲月盡朔爲月一日始蘇觀文明矣成十六年六月丙寅朔甲午晦此年下有正月戊申朔推算易矣至於日食晝晦春秋書食既而已呂氏之日鬬書旨爾雅之霿則春

秋未有書者公羊之說何可通乎注曰楨語子此疏誤解其實自前漢公羊盛行已失其旨**震雷也**補曰公羊謂雷電擊之**夷伯魯大夫也**夷諡伯字補曰據左傳是展展氏之祖父也注本杜預杜又曰大夫既卒書字劉敞葉夢得以爲夷是氏非展氏也**因此以見天子至于士皆有廟**明夷伯之廟過制故因此以言禮補曰疏曰傳歷言天子以下廟數以爲過制故震之曰文烝案注疏非傳意傳因大夫有廟備言之耳公羊桓二年何休注曰所以必有廟者緣生時有宮室也孝子三年喪畢思念其親故爲之立宗廟以鬼享之廟之爲言貌也思想儀貌而事之鄭君詩箋曰以生時之居立宮室象貌爲之祭法注曰宗廟者先祖之尊貌也**天子七廟**祭法曰王立七廟曰考廟王考廟皇考廟顯考廟祖考廟有二祧遠廟稱祧補曰尹更始說天子七廟據周也大見聖證論馬昭難王肅語案逸周書作雒曰乃位五宮大廟宗宮考宮路寢明堂大廟者后稷廟宗宮文王廟考宮武王廟益成王時止立此三廟至其後有親廟四乃合爲七鎬京雒邑當皆同制故喪服小記曰王者立四廟而韋元成等議及石渠論及白虎通之文周以后稷文武特七廟其言正相符同公羊成六年何休注曰禮天子諸侯立五廟受命始封之君立一廟至

於子孫過高祖不得復立廟周家祖有功尊有德立后稷文武廟至於子孫自高祖已下而七廟如何氏之說受命王立一廟者逼禮也成王立三廟者周禮也然則武王始受命立二廟歟二廟三廟以外不必盡不祭廟則止此矣鄭君盧植說二祧並以爲文武今案文穆也武昭也四親廟父昭則子穆父穆則子昭孫如祖班逼爲三昭三穆周禮守祧奄八人據七廟及姜嫄廟言之薀周公制禮豫爲立法如此

諸侯五

曰考廟王考廟皇考廟顯考廟祖考廟補曰如魯祭文王鄭祖厲王則皆謂之周廟即始封君所立一廟也不入五廟數凡始封君不必皆祭一世廟則一而已

大夫三

曰考廟王考廟皇考廟補曰盧植以爲天子之大夫何休亦曰天子卿大夫三廟鄭義則逼列國也天子諸侯大夫廟數王制禮器皆同王制說三廟亦有大祖之廟與祭法異者薀據諸侯之支子其繼爲大宗者得立始祖廟小記大傳所謂別子爲祖繼別爲宗重大宗也異姓大夫容有爲他國公子之後者韓詩外傳受命者必以其祖命之孔子爲魯司冠命之曰宋公之子弗甫何孫魯孔某命爾爲司冠意孔氏以弗甫爲大祖廟歟弗甫者宋湣公之適長子既讓國亦別子也鄭君解別子兼謂始來在此國者解大祖又兼非別子而始爵者其義益備亦容或然耳凡別子當身皆一廟其後有三

廟此廟不入數若魯三家之桓公廟是也**士二**曰考廟王考廟補曰何休曰天子元士二廟諸侯之卿大夫比元士二廟諸侯之士一廟文烝案王制禮器說士一廟鄭君以爲祖禰共廟即祭法云官師一廟曰考廟王考無廟而祭之是也士亦容有大宗而無大祖廟者公子之重視大夫唯大夫乃得祖之也大夫士有廟當必有主從通典徐邈說魏書淸河王懌議爲得也又案祭法天子諸侯一壇一墠大夫二壇適士一壇有禱則祭大傳大夫士有大事省於其君干祫及其高祖是皆不立廟而得祭猶官師之王考無廟而祭至於天子諸侯去墠爲鬼大夫適士去壇爲鬼官師去王考爲鬼庶士庶人無廟死曰鬼鄭君以爲凡鬼者薦而不祭比而觀之可見古人追養繼孝之道矣後人泥程子張子之言但知高曾祖禰當通祭遂疑古之道不即乎人心是惡識禮意**故德厚者流光德薄者流卑**雍曰德厚者位尊道隆者爵重故天子遠及七世士祭祖而已補曰疏曰光猶遠也卑猶近也文烝案光與廣同二字古通用荀子作流澤廣流澤狹也德厚者流澤於後遠故百世不毀祖考廟及二祧是也德薄者流澤於後近故親過高祖則毀四親廟是也又諸侯無二祧大夫無顯考祖考士無皇考亦是以德之厚薄爲差也雍注不解德字流字之義而飾以浮辭則

下文三語不相承接三德字有二解矣**是以貴始**補曰謂貴始封者**德之本也**補曰

疏曰所以貴受封之君者由是德之本也文烝案薄德以厚德爲本本在始封言始封之德厚自天子七廟以下大戴禮禮三本荀子書皆略同皆不言一廟**始封必爲祖**若契爲殷祖棄爲周祖補曰案周公爲魯祖大公爲齊祖亦是也疏曰祖謂廟不毀文烝案郎祭法之祖考廟也必爲祖是貴之此所謂流光又左傳晉史趙曰盛德必百世祀如魯語祭法論黃帝顓頊以下文王世子有先聖先師之奠亦準斯義

冬宋人伐曹補曰許翰曰同盟始自相攻桓不能一矣

楚人敗徐于婁林婁林徐地補曰敗人而稱人者楚無師也言敗不言戰例在昭十七年傳前後文稱徐人此從其常稱者徐之稱人實以齊故今爲楚敗齊救無功不得援齊以自重故亦不得人之何休曰不月者略兩夷狄也**夷狄相敗志也**補曰相敗雖是夷狄亦重其事而志之志者經例因史例也二句與宣十六年傳直云周災志也同意

十有一月壬戌晉侯及秦伯戰于韓獲晉侯韓晉地獲者不與之辭諸

侯非可相獲補曰疏曰不與之辭宣二年傳有明例注言之者嫌晉侯失衆與秦得獲故注顯之欲明亦不與秦獲也范別例云凡書獲有七謂莒挐一晉侯二宋華元三蔡公子濕四陳夏齧五齊國書六麟七於晉侯著失民之咎於公子濕彰公子之病於華元表得衆之辭於挐顯公子之給餘不發者從可知也文烝案獲爲不與之辭惟施於兵獲獲麟不入例范非也此言獲不言以歸者傳例曰以歸猶愈乎執也秦非夷又非入滅晉君雖見獲可不諱也不言獲晉侯夷吾者名以表獲既言獲不須名也公羊曰君生得曰獲

韓之戰

晉侯失民矣補曰於此戰見其失民

以其民未敗而君獲也補曰民未敗而君獲謂不言晉師敗績但言獲晉侯是著晉侯之失民也言獲則師敗可知不沒其事之實特其立文不言敗若未敗然所以與宋華元盡衆相救之文相對又以別於蔡侯有釋文

十有六年春王正月戊申朔隕石于宋五劉向曰石陰類也五陽數也象陰而陽行將致隊落補曰疏引異義載穀梁說云隕石于宋五象宋公德劣國小陰類也而欲行霸道是陰而欲陽行也其隕將拘執之象也左傳曰隕星也○撰異曰隕說文石部引作碩

先隕而後石何

臧琳曰今本玉篇有磌字益孫強等增加

也據莊七年星隕如雨先言星後言隕隕而後石也既隕後乃知是石于宋四竟之內曰宋補曰對下宋都言後數散辭也耳治也隕石記聞也聞其磌然視之則石察之則五補曰疏曰范取公羊爲說磌字說文玉篇字林等無其字學士多讀爲砰據公羊古本並爲磌字張揖讀爲磌是石聲之類劉知幾曰聞之隕視之石數之五加以一字太詳減其一字太略求諸折中簡要合理

是月六鷁退飛過宋都是月隕石之月劉向曰鷁陽也六陰數也象陽而陰行必衰退補曰疏引鄭君云六鷁俱飛得諸侯之象也其退示其德行不進以致敗也得諸侯是陽行也被執敗是陰行也董仲舒劉向賈逵皆曰鷁水鳥孔穎達引考異郵云鷁者毛羽之蟲生陰而屬於陽又引洪範五行傳曰鷁者陽禽文烝案莊子曰白鷁之相視眸子不運而風化司馬彪曰相待風氣而化生也左傳說此曰風也五行傳曰思心之不容是謂不聖厥咎霿厥罰恆風○撰異曰公羊音義是月如字或一音徒兮反陸湻纂例曰是公羊作提諟也孔廣森讀从提鷁依唐石經作說文此字左鳥右兒引春秋傳六鶃退飛或作鷊鶂今字多作鷁穀

梁公羊皆然左氏音義鷁本或作鶂陸淳纂例鶂左氏公羊作鷁**是月者决不日而月**

也欲著石日鶂月故言是月若不言是月則嫌與戊申同補曰此猶丙戌決日義之意葢魯史本亦書日君

子改言是月公羊曰是月者何僅逮是月也孔廣森據初學記鶡冠子注讀爲提月與傳異**六鶂退**

飛過宋都先數聚辭也目治也六鶂退飛記見也視之則六察之則鶂徐而察

之則退飛補曰先後耳目之義與公羊同故注全用公羊語大戴禮夏小正傳曰先言鴈而後言鄉者何也見

鴈而後數其鄉也先鳴而後鳩何也鳩者鳴而後知其鳩也小正文多如此則春秋此等之文因乎古歟**子**

曰石無知之物鶂微有知之物補曰微小也夫知者施於人之稱也自人言石

鶂則一無知一小有知矣若謂石已非星其本是星鶂以風化還以風退則皆非耳目所及亦不可言有知無

知也是故天高地下萬物散殊君子論而議之流而不息合同而化君子存而不論**石無知故曰**

之石無知而隕必天使之然故詳而日之補曰二十二年傳曰日事遇朔曰朔**鶂微有知之**

物故月之鶂或時自欲退飛耳是以略而月之補曰猶沙鹿無崩道而崩則日梁山有崩道而崩則

不日也此此夫子自述之言足明日月之例有所加損此爲損則彼爲加矣**君子之於物無所苟而已**補曰此君子是夫子汎論也論語曰君子名之必可言也言之必可行也君子於其言無所苟而已矣此所謂正名董仲舒說聖人正名於言無所苟即引此經**石鶍且猶盡其辭而況於人乎**補曰盡謂或先或後或日或月皆不苟也石無知鶍微有知人則自孩提之良知不以至於知者之無不知皆靈於物者也物有差別猶必不苟記錄人事更當何如此通明春秋脩辭之意**故五石六鶍之辭不設則王道不亢矣**不遺微細故王道可舉補曰亢爲人頸引申之爲高也舉也舉王道者劉輖所謂三代聖王死而其道盡留於春秋也魯王禮也春秋王法也因王禮之舊作王法之書此素王之說所自起而公羊家黜周王魯之謬言亦萌牙於是焉韓子詩云春秋書王法不誅其人身爾雅注蟲魚定非磊落人此云五石六鶍之辭不設則王道不舉者務大而緩小學者之事也即小以見大聖人之心也耳治目治之異無知有知之分其稱名也小其取類也大故春秋王法不越乎此亦猶關雎興於鳥鹿鳴興於獸乃冠風雅之首皆孔門之教也羅願駁穀梁以爲遺辭適宜安取王道不考甚矣此六句

亦夫子之言與十九年梁亡傳皆見一經大指在左氏則曰非聖人誰能脩之在公羊則曰君子制春秋之義以俟後聖在傳則直遞聖言也學者詳焉

民所聚曰都補曰國所治處衆之所歸也都聚雙聲爲訓廣雅曰都聚也又曰都大也文九年傳曰京大也聚大義近都京意同故左傳萇宏曰毛得以濟侈於王都王子朝曰惠襄辟難越去王都是京師稱都猶諸侯之國都故風俗通曰天子治居之城曰都舊都曰邑廣雅又曰都國也引伸之下邑民居衆者皆曰都亦取聚義以明大於他邑故古稱二年成邑三年成都而周禮四井爲邑以至四縣爲都其等差猶是也傳不言爲王者後記異又不言故宋者略之從可知

三月壬申公子季友卒季友桓公之子**大夫曰卒正也**補曰疏曰重發之者益師明其有罪此則顯其得正故兩明之**稱公弟叔仲賢也**補曰叔也仲也舉中言之弟者貴稱字以表德故足明賢此文及公弟叔肸是也此不如叔肸稱弟者疏曰季子雖賢兄已卒也公羊於此亦曰賢也陸淯聞於師曰季友之殺叔牙慶父義也佐閔立僖權也夫以義滅親以權正國中人之所惑故於其卒褒之明其得反經合道之義也**大夫不言公子公孫疏之也**補曰公子公孫

繫君爲號至親者也尊其親辭是爲疏之仲遂
仲嬰齊是也疏曰傳因季友之賢發起其例

夏四月丙申繒季姬卒

秋七月甲子公孫兹卒大夫曰卒正也補曰疏曰又發之者以其名而不字
又非罪非賢故重發之文烝案魯比三喪於禮皆
爲父族周内史對宋襄公謂今兹魯多大喪者也

冬十有二月公會齊侯宋公陳侯衛侯鄭伯許男邢侯曹伯于淮補曰杜預曰臨淮郡左右董仲舒曰邢未嘗會
齊桓也附晉又微晉侯獲于韓而背之董義未
知何據貫陽穀爲諸侯皆至公羊兵車之會也
所同也邢是齊所存不應不與

十有七年春齊人徐人伐英氏補曰英氏猶潞氏也陸淳
曰古者一字不成文辭皆
以氏字配之姜氏子氏以氏配姓也季氏臧氏以氏配
族也哭於賜氏以氏配名也仲氏吹篪及不念伯氏之
言以氏配字也滅赤狄潞氏以氏
配國也母氏聖善以氏配親也

夏滅項補曰不月者既爲齊諱文從
略異於譚遂或亦東國歟孰滅之桓公也補曰何休

日以言滅知非內也㸚烝案㸚與伐
英氏相接明是齊人矣左傳非也
何以不言桓公也
據莊十年齊師
滅譚稱齊師
為賢者諱也
補曰承上齊人言滅則是
桓公可知故可為諱凡諱
皆不沒其實也蕭楚曰滅傳
陽言遂今不言遂知是諱㸚
項國也不可滅而滅之乎
桓公知項之可滅也
知政昏亂
易可滅
而不知己之不可以滅
也
霸者存恤鄰國抑彊輔弱義不可滅人之國補曰注
解不可滅宜在上滅之乎下時桓霸功已成故言霸
者有不可滅之義而何為滅之乎桓
但見項有可滅之勢遂忘此義耳
既滅人之國矣何
賢乎
補曰滅是惡事
何猶以為賢
君子惡惡疾其始
絕其始則得不
終於惡邵曰謂
疾其初為惡之
事不終身疾之
善善樂其終
樂賢者終其行也邵曰謂
始有善事則終身善之補
曰兩注各前說皆本何休邵兩說則又公羊惡惡短善
善長之說也古之教者長善而後救失古之學者克己
所以復禮聖賢論善
惡之際往往如此
桓嘗有存亾繼絕之功故君子為
之諱也
邵曰存亾謂存邢衞繼絕謂立僖公所以終其
善補曰存亾謂城邢城楚丘城緣陵也衞已亾

邢杞將亾皆桓所存左傳國語並言齊桓存三亾國韋杜並指魯衛邢韋不誤杜未必然當依公羊何休說指邢衛杞也孔廣森曰明既有此功乃得覆惡併解滅譚遂不諱意也文烝案此所謂春秋之義以功覆過除罪傳桓字下各本皆有公字蓋涉公羊文而衍今依唐石經刪正

秋夫人姜氏會齊侯于卞卞魯地○撰異曰卞俗弁字陸湻纂例曰公羊左氏或作弁國語曰魯有弁費檀弓有弁人

九月公至自會桓會不致而今致會桓公德衰威信不著陳列兵車又以滅項往會既非踰年乃反故往還皆月以危之補曰月者與上十五年同此較上尤久彼盟而月此會而亦月是從往月致月有懼之例

冬十有二月乙亥齊侯小白卒此不正其日之何也據二十四年晉侯夷吾卒不書日補曰不得獨**其不正前見矣**補曰據夷吾又在時卒例當云據例不日既有所見還依常例與子般卒傳同彼言其見於後者此則言其見於前者兩處發傳餘從可推公羊哀三年傳曰春秋見者不復見意正相類又以明君子大**其不**居正非以齊桓功德之盛遂不論其正不正也

正之前見何也以不正入虛國故稱嫌焉爾莊九年齊小白入于齊貶不稱公子虛國謂齊無人傳例曰以國氏者嫌也

僖補注十終

大二千二百廿六字
小萬六千百十四字
眉注十六字

春秋僖公經傳第四補注第十一

穀梁　范氏集解　鍾文烝詳補

十有八年春王正月宋公曹伯衛人邾人伐齊〇撰異曰公羊宋公下有會字孔廣森曰衍字也　**非伐喪也**　伐喪無道故謹而月之補曰非責也疏曰侵伐書月惟施於內今亦施之於外者齊桓以安危所繫故書月以表之宋襄欲繼齊桓之業故亦謹而月之

夏師救齊魯師　**善救齊也**　補曰疏曰以魯昔與齊仇讐恐救之非善故發例文烝案重發傳者嫌內兵獨救義異也疏非也

五月戊寅宋師及齊師戰于甗齊師敗績甗齊地補曰上稱宋公此稱宋師宋公與伐而不與戰也公羊以此解戰上言伐之義　**戰不言伐**　補曰疏曰春秋之例戰伐不並舉此上有伐文今又言戰是違常例案公羊曰戰不言伐圍不言戰入不言圍滅不言入書其重者也　**客不言及言及惡宋也**　何休曰戰言及者所以別客主直不直也故文十二年晉人秦人戰

于河曲兩不直故不云及今宋言及明直在宋非所以惡宋也郎言及爲惡是河曲之戰爲兩善乎又穀梁以河曲不言及略之也則自相反矣鄭君釋之曰及者別異客主耳不施於直與不直也直不直自在事而已義兵則客直宣十二年夏晉荀林父帥師及楚子戰于邲晉師敗績是也兵不義則主人直莊二十八年春衛人及齊人戰衛人敗績是也今齊桓卒未葬宋襄欲興霸事而伐喪於禮尤反故反其文以宋及齊郎實以宋及齊明直在宋邲之戰直在楚不以楚及晉何邪秦晉戰于河曲不言及疾其亟戰爭舉兵故略其先後補曰疏曰鄭云邲戰直在楚者公羊意如此故據之難何休文烝案言戰先言伐亦是惡宋可知傳省文也據左傳桓無適子嘗與管仲屬孝公於宋襄公以爲大子而雍巫因寺人貂薦羞爲無虧請又許之無虧者長庶也上伐是齊立無虧而宋納孝公此戰是齊人既殺無虧將立孝公不勝四公子之徒遂與宋戰當時一伐一戰同役異情但君子承史脩之經專舉大義事之細曲多在所略史書伐齊戰甗伐喪之罪無所可逃經因存月以非之反其及文以惡之伐戰並舉又寓其意使後人讀此卒後葬前之文而宋襄伐喪之罪益著則其事之細曲固不必論有欲詳考之者而孝公之不宜納亦足明矣聖人之經簡易正大而曲折微妙之指在其中家鉉翁說

晉荀吳伐鮮虞曰存大節而略細故春秋法也此言最是學者當一以穀梁斷之

狄救齊善救齊也補曰疏曰善狄能憂中國文烝案重發傳者嫌與諸夏異也

秋八月丁亥葬齊桓公豎刁易牙爭權五公子爭立故危之補曰注上句公羊下句左傳

冬邢人狄人伐衛狄其稱人何也補曰據當言邢人及狄如晉人及姜戎春秋亦狄有不稱人而不言及者伐秦伐晉之白狄伐吳之淮夷是也但姜戎白狄淮夷皆複字或言及或不言及皆可成文若狄則單字不稱人則必言及既言及可不稱人矣陸湻杜諤趙鵬飛黃仲炎吳澂程端學等以爲狄稱人人者便文猶書吳人繒人不知便文可言及也凡單字所以有不成文者荀子曰累而成文名之麗也麗卽儷字謂配偶也吳言人梁言山漷言水皆其類**善累而後進之**累積補曰善積而後進故不於救稱人而於伐稱人救是善事但不若書聘爲舉道故與荊人不同也聘稱人爲進夷狄之文救稱人則與中國文同非其救前已有善事不得遽進**伐衛所以救齊也**何休曰卽伐衞救齊當兩舉如伐楚救江矣又傳以爲江遠楚近故伐楚救江今狄亦近衞而遠齊其事一也義異何也鄭君釋之曰江文三年

冬晉陽處父帥師伐楚救江兩舉之者以晉未有救江文故明言之今此春宋公曹伯衛人邾人伐齊夏狄救齊冬邢人狄人伐衛其爲救齊可知故省文耳事同義又何異補曰傳以是春衛伐齊是夏狄救齊今狄又伐衛故言所以救齊申釋伐之所以爲善也此經自不得有救文

功近而德遠矣

伐衛功近耳夷狄而憂中國其德遠也補曰狄有何功德可言近遠指衛齊尤曲注非也此句謂齊桓也桓之功近在中國而桓之德遠及夷狄故狄與邢共救之也君子於齊桓之殁未忍遽忘之此及下二十年兩稱狄人傳於此曰伐衛所以救齊功近而德遠於二十年曰邢小其爲主何也爲主乎救齊明夫救齊一事深當聖意文施於進狄而義起乎崇齊木瓜之思下泉之志固若是其章章也夫宋輔桓以霸者也邢衛則皆桓所存也宋與衛伐齊而邢狄能救之齊與狄盟于邢而衛卒滅之故春秋自伐齊至於滅邢惡宋衛而善邢狄屢書不一書其意皆相貫也何休孫復以爲狄稱人者善救齊孫覺曰傷中國而罪諸侯也中國無道則孔子欲居九夷諸侯伐齊狄能救之則進之曰人皆所以傷中國也

十有九年春王三月宋人執滕子嬰齊補曰滕宣公也宋公稱人者滕有罪

也執諸侯自戎蠻子赤以外皆不名滕獨名滕自昭篇
以前卒皆不名獨名於其執蓋狄道正長嫡不以名通
史於此書名見非正也趙與權曰齊桓之伯執不及君
已爲薄矣宋襄效之而執虐人之君其能免乎程端學
曰出乎爾者反乎爾故楚執宋公矣文烝案執諸侯大
夫常例皆時當如何休說此月者惡宋襄無道又前此
執虞公爲執之變文此
乃執君之始也故謹之

夏六月宋公曹人邾人盟于曹南曹南曹之南鄙補曰蓋國之南近都城○撰異曰宋公公羊作宋人陸淳從公羊

繒子會盟于邾己酉邾人執繒子用之○撰異曰上繒子汲古閣公羊作鄫人誤唐石經亦作鄫子

微國之君因邾以求與之盟與厠豫也補曰之盟是盟也謂上曹南盟即解此經盟字孔廣森曰不言如會者未至曹南也邾在曹東繒西將如曹南道出其國

人因己以求與之盟己迎而執之惡之故謹而日之也補曰惡邾子故執執特謹日尚不論及用也稱人者從衆辭例凡執諸侯爲衆辭者皆是與其執有罪此執言用邾惡

易見雖爲衆辭無嫌於罪繒而與邾**用之者叩其鼻以衈社也**衈者釁也取鼻血以釁祭社器補曰疏曰論語云以杖叩其脛則叩謂擊也文烝案范言釁器非也衈社者以血釁社社謂祭社也周禮小子掌珥于社稷祈于五祀鄭衆曰珥社稷以牲頭祭也鄭君曰珥讀爲衈祈或爲刏刏衈者釁禮之事也山海經祈聛用魚郭璞曰以血塗祭爲聛聛亦衈字也公羊曰叩其鼻以血社左傳曰宋公使邾文公用鄫子于次睢之社欲以屬東夷何休曰不言社者本無用人之道言用之已重矣故絕其所用處也又案用人甚無道亦蒙日也繒子不名異於蔡世子友者繒子例不記卒此以被用記耳雖爲魯壻不得名趙汸曰小國之君不卒則亦不名故邾戕繒子亦不名其說是也

秋宋人圍曹補曰沈棐曰伐齊盟曹南從宋者惟曹邾善曹以親諸侯可也而專事威强欲以力爭不亦難乎

衞人伐邢

冬會陳人蔡人楚人鄭人盟于齊會無主名內卑者也四國稱人外卑者也杜預

曰地於齊齊亦與盟補曰案左傳陳穆公請脩好於諸侯以無忘齊桓之德冬盟于齊脩桓公之好也楚人鄭人時之班次與襄五年吳人繒人亦同但吳班多在末以不稱人殊會爲常文故其稱人序繒上者可別見義楚班本不定稱人而序或在末或不在末皆爲常文無他義也卑者盟不日蓋月此不月者以楚初與盟故略之甚○撰異曰公羊作公會唐石經左氏同趙汸曰魯有救四公子之嫌終孝公世僖公未嘗如齊卒爲仇敵此盟決非公往

梁亾自亾也補曰實是秦滅而以亾爲文明其自亾也疏據下力役之文謂梁之土地必爲人所取似同公羊魚爛而亾亦同左氏秦得之也**湎於酒**補曰飲酒齊色曰湎**淫於色**補曰荒放於妻妾**心昏耳目塞**補曰言君以湎淫致昏塞**上無正長之治**補曰正長通言卿大夫正亦長也謂官之長也周禮曰建其長立其兩建其正立其貳對文析言之耳疊言以圓文則不別此言長官不事其事**大臣背叛**補曰言無忠臣**民爲寇盜**補曰言有亂民也兼此數者必亾之道**梁亾自亾也**補曰言以其如上所云故爲自亾**如加力役焉湎不足**

道也如使伐之而滅亾則淫湎不足記也使其自亾然後其惡明補曰言湎該淫色以下五句此二句承上自亾反言之春秋亾國多矣而此與紀侯大去皆不加力役紀賢而滅天也所謂君如彼何哉彊爲善而已故書曰紀侯大去其國閔之而全之也梁湎而亾人也所謂家必自毀而後人毀之國必自伐而後人伐之故書曰梁亾罪之而著之也舉此二義則餘皆可推春秋其至矣乎傳其備矣乎張洽曰春秋變法以書諸侯自取滅亾者有二晉人執虞公猶言兵已加頸而不自知也梁亾言國自亾而不之覺也此胡氏所謂如化工之賦形異於畫筆之肖像張略本蘇轍說**梁亾鄭棄其師我無加損焉正名而已矣**補曰此下皆夫子自述之言也不言子曰者傳省文疏曰不葬有三爲齊桓諱滅項之類是改舊也梁亾鄭棄其師之屬是因史之文也文烝案加損者猶史記云筆削也正名者即論語荅子路爲政必先正名名不正則言不順言不順則事不成朱子或問用馬融說以爲使事物之名各得其正而不紊是也君子於魯史之文有所加損以其名不正故加損以正之孟子引夫子之言曰其義則某竊取之而莊子以爲春秋道名分即此謂也其或在史舊文已足見義其名既正不須加損則此梁亾鄭棄其師之屬是也劉知幾引汲

家瑣語晉春秋獻公十七年鄭棄其師其文正同足與魯史相證故知穀梁子無虛語也二事所以爲正名者具如下文所論

梁亾出惡正也正謂政教補曰正卽政字呂氏春秋曰班馬正以正爲政荀子書尤多出猶發也行也惡惡依今音讀入聲與下異劉蕡對策引用此傳曰上出惡政胡安國傳亦曰心昏而出惡政皆是也始於耽酒色中於失官守終於釀羣盜皆緣君之無道積漸使然故總言出惡政爲君人者之明監大誡左傳言梁伯亟城罷民公羊家言梁君隆刑峻法亦足兼之矣以出惡政而亾故正其名直云梁不言秦滅之

鄭棄其師惡其長也長謂高克補曰鄭伯以惡其長而棄師故正其名直云鄭不罪主將高克此二事適合聖意故無可加損也加損正名者脩春秋之大宗指左氏公羊皆言脩穀梁言加損言脩言加損皆在文辭之閒而一經之事迹皆史氏之本書從可見焉故曰葢有不知而作之者我無是也多聞擇其善者而從之多見而識之知之次也又曰吾猶及史之闕文也故春秋作也猶述也

二十年春新作南門作爲也補曰爾雅同**有加其度也**更加使大補曰杜預曰魯城南門也本名稷門僖公更高大之今猶不與諸門同改名高門也案史記孔子世家記齊人歸女

樂事曰陳於魯城南高門外**言新有故也非作也**責其改舊制補曰新可耳不宜作作故志之論語魯人爲長府閔子騫曰仍舊貫如之何何必改作子曰夫人不言言必有中汪克寬曰僖公之篇無城築土功之事庶幾其能愛民矣而猶有南門之過制**南門者法門也**法門謂天子諸侯皆南面而治法令之所出入故謂之法門補曰法門與法廄同意禮法所得有也諸侯之城四面皆有門皆是法門此新作者則魯城南門注牽合南面爲義以法令解法字皆非也南門固嚮明非以此專法門之稱也何休說公羊以爲諸侯軒城缺南面以受過說文䡈缺也古者城缺其南方謂之䡈

夏郜子來朝補曰公羊曰失地之君也何以不名兄弟辭也何休曰明當尊遇之異於鄧穀案左傳郜文之昭也郜爲宋滅蓋滅而復封歟○撰異曰陸湻纂例曰郜穀梁作郕案陸氏蓋據誤本

五月乙巳西宮災謂之新宮則近爲禰宮言閔公非僖公之父故不言新宮也補曰父爲考考廟稱禰禰之言邇也成三年傳曰新宮者禰宮也近猶似也爲於也僖之頌稱閔廟曰新廟奕奕自據時人恆稱非春秋文例矣觀於閔僖之閒可知受國爲人後之禮據文二年傳知其相爲昭穆據

此傳知其不稱考禰祭法所謂考廟王考廟者言其常
法耳非以爲稱其稱之則直言謚也昭穆之次人定也
祖禰之名天定也此制禮之精意也**以謚言之則如疏之然**故不言閔宮而云西宮禰
曰成三年傳曰迫近不敢稱謚恭也莊二十四年傳
曰斥言桓宮以惡莊也若論禮之正稱則以宮配謚**以**
是爲閔宮也補曰宮言西見爲閔宮也凡寢與廟必南
鄉而賈公彥周禮守祧疏曰立廟之法后
稷廟在中央當昭者處東當穆者處西皆別爲宮院又
聘禮疏曰諸侯有五廟大祖廟居中二昭居東二穆居
西廟皆別門門外兩邊皆有南北隔牆隔牆中夾通門
又謂之閤門此賈據家人葬法以推廟制知其相並排
列與阮諶禮圖同閔爲穆廟居於最西故言西宮足明
其爲閔宮也史記魯世家魯公伯禽子考公酋弟煬公
熙子幽公宰弟魏公濆弒幽公而立子厲公擢弟獻公
具子眞公濞弟武公敖子懿公戲兄括之子伯御弒懿
公而立周宣王殺伯御立懿公之弟孝公稱子惠公弗
湟以後入春秋計自伯禽至閔十七君而伯御誅死既
無謚必無廟伯禽廟爲世室不毁其初實爲昭廟伯禽
以下考穆煬昭幽穆魏昭厲穆獻昭眞穆武昭懿穆孝
昭惠穆隱昭桓穆莊昭故閔爲穆也公羊以此爲小寢
內之西宮甚誤宮寢之宮經皆言寢不言宮自楚宮外

言宫皆爲廟

鄭人入滑

秋齊人狄人盟于邢補曰案左傳爲邢謀衛難也狄稱人與衞人及狄盟異明亦特文外盟不日此又不月者以與狄共盟故略之甚邢爲主焉爾補曰爲主即所謂外爲主也凡會盟以國地者其國則左傳所謂地主地主必皆與於會盟故亦謂之爲主矣疏以公會鄭伯于曹曹必不爲主但邢能救齊今盟于邢故知歸功於邢以爲主不謂盟國都者例能爲主案疏合下三句爲解非此句之意此句正爲會盟國都者見例特大概言之原不必皆主會主盟上年盟于齊脩桓公之好惟彼一事當是地主主盟耳

邢小其爲主何也其爲主乎救齊十八年邢人狄人伐衞以救齊是也補曰此申足上意言邢是小國而有爲主之文何也以前曾與狄人共救齊故盟則爲主救齊既善盟善可知狄進稱人亦同前義可知傳但論其事不復釋義者從前傳悉包之也王引之曰下其字衍文蓋涉上句而衍

冬楚人伐隨隨國也

二十有一年春狄侵衛補曰已見義仍從恒稱

宋人齊人楚人盟于鹿上宋爲盟主故序齊上鹿上宋地補曰此本杜預外盟不日此又不月者與十九年盟齊同義

夏大旱傳例曰得雨曰雩不得雨曰旱補曰注引傳例固是但此時得雨亦不言雩能見常祀不志也旱時正也補曰疏曰凡非八月九月而雩者皆書時以見非正書秋書冬是也其旱則例皆時何者旱必歷月非一月之事故書時爲正也宣七年秋大旱亦蒙例可知文烝案六月乃常雩之時竟六月無雨故得謂之旱宣七年則竟九月雩不得雨謂之旱也若非盡夏秋一時之久不得爲旱矣不言不雨者爲災也左傳曰是歲也饑而不害張大亨曰志大旱而不曰饑者荒政行也趙汸曰歲猶有入也陸佃爾雅新義曰春秋於僖初書雨已而書雩已而書旱公德衰矣

秋宋公楚子陳侯蔡侯鄭伯許男曹伯會于雩雩宋地雩或爲宇補曰楚於此始書子而後文獻捷戰泓圍宋還書楚人從其常文則此書子者乃特筆以見義下年傳曰不顧其

力之不足而致楚成王明宋公彊致楚君自取執辱故書楚子以顯之○撰異曰雩范見或本作宇左氏作盂公羊作霍徐彥曰左氏作盂穀梁作雩蓋誤或所見異錢大昕曰盂有吁音雩亦有吁嗟之義故字又轉爲霍猶左傳蔡公孫盱卽公孫霍也**執宋公以伐宋**補曰不言楚執者公羊曰不與夷狄之執中國也文烝案此不言楚不疑其非楚與昭四年會申執徐子異文者此一時彼一時徐又夷也彼從盟賊執曹伯之正例此爲變例**以重辭也**傳例曰以者不以者也此傳及定七年齊人執衞行人北宮結以侵衞傳皆曰以重辭也然則以有二義矣國之所重故曰重辭補曰尙有內爲志一義范失之

冬公伐邾補曰不致者惡事也

楚人使宜申來獻捷楚稱人者爲執宋公貶補曰注用公羊非也焦袁熹曰會雩書楚子者欲見宋致其君乃招執辱自餘卽復以書人爲平文高澍然曰萩聘之前書爵惟會雩特文餘皆恆辭書人焦高說是文承伐宋而言使亦不疑其非楚君也書宜申者以其來我故得錄名與萩同義傳於彼發之**捷軍得也**補曰重發傳者此所得非萩嫌異故也**其不曰宋捷何也**據莊三十一年齊侯

來獻戎捷不與楚捷於宋也不與夷狄捷中國

十有二月癸丑公會諸侯盟于薄會雩之諸侯補曰薄宋地史記宋世家作亳二字古通用左氏哀十四年傳宋景公曰薄宗邑也明薄即亳矣會者外爲主焉爾補曰疏曰重發之者以釋者是公嫌會非是外爲主故發例以明之文烝案疏言釋者是公非也傳重發外爲主之例正明是楚子主之

釋宋公補曰此經各本誤跳在傳會者上今依唐石經十行本移正外釋不志此其志何也補曰內獲言歸之霸國執有言歸復歸者自餘悉不志經例因史例也以公之與之盟目之也補曰以公在故目言楚之釋齊履謙曰雩薄皆宋地諸侯見執竟外曰歸竟內曰釋不言楚不與楚專釋也何休曰春秋以執之爲罪不以釋之爲罪責楚子專釋釋非其理也公羊以爲公會諸侯釋之故不復出楚耳鄭君釋之曰不與楚專釋者非以責之也傳云外釋不志此其志何也以公之與之盟目之也言公與諸侯盟而釋宋公公有功焉與公羊義無違錯補曰何既失之鄭又非也不與

楚專釋與上以公盟目之文意不相屬公羊所云不可通於傳胡安國引傳文以公羊爲誤胡氏是也傳言不與專釋者明非楚所得專執故亦非楚所得專釋也傳但解經釋不言楚則上執不言楚亦包其義上執無傳故於此特明之焦袁熹曰楚執之楚釋之不言可見其事著也無楚執楚釋之文不使夷狄得加於中國其文隱也李光地曰立文如此眞可謂婉而成章文烝案盟不致者會夷狄也宋蜀皆同

三十有二年春公伐邾取須句補曰不致者言伐言取事尤惡左傳以須句爲國邾滅之而公反其君劉敞胡瑗孫覺葉夢得趙鵬飛呂大圭黃震李廉皆以爲無此事○撰異曰有字各本脫今依唐石經補正句公羊作朐後同

夏宋公衛侯許男滕子伐鄭

秋八月丁未及邾人戰于升陘升陘魯地補曰戰則是師也不言邾師者從小國無師例○撰異曰升左氏或作登案左傳凡升下字皆用登陘玉篇邑部引左氏傳作𨛭內諱敗舉其可道者也不言其人以吾敗也不言及之者爲內諱

也補曰案左傳戰者公也重發傳者齊大國稱師邾小國稱人嫌有異也

冬十有一月己巳朔宋公及楚人戰于泓宋師敗績補曰案左傳楚人亦楚子也宋主楚客故以宋及以晉楚之戰例之又當內宋泓宋水名

日事遇朔曰朔補曰日事事在日例者

春秋三十有四戰補曰案春秋書戰者二十三直書敗者十七凡四十而云三十有四戰者葢去婁林箕貿戎交剛長岸檇李不數六者皆略書時故也鹹書日大原蒙上月故亦併數

未有以尊敗乎卑以師敗乎人者也補曰言自此泓戰外無如此立文者三十三年秦稱師而爲晉人所敗亦是以師敗乎人彼晉人是晉君亦與此楚人相似但以彼文直從敗狄之例故不據爲義也

以尊敗乎卑以師敗乎人則驕其敵補曰王逸楚辭注倨簡曰驕謂若齊頃公敗於鞌也頃公與四國大夫戰不如此以楚君稱人傳亦大概言之耳文子曰義兵兵王應兵兵勝忿兵兵敗貪兵兵死驕兵兵滅

襄公以師敗乎人而不驕其敵何也補曰傳倒句以便文言師敗不言尊敗省文

責之也補曰若不責之則當書楚子或書楚

師或可稱宋人敗績如需之於齊泓之戰以爲復雩之恥也前年宋公爲楚所執補曰楚伐宋而宋與戰欲復前恥雩之恥宋襄公有以自取之伐齊之喪執滕子圍曹爲雩之會不顧其力之不足而致楚成王成王怒而執之補曰明上四事皆譏文淮南子曰侯而求霸者必失其侯霸而求王者必喪其霸也不說伐鄭者在會雩後略之家鉉翁以穀梁抑宋與楚爲陋穀梁但言成王怒而執之何嘗與楚哉故曰禮人而不荅則反其敬愛人而不親則反其仁治人而不治則反其知補曰反者反求諸己改行飭躬也此引古語與孟子文同自取之則宜自反之也春秋以忠恕爲教正己而不求於人因人而益求諸己徐幹中論曰恕人之謂壅怨己之謂通又曰孔子制春秋詳內而略外急己而寬人皆此理也傳中多以人己爲說唯是尤深過而不改又之是謂之過又復補曰此用論語文論語無又之二字襄公之謂也補曰張治引孟子以爲疾疢雖甚而德慧術智未有以增益其所不能者也古者被甲嬰冑補曰甲鎧嬰加

也胄兜鍪非以興國也則以征無道也豈曰以報其恥哉補曰興國若齊桓伐楚也征無道若湯伐葛文王伐崇密也夫湯文之事義兵也齊桓伐楚近乎義兵者也宋襄報其恥則始於貪兵卒於忿兵雖曰應兵實類驕兵也二十八年下胡安國曰春秋時用兵者非懷私復怨則利人土地詩云不忮不求何用不臧不忮則能懲忿不求則能窒欲然後貪憤之兵亾矣成二年下亦云然程子說詩及朱子說詩初解皆同論語引之則又學者之事也傳言自取之恥不宜報明泓戰有敗道宋公與楚人戰于泓水之上補曰公羊曰期戰于泓之陽司馬子反曰補曰疏曰麋信云子反當爲子夷文烝案麋說可從夷之爲反形近而誤也左傳公子目夷字子魚傳固不必全同楚衆我少鼓險而擊之勝無幸焉若要而擊之必可破者何休謂軍法以鼓戰以金止險者左氏公羊謂楚人未盡濟泓也疏曰以小敵大克之不名徼幸王念孫曰注疏皆非也宋非楚敵但可僥幸以取勝耳無猶莫也乘其在險鼓而擊之以取勝莫有幸於此者襄公曰君子不推人危不攻人厄補曰推排也須其出須其出險補曰出險

者盡濟泚也既出旌亂於上陳亂於下補曰公羊宣十二年何休注曰縉廣充幅長尋曰旐繼旐如燕尾曰旆加文章曰旂錯革鳥曰旟注旄首曰旌兩言亂者時楚人未成列儳巖不整子反曰楚衆我少擊之勝無幸焉補曰謂乘其未成列鼓而擊之以取勝則亦莫有幸於此者左傳曰勍敵之人隘而不列天贊我也是兩幸字之義襄公曰不鼓不成列列陳補曰何休曰不戰未成陳之師須其成列補曰疑當更疊成列字屬下句而後擊之則衆敗而身傷焉七月而死何休曰即宋公身傷當言公不當言師成十六年楚子敗績是也又成十六年傳曰不言師君重于師也即成十六年是二十二年虛言也即二十二年是十六年非也鄭君釋之曰傳說楚子敗績曰四體偏斷此則目也此言君之目與手足有破斷者乃爲敗矣今宋襄公身傷耳當持鼓軍事無所害而師猶敗故不言宋公敗績也傳所以言則衆敗身傷焉者疾其信而不道以取大辱補曰傳承上詳述戰事以起下文倍則攻敵則戰少則守補曰孫子曰用兵之法十則圍之五則攻之倍則分之敵則能戰少則能守不若則能避之王念孫曰能猶乃也言宋少於楚宜堅

守不戰戰已可責人之所以爲人者言也人而不能言何以爲人補曰墨子經曰言口之利也莊子曰言者所以在意言之所以爲言者信也言而不信何以爲言補曰於文信从人言說文以爲會意字墨子經曰信言合於意也鬼谷子曰信者明也說文誠也釋名申也信之所以爲信者道也信而不道何以爲信補曰呂氏春秋曰所貴信者爲其遵所理也各本誤作何以爲道今依鈔本北堂書鈔引改正道之貴者時其行勢也凱曰道有時事有勢何貴於道貴合於時何貴於時貴順於勢宋公守匹夫之狷介徒蒙恥於夷狄焉識大通之方至道之術哉補曰勢者時之所趨孟子所謂待時乘勢戰國策亦曰時勢者百事之長也老子曰以正治國以奇用兵孫子曰水因地而制流兵因敵而制勝兵無常勢水無常形是其義也又言宋欲以少敵衆當用子夷之謀合於時勢今又違之重自取辱明春秋責之者深程子易傳曰知時識勢學易之大方也又曰時之盛衰勢之强弱學易者所宜深識也愚謂春秋之書亦如是○左傳但言宋襄求霸而公羊言襄之戰得正道君子大之比之文王於是有宋襄列五霸之說於是有商頌美

襄公之說紛紛之論甚不足據若以敗績爲正夫子何以言我戰則克乎陸賈新語以爲宋襄輕用師而尚威力至死於泓水之戰春秋傷之與穀梁合最得經旨

二十有三年春齊侯伐宋圍閔補曰閔宋邑○撰異曰閔左氏公羊作緡**伐國不言圍邑此其言圍何也不正其以惡報惡也**前十八年宋伐齊之喪是惡也今齊乘勝而報是以惡報惡也補曰胡銓趙鵬飛家鉉翁並謂齊孝公以怨報德此似是而非也宋伐齊喪立孝公自一人言之則以立我爲德自一國言之則以伐喪爲惡春秋貴義而不貴惠故當以惡論

夏五月庚寅宋公茲父卒桓公之子襄公補曰左傳曰傷於泓故也與上傳合公羊於上圍緡曰疾重故亦謂重故創何休則以爲諭○撰異曰茲公羊作慈**茲父之不葬何也失民也**補曰失民則失德明矣蔡景不忍使失民則葬**其失民何也**補曰據上言宋師敗績不如晉侯戰韓有失民文今亦以失民爲義何也**以其不教民戰則是棄其師也**

爲人君而棄其師其民孰以爲君哉何休曰所謂教民戰者習之也春秋貴偏戰而惡詐戰宋襄公所以敗于泓者守禮偏戰也非不教其民也孔子曰君子去仁惡乎成名造次必於是顛沛必於是未有守正以敗而惡之也公羊以爲不書葬爲襄公諱背殯出會所以美其有承齊桓尊周室之美志鄭君釋之曰教民習戰而不用是亦不教也詐戰謂不期也既期矣當觀敵爲策倍則攻敵則戰少則守今宋襄公于泓之戰違之又不用其臣之謀而敗故徒善不用賢良不足以興霸主之功徒信不知權譎之謀不足以交鄰國會遠疆故易譏鼎折足詩刺不用良此說善也補曰傳用論語文言以不教之民戰者謂之棄師今宋襄昧於衆寡暗於時勢率爾一戰是亦不教而棄師之類也君自棄師民孰君之故曰失民也春秋於韓著失民之文於泓則爲責文無失民文要其所以責之者即爲其有失民之道失民在於棄師與鄭棄其師亦不同而同也注故徒善以下鄭引考異郵文也見詩大明正義引箴膏肓正義但有徒信三語文略耳會遠疆作定遠疆李琪曰春秋於襄公之終不以伯錄茲父卒略不書葬與秦楚之君無別矣

秋楚人伐陳

冬十有一月杞子卒莊二十七年稱伯今稱子蓋爲時王所黜補曰杞成公也不名從宿男例杞於魯非壻即外孫當時猶以宿薛待之繒子鄭子亦魯壻皆不記卒矣不日者或不正或史略之不葬者或不會或亦略之自此入襄篇與大國同例

二十有四年春王正月

夏狄伐鄭

秋七月

冬天王出居于鄭襄王也天子以天下爲家故所在稱居補曰避弟子帶之難也注本杜預傳所謂居其所不月者王奔異於諸侯不嫌與小國同例天子無出王者無外言出則有外之辭補曰無出者文無出也凡言出者皆施於奔言出奔爲有出之文直言奔則爲無出之文王子瑕王子朝是也瑕朝皆天子之臣天子之臣有奔道無出道故文無出天子之身無奔道故文無所謂奔亦無出也左氏與傳同公羊曰王者無外曲禮曰天子不言出亦皆同也易言王用出征書言王出郊王出在應門之内王制言天子將出

類乎上帝彼皆道其實之辭春秋之文別自有例斯益周禮之舊典策所守君子因而用之以爲一經之恆辭正例也周不言出猶內不言來或臨天江下或臨一國王臣因乎王內臣因乎君**出失天下也**熙曰天子必巡守然後行故河陽之守全天王之行也全平王東遷其詩不能復雅而列爲國風襄王奔鄭不得天王之行則與諸侯不異故書出也夫子祖述堯舜憲章文武斯文是作不以道假人傳言失天下闕然如有未備補曰江注多不明白失天下者卽謂奔也天子無所謂奔故無出旣言出則奔可知出文卽爲奔文奔則失天下是出者失天下之辭也諸侯言出奔爲失國天子言出爲失天下事正相類也是時王實出奔在鄭氾地旣非會諸侯之比又與居狄泉不同經爲失天下之辭自是直文但春秋爲尊者諱爲親者諱內諱出奔言孫不欲直爲失國辭王不諱出則明以直文爲特文矣春秋之辭婉直文質唯變所適傳順經意作解前後一皆相貫通此傳曰失天下而成十二年傳曰一見之謂一心見其文以明其義從魯莊一疑之例寓王風閔周之心也又春秋聖者之作或一言兼衆義或有義而無文之傳言失天下凡二莊僖不志崩爲失天下葢以起齊桓之存周也義之無文者也襄言出爲失天下葢以起晉文之存周也義之兼見者也自後頃王亦不志崩周公又

言出殆皆承前爲義**居者居其所也**補曰此釋書居義兼爲凡書居者發例也**雖失天下莫敢有也**邵曰雖實出奔而王者無外王之所居則成王畿鄭不敢有之以爲國補曰邵注未喻傳旨莫無也有有天下也二句說所以言出又言居之義言天子失天下猶加居所之文者以爲君臣之義無所逃於天地之間天下雖失無敢有之者則居其所者固自若書出不沒其實書居深正其名也陸淳趙汸以爲禮天子適諸侯諸侯避正寢納管鑰而館於廟故曰天子無客禮莫敢爲主焉文烝案明年四月晉侯納王不告故不志高澍然以爲春秋郎其事其文取義非備記載之書不必具首尾舊史所無不增益也○嘗以春秋之義推諸他事測其異同如厲王三十七年流於彘彘者晉地猶鄭之氾也流亦出奔也茍非特文不可言出當依狄泉之例書曰王居于晉矣厲流之後不別立王諸侯釋位以間王政凡十四年又當依公在乾侯之例每歲書曰王在晉矣若後世房州之事則又不同具說於公在乾侯下

晉侯夷吾卒傳曰諸侯時卒惡之也不葬篡文公而立失德補曰晉惠公也篡立及韓戰失民固是失德但此從蔡侯肸時卒之例非從宋公茲父不葬之例以魯不會葬不書葬耳左傳惠公卒在上年九月是年

正月秦納公子重耳入桑泉二月入于曲沃殺懷公國語云十月惠公卒十二月秦伯納公子疑晉語得之其月蓋此年之月歟

二十有五年春王正月丙午衞侯燬滅邢補曰日例在宣十五年傳○撰異曰有字各本脫今依唐石經補正**燬之名何也**據宣十二年楚子滅蕭不名**不正其伐本而滅同姓也**絕先祖支體尤重故名以甚之補曰注用何休也本謂先祖大戴禮禮三本荀子書皆曰天地者性之本先祖者類之本君師者治之本周公康叔皆文之昭也邢周公之允也此傳左氏公羊並同曲禮亦曰諸侯滅同姓名孔廣森曰滅同姓名唯謂滅周之同姓若齊之於萊楚之於夔彼雖自爲同姓而於王家則爲庶姓罪猶差輕文烝案十八年後春秋惡衞至是名燬爲燬之終事意足而文備矣○此經燬字從無異辭黎錞杜諤朱子乃以爲因下衞侯燬卒傳寫之誤苟不深考不知其似而非

夏四月癸酉衞侯燬卒

宋蕩伯姬來逆婦伯姬魯女爲宋大夫蕩氏妻也自爲其子來迎婦補曰此本杜預**婦八**

既嫁不踰竟，宋蕩伯姬來逆婦，非正也。補曰：疏曰：復發傳者，嫌爲求婦發，爲禮故發之。文烝案：大夫妻有歸宗之禮，據此傳，則嫁他國者不得矣。或傳并欲爲大夫妻明義，故又發之。姑逆婦亦非正也。**其曰婦，何也？緣姑言之之辭也。**補曰：其姑逆之，不故於逆稱婦，不嫌與逆婦姜同。公羊亦同也。後求婦亦從此例，故不發。案：白虎通曰：外屬小功已上不得娶。故春秋傳曰：譏娶母黨也。穀梁及公羊漢時皆有外傳、有章句，白虎所引蓋出其中，是說逆婦及求婦二經歟。

宋殺其大夫。其不稱名姓，以其在祖之位，尊之也。何休曰：曹殺其大夫亦不稱名姓，豈可復以爲祖乎？鄭君釋之曰：宋之大夫盡名姓，禮，公族有罪，刑于甸師氏，不與國人慮兄之弟也，所以尊異之。孔子之祖孔父累於宋殤公而死，今骨肉在其位而見殺，故尊之，隱而不忍稱名氏。若罪大者，名之而已，使若異姓然，此乃祖之疏也。曹殺其大夫，自以無大夫不稱名氏耳。春秋辭同事異者甚多，隱去即位以見讓，莊去即位爲繼弒，是復可以比例非之乎？補曰：何說固無理，鄭亦失之。祖謂孔父也。左傳稱大司馬孔父，又稱孔父爲司馬，在祖之位，在司馬之位也。宋自此殺大夫者四，春秋皆不稱名姓。此經左氏無傳文七年書宋人殺其大夫左傳謂殺公孫固公孫鄭而樂豫舍司馬史記謂殺大司馬公孫固然則固鄭二子當依孔穎達說爲孤卿之官而固則以大司馬爲孤其下又有樂豫爲司馬屬於固也成十五年書宋殺其大夫山左傳云蕩澤爲司馬謂之子山文八年則明書宋人殺其大夫司馬以彼諸文推此年所殺明亦是司馬可知穀梁之說未可輕議而左傳事迹抑亦十得七八矣此傳二句通四經言之孔父不稱名曰爲祖諱四經不稱名姓曰以其在祖之位尊之明四經亦爲諱也孔父諱而四經皆諱者盈乎諱之意古者官有世功則有官族故宋魚氏世左師之位魯三卿司徒司馬司空三桓亦各世其位故宋司馬之位孔氏所不忍言也孝經首章引大雅云無念爾祖聿脩厥德匡衡以爲孔子特著之春秋與孝經同義而公羊以始隱爲祖所逮聞亦習聞尊祖之說而誤也但四經雖皆諱名姓而或直云大夫或稱官或稱字或稱國或稱人傳或言或不言則又同中之異後當文各論之鄭云罪大者名之而已者謂山也山稱國以殺不得爲罪大山是字亦非名也疏曰祖之疏古本或作禮之疏言同姓與異姓不別則於禮法爲疏也○四殺大夫其文微乎微矣公羊經師失其義乃於此年文七年八年造爲宋三世內娶之說甚不可通宋襄夫人王姬襄王之姊也謂之內娶不亦謬乎

秋，楚人圍陳，納頓子于頓。納者，內弗受也。補曰：此發通例。圍一事也，納一事也，補曰：圍陳事在陳，納頓子于頓事在頓。而遂言之，怪其異事而辭相連，有似遂事之辭。補曰：謂經文不再出楚人也。蓋納頓子者陳也。圍陳使納頓子。補曰：注語最圓足。楚人納頓子，是楚人又非楚人；公子比弑其君，是公子比又非公子，此事正相類。傳以文例特異，故言蓋爲疑辭。疏引鄭釋廢疾謂有似晉陽處父伐楚救江之文，其說不了。

葬衛文公。補曰：屬上生名之失德甚明，故不如茲父去葬時者，從正例。

冬，十有二月，癸亥，公會衛子、莒慶，盟于洮。衛稱子，在喪。洮，魯地。補曰：衛已葬稱子者，未踰年故也。三十三年傳曰：晉人者，晉子也。彼是踰年而未葬，傳以子稱之，明必已葬且踰年乃得稱本爵矣。杜預以莊二十七年之洮爲魯地，僖八年之洮爲曹地，曹地之洮三十一年始屬魯，左傳所謂分曹地自洮以南東傳于濟也。此年杜又云魯地，孔穎達以爲誤。莒無大夫，其曰莒慶何也？以公之會目之也。小國無大夫，以公與會，故進之。時有衛子，則無敵公之嫌。補曰：此傳宜善讀之若此盟無衞子直是公會之則本可不目言其人當從包來之例稱莒人不當從書獲書來逆書來奔之例稱莒慶今得目言者以公之與衞子會之故目之傳不言以公之與衞子會之但言以公之會者傳意特大概言之亦以下傳於衞甯速特發其義故此不具說注末二語卽本下傳其說是也莒慶與衞甯速無異義但莒無大夫因事目之則直以國氏此其異也何休曰莒無大夫書莒慶者尊敬壻之義杞伯緡子皆無尊敬之文何說非也不致者會惟兩君從離會例

二十有六年春王正月己未公會莒子衞甯速盟于向向莒地補曰卽隱二年莒所入者後屬魯故桓十六年城向後又屬莒故宣四年取向○撰異曰速公羊作遬案遬者籀文

公不會大夫補曰謂不書氏名也隱八年傳曰不可言公及大夫莊九年傳曰公不及大夫皆同義

其曰甯速何也補曰據翟泉蜀澶淵大夫皆稱人也內君外臣特相盟會其文皆沒公自參以上不沒公則宜稱人

以其隨莒子可以言會也補曰外亦有君不以伉爲嫌故可稱氏名以會也不致與洮同

齊人侵我西鄙公追齊師至巂弗及補曰巂齊地○撰異曰巂左氏作酅亦或作巂陸淳纂例曰公羊左氏或作酅左氏音義戶圭反一音似轉反公穀音義皆又似兖反段玉裁曰似轉似兖字當作雋作雋非也弗十行本左氏誤作不葉夢得呂本中所見已然**人微者也**補曰謂將卑師少自陽處父以前有將尊師少而稱人者傳但大概言之**侵淺事也**補曰輕於伐也重舉例以起下**公之追之非正也**補曰不煩君自追**至巂急辭也**以急辭言之明不至巂補曰疏曰文承追齊師之下即云至巂是急辭也據文與公追戎于濟西異**弗及者弗與也**弗與戰也補曰說文及逮也爾雅逮與也注非**可以及而不敢及也**畏齊師補曰明亦在不例**其侵也曰人其追也曰師以公之弗及大之也**大之謂變人言師補曰師者通稱不別之辭故爲大追而弗及者公也不得仍言齊人也凡大夫將師少稱人衆稱師專稱也敗稱師追稱師乞師棄師取師如師會師卒于師之類通稱也齊履謙高尌然得之**弗及內辭也**弗及者若曰我自不及耳非齊不可及補曰注非也此承上可以及而不敢及句申言之凡可以然而不然者經皆

言不今變文言弗是爲內辭若曰齊師已去追之弗及非可以及而不敢及也其實至巂下加言弗及則其不敢及亦足見矣此所以爲內辭者追旣非正又不敢及不可言也凡言弗皆內辭非竟內兵不致者旣弗及若猶未出竟

夏，齊人伐我北鄙。補曰：許翰曰齊孝圍宋邑又侵伐魯不業所以墮矣。文烝案齊侵伐魯不西則北，齊魯之西皆濟水也，魯之北岱也，岱陰齊也。國語說齊桓公地南至于餉陰，西至于濟，北至于河，東至于紀酅。管子餉作岱，河作海。江永約計魯竟以爲北與齊分泰山，西與曹分濟水，南近邾滕，西南至金鄉魚臺單縣鄰於宋，東跨蒙陰抵諸城濱海，東南鄰於莒。案此皆非齊魯初封之竟也。晏子春秋云吾先君太公受之營丘爲地五百里，管子說桓公云地方三百六十里，明堂位云成王封周公於曲阜地方七百里，史記云封伯禽康叔於魯衞地各四百里，孟子諸書則謂公侯地皆方百里。孟子又云今魯方百里者五，周公封魯，大公封齊，皆方百里。

衞人伐齊

公子遂如楚乞師補曰公子遂莊公子東門襄仲何休曰稱師者正所乞名也乞師例時**乞重辭也**雍曰人道施而不有讓而不取故以乞爲重補曰重發傳者前盟例此師例也注亦以定元年重請爲說求乞二文所同非乞文所獨也重者重師傳於成十三年明言之公羊曰乞者何卑辭也曷爲以外內同若辭重師也杜預注曰乞不保得之辭釋例曰凡乞者深求過理之辭**何重焉重人之死也**補曰申上句**非所乞也**補曰非所乞而乞也上言師所以稱乞此言乞莫重於師顧前乞盟文**師出不必反戰不必勝故重之也**補曰言有死道又申重人之死也公羊兩不必作不正論語曰子之所愼齊戰疾史記趙奢謂其妻曰兵死地也而括易言之破趙軍者必括也亦得此意董仲舒曰僖公親任季子國家安寧季子卒之後魯不支鄰國之患直乞師楚耳趙鵬飛曰僖自公子友卒而用公子遂善惡判矣張洽曰僖公初年頗有意於治國務農閔雨國以殷富中年以來民事既荒國備不立齊人再伐已不能支而遠乞師以刷其恥孔子罪臧文仲竊位蓋爲其從公子遂如楚爲國無謀也使其立展禽以爲政所以輔僖公者必有道矣文烝案書曰知人則哲安民則惠所謂臯陶謨可以觀治也僖

以能安民得之以不能知人失之左傳此行有臧文仲

秋楚人滅夔以夔子歸補曰夔子不名者略夷狄微國猶誘戎蠻子殺之不名○撰異曰兩夔字公羊並作隗唐石經穀梁夔子作夔人誤也夔國也不日微國也補曰重發傳者此有以歸文又在時例明也疏曰此是夷狄之微國故從時例以歸猶愈乎執也補曰重發傳者前敗中國書月書名此滅夷狄微國不月不名有異故也此執亦卽獲也凡諱獲言以歸者其義多端中國獲王臣則諱爲王臣諱也夷狄獲中國則諱爲中國諱也皆不專施於入滅者也中國獲中國中國獲夷狄則亦諱諱中國之暴也此專施於入滅者也夷狄獲夷狄則亦諱諱夷狄之盛也亦專施於入滅者也王臣非士不可名其餘諸侯旣諱其獲則生名以顯之不名者略也傳欲因同以見異故於此重發例

冬楚人伐宋圍閔○撰異曰閔左氏公羊作緡伐國不言圍邑此其言圍何也以吾用其師目其事也補曰吾將用之故幷目彼事非道用師也楚人出師爲魯伐齊而中道以伐宋故伐圍兼書所以責楚補曰此句公羊同何休曰時以師與魯

未至又道用之於是惡其視百姓之命若草木不仁之甚也稱人者楚未有大夫未得稱師楚自道用之故從楚文

公以楚師伐齊取穀補曰楚稱師以公之以之舉其重者也何休曰稱師者順上文以者不以者也民者君之本也使民以其死非其正也雍曰兵不祥之器不得已而用之安有驅民于死地以共假借之役乎補曰疏曰重發傳者彼據外此據內故重詳之文丞案首句乃明惡內之義

注未能了說在桓十四年

公至自伐齊惡事不致此其致之何也危之也以蠻夷之師伐鄰近大國招禍深怨危亡之道補曰以夷伐鄰伐而又取皆惡也疏曰莊六年公至自伐衞傳曰見公惡事之成也與此不同者互文起義其實此亦見惡彼亦危之文丞案傳固互文而此則危之之意爲多故言危之與彼略異

二十有七年春杞子來朝

夏六月庚寅齊侯昭卒補曰無虧既死則昭爲正故書曰○撰異曰昭或作照

秋八月乙未葬齊孝公補曰危之者潘繼兄而立雖得正危道也

乙巳公子遂帥師入杞

冬楚人陳侯蔡侯鄭伯許男圍宋楚人者楚子也補曰序諸國君上足明其爲楚君其曰人何也人楚子所以人諸侯也補曰從其書人之常文乃所以人諸侯非謂此之書人不爲常文其人諸侯何也不正其信夷狄而伐中國也何休曰哀元年楚子陳侯隨侯許男圍蔡不稱人明不以此故也鄭君釋之曰時晉文爲賢伯故譏諸侯不從而信夷狄也哀元年時無賢伯又何據而當貶之邪甯謂定哀之世楚彊盛故諸侯不得不從耳江熙曰夫屈信理對言信必有屈也宋楚戰于泓宋以信義而敗未有闕也楚復圍之我三人行必有我師諸侯不能以義相帥反信楚之曲屈宋之直是義所不取信曲屈直猶不可況乃華夷乎楚以亾義見貶則諸侯之不從不待貶而見也然則四國信楚而屈宋春秋屈其信而信其屈貶楚子于兵首則彼

碌碌者以類見矣故曰人楚子所以人諸侯補曰疏曰鄭云無賢伯范言楚彊盛者二者相接也爲當時無賢伯楚又彊盛故諸侯不得不從泓之戰傳譏宋公而江熙云宋以信義而敗未有闕者據宋不能量敵强弱致師敗身傷故譏之其於信義實未有所闕而楚復圍之故貶楚子也文烝案江注以義相帥帥當作師轉寫誤也江用公羊爲說不可通於傳疏曲通之非也傳但論華夷豈論曲直哉諸侯信夷狄而伐中國故人之以貶之人楚正所以人諸侯義甚明白楚自萩聘次厥貉以前君臣稱人其常文也非以稱人特爲貶楚辭也

十有二月甲戌公會諸侯盟于宋地以宋者則宋得與盟宋圍解可知補曰杜預曰宋方見圍無嫌於與盟故直以宋地杜說是也范注本何休何氏以此盟歸功於僖因有是說不可依用葉夢得曰盟于宋之國外是亦宋矣文烝案此與曹南不同不致與薄同

僖補注十一終

大千七百八十一字
小萬二千八百字
眉注無

春秋僖公經傳第四補注第十二

穀梁　范氏集解　鍾文烝詳補

二十有八年春晉侯侵曹晉侯伐衞再稱晉侯忌也鄭嗣曰曹衞並有宿怨于晉君子不念舊惡故再稱晉侯以刺之補曰詩曰維予胥忌毛傳曰忌怨也說文曰忌憎惡也再稱晉侯各爲一事明其旣怨憎於曹又怨憎於衞凡有舊惡無不念也常例當言遂伐衞爲繼事辭張洽曰報施救患取威定伯文公君臣之規模也故先侵曹伐衞若以大義興師則當先於乞師伐齊之魯從楚圍宋之陳蔡呂大圭曰從楚圍宋者陳蔡鄭許也晉乃舍而攻曹衞者陳蔡鄭許邇楚者也曹衞邇宋者也楚始得曹而新昏於衞時方圍宋晉欲釋宋之圍致楚而與之戰也文烝案二說深合事情而晉文初念實主脩怨故經以忌爲義張洽又據左傳事迹以爲文公終始徇私報怨得之矣

公子買戍衞不卒戍刺之刺殺也內諱殺大夫故謂之刺蓋取周禮三刺之法補曰公子買子叢也爾雅曰戍遏也韓嬰詩傳曰戍舍也毛曰守也莊十七年何休注曰以兵守之曰戍說文人部伐戈

部戍並从人持戈廣韻戍從人荷戈王筠曰廣韻所據是也詩何戈與祋叉役之古文作役從殳從人皆同意李巡爾雅注曰卒事之已也范注刺殺爾雅文孟子言刺人而殺之則二字亦微異內諱殺大夫謂之刺本公羊諱者經例因史例也明堂位說魯君臣未嘗相弑弑本是殺字君爲臣殺則書薨書卒臣爲君殺則書刺是所謂未嘗相殺皆魯史舊法也晉語曰刺三郤刺欒盈亦本晉史辭歟刺取三刺之法本杜預案周禮小司寇司刺壹刺曰訊羣臣再刺曰訊羣吏三刺曰訊萬民**先名後刺殺有罪也**補曰此猶外之稱人以殺也有罪故不日從不日卒見惡之例不發傳者刺偃重舉正例此亦從例可知何休曰內殺大夫例有罪不日無罪日外殺大夫皆時**公子啟曰**公子啟魯大夫補曰疏曰舊解云公子啟卽公子偃曰啟書日者啟無罪今觀上下文勢理恐不然猶襄二十三年傳引蘧伯玉曰耳**不卒戍者可以卒也可以卒而不卒譏在公子也刺之可也**補曰不卒戍一句蓋時既聽察其辭而斷獄弊訟麗法議罪者也不之一字律之定論經之通例也至於公之附楚以敵晉經所不論既戍矣則以不卒戍爲罪也公子啟解其義而其事可知左氏公羊徒滋曲說而後世史書但云某官某有

罪棄市或云有罪自殺則以實事爲虛辭矣○史記漢書以來以天子爲本紀編年記事取法春秋雖視古經爲繁不若古經之密至於言罕褒諱事無黜陟史通所論更不必言也

楚人救衞 補曰鄭玉曰見晉伐所必救能致城濮之戰也

三月丙午晉侯入曹執曹伯畀宋人入者內弗受也曰入惡入者也 補曰疏曰重發之者以晉文初霸嫌得入中國故發傳以明之 **以晉侯而斥執曹伯惡晉侯也** 惡其忌怨深補曰凡諸侯執諸侯稱爵斥執者皆是惡之之辭傳并明通例也晉文執曹伯執衞侯兩文相對甚明解此以見彼 **畀與也** 補曰公羊同爾雅作予祭統曰畀之爲言與也 **其曰人何也不以晉侯畀宋公也** 畀上與下之辭故不以侯畀公哀四年夏晉人執戎蠻子赤歸于楚使楚子治其罪今執曹伯不言歸于宋而言與宋人者是使宋公拘執之補曰此猶桓三年不以齊侯命衞侯也人者衆辭故不嫌也注首二語連上畀與也句作解左傳曰執曹伯分曹衞之田以畀宋人葉夢得以爲此經當曰畀宋人田不言田者經成而亾之又謂穀梁不見其事左氏見之

而不能辨汰哉斯言且安見左傳必不誤乎傳上文乘軒者三百人明是因曹風三百赤芾之文誤以爲實程子曰詩但言其多耳曹國小豈容有三百知左氏誤者多也

夏四月己巳晉侯齊師宋師秦師及楚人戰于城濮楚師敗績補曰左傳謂晉侯一戰而霸也時楚使得臣將師楚無師無大夫故戰稱人也敗稱師與燕同義傳例中國敗夷狄言敗不言戰舉其大者也又不論其疑戰不疑戰皆不書日中國雖與之結日列陳既能敗之則不欲詳之也楚較他夷狄爲進故不直言敗楚師而結日之戰得書日○撰異曰齊師唐石經作齊侯誤也

楚殺其大夫得臣補曰宜申以其來我書至此與有大夫者同文但仍未得氏也楚殺得臣公子側皆賁軍之將也經自以殺大夫見義耳文不蒙上不論此等情事

衞侯出奔楚

五月癸丑公會晉侯齊侯宋公蔡侯鄭伯衞子莒子盟于踐土衞稱子者時衞侯出奔國更立君非王命所加未成君故曰子踐土鄭地補曰衞子衞侯之母弟叔

叔武也杜預曰叔武攝位受盟非王命所加從未成君之禮故稱子而序鄭伯之下

諱會天王也

實會天王而文不言天王若諸侯自共盟然是諱之也所謂譎而不正補曰下有王所文會天王可知故可爲諱也不如齊桓外內有疑文者從桓已足見義又據左傳是月己酉王命尹氏及王子虎內史叔興父策命晉侯爲侯伯在癸丑前五日是則晉文既受命無所可疑故與齊桓異文傳前言桓非受命之伯則晉文既受命亦足以明也不致者會天王譎而不正是惡事○說左傳者謂王官之宰臨盟先同姓後異姓又先衛後蔡春秋所書會之次非盟之次也案此說欲以左傳合經殆非也竊意周之宗盟異姓爲後此是盟詛初行時舊制則然自齊桓以異姓主盟其制變矣衛或舊在蔡上後來亦變矣公羊曰其序則齊桓晉文其會則主會者爲之最得其實言其序其會則盟在其中矣左傳衛祝佗稱周府之載書云王若曰晉重魯申衛武蔡甲午鄭捷齊潘宋王臣莒期此周人自據舊制記而藏之也至謂皋鼬之盟長衛於蔡則左氏求合踐土載書虛增之也所以知周府載書非鑿空而皋鼬長衛不可信者彼上文分魯公分康叔分唐叔云云其數典必皆有據而謂君以軍行則祝出竟若嘉好之事祝無事焉則與經侵楚之文亦顯相乖剌明彼傳須分別觀之而釋例正義

皆曲說也又此踐土盟左傳謂王子虎盟諸侯于王庭與傳言會天王似亦不合

陳侯如會如會外乎會也於會受命也外乎會不及序也受命于會故書如會

公朝于王所朝不言所言所者非其所也非京師朝補曰此發書所例也詩小雅云自天子所天子之所覲禮云女順命于王所考工記云不屬于王所鄭風又有公所所之文彼皆當時恆稱春秋脩辭則別有義例也胡安國曰周制十有二年王乃時巡諸侯各朝於方嶽亦何必於京師於廟然後爲禮乎古者天子巡守於四方有常時諸侯朝於方嶽有常所其宮室道塗可以豫脩故民不勞其供給調度可以豫備故國不費今天王下勞晉侯公朝于王所則非其時與地矣然則天子在是其可以不朝乎天子在是而諸侯就朝禮之變也春秋不以諸侯就朝爲非而以王所非其所爲譏正其本之意也文烝案胡云天王下勞者依杜預說公羊以爲致天子傳及公羊皆以河陽爲再致杜說非也此傳與下朝傳互相備

六月衛侯鄭自楚復歸于衛補曰何休曰復歸例皆時此月者爲下卒出也公羊以復

歸與歸爲二故何氏有此例不可通於傳復歸與歸同奔歸與執歸則異奔歸月執歸時下三十年徐邈說得之**自楚楚有奉焉爾**補曰疏曰重發傳者**復者復中國也歸者歸其所也**中國猶國中也補曰注凡訓中國爲國中者隨文爲義詩中谷爲谷中戰國策東山之君爲山東古人語多如此君實有國舊爲君故言復也此發復歸通例**鄭之名失國也**補曰疏曰重起失國之例者以鄭非大罪故出奔不名惡其藉楚之力故入名以表失國嫌出入異故傳發之文烝案出不名則入名明失國也出旣不名故傳重舉例耳不必言惡其藉楚之力

衞元咺出奔晉補曰訟殺叔武也不書衞侯殺其弟武者時不以告史本無之

陳侯款卒補曰陳穆公也前稱世子非不正蓋不蒙上月在惡之之例何休曰賤其岐意於楚何氏本解不日義合諸傳例則宜時也不葬者魯不會

秋杞伯姬來莊公女來歸寧

公子遂如齊聘也補曰不應注於此宜刪

冬，公會晉侯、宋公、蔡侯、鄭伯、陳子、莒子、邾子、秦人于溫。陳稱子在喪也。補曰：溫，晉地，本溫國，狄滅之，襄王以賜晉文。杜預曰：陳共公稱子，先君未葬也。宋襄公稱子，自在本班。陳共公稱子，降在鄭下；陳懷公稱子，而在鄭上，蓋主會所次。○撰異曰：陸淳纂例曰：左氏晉侯下有齊侯，案今公羊亦有之。邾子，板本左氏作邾人，誤，唐石經亦作邾子。諱會天王也。補曰：此下復致天子，言王守，其爲會天王尤明。

天王守于河陽。河陽，晉地。補曰：守，巡守也。孟子引晏子對齊景公曰：天子適諸侯曰巡守，巡守者巡所守也。所守爲守，巡之亦爲守。白虎通曰：巡者循也，守者牧也，爲天循行守牧民也。文選注引禮記逸禮亦曰：天子巡行守牧也。巡守字，經典古書多通用狩。○撰異曰：守，左氏、公羊作狩，左亦一作守。全天王之行也。時實晉文公召王，以臣召君，不可以訓，因天子有巡守之禮，故以自行爲文。補曰：全者，深正其義，下句是也。踐土言朝，直承會下，此再致天子，失禮尤重，故須特爲全文。注前三語本左傳。爲若將守而遇諸侯之朝也。補曰：此所謂全也。杜預左傳後序引汲冢紀年周襄王會諸侯于河陽，知此守郎是上會河陽郎是溫非別有巡守之事但論其事則會郎是守論其文則旣言會又言守若別有守此事然故曰爲若將守而遇朝也李琪引紀年之文云睹此則尊王之辭信爲仲尼特筆李氏以爲春秋有述有作小事則述舊而紀錄大事始作以制義也左氏公羊以此守爲狩郎狩部之狩左傳又謂晉侯使王狩皆失之李廉曰此非講武之狩蓋假巡狩之禮以爲辭是矣**爲天王諱也**補曰晉下陵而王上替諱之以全之**水北爲陽山南爲陽**日之所照曰陽補曰北爲陽則南爲陰南爲陽則北爲陰**溫河陽也**補曰晉之河北土田衆多溫亦其一邑耳下文云溫河北地是也黃仲炎趙與權得之

壬申公朝于王所朝於廟禮也於外非禮也諸侯朝王王必於宗廟受之者蓋欲尊祖禰共其榮補曰言朝于王所不得言如京師是足明其非禮重發傳者嫌朝王與諸侯相朝異也**獨公朝與諸侯盡朝也**補曰起下主善以內句左傳曰晉侯召王以諸侯見**其日以其再致天子故謹而日之**補曰起下目惡以外句時史本以其一歲再朝特書日以見非常君子從而取義焉公羊曰其日何錄乎內也非公獨朝何錄之有**主善以內目**

惡以外主善以內謂公朝于王所目惡以外言再致天子補曰主善謂言朝目惡謂謹日此猶桓十三年傳言由內及之由外言之言曰公朝逆辭也而尊天子鄭嗣曰若公朝于廟則當言公如京師而今言公朝是逆常之辭雖逆常而曰公朝王所是尊天子補曰申上善意也辭有逆之而順者名之正辭之盡會于溫言小諸侯溫河北地以河陽言之大天子也溫河陽同耳小諸侯故以一邑言之尊天子故以廣大言之補曰猶言東巡守西南北巡守因上言尊天子覆解上經日繫於月月繫於時補曰杜預左傳序曰記事者以事繫日以日繫月以月繫時以時繫年孔穎達曰繫者以下綴上以末連本之辭壬申公朝于王所其不月失其所繫也補曰杜預曰壬申十月十日以爲晉文公之行事爲已傎矣以臣召君傎倒上下日不繫于月猶諸侯不宗于天子補曰此與目惡意相足夫天子作民父母以爲天下王禮樂征伐出焉朝覲訟獄謳歌歸焉天下之人皆繫於天子百世不可易故於功盛事傎者旣謹其日又去所繫辭微而義切矣左氏不得其說又無從益其月故其傳亦遂於冬下直述經文而

繼以丁丑云云疏漏之迹顯然闕疑之意則善

晉人執衛侯歸之于京師補曰稱人以執執有罪在晉文爲伯討也與上及成十五年二文皆相對一年之中一人之身六稱晉侯而一稱晉人同文異義異文異義於此爲信案左傳衛侯先期入叔武喜而走出前驅射而殺之胡銓以爲此康誥所謂兄大不友于弟與父不慈子不祗弟不共皆民彝之不可泯亂當速由文王作罰者也

此入而執補曰亦晉侯入衛而執謂自溫渡河入衛也溫在河北京師及衛在河南案左傳曰衛侯與元咺訟甯武子爲輔鍼莊子爲坐士榮爲大士此晉侯入衛之後聽其訟於衛也又曰衛侯不勝殺士榮刖鍼莊子謂甯俞忠而免之執衛侯歸之于京師寘諸深室此正說經文也又曰元咺歸于衛立公子瑕此說下經文言咺訟既直乃得書其歸也夫咺在晉而衛侯得與訟則咺從晉侯在溫卽隨入衛可知也王在溫而歸衛侯于京師則是時王將反京師可知也左傳並載於會溫後又其後舉王守公朝二經乃是補序前事故以是會也一句爲更端也又以壬申公朝丁丑圍許二句相接壬申至丁丑六日明入衛等事皆中間四日事也杜預並以爲十月釋例又疑是十二月也

其不言入何也補曰

據曹言入不外王命於衛也入者自外來伯者以王命討衛衛王之土故曰不外王命歸之于京師緩辭也辭間容之故言緩補曰與成十五年歸于京師相對爲緩急斷在京師也補曰申上緩辭意明得正天子爲天下朝覲訟獄所歸此年備見

衛元咺自晉復歸于衛補曰此公羊所謂君入則己出君出則己入自晉晉有奉焉爾補曰疏曰又發傳者嫌霸者與凡諸侯異復者復中國也歸者歸其所也補曰大夫爲國體與君共國復還居位則皆言復重發傳者嫌大夫與君異故發以同之

諸侯遂圍許會溫諸侯許比再會不至故共圍之補曰此本杜預遂繼事也繼事會于溫而圍許補曰重發傳者齊桓是伐與救與次晉文是圍並霸者之事故詳之也疏曰會溫已訖中間有事或恐不相繼故發傳以明之謝湜曰諸侯朝王許獨違命書遂圍許得討叛之義俞皋引項氏說以爲晉文公經略中外自今年春自北而南夏自南而北冬復自北而南明年春復自南而北始歸於晉文烝案冬會乃再出也

曹伯襄復歸于曹三月爲晉侯所執今方歸復者復中國也補曰重發復例者此

未復而言復將陳其義故重舉以同之曹伯本宜言復以其言復於圍許前獨爲變例**天子免之因與之會其曰復通王命也**免之于宋身未反國因會于許卽從反國之辭通王命

遂會諸侯圍許補曰段玉裁曰左經亦作圍許傳作于許者謂會諸侯於圍許之師也彼時曹無師

遂繼事也補曰疏曰恐被釋而遂與常例異故重發之文烝案曹伯會事之成重言諸侯者順繼事之文也經通王命言復使若身旣反曹自曹來會不可直言會圍許

二十有九年春介葛盧來介國也葛盧微國之君未爵者也補曰重發傳者此朝而不言朝嫌又異也公羊曰夷狄之君**其曰來卑也**補曰疏曰郳黎來亦未得爵命而稱朝此謂卑賤之故直言來矣公羊曰何以不言朝不能乎朝也卽襄十八年注云不能行朝禮是也文烝案公不在亦得言來者葛盧未見公輒反至冬復來見公其事甚明故無嫌也

公至自圍許補曰此二事偶則以後事致之例若無圍許事則會溫再致天王亦不致

夏六月公會王人晉人宋人齊人陳人蔡人秦人盟于翟泉翟泉某地補曰當云周地郎昭二十三年之狄泉也案左傳晉狐偃宋公孫固齊國歸父陳轅濤塗秦小子慭皆大夫也惟蔡無名氏或是闕或卑者也宋序齊上孔穎達謂公孫固爲大司馬尊也自晉以下皆稱人者傳例曰可言公及人不可言公及大夫故不稱氏名也左傳以王人爲王子虎是否未可知不日者晉文不至諸國皆大夫既序其人則去其日亦所以略之不致順略文○撰異曰左氏無公字左傳有之陸湻纂例唯云公羊作公會翟公羊作狄二字通用

秋大雨雹雹者陰脅陽臣侵君之象陽氣之在水雨則溫熱陰氣薄而脅之不相入轉而成雹補曰此本劉向也漢書五行志劉以爲盛陽雨水溫煖而湯熱陰氣脅之不相入則轉而爲雹盛陰雨雪凝滯而冰寒陽氣薄之不相入則散而爲霰故沸湯之在閉器而湛於寒泉則爲冰及雪之銷亦冰解而散此其驗也故雹者陰脅陽也霰者陽薄陰也春秋不書霰者猶月食也僖公末年信用公子遂遂專權自恣將至於殺君故陰脅陽之象見臧琳曰范注當以此補正之文烝案不月者蓋歷月

冬介葛盧來

三十年春王正月

夏狄侵齊

秋衛殺其大夫元咺稱國以殺罪累上也以是爲訟君也

元咺訟君之罪于伯者君忌之使人殺之而後入案宣九年陳殺其大夫泄冶傳曰稱國以殺其大夫殺無罪也此傳曰稱國以殺罪累上也凡稱國以殺大夫或殺無罪或罪累上參互不同略當近半然則稱國以殺有二義泄冶忠賢而君殺之是君無道也衞侯雖有不德臣無訟君之道元咺之罪亦已重矣然君子之道譬之于射失諸正鵠反求諸身衞侯不思致訟之愆躬自厚之義過而不改而又怨忌上下皆失故曰罪累上補曰疏曰言有二義者殺無罪罪全在君罪累上上下俱失文烝案注說甚正然非有二義也傳意里克丕鄭父元咺甯喜之屬罪惡固不可掩而春秋書之專以罪君大夫之罪經所不論罪累上與殺無罪其例無異特以里丕之等究不可云殺無罪故謂之罪累上非謂君子有所分別其間同一稱國之文而有二義也此重發傳者

里丕弒逆嫌與異也又言以是爲訟君者言經著累上之辭者以是爲訟君故也訟君者致殺之由君臣無獄是不待言但君而爲臣所訟君之失道甚矣於此而專殺大夫則其罪自在君上春秋之義主於責己不主於責人注言譬之於射者是也故爲累上之文也傳明言訟君而陸淳論上執衛侯之傳以爲不知有與元咺訟事何謬之甚

衛侯在外其以累上之辭言之何也待其殺而後入也補曰胡安國曰此春秋誅意之效也赦事誅意漢人語公羊言稱國以殺者君殺大夫之辭以此傳及殺陽處父傳觀之較然明矣

及公子瑕公子瑕累也補曰孔父已言累重發傳者非以君及臣又非必先死嫌非延及坐及也

以尊及卑也補曰重發傳者非以君及臣公子又是貴稱嫌兩臣無尊卑事是延坐非訓與之及也據左傳元咺立瑕爲君瑕實不成君經不以爲君與王子朝奔楚同

衛侯鄭歸于衛徐邈曰凡出奔歸月執歸不月者奔則國更立主若故君還入必有戰爭禍害所以謹其文執者罪名未定其國猶追奉之歸無犯害故例不月補曰舊爲君不言復歸者高澍然曰拘於京師而

歸不書復侵內京師也高說最是國內皆王土言歸又言復則嫌若有外故曹成公亦同也曹共公特奉王命耳本不在京師故未復言復以見義

晉人秦人圍鄭

介人侵蕭 補曰近上介兩來魯新結親好今此用師特來告魯故得書於策君子仍之明春秋事悉如舊也○嘗論魯之史記書內事皆有體書外事皆承告不漏不無最爲嚴重至君子脩春秋殺史見極平易正直既約其文辭矣有并削去其事者觀於所書皆可互見如公即位不書公至不書納幣來納幣不書來媵媵他國不書子生不書天王不葬內弒不書葬內女不葬夷狄不卒變之三不葬內不言戰外不言圍邑取邑之屬是也若其不可以書不書互見者則固悉書不削用還魯史舊章史所書亦書雖細必載內事如公子慭出奔齊外事如介人侵蕭之屬是也史所不書亦不書雖大弗紀內事如公子友以僖公適邾不書外事如齊隰朋帥師會秦師納晉惠公秦師伐晉納晉文公不書之屬是也諸王崩皆書而莊僖頃不書襄王之出居鄭書而入王城不書敬王之居狄泉入成周書而處姑蕕入王城又不書惠王之處鄭入王城則悉不書皆因舊也下

三十二年徐邈注所謂事仍本史而辭有損益者最爲平允得實而陳傅良趙汸每以左傳事之不見經者臆求聖人書不書互見之旨則介人用師孤文細事左傳所無經亦何所互見而存諸雖有發明適滋繳繞學者未可以其專門鉅製而輕信之矣

冬天王使宰周公來聘補曰周公名閱**天子之宰通於四海**補曰疏曰復發傳者前是會此是聘嫌異故重發之

公子遂如京師遂如晉以尊遂乎卑補曰疏曰傳言此者遂是繼事之辭以辭有善惡故傳分別明之文烝案公子結以輕遂重今公子遂以尊遂卑明其事各異**此言不敢叛京師也**何休曰大夫無遂事案襄十二年季孫宿救台遂入鄆惡季孫不受命而入也如公子遂受命如晉不當言遂鄭君釋之曰遂固受命如京師如晉不專受命如周經近上言天王使宰周公來聘故公子遂報焉因聘于晉尊周不敢使並命使若公子遂自往然郎云公子遂如京師如晉是同周于諸侯叛而不尊天子也公羊傳有美惡不嫌同辭何獨不廣之於此乎甯謂經同而傳異者甚衆此吾徒所以不及古人也補曰

葉夢得說此經合於傳義與鄭說相發鄭云受命如京師如晉者謂本當言公子遂如京師公子遂如晉各爲一事卽葉云大夫以二事行引盟衡雍盟暴之文是也鄭云同周於諸侯叛而不尊天子者謂再出公子遂連文並書見其並出命而並受命則似叛京師卽葉云疾不專於王是也鄭云尊周使若公子遂自往然者謂以繼事之文別其尊卑其義明其不敢叛其辭則從入鄆之例卽葉云諱爲之辭若大夫之專事然是也然則此爲不敢叛入鄆爲不受命辭同而義異所以不嫌者葉氏曰大夫之遂有曰盟曰城曰入者矣聽於人則可盟兵在己則可城可入此遂而可得爲者也內大夫如皆聘也必有禮焉非遂之所能爲也案葉氏此論最明確公羊兩傳皆曰公不得爲政蓋未達乎此○許翰曰若意其遣使京師必以有故於晉非是則未往說經者不當如是

三十有一年春取濟西田

曹田補曰公羊曰晉侯執曹伯班其所取侵地於諸侯左傳以爲晉分曹地予魯也書取者魯使人取之據左傳國語臧孫辰實往是與盟宿入杞之屬異亦直書之者志其事而略其人故從卑者之文蓋凡直書其事者有此二例矣若祭祀蒐閱之屬則是國之大事其例又殊城築

浚直以其事志則卑者尸之

公子遂如晉

夏四月四卜郊

謂之郊者天人相與交接之意也不言郊天者不敢斥尊也昔武王既崩成王幼少周公居攝行天子事制禮作樂終致大平周公薨成王以王禮葬之命魯使郊以彰周公之德祭蒼帝靈威仰昊天上帝魯不祭補曰疏曰范惟言天人相與交接故謂之郊或當亦以在南郊就陽位而祭也文烝案周公薨云云者今文尚書金縢說也此注全本何休又明堂位祭統並言成王賜魯郊禘而禮運載孔子曰魯之郊禘非禮也周公其衰矣公羊亦曰魯郊非禮也劉敞引呂氏春秋魯惠公使宰讓請郊廟之禮於天子天子使史角往惠公止之以爲魯有天子禮樂殆周之末王所賜非成王也今以穀梁左氏都不論及姑依明堂位祭統金縢說可耳又鄭君謂魯有郊無圜丘注末三句本之郊丘爲二其說可從靈威仰之說出於緯書不可用也傳曰郊享道也貴其時大其禮郊特牲論郊曰郊之祭也迎長日之至也大報天而主日也兆於南郊就陽位也於郊故謂之郊萬物本乎天人本乎祖此所以配上帝也郊之祭也大報本反始也孝經曰周公郊祀后

稷以配天凡卜郊皆謂卜郊日龜曰卜著曰筮**不從**補曰不從不吉也書曰龜從筮從**乃免牲**補曰牲特牲也用騂犢郊特牲曰牲用騂尚赤也用犢貴誠也王制曰祭天地之牛角繭栗**猶三望**鄭君曰望者祭山川之名也謂海也岱也淮也非其疆界則不祭禹貢曰海岱及淮惟徐州徐魯地補曰此鄭駮五經異義文見詩閟宮正義公羊以爲祭大山河海鄭以淮易河左傳所謂三代命祀祭不越望也公羊高齊人葢據齊法齊地在岱陰又東至于海西至于河也魯因郊而望列國則無郊有望矣賈服杜說左氏曰三望分野之星國中山川何休曰禮祭天牲角繭栗社稷宗廟角握六宗五嶽四瀆角尺其餘山川視卿大夫天燎地瘞日月星辰布山縣水沈風磔雨升燎者取俎上七體與其珪寶在辨中置於柴上燒之**夏四月不時也**郊春事也補曰明堂位曰魯君孟春祀帝于郊配以后稷鄭君曰孟春建子之月傳以子丑寅三月皆爲郊時在哀元年然則明堂位言其最先所卜月耳雜記孟獻子曰正月日至可以有事於上帝是魯以正月爲常也左傳例稱啟蟄而郊又載孟獻子曰郊祀后稷以祈農事也是故啟蟄而郊郊而後耕啟蟄在建寅月是魯又以三月爲常也竊意子月之郊義專報本寅月之郊禮兼祈穀葢周以冬日至圜丘祭天爲報

祭夏正郊祭天爲祈祭魯無圜丘之祭**四卜非禮也**春郊
故但於子丑寅月郊祭遍祈報爲一歟
事四卜則入夏補曰卜法亦在哀元年四卜者前月下
辛第四卜也十二月下辛卜正月上辛初卜也不從則
正月下辛卜二月上辛二卜也不從則二月下辛卜三
月上辛三卜也又不從則當於三月上辛免牲而不郊
今此三月下辛又卜四月上辛四卜矣而又不從乃於
四月免牲而不郊故曰夏四月不時也四卜非禮也不
時非禮經所以書若使卜從而以上辛郊則亦書也免
免牲亦當在上辛不日者何休所謂不郊則不日也
牲者爲之緇衣熏裳有司玄端奉送至于南郊免牛亦
然元端黑衣接神之道元熏者天地之色也南郊天位
歸之于陽也全曰牲傷曰牛牛有變而不郊故卜免
牛補曰七入爲緇元六入相似也熏即纁赤黃色也杜
預曰免猶縱也孔穎達曰縱放不殺之也何休曰禮卜
郊不吉則爲牲作元衣纁裳使有司元端放之於南郊
明本爲天不敢留天牲范注後四句皆哀元年傳文免
牲免牛皆先卜**乃者亾乎人之辭也**亾乎人若曰無賢人也凱
曰其猶易稱闚其戶闃其
無人詩云巷無居人譏僖公不共致天變補曰注以亾
爲無以人爲賢人凡傳言亾乎人者注皆如此解之皆

非也王引之曰亡讀存亡之亡亡者不在也凡言亡乎人者皆謂不在乎人荀子曰制與在我亡乎人與讀爲舉舉皆也言制皆在我而不在人是亡乎人爲不在乎人之證也管子曰邪行亡乎體違言不存口莊子曰其在彼邪亡乎我在我邪亡乎彼淮南子曰物物者亡乎萬物之中是亡乎爲不在乎之證也禮檀弓曰亡於禮者之禮也其動也中荀子曰禮以順人心爲本故亡於禮經而順人心者皆禮也又曰然則鬬與不鬬邪亡於辱之與不辱也乃在於惡之與不惡也又曰故治亂在於心之所可亡於情之所欲又曰吾所以得三士者亡於十人與三十人中乃在百人與千人之中淮南子曰聖亡乎治人而在於得道樂亡於富貴而在於得和是又亡於爲不在於之證也詩唐風曰予美亡此禮祭法曰有天下者祭百神諸侯在其地則祭之亡其地則不祭公羊傳曰季子使而亡焉是又亡此爲不在此亡其爲不在其亡焉爲不在焉之證也文烝案王說是也李光地以爲亡乎人猶俗言不由人意亦是也王氏又以此年及宣三年成七年十年襄七年亡乎人之人爲指有司宣八年亡乎人之人爲指公子遂則皆失之成七年傳云其緩辭也曰亡乎人矣非人之所能也然則人者對天之稱不在乎人者在乎天也李光地以爲無可奈何之意是也乃免牲乃不郊乃免牛皆以凶變言乃

此無可如何之事也至黄乃復至河公有疾乃復皆以疾言乃至河乃復亦以著有疾言乃此又無可如何之事也至穀聞齊侯卒乃還既爲善之之文雖責專命猶從疾例則亦無可如何之事也趙汸以爲不得已曰乃即傳意也至於定哀不敬之文但言其備災無道絕非國無賢君之謂其於乃字之義本不相涉彼二經固無乃字也凡乃皆兦乎人之辭惟定十五年乃克葬爲猶急辭彼與宣八年以乃與而二文相對爲緩急也

者可以已之辭也望郊之細也不郊無望可也已止也補曰公羊同注二語本左傳何休曰譏尊者不食而卑者獨食

秋七月

冬杞伯姬來求婦婦人既嫁不踰竟杞伯姬來求婦非正也補曰疏曰重發傳者嫌國君之妻異故明之

狄圍衛

十有二月衛遷于帝丘帝丘衛地補曰杜預曰故帝顓頊之虚故曰帝丘

三十有二年春王正月

夏四月己丑鄭伯捷卒補曰鄭文公也不葬者棄師失民與宋襄同例○撰異曰捷公羊作接

衞人侵狄

秋衞人及狄盟補曰何休曰不地者起因上侵就狄盟也杜預曰就狄廬帳盟趙鵬飛曰再舉衞人侵一事也盟一事也文烝案外盟不日此又不月者與二十年盟邢同義

冬十有二月己卯晉侯重耳卒晉自莊閔已前不書于春秋又不言文公之入及鄭忽之殺何乎徐邈通之曰案詩序及紀年史記晉昭公之後大亂五世又鄭忽之後有子亹子儀且事出記傳而經所無殊多誠當有不告故不書者諸侯有朝聘之禮赴告之命所以敦其交好通其憂虞若鄰國相望而情志否隔存亾禍福不以相關則它國之史無由得書故告命之事絕則記注之文闕此蓋內外相與之常也魯政雖陵遲而典刑猶存史策所錄不失常法其文獻之實足徵故孔子因而脩之事仍本史而辭有損益所

以成詳略之例起褒貶之意若夫可以寄微旨而通王道者存乎精義窮理不在記事少多此葢脩春秋之本旨師資辯說日用之常義故穀梁子可不復發文而體例自舉矣補曰書日者正也注因文公論晉事因晉事廣說春秋今更禆而足之不告故不書左傳例如此劉知幾史通曰汲冢瑣語有晉春秋記獻公十七年事又曰瑣語春秋載魯國閔公時事言之甚詳斯則聞事必書無假相赴子元所說未知何如而魯史皆承赴告其理實無可疑君子脩春秋辭有損益事無損益主於因辭明義不以記事爲重公羊所云其辭則某有罪焉孟子所云其義則某竊取之而歐陽脩以爲聖人著書足以法世而已故據其所得而脩之意亦近是至注謂魯之史策不失常法其說亦確但未詳盡耳案明堂位曰魯王禮也天下傳之久矣左傳昭二年晉韓起見魯春秋曰周禮盡在魯矣吾乃今知周公之德賈逵注曰史法最備定四年衛祝佗言封魯公時有備物典策杜預注曰春秋之制由此觀之知魯史記事之法實有王者之禮周公之典迥與他國不同傳稱石尚欲書春秋是周人亦重其記載也

三十有三年春王二月秦人入滑滑國也補曰滑近鄭之國將言秦入虛

國故先言滑國也莊元年言郱鄑郚邑也亦先言紀國也文例正同耳左傳秦欲襲鄭及滑鄭商人弦高犒其師乃入滑而還于殽稱師以敗也于彭衙稱師以戰也此稱人則師少之文其將爲百里之子孟明視卽敗于殽之秦師也

齊侯使國歸父來聘

夏四月辛巳晉人及姜戎敗秦師于殽補曰殽晉山名公羊曰其言及姜戎何姜戎微也案十八年伐衞狄不言及而稱人傳曰進之又宣八年伐秦成九年伐晉白狄不言及昭四年伐吳淮夷不言及昭五年伐吳徐人越人不言及而稱人蓋彼從列數之文此取以尊及卑之義也此役晉君實親在故不得列數伐吳則楚子主之故與伐衞伐秦伐晉同文也不疑戰不日敗夷狄亦不日此日者公羊曰盡也蓋惡晉不仁而謹之與得臣敗狄皆爲變例○撰異曰公羊無師字殽公羊本又作肴**不言戰而言敗何也**補曰據例兩夷狄曰敗中國敗夷狄亦曰敗餘言戰言敗前韓後彭衙皆同例**狄秦也**補曰明在敗夷狄例非是成敗之**其狄之何也**補曰據秦稱師非徐狄吳比**秦越**

千里之險補曰謂襲鄭入虛國滑無備故言虛國進不能守退敗其
師補曰疏曰舊解進不能守謂入滑而去退敗其師謂敗于殽王引之曰疏又云本或別進字者疏文別字
下脫一有字蓋疏所據本無進字其舉傳句亦無進字又記別本有進字者於後也當從疏所據正本無進字
爲是徒亂人子女之教無男女之別補曰史記趙世家扁鵲云秦穆公曰帝告
我霸者之子且令而國男女無別又云襄公敗秦師於殽而歸縱淫扁鵲傳亦同傳所云即其事也疏以亂人
子女爲入滑之時縱暴亂非也秦之爲狄自殽之戰始也明秦本非夷狄補曰如上
所云皆狄道也故自殽戰狄秦則遂以秦爲狄秦爲狄者穆公不卒康公始卒至惠公而後日是準諸滕楚莒
吳諸國爲狄文也孫覺曰春秋書敗秦師則甚秦之惡而狄秦尚書載穆公自誓則許其改過而新之蓋聖人
之意惟其事之善否所在耳趙鵬飛鄭玉汪克寬皆各有說文烝案荀子曰春秋賢繆公以爲能變即公羊文
十二年秦伯使遂傳語而公羊又曰其爲能變柰何惟諓諓善竫言俾君子易怠而況乎我多有之惟一介斷
斷焉無他技其心休休能有容是難也數語皆用秦誓文然則賢繆公能變者乃推尚書錄秦誓之意以說春

秋而春秋實無是義書記言春秋記事各不相同公羊亂其家法而左氏則美穆公用孟明尤流俗之論也

秦伯將襲鄭補曰何休曰輕行疾至不戒以入曰襲此下追敘上年事**百里子與蹇叔子諫曰**補曰百里子百里奚也左傳無百里奚諫下哭師送子亦獨蹇叔耳音義曰百或作伯**千里而襲人未有不亡者也秦伯曰子之冢木已拱矣何知**子之輩皆已老死矣拱合抱也言其老無知**師行**補曰公羊曰師出此亦當爲出涉下師行而誤或云上謂始行下謂遂行**百里子與蹇叔子送其子而戒之曰**補曰百里奚之子孟明視也同時爲帥者又有西乞術白乙丙俱見左傳左傳又曰蹇叔之子與師史記以爲西乞白乙皆即蹇叔之子呂氏春秋又謂蹇叔子曰申與視高誘以申爲白乙丙也**女死必於殽之巖唫之下**其處險隘一人可以要百人**我將尸女於是**尸女者收女尸補曰二句相屬爲義唫者崟之借字音義曰本或作崟說文曰巖厓也崟山之岑崟也厓者山邊岑者山小而高廣雅曰岑崟高也公羊作嶔巖楚辭招隱士嶔崟二字並出左傳曰晉人禦師必於殽殽有二陵焉其南陵夏后皋之

墓也其北陵文王之所辟風雨也必死是閒余收爾骨焉二陵郎傳巖崟之下也必死是閒余收爾骨郎傳之死必於巖崟之下尸女於是也何休説公羊杜預説左氏皆以爲其處深阻險隘故料其必死於此范注本之王引之曰皆非也言女必在此閒戰死不可在他處吾將於此收女尸死有定所乃可收也呂氏春秋蹇叔謂其子曰女死不於南方之岸必於北方之岸爲吾尸女之易是其證也

師行百里子與蹇叔子隨其子而哭之秦伯怒曰何爲哭吾師也二子曰非敢哭師也哭吾子也我老矣補曰依孟子書百里奚去虞入秦年已七十時虞未滅也至此蓋年百歲餘**彼不死則我死矣**畏秦伯怒故云彼我要有死者**晉人與姜戎要而擊之殽**補曰要遮也明在疑戰例又非是成敗之**匹馬倚輪無反者**倚輪一隻之輪補曰倚唐石經初刻作奇嚴可均曰漢書五行志引此作觭服虔曰觭音奇偶之奇師古曰觭隻也則漢世穀梁家本是觭字後省角旁直作奇音義奇居宜反或於綺反是陸所據范本作奇或作倚也文烝案方言曰倚踦奇也自關而西秦晉之閒凡全物而體不具謂之倚梁楚之閒謂之踦公羊作隻輪

何休曰隻踦也明諸字俱通何又曰皆踰盡**晉人者晉子也**補曰別姜戎言及又下危文公葬足明襄公親之傳言晉子爲踰年未葬稱子之明文亦侵伐稱子之著例**其曰人何也**補曰晉是霸國言戰言敗雖非君猶宜稱師**微之也何爲微之不正其釋殯而主乎戰也**補曰劉向說苑曰好戰之臣不可不察也羞小恥以搆大怨貪小利以亾大衆春秋有其戒晉先軫是也先軫欲要功獲名則以秦不假道之故請要秦師襄公聽先軫興兵要之殽擊之匹馬隻輪無脫者大結怨搆禍於秦接刃流血伏尸暴骸糜爛國家十有餘年卒喪其師衆禍及大夫憂累後世漢書五行志劉向以爲晉不惟舊而聽虐謀結怨彊國四被秦寇禍流數世惠士奇曰秦晉自殽之後兵連不息秦遂合於楚卒爲晉患故春秋於殽戰狄秦而微晉交譏之晉不敗秦何害於霸而汲汲爲背殯要秦哉孔廣森曰下經曰癸巳葬晉文公諸侯之禮遞朝五廟先葬五日而啟自辛巳以迨癸巳十二日耳則是時已當戒啟期矣乃釋哀廢禮佳兵造釁不臣不子孰此爲甚

癸巳葬晉文公日葬危不得葬也補曰危者危晉襄背殯用兵文爲霸主又異於

齊桓緩葬故特發傳以明同義

狄侵齊

公伐邾取訾樓補曰不致者伐而取惡事也○撰異曰樓左氏作婁公羊作取叢亦作取菆徐彥疏曰有作鄒字者孔廣森曰鄒郎訾婁之合聲猶壽夢爲乘句瀆爲穀是也就作叢菆字亦當讀如鄒叢與諏陬等字並从取古諧聲本同

秋公子遂帥師伐邾

晉人敗狄于箕箕晉地補曰晉不稱師以敗之者以敗夷狄故略之也言敗不言戰例在成十二年傳何休曰不月者略微者與夷狄也案當專是略夷狄

冬十月公如齊補曰孔廣森曰月者蓋公有疾而行故危之

十有二月公至自齊補曰月者爲下薨日

乙巳公薨于小寢小寢非正也小寢內寢非路寢補曰范以小寢爲內寢本杜預經

草今本誤菽

注左傳曰卽安也服虔曰小寢夫人寢也譏其近女室杜亦曰夫人寢也譏公就所安不終於路寢疏曰傳發此例者以隱閔不地桓公非正今僖公雖好卒而沒於婦人之手故發傳以惡之楊亦謂是夫人之正寢也左傳八年夫人不薨于寢寢則不殯于廟服虔曰寢謂小寢也案周禮宮人掌王之六寢之脩鄭君注曰路寢一小寢五又引玉藻路寢聽政小寢釋服之文斷之云是路寢以治事小寢以時燕息焉又引春秋薨于路寢薨于小寢之文斷之云是則人君非一寢明矣然則鄭意以僖所薨之小寢爲君之燕寢不以爲夫人正寢

隕霜不殺草京房易傳曰君假與臣權隕霜不殺草補曰劉向以爲今十月周十二月於易五爲天位爲君位九月陰氣至五通於天位其卦爲剝剝落萬物始大殺矣明陰從陽命臣受君令而後殺也今十月隕霜而不能殺草此君誅不行舒緩之應也**未可殺而殺舉重也可殺而不殺舉輕也**重謂菽也輕謂草也輕者不死則重者不死可知重補曰傳合定元年爲說韓非子曰魯哀公問於仲尼曰春秋之記曰冬十二月霣霜不殺草何爲記此仲尼對曰此言可以殺而不殺也夫宜殺而不殺桃李冬實天失道草木猶犯干之而況於人君乎王應麟曰以論語焉用殺之言觀之乃法家者流託聖言耳文

烝案胡安國疑其與宰我戰栗之對相似王氏因有此論但韓非後五句或非夫子之言而前數語問荅當實有之正穀梁所本

見不字之通例

李梅實 京房易傳曰從叛者茲謂不明厥妖木冬實補曰劉向以爲周十二月今十月也李梅當剝落今反華實近草妖也先華而後實不書華舉重者也陰成陽事象臣顓君作威福董仲舒引記曰不當華而華易大夫不當實而實易相室孔廣森曰此於洪範五行屬木不曲直五行傳曰田獵不宿飲食不享出入不節奪民農時及有姦謀則木不曲直

實之爲言猶實也 實子補曰注解上實字也李梅子中有核人於植物中屬蓏物也下實字是名實虛實之實與孫字同意

晉人陳人鄭人伐許

僖補注十二終

大千四百零八字
小萬一千五百八十五字
眉注九字

清嘉善鍾氏本春秋穀梁經傳補注

第三册

晋 范甯集解 清 鍾文烝補注

中國國家圖書館藏清光緒二年嘉善鍾氏信美室刻本

山東人民出版社·濟南

春秋文公經傳第五補注第十三文公僖公子史記名興母聲姜以襄王二十六年卽位

穀梁　范氏集解　鍾文烝詳補

元年春王正月公卽位繼正卽位正也繼正謂繼正卒也隱去卽位以見讓桓書卽位示安忍莊閔僖不言卽位皆繼弒補曰杜預曰先君未葬而公卽位不可曠年無君文烝案公羊言一年不二君不可曠年無君杜用爲說踰年未葬得稱公者自己國臣民稱之成定並同李賢後漢書注引穀梁傳曰承明繼體則守文之君也傳無此文蓋後學者說傳語在外傳及章句中

二月癸亥日有食之○撰異曰公羊作癸亥朔王引之據漢書五行志以爲朔是衍字師古注劉向傳所引已衍案陸淳纂例所據本唐石經本皆誤衍

天王使叔服來會葬傳例曰天子大夫稱字蓋未受采邑故不稱氏字者貴稱稱故可獨達也補曰左傳曰內史叔服周禮內史中大夫一人下大夫二人叔服蓋下大夫也注引稱字例在定十四年傳依後

王子虎卒傳前一說則叔服本王子不以王子子氏蓋省文也此事在時例**葬曰會**言會明非一人之辭

其志重天子之禮也諸侯喪天子使大夫會葬禮也補曰此本公羊杜預也疏後一說此

釋得書所由五年傳解會葬之處二者互言之文孫案此不獨互言也傳文至簡每以一傳包前後經文此以

天子使人會葬爲重則以知諸侯使人會葬爲恆事也以會葬僖公爲重則以知凡公與夫人之喪天子使人

含賵之等皆爲恆事也又以知賵仲子含賵成風志者亦爲重也又以知會葬成風志者尤爲重也若然傳於

賵仲子言不及事於含賵成風言兼事不周事又別爲解者仲彼二文又兼有是義傳但就一邊言之也諸侯之

禮有志者則邾滕之奔喪會葬則以君親來志也秦襚成風者則與賵仲子略同也亦皆重之之義

夏四月丁巳葬我君僖公薨稱公舉上也葬我君接上下也僖公葬而後舉謚謚所以成德也於卒事乎加之矣補曰疏曰重發傳者桓不以禮終僖則好卒二者既異故傳詳之

天王使毛伯來錫公命毛采邑伯字也天子上大夫也補曰亦不知爲上爲中此事蒙上月

○撰異曰錫左氏唐石經及宋本作賜段玉裁曰非也**禮有受命無來錫命錫命非正也**補曰疏曰重發傳者桓薨後見錫此即位見錫嫌其得正故傳發之劉敞據韓嬰詩傳及鄭君詩箋說以爲嗣君三年喪畢以士服見於王王於廟命之錫之黻冕圭璧文公喪未畢而命之成公喪既畢而不受命於天子皆非禮何休以爲古者三載考績三考黜陟幽明文公新即位功未足施而錫之非禮也何氏自據九錫爲說

晉侯伐衞

叔孫得臣如京師補曰叔孫得臣公子牙孫莊叔左傳曰如周拜

衞人伐晉

秋公孫敖會晉侯于戚禮卿不得會公侯春秋尊魯內卿大夫可以會外諸侯戚衞地補曰注首句本左氏盟翟泉傳彼傳曰在禮卿不會公侯會伯子男可也杜預曰大國之卿當小國之君故可以會伯子男文承案此左氏一家之言未可用也注末句即下年盟垂斂傳文又加一卿字其實傳之大夫即卿也

傳不於柔會宋公陳侯發例又不於此發例者隨意而發非有深義疏曰傳以伯者至尊不可云得會非也

冬十月丁未楚世子商臣弒其君髡鄭嗣曰商臣繆王也髡文王之子成王也

不言其父而言其君者君之於世子有父之親有君之尊言世子所以明其親也言其君所以明其尊也商臣於尊親盡矣補曰鄭嗣注本何休何云言君者所以明有君之尊又責臣子當討賊也此刪一句不如本文爲善末句增足淺贅曰髡之被弒爲其欲黜世子○撰異曰髡左氏作頵

日髡之卒所以謹商臣之弒也夷狄不言正不正徐乾曰中國君卒正者例日篡立不正者不日夷狄君卒皆略而不日所以殊夷夏也今書日謹識商臣之大逆爾不以明髡正與不正補曰此與成九年莒潰同意此謹無父彼謹無君也孟子曰無父無君是禽獸也程子曰禮一失則爲夷狄再失則爲禽獸愚觀穀梁兩傳而知聖人有憂之之也是故中國詳之夷狄略之中國也而夷狄則人亦略之夷狄也而禽獸乃更詳之文相錯而義相成也是故夷狄之辭無時而可同中國者也君臣父子之教有時而不論中國夷狄者也推之全經而皆通俟之百世而不惑

公孫敖如齊

二年春王二月甲子晉侯及秦師戰于彭衙秦師敗績彭衙秦地補曰李光地曰敗秦師于殽罪秦也及秦師戰敗績稍恕秦也文烝案此戰甲子郯戰乙卯戰以喪禮處之故子卯不避○撰異曰衙公羊或作牙

丁丑作僖公主作爲也爲僖公主也爲僖公廟作主也主蓋神之所馮依其狀正方穿中央達四方天子長尺二寸諸侯長一尺補曰公羊曰爲僖公作主故何注加一廟字解之范襲之非也狀正方以下亦本何休也徐彥謂皆孝經說文孔廣森曰案山海經曰桑封者桑主也方其下而鋭其上而中穿之加金主之有穿此其足證者覲禮設方明以依神方明以木爲之方四尺而設六玉鄭君曰設玉者刻其木而著之若然六面皆刻而午貫相通其所謂穿中央達四方者歟設玉加金事亦同矣蓋古主之遺象疏曰櫜信引衞次仲云宗廟主皆用栗右主八寸左主七寸廣厚三寸若祭訖則內於西壁埳中去地一尺六寸右主謂父也左主謂母也范注與何休徐邈同與衞氏異其藏之也白虎通亦云藏之西壁或如衞說去地高

下則無文以明之文烝案麋所引衞宏說據漢舊儀則帝主九寸后主七寸藏太室西壁埳中祭則設座於埳下

立主補曰說正禮**喪主於虞**禮平旦而葬日中反而祭謂之曰虞其主用桑補曰虞安也以安神天子九虞諸侯七卿大夫五士三既虞埋重於道左而有主**吉主於練**期而小祥其主用栗補曰疏曰案莊公之喪已二十二月仍譏其為吉主禘今方練而作主猶是凶服而曰吉主者三年之喪至二十五月猶未合全吉故公子遂有納幣之譏莊公喪制未二十五月而禘祭故譏其為吉此言之比之虞主故為吉也此雖為練作之主終入廟以辨昭穆故傳以吉言之文烝案檀弓曰殷練而祔周卒哭而祔孔子善殷夫躋之祔於祖必有主必為吉主明周之吉主卒哭作之故左傳例曰凡君薨卒哭而祔祔而作主而舊說解此之句為喪主失其實也此傳及公羊皆至練時作主似據殷制或者殷周之禮諸侯得通用抑或魯有王禮避周從殷皆未可知矣注用桑用栗本公羊何休曰夏后氏以松殷人以柏周人以栗杜預亦同但不說夏耳何休又曰埋虞主於兩階之間易用栗也虞用桑者桑猶喪也取其名與其麤物所以副孝子之心練用栗者取其戰栗謹敬禮士虞記曰桑主不文吉主皆刻而謚之蓋為禘祫時別昭穆也疏曰徐邈注盡與之同

范亦當不異孔廣森據五經異義載公羊及禮戴說虞
主埋於堂兩楹之閒又一說埋之於廟北墉下以爲何
氏所稱

作僖公主譏其後也

僖公薨至此已十五月補
非師說曰蓋是時練祭後期歟公
羊曰欲久喪而後不能也何休以爲文公亂聖人制欲
服喪三十六月十九月作練主又不能卒竟故以十五
月

作主壞廟有時日於練焉壞廟

禮親過高祖則毀其
廟以次而遷補曰注
以毀訓壞非也脩壞曰壞猶擱汙曰汙治亂曰亂古人
語如此所脩之廟謂死者祖之廟於今君爲曾祖即他
日之新宮也必脩之者練之明日當以所作主祔於此
廟據士虞禮記檀弓卒哭而祔者以祭之明日知練而
祔者亦以祭之明日也既祔仍以其主復於寢即如左傳
所謂特祀於主鄭君士虞記注曰凡祔已復於寢無主旣
祫主反其廟是也曾子問曰當七廟五廟無虛主虛主
者惟天子崩諸侯薨與去其國與祫祭於祖爲無主耳
吾聞諸老聃曰天子崩國君薨則祝取羣廟之主而藏
諸祖廟禮也卒哭成事而後主各反其廟推此知練而
祔者練而各反廟廟無虛主又無二主則各主皆如舊
而所祔新主之復於寢必也迨大祥禫後三年喪畢然
後今君高祖之父遷依公羊馮君章句則遷廟之主藏
於大祖大室北壁中旣遷則謂之毀廟乃以曾祖之主

遷焉而新主遷於會禰之處謂之新宮大戴禮有諸侯遷廟篇即喪畢遷主新宮之禮其末云擇日而祭蓋即閔二年傳士虞記之吉祭或禘或祫者也朱子據遷廟篇君臣皆元服明其爲除喪而遷張履又據君臣皆乘車且有出入門及大溝渠之文明其爲從寢之廟其說皆是也自來說穀梁者皆以壞廟爲毀廟則與大戴之遷廟相混鄭君士虞記注盧辯遷廟篇注孔穎達王制正義賈公彥周禮匠人疏遂謂自寢遷廟在練時楊氏疏曰作主在十三月壞廟在三年喪終而傳連言之者此主終入廟入廟即易檐其事相繼故連言之非謂作主壞廟同時也或以爲練而作主之時則易檐改塗故此傳云於練壞廟於傳文雖順舊說不然故不從之直記異聞耳至朱子則曰穀梁言壞舊廟不言遷新主安知其非於練而遷舊主於三年而納新主邪朱子此語可謂破的但其言壞舊廟遷舊主亦沿舊解之誤張履作毀廟論祔祭論知穀梁所言爲殷制然亦但謂毀廟非遷廟竊以毀廟云者名有廢除事殊墮壞且穀梁不應此句說遠廟而下文說新宮其不可通也甚矣

壞廟之道易檐可也改塗可也

將納新神故示有所加補曰范此解可用練之明日祔亦得云納新神也檐屋櫋聯也說文檐爲㮰㮰爲梠梠爲楣楣爲秦名屋櫋聯齊謂之产楚謂之梠何休說

新宮云易其西北角塗者亞飾壁禮所謂白盛也兩言可者略辭大戴禮有諸侯釁廟篇成廟釁之以羊君臣亦皆元服與遷廟篇相次彼時事多練則略矣易檐改塗為壞廟之道則壞為脩壞而廟指新宮甚明

三月乙巳及晉處父盟晉大夫陽處父**不言公處父伉也**補曰疏曰重發傳者高傒存氏處父去族嫌異故重發之**爲公諱也**諱公與大夫盟去處父氏公親如晉使若與其君盟如經言邾儀父矣不書地者公在晉也莊二十二年秋七月丙申及齊高傒盟于防不去高傒氏者公不親如齊不與其君盟於恥差降補曰爲公諱者釋經去處父氏與公羊同也去氏所以爲諱者卑者以國氏既不言公則若內卑者與外卑者盟是全乎諱也如晉與大夫盟較莊之盟防其恥尤甚故爲之諱亦緣盟既書日不嫌非公得以成其諱文故下文遂云何以知其與公盟以其日也注謂若邾儀父本何休說頗迂曲宜刪去公親如晉三句**何以知其與公盟**補曰問經文何以見之**以其日也**補曰存日以見公盟**何以不言公之如晉所恥也**補曰盟於晉都而晉君不出卑公已甚是所恥也**出不書反不致也**補曰出不言公如故反亦不致皆諱恥也既以去大夫氏

爲諱出反又諱者諱莫如深也不地
而存日則有所見矣故諱恥從深

夏六月公孫敖會宋公陳侯鄭伯晉士縠盟于垂斂 垂斂鄭地

補曰不日者葢以盟事可惡如祝柯之例鄭或以霸國
大夫盟數國之君始於此與齊高傒又不同故特變其
例以示異○左傳稱士縠爲司空晉司空非卿以爲能堪
卿事故書異○撰異曰縠本又作縠唐石經作縠左氏公
羊作縠左亦又作縠斂左氏作
隴徐彥公羊疏曰左氏作垂隴

內大夫可以會外諸侯

補曰言可者時既多有其事春秋別內於外異其辭耳
傳特發此又明外大夫不可也或傳欲以此意明此盟
不日之義故不於上年會
旣發之唐石經無外字

自十有二月不雨至于秋七月 建午之月猶未爲災補曰杜預曰周七月今五月也

不雨足爲災不書旱五穀猶有收文烝案不雨之文不
在七月下者雨而後書不雨則七月雨矣其文不得在
下胡安國程端學說皆非也月令正義引鄭君釋廢疾
曰春秋凡書二十四旱考異郵說分爲四部各有義焉
孔廣森曰今檢經實二十六旱凡大雩十九大旱二以不
雨二歷時不雨加自文者三是爲四部昔夏侯勝以洪

範諫昌邑王曰天久陰而不雨臣下有謀上者文公之篇書久不雨者三卒致仲遂逆謀嗣子遘禍此其效也文烝案漢書五行志曰皇極之常陰劉向以爲春秋亾其應一曰久陰不雨是也孔因附成爲說**歷時而言不雨文不憂雨也**僖公憂民歷一時輒書不雨今文公歷四時乃書是不勤雨也**不憂雨者無志乎民也**無恤民志補曰言春秋以爲無志也疏曰莊三十一年冬不雨不發傳者以一時不雨輕故也下十年十三年意亦與此同故十三年省文不發

八月丁卯大事于大廟躋僖公大事祫也時三年之喪未終而吉祭於大廟則其譏自明補曰疏曰杜預言其譏已明謂前已書吉則此亦同譏范云其譏自明謂不待譏責其惡足顯文烝案何休曰不言吉祫者就不三年不復譏略爲下張本又案躋僖公亦遂以爲常不言初者定篇有從祀文不須加初從可知○撰異曰躋周禮大宗伯注引作隮

大事者何大是事也著祫嘗祫合也嘗秋祭補曰公羊曰大事者何大祫也大祫者何合祭也蓋未知祫嘗之說祫嘗者祫而兼嘗謂先祫而後嘗也詩魯頌曰秋而載嘗毛傳曰諸侯夏禘則不禴秋祫則不嘗唯天子兼之毛謂諸侯之禘祫當廢五廟一

時之祭魯則祫而兼嘗不廢時祭乃天子之禮故特言秋而載嘗即傳祫嘗之說也祫而兼嘗則不得直書祫以其是天子禮故特大是事也以著之言著祫嘗者申上大是事一句意也傳與毛傳多通此文宜以毛爲證何休云禮天子特禘特祫諸侯禘則不礿祫則不嘗與毛亦同也禘當行於周之夏而魯之中葉禘無常月不兼行時祭禮惟八月之祫嘗爲宗廟極盛之祭故詩頌僖公但言嘗不言禘而春秋大禘不書大事也祭統言成王康王賜魯外祭郊社內祭大嘗禘以一大字貫嘗禘二文大禘即明堂位之六月禘大嘗則明堂位所未備即此傳祫嘗也祭統前舉夏殷之時祭春礿夏禘秋嘗冬烝又詳言禘嘗之義篇末乃言大嘗大禘既以承前文又以別前文也此祭在八月而國語以爲蒸韋昭謂用冬祭之禮乖謬不可據也崔靈恩曰祫以秋者以合聚羣主其禮最大必秋時萬物成熟大合而祭之祫者合也說文曰祫大合祭先祖親疏遠近也

祫祭者毀廟之主陳于大祖未毀廟之主皆升合祭于大祖

祫祭者皆合祭諸廟已毀未毀者之主於大祖廟中以昭穆爲次序父爲昭子爲穆昭南鄉穆北鄉孫從王父坐也祭畢則復還其廟補曰此約何休注文何休曰大祖周公之廟陳者就陳列大祖前大祖東鄉昭南鄉穆北鄉

其餘孫從王父父曰昭子曰穆昭取其鄉明穆取其北
面尚敬自外來曰升文孫案周公爲魯大祖周則后稷
歟或曰后稷爲始祖文王爲天祖益非也通典引逸禮
曰祫祭七尸公羊合祭作合食又繼之曰五年而再殷
祭韋元成劉向以來皆言三年祫五年禘通典引徐邈
曰五年再殷凡六十月中分每三十月殷徐說非也禘
以夏祫以秋由禘而祫纔二十餘月已踰二年故言三
年祫由祫而禘有三十餘月距前禘凡六十月爲五年
也禘與祫其禮略同所以異於祫者王肅聖證論引禘
于大廟逸禮云其昭尸穆尸其祝辭總稱孝子孝孫又
云皆升合於大祖通典引禘于大廟禮毀廟之主升合
食而立二尸又云獻昭尸如穆尸又云毀廟之主昭共
一牢穆共一牢又引韓嬰詩傳云禘取毀廟之主皆升
合食於大祖又劉向五經通義云禘者諦也取已遷廟
主合食大祖廟中據此諸文知禘不及未毀廟主春秋
經傳多直云禘于某公知未毀廟皆特禘但如世室武
宮之等親盡而廟不毀親盡則必就大廟昭穆之列不
毀則又比親廟特禘之禮禮也禮以禘于大廟名篇亦兼
見親廟等之特禘故祝辭兼稱孝子周頌序雝禘大祖
大祖謂后稷其文言孝子言皇考言烈考文母益亦據
親廟二祧言或序之大祖實指文王歟何休以爲禘異
於祫者功臣皆祭案周禮有功祭于大烝何說非也○

祫之名亦多矣。五經異義左氏說歲祫及壇墠終禘及郊宗石室歲祫似是歲一祫或是祫以歲計卽三歲之殷祭而皆與通典引劉歆賈逵所言之祫不同又左傳大夫亦有殷祭據大傳言大夫士有大事省於其君干祫及其高祖是大夫士殷祭亦名祫也又時祭亦有稱祫者王制曰天子犆礿祫禘祫嘗祫烝諸侯礿犆禘一犆一祫嘗祫烝祫彼舉夏殷四時祭名而犆祫之文或上或下祫與犆對不專祭稱但以其合祭親廟主於大廟亦謂之祫其實穀梁之祫嘗謂祫而兼嘗王制之祫嘗謂於嘗則祫穀梁之祫三歲一祫王制之祫一歲三祫二祭截然不同曾子問言祫祭於祖則祝迎四廟之主渾言祫祭則二祭得兼包也又士虞記古文始虞之祭謂之祫事鄭君曰以與先祖合爲安此則殷祫時祫之外更有祫名也

躋，升也。

補曰公羊爾雅同爾雅作陞

先親而後祖也，逆祀也。

舊說僖公閔公庶兄故文公升僖公之主於閔公之上耳僖公雖長已爲臣矣閔公雖小已爲君矣臣不可以先君猶子不可以先父故以昭穆父祖爲喻甯曰卽之於傳則無以知其然若引左氏以釋此傳則義雖有似而於文不辨高宗殷之賢主猶祭豐于禰以致雉雊之變然後率脩常禮文公傎倒祖考固不足多怪矣親謂僖祖謂莊補曰疏曰親謂僖祖謂閔僖繼閔而立猶

子之繼父故以昭穆祖父爲喻此於傳文不失而范謂莊爲祖其理非也文烝案傳以祖父爲喻當如舊說及疏若下文昭穆之說則依段氏說爲順見閔二年又論於下**逆祀則是無昭穆也**補曰閔爲穆僖則昭也逆者謂升僖於穆北面西上閔繼而東并同爲穆是無宗廟昭穆之禮國語亦曰非昭穆也兄弟所以異昭穆者以受國爲人後爲重既異昭穆郎與父子相繼無異僖雖不禰閔而閔世次當考廟於僖有禰道故文雖不祖閔而閔世次當王考廟於文有祖道上文以僖爲親閔爲祖而左氏曰子不先父公羊曰先禰後祖其說逆祀皆與傳同由其相爲昭穆故舉以相喻也此說詳具於後漢周舉議奏賈公彥周禮冢人疏劉敞爲兄後議趙汸左傳補注當代通人萬斯同金榜段玉裁孔廣森等皆所依用范引舊說謂升僖於閔上者即何休說也何休云升謂西上惠公與莊公當同南面西上隱桓與閔僖當同北面西上繼閔者在下緣僖爲庶兄置於閔上是未思兄弟同昭穆之說於三傳國語實不可通也**無昭穆則是無祖也**補曰此祖謂大祖也昭穆相繼皆承大祖之統**無祖則無天也**祖人之始也人之所仰天也補曰天者祖之所自出非以祖爲天也古人稱王者天大祖亦謂配天范因致誤**故曰文無天**

補曰文無天猶言隱十年無正桓無王桓無會定無正也此指下五年經王使不稱天而言劉逢祿說公羊引傳此數語亦如是解之春秋言天之文唯施於王一言天子義亦不異大祭大變都不斥言故知文公無天指彼二文明矣言故曰者是聖門相承之說

無天者是無天而行也

補曰此猶釋隱十年無正曰隱不自正釋桓無王曰無王之道遂可以至釋定無正曰定之始非正始曰見無以正也明彼經著無天之文者是見文公之無天而行也自逆祀則是以下極論躋僖之惡以解無天之文明爲春秋所深惡也五經異義從左氏說爲大惡不從公羊董仲舒說爲小惡是也昭穆祖天遞推而上亦莊三年傳母子天子之義也又嘗論之禮器孔子曰臧文仲安知禮夏父弗綦逆祀而弗止也左傳載之謂文仲縱逆祀不知彼文論魯事故無禮不知者臧孫罪也春秋書王法故無天者文公惡也

君子不以親親害尊尊此春秋之義也

尊卑有序不可亂也補曰親親者僖於閔爲兄於文爲父宜親僖也尊尊者閔於僖爲君於文有祖道宜尊閔也親親尊尊人道之大二者一揆尊理常伸僖兄也而無升道不以親禰害其尊祖也桓君也而有治文不以親公害其尊王也文姜母也而有絕道不以親母害其尊父也哀姜小君也而

有弗受文不以親夫人害其尊先公也蒯聵父也而亦有弗受文不以親父害其尊王父也諸若此類皆春秋之義傳承上推本廣言之也疏曰稱春秋者以嫌疑之間須取聖證案疏說固可通要是廣有所包故言春秋也

冬晉人宋人陳人鄭人伐秦

公子遂如齊納幣 喪制未畢而納幣書非禮補曰如得禮經當直言如齊不仍史文公羊曰譏喪娶也以爲娶雖在三年之外而三年之内不圖婚三年之恩疾有人心焉者宜於此焉變也董仲舒曰春秋之論事莫重乎志納幣之月在喪分故謂之喪娶

三年春王正月叔孫得臣會晉人宋人陳人衛人鄭人伐沈沈潰 沈國也潰之爲言上下不相得

夏五月王子虎卒叔服也 補曰叔服書王子書名者卒例也左傳成元年尙載叔服語此傳則與公羊同 此不卒者也何以卒之 外大夫不書卒補曰疏曰重發之者尹氏則以

爲魯主此爲會葬事異故重發之**以其來會葬我卒之也**會葬在元年補曰史書卒者自此以其來赴卒之所以赴我者則以其嘗會葬我故也此君子所取義也五年會葬成風者不卒彼不赴故也彼文或作毛伯則卽後書札子殺者**或曰以其嘗執重以守也**僖二十四年天王出居于鄭叔服執重任以守國補曰或說以會葬者不書卒此自以其執重而來赴而君子取其義也如或說葢不以王子虎爲叔服叔服下大夫耳安得執重以守是亦如左傳以爲王叔文公國語所謂太宰文公也

秦人伐晉

秋楚人圍江

雨螽于宋○撰異曰公羊螽皆作蝝獨此此亦是螽字**外災不志此何以志也**補曰疏曰重發之者志災或爲王者之後或爲甚而錄之故不得一例**曰災甚也**補曰此以甚志明雖非王者後亦志也公羊諸螽皆爲記災唯此雨螽及哀十二年十二月螽爲記異與傳不同也公羊定元年傳曰異大乎災何休曰異者非常可怪先事而至者災者有害於人物隨事而至者成十六年雨木冰傳曰志異

也其甚奈何茅茨盡矣茅茨猶盡則嘉穀可知茨蒺藜補曰疏曰徐邈云禾稼既盡又食屋之茅茨范與徐異王樵曰徐說嘗驗有之著於上見於下謂之雨補曰傳以星宜言隕螽宜言雨董仲舒所謂或降於天或發於地不可同也故重發例漢書五行志說此經引穀梁傳曰上下皆合言甚傳無此句蓋亦後學者說傳語在外傳及章句案左傳曰隊而死也公羊曰死而墜也疏曰公羊與考異郵皆云螽死而墜於地故何休云螽猶衆也死而墜者象宋羣臣相殘害也禍自上下異之云爾今穀梁直云茅茨盡矣著於上見於下謂之雨與讖違是爲短鄭君云穀梁意亦以宋薄德後將有禍故螽飛在上墜地而死言茅茨盡者著甚之驗於讖何錯之有乎文烝案公羊言異也故董仲舒何休言大夫專恣據後事推之穀梁言災也故劉向言宋殺大夫無罪據前事推之鄭君意崇讖緯姑作調人以災異爲一不復截然分別於理固通但非昔人家法亦學者所當知矣至於董劉何鄭所推之是非可姑無論耳

冬公如晉

十有二月己巳公及晉侯盟補曰凡朝而盟來聘而盟者皆言及以內及外以尊及卑

之常辭也不入內爲志之例

晉陽處父帥師伐楚救江補曰自此外大夫始稱某帥師稱將汪克寬曰書帥師百有三十僖以前書帥師僅九皆內大夫文宣以後外大夫多書帥師定哀之閒尤數數書之大夫之強可見矣文烝案文以前列國亦有大夫爲將且帥重師者趙汸本陳傳良說以爲雖卿將但稱人將尊師少與將卑師少者同雖卿帥重師但稱師將尊師衆與將卑師衆者同以征伐自諸侯出其臣之尊卑不足辨此夫子脩春秋以內從其恒稱以見實而於外變文以示義也至文以後征伐自大夫出則大夫將書大夫矣張應昌以爲楚大夫將則至成六年始見高澍然以爲秦稱人稱師爲楚達例終春秋大夫未強故不見大夫將二國皆小異也呂大圭以爲大夫而交政於中國自晉文翟泉之盟始大夫而專征伐之權自晉襄伐楚救江始○撰異曰左氏楚下有以字段玉裁曰淺人所增文烝案劉敞春秋權衡曰公羊脫以字後來皆依劉說段氏獨得

此伐楚其言救江何也江遠楚近伐楚所以救江也時楚人圍江晉師伐楚楚國有難則江圍自解補曰江遠未易救可伐楚正所以救之此與宣元年救陳皆未至所救之國彼

以下有會棐林文得直言救此不得直言故須言伐楚矣伐楚亦不直言者張自超以爲商臣弒君疑於得討賊之義又諸侯之用師於楚者唯齊桓一書伐晉定一書侵使於處父之師直書伐則前繼齊桓而後駕晉定故必曰救江張說亦有理要以救者遂其意致其志凡救皆是善文明此亦善之與諸直言救者一例也若然傳言伐楚所以救江而僖十八年云伐衞所以救齊其救自爲一事宣元年云伐鄭所以救宋於經別無救文三者辭同意異又須分別觀之也

四年春公至自晉

夏逆婦姜于齊補曰出姜也**其曰婦姜爲其禮成乎齊也**婦禮成于齊故在齊便稱婦補曰婦者已配之稱謂成昏也禮大夫以上不問舅姑在否皆至三月見宗廟然後成婦禮劉向列女宋恭伯姬齊孝孟姬傳皆有是言賈服何氏之說春秋並同曾子問曰女未廟見而死歸葬於女氏之黨未成婦也**其逆者誰也親逆而稱婦或者公與何其速婦之也**鄭嗣曰皆問者之辭問者以使大夫逆例稱女而今稱婦爲是公親逆與恠稱婦速故反覆推之補

曰逆便稱婦明非姑婦之婦矣知是公逆**曰公也**補曰公親逆故不月**其不言公何也**
據莊二十四年公如齊逆女言公**非成禮於齊也**非責補曰[illegible]禮重故沒公文而以稱婦見
其失若不責其成禮於齊則但當言公如齊從親迎恆事不志之例而下書夫人婦姜氏至自齊史舊文蓋本
言公如齊逆女或當言逆婦為變文下蓋有夫人婦姜氏至自齊之文也**曰婦有姑之辭也**
補曰此言稱婦有二義也下無至文明逆與至共文以逆文為至文也逆稱婦為夫婦之婦至稱婦又為姑婦
之婦至所以別有姑無姑者見宣元年何休說**其不言氏何也**補曰據從魯辭凡姓皆以氏配
貶之也何為貶之也夫人與有貶也邵曰夫人能以禮自防則夫婦之禮
不成於齊故譏公而夫人與焉補曰疏曰宣元年已有傳今復特發之者彼書夫人此直云婦姜嫌文異故彼
此明之然彼稱夫人又書至此不然者公羊傳曰其謂之逆婦姜于齊何娶乎大夫者略之也徐邈亦以為不
書至不稱夫人下娶賤略之若以諸侯下娶大夫便為略賤則大夫亦不得上娶諸侯且天子得下婚諸侯何
為諸侯不得下娶大夫是公羊之言不可以解此也蓋不稱夫人不言至者以其婦禮成於齊故異於餘稱傳

云夫人與有貶也者解不稱氏之意非釋不稱夫人也文烝案不稱夫人者文不得言逆夫人也不言至者逆已稱婦婦姜婦有二義足以包至不須言至矣何休曰稱婦姜至文也逆與至共文其說是也劉敞曰禮之於人大矣是存則存是亾則亾文公之不能保其後嗣者由無以刑其妻也夫人之不能安其位者由無以謹於禮也此正始之道也劉用左傳卿不行之說而謂夫人不能早避喪娶之辱今斷章取之

狄侵齊

秋楚人滅江

晉侯伐秦補曰程端學曰楚滅江不恤而躬伐秦伐楚則遣大夫晉侯之報復情不可掩矣

衞侯使甯俞來聘○撰異曰徐彥公羊疏曰正本作速字故賈氏云公羊曰甯速是也段玉裁曰衞甯速見僖二十六年即甯莊子也僖二十八年三十年左傳皆記武子事則此聘必武子矣公羊非也公羊彼作遬此亦當作遬

冬十有一月壬寅夫人風氏薨僖公母風姓補曰當云僖公妾母○撰異曰段玉裁

曰據杜氏長厤十一月庚子朔十二月庚午朔又稱十二月無壬寅五年正月四日也日月必有誤則杜所據本實作十二月壬寅楊昌霖曰今三家經皆作十有一月蓋據杜說改之十一月庚子朔三日得壬寅然非有經之舊矣

五年春王正月王使榮叔歸含且賵含口實也禮記曰飯用米貝弗忍虛也諸侯含用玉榮叔天子之上大夫也榮采地叔字補曰注首句本公羊尸所沐米郎以飯之依鄭君禮記注天子之蓋用黍諸侯用粱大夫用稷天子之士亦用粱諸侯之士用稻也貝亦飯所用諸侯飯以貝而含以玉通言之皆爲含故隱元年傳曰貝玉曰含已論之矣元年王使皆稱天此與下會葬王使皆不稱天者所謂文無天也桓之春月有月無王文之於王使有王無天其意相類也傳於此不言者文屬王使而義起躋僖故就彼傳一言之荀子曰春秋之微也又曰春秋言是其微也又曰春秋約而不速於此爲甚矣含一事也賵一事也兼歸之非正也禮含賵襚各異人補曰孔廣森曰禮上客弔含上介致賵其曰且志兼也補曰加且以顯其兼以上公羊並同其不言來不周事之用

賻次之句依為舊增

何休曰四年夫人風氏薨九年秦人來歸僖公成風也之禭最晚矣何以言來鄭君釋之曰秦自敗于殽之後與晉為仇兵無休時乃加免繆公之喪而來君子原情不責晚用或作辭補曰不言來若其不接公以一其不周事若不致諸公然趙匡曰春秋之文從簡加減一言字皆有義文烝案周猶給也不給事即下言早晚具以早乘馬曰賵乘馬所以助葬成風未葬故書早而含以晚已殯故言晚國有遠近皆令及事理不通也禮雜記曰含者執璧將命曰寡君使某含相者入告出曰孤某須矣含者入升堂致命子拜稽顙含者坐委於殯東南有葦席既葬蒲席降出反位明君之於臣有含賵之義所以助喪盡恩含不必用示有其禮補曰疏曰舊解以為傳言含賵上關天子之於諸侯及夫人耳雜記所云唯論諸侯自相於何者諸侯及夫人於天子有疾當告天子遣使問之有喪則致含故未殯足以及事其諸侯相於示其禮而已不責其晚也今恐不然范云不通是傳之不通何得天子與諸侯禮異明范以傳為非也文烝案疏說頗得范意其實范謂含不必用與傳亦得兼通此含距喪三月傳譏其晚豈謂含必在殯前哉疏引鄭君釋廢疾云天子於二王後之喪含為先禭次之賵次之賻次之餘諸侯含之賵之小君亦如之於諸侯之臣禭之賵之其諸侯相於如天子

於二王後於卿大夫如天子於諸侯於士如天子於諸侯之臣京師去魯千里王室無事三月乃含故不言來以譏之文烝以爲鄭君最得之矣此以字各本作已與上句岐異今依唐石經左傳正義引及俞皐集傳釋義本改二字通用

三月辛亥葬我小君成風

王使毛伯來會葬補曰毛當爲召榮叔召伯皆大夫不知其上中○撰異曰毛左氏公羊作召疏曰左氏公羊及徐邈本並云召伯此本作毛伯疑誤文烝案左傳曰召昭公會葬之禮於鄙上從竟至墓主爲送葬來補曰逼謂凡會葬也下年傳曰處父主竟上之事杜預曰來不及葬不譏者不失五月之內

夏公孫敖如晉

秦人入鄀

秋楚人滅六

冬十月甲申許男業卒○撰異曰徐彦公羊疏曰業正本作辛字

六年春葬許僖公

夏季孫行父如陳行父季友孫補曰季文子也行父之父齊仲名無佚

秋季孫行父如晉

八月乙亥晉侯驩卒○撰異曰驩公羊作讙周語字从馬晉語从言

冬十月公子遂如晉補曰月者爲葬

葬晉襄公補曰杜預曰卿共葬事文襄之制也案左傳古者使下大夫

晉殺其大夫陽處父稱國以殺罪累上也補曰重發傳者衞成在外晉襄已葬嫌不同也襄公已葬其以累上之辭言之何也補曰疏曰徐邈解襄公已葬謂春秋之例君殺無罪之大夫則是失德不合書葬今襄公書葬則是無罪而以累上之辭言之者以襄公漏泄陽處父之言故也舊解亦云襄公罪輕故不追去葬文今以爲傳云襄公已葬者謂卒哭日久葬在

前殺在後是罪累不合及君故起累上之問非是釋合書葬以否君漏言也補曰何休曰自上言
泄下曰漏上泄則下闇下闇則上聾且闇且聾無以相通臣闇
不言君無所聞上下否塞補曰王引之曰闇與瘖同瘖謂不言聾謂無聞也墨子曰臣下重其爵位而不言近
臣則喑遠臣則唫晏子春秋曰近臣嘿遠臣瘖又曰朝居嚴則下無言下無言則上無聞矣下無言則吾謂之
瘖上無聞則吾謂之聾說苑曰嚴則下喑下喑則上聾聾喑不能相通語意並與此同說文闇从門音聲古讀
闇若陰故與瘖多通用夜姑殺者也殺處父補曰左氏公羊略同夜姑之殺奈
何曰晉將與狄戰使狐夜姑爲將軍補曰時將中軍者直稱將軍也國語
鄭人以詹伯爲將軍當晉文公時晉將軍爲正卿故宣二年傳曰子爲正卿趙盾佐之陽處
父曰不可古者君之使臣也使仁者佐賢者不使賢者
佐仁者邵曰賢者多才也戰主于攻伐仁者有惻隱之恩不如多才者有權略補曰此亦仁者居守之
意案論語事其大夫之賢者友其士之仁者也又徐彥引古之賢仁也又毛詩傳國君友其賢臣大夫士友其

宗族之仁者皆以仁及於賢可與傳相證劉敞傳改仁爲能後儒遂謂穀梁子不識仁字員一曲之見也字有數義言非一端已論於隱二年今趙盾賢夜姑仁其不可乎襄公曰諾謂夜姑曰吾始使盾佐女今女佐盾矣稱處父語以語之故傳曰漏言也夜姑曰敬諾襄公死處父主竟上之事待諸侯會葬在鄙上補曰之字各本脫今依唐石經劉敞傳呂本中集解本俞皋集傳釋義本補正夜姑使人殺之君漏言也親殺者夜姑而歸罪於君明由君言而殺之罪在君也故稱君以殺故士造辟而言詭辭而出辟君也詭辭而出不以實告人補曰王引之曰辟當爲滕隸字滕辟之左右旁皆相似故滕誤爲辟也造讀爲蹙蹙者促也近也蹙滕而言者君臣促滕密語不使左右聞之也漢魏六朝唐人文言造滕言造滕之言言造滕詭辭者如魏志中山恭王傳舊唐書李吉甫傳漢郎中鄭固碑等共十二事皆用此傳語蓋舊本多作造滕范本傳寫誤耳曰用我則可不用我則無亂其德此士對君言之辭補曰用謂用其言亂其德猶詩云二三其德不用而商之於人是二三也韓子進士策問曰

問書稱汝則有大疑謀及乃心謀及卿士以至於庶人龜筮考其從違以審吉凶則是聖人之舉事以與爲無不與人共之於易則又曰君不密則失臣臣不密則失身機事不密則害成則春秋亦有譏漏言之詞又似不與人共而獨運者是二說者其信有是非乎抑所指各殊而學者不之能察也樊汝霖注引蘇洵曰聖人之道有經有權有機之曰經者天下之民舉知之可也曰權者民不得而知之矣曰羣臣知之可也曰機者雖羣臣亦不得而知之矣腹心之臣知之可也此書與易春秋所指各殊也

晉狐夜姑出奔狄

案○撰異曰夜左氏公羊作射古讀夜若豫讀射若序

閏月不告月猶朝于廟

禮天子以十二月朔政班告于諸侯諸侯受於禰廟孝子尊事先君不敢自專也言朝者緣生以事死親存朝朝莫夕不敢泄鬼神故事畢感月始而朝之補曰疏曰范別例云書不告朔有三皆所以示譏則此文一公四不視朔二襄二十九年公在楚三以文烝案范以公在楚入例乃用左氏說又不以不告月爲不班朔而以書不告爲譏皆涉左傳說非也此注自孝子以下皆本何休公羊亦以不告朔不告月何休曰禮諸侯受十二月朔政於天子藏於大祖廟每月朔朝廟使大夫南面奉天子命君北面

而受之比時使有司先告朔慎之至也受於廟者孝子歸美先君云云何休又曰朝者因視朔政爾又後十六年四不視朔注曰不舉不朝廟者禮月終於廟先受朔政乃朝明王教尊也朝廟私也故以不視朔爲重何氏之意以此告朔即論語之告朔告朔後乃受朔政受朔政者即後之視朔是也受朔政後乃朝廟則此之朝廟是也范依十六年傳改大祖廟爲禰廟亦以此告朔即論語之告朔十六年傳注援論語之文證受朔之事似以告朔即是受朔此注又似以受朔政與朝廟爲一謬矣何氏說此禮節次自是明順今惟以禰廟易其所謂大祖廟可耳以祭法考之禰廟王考廟皇考廟皆月祭然則朝廟者祭此三廟也先以餼羊告朔於禰廟乃受朔政乃復朝祭於三廟

不告月者何也不告朔也

補曰告朔猶言班朔即周禮大史頒告朔于邦國亦即十六年傳云天子告朔於諸侯下傳天子不以告朔是也公羊之告朔亦此意大戴禮虞戴德孔子曰天子告朔於諸侯率天道而敬行之以示威於天下又用兵孔子曰夏桀商紂不告朔於諸侯皆與論語之告朔異四不視朔言公不告月不言公知是論天子班朔之事矣不告月不郊與凡言不者皆略異

不告朔則何爲不言朔也閏月者附月之餘日也積

分而成於月者也一歲三百六十日餘六日又有小月六積五歲得六十日而再閏積眾月之餘分以成此月補日附月附於前月也王念孫曰古書於爲二字同用成於月成爲月也僖二十年近爲禰宮近於禰宮也公羊曰天無是月又曰是月非常月孔廣森曰非年年常有之月也說文閏字下解曰餘分之月五歲再閏戴震曰日循黃道右旋斜絡乎赤道而南北者寒暑之故也其隨大氣而左準赤道爲出沒者晝夜之故也凡三百六十五日小餘不滿四分日之一日躔發斂一終月道斜交乎黃道凡二十七日小餘過日之半月逡其道一終日月之會凡二十九日小餘過日之半以起朔十二朔凡三百五十四日有奇分而近歲終積其差數置閏月然後時序之從乎日行發斂者以正故堯典曰朞三百有六旬有六日以閏月正四時成歲文烝案閏所附月無常月不得定名爲某月朔故變告朔言告月也若日事遇朔曰朔則不言閏月可**天子不以告朔而喪事不數也**閏是叢殘之數非月之正故吉凶大事皆不用也補日十二月各有其政著在明堂月令閏所附無常月則無常政故天子不班告朔此正解經不告月三字當與閏月連讀見義下句言喪服以年計者其行事不宜數是月指葬齊景公言也**猶之爲言可以**

已也郊然後三望告朔然後朝廟俱言猶義相類也既廢其大而行其細故譏之補曰注非也因視朔故朝廟因天子班告朔故視朔不告月則無視朔之禮何以朝廟爲乎故爲可以已之辭也文於閏朝廟者亦桓公𧾷瀆祀之類時魯君臣以僖公爲聖賢故服喪欲久祫嘗躋主閏猶朝祭皆過乎禮或容此朝祭專於禰廟矣蘇轍胡安國以爲此言猶者幸其不已之辭劉敞意林引王安石說以爲不郊矣幸其猶三望不告朔矣幸其猶朝于廟愈乎已則可矣劉氏自爲說則曰以爲可以已者是猶逐其父者而謂之曰可幷逐母也以爲愈乎已者是猶紾兄之臂者而曰我且徐之也君子不然彼不郊而三望自謂猶愈乎已故譏之彼不告朔而朝廟自謂猶愈乎已故非之文烝案王氏此說蘇轍亦同二蘇王胡既失其義劉氏書當時謂其用意太過此類是也猶三望猶朝于廟猶繹事異辭同從傳爲允疏曰重發傳者前爲三望發此是朝廟嫌異故重明之范例猶有五等發傳者三僖三十一年猶三望獨發傳者据始也宣三年成七年皆不發傳者從例可知也此年發傳者朝廟與三望異也宣八年猶繹發傳者嫌仲遂有罪得不廢禮又繹祭與朝廟禮異故也

七年春公伐邾

三月甲戌取須句取邑不日此其日何也據僖二十六年公伐齊取穀不日不正其再取故謹而日之也僖二十二年公已伐邾取須句過而不改於此爲甚故錄日以志之補曰疏曰哀元年冬仲孫何忌帥師伐邾二年王二月季孫斯叔孫州仇仲孫何忌帥師伐邾取漷東田及沂西田彼比年伐邾而取兩邑經不書日今僖之與文父子異人特言謹而日之者以文公是不肖之君緩主逆祀取邑致討不得序列於諸侯譏其過而不改故錄日以見惡文烝案哀公時魯屢虐邾其惡易見故取漷東沂西自從常例書時其月者爲下事起耳此則相隔十九年父子異人恐其惡不明故日以顯之疏說未了不致者以是惡事故

遂城郚補曰郚魯邑遂繼事也因伐邾之師補曰當云因取須句之師重發傳者上是伐國取邑此是城嫌非繼事也

夏四月宋公壬臣卒補曰宋成公也不日者蓋不正不葬者或是宋亂魯不會○撰異曰壬本或作王唐石經作王左氏公羊作王左亦或作壬

宋人殺其大夫稱人以殺誅有罪也補曰重發傳者此非討賊又無名氏故重舉衆辭之例疏曰昭公杵臼未即位國內無君故不稱名氏從未命大夫例文烝案疏非也不稱名氏在祖之位也據左傳所殺者公孫固公孫鄭也二子皆孤卿之官固則據爲大司馬僖二十五年論之備惟稱人是有罪之辭恐左氏所載有是非失實者史記宋世家曰成公卒成公弟禦殺太子及大司馬公孫固而自立爲君宋人共殺君禦而立成公少子杵臼是爲昭公其事與左傳異而以公孫固爲大司馬最爲可據以昭公爲少子不正又足明後文弒不書日之義

戊子晉人及秦人戰于令狐令狐秦地補曰言秦地者依傳在外之文爲說也左傳曰戊子敗秦師于令狐至于刳首己丑先蔑奔秦杜預曰從刳首去也令狐在河東當與刳首相接釋例土地名令狐在晉地名中刳首在秦地名中中杜據左傳僖二十四年秦納晉公子濟河圍令狐成十一年晉侯在令狐秦伯不肯涉河使史顆盟晉侯于河東故知令狐是晉地在河東接秦刳首而經文當據刳首爲說今臆測之或令狐一地而兩屬如閻爲晉地而周亦得有閻田之比其屬秦者別名刳首葢又如溫之有鄇鄇者杜預以

爲溫別邑溫已屬晉而鄇田猶屬周正與剸首相類周晉爭溫鄇皆以溫爲言說文解鄇字曰晉之溫地是鄇亦周通稱溫正猶經之通稱令狐矣以戰爲文兩不相稱師又不言某師敗績者皆是略之河曲亦同也略之不稱因其亟戰傳於河始言亟戰者河曲尤甚又有變文公羊兩傳皆曰何以不言師敗績敵也失之

晉先蔑奔秦○撰異曰蔑公羊作眛眛下有以師二字眛今本作眛唐石經不誤徐彥曰左氏穀梁作眛

先蔑**不言出**補曰何休曰据楚囊瓦俱曰戰而奔言出**在外也**補曰在外亦在竟外也公羊亦曰遂在外也何休曰起其生事成於竟外從竟外去徐彥曰以此言之則令狐非晉地伯莒爲楚地亦明矣文烝案二句包公孫敖公孫歸父言之

輟戰而奔秦以是爲逃軍也輟止也爲將而獨奔故曰逃軍補曰此又言經於止戰之後特著奔秦之文者以是爲逃軍故也冉有用矛於齊師孔子曰義也子路曰魯有事於小邾不敢問故死其城下可也然則逃軍者人臣之大罪楚囊瓦事正與此同傳亦并爲彼見義

狄侵我西鄙

秋八月公會諸侯晉大夫盟于扈扈鄭地其曰諸侯略之也

晉侯新立公始往會晉侯不盟大夫受盟既以喪娶又取二邑爲諸侯所賤不得序于會諱使若扈之盟都不可知故略之補曰疏後一說諸侯不序使若扈之盟諸侯都不可知文烝案范本公羊何休說非也傳云略之者與城緣陵同義彼傳曰散辭亦是略之此曰略之亦是散辭文異而意互相備一見桓德之衰一著晉霸之衰呂大圭謂此與十五年十七年皆略而不序者莫有主是盟之辭齊履謙亦以爲散盟散會之辭其說皆是也緣陵之城未知公在否公雖在亦當不出公此異於城故言公也上言諸侯則下言晉大夫屬文之宜也既略之故不日亦不致左傳載諸國爲齊侯宋公衞侯陳侯鄭伯許男曹伯晉趙盾

冬徐伐莒

公孫敖如莒莅盟莅位也其曰位何也前定也其不日前定之盟不日也補曰疏曰重發傳者以徐伐莒而往莅盟嫌非兩國交盟之例故明之文烝案此不日又不月者文承伐下從伐例蓋以徐伐爲主

八年春王正月

夏四月

秋八月戊申天王崩襄王補曰左傳史記皆名鄭范注贅王崩不去天者事不涉魯不得取義於公

冬十月壬午公子遂會晉趙盾盟于衡雍衡雍鄭地

乙酉公子遂會雒戎盟于暴鄭地補曰四日不能再出不爲繼事辭者內大夫兩事並受命則各書之此常例也又兩事並在日例言日則不言遂亦是常例疏以爲下事若直言遂會雒戎恐遂爲繼事辭兩名不辨故再稱公子案疏非也疏據公羊一事再見則卒名傳無是例○撰異曰公羊雒上有伊字穀梁左氏皆或作伊雒之戎音義云誤左氏音義云後人妄取傳文加耳暴公羊本又作曝俗字也

公孫敖如京師弔周喪補曰左傳文也公不奔喪非禮也說見定元年不至復丙戌奔莒補曰言不者可以然而不然之例○撰異曰至下各本衍而字今依唐石經刪正左氏有而字文烝

案左氏經如桓十八年之與字三年之以字及此而字皆非文例當由後人妄增

不言所至未如也若其已行當如公子遂至黃乃復今不言所至而直言復知其實未如也未如則未復也未如而曰如不廢君命也雍曰受命而出義無私留書如京師以顯命行于下不書所至以表不去之罪未復而曰復不專君命也復者事畢之辭未如故知其未復加畢事之文者言君命無輒專之道補曰言復不言乃者未如未復無所至皆其人自爲之乃文無所施其如非如也其復非復也補曰其如非如京師又不返唯奔莒之爲信補曰言如言復皆爲奔起明其意在奔莒左傳謂從莒女己氏也不言出公羊曰遂在外也杜預曰受命而出自外行卽上年例云在外蓋踰竟則卽東行亦以見其未如未復也故謹而日之也補曰意在奔莒則有罪故言日以謹之賈逵說左氏曰日者以罪廢命大討也本傳義也歸父無罪故有遂文不言日也疏曰襄二十三年冬十月乙亥臧孫紇出奔邾傳曰其日正臧孫紇之出也注云正其有罪彼云正其有罪則此亦正其有罪兩處發傳者此其如非如其復非復臧孫則實奔嫌其意異故舉二者以包其餘成十六

年冬十月乙亥叔孫僑如出奔齊亦同此例故不復發之若然僑如亦是有罪書日而彼注引徐邈云禮大夫去云云與此異者書日之義有二種之意一爲正罪一爲兼君恩知者以閔二年公子慶父出奔莒文承九月下而不書日傳稱慶父不復見明罪重合誅故去日以見恩絶則書日日者有恩可知以此推之歸父公子慭不書日之從例可知也然歸父有罪非成公逐之者歸父父殺嫡立庶宜世不長魯人逐之實得其罪但惡成公逐父之使耳不言歸父無罪也文烝案慶父歸父公子慭不日之義各異疏不得其說歸父之父有罪歸父何罪乎徐邈君恩之說無當於傳魯於慶父歸父亦非無恩皆不可通也○此事後人書之則曰丙戌公孫敖出奔莒而已春秋出名氏於上錄日於下加三句六字去出字事備而義精矣左傳曰以幣奔莒不書不可書也家勤國曰公不奔喪而卿行是諸侯不有天子赦如京師不至復是大夫不有諸侯

螽補曰蒙上月

宋人殺其大夫司馬司馬官也補曰亦曰司武馬者武也**其以官稱無君之辭也**何休曰近上七年宋公王臣卒宋人殺其大夫不言官今此在三年中言官義相違鄭君

釋之曰七年殺其大夫此實無君也今殺其司馬無人君之德耳司馬司城君之爪牙守國之臣乃殺其司馬奔其司城無道之甚故稱官以見輕慢也傳例稱人以殺殺有罪也此上下俱失之補曰十五年注以無君爲不臣是也鄭說非也不稱名姓在祖之位也左氏事迹可徵其是非予奪皆未可信但此與上七年皆稱人以殺稱人則已見罪而彼直云殺其大夫此復稱官者蓋因下事書宋司城二文相連不可空言大夫無以相別故下言司城則此言司馬而因此司馬之文又以見祖位及在祖位者之實乃爲前後諸文之樞紐此聖者之作自然之妙也傳因下文稱官是無君之辭故於此亦順而言之不可以辭害意左傳稱其人曰大司馬公子卬

宋司城來奔司城官也補曰宋避先君武公名變司空爲司城**其以官稱無君之辭也**補曰疏曰重發傳者嫌奔殺異也文烝案列國官名自行人以外內外無書者此欲表其無君何以必稱其官蓋其時司城官屬悉來奔實如左傳之說故稱官以著之崔氏舉族皆出則書齊崔氏司城官屬皆來則書宋司城各從其實其義一也若然經以其官屬皆來稱官而傳釋爲無君之辭者一官屬悉奔

朝廷空虛擅權無君於斯爲著傳所云無君即指其以
官屬來也是知上文司馬乃因此司城之文而書以相
別傳於上亦釋爲無君者釋文雖同
其意異也司城名氏左傳曰蕩意諸
來奔者不言出舉其接我也
補曰疏曰此是來奔之始故發傳鄭伯宋子
哀等不發者從此例可知文烝案此言接我
者亦接公也或有公不在而言來奔者當與介
葛盧同例亦容不至國都大概是以接公爲文

文補注十三終

大千六百卌字
小萬四千四百九十九字
眉注十五字

春秋文公經傳第五補注第十四

穀梁 范氏集解 鍾文烝詳補

九年春毛伯來求金補曰金黃金也凡金幣黃爲上此金亦求賻之類傳曰錢財曰賻錢者赤金爲之若是赤金當言賻矣漢書食貨志曰大公爲周立九府圜法黃金方寸而重一斤錢圜函方輕重以銖○或疑此金是赤金未鑄爲錢者左傳鄭伯朝楚楚子賜之金曰無以鑄兵故以鑄三鍾明是赤金也**求車猶可求金甚矣**凱曰求俱不可在喪尤甚不稱使者天子當喪未君也補曰喪求甚於凡求金又甚於求賻注解不稱使本公羊即隱三年例云無君也彼無君謂未踰年又當如左傳說爲未葬此無君則左傳云未葬是也公羊兩處並云當喪未君又因此經謂未三年不稱王且曰以天子三年然後稱王亦知諸侯於其封內三年稱子考之於經景王未三年書天王殺其弟佞夫敬王未三年書天王居于狄泉魯閔公未三年上附莊卷而其稱公作謚繫世入廟仍同僖公穀梁左氏皆無義例則公羊未可信也坊記曰未沒喪不稱君曲禮曰天子未除喪曰予小子生名之死亦名之皆與公羊說同案論語子張曰書云高宗諒陰三年

不言何謂也子曰何必高宗古之人皆然君薨百官總己以聽於冢宰三年又孟子稱堯崩舜立舜崩禹立禹崩啟立皆在三年喪畢後竊意公羊坊記曲禮所言者自是先代之制而周世則不然呂大圭據顧命康王之誥疑彼時已變制矣

夫人姜氏如齊歸寧補曰姜氏謂出姜此書非禮也范本杜預依左傳例何休則以爲奔父母喪父母者齊大夫家也蓋未可據下有二月三月則此如是正月上求金不以此如特出月明夫人與公異例

二月叔孫得臣如京師補曰月者爲葬日京大也師衆也補曰二訓公羊爾雅同言周必以衆與大言之也補曰何休曰天子之居地方千里周城千雉宮室官府制度廣大四方各以其職來貢莫不備具所以必自有地者治自近始故據土與諸侯分職而聽其政焉

辛丑葬襄王補曰公不親會葬非禮也說見定元年天子志崩不志葬舉天下而葬一人其道不疑也補曰不志葬不疑於不葬猶諸侯之時葬正也魯史之制

宜辟周史故得以不志葬爲義若周史則不得矣列國
亦各有史故略書時者則爲正凡春秋之文以簡約爲
主**志葬危不得葬也**不得備禮葬補曰志葬者以月爲
例猶諸侯之月葬故也疏曰重發
傳者桓王七年始葬襄王則七月而葬嫌異故重發之
文孫案桓是改葬志葬猶不志也彼傳亦不諱桓重發
之者所
以起下**日之甚矣其不葬之辭也**王室微弱諸侯無復
往會葬補曰葬天子
而加日甚於危不得葬直是不葬之辭猶諸侯之日葬
危不得葬也不葬之辭謂非舉天下而葬一人之辭也
注以諸侯無復往會葬解
之當改言無復親往則通

晉人殺其大夫先都

三月夫人姜氏至自齊補曰疏曰范例云夫人行有十二
例時此致而書月者蓋以非禮而
致故書月以刺之餘文書月者當條皆有義耳夫人行
十二者文姜七如齊再如莒聲姜會齊侯于陽穀于卞
并數此出姜是十二也文孫案夫人行例時**卑以尊致**
至例月何休曰月者婦人危重從始至例
病文公也夫人行例不致乃以君禮致刺公寵之過補
曰注末句非也病不可以爲刺文公嬖頃熊

而姜氏無寵反言寵之過非事實也傳言夫人以君禮致儼如國君然是由公之不知禮故足爲病也夫人所以不得致者婦人既嫁不踰竟既無踰竟之事安有告廟飲至之禮故公宜致夫人不宜致始嫁宜致既嫁不宜致文姜聲姜雖踰竟皆不行告至之禮也禮雜記及何休說皆言夫人得奔父母喪宜出則郎宜致傳所不言似未足據矣疏引徐邈云卑以尊致者文公娶齊大夫女爲妻故初逆姜氏不稱夫人今致以夫人禮與逆自違故疾公也案徐用公羊說而以前不稱夫人爲卑此稱夫人爲尊殆非傳意

晉人殺其大夫士穀及箕鄭父○撰異曰穀本又作穀左氏公羊作穀**稱人以殺誅有罪也**補曰重發傳者此有及文嫌異故也**鄭父累也**補曰重發傳者鄭父非公子嫌異故也

楚人伐鄭

公子遂會晉人宋人衞人許人救鄭補曰案左傳晉趙盾宋華耦衞孔達皆大夫也稱人者非霸國獨用兵猶從伐沈之例

夏狄侵齊

秋八月曹伯襄卒

九月癸酉地震穀梁說曰大臣盛將動有所變補曰國語伯陽父曰陽伏而不能出陰迫而不能烝於是有地震注引穀梁說盖以爲陽微陰盛君弱臣強之象此年之震疏曰何休徐邈並云由公子遂陰爲陽行專政之所致也孔廣森曰昭二十三年八月乙未地震越二日丁酉周地亦震南宮極死而經不書知諸書地震皆據魯

震動也補曰公羊爾雅同也隱僖篇震既訓雷以雷能動物故震之義又爲動凡一字數義者皆如此易卦之震其本義爲動不爲雷震與動古今語也說卦傳曰震動也是以今語通古語爲震卦之本訓八卦皆同也晏子春秋稱維星絕樞星散地其動又稱鉤星在駟心之間地其動是當時通言地動春秋言地震不言地動者策書用字之例皆因乎古也

地不震者也補曰何休曰天動地靜者常也文烝案素問周髀算經及書考靈耀說地亦圓而動止但人不覺其動故曰不震者也管子曰天曰虛地曰不靜

震故謹而日之也補曰疏曰范例云地震五例日

冬楚子使萩來聘補曰會雩書楚子別欲見義其後還書人則書子斷自此始蘇轍曰至是齊晉日衰楚人接迹於中國於是書其君臣與諸侯比孔廣森曰商臣弒父而得稱子以使者其罪惡固不待貶絕而見文烝案韓子詩云春秋書王法不誅其人身許翰稱之當以此意求之若如周子云春秋正王道又云誅死者於前便未及此○韓子說春秋曰不誅其人曰謹嚴曰深其文辭皆甚確○撰異曰萩或作菽段玉裁曰茉之俗也左氏公羊作椒公羊亦或作萩案古讀椒若萩也**楚無大夫**無命卿**其曰萩何也以其來我褒之也**補曰褒之猶言進之以其來我故進之而得目言萩也楚以君初見新意楚臣猶依舊例

秦人來歸僖公成風之襚補曰稱秦人無君臣者從遠國例略之或微者也不去來者原情不責之見上五年注既不責之故亦不月張洽曰時秦楚交病中國秦欲伐晉而歸襚於魯猶楚欲圖北方而萩來聘也**秦人弗夫人也**言秦人弗以成風爲夫人故不言夫人補曰若以成風爲夫人當直言成風今繫僖公言之明爲弗夫人之辭孔廣森難傳曰若妾母必以其子氏者令惠公僖公尚在何以

稱之文烝案宰咺秦人兩事本以歸妾母志其以可辭受之因以見正者適因惠僖已沒故也若二公尚在則亦直文見譏矣此不足疑也范以不言夫人爲弗夫人之辭非也正嫡夫人亦未有既沒而稱夫人者夫人乃生時之稱唯何休知之後儒皆不省

即外之弗夫人而見正焉 見不以妾爲妻之正

補曰秦人葢曰此所以禭僖公之成風者故可因以見正繫諸僖公就使秦禭莊公之成風君子亦必以其可辭受之因以見正也志者與賵仲子略同孔穎達曰是時服除已久始來弔贈當以變禮待之檀弓曰衞將軍文子之喪既除喪而後越人來弔主人深衣練冠待於廟垂涕洟子游曰將軍文氏之子其庶幾乎亾於禮者之禮也其動也中

葬曹共公

十年春王三月辛卯臧孫辰卒

夏秦伐晉 補曰何休曰謂之秦者晉先眛以師奔秦可以足矣而猶不知止故夷狄之孫復曰晉自令狐之戰不出師者三年其厭戰之心可見而秦又起此役故曰秦以狄之孫覺曰以其易世相讎但曰秦以狄之

程子曰秦雖以報復爲事夷狄之道也文烝案四說大概得之但以師奔秦非穀梁之義令狐後晉不出師又與左傳不合耳傳稱秦之爲狄自殽之戰始而此文狄秦仍爲變例者彼傳秦爲狄惟於書君卒見其義自餘猶從中國例秦君狄也秦國非狄也秦君以有狄道而狄之秦國本周舊都也其取義與滕相似

楚殺其大夫宜申僖四年傳曰楚無大夫而今云殺其大夫者楚本祝融之後季連之冑也而國近南蠻遂漸其俗故棄而夷之今知內附中國亦轉强大故進之補曰前已書殺其大夫得臣矣非自此始進楚也內附中國亦不始此荆人來聘之宜申獻捷彼時何嘗不與中國親亦何嘗不强大乎文之時晉衰而楚益强於諸書楚子見其義不得說之於此范之疏而不檢甚矣

自正月不雨至于秋七月補曰汪克寬曰正月上不繫王者歲首書王所以著一歲十二月皆承天子之正朔故此年及十三年總書不雨但紀月數而已非歲首比也**歷時而言不雨文不閔雨也不閔雨者無志乎民也**補曰重發傳者此專在本年嫌異也

及蘇子盟于女栗女栗某地蘇子周卿士補曰女栗當云地闕下句本杜預王卿之執政者左傳

謂之卿士故杜以卿士言之是天子之上大夫也杜又曰僖十年狄滅溫蘇子奔衛今復見葢王復之傳例曰及者何內卑者也趙匡劉敞葉夢得以爲公及之諱而不與葢非左傳曰頃王立故也案此奉王命當在喪畢後未必蒙月左氏以爲秋七月特據經測之不月者以卑者與王臣特盟故略而異之同諸盟齊不從宿例自此周復微○撰異曰女公羊或作汝栗各本誤作粟今依音義唐石經改正

冬狄侵宋

楚子蔡侯次于厥貉 厥貉某地也補曰亦當云地闕左傳曰將以伐宋孫覺曰此次遂稱楚子下伐麇又以爵書自是楚益強○撰異曰厥公羊作屈

十有一年春楚子伐麇○撰異曰麇公羊作圈

夏叔彭生會晉郤缺于承匡 承匡宋地補曰叔彭生公子牙孫叔仲惠伯張大亨曰文之篇六卿並見文烝案成篇亦有六卿○撰異曰唐石經初刻叔下有仲字磨改去之左氏音義云叔彭生本或作叔仲彭生仲衍字板本左氏有仲字匡作筐唐石經皆不誤湻化本他宋本同

秋曹伯來朝

公子遂如宋

狄侵齊補曰左傳曰鄋瞞侵齊遂伐我謂即下長狄

冬十月甲午叔孫得臣敗狄于鹹補曰敗夷狄雖非疑戰不日此日者蓋大得臣之功公羊以爲其言敗其日其地皆大之也鹹魯地不言帥師而言敗何也據僖元年公子友帥師敗莒師于麗獲莒挐稱帥師補曰前伐沈救鄭乃稱將不稱帥師之例此言敗則當言帥師矣內事言敗非公也不直言師則言某師師直敗一人之辭也補曰欲明所敗者一人故不以衆辭加之一人而曰敗何也補曰據敗亦衆辭以衆爲言之也言其力足以敵衆傳曰長狄也弟兄三人補曰何休以爲相類如兄弟非親兄弟與左傳異弟兄唐石經初刻及各本皆作兄弟誤涉公羊文今依石經磨改及十行本俞皋集傳釋義本李廉會通本乙正佚宕中國佚猶更也補曰佚即迭字故訓更孟子迭爲賓主張鎰所見本或作佚宋本大戴禮禮三

本倩文佚興元本作迭音義曰害本又作宕案各本皆同音義一本作宕如是宕字范應有注楊疏言更害中國所據本亦作害今依音義正本楊疏唐石經改正**瓦石不能害**肌膚堅强瓦石打擿不能虧損補曰打當从木**叔孫得臣最善射者也射其目身橫九畝**廣一步長百步爲一畝九畝五丈四尺**斷其首而載之眉見於軾**兵車之軾高三尺三寸補曰軾者車前曲木左右曲向後接兩輢何休說長狄蓋長百尺杜預以爲蓋長三丈何據考異郵云兄弟三人各長百尺別之國欲爲君又據關中記云秦始皇二十六年有長人十二見於臨洮身長百尺皆夷狄服杜據魯語云僬僥氏長三尺短之至長者不過十之其長短皆與傳小異也此長狄公羊以爲記異葢如臨洮之見偶然之事左傳則鄋瞞國也孔穎達說左傳曰如傳文長狄有種種類相生當有支允唯獲數人云其種遂絕深可疑之國語仲尼之言以爲白虞以來命守封隅之山賜以淶姓則是世爲國主緜歷四代安得更無支屬唯有四人且君爲民心方以類聚不應獨立三丈之君使牧八尺之民又三丈之人誰爲匹配豈有三丈之妻爲之生產乎人情度之深可惑也文烝案孔氏特發此疑今姑存而不論左傳有可信者論於下**然則**

何爲不言獲也據莒挐言獲補曰此非所據也如上所云在獲例不在敗例何爲以敗言之不言獲邪**曰古者不重創不禽二毛故不言獲爲內諱也**不重創恤病也不禽二毛敬老也仁者造次必於是顛沛必於是故爲內諱也既射其目又斷其首爲重創鬢髮白爲二毛補曰左傳宋襄公曰君子不重傷不禽二毛傷卽創也月令曰瞻傷察創鄭君曰創之淺者曰傷此對文也散文則通故說文廣雅云傷創也廣雅又云創傷也說文亦云办傷也或作創此並王念孫廣雅疏證說也重創禽二毛皆爲不仁獲之爲言也亦重創禽二毛之屬也故變文言敗而不言獲所以爲內諱尋傳意本汎論事理非指射目斷首爲重創注失其解於理不通矣傳先言直敗一人以衆言之卽引舊傳記其事以明此敗異於他敗非敗獨得言敗者大之也又解之不言獲之義以明此獲通於他獲實獲皆不言獲者諱之也疏曰長狄兄弟更害中國禍害爲深得臣能立功於一時而標名於萬代其庸大矣若其不諱何以不書且晉獲潞子尙書於經魯獲長狄棄而不錄詳內略外之義豈其然哉知內不言獲之例不施於此也案疏說迂曲此卽內不言獲之例耳公子友欺紿棄師則言獲以惡之得臣殺敵致果則不言獲以諱之惡者變文諱者常文

諱輕於惡凡內所以不言獲者正是諱耳此傳曰諱莒
挐傳曰惡華元夏齧傳曰不與非與義皆相通○射禮
以中爲獲鄭君鄉射注曰射講武田之類也因是見
國之思患而防也春秋以獲爲敗傳曰爲內諱也因是爲
見用兵以不
殺爲武也**其之齊者王子成父殺之則未知其之晉**
者也補曰公羊與此同據左傳魯所獲者僑如齊王子
成父所獲者榮如在齊惠公之二年傳誤作齊襄
公當依史記正之晉所獲者焚如在滅潞時又宋獲緣
斯在春秋前宋武公時衞獲簡如在齊獲之後緣斯者
僑如之先僑如弟曰焚如焚如弟曰榮如季弟曰簡如
襄三十年晉師曠言叔孫莊叔敗狄于鹹獲長狄僑如
及虺也豹也而皆以名其子左傳人名事迹當非虛妄
大氐左氏考史博采而僞詳聖門解經核實而舉要

十有二年春王正月郕伯來奔補曰公羊曰失地之君也
何以不名兄弟辭也左傳
郕文之昭也何休曰月者前爲魯所滅今來見歸猶當
加意厚遇之文烝案魯前與齊共圍郕非滅也或至此
始失國耳左傳以爲郕世子趙匡劉敞疑之月者以是
同姓兄弟故仍史文錄月舊史小國君奔皆月君子皆
略之從時例○撰
異曰郕公羊作盛

杞伯來朝僖二十七年稱子今稱伯蓋時王所進

二月庚子子叔姬卒其曰子叔姬貴也公之母姊妹也同母姊妹補曰公羊曰其稱子何貴也其貴柰何母弟也與傳意同傳以父爲男子之美稱於子則直曰貴之尊之不言男子明女子亦得通稱故大夫以上稱子則其妻稱內子今以君之母姊妹貴稱故舉其貴者猶母弟稱弟母兄稱兄皆以同母爲貴也何休曰不稱母妹而繫先君言子者遠別也禮男子不絕婦人之手婦人不絕男子之手何氏遠別之義可用其言繫之先君非也孔廣森又引詩齊侯之子東宮之妹以爲君之母妹貴有殊矣

其一傳曰許嫁以卒之也補曰稱其一傳曰者蓋引舊傳爲更端之辭或其一二字衍也疏曰上傳言母姊妹貴故錄卒下傳言許嫁諸侯故錄卒似上下意乖者傳欲見雖貴非許嫁不書上下足成非乖也許嫁乃書卒者以其卽貴之漸故也徐邈云上傳云子叔姬者杞夫人見出故不言杞下傳云許嫁者言是別女非杞叔姬也理亦足通文烝案疏說及徐皆非也貴釋書子義許嫁釋書卒義不泥其一二字則文意甚明僖九年伯姬卒已發傳重起例者此稱子嫌有異故舉舊傳重明之公羊亦正如是

男子

二十而冠冠而列丈夫三十而娶女子十五而許嫁二十而嫁

禮二十而冠冠而在丈夫之列譙周曰國不可久無儲貳故天子諸侯十五而冠十五而娶必先冠以夫婦之道王教之本不可以童子之道治之禮十五爲成童以次成人欲人君之早有繼體故因以爲節書稱成王十五而冠著在金縢周禮媒氏曰令男三十而娶女二十而嫁內則云女子十五而笄說曰許嫁也是故男自二十以及三十女自十五以及二十皆得以嫁娶先是則速後是則晚凡人嫁娶或以賢淑或以方類豈但年數而已若必差十年乃爲夫婦是廢賢淑方類苟比年數而已禮何爲然哉則三十而娶二十而嫁說嫁娶之限蓋不得復過此爾故舜年三十無室書稱曰鰥周禮云女子年二十有未嫁者仲春之月奔者不禁奔者不待禮聘因媒請嫁而已矣甯謂禮爲夫之姊妹服長殤年十九至十六如此男不必三十而娶女不必二十而嫁明矣此又士大夫之禮補曰引譙周者五經然否論文也見通典所引說成王冠疏曰注言此又士大夫之禮者謂喪服所言多陳士大夫之禮猶不待二十明諸侯以上早娶禮在不疑文烝案三十二十之文周禮內則大戴禮本命書大傳毛詩傳皆同五經異義從左氏說人君早娶以三十二十爲庶人禮王

并官聖妃四字見漢碑又廣韻引舊先賢傳孔子妻并官氏明刻家語始誤并爲幵

肅聖證論謂三十二十者男女嫁娶之限禮言其極不是過耳男十六精通二十而冠女十四血化十五而許嫁於此以往皆可嫁娶以爲此家語孔子對哀公之言也并官聖妃家語記其娶謂孔子年十九凡此並可與譙范說相證矣白虎通引穀梁傳曰男二十五繫心女十五許嫁感陰陽也通典引同今傳無此文亦是爲穀梁學者說傳語在外傳及章句

夏楚人圍巢

秋滕子來朝

秦伯使術來聘

術秦大夫補曰術不氏從楚吳例也秦非楚吳比有師則亦得有大夫但觀溫之會秦人序莒邾君下翟泉之盟秦人序陳蔡大夫下皆在最末秦雖親晉當時猶以遠國視之也殽戰後與晉世讐遂合於楚春秋於是乎狄秦既遠且狄不可與萩札異例莊二十六年徐遯說有未盡者○撰異曰術公羊作遂徐彥曰左氏穀梁皆作術字經亦有作術字者疑遂字誤案月令徑術學記術有序鄭君謂即周禮遂字聲近遂荅張逸云述讀如遂事不諫之遂

冬十有二月戊午晉人秦人戰于河曲河曲晉地補曰公羊曰河曲疏矣河千里而一曲也不言及秦晉之戰已亟故略之也亟數也夫戰必有曲直以一人主之二國戰鬭數曲直不可得詳故略之不言晉人及秦秦人戰補曰亟訓數者頻數也爾雅曰屢亟也又曰亟屢數疾也曲直之說與戰鬭傳注引鄭君說異非也及者以主及客晉秦之戰則必以晉為主此略之不言晉及者為其亟戰也若然罪晉為其亟戰明十年罪秦亦同傳於此發之舉一隅使人以三隅反也鄭伐許亦為其一歲再伐亦足包其義傳文至簡至密細心則知葉夢得程端學妄譏此傳何哉趙鵬飛曰夫有血氣者莫不有忿心人之所以異於豺狼者以其忿而能懲耳今秦晉忿而不懲俱斃而後已與豺狼何異故以鏖鬭目焉

季孫行父帥師城諸及鄆○撰異曰鄆公羊作運此字後皆同稱帥師言有難也補曰疏曰凡城之志皆譏此傳不解譏與不譏直釋其帥師之意耳但此城得時又畏莒爭鄆書雖是譏情義通許故傳以有難釋之不言譏之意文烝案城直言城者其常也卿親帥師則有難矣傳發通例也

此城鄆汪克寬以爲莒魯之爭實始此

十有三年春王正月

夏五月壬午陳侯朔卒補曰陳共公也不葬者葢魯不會

邾子蘧篨卒補曰邾文公○撰異曰唐石經左氏初刻作蘧蒢後並磨去艸頭板本同初刻唐石經公羊初刻並从竹後並改从艸板本則上字从艸下字从竹惟穀梁石經板本皆並从竹爲得其正段玉裁曰二字並當从竹籧篨竹席也此以器爲名

自正月不雨至于秋七月

大室屋壞屋者主於覆葢明廟不都壞補曰何休曰言屋者重宗廟詳錄之案爾雅曰壞毀也說文曰毀缺也此當蒙月謹之左傳曰秋七月○撰異曰大公羊作世漢書五行志曰大室屋壞穀梁公羊經曰世室案穀梁以世釋大志因謂經同公羊也大室屋壞者有壞道也譏不脩也補曰疏曰高者有崩道下者有壞道既有壞道而書之者譏魯久不繕脩文烝案公羊曰久不脩杜預釋例曰大室

之屋國之所尊朽而不繕久旱遇雨乃遂傾隤不共之甚故特書之中庸曰春秋脩其祖廟**大室猶世室也**世世有是室故言世室補曰大世義相近孔穎達論世子世叔申之屬左氏經作世字傳皆爲大明古世大義通公羊曰世世不毀范用其意**周公曰大廟**爾雅曰室有東西廂曰廟**伯禽曰大室羣公曰宮**爾雅曰宮謂之室室謂之宮然則其實一也蓋尊伯禽而異其名補曰伯禽周公子魯公也三句通釋經例與公羊同周之后稷廟稱大廟文武稱世室親廟稱某宮是天子亦同**禮宗廟之事君親割**割牲**夫人親舂**舂粢盛補曰疏曰徐邈云禮記曰君執鸞刀而封牲彼據初殺牲之時非是割牲之事徐言非也文烝案國語觀射父曰天子禘郊之事必自射其牲王后必自舂其粢諸侯宗廟之事必自射牛封羊擊豕夫人必自舂其盛周禮射人祭祀則贊射牲鄭君曰烝嘗之禮有射家者**敬之至也爲社稷之主而先君之廟壞**補曰社稷之主謂君也禮運孔子曰天子祭天地諸侯祭社稷明諸侯所祭社稷最重故以稱之蔡邕獨斷曰天子社稷土壇方廣五丈諸侯半之社稷二神同功故同堂別壇俱在未位條牒論曰稷壇在社壇西俱北嚮營並壇共門或曰在

介个正俗字

社壇北五經異義今孝經說社爲土神稷爲穀神句龍后稷其配食者鄭君從其說極稱之志不敬也極稱言屋壞不復依違其文補曰所謂盡而不汗也漢書五行志載左氏說曰前堂曰大廟中央曰大室屋其上重屋尊高者也象魯自是陵夷將墮周公之祀也賈逵服虔杜預注皆以爲大廟之室此不可過於穀梁公羊而陳奐作詩傳疏合以爲一以爲大廟者路寢大廟即明堂月令左右介中央之大廟實爲明堂大廟鄭君所謂大寢南堂者也明堂位曰大廟天子明堂此明堂爲路寢明堂周魯同制也魯自魏公之世以大廟爲周公廟厲公之世以大廟大室爲魯公廟至五廟中別有大祖廟乃是文王廟即左傳之周廟絕非大廟其在周則懿王之世以文王爲文世室孝王之世以武王爲武世室世室即路寢之大廟大室雖並稱世室而前堂大廟則爲文王廟中央大室則爲武王廟凡陳氏所說新奇謬盭學者宜辨之矣一經之義羣籍所關固須參會而通亦不可牽合爲說得則爲康成氏之括囊大典網羅衆家不得則爲夏侯建之章句小儒破碎大道二百年來之經術當以是權之方東樹欲一概抹倒則亦過也

冬公如晉

衛侯會公于沓沓地也補曰當云地闕○撰異曰公羊無公字

狄侵衛

十有二月己丑公及晉侯盟還自晉還上有公字○撰異曰左氏還者事未畢也補曰疏曰莊八年師還傳曰遯也嫌不得如彼例故復發傳春秋還例有四范別例云三者蓋直據內爲三不數晉士匄自晉事畢也補曰疏曰以其與致文同也文烝案事畢者返至國也事未畢者返而在路也本但當爲至國之辭以有他事加在路之辭不可沒其本辭也

鄭伯會公于棐棐鄭地補曰兩書會公者公爲主也謝湜得之兩會皆不盟故書之如此邾子來會亦同若會而復盟則當書曰公及衛侯盟于沓公及鄭伯盟于棐公及邾子盟于比蒲從凡內爲志之文矣是故會戎于潛會齊侯于防戎爲主齊爲主也會公于沓會公于棐來會公公爲主也○撰異曰棐公羊作斐亦或作棐

十有四年春王正月公至自晉補曰此亦後事小則以先事致之例孔廣森曰月者

正月也文烝案公一出三爲諸侯所榮於事無危故劉敞據以駁危致之例必如孔說乃通

邾人伐我南鄙

叔彭生帥師伐邾

夏五月乙亥齊侯潘卒補曰齊昭公也不葬者或是齊亂魯不會

六月公會宋公陳侯衞侯鄭伯許男曹伯晉趙盾癸酉同盟于新城新城宋地補曰七年略不序此從常文此盟同外楚事較善也不於會上日者趙匡以爲既行會禮別日又盟不地會與溴梁異者以同外楚爲重雞澤並同義也盟不復舉諸侯者無中事故馬陵柯陵雞澤戲京城北平丘六者皆同義也惟首戴別欲見義張洽曰許自晉文襄圍伐後始與盟會文烝案左傳七年盟扈已有許**同者有同也同外楚也**補曰齊霸同盟同尊周晉霸同盟同外楚晉盟至此言同者時楚強盛晉不能制非若文襄之世不疑不同外之不須言同也七年之盟及此後晉盟不言同者皆本無外楚之事

秋七月有星孛入于北斗劉向曰北斗貴星人君之象也茀星亂臣之類言邪亂之臣將並弒其君補曰漢書五行志劉以爲君臣亂於朝政令虧於外則上濁三光之精五星贏縮變色逆行甚則爲孛北斗人君象孛星亂臣類篡弒之表也星傳曰魁者貴人之牢又曰孛星見北斗中大臣諸侯有受誅者一曰魁爲齊晉夫彗星較然在北斗中天之視人顯矣史之有占明矣時君終不改寤是後宋魯莒晉鄭陳六國咸弒其君齊再弒焉文烝案左傳載叔服言不出七年宋齊晉之君皆將死亂劉所本也月者歷日也**孛之爲言猶茀也**補曰言猶者義相近也案說文孛者𣎵部字與㶸字爲聯緜疊韻之字㶸亦𣎵部字茀者艸艸部字𣎵爲艸木盛𣎵𣎵然㶸孛爲艸木之皃茀爲多艸是二字之本義相近也就本義引申之則孛爲凡盛之偁茀爲凡多之偁以茀釋孛猶以多釋盛以也孛孛星光芒四出蓬蓬孛孛然以其光盛故謂之孛以其光多故釋以茀也又誖悖字从孛拂字从弗皆有亂義凡物盛多則易亂董仲舒以孛星爲闇亂之貌何休以爲邪亂之氣孛之爲茀兼取亂義也孛茀古又同音凡字義相類者聲多相同或相近似也此訓詁之理也昭十七年有星孛于大辰左傳載申須語謂之彗五行志向歆說及杜預依之公羊曰孛者何彗星也何休曰

狀如篲爾雅曰彗星爲欃槍郭璞曰亦謂之孛而左傳昭二十六年齊有彗星晏子春秋史記齊世家並載晏子語以爲孛甚於彗是孛與彗異矣今案齊魯至近不應魯不見齊星竊疑孛大而彗小故書孛不書彗漢書文穎注分別彗孛長三星未知古法如何但對文則孛彗有別散文則通言彗故經書孛而左氏公羊以爲彗爾雅又以彗該孛也開元占經引尸子與爾雅同其曰又引荆州占天棓天槍天欃第星四者皆爲彗

入北斗斗有環域也據孛于大辰及東方皆不言入此言入者明斗有規郭入其魁中也

補曰注規郭解環域環域者營域也入魁中卽公羊所云北斗有中也春秋運斗樞曰北斗七星第一天樞第二旋第三機第四權第五衡第六開陽第七搖光第一至第四爲魁第五至第七爲杓合而爲斗開元占經引河圖曰北斗第一星開樞受第二星提旋序第三星機燿緒第四星權拾取第五星玉衡拒第六星開陽紀第七星搖光吐

公至自會

晉人納捷菑于邾弗克納○撰異曰捷公羊作接**是郤克也**補曰左傳曰晉

趙盾公羊曰郤缺疑克字誤其曰人何也補曰不稱師猶當稱將微之也何爲微之也長轂五百乘長轂兵車四馬曰乘一乘甲士三人步卒七十二人五百乘合三萬七千五百人補曰轂在輪中央兵車之輪高六尺六寸轂長三尺二寸以其長五分之輿下得一輿外得三寸於內外間留一以置輻曰長轂者指輿外所見之尺九寸二分以爲名也注一乘七十五人之數本司馬法而司馬法又有一說一乘甲士十人步卒二十人金鶚曰江永以爲七十五人者丘甸之本法三十人者調發之通制其說是也一乘三十人戰止用二十五人以步卒五人將重車重車者每兵車五乘而一乘一乘亦二十五人杜牧孫子注所謂炊家子十人固守衣裝五人廄養五人樵汲五人是也金說合周禮五伍爲兩之文確不可易此之五百乘凡一萬二千五百人爲一軍之制古禮大國二軍此已得其半故爲多也左傳曰以諸侯之師八百乘公羊曰革車八百乘緜地千里過宋鄭滕薛夐入千乘之國欲變人之主緜猶彌漫夐猶遠也變人之主謂時郤已立貜且邾小國而言千乘者大郤克之事補曰夐與迥洞通韓詩曰于嗟夐兮此千乘就大國之賦言耳賦與軍異法說見隱元年至城下然

後知何知之晚也征不廟算正其得失勞師遠涉乃至城下邾以義拒然後方悟貶之曰人不亦宜乎補曰注言邾以義拒依左氏公羊也弗克納未伐而曰弗克何也補曰納稱帥師皆爲伐文此不言帥師知無伐事故曰未伐克能也勝也弗克其義也非力不足義不可勝補曰公羊郤缺曰非吾力不能納也義實不爾克也傳例曰弗內辭也趙匡曰弗克納言失之於初而得之於末也愈乎遂也捷菑晉出也貜且齊出也姊妹之子曰出補曰公羊同注用爾雅文何休以爲外孫貜且正也捷菑不正也正適補曰左傳邾文公元妃齊姜生定公二妃晉姬生捷菑一正一不正故其義弗克四句申上意也不正則當言邾捷菑見嫌直名者挈於郤克也捷菑不正非君故可以霸國大夫挈之糾正本不當繫國宜言公子或言子亦挈者內君納之故也孔穎達以爲捷菑不言邾者下有于邾之文又引劉炫云已去邾國又非邾君故不稱邾捷菑也

九月甲申公孫敖卒于齊補曰案左傳敖奔而復復而又適莒至是又求復許之將來及齊而卒奔大夫不言卒而言卒何也據閔二年公子慶父出奔莒後不言卒補

曰不言卒者經例因史例也為受其喪不可不卒也補曰將有其末不得不錄其本

其地於外也成十七年公孫嬰齊卒于貍蜃傳曰其地未踰竟宣八年仲遂卒于垂垂齊地然則地或踰竟或未踰竟凡大夫卒在常所則不地地者皆非其常所隨其所在而書其地耳不係於踰竟與不踰竟補曰注殊費辭踰竟者竟外外也未踰竟者國都之外亦外也內君內夫人內大夫外君苟死於外無不地者無二例也疏曰垂不發傳者此及貍蜃既發傳而垂非他國都又非魯竟內在兩端之閒故不復釋

齊公子商人弒其君舍○撰異曰音義殺音試本又作弒舍未踰年其曰君何也補曰據弒奚齊稱君之子其正例當曰直稱子此當言弒齊子成舍之為君所以重商人之弒也舍不成君則殺者非弒也補曰注言殺者非弒奚齊亦在二十六弒君之內注非也傳意在重字即公羊所云成死者而賤生者也禮雜記曰君薨大子號稱子待猶君也鄭君曰謂未踰年也明凡未成為君者皆有可成之為君之理但春秋不成奚齊獨成舍者張洽曰以獻公殺適立庶而奪之以舍之正而與之是也此類王通所謂輕重之權衡曲直之繩墨也董仲舒曰春秋痛之中有痛無罪而受

其死者申生奚齊卓子是也惡之中有惡者己立之己殺之不得如他臣之弑君者齊公子商人是也故立之晉禍痛而齊禍重春秋傷痛而憝重是以奪晉子繼位之辭予齊子成君之號詳見之也董言己立之己殺之本公羊文憝惡也今繁露本作敦

商人其不以國氏何也據隱四年衞祝吁弑其君完不言公子

不以嫌代嫌也春秋以正治不正不以亂平亂舍不宜立有不正之嫌商人專權有當國之嫌故不書國氏明不以嫌相代補曰案左傳記齊桓之子曰武孟無虧也惠公元也孝公昭也昭公潘也懿公商人也公子雍也皆異母兄弟內變如夫人者所生孝公昭公日卒爲正也後此惠公日卒亦爲正皆時事之宜也今昭公卒而舍立左傳但言子叔姬妃齊昭公生舍不言舍不宜立明舍非不正范注失之傳言嫌者謂舍未踰年有未成君之嫌耳

舍之不日何也未成爲君也補曰疏曰若舍不正雖成君亦不合書日而云未成君者春秋不正見者雖庶亦得書日鄭伯突齊侯小白是也今商人爲不欲以嫌代嫌故不去公子則舍不正之嫌前已著見不正已見例當書日爲未成君故不日耳文烝案疏說甚辯實曲說也一句之文何云前見乎舍正宜日實未成君故不日

宋子哀來奔其曰子哀失之也言失其氏族不知何人補曰疏曰舊解失之者謂未達稱子之意非范意文烝案范以失其氏族解失字疏引舊解以未達稱子意解失字其意皆是其辭皆非也失之者謂子哀不氏而稱子師說失其傳也傳云失之卽公羊云無聞焉爾公羊言無聞者三紀子伯也夏五也宋子哀也傳於紀子伯備或曰之文於夏五發傳疑之義惟此與公羊同家鋐翁曰穀梁公羊皆以爲無所考後儒不必强爲之說左傳高哀爲卿不義宋公而出遂來奔書曰子哀貴之家氏以爲在卿大夫之位見君之危委而去之爲臣不忠罪莫大焉乃謂春秋貴而不名以苟免爲見幾有傷名教

冬單伯如齊單伯魯大夫補曰莊元年十四年之單伯益其祖父也孫復張洽嘗言之通皆不卒者與柔溺同若是王臣不得言如言如公羊言王者無外何休以爲言如則有外也

齊人執單伯補曰若是王臣又不可言執私罪也補曰解經不言行人也公羊曰稱行人而執者以其事執也不稱行人而執者以己執也

單伯淫于齊齊人執之補曰淫于齊是私罪也下言叔姬同罪此言淫于齊是謂單伯至齊與子叔姬淫矣然則傳亦如左傳以子叔姬爲舍之母與

公羊道淫之說異

齊人執子叔姬補曰稱子者亦母姊妹母姊妹有兩叔姬者質家字積於仲文家字積於叔男女所同也前當是妹此當是姊左傳曰子叔姬妃齊昭公前無歸齊文者蓋與郯伯姬同叔姬同罪也補曰與單伯同罪言淫也同罪則同執不言齊人執單伯及子叔姬者男女之際非夫婦不可言及也劉敞雖不用同罪之說亦曰此一事也曷爲再言齊人嫌也程端學亦曰不可以臣及君夫人也公羊曰使若異罪然未得其義不直言遂執子叔姬者當用公羊此語

十有五年春季孫行父如晉

三月宋司馬華孫來盟司馬官也其以官稱無君之辭也泰曰擅權專國不君其君緣其不臣因曰無君上司馬司城皆不名而此獨名者以華孫奉使出盟爲好於我故書官以見專錄名以存善補曰案華孫無君而必稱司馬以著之者義與司城同左傳云其官皆從之此得其實官屬皆從故不得不稱官也盟會之事卿行旅從而已今乃空其官屬無留治政者非專擅無君之人安

得若是故傳曰無君之辭也左氏服虔説以爲華耦侈而不度空官廢職魯人貴之非君子貴之可與傳義相證也此與奔異故又發傳也左傳華孫名耦而注以孫爲名非也胡安國謂猶季孫叔孫仲孫臧孫之類今考厚氏亦稱厚孫或作后孫皆是當時呼之如此春秋宋司馬爲祖之位不可言其名故但謂之華孫此非被殺亦不可言其名者以其既著司馬之文故不欲名之來盟是善事非來奔比故彼直云司城而此不直云司馬也不稱使者方欲爲無君之辭故不言使異於孫良夫傳其以二字各本誤作以其今依唐石經十行本俞臯集傳釋義本李廉會通本乙正○蘇軾嘗言春秋自有妙用惟巳明識其用微見端兆愚於司城司馬二條得之蘇氏之論破繩約之見也愚之説杜揣測之私也

來盟者何前定也不言及者以國與之也補曰疏曰重發傳者不稱使嫌異常故也

夏曹伯來朝

齊人歸公孫敖之喪補曰大夫既卒皆書字此猶稱敖者喪初歸從卒例也不言來歸者魯因孟氏之請乃受其喪孔穎達謂非有專使特來是也無專使則不接公矣案左傳齊人或爲孟氏謀飾棺寘諸

堂阜於是卞人以告敖之子難猶毀以爲請立于朝以待命許之取而殯之齊人送之

六月辛丑朔日有食之鼓用牲于社

單伯至自齊補曰若是王臣又不得言至陸湻劉敞已言之大夫執則致致則名此其不名何也據昭十四年意如至自晉稱名天子之命大夫也

晉郤缺帥師伐蔡戊申入蔡補曰疏曰伐入兩舉者伐而不卽入故兩舉之趙匡以爲伐之不服而後入所以兼惡蔡許翰高閌張洽以爲言伐言入甚晉也文烝案與哀公伐邾入邾同

秋齊人侵我西鄙○撰異曰板本左氏或脫秋字唐石經及諸宋本有其曰鄙遠之也其遠之何也不以難介我國也介猶近也補曰王引之曰介當爲尒尒古邇字形與介相似故譌爲介莊十八年傳不使戎邇於我也注曰邇猶近也音義云邇一本作介十九年傳不以難邇我國也音義亦云邇本又作介彼兩介字亦尒之譌陸氏於三介字並音界失之又疏曰重發傳者以莊十九年三國伐我今齊人獨來嫌異故重明之

能爲下本有故字王念孫云衍

季孫行父如晉

冬十有一月諸侯盟于扈諸侯皆會而公獨不與故恥而略之補曰疏曰舊解公獨不與謂七年時今以爲正謂此年文烝案注云不與者指此文言之其意則承七年傳略之爲說於彼誤以爲諱故此以爲恥其實非也此不國別序者亦從散辭例而略之左傳曰尋新城之盟且謀伐齊也齊人賂晉侯故不克而還書曰諸侯盟于扈無能爲也左氏得之公自以有齊難不會耳諸侯者晉侯宋公衛侯蔡侯陳侯鄭伯許男曹伯

十有二月齊人來歸子叔姬補曰何休曰月者閔錄之從無罪例其曰子叔姬貴之也補曰重發傳者前是卒此是出嫌異也其言來歸何也補曰非問稱來歸問何以不直言齊子叔姬來歸而言齊人來歸之也傳省齊人二字父母之於子雖有罪猶欲其免也凱曰書來歸是見出之辭有罪之人猶與貴稱書之曰子者蓋父母之恩欲免罪也補曰凱注非也此釋稱齊人來歸之義文意甚明前稱齊人執之是見與單伯同罪之辭此稱齊人來歸

之是見齊免其罪之辭父母之於子欲其得免故順而書之是不從諸直言來歸者例也何休說公羊曰叔姬於文公爲姊妹言父母者時文公母在明孝子當申母恩也通典引董仲舒春秋決獄曰春秋之義父爲子隱謂此事也范凱不審傳意乃以稱子爲言子是母姊妹之貴稱豈論其有罪無罪乎

齊侯侵我西鄙遂伐曹入其郛郛郭補曰郭外城也疏曰公羊云郛者何恢郭也此不發傳者春秋惟有此事而已非例所及故略之文烝案此亦上伐入兩舉之例言郛以別於都張大亨說是

十有六年春季孫行父會齊侯于陽穀齊侯弗及盟弗及者內辭也補曰言是言弗通例及與也唐石經初刻直云弗者**行父失命矣齊得內辭也**行父出會失辭義無可納故齊侯以正道拒而弗受不盟由齊故得內辭補曰注非也行父之會左傳以爲公使請盟齊侯不肯則行父爲失命矣行父非別有失命之事齊不肯盟卽是失命臣失君命君臣交恥故不言齊侯不肯及盟而得從內辭例若曰行父已去齊弗與盟非不肯也其實會陽穀下加言弗及盟則其不肯及盟足見特立文微而婉耳

夏五月，公四不視朔。補曰：言不者，可以然而不然之例。天子告朔于諸侯，諸侯受乎禰廟，禮也。每月天子以朔政班于諸侯，諸侯受而納之禰廟，告廟以羊。今公自二月不視朔至于五月，是後視朔之禮遂廢，故子貢欲去其羊。補曰：范注辭不別白。諸侯每月朔以特羊祭告禰廟，乃北面受朔政，受之卽是視之，亦曰聽朔，莊十八年傳又謂之朝朔，其實一也。自是遂行朝廟禮，則禰廟、王考廟、皇考廟三廟皆祭。此言受乎禰廟，而玉藻云聽朔於大廟，所聞異說，殆難强同。或者大廟最尊，禰廟最親，禮所通許乎？又覲禮侯氏釋幣于禰，文王世子其在軍則守於公禰，鄭君據曾子問文，知是遷廟主載以行者，以爲親之，故言禰，而書甘誓則謂之祖。或者祖禰同義，苟非對文，皆得通稱乎？疑不敢質也。注末二句之誤，論於下。公四不視朔，公不臣也。以公爲厭政以甚矣。天子班朔而公不視，是不臣。補曰：疏曰：三朝記云「周衰，天子不班朔於天下」，彼據周末全不能班之，此時尚或班或不班。文烝案：楊引三朝記卽大戴禮用兵之文，彼文云「夏桀、商紂不告朔於諸侯」，楊誤記也。傳言經書公四不視朔，明公失受朔禰廟之禮，是不臣也。不臣之惡，厭政所致。厭，倦也。直書其事，以爲公之倦政至此甚也。甚云者，不

視朔而至四連曠大典是爲已甚厥政甚卽不臣甚史
記其事而君子取其義也不舉不朝廟者何休曰受朔
政乃朝故以不視朔爲重何氏是也或時公猶朝廟亦
未可知也左氏公羊解經皆以爲公有疾大失經旨趙
匡曰十二公除文之外無書不視朔者豈皆無病足知
病不視朔常事不書文烝以爲君不視朔或因疾或因
有事皆非過惡史皆不書不須書且不勝書也公羊又
曰何言乎公有疾不視朔自是公無疾不視朔也然則
曷爲不言公無疾不視朔有疾猶可言也無疾不可言
也夫使公自此遂不視朔則當書曰二月公初不視朔
否則書夏六月公初不視朔或直言初不視朔以見譏
自此遂廢視朔之禮春秋文有隱諱而事皆從實何不
可言之有不當以有疾見後之無疾乃欲見其所必不
能見也公自二月至五月不視朔則六月後還復視朔
可知宣公以後亦皆視朔可知經文甚明公羊自擾之
耳若然論語記子貢欲去告朔之餼羊而夫子有愛羊
愛禮之論彼文當定哀時既不告禰豈復視朔乎益自
文四不視朔而宣成襄昭或踵其失至定哀時加數故自
子貢感而傷之其實未嘗全廢不行故雖廢禮之月有
司猶供餼羊而夫子言我愛其禮也范上注用公羊義
又以論語證成之倍經反傳而於論語亦失事實焉自
此後至定哀無故不視朔皆不書者文始廢禮後乃效

尤積習生常恬不知怪史旣不記經遂無文要以從此一譏亦足見義矣

六月戊辰公子遂及齊侯盟于師丘師丘齊地○撰異曰師丘左氏作郪丘公羊作犀丘徐彥公羊疏曰正本作菑丘故賈氏云公羊曰菑丘穀梁曰師丘是也今左氏經作郪字復行父之盟也春齊侯不與行父盟故復使遂脩之補曰此盟內爲志前命行父請盟明矣左傳以爲納賂故得盟

秋八月辛未夫人姜氏薨僖公夫人補曰文公母

毀泉臺補曰據左傳泉宮之臺也公羊謂郎莊公所築郎臺何休曰築毀譏同知例皆時喪不貳事補曰王制有此文鄭君曰貳之言二也貳事緩喪也喪事主哀而復毀泉臺是以喪爲緩補曰李光地曰緩喪猶云不專意於喪以文爲多失道矣緩作主躋僖公四不視朔毀泉臺之類補曰緩喪則失道注專解多字也疏曰春秋爲尊親者諱而舉其多失道者仲尼之脩春秋所以示法若罪皆諱何以見其褒貶故桓公弑逆之主罪無遺漏亦其比也至於書經文辭委曲則亦是諱何者文實逆

祀而云躋僖文從後多不視朔直言四不視朔而已文稱毀泉臺則似嫌其奢泰是亦臣子爲尊親諱之義也然取二邑大室屋壞不與扈盟亦是失道注不言之者云云之類足以包之也文烝案疏論不視朔之事非也不與扈盟又非失道說皆見前**自古爲之今毀之**毀補曰既是緩喪又是先祖之所爲皆又爲失道**不如勿處而已矣**若以夫人居之而薨者但當莫處補曰公羊同范兼用左氏說

楚人秦人巴人滅庸庸補曰戴溪曰秦楚相遠其所以得伐庸者由巴蜀以通道趙鵬飛曰楚至是西連巴秦繞出周晉之後中國諸侯在其掌握矣案此蓋在時例

冬十有一月宋人弒其君杵臼泰曰傳稱人者衆辭衆之所同則君過可知又曰稱國以弒其君君惡甚矣然則舉國重於書人也補曰宋人昭公也賈逵以爲稱人者君惡及國人其說得之稱人之例不必定因魯史之舊左氏載續經哀十四年齊人弒其君壬于舒州或據彼文以爲史有稱人之例非也彼上文書夏四月齊陳恒執其君寘于舒州弒文蒙執故略稱人不可引以爲證也此弒不日史記說可信前已論之陳恒之弒左傳曰六月甲午史文承月下無日知舊史弒亦有不日者諸弒不日似多取舊史成例但

齊簡公非不正又難相通或者諸弒皆日特因陳恆略稱人故亦略不日歟疑不能明也○撰異曰柞公羊作處

十有七年春晉人衛人陳人鄭人伐宋衛序陳上蓋主會者降之補曰杜預曰自閔僖以下終於春秋陳侯常在衛侯上今大夫會在衛下傳不言陳公孫寧後至則寧位非上卿故也與范異范非也案左傳晉荀林父衛孔達陳公孫寧鄭石楚皆大夫也稱人者或欲示討賊之義故爲衆辭國語稱趙宣子請師於靈公以伐宋曰大者天地其次君臣所以爲明訓也乃發令于大廟使旁告於諸侯治兵振旅鳴鍾鼓以至于宋是知晉本以討賊興師特不成討耳

夏四月癸亥葬我小君聲姜○撰異曰聲公羊作聖案白虎通曰聖者聲也

齊侯伐我西鄙

六月癸未公及齊侯盟于穀補曰毋喪十一月而盟不去日也與莊同

諸侯會于扈言諸侯者義與上十五年同補曰案此亦略之爲散辭左傳曰晉侯復合諸侯于扈平宋

也書曰諸侯無功也平宋者宋鮑新立會以定之與北杏同杜預謂傳言復合則如上十五年會扈之諸侯明宋亦在矣上伐不成討故此會爲無功於此略之則言伐不嫌也公亦以有齊難不與會

秋公至自穀補曰離會致者齊方虐我危之也危之故以地致胡銓曰見扈之會公弗與也高閌同

冬公子遂如齊

十有八年春王二月丁丑公薨于臺下臺下非正也補曰疏曰僖是小寢此則臺下嫌異故重發之

秦伯罃卒補曰秦康公也秦始書卒不日又不葬案秦與魯本疏遠至穆公始與中夏會盟至康公歸襚來聘情好漸親故彼赴卒而我錄以名也文之六年穆公卒不應彼不來赴蓋君子削之矣所以削之者蓋敗殽後以秦爲狄故從夷狄不卒之例至康公書卒少進之至惠公書日又少進之皆從夷狄例也夷狄有少進之例不言正不正故康公實是秦世子可以不日也至若桓公以後不書名者又別有義於彼論之史記十二諸侯年表以爲繆公葬殉以人從死者百七十八君子譏之故不言卒此必用公羊家舊說與傳夷狄不卒之

例少異而以爲狄之則同以八殉亦狄道也何休以罃爲繆公妄也不葬者葢亦君子去之以爲夷狄故也○撰異曰公羊昭五年注秦伯嬰稻名徐彦疏曰文十八年經作罃字今此作嬰字者誤也寧知非彼誤者正以文十八年秦伯罃卒之下賈氏云穀梁傳云秦伯偃不道公羊曰嬰知公羊與左氏同皆作罃字矣案今穀梁亦作罃不作偃葢誤

夏五月戊戌齊人弑其君商人 補曰齊懿公也不以爲討賊而以爲弑君者本非討賊張治所謂三年事之一旦弑之程端學以爲與晉殺大夫里克意同春秋正名之義也日者大惡不正前已見非未成君可以日也

六月癸酉葬我君文公

秋公子遂叔孫得臣如齊 補曰左傳曰惠公立故且拜葬也是時公子遂見宣公於齊侯而請立之 **使舉上客而不稱介** 上客聘主也補曰介者助也副也左右也古者主有擯客有介士昏侵齊傳稱歸命乎介會于向叔老爲介宋享趙文子叔向爲介叔弓如滕子服椒爲介則言介者非

獨聘**不正其同倫而相介故列而數之也**禮大夫爲卿
矣介遂與得臣
俱爲卿是以同倫爲副使故兩言之明無差降補曰說
文曰倫輩也此爲凡書如及會盟用兵諸列數者發例
王臣亦從此例惟列國則略之徐彥引穀梁相下有爲
字○此弒立始謀也黃澤曰說春秋當求事情如公子
遂叔孫得臣如齊兩卿如齊雖桓公霸諸侯時魯亦未
嘗如此原其事情雖爲賀惠公立謝齊會葬然亦是爲
立宣公之地自二卿如齊至明年六月齊八取濟西田
凡十三事而八事皆爲齊而子卒夫人姜氏歸于齊公
卽位皆遂之爲也一歲之閒書卿聘齊者六此果何爲
哉如此推尋則知是公子遂殺適立庶急欲求齊以定
公位故冒喪娶齊女棄濟西田此所謂事情黃
略本孫覺呂本中胡安國洪咨夔家鉉翁說

冬十月子卒子赤也諸侯在喪既葬之稱補曰既葬故不
名范云子赤依公羊也據左傳則名惡又左
傳公子遂殺惡及視幷殺叔彭生公羊亦載殺彭生事
而彭生不書刺不書卒者何休曰舉弒君爲重案何義
固是但當是魯史本已不書君子不得增之也何氏以
春秋爲夫子博采諸國書而作不以爲據魯史故其說
柔溺之不卒爲無恩禮杞伯姬之不卒爲無服彭生之
不卒爲舉重其義未嘗不是而不知皆策書之本然

子卒不日故也故殺也不稱殺諱也補曰觀其不日則知有變故矣此故固是弒不得訓故爲弒

夫人姜氏歸于齊補曰左傳謂之出姜又曰魯人謂之哀姜其說曰大歸也惡宣公也姜氏子赤之母其子被殺故大歸也宣公亦文公之子其母敬嬴惡不奉姜氏補曰疏曰注并言敬嬴者欲明宣公是敬嬴所生則非惡敬嬴也舊解宣公不使其母奉養姜氏故言之理亦通也文烝案敬嬴當作頃熊有不待貶絕而罪惡見者泰曰直書姜氏之歸則宣公罪惡不貶而自見補曰貶絕或貶或絕也罪惡顯則直文可也有待貶絕而惡從之者齊小白以國氏之類是也補曰罪惡隱則直文未可也二句爲全經大例不特出春秋於上者省文也公羊於昭元年傳亦曰春秋不待貶絕而罪惡見者不貶絕以見罪惡也貶絕然後罪惡見者貶絕以見罪惡也孔廣森以爲此類皆讀經之要法姪娣者不孤子之意也言其一人有子則共養補曰或姪或娣有子通夫人三人共養之是不孤之公羊曰姪者何兄之子也娣者何女弟也一人有子三人緩帶共望

其祿補曰疏曰上文直云姪娣者所以分別尊卑明夫人須媵妾之意下文總言三人緩帶者欲見有子則喜樂之情均貴賤之意等今宣公為人君不尊養姜氏非緩帶之謂也緩帶者優游之稱文烝案傳言三人謂夫人及其姪娣也頃熊非姜氏姪娣據左傳是文公二妃春秋時諸侯娶女不合九女之制又有違禮再娶者傳特依正禮言耳右媵左媵班次在適姪娣上與夫人亦為三人又右媵亦有姪娣左媵亦有姪娣合之亦各為三人傳但以適姪娣與夫人為三人者略言之足相包也何休公羊注曰必以姪娣從者欲使一人有子二人喜也所以防嫉妬令重繼嗣也因以備尊尊親親也孔廣森曰禮婦人無子當去諸侯夫人雖無子媵有子適得不去重黜尊也易曰得妾以其子此之謂也

一曰就賢也

若並有子則就其賢謂年同也宣公不奉哀姜非此之謂故惡之補曰疏曰宣以庶子簒立非闕就賢范言宣不能奉養哀姜則是非賢之事故云非此之謂文烝案范云並有子者謂夫人無子而姪娣等並有子也左傳論天子諸侯立子之法曰太子死有母弟則立之無則立長年鈞擇賢義鈞則卜據此文則凡無太子適子者皆準此制年鈞擇賢卽傳之就賢故注依以為說此論立庶子之法也文公太子適子並已被殺故傳既明緩帶之義又援就賢之文以見宣之可

惡

季孫行父如齊

莒弒其君庶其

傳例曰稱國以弒其君君惡甚矣補曰莒紀公也疏曰注引傳例者嫌小國無大夫例不稱臣名明弒逆事重不從几常無大夫之例也舊解稱國者謂惡於國人弁虐及卿大夫稱人者謂失心於民庶此乃涉於賈逵之說文烝案賈逵及劉歆許淑潁容說左氏皆言君惡及國朝則稱國以弒君惡及國人則稱人以弒其說得之蓋郎穀梁家舊義也注引例在成十八年傳不日者莒從夷狄例其卒皆不日其弒亦皆不日不論其正不正與吳悉同也夷狄惟子弒父必書日元年傳所云是也○左氏以爲莒大子僕弒君襄三十一年以爲公子展輿弒君劉敞極言其非葉夢得曰左氏謂莒紀公多行無禮於國犂比公虐其言是也以爲僕與展輿之弒則妄矣孟子曰吾於武成取二三策而已文烝案左氏謂大子僕以寶玉來奔宣公命與之邑季文子使司寇出諸竟亦是也杜預以爲未見公而文子出之故來奔不書國語則謂公使僕人以書命文子而里革更其書流之於夷大意不異而上文亦謂僕弒紀公又左氏文子之對國語宣公里革之書並

有弒君之語是則魯人皆知莒世子弒君史必書之夫子必不革之矣而豈可信哉左氏浮誇國語誣淫洵韓柳之特見

文補注十四終

大千八百四十八字
小萬五千四百零五字
眉注五十七字

春秋宣公經傳第六補注第十五 宣公文公子史記名倭母頃熊以匡王五年卽位

穀梁　范氏集解　鍾文烝詳補

元年春王正月公卽位繼故而言卽位與聞乎故也 補曰疏曰重發傳者桓篡成君宣篡未踰年君嫌異故發之文烝案宣不去王故元年之王亦爲平文宣與桓少異篡成君與未成君既如疏說而桓與翬共行弒宣但爲遂所立趙鵬飛嘗言之要以春秋既稱王治桓則不嫌宣元之王無治宣之義特立文有輕重之差耳張洽曰宣十八年閒皆書王者法已舉於前矣天理不可以常亾王法不可以久廢

公子遂如齊逆女 不譏喪娶者不待貶絕而罪惡自見桓三年傳曰逆女親者也使大夫非正也 補曰疏曰引彼傳例者嫌譏喪娶不責親迎故引例以明之

三月遂以夫人婦姜至自齊 補曰以者不以者也 **其不言**義在成十四年傳

氏喪未畢故略之也夫人不能以禮自固故與有貶補曰疏曰婚禮遲速由於夫家陽倡陰和固是其禮而責夫人者一禮不備貞女不從夫人姜氏若其不行公得無喪娶之譏夫人無苟從之咎故責之文烝案公羊謂譏公喪娶故貶夫人夫人與公一體注依文四年傳夫人與有貶而疏申之與公羊微異

其曰婦緣姑言之之辭也補曰疏曰重言此者嫌喪娶同辭略幷明不與陳人之婦同文烝案何休說公羊曰有姑當以婦禮至無姑當以夫人禮至故分別言之高閔曰見頵熊妾也而姑之也

遂之挈補曰疏曰挈者謂去氏族而直書名徐邈以挈爲舉非也文烝案挈實是舉舉而直言之耳

由上致之也上謂宣公補曰謂君稱臣名以告廟朱子疑此類是史官所書如此

夏季孫行父如齊補曰左傳曰如齊納賂以請會

晉放其大夫胥甲父于衛放猶屏也屏除補曰放者棄置於此不得他適與屏義相近所以異於奔者杜預釋例曰奔者迫窘而去逃死四鄰不以禮出也放者受罪黜免宥之以遠也

稱國以放放無罪也補曰君放之也與殺同例

公會齊侯于平州平州齊地離會故不致補曰左傳曰會于平州以定公位

公子遂如齊補曰左傳曰如齊拜成杜預曰謝得會

六月齊人取濟西田補曰何休曰月者惡內甚於以邾婁子益內不言取言取授之也補曰明亦易辭以是爲賂齊也宣公弑立賂齊以自輔恥賂之故書齊取補曰注謂諱賂言取用何休說非也經著授之之辭者以是爲賂齊故也凡受賂則言取郜大鼎宋賂魯也取濟西田魯賂齊也程子以爲齊受之以助不義故書取是也張洽曰桓誘鄭以許田宣賂齊以濟西田以利自固前後一轍使鄭莊齊惠不貪其利則桓宣必不能自立矣故春秋曰假曰取蔽罪鄭齊張略本葉夢得說顧奎光以爲鄭假齊取與魯取鼎同亂賊所畏不在强大而在無欲也趙汸曰禮國亾大縣邑公卿大夫士皆厭冠哭於大廟三日君不舉此取田邑所以必書於策趙本葉夢得說僖取濟西田

秋邾子來朝

楚子鄭人侵陳遂侵宋○撰異曰楚子鄂本公羊作楚人誤也遂繼事也補曰

重發傳者楚是夷狄又有與國嫌義例有異故也

晉趙盾帥師救陳補曰此卽下棐林之師也實未救陳言救者致其志說見下**善救陳也**補曰重發傳者疏曰陳近楚屬晉嫌救非善故釋之又救之者爲善所以駮鄭之過也

宋公陳侯衛侯曹伯會晉師于棐林伐鄭棐林鄭地○撰異曰棐公羊作斐**列數諸侯而會晉趙盾大趙盾之事也**大其衞中國攘夷狄**其曰師何也**據言會晉師不言會晉趙盾**以其大之也**以諸侯大趙盾之事故言師師者衆大之辭補曰疏曰齊侯救邢惡不及事楚子滅蔡滅非其罪晉宋侵鄭失備禍之義故皆貶之而稱師今此稱師以大之者所謂春秋美惡不嫌同辭也文烝案傳言以其大之者謂以此文欲大趙盾之事承上言之也注言諸侯大之非也疏論救邢亦非也公羊以爲不言趙盾者君不會大夫之辭既稱師以大之則公羊所云之義亦在其中趙鵬飛曰權以與其功正以定其分權正並用而春秋之法存乎其間非聖人不能脩也

于棐林地而後伐鄭疑辭也此其地何則著其美也曰泰

夫救災恤患其道宜速而方云會于棐林然後伐鄭狀似伐鄭有疑須會乃定曰非也欲美趙盾之功故詳錄其會地補曰傳義泰未得之王引之曰鄭字衍文桓十五年傳曰地而後伐疑辭也此傳卽承前傳言之伐下不當有鄭字文烝案王說是也傳先言于棐林者出經文也又言地而後伐疑辭者泛論春秋之例也又言此其地何則著其美者言此之以棐林地則非疑辭乃特明救陳之師所至之地所以著其美與上善救陳之義相爲終始也孔穎達曰陳在宋南楚先侵陳去陳乃侵宋也陳旣被侵方始告晉晉人起師救陳楚又移師侵宋晉師比至於鄭楚師旣已去矣故諸國會于棐林同共伐鄭棐林鄭地明晉始至鄭不得與楚相遇故竟無戰事言救陳者致其意耳孔說足與此傳相發趙匡駮傳誤矣

冬晉趙穿帥師侵崇補曰崇者附秦小國當從左傳○撰異曰崇左氏字亦作宗公羊作柳趙坦曰周禮縫人注柳之言聚尙書大傳注柳聚也齊人語廣雅崇聚也此必齊人讀崇爲柳

晉人宋人伐鄭伐鄭所以救宋也時楚鄭侵宋經不言救宋者補曰疏曰以上有楚子鄭人侵陳遂侵宋之文今云晉人宋人伐鄭明救宋可知文烝案楚鄭侵宋宋之師早已去矣以是時晉與

宋共伐鄭故言所以救宋也經自不得有救文與狄人伐衞所以救齊相類

二年春王二月壬子宋華元帥師及鄭公子歸生帥師戰于大棘宋師敗績獲宋華元大棘宋地○撰異曰孔穎達左氏正義曰此華元歸生及哀二年趙鞅罕達客主各言帥師者皆是將尊師衆故並具其文或於歸生之下無帥師之字脫耳

獲者不與之辭也華元得衆甚賢故不與鄭獲之補曰疏曰注言得衆故不與獲然則晉侯失民亦言獲者晉侯雖失衆諸侯無相獲之道故亦不與秦獲也徐邈云獲是不與之辭與者當稱得也定九年得寶玉大弓是也弓玉與人不類徐言非也文孫案不與之辭施於兵獲則爲通例凡書獲蓋多因史文之舊而其義則或以不與獲爲義或以引取之爲義傳於此發不與之例謂書獲卽見不與之不可更求與之之文以解傳猶於麟言引取之亦謂書獲卽見引取之義不須更求直取非引之文以解傳也戰所得俘本當言獲言獲卽是不與麟至旣以狩爲文狩所得獸亦本當言獲言獲卽是引取之寶玉大弓國之重器器物之類本當言得失而復得又當言得獲與得訓釋雖同而用字各不相假皆史例之舊也左傳例凡獲器用曰得得

用焉曰獲姚鼐以爲器用者其器可用用焉者謂人民走獸之屬能自動用其身異於器之待人而爲用也陸湑纂例用力禽之曰獲非用力禽之曰得與左氏亦兼通也易曰田獲三狐得黃矢獲得連文而各別又曰王用出征獲匪其醜公用射隼于高墉之上獲之无不利田獲三品得金矢得黃金君子得輿或繫之牛行人之得失得勿恤无喪无得億喪貝七日得或得其桷得其資斧婦喪其茀七日得此類皆與春秋相符足知古人用字之例矣隨有求得隨有獲得其大首獲明夷之心皆兩爻相承而異其文得主得朋得女妻得士夫得友得臣得妾得童僕得敵此類又自爲一例難以俘獲比之

言盡其衆以救其將也先言敗績而後言獲知華元得衆心軍敗而後見獲晉與秦戰于韓未言敗績而君已獲知晉侯不得衆心明矣

以三軍敵華元補曰敵當爲救轉寫誤也此承救其將言之三軍謂宋師宋爵稱公得準元侯方伯之制故言三軍也或云三軍者當時言軍之通稱故子曰三軍可奪帥子路曰子行三軍

華元雖獲不病矣何休曰書獲皆生獲也如欲不病華元當有變文鄭君釋之曰將帥見獲師敗可知不當復書師敗績此兩書之者明宋師懼華元見獲皆竭力以救之無柰不勝敵耳華元有賢行得衆如是雖師敗

身獲適明其美不傷賢行今兩書敗獲非變文如何補曰敗獲兩書常例也非變文也凡師敗者或君將或大夫將君傷言君敗重君也大夫傷則於師敗中包之別於君也若被獲則無論君大夫皆書敗書獲獲既重於傷而敗亦不可不書也韓戰師敗君獲而不言敗傳云以失民明特爲變文矣既有彼變文故此文有盡其衆以救其將之意有不病華元之意比類相較其義自顯豈謂非常例乎鄭說無以折何氏而劉敞疑之抑殊不察

秦師伐晉

夏晉人宋人衞人陳人侵鄭

秋九月乙丑晉趙盾弑其君夷臯補曰晉靈公○撰異曰臯公羊作獋**穿弑也**穿趙盾從父昆弟**盾不弑而曰盾弑何也以罪盾也其以罪盾何也曰靈公朝諸大夫**補曰朝者公羊以爲使諸大夫皆內朝也其下文云趙盾已朝而出與諸大夫立於朝則外朝矣**而暴彈之**暴殘暴補曰廣雅曰暴猝也此如已孤暴貴灘水暴益之暴謂出其不意猝彈之也左氏公羊皆謂從臺上彈之**觀其辟丸也**補曰說文丸圜

也傾側而轉者公羊曰是樂而已矣謂以是爲笑樂**趙盾入諫不聽**補曰左氏公羊又有殺膳宰事因此事入諫**出亾至於郊**禮三諫不聽則去待放於竟三年君賜之環則還賜之玦則往必三年者古疑獄三年而後斷易曰繼用徽纆示于叢棘三歲不得凶是也自嫌有罪當誅故三年不敢去補曰左氏公羊謂靈公召盾飲食將殺之盾乃出也注首四句疏謂本公羊荀卿書**趙穿弒公而後反趙盾**招使還**史狐書賊曰趙盾弒公**史國史掌書記事狐其名補曰董狐也晉史所書如是左傳乃曰趙盾弒其君公羊則直同經文皆誤趙汸言之矣趙又云此與魯史諱內惡不同劉敞論此事則以諱惡爲仲尼新意文烝以爲列國之史諸侯制也魯史王禮也隱閔子般子惡之弒舊史本書薨卒君子從而立不地不日之法也以吾說求之乃可解劉知幾之識**盾曰天乎天乎予無罪**告天言己無弒君之罪**孰爲盾而忍弒其君者乎**迴己易他誰作盾而當忍弒君者乎補曰王念孫曰注非也爲猶謂也言誰謂盾而忍弒其君也公羊曰誰謂吾弒君者乎是其證古書爲字或與謂同義二字可互用**史狐曰子爲正卿入諫不聽出亾**

不遠君弑反不討賊則志同志同穿也志同則書重非子而誰盾是正卿又賢故言重補曰傳明晉本以盾弑赴不以穿葉夢得曰左氏傳史不傳經故雖得於三言而莫知春秋之義正在於志同則書重乃略而不言故書之曰晉趙盾弑其君夷臯者過在下也鄭嗣曰成十八年晉弑其君州蒲傳曰稱國以弑其君君惡甚矣然則稱臣以弑罪在臣下也趙盾弑其君不言罪而曰過者言非盾親弑有不討賊之過補曰言故書之者明史從赴書盾弑而君子仍之上言以罪盾此言過在下互辭曰於盾也見忠臣之至於許世子止見孝子之至邵曰盾以亡不出竟反不討賊受弑君之罪忠不至故也止以父病不知嘗藥受弑父之罪孝不至故也補曰曰者目經意也疏曰春秋必加弑於此三人者所以見忠孝之至故也忠孝不至則加惡名欲使忠臣覩之不敢惜力孝子見之所以盡心是將來之遠防也盾與止加弑是同而許悼書不葬晉靈不書葬者止失嘗藥之罪輕故書葬以赦止盾不討賊之罪重故不書晉侯葬明盾罪不可原也文烝案晉從弑君不葬之例許仍存史文蘇轍曰言忠臣之至孝子之至者所以爲教也非以爲法也孟子言以

不義取之於民者猶禦也充類至義之盡也充類至義之盡而名之曰禦則可以禦誅之則不可故春秋以弑君責之非以弑君誅之也

冬十月乙亥天王崩匡王也補曰史記襄王子頃王壬臣世本名巨頃王子匡王班范注贄王室事自女粟後文十四年春頃王崩不志至此乃志

三年春王正月郊牛之口傷之口緩辭也傷自牛作也牛自傷口非備災之道不至也故以緩辭言之補曰公羊亦云緩疏曰舊解范別例云言之凡三十五范既總為例則言之者並是緩辭傳於執衛侯云言之緩辭也則其餘不發者亦緩可知耳文烝案下句申上緩意也傷自牛作非人所能不得責人不敬故為緩辭與成七年緩辭同意此牛不須免見成七年注

改卜牛牛死乃不郊事之變也牛無故自傷其口易牛改卜復死乃廢郊禮此事之變異補曰後牛又自死非人所能謂之變而已**乃者亾乎人之辭也**譏宣公不恭致天變補曰注解亾乎人非也說見僖三十一年疏曰重發傳者嫌牛死于卜郊不從異也不言免牛而云不郊者牛

死不行免牛之禮故直言不郊也文烝案所改卜之牛郎公羊及郊特牲所謂稷牲稷牛也此牛又死若卜傷不得又有牛則不郊矣公羊曰曷爲不復卜養牲養二卜帝牲不吉則扳稷牲而卜之帝牲在于滌三月於稷者唯具是視公羊之意以初時十月繫牲於滌宮帝牲稷牲並繫十月十一月十二月共有三月今因帝牲有災謂之不吉則改卜稷牲爲帝牲帝牲還是在滌之牲其稷牲但須視其體具所以爲可若再有牲變則無復有牛可爲帝牲當止不郊故再變不復卜也但改卜之稷牲何以決其必吉啖助以爲不吉則亦不郊或恐此卜稷但示有其事不復細論蓋因前此十月繫牲時二牲已皆卜而得吉故不歟郊特牲曰帝牛不吉以爲稷牛帝牛必在滌三月稷牛唯具孔穎達曰此爲猶用也用稷牛而爲帝牛其祭稷之牛臨時別取用此皆與公羊同知穀梁意亦不異

猶三望補曰前牛傷後牛死並在正月皆不可知其在某日三望是上辛與否抑或非用辛無以言之屬上天王崩而書郊之變同於他文不識卜郊牛者董仲舒曰春秋之義國有大喪者止宗廟之祭而不止郊祭不敢以父母之喪廢事天地之禮也父母之喪至哀痛悲苦也尙不敢廢郊也孰足以廢郊者故其在禮亦曰喪

者不祭唯祭天爲越紼而行事又曰春秋譏喪祭不譏喪郊杜預曰王崩未葬而郊者不以王事廢天事又引曾子問天子崩未殯五祀不行既殯而祭自啟至於反哭五祀之祭不行已葬而祭文烝案杜意又有與舊異者謂君薨既祔作主以後宗廟四時常祭亦得行不用三年不祭之說杜非也

葬匡王 補曰蒙上月

楚子伐陸渾戎 ○撰異曰左氏戎上有之字公羊作伐賁渾戎音義賁音奔案古陸字與睦通說文𡙇古文睦與賁相似

夏楚人侵鄭

秋赤狄侵齊 補曰自此赤狄四見白狄三見孔穎達曰謂之赤白其義未聞葢其俗尚赤衣白衣也文烝案以左傳國語呂氏春秋杜氏後序引汲冢紀年考之莊三十二年狄伐邢僖三十三年晉人敗狄于箕皆白狄也閔二年狄入衛僖二十四年狄伐鄭文七年狄侵我西鄙皆赤狄也經皆通言不別至此別之者亦北燕從史文之例何休以爲進稱赤非也

宋師圍曹

冬十月丙戌鄭伯蘭卒

葬鄭穆公 補曰葢不蒙月在時葬正例

四年春王正月公及齊侯平莒及郯莒人不肯 補曰莒大於郯故以莒及王葆說是爾雅曰肯可也月者從平例 及者內爲志焉爾 補曰重發傳者嫌平不入例也 平者成也 補曰重發傳者以內平外嫌有異也 不肯者可以肯也 凱曰君子不念舊惡況爲大國所和乎補曰平例稱人故不肯平者亦稱人與輸平同

公伐莒取向 向莒邑 伐猶可取向甚矣 以義兵討不平未若不用兵以義使平者也故曰猶可也補曰注非也直言伐者容有義兵所以爲可今加言取向言取則貪其利而已所以爲甚隱四年引舊傳曰言伐言取所惡也傳以凡諸義兵爲可而曰猶者諸侯未賜弓矢不專征伐雖較善已非大平法 莒人辭不受治也 乘義取邑所以不服補曰治討也不受治郎上不肯平也言平

人國而取其邑則**伐莒義兵也**討不釋怨補曰義兵者不肯平者轉有辭假義以爲兵名是亦義也案孟子曰春秋無義戰趙岐注曰春秋所載戰伐之事無應王義者也章指又曰征伐誅討不自王命故曰無義戰也然則孟子所謂義非卽傳所謂義又曰彼善於此則有之矣善則傳所謂義耳**取向非也**

乘義而爲利也補曰義利渾言則通析言則別易文言傳左傳並曰利者義之和也國語曰義者利之足也墨子經曰義利也二者通也論語君子喻於義小人喻於利大學言以義爲利利孟荀並言先義後利則二者別也董仲舒言義養心利養體至朱子以天理人欲爲說意尤切至天理字本樂記乃程伯子所以得不傳之學者矣齊桓伐楚韓非謂其義於名而利於實宣公乘義爲利并其所假之義而失之與凡伐取者同故還從所惡常例不致者從例也

秦伯稻卒補曰秦共公

夏六月乙酉鄭公子歸生弑其君夷補曰鄭幽公後改爲靈公左傳以爲公子宋弑君歸生從之者耳李廉據後十年鄭改葬謚時斲子家之棺而逐其族疑實歸生弑

赤狄侵齊

秋公如齊

公至自齊

冬楚子伐鄭補曰上年侵下年又伐明此非討賊矣

五年春公如齊

夏公至自齊

秋九月齊高固來逆子叔姬補曰月者爲下卒○撰異曰左氏此處無子字段玉裁曰後人據傳妄刪經字耳其實傳是省文諸侯之嫁子於大夫主大夫以與之婚禮主人設几筵于廟以待迎者諸侯大夫尊卑不敵故使大夫爲之主來者接內也不正其接內故不與夫婦之稱也來者謂高固高固齊之大夫而今與君接婚姻之禮故不言逆女補曰此注視莒慶傳爲詳來者一句誤疏曰重發傳者莒慶小國之大夫高固齊之尊卿而

娶公之同母姊妹嫌待之禮殊故發傳明其不異也徐邈云傳言吾子是宣公女也理亦通耳文烝案徐非也孔穎達據公孫茲如牟知高固亦因來聘而自逆

叔孫得臣卒補曰疏曰不日則惡可知矣何休云知公子遂欲弒君而匿情不言未審范意亦然以否

冬齊高固及子叔姬來及者及吾子叔姬也爲使來者不使得歸之意也高固受使來聘而與婦俱歸故書及以明非禮莊二十七年冬杞伯姬來傳二十八年秋杞伯姬來皆不言所及是使得歸之意補曰疏曰經旣言及子叔姬傳何須更言及吾子叔姬也以方欲解及爲非禮故上張其文也濼之會去及爲非禮此書及爲非禮者公與夫人之行須言及以別尊卑陽穀之會言公及夫人姜氏而濼之會以夫人之伉不言及故知去及爲非禮今叔姬歸寧當以獨來爲文高固奉命宜云來聘經總之言來故知書及爲非禮文烝案凡內女書來者皆不使得歸也此必以爲使來明其不使得歸者彼皆是諸侯夫人直來則非禮可知子叔姬爲大夫妻大夫妻有歲一歸宗之禮直言來嫌使得歸故總言之以見義本以其隨夫偕來譏其非禮故傳順經意釋之也其實大夫妻歲歸宗惟同國則可嫁他國

者亦不得無事歸宗與夫人同就使叔姬獨來經直書曰齊高叔姬來亦是不使得歸之意傳例所謂婦人既嫁不踰竟也特此處未暇論耳范注失之○左傳曰反馬也說亦可通於傳反馬不親行此因聘親自反馬也杜預曰禮送女留其送馬謙不敢自安三月廟見遣使反馬孔穎達曰謙不敢自安者若被出棄將乘之以歸也

楚人伐鄭

六年春晉趙盾衞孫免侵陳此帥師也其不言帥師何也據元年趙盾帥師救陳言帥師也補曰元年稱帥師救陳此亦帥師可知疏得之**不正其敗前事故不與帥師也**元年救而今更侵之補曰元年救陳下四國君會晉趙盾變文書曰會晉師是與趙盾以帥師之明文也前變文與帥師此變文不與帥師其文相對明經意不正其敗前事矣

夏四月

秋八月螽

冬十月

七年春衞侯使孫良夫來盟來盟者前定也不言及者以國與之不言其人亦以國與之不日前定之盟不日 補曰疏曰重發傳者宋華孫不稱使此則稱使嫌異故重發之言不日者據及荀庚盟之屬有日也文烝案不言其人二句僖三年成三年傳俱有之乃釋成三年及荀庚盟之屬注詳成三年此不日又不月者左傳曰始通且謀會晉蓋以公得會晉自此始故不月以異之歟首句者字各本脫今依唐石經及余仁仲萬卷堂經注本呂本中集解本俞皋集傳釋義本補正余本存者自宣公起何煌校出

夏公會齊侯伐萊

秋公至自伐萊

大旱 補曰竟九月雩不得雨故不言大雩爲災故不言不雨

冬公會晉侯宋公衞侯鄭伯曹伯于黑壤 黑壤某地補曰當云晉地郎昭

二十五年之黃父

八年春公至自會

夏六月公子遂如齊至黃乃復蓋有疾而還黃齊地補曰公羊曰有疾也注當去葢字

乃者亾乎人之辭也鄭嗣曰大夫受命而出雖死以尸將事今遂以疾而還失禮違命故曰亾乎人言魯使不得其人也補曰注解亾乎人非也說見僖三十一年重發傳者前是天災此是有疾其事異也

復者事畢也不事公命也遂以疾反而加事畢之文者是不使遂專命還補曰事畢謂至國下云反命是也此與公孫敖同義上注以尸將事之義宜說於此

辛巳有事于大廟補曰此蓋禴也諸侯禴或犆或祫此禴于大廟祫與否無以言之何休曰書有事者為不去樂張本鄭君禘祫志曰說者以為有事謂禘為仲遂卒張本故略之言有事耳何鄭意皆得之鄭所引說者謂左氏說彼傳無禘文言禘非也國之大事在祀與戎古者稱祀戎皆曰有事故言有事也日者不去樂失禮例當日下又有壬午繹須此起之此祭雖無失禮亦當日仲遂本不卒者卒之不當日明矣

仲

遂卒于垂祭于大廟之日而知仲遂卒垂齊地為若反命而後卒也先書復後言卒使若遂已反命于君而後卒于垂補曰垂是齊地遂卒在辛巳前今以君聞卒之日為其卒日者見臣子之義與公孫嬰齊同意又因遂卒本不當日也不移卒文於辛巳祭前者本不當卒若先出卒文雖疏之未足見意此公子也其曰仲何也疏之也僖十六年傳曰大夫不言公子公孫疏之也補曰疏曰遂見疏而去公子經不可單稱遂卒以遂於後以仲為氏故稱仲遂卒也文烝案大夫卒不可直名者嫌是不命大夫若無侅俠之等也遂之身已以仲為氏劉炫以為受賜得之疏言遂於後以仲為氏非也何為疏之也是不卒者也遂與宣公共弒子赤補曰是弒君賊不當書卒者不疏則無用見其不卒也若書公子則與正卒者同故去公子以見之則其卒之何也據公子翬不書卒以譏乎宣也其譏乎宣何也聞大夫之喪則去樂卒事去籥萬卒祭事言今不然補曰去樂者凡有聲無聲之屬悉去之也今不去樂卒事故卒仲遂以譏宣但宣雖去樂卒事而壬午猶繹非禮當先書去樂卒事以明正繼書壬午猶繹以

示譏仍不得不卒仲遂其理易見故傳不具言耳何休曰禮大夫死爲廢一時之祭有事於廟而聞之者去樂卒事卒事而聞之者廢繹文烝案傳言是不卒者也以譏乎宣也昭十四年傳曰意如惡然而致見君臣之禮也兩傳意同李光地說下猶繹曰檀弓載仲尼言卿卒不繹則遂之功罪姑無論矣韓子詩云春秋書王法不誅其人身此類是也文烝案劉敞亦云春秋之設辭也非其人之謂也蓋其道之謂也

壬午猶繹 補曰各本此經下衍萬入去籥四字今依唐石經十行本刪正 **猶者可以已之辭也** 補曰疏見文六年 **繹者祭之旦日之享賓也** 補曰疏曰旦日猶明日也謂之繹者繹陳昨日之禮文烝案公羊曰祭之明日也爾雅曰又祭也何休以爲繹繼昨日事孫炎以爲祭之明日尋繹復祭也享賓者賓尸謂以尸爲賓而享之天子諸侯曰繹以祭之明日卿大夫曰賓尸與祭同日繹亦是賓尸異其名耳故傳以享賓解繹也何休曰殷曰彤周曰繹繹者据今日道昨日彤者据昨日道今日祭必有尸者節神也禮天子以卿爲尸諸侯以大夫爲尸卿大夫以下以孫爲尸

萬入去籥 萬舞名籥管也補曰此本杜預萬入籥入與諸書入者異也去徹也藏也訓藏字或作弆後人

左傳四語陳疏所無以意補足之

別之耳鄭君周禮注曰去樂藏之也又引此而曰萬言入則去者不入藏之可知鄭言藏是也言不入非也籥即在萬中昭十五年籥入去樂不可言樂不入明矣

以其爲之變譏之也

籥入內舞去籥惡其聲聞此爲卿變於常禮是知其不可而爲之補曰公羊曰萬者何干舞也籥者何籥舞也其言萬入去籥何去其有聲者廢其無聲者存其心焉爾存其心焉爾者何知其不可而爲之也何休曰干謂楯也能爲人扞難而不使害人故聖王貴之以爲武樂萬者其篇名武王以萬人服天下民樂之故名之云爾籥所吹以節舞也吹籥而舞文樂之長去其有聲者不欲令人聞之也廢置也置者不去也齊人語文烝案傳文簡略須以公羊證明之何氏解萬字不合古義詩曰方將萬舞毛傳曰以干羽爲萬舞陳奐曰樂記羽籥干戚樂之器也干舞有干與戚羽舞有羽與籥羽舞亦曰籥舞干舞爲武舞以舞大武羽籥舞爲文舞以舞大夏曰萬者又兼二舞以爲名也韓詩傳萬大舞也以干羽舞故爲大舞逸周書世俘籥人奏武王入進萬孔晁注曰武以干羽爲萬舞春秋言萬入去籥明萬必有籥左傳考仲子之宮將萬焉公問羽數于衆仲明萬必有羽孔穎達引異義公羊說樂萬舞以鴻羽取其勁輕一舉千里又引韓詩說以夷狄大鳥羽則萬舞有羽古無異說萬舞或可省言干以

故公羊謂萬爲干舞雖專言干舞不謂萬無羽籥故異
義所載公羊說以萬爲羽正與傳相補備何休以爲萬
取武王以萬人服天下之義不爲羽籥舞之兼號鄭君
詩箋以萬爲干舞籥翟乃爲籥舞誤矣夏小正傳曰萬
也者干戚舞也葢亦誤陳疏申明毛義詳確可據自呂
祖謙發其端矣夏小正商頌皆有萬而何休以爲起武
王者本春秋說文葢以小正未足據商頌則宋襄公時
詩也郊特牲以朱干設錫冕而舞大武爲諸侯之僭禮
則侯國之祭本無干舞祭統稱成王康王賜魯大嘗禘
朱干玉戚以舞大武八佾以舞大夏此天子之樂也明
魯不與他國同郝懿行爾雅義疏說籥據詩傳說文禮
注風俗通廣雅詩音義諸文以爲吹籥短於笛而三孔
舞籥長於笛而六孔或七孔趙汸曰禮樂者先王大典
其節文之末皆精義所存諸侯不得妄有損益王制變
禮易樂者爲不從不從者君流故猶繹之失去樂之得
史皆書之以謹亾失之漸文烝案此所謂周禮在魯而
君子尤重之也○夫子於魯之禮樂葢兢兢焉入大廟
則每事問告顏淵爲邦則述魯之舊法斯春秋之志也
皇侃說論語行夏之時謂祭祀田獵播種也乘殷之路
謂郊乘素車也服周之冕謂郊廟用衮冕也樂則韶舞
謂郊禘大賓備四代
之樂從虞氏始也

郊禘大賓四字增訂

戊子夫人熊氏薨宣公妾母補曰何休以爲卽僖所娶楚女宣爲僖之妾子乖異難據孔廣森謂楚以熊爲氏芈爲姓或其公族屈氏鬬氏之屬可更以熊爲姓○撰異曰熊左氏作嬴

晉師白狄伐秦

楚人滅舒鄝補曰羣舒也左傳曰楚子疆之及滑汭盟吳越而還洪咨夔曰循江而下以及於淮與吳越接壤也案此在時例○撰異曰鄝本又作蓼左氏公羊作蓼

秋七月甲子日有食之既

冬十月己丑葬我小君頃熊文夫人姜氏大歸于齊故宣公立己妾母爲夫人君以夫人禮卒葬之故主書者不得不以爲夫人義與成風同

補曰疏曰成風再貶自外妾母不譏者從一譏故也文烝案注首二語本鄭君駁異義說見通典凡適母被廢則妾母得爲夫人也此不可通於穀梁前論之左傳曰葬敬嬴旱無麻始用葛茀○撰異曰頃熊左氏作敬嬴案頃敬古通用說苑以南宮敬叔爲頃叔趙匡謂頃是惡諡追尊不應加惡諡非也

雨不克葬葬既有日不爲雨止禮也雨

不克葬喪不以制也徐邈曰案經文是己丑之日葬喪既出而遇雨若未及己丑而卻期無為逆書此日葬禮喪事有進無退又士喪禮有潦車載蓑笠則人君之張設固兼備矣禮先遷柩於廟其明昧爽而引既及葬日之晨則祖行遺奠之禮設矣故雖雨猶終事不敢停柩久矣補曰疏曰舊解案禮庶人縣封葬不為雨止明天子諸侯不觸雨而行傳言不為雨止者謂不得止葬事而更卜遠日喪不以制者謂不得臨雨而制喪事豈有諸侯執紼者五百人觸雨而行哉是徐邈之說理之不通今案傳文云喪不以制是喪事不以禮制上文不為雨止禮也明為雨止則非禮可知安得云傳意葬為雨止乎又且范引徐注不言其非何為述范義而違之未及己丑而卻期者謂雨之與葬皆是己丑之日也若未及己丑之日而遇雨其葬期有卻者何為逆書己丑日葬也孔廣森曰轂梁之說謂既發引至於埏不可因雨而乖有進無退之義又非可若日食止柩道右以須明復故有潦車之載蓑笠之備若其在廟祖遺柩猶未行雨霑服失容自當却改期日此孔氏因徐注楊疏而加詳又略本王制正義之說以通合左傳王制之文也今案左傳曰雨不克葬禮也禮卜葬先遠日辟不懷也王制曰庶人縣封葬不為雨止鄭君曰縣封當為縣窆雖雨猶葬以其禮儀少孔穎達正義

又引許愼異義公羊說卿大夫臣賤不能以雨止左氏說則與王制同以爲此皆謂已發在路及葬也又引鄭君釋廢疾雖庶人葬爲雨止以爲此謂在廟未發也其人君無論在廟在路及葬皆爲雨止故公羊說雨不克葬謂天子諸侯也左氏說卜葬先遠日辟不懷也惟穀梁說葬既有日不爲雨止許愼以爲非也正義又云鄭無駁與許同許引論語云死葬之以禮以爲以雨而葬是不行禮何休注亦同孔廣森欲通之於穀梁乃取徐邈說指已發在路不別人君人臣又據王制文謂士以上皆爲雨止則庶人雖未發亦不止皆不合先儒所論孔又別爲說曰昔魏葬惠王雪及牛目有司請弛期襄王弗許而惠子託爲欒水齧王季墓事以說之可知雨不克葬爲禮是則以大雪比甚雨亦先儒所未言竊嘗論之王制左氏說庶人不爲雨止公羊說兼及卿大夫其言已歧異矣王制下文言喪不貳事亦屬庶人而穀梁此年傳不爲雨止文十六年傳喪不貳事皆言人君之禮則知王制爲記述之疏謬而左氏公羊皆未可用許愼何休鄭君孔穎達及穀梁舊解皆失之也雨有甚不甚葬有未發已發之別傳但大概言之謂葬既卜得日於禮無止止則以爲非制耳徐注楊疏孔廣森亦皆失之也

庚寅日中而克葬補曰何休曰別朝莫者明見日乃葬也文烝案日中者時加午也而緩辭也足乎日之辭也補曰疏曰與定十五年日下稷乃克葬二文相對爲緩急文烝案公羊曰而者何難也乃者何難也曷爲或言而或言乃乃難乎而也公羊意與傳同時加於午視日下稷爲早是以其足乎日而爲緩辭也緩亦是難視彼爲緩耳

城平陽補曰杜預釋例曰此東平陽也杜以左氏哀二十七年傳之平陽爲西平陽

楚師伐陳補曰僖之篇楚兩稱師一以公以之一以敗也自此後始有師

九年春王正月公如齊有母之喪而行朝會非禮補曰孔廣森曰月者正月也文烝案疏引往月危往之例以爲此朝書月卽是非禮之異文不知正月書月者非必在危例襄公母以四年七月薨其冬公如晉不月明書月不以其非禮非禮易見無假於月也禮庶子爲後爲其母緦今以爲夫人則不用此制禮服問有近臣從服唯君所服服之語

公至自齊

夏仲孫蔑如京師補曰仲孫蔑公孫敖孫孟獻子也蔑父文伯名穀其叔父惠叔名難左傳是春

王使來徵聘

齊侯伐萊

秋取根牟補曰疏曰當爲國名案杜預以爲東夷國故疏從之滅夷狄例時說亦可通但穀梁此處無傳則非國也取邑例時當是取邑諸取國及邑不出主名者孔廣森曰葢微者取之如孔說則皆是內稱人之文與入杞伐邾同與取濟西田異未敢定也

八月滕子卒補曰滕昭公

九月晉侯宋公衞侯鄭伯曹伯會于扈補曰月者爲下卒日

晉荀林父帥師伐陳

辛酉晉侯黑臀卒于扈補曰晉成公也公羊曰扈者何晉之邑也案扈本鄭地不知何時入晉

其地於外也外謂國都之外諸侯卒於路寢則不地補曰國都之外及竟外皆外也注專指

此文但以國都之外解外字，非傳意也。地以地名，不地以會者，成十三年傳曰：「公大夫在會曰會。」徐邈謂內君大夫在焉者也。此會公不在，故不言卒于會。傳雖無說，以彼傳推之，或當然也。公羊以爲未出其地，故不言會。未出其地，即傳所謂未踰竟，孫覺從之，說亦可通。

其日，未踰竟也。傳例曰：諸侯正卒則日，不正則不日。舊說踰竟亦不日，然則諸侯不正而與已踰竟，無以別之矣。案襄七年鄭伯卒于操，此年晉侯卒于扈，文正與襄二十六年許男卒于楚同，恐後人謂操、扈是國，故於疑似之際，每爲發傳曰未踰竟也。補曰：此注甚錯謬。傳言在外未踰竟者，當書日，與在竟外者不同，明書日爲未踰竟之通例，不以正不正論也。在竟外而卒，苟非明書其所卒之國，則正不正悉不日。傳舉此以見彼，而舊說因謂踰竟不日，大概得之。說詳成十三年。此不葬者，疏曰：葢魯不會。

冬，十月，癸酉，衛侯鄭卒。補曰：衛成公也。不葬者，殺其母弟叔武，失德，亦簒立之比也。前無見文，故去葬以明之。

宋人圍滕。

楚子伐鄭○撰異曰子各本誤作八今依唐石經十行本改正

晉郤缺帥師救鄭

陳殺其大夫泄冶補曰大戴禮保傅賈子書韓詩外傳皆曰靈公殺泄冶而鄧元去陳以族從不書鄧元出奔者史本無之○撰異曰泄左氏作洩唐石經公穀亦皆作洩避諱改也稱國以殺其大夫殺無罪也補曰重發傳者泄冶忠賢異於申侯將詳其事故復發文泄冶之無罪如何陳靈公通于夏徵舒之家補曰儔淫曰通謂徵舒母夏姬鄭穆公女御叔妻也公孫寧儀行父亦通于其家二人陳大夫補曰此于字各本脫今依唐石經余本俞皐集傳釋義本補正或衣其衣或衷其襦衷者襦在衷也補曰在衷或作在裹說文曰衷裹褻衣襦短衣也釋名有反閉襦有單襦有要襦杜預曰衷懷也以相戲於朝泄冶聞之入諫曰使國人聞之則猶可使仁人聞之則不可補曰仁人愛君者也公卿宣淫可令聞乎君愧於泄冶不能用其言而

殺之補曰孔子稱比干爲仁泄冶庶幾近之王肅家語載孔子語謂泄冶不得同比干引詩板篇與左傳文同皆不足據也何休說公羊言泄冶有罪似用左傳其作膏肓則以爲無罪葢以左傳究不可用

宣補注十五終

大千四百五十字
小九千八百九十六字
肩注廿一字

春秋宣公經傳第六補注第十六

穀梁　范氏集解　鍾文烝詳補

十年春公如齊

公至自齊

齊人歸我濟西田○撰異曰公羊唐石經磨改及鄂本西下有之字譌衍也公娶齊齊由以爲兄弟反之齊由以婚族故還魯田爾雅釋親曰婦之黨爲婚兄弟補曰公羊僖二十五年何休注曰宋魯之間名結婚姻爲兄弟爾雅釋親婚姻章曰壻之父爲姻婦之父爲婚父之黨爲宗族母與妻之黨爲兄弟婦之父母壻之父母相謂爲婚姻兩壻相謂爲亞婦之黨爲婚兄弟壻之黨爲姻兄弟郭璞注曰古者皆謂婚姻爲兄弟釋親題章凡四曰宗族曰母黨曰妻黨曰婚姻通言之皆族也尙書歐陽夏侯說禮戴說九族者謂父族四父之姓五屬之內也父女昆弟適人有子也身女昆弟適人有子也身女子子適人有子也母族三母之父母也母之昆弟也母之女昆弟適人有子也妻族二妻之父也妻之母也竊以司徒族

黨之名皆取聚義小雅兄弟昏姻之句並顯親情各得通稱非無意矣

不言來補曰據鄆讙龜陰田言來

公如齊受之也補曰受者受於齊侯也諸言來者皆專使接公之文此田公如齊受之公至自齊而齊人歸之其歸或無專使接公不得言來或雖有專使而以公之親受爲重於此可略亦不須言來趙匡難此傳非也濟西田上加言我者亦以公如齊受之則齊人未歸之前此田已屬我故特加我於歸時以與不言來之義相爲接足傳釋不言來則此意亦兼見公羊以爲言我者未絶於我齊已言取之其實未之齊何休曰齊已言語許取之其人民貢賦尚屬於魯不言來者明不從齊來如公羊何氏之義則書取旣爲虛文書歸亦非實事劉敞駮之是矣

夏四月丙辰日有食之

己巳齊侯元卒傳例曰言日不言朔食晦日則此丙辰晦之日也己巳在晦日之下五月之上推尋義例當是閏月矣文六年傳曰閏月者附月之餘日言閏承前月而受其餘日故書閏月之日繫前月之下蓋史策常法文有定例閏有常體無嫌不明故不復每月發傳哀五年公羊傳曰閏月不書此何以書推此言之

則春秋固有在閏月而不冠以閏者矣至於閏不告月猶朝于廟閏月葬齊景公不正其閏無以言其事故書見變禮補曰徐邈謂日食是三月晦日經冠以四月耳見隱三年范非也其論書閏不書閏之義則得之

齊崔氏出奔衛氏者舉族而出之之辭也何休曰氏者譏世卿也即稱氏爲舉族而出尹氏卒寧可復以爲舉族死乎鄭君釋之曰云舉族族死是何妖問甚乎舉族而出之之辭者固譏世卿也崔杼以世世卿專權齊人惡其族令出奔旣不欲其身反又不欲國立其宗後故孔子順而書之曰崔氏出奔衛若其舉族盡去之爾補曰舉盡也公羊之義不可通於傳傳無譏世卿義直謂舉族出耳蓋崔氏在位者不止一人今並去國經辭尙簡不可悉書則書崔氏而已此自不得以尹氏爲比左傳以爲崔杼趙鵬飛考校時代疑其非杼爲附會之說家鉉翁亦云

公如齊補曰左傳曰奔喪杜預曰公親奔喪非禮也公出朝會奔喪會葬皆書如不言其事史之常也趙汸曰宣之事齊恭矣而莫甚於奔其喪黃仲炎曰宣以不義得國舉千乘之魯唯齊是聽孟子所謂入役者也文烝案此蒙上月所以危之與成十年同

五月，公至自齊。補曰：致亦月者，亦危之，非但爲下弑日。成十一年亦同此。往月致月，有懼之例。

癸巳，陳夏徵舒弑其君平國。

六月，宋師伐滕。月者，蓋爲下齊惠公葬。速起補曰：疏曰：宋師伐滕，外事也；歸父如齊，又不當月。諸侯時葬，正也；月葬，故也。今上有齊遂崔氏之文，又非五月而葬，明書月爲葬惠公文。烝案：注速字可删去，疏又非句亦當删。

公孫歸父如齊。補曰：歸父，遂之子子家。

葬齊惠公。補曰：上年不會晉葬，於齊則卿往，以事晉者事齊矣。

晉人、宋人、衛人、曹人伐鄭。

秋，天王使王季子來聘。其曰王季，王子也。補曰：王子巳爲大夫而未受采邑，無氏，又不得以季繫王子，故繫於王。王季猶言周季也。左傳謂之劉康公，杜預曰：其後食采於劉。其曰子，尊之也。子者，人之貴稱。補曰：公羊曰：其稱王季子何？貴也。其貴柰何？母弟也。公羊說是也。貴卽尊也爲大夫故字以母弟而爲大夫故尊之加言子尊之言子猶諸侯之弟來我舉其貴者言弟也一言弟一不言弟者天子之尊其弟兄尤不得以屬通也**聘問也**補曰重釋聘者王季子尊故備文又王聘終於此也

公孫歸父帥師伐邾取繹○撰異曰繹公羊作蘱案左傳文十三年邾遷于繹此所取孔穎達以爲別有繹邑近在邾都旁或當作蘱爲是

大水

季孫行父如齊補曰左傳曰初聘于齊杜預曰齊侯初即位

冬公孫歸父如齊補曰左傳曰伐邾故也杜預曰魯侵小恐爲齊所討故往謝

齊侯使國佐來聘補曰孔廣森曰未踰年而稱侯以使者既於王見居喪之正法其餘即悉因其廢禮之實以刺譏當世矣

饑補曰傳例二穀不升謂之饑言饑蓋包饉與康矣此饑由秋大水也莊七年秋大水無麥苗周之秋苗可更種

惟無麥耳冬不至饑故彼冬無饑文餘諸水旱螟螽之等雖傷二穀以上不至於無或偶無一穀冬皆不至饑也饑例時○撰異曰本或作飢案飢者假借字

楚子伐鄭

十有一年春王正月

夏楚子陳侯鄭伯盟于夷陵夷陵齊地補曰杜預曰辰陵陳地文烝案陳未葬而稱侯陳靈蔡靈之葬與他例不同則陳成蔡平之稱侯亦與他例不同也外盟不日此又不月者以楚遂主盟故略之甚猶盟齊盟鹿上之意也○撰異曰夷左氏公羊作辰

公孫歸父會齊人伐莒

秋晉侯會狄于欑函欑函狄地補曰左傳言郤成子求成於衆狄衆狄疾赤狄之役遂服於晉會于欑函衆狄服也蓋此會乃晉所以翦赤狄之羽翼爲十五年滅之之地**不言及外狄也**所以異之於諸夏補曰黃池之會書晉侯及吳子者言及之文也彼會若魯不與當書晉侯及吳子會于黃池

吳不得從列數之例以殊會爲外以書尊及卑爲進今不言晉侯及狄會明是外之猶吳之殊會矣此義施於會不施於盟不得以衞人及狄盟爲難黃池又進吳稱子則别有義也傳也字各本脱今依唐石經余本呂本中集解本俞皋集傳釋義本李廉會通本補正

冬十月楚人殺陳夏徵舒變楚子言人者弒君之賊若曰人人所得殺也其月謹之補曰人人得殺者卽是衆辭從殺有罪例也孔穎達曰不稱大夫者諸放殺及執他國之臣皆不言某國大夫以人臣卑賤故也文烝案凡殺他國君亦不稱君皆例耳疏曰其月謹之者不能自討藉楚之力禍害必深故書月爲謹之文烝案下有丁亥此亦當月**此入而殺也其不言入何也**據入國乃得殺補曰繫陳而不地明是殺之於陳左傳亦曰入陳殺夏徵舒**外徵舒於陳也**補曰晉人執衞侯不言入衞曰不外王命於衞楚人殺陳夏徵舒不先言入陳曰外徵舒於陳觀此兩義信所謂師受而知非以其心意議矣故春秋之徵也惟傳顯之春秋約而不速惟傳使人優柔求之**其外徵舒於陳何也**據徵舒陳大夫不應外**明楚之討有罪也**雍曰經若書楚子入陳殺夏徵舒者

則入者內不受是無以表徵舒之悖逆楚子之得正補曰討得其罪不可不明其義此即論語請討齊陳恆之意與下各自爲義也公羊以爲貶楚子稱人不與外討又以爲雖內討亦不與諸侯之義不得專討實與而文不與是不達事理之言當以下傳所云猶可者爲定論也傳於城楚丘云不與齊侯專封解經書城而不書衛遷之意書城仍非譏也文既不與何由知其實與趙匡曰凡春秋得變之正皆變文以許之乃是文與何得云不與乎

丁亥楚子入陳入者內弗受也曰入惡入者也補曰重發傳者嫌討賊無罪也**何用弗受也**補曰據討賊可受**不使夷狄爲中國也**楚子入陳納淫亂之人執國威柄制其君臣顛倒上下錯亂邪正是以夷狄爲中國補曰注非也夷狄謂楚也爲治也治亦討也以夷狄治中國而討罪不可以訓故於此還從弗受常例若不使得然苟非夷狄則須有特異之文以當入文矣此與下事又不相涉下事下自見義六經三論曰穀梁解經大氐在於尊王室抑外夷明賞罰此三條備之

納公孫寧儀行父于陳○撰異曰寧公羊作甯納者內弗受也補曰重發傳者彼納君此納大夫嫌異故也輔人之不能民而討猶可雍曰輔相鄭國有不能治民者而討其罪人則可而曰猶可者明鄭國之君無輔相之道補曰注言不能治民其理是其說非也能讀爲柔遠能邇之能鄭君詩箋曰能猶伽也伽與如通謂伽順也不能民者不順民也王念孫曰書言不能厥家人左傳言入而能民不能其民不能其大夫不能外內公羊言不能乎母並同義文烝案人之不順民者謂繼世之君未順乎民者也言爲他國討賊之道若但以之輔人則猶可若如下所云入人以制人則不可也猶字義當如注說孔穎達王制正義曰魯無弓矢之賜陳恆弒君孔子請討之者春秋之時見鄭國篡逆亦得專征伐此足與傳相證入人之國制人之上下使不得其君臣之道不可二人與君昏淫當絕而楚強納之是制人之上下補曰上下即君臣制之則不得其道矣疏曰麋信云二子不繫陳者以其淫亂明絕之也或當上有入陳之文下云于陳故省文耳無義例文烝案麋氏非也疏是也陸淯聞於師曰討徵舒正也故書曰人許其行義也入人之國又納淫亂之臣邪也故明書其爵以示非

正也春秋之義彰善癉惡纖介無遺指事原情瑕瑜不掩斯之謂也張洽曰聖人予善之宏待人之公先旌其討賊之義然後著其入陳且納亂臣之罪游夏不能與者也程端學以爲視其所以者當觀其所由書殺於前書入與納於後其由來者顯矣○案莊王入陳書縣陳因申叔時言復封陳此左傳所載也史記陳世家曰孔子讀史記至楚復陳曰賢哉楚莊王輕千乘之國而重一言王肅家語因之夫使此言果夫子之言何以經文絶無所見經但言入不言滅於縣陳封陳之曲折無以言之也司馬遷所謂孔子讀史記者乃當時公羊家謬説所謂求周史記得百二十國寶書者也以爲春秋不專據魯史記者也即此以觀益知其言不足信大氏秦穆楚莊春秋以爲夷狄而略之皆未嘗賢之亦不以霸待之自二國日強競相追美左氏公羊附和成説孟子亦因時俗之論稱秦穆之霸而於百里奚孫叔敖皆樂道焉遂滋後人之紛紜矣風俗通及趙鵬飛家鉉翁趙汸皆嘗論之學者當據穀梁二伯之文以明春秋專家之學

十有二年春葬陳靈公傳例曰失德不葬弑君賊不討不葬以罪下也日卒時葬正也靈公淫夏姬殺泄冶臣子不能討賊踰三年然後葬而日卒時葬何邪泰曰楚已討之矣臣子雖欲討之無所討也

故君子卽而怨之以申臣子之恩稱國以殺大夫則靈公之惡不嫌不明書葬以表討賊不言靈公無罪也踰三年而後葬則國亂居可知矣非日月小有前郤則書時不嫌補曰注楚已討之三句本公羊疏曰未五月謂之前過五月謂之郤言葬有前郤則書月以見故今三年始葬非是小有前郤故書時不嫌也文烝案書月見故者雖適五月亦有書疏非也此注踰三年而以下當改云文承上事則有故居可知矣故書時不嫌亦以鄭莊公不日之例也劉敞曰既葬而後乃討賊雖已討葬猶不追書也閔公是已討賊雖遲而葬在討賊之後則葬得書陳靈公是已凡君弑賊不討不敢葬父弑讐不復不敢葬不敢葬則亦不敢除其服是故寢苫枕戈志必復而後已此賊不討不書葬之義也所以春秋有其賊未討雖久弗葬而弗非也

楚子圍鄭

夏六月乙卯晉荀林父帥師及楚子戰于邲晉師敗績邲鄭地補曰韓非淮南子並曰楚莊王勝晉於河雍之閒雍卽灉也疏曰徐邈云先林父者內晉而外楚文烝案此晉荀林父救鄭之師也左氏公羊同左氏以爲晉聞鄭及楚平乃濟河而戰故不得以救鄭書高澍然曰若書

救鄭及楚戰似楚圍未撤鄭守未下晉以戰爲救救皆非事實矣**績功也**補曰爾雅同又墨子經曰功利民也孔廣森曰敗績猶周禮言師不功**功事也**補曰轉相訓爾雅曰績事也**日其事敗也**補曰疏曰舊解此戰事書日者爲敗之故也特於此發之者二國兵衆不同小國之戰故特發之徐邈云於此發傳者深閔中國大敗於彊楚也今以曰爲語辭亦足通也但舊解爲日月之日疑不敢質故皆存耳文烝案徐說是也曰當音聿左傳例曰大崩曰敗績

秋七月

冬十有二月戊寅楚子滅蕭補曰傳以蕭爲微國滅例中國日卑國月此在月例日者葢以蕭近宋之國楚莊夷狄之盛故進而詳之疏引徐邈云蕭君有賢德故書日文烝案徐說以晉滅潞氏推之但此無以其君歸之文未必於君身取義

晉人宋人衞人曹人同盟于清丘清丘衞地補曰案左傳晉原穀宋華椒衞孔達皆大夫也稱人者葢以晉師新敗霸業已衰故略之既著同外楚文則無嫌爲卑者

宋師伐陳○撰異曰徐彥公羊疏曰宋師伐陳者案諸家經皆有此文唯賈氏注者闕此一經疑脫耳

衞人救陳補曰疏曰此不言善者衞宋同盟外楚今反救陳不足可善故傳不釋文烝案此是傳略不具耳經論其大義不屑屑論之衞人救陳楚人救衞楚公子貞帥師救鄭皆善也趙孟何曰讀春秋者不可於細事上求是矣

十有三年春齊師伐莒○撰異曰公羊作伐衞汪克寬曰前後無齊衞交怨之事

夏楚子伐宋補曰自九年以來連書楚子凡八事莊王會盟征伐皆身親之李光地曰見中國政在大夫宜其不競於楚

秋螽

冬晉殺其大夫先縠○撰異曰縠一本作縠唐石經磨改作縠左氏公羊作縠

十有四年春衞殺其大夫孔達

夏五月壬申曹伯壽卒

晉侯伐鄭

秋九月楚子圍宋補曰疏曰徐邈云圍例時此圍久故書月以惡之文烝案月或爲下葬

葬曹文公

冬公孫歸父會齊侯于穀

十有五年春公孫歸父會楚子于宋補曰地以宋者與僖二十七年同說高澍然曰僖會盟于薄復會盟于宋歸父復會于宋宋東北與魯接壤懼楚師及已故先納款

夏五月宋人及楚人平補曰月者例也平之正例内外皆月○撰異曰陳岳春秋折衷曰左穀宋人及楚平公羊作及楚人平案左穀皆作及楚人平陳氏誤平者成也補曰疏曰重發傳者嫌外内異也案當云此無内文嫌有異善其量力而反義也各自知力不能相制反共和之義補曰小國事大國大國比小國義也人者衆辭也平稱衆上下欲之也補曰上下謂君及臣民左氏賈逵注曰善其與衆同欲謝湜曰宋見圍凡九月外無隻輪匹馬之援内有

析骸易子之變宋人知怨之不可以結也故請和於楚以求平平楚人知忿之不可以恃也故受宋之和而與之平二國之平衆所同欲也**外平不道**例因史例也補曰不道者經**以吾人之存焉道之也**吾人謂大夫歸父補曰此猶外釋不志以公之與之盟目之

六月癸卯晉師滅赤狄潞氏以潞子嬰兒歸○撰異曰潞字國語或無水

滅國有三術術猶道也**中國謹日卑國月夷狄不日**卑國謂附庸之屬襄六年傳曰中國日卑國月夷狄時此謂三術補曰疏曰中國日者衞滅邢之類是卑國月者無侅入極齊侯滅萊之類是夷狄不日者楚滅江黃吳滅州來之類是此不云夷狄時而云不日者方釋潞子嬰兒書日之意故云不日文悉案傳特發例於此者因變例以明正例此論經例耳舊史則皆日也疏論滅萊非也萊本夷狄非正例滅州來當改爲滅巢**其曰潞子嬰兒賢也**補曰曰字當爲日月之日謂以賢故進書日也進之當從卑國例月而日者爲以其君歸從沈許頓胡例也既日之故亦名之與四君同若夔滅在時例則夔子不名矣若然書名者與書日之文相足書日爲賢則書名非絶之乃與常例異也疏曰書日

以表其賢書名以見滅國所謂善惡兩舉其説未是

秦人伐晉

王札子殺召伯毛伯補曰被殺不名者別於卒也札子非大夫則名大夫則字皆常例案左傳時有召桓公召戴公此殺者召戴公毛伯衞也王札子者當上之辭也補曰當上之辭者謂不稱王人以殺是以王命殺也王札子猶言周札子札子者名也左傳謂之王子捷是羣王子也王子未爲大夫則皆名佞夫瑕猛朝等皆同殺召伯毛伯不言其何也解經不言殺其大夫補曰據凡稱人者皆言其大夫兩下相殺也補曰兩下者兩臣兩臣相殺不得爲衆非衆辭不得稱人故亦不得言其言其則不辭兩下相殺不志乎春秋此其志何也矯王命以殺之非忿怒相殺也補曰詐稱曰矯以非故兩下忿怒故志也曰以王命殺也以王命殺謂言王札子殺召伯毛伯是知以王命而殺之補曰以王命殺是之謂當上以王命殺則何志焉補曰以王命殺則是王殺也左傳記晉殺胥童齊殺高厚

莒殺意恢楚殺郤宛之等未嘗非矯君命而經概從君殺之文是其比也但春秋多記列國殺大夫而王殺此外不見或以列國之殺爲專殺而王殺則異歟故又據以問爲天下主者天也補曰萬物本乎天繼天者君也補曰天之子取尊稱君之所存者命也補曰人之於人以言受命爲人臣而侵其君之命而用之是不臣也爲人君而失其命是不君也補曰君臣皆惡至於矯殺故不可不志劉向說苑子夏曰春秋者不記君不君臣不臣父不父子不子者也此非一日之事也有漸以至焉君不君臣不臣此天下所以傾也補曰政亾則國家從之申足上意也沈棐曰見天子之柄非獨不行於諸侯而且不行於卿士矣上下相夷王室益衰不可救止文烝案荀子曰天地者生之始也禮義者治之始也君子者禮義之始也故天地生君子君子理天地君臣父子兄弟夫婦始則終終則始與天地同理與萬世同久夫是之謂大本故喪祭朝聘師旅一也貴賤殺生奪與一也君臣臣父父子子兄兄弟弟一也農農士士工工商商一也

秋，螽。

仲孫蔑會齊高固于無婁。無婁，杞邑。補曰：依公羊字，郎隱四年、昭五年之牟婁也。當云莒邑。○撰異曰：無，公羊作牟。

初稅畝。補曰：急就篇「種樹收斂賦稅租」，顏師古曰：斂財曰賦，斂穀曰稅，田稅曰租。王應麟曰：漢志稅以足食，賦以足兵。文烝案：依巨甲三軍例，此亦當月，但國以民爲本，今改舊法，厚斂於民，內之大惡，較彼二事爲甚，故略不爲謹月文，若是國之常事。哀用田賦亦同此也。初者，始也。補曰：亦著爲令。古者什一，一夫一婦佃田百畝，以共五口，父母妻子也。又受田十畝以爲公田，公田在內，私田在外，此一夫一婦爲耕百一十畝。補曰：孟子曰：夏后氏五十而貢，殷人七十而助，周人百畝而徹，其實皆什一也。何休曰：以什與民，自取其一爲公田。姚鼐曰：一在什之外。凡傳記言十一而稅，則一在十中；言什一而藉及徹，則一在十外。文烝案：漢高帝輕田租，十五而稅一；文景以後，常三十而稅一，以爲定制。蓋郡縣之天下，其用較古爲儉。古者千里之畿，五等之國，其城郭宮室、宗廟祭祀之禮、諸侯幣帛饔飧、百官有司，委曲煩多，必什一然後足用，自堯舜巳然矣。

五服即是九州而方五千里較之方三千里幾三倍何歟或謂要荒二服夷蠻之地甚寬而周之楊荆二

藉而不稅藉此公田而收其入言不稅民補曰孟子曰助者藉也疏曰徐邈曰藉借也謂借民力治公田不稅民之私也范注以藉爲賦藉理亦通文烝案王制孟子皆有此語**初稅畝非正也**補曰言穀出過藉**古者三百步爲里名曰井田**補曰六尺爲步三百步者謂廣與長也九章方田術依秦漢之制畝廣一步長二百四十步周制廣一步長百步爲一畝廣百步長百步爲百畝廣三百步長三百步爲一里九百畝大戴禮王言亦曰三百步而里里者謂方里故孟子曰方里而井以上韓詩外傳盡同也開方之數卽積其里之方之數而乘之如王制云州方千里則其積百萬里矣四海之內九州斷長補短方三千里則其積九百萬里矣書皋陶謨弼成五服至于五千歐陽夏侯說中國方五千里則其積二千五百萬里矣至於自此至彼如傳云縣地若干里某去某若干里者但據一邊袤長不計積方又但據人跡屈曲非計鳥路徑直當分别觀之也井田二字於文皆象形井謂之畫畫字下亦象田四界古者畫九州畫井其始也八卦六書皆取畫名又轉爲繪畫九數之序則先方田明井田爲萬法本故易說曰井法也下文井竈之井蓋因井田得名易卦有井指其物言之易說訓法本其始言之說文字作井云八家一井象構韓形

州悉爲要荒他州亦時有之終無以知其審也孟子云海內之地方千里者九與王制同

譱象也古者伯益初作井許氏以井竈爲本義殆失之伯益初作井豈唐虞前無井字乎**井田者九百畝公田居一**出除公田八十畝餘八百二十畝故井田之法八家共一井八百畝餘二十畝家各二畝半爲廬舍補曰孟子曰井九百畝其中爲公田八家皆私百畝同養公田又曰詩云雨我公田遂及我私惟助爲有公田由此觀之雖周亦助也何休曰聖人制井田之法而口分之一夫一婦受田百畝以養父母妻子五口爲一家公田十畝廬舍二畝半凡爲田一頃十二畝半八家而九頃共爲一井故曰井田廬舍在內貴人也公田次之重公也私田在外賤私也井田之義一曰無泄地氣二曰無費一家三曰同風俗四曰合巧拙五曰通財貨因井田以爲市故俗語曰市井多於五口名曰餘夫餘夫以率受田二十五畝十井共出兵車一乘司空謹別田之高下善惡分爲三品上田一歲一墾中田二歲一墾下田三歲一墾肥饒不得獨樂墝埆不得獨苦故三年一換主易居財均力平兵車素定**私田稼不善則非吏**非責也吏田畯也言吏急民使不得營私田補曰說文曰禾之秀實爲稼莖節爲禾毛詩傳曰種之曰稼斂之曰穡此稼謂禾稼也田畯者爾雅曰農夫也毛詩傳曰田畯田大夫也**公田稼不善則非民**民勤私也

補曰孟子曰公事畢然後敢治私事**初稅畝者非公之去公田而履畝十取一也**補曰疏曰何休云宣公無恩信於民民不肯盡力治公田故公家履踐案行擇其善畝穀最好者稅取之故曰履畝徐邈以爲除去公田之外又稅私田十之一也傳稱與民已悉則徐言是文烝案徐說以爲什二杜預亦以爲然漢書五行志劉向云是時民患上力役解於公田宣是時初稅畝稅畝就民田畝擇美者稅其什一與何說同與杜徐說異姚鼐曰謂去公田之名而通九百畝履畝十取一是與民已悉孔廣森曰去公田而九家同井每畝稅取其什之一近貢法也或以爲什二而稅非也論語言二者是哀用田賦以後耳案趙鵬飛呂大圭說並同此**以公之與民爲已悉矣**悉謂盡其力補曰自古者三百步至此申明上意此**古者公田爲居**八家共居補曰謂以二十畝爲八家廬舍也詩曰中田有廬何休曰在田曰廬在邑曰里案上文去公田句當如劉何趙呂姚孔之說若不知公田實耕八十畝則其義不明故傳復言此**井竈葱韭盡取焉**損其廬舍家作一園以種五菜外種楸桑以備養生送死補曰疏曰損謂減損也五菜者世所謂五辛之菜文烝案井所以汲竈所以炊皆養生所重居之所急葱

非之屬宜種者多舉以該其餘當如注說何休曰種穀不得種一穀以備災害田中不得有樹以妨五穀還廬舍種桑荻雜菜畜五母雞兩母豕瓜果種疆畔女尙蠶織老者得衣帛焉得食肉焉死者得葬焉此二句又以發上耒盡之意故三稱古者○何休又論在邑之事曰一里八十戶八家共一巷中里爲校室選其耆老有高德者名曰父老其有辯護伉健者爲里正皆受倍田得乘馬吏民春夏出田秋冬入保城郭田作之時春父老及里正旦開門坐塾上晏出後時者不得出莫不持樵者不得入五穀畢入民皆居宅里正趨緝績男女同巷相從夜績至于夜中故女功一月得四十五日作從十月盡正月止男女有所怨恨相從而歌飢者歌其食勞者歌其事男年六十女年五十無子者官衣食之使之民間求詩鄉移於邑邑移于國國以聞于天子故王者不出牖戶盡知天下所苦不下堂而知四方十月事訖父老教于校室八歲者學小學十五者學大學其有秀者移于鄉學鄉學之秀者移于庠庠之秀者移于國學學于小學諸侯歲貢小學之秀者于天子學于大學其有秀者命曰進士行同而能偶別之以射然後爵之

冬蝝生補曰爾雅曰蝝蝮蜪說文董仲舒說蝗子也劉向亦謂蝗始生何休曰始生曰蝝大曰螽蝝非

災也補曰此非字是非之非也言蝝不足爲災例所不志也公羊曰蝝生不書**其曰蝝非稅畝之災也**凡春秋記災未有言生者蝝之言緣也緣宣公稅畝故生此災以責之非責也補曰注說失之言今所以志蝝者責其以稅畝貪利之惡而致此蝝則足爲災故志之也責者經責之公羊曰此何以書幸之也幸之者何猶曰受之云爾受之云爾者何上變古易常應是而有天災其諸則宜於此焉變矣公羊意與傳合傳上言非下言非稅畝之災文意與襄六年傳上言非滅下言非立異姓云云正同許翰曰觀乎災異則見政事觀乎政事以知災異是謂念用庶徵數語可與傳相發

饑補曰此饑由秋螽螽不甚而饑矣○撰異曰陸淯纂例曰公羊無此經案今公羊有

十有六年春王正月晉人滅赤狄甲氏及留吁甲氏留吁赤狄別種晉旣滅潞氏今又幷盡其餘邑也滅夷狄時賢嬰兒故滅其餘邑猶月補曰疏曰非國而云滅者甲氏留吁國之大邑而晉盡有之重其事故云滅留吁言及者蓋小於甲氏文烝案滅國獲君旣日之故滅邑月之

夏成周宣榭災成周東周今之洛陽宣榭宣王之榭爾雅曰室有東西廂曰廟無東西廂有室曰寢

無室曰榭。傳例曰國曰災，邑曰火。補曰：疏曰不言京師者，爾時成周非京師故也。公羊傳云宣謝者何？宣宮之謝也。故范亦同之。文烝案：何休曰宣王之廟不毀者，有中興之功。孔廣森曰凡邑有宗廟先君之主曰都，成周者，周之下都，得有先王廟，若漢時原廟矣。爾雅郭璞注曰榭卽今堂皇。○撰異曰榭本或作謝，公羊作謝。災，左氏作火。

周災不志也。

補曰：疏曰徐邈所據本云周災至注云重王室也，今遍檢范本並有不字，無則不得解，與徐同。文烝案：疏至字乃志之誤。謂徐本無不字耳，徐本是也。外災不志，而宋為王者後則志，周災則志，皆是經例，因史例也。徐云重王室，其義允當。蓋范本誤衍不字也。劉敞曰宋災猶志，況周災乎？所駮雖是，失之不考。

其曰宣榭何也？

補曰：據外災皆不別所燒。

以樂器之所藏目之也。

移風易俗，莫善於樂，是故貴其器。補曰：公羊曰何言乎成周宣謝災？樂器藏焉爾。何休曰宣王中興所作樂器。文烝案：周詩既備，而其器用張陳，周官具焉。宣王承亂更作之。今存石鼓十，形如鼓耳，非樂器，然亦宣王作器之證矣。陳倉石鼓始見於劉昭引三秦記，或謂秦文公物，亦近之。然鼓文鼏𠟭昌叀圞五字，固籀文也。

秋，郯伯姬來歸。

為夫家所遺。補曰：傳例反曰來歸，在成五年。左傳曰出也。公羊傳曰大歸曰來歸。何休曰嫁不書者爲媵也來歸書者後爲嫡也死不卒者已棄有更適人之道或時爲大夫妻故不得待以初也棄歸例有罪時無罪月文烝案何氏於紀叔姬以爲其後爲嫡於此亦言後爲嫡其實媵不得爲嫡也鄭君曰女君卒貴妾繼室攝其事耳不得復立爲夫人杜預說左氏亦曰夫人薨不更聘必以姪娣媵繼室繼室者攝治內事猶不得稱夫人故謂之繼室也啖助曰不書嫁而書出或嫁時夫未爲君也此卽賈逵適世子之說劉敞亦云

冬大有年五穀大熟爲大有年

十有七年春王正月庚子許男錫我卒

丁未蔡侯申卒 補曰莊侯甲午之子甲午卒不書

夏葬許昭公

葬蔡文公

六月癸卯日有食之 補曰徐彥引顏安樂公羊說以爲十四日日食孔廣森曰案史記漢文帝

二年亦十二月望日食陰陽之異容有非可理度意測者但傳無明文未知顔氏所本

己未公會晉侯衛侯曹伯邾子同盟于斷道己未亦閏月之日斷道晉地補曰非閏也說見隱三年日食同者有同也同外楚也補曰重發傳也疏曰不於清丘發傳者清丘魯不會故重舉於此以包之并包下蟲牢馬陵蒲戚柯陵虛朾之類

秋公至自會

冬十有一月壬午公弟叔肸卒補曰叔肸謚曰惠伯見杜預釋例世族譜蓋據世本凡公子不爲大夫者不卒時重肸賢隆其恩禮比之大夫爲之謚遂立叔氏故史得記卒也不言公之弟者以賢舉不從緩辭例其曰公弟叔肸賢之也補曰賢之故稱弟又不爲緩辭又加字其賢之何也宣弑而非之也宣公殺子赤叔肸非責之非之則胡爲不去也曰兄弟也何去而之言無所至與之財則曰我足矣宣公與之財物則言自足以距之補曰室家治生之道亾求有有求多今曰我足雖是距辭亦所謂古之沈冥

常內足於懷**織屨而食**織屨賣以易食**終身不食宣公之食**補曰下食謂祿也秩也江永曰食與祿通言之則同分言之有田者祿無田者授之粟爲食周禮司士以功詔祿以久奠食爲是也食亦名秩左傳惠王奪子禽祝跪與詹父田而收膳夫石速之秩明散官無田有秩也文烝案叔肸不食宣公祿秩又合於伯夷叔齊之用心何休引論語曰篤信好學守死善道危邦不入亂邦不居天下有道則見無道則隱劉敞引論語作者七人不降其志不辱其身身中淸廢中權**君子以是爲通恩也以取貴乎春秋**泰曰宣公弒逆故其祿不可受兄弟無絕道故雖非而不去論情可以明親親言義足以厲不軌書曰公弟不亦宜乎補曰以是爲通恩者謂不去也疏曰衞侯之弟專去君傳云合於春秋此不去君云取貴於春秋者易稱君子之道或出或處或默或語事以衞侯惡而難親恐罪及己故棄之而去使君無殺臣之惡無害弟之慾故得合於春秋此叔肸以君有大逆不可受其祿食又是孔懷之親不忍奮飛使君臣之節兩通兄弟之情俱暢故取貴於春秋叔肸書字專直稱名者叔肸內可以明親親外足以厲不軌比專也賢乎遠矣故貴之稱字專雖合於春秋無大善可應故直書名而已

十有八年春晉侯衛世子臧伐齊

公伐杞補曰不致者惡事也

夏四月

秋七月邾人戕繒子于繒補曰賈逵曰邾使大夫往殘賊之文烝案稱人者亦從衆辭例言戕則見邾惡非見繒罪可知衆辭無所嫌也執用戕日戕月非必爲下卒日○撰異曰此二繒字或作鄫

猶殘也梲殺也梲謂捶打殘賊而殺地于繒惡其臣子不能距難補曰言猶者義相近詩鄭箋直言戕殘也是以爲本訓公羊曰殘賊而殺之也梲字舊从手今改从木說文曰棓梲也梲木杖也字林亦云木杖廣雅曰棓梲杖也顏師古急就篇注曰梲小棓也今俗呼爲袖梲言可藏於懷袖之中也後漢書禰衡傳曰手持三尺梲杖說文木杖或作大杖蓋誤也杖爲梲杖之亦爲梲猶言言授之槷以槷其馬其義相因邾人杖殺繒子此殘之實音義曰梲或作撲普木反亦通注打字亦當从木說文曰撞也宅耕切棓棒村打皆正俗字地于繒者明在國都楚子虔誘蔡侯般殺之于申則不於國都也不名者趙汸以爲繒子卒不志於魯此特

以戕死錄故不名

甲戌，楚子呂卒。商臣子莊王。補曰：楚始書卒。楚卒皆日，皆不葬，義見成十四年注。○撰異曰：呂，左氏、公羊作旅。案漢書律厤志曰：呂以旅陽宣氣。又曰：呂，旅也。說文：从肉旅聲之膂，與呂為一字。

夷狄不卒，補曰：疏曰：據自此以前吳楚君也。文烝案：自此以前，莒君亦不卒，秦穆公亦不卒，疑惟吳為史所本無。

卒，少進也。補曰：明莒、吳皆同例，秦亦然也。

卒而不日，補曰：疏曰：據莒、吳諸君也。文烝案：莒卒亦皆不日，滕始亦不日，秦始亦不日，皆夷狄之。莒卒因史之舊，疑其餘不然。

日，少進也。補曰：明滕與秦皆同例也。滕、秦始不日，終日；莒、吳始終不日；楚始終日，此其異也。夷狄所以有少進例者，能脩政刑行事，中夏不得不漸進之。

日而不言正不正，簡之也。中國君日卒，正也；不日，不正也。今進夷狄，直舉其日而不論正之與不正。補曰：簡，略也。亦明滕與秦皆同例也。略之者，既別於中國，亦因其政俗異，宜難以周禮責，如楚國之舉恆在少者，晉叔向以棄疾為居常矣。此傳為滕、秦、楚、莒、吳五國書卒者發通例，傳文之簡而有條如此。

公孫歸父如晉

冬十月壬戌公薨于路寢路寢正寢也 補曰疏曰重發傳者莊據始故發之宣篡弑有嫌成承所嫌之下故各發傳文丞案路寢唯此三文故傳備釋成篇較略此最略傳路寢二字各本脫今依唐石經余本呂本中集解本補正

歸父還自晉 補曰疏曰大夫執則致歸父非執而書其還者為出奔張本也直名不氏者凡致者由上致之故例名今不書歸父之氏明有致命之義也文丞案遂卒以言仲爲疏慶父來以直言仲孫爲疏知此還非以直名爲疏者此還爲奔而書事在奔例無取疏義明當從常文言公孫特以文在還自晉之上事未畢而若畢得有致命之義而去氏也各本此經下衍至檉遂奔齊五字今依唐石經十行本刪正

還者事未畢也自晉事畢也 補曰疏曰復發傳者嫌君臣異也文丞案事畢者至國之辭以明其本欲至國而中路被逐傳重發以起下也范於事未畢也下注曰莊八年秋師還是也八字贅甚滯甚今刪全書刪注唯此一處

與人之子守其父之殯 人之子謂歸父子也言成公與歸父子共

守宣公殯**捐殯而奔其父之使者是亦奔父也**捐棄也奔猶逐也言成公棄父之殯逐父之使使謂歸父也父命未反而已逐之是與親奔父無異補曰喪不貳事況於逐父之使孟莊子猶不改父之臣況於國君以其緩喪不孝謂之奔父春秋之意也亦各本誤作以今依唐石經余本胡安國傳俞皋集傳釋義本程端學本義李廉會通本改正

至檉遂奔齊杜預曰檉魯竟外故不言出補曰郎文七年例云在外也○撰異曰檉左氏作筌**遂繼事也**補曰疏曰重發遂例者嫌出奔不得同於繼事也文烝案歸父奔不謹日異於公孫敖者以從繼事例則不得日傳并見此意也必從繼事例者明惡成公逐之既惡成公即知其不惡歸父左傳臧宣叔曰當其時不能治也後之人何罪此定論矣高澍然曰書遂著聞亂而奔之迹非若敖奔莒之前定也

宣補注十六終

大千三百卌字
小九千九百八十二字
眉注七十四字

春秋成公經傳第七補注第十七成公宣公子史記名黑肱母蓋穆姜也以定王十七年即位

穀梁　范氏集解　鍾文烝詳補

元年春王正月公即位

二月辛酉葬我君宣公

無冰補曰疏曰何休徐邈並云此年無冰者由季孫行父專權而委任之所致范意不同文烝案何氏引尚書曰舒恆燠若又引易京房傳曰當寒而温罰賞也范意見桓十四年注大致亦主洪範但不指實耳

終時無冰則志此未終時而言無冰何也言終寒時無冰當志之耳今方建丑之月是寒時未終補曰桓十四年傳曰無冰時

終無冰矣加之寒之辭也周二月建丑之月夏之十二月也此月既是常寒之月於寒之中又加甚常年過此無冰終無復冰矣補曰疏曰終無冰矣謂過此時無冰則終無冰也加之寒之辭謂於此月書者以此月是常寒之月加甚之辭故麋信徐邈亦云

十二月最爲寒盛之時故特於此月書之是也文烝案詩豳風一之日觱發毛傳曰風寒謂待風乃寒又二之日栗冽毛曰寒氣謂無風亦寒明周之二月其寒加甚他月是月無冰則終無冰矣麋徐及疏皆是范別言加甚常年失之疏申注亦不用其說也無冰爲恆燠桓十四年傳明文也疏又曰襄二十八年春無冰書時則是終寒時故不發傳此在二月下三月上故特發之桓十四年無冰在正月下者舊解正月自爲公會鄭伯不爲無冰或當月卻而節前則周正月亦是常寒之月文烝案舊解是

三月作丘甲 周禮九夫爲井四井爲邑四邑爲丘丘十六井甲鎧也補曰不言井邑言丘者賦法起於丘也疏曰徐邈云甲有伎巧非凡民能作而强使作之故書月以譏之文烝案稅畝田賦皆不月而舍中軍亦月則此月非譏當依何休以爲重錄之傳所謂謹也

作爲也 補曰疏曰復發傳者文同事異不可以一例該之故也范別例云作例有六直云作者三僖公主丘甲三軍云新作者亦三延廄南門雉門文烝案延廄安得云作范因左氏杜預說誤以入例耳

丘爲甲也 使一丘之民皆作甲補曰謂農民公羊曰丘使

丘甲國之事也 補曰此丘字蓋衍文或是作字

丘作甲非正也 補曰桓六年傳

曰脩教明論國道也平而脩戎事非正也彼以國道言此以國之事言其意相類巨作甲之爲非正何也古者立國家百官具農工皆有職以事上補曰謂農官工官也官者民之長古者有四民補曰以下申足上意有士民學習道藝者補曰疏曰何休云德能居位曰士范以居位則不得謂之民故云學習道藝文烝案處士賢者可爲公士其事相因有商民通四方之貨者有農民播殖耕稼者有工民巧心勞手以成器物者補曰因官及民因農工及士商備言之也劉向說苑引春秋傳曰四民均則王道興而百姓寧傳無此文當是外傳及章句說傳語今本說苑脫傳字漢書注引樂元語曰四民常均凡四民皆有官焉士民者處士若公士以上則官也商農工之官據周禮亦皆公士大夫也考工記曰坐而論道謂之王公作而行之謂之士大夫審曲面埶以飭五材以辨民器謂之百工通四方之珍異以資之謂之商旅飭力以長地財謂之農夫治絲麻以成之謂之婦功此所謂國有六職夫甲非人人之所能爲也各有業也補曰能爲甲者工耳考工記凾人爲甲又有鮑人周禮槀人職曰齎其工曰饗工此工官工民爲甲之事孔穎達曰使一巨農

民皆作甲以農爲工失其本業**丘作甲非正也**補曰重言以結上文不言初者旋罷之左傳曰爲齊難故孔穎達曰備齊難暫爲之耳

夏臧孫許及晉侯盟于赤棘赤棘晉地補曰許辰之子臧宣叔疏曰不日者蓋謀爲鞌戰歸我汶陽之田至八年渝前約故略之也文烝案既不日又不月者蓋略之甚

秋王師敗績于貿戎貿戎地補曰疏曰不書月者何休云深正之使若不戰范雖不解蓋不言晉敗及戰故亦略其日月文烝案王師敗績異於諸侯故直書及時而已不嫌與夷狄見敗同例○撰異曰貿左氏作茅段玉裁曰史記漢書皆作貿古音同也**不言戰莫之敢敵也**補曰昔夏啟與有扈氏戰書稱大戰于甘紀實之辭也春秋別起例以明義蓋亦魯策書所據之周禮君子因之荀子曰王者有誅而無戰是也不言敗之者亦明莫敢敵此公羊義**爲尊者諱敵不諱敗**諱敵使莫二也不諱敗容有過否補曰以自敗爲文但不言敗之者耳不諱言敗劉絢曰聖人立法垂後示之以意而已一書王師敗績于貿戎而尊王之義與王自取敗之道咸得而見矣李光地曰戰而勝猶恥也戰之恥甚於敗故諱

戰也爲親者諱敗不諱敵諱敗惜其毀折也不諱敵諸侯有列國補曰有所不諱而後所諱顯若全沒其實亦不得謂之諱劉敞謂諱其義非諱其實高澍然以爲文諱而實不諱未嘗有一語矯誣是也尊尊親親之義也尊則無敵親則保全尊謂王親謂魯補曰案盧仝詩曰孔子父母魯諱魯不諱周此韓子所譏五傳束高閣者矣春秋不以親親害尊尊而亦不奪人所私故曰伯母叔母疏衰踊不絕地姑姊妹之大功踊絕於地如知此者由文矣哉由文矣哉踊申其情敗掩其辱尊不可干示有私恩而已矣然則孰敗之晉也補曰此與戎伐凡伯相似貿戎者戎之種而屬晉實爲晉地時晉之貿戎人敗王師於其地不可言王師敗績于晉故言于貿戎戎也傳不言貶晉而戎之者從伐凡伯傳可知公羊曰孰敗之蓋晉敗之或曰貿戎敗之不知貿戎即晉傳聞不審也左傳謂晉侯平戎于王劉康公背盟欺晉徼戎而伐之敗績于徐吾氏事或有之僖二十二年晉及秦遷陸渾之戎于伊川昭九年晉率陰戎伐潁二十一年晉帥九州之戎納王戎事涉周者皆晉爲之也

冬十月季孫行父秃晉郤克眇衛孫良夫跛曹公子手僂

補曰禿無髮也眇小目也跛蹇也謂曲脛僂尫也謂曲脊此文眇跛字當互易郤克之跛見左傳國語范注下年傳以郤克爲跛沈文何引穀梁云晉郤克跛衞孫良夫眇自唐定本始誤而楊氏作疏因之陸德明亦誤下句之文同誤**同時而聘於齊**補曰公羊曰晉郤克與臧孫許同時而聘於齊何休曰不書恥之**齊使禿者御禿者使眇者御眇者使跛者御跛者使僂者御僂者**御音迓迓迎也補曰注本爾雅文孔廣森曰迓迎護賓者也聘禮記卿大夫迓大夫士迓士皆有迓**蕭同姪子處臺上而笑之**蕭國也同姓也姪子字也其母更嫁齊惠公生頃公宣十二年楚人滅蕭故隨其母在齊補曰蕭同姪子即頃公母范非也論於下年蒼頡篇曰笑喜弄也**聞於客客不說而去相與立胥閭而語移日不解**胥閭門名補曰疏曰即周禮二十五家也文烝案說文閭里門也又引周禮五比爲閭何休曰閭當道門解散也**齊人有知之者曰齊之患必自此始矣**穀梁子作傳皆釋經以言義未有無其文而橫發傳者甯疑經冬十月下云季孫行父如齊脫此六字補曰范說又非也此傳當與下其日或

曰相連誤跳在此蓋以傳合經者誤之耳范以傳稱季孫聘於齊經無爲不書其事但經書如齊不當錄月二家經皆無之自以何休說爲長或當以季孫不說而去聘事不成故史無如齊之文其事亦未審在何年也○公羊以爲郤克跛臧孫許眇同時而聘于齊左傳國語但謂齊婦人笑郤子最近事情穀梁下傳亦但云敖郤獻子與左傳國語同然則此傳云云姑廣異聞耳原不深信也陸湻以街談巷議呰之豈爲善讀傳乎先儒旣有解說今亦聊說之而附以所見

二年春齊侯伐我北鄙補曰左傳曰圍龍三日取之

夏四月丙戌衛孫良夫帥師及齊師戰于新築衛師敗績新築衛地補曰時齊非桓公主盟時矣直從以主及客之常例不須以微齊起之與莊二十八年異

六月癸酉季孫行父臧孫許叔孫僑如公孫嬰齊帥師會晉郤克衛孫良夫曹公子手及齊侯戰于鞌齊師敗績鞌齊地補曰僑如得臣子叔孫宣伯公孫嬰齊叔肹子子叔聲伯也疏曰徐邈云四大夫不舉重者惡魯猥遣

四大夫用兵亦以譏之也然則諸國用兵亦應猥遣何以不具書之葢是用兵重事故詳內也文烝案外大夫無帥師文者從內可知內帥師總在嬰齊下者亦從可知六年仲孫蔑叔孫僑如帥師襄十年楚公子貞鄭公孫輒帥師之等皆此例客言及者由內及之內言戰亦與桓十三年同○撰異曰僑本又作喬手左氏作首公羊一作午

其日或曰日其戰也或曰日其悉也悉謂魯四大夫時悉在戰也明二者皆當日補曰疏曰若是疑戰雖四大夫在亦不得日傳幷見此意耳

曹無大夫補曰疏曰復發傳者前爲崇羈今爲戰故重發之

其曰公子何也補曰略名之當言曹手不當言氏傳曰公子之重視大夫

以吾之四大夫在焉舉其貴者也不欲令內衆大夫與外卑者共行戰補曰公子之重視大夫是貴也

秋七月齊侯使國佐如師己酉及國佐盟于爰婁補曰春秋事同而辭異如僖文之書不雨屈完國佐之盟其最著者也此二盟劉絢胡安國張洽以爲王道曲直之繩墨○撰異曰公羊傳覆舉經句及下有齊字孔廣森述公羊經作齊國佐爰左氏公羊作袁

鞌去國五百

司馬法六尺爲步今以五尺爲步顧說則亦以六尺計而尺又大二句依沈彤日知錄校本顧氏又云一寸者今之六分有半今量最大於古權衡之度又衡之

里爰婁去國五十里國齊國也補曰謂國都顧炎武日知錄曰穀梁傳古者三百步爲里今以三百六十步爲里而尺又大於古三之一強今之六十二里弱遂當古之百里穀梁傳搴去國五百里今自歷城至臨淄僅三百三十里左傳黃人謂自郢及我九百里今自江陵至光州僅七百里郲子謂吳二千里不三月不至今自蘇州至鄒縣僅一千五百里孟子不遠千里而來千里而見王今自鄒至齊至梁亦不過五六百里又謂舜卒鳴條文王生岐周相去千有餘里今自安邑至岐山亦不過八百里史記張儀說魏王言從鄭至梁二百餘里今自鄭州至開封僅一百四十里戲夫人歌相離三千里當誰使告汝貢禹上書言自痛去家三千里今自琅邪至長安亦但二千餘里趙則二千里而近壹戰緜地五百里補曰壹各本作一今依唐石經十行本改焚雍門之茨雍門齊城門茨蓋也補曰釋名曰屋以草蓋曰茨卽考工記所謂葺屋侵車東至海侵車侵伐之車言埼侵齊過乃至海補曰三句言自搴進師之事君子聞之曰夫甚甚之辭焉鄭嗣曰君子聞戰于搴乃盟于爰婁焚雍門之茨侵車至海言因齊之敗逼之甚補曰劉瓛孝經注曰夫猶凡也師及國門又至海甚之又甚也君子以爲上

言鞌下言爰婁師文在中凡有甚之又甚之辭焉

齊有以取之也。齊之有以取之何也？敗衛師于新築，侵我北鄙，

補曰以伐爲侵遍言之

敖郤獻子，

謂笑其跛補曰爾雅曰敖傲也古通用王逸楚辭注侮慢曰傲不舉禿眇僂者明前傳姑載之此記其實

齊有以取之也。

補曰明上二事皆譏文又笑跛非禮

爰婁在師之外。

言師已遍其國補曰疏曰爰婁去齊五十里今在師之外明晉師已遍到其國師謂晉師文烝案卽經師字也師退至爰婁而盟傳將述其事先以此句起之兼爲盟召陵見例

郤克曰：反魯衛之侵地，以紀侯之甗來，

甗玉甑齊滅紀故得其寶補曰左傳曰紀甗傳及公羊曰紀侯之甗汲冢紀年曰紀公之甗何休以爲紀之甗邑其土肥饒或說甗玉甑杜范皆云玉甑說文曰甗甑也一穿鄭衆考工記注曰甗無底甑段玉裁曰蓋甑七穿而小甗一穿而大

以蕭同姪子之母爲質，

齊侯與姪子同母異父昆弟不欲斥言齊侯之母故言蕭同姪子之母也兼忿姪子笑補曰案此及下文兩言蕭同姪子之母之二字皆衍文也左傳作蕭同叔子以爲齊侯之母杜預曰同叔蕭君之字齊侯外祖父子女也難斥言

其母故遠言之公羊則作蕭同姪子云是齊君之母何休曰蕭同國名姪子者蕭同君姪娣之子嫁與齊生頃公史記齊世家作蕭桐叔子晉世家作蕭桐姪子並以爲是齊君母此傳文當與公羊同蓋蕭君名同其姪娣所生女嫁齊而生頃公故謂之蕭同姪子郎前處臺上笑客者也范不能以二傳史記考正此傳衍字而曲爲之說必不可通

使耕者皆東其畝

欲以利其戎車於驅侵易補曰詩小雅言疆理天下之制曰南東其畝毛傳曰或南或東案畝所以有南東者周禮遂人凡治野夫間有遂遂上有徑十夫有溝溝上有畛百夫有洫洫上有涂千夫有澮澮上有道萬夫有川川上有路以達于畿夫間兩夫之間也十夫以上二十夫至二萬夫之間也此與考工記匠人之田首三夫及井間成間同間兩山之間其法各異而阡陌之名因之以生凡畫畝必以川爲準川東流者川橫路亦橫於是澮縱道縱洫橫涂橫溝縱畛縱遂橫徑橫則其甽縱而畝必東陳風俗通云南北曰阡東西曰陌是也若川南北流者自外至內其縱橫一一相反則其甽橫而畝必南陳風俗通云河東以東西爲阡南北爲陌是也天下之川大勢皆東流河東之川獨南流至大伾河又北流齊之境內必多南畝今晉欲使盡東其畝左氏所謂無顧土宜郎下傳所謂土齊也此皆程瑤田之說也顧棟

高曰齊與晉本遼遠自景公滅潞收狄遺土於是晉地跨有東昌曹濮之境與齊接壤鞌之戰遂平行以入齊都郤克欲使齊盡東其畝以利戎車者以地逼近故也

然後與子盟國佐曰反魯衞之侵地以紀侯之甗來則諾以蕭同姪子之母爲質則是齊侯之母也齊侯之母猶晉君之母也晉君之母猶齊侯之母也言尊同也使耕者盡東其畝則是終土齊也凱曰利其戎車侵伐易則是以齊爲土補曰何休曰則晉悉以齊爲土地俞樾讀從周禮大司徒土其地典瑞土地之土以爲土者度之借字度齊猶國語云規東夏之

不可不可謂若不許己言補曰王引之曰范以左傳云晉人不可賓媚人曰子又不許請收合餘燼背城借一故以不可爲不許己言不知此傳不可二字與則諾相對爲文謂郤克之後二說不可行也公羊曰與我紀侯之甗請諾反魯衞之侵地請諾使耕者東畝是則土齊也曰不可蕭同姪子者齊君之母也齊君之母猶晉君之母也曰不可何注上曰不可云則晉悉以齊爲土地是不可行注下曰不可言至尊不可爲質彼文曰不可與請諾相對猶此文不可與則諾相對也當

如何氏公羊注作解若以為不許己言則文義下屬請壹戰句上文以蕭同姪子之母為質云云遂成不了語

矣公羊上曰不可今本脫徐疏引一本有之下曰不可今脫曰字後漢書注引有之**請壹戰壹戰**

不克請再補曰二壹字亦依唐石經十行本改**再不克請三三不克請四**

四不克請五補曰疏曰齊為晉所敗兵臨城下然則敗軍之將不可以語勇驚弦之鳥不可以應弓所以更能五戰者齊是大國邑竟既寬收拾餘燼足當諸國之師故請以五也**五不克舉國**

而授補曰舉盡也以上皆師中語**於是而與之盟**補曰云於是者謂退至爰婁胡安國曰天下莫大於理而強有力不與焉亦可謂深切著明矣

八月壬午宋公鮑卒

庚寅衛侯速卒○撰異曰速公羊作遬

取汶陽田補曰晉使齊還魯侵地魯取之也

冬楚師鄭師侵衛補曰陳傳良曰此楚公子嬰齊也其稱師何楚猶未書大夫將也文烝案是時

楚共初立嬰齊語於衆曰君弱高澍然以爲楚政下逮之始於是下文始具大夫氏名而六年伐鄭亦具氏名矣

十有一月公會楚公子嬰齊于蜀蜀某地補曰當云魯地左傳甚明杜注則在宣十八年傳案左傳楚師侵衞遂侵我師于蜀侵及陽橋杜預曰公賂之而退故不書侵張應昌本毛奇齡說以爲史諱之謂至春秋之終方書吳伐我疑張說是也楚僭王其公子稱王子家鉉翁謂春秋削之書公子竊以魯春秋有周禮焉史之舊也月者爲下盟日或危之

楚無大夫補曰疏曰重發之者屈完當齊桓非正例得臣宜申萩不氏今稱公子故重發之文烝案疏言當齊桓公羊語也當改云成爲大夫

其曰公子何也嬰齊亢也泰曰莊二十二年丙申及齊高傒盟文二年乙巳及晉處父盟傳曰不言公高傒處父亢也此傳會嬰齊書公以明亢何乎蓋言高傒處父亢禮敵公書公則內恥也嬰齊初雖驕慢終自降替故于會則書公以顯嬰齊之驕亢于盟則稱人以表嬰齊之服罪然則向之驕正足以表其無禮不足以病公則書公可也補曰疏曰重發亢義者與高傒處父又皆異故各發之文烝案楚嬰齊者夷狄無大夫之

文也楚公子嬰齊者中國有大夫之文也嬰齊亢禮敵公若書以夷狄之辭則公之恥辱益甚故從中國例而傳明之也注論書公義得之但謂嬰齊終自降替表其服罪則由誤解下傳文說見下

丙申公及楚人秦人宋人陳人衞人鄭人齊人曹人邾人薛人繒人盟于蜀齊在鄭下蓋時王所黜補曰杜預依左傳以爲齊非卿杜是也范非也○撰異曰徐彥公羊疏曰亦有一本無齊人者脫也陸淳纂例本齊人下有許人云公羊無齊人左氏無許人

楚其稱人何也怪楚向稱公子今稱人於是而後公得其所也補曰於是衆國大夫咸在得從翟泉澶淵以公會人之例不以氏名見是得其所也案左傳楚公子嬰齊秦右大夫說宋華元陳公孫寧衞孫良夫鄭公子去疾六國皆得有氏名者也會與盟同月則地會不地盟補曰湨梁是也雞澤戊寅盟亦其類又或地盟不地會如新城及雞澤己未盟略不言者方明此不宜地盟故專舉不地盟之例不同月則地會地盟此其地會地盟何也以公得其所申其事也公得其所謂楚稱人申其事謂地會地盟今之

屈向之驕也補曰言今之屈而稱人者卽向之驕亢敵身故宜申其事以詳之屈者謂經有屈文非是嬰齊眞能自屈嬰齊何爲至盟而忽屈乎向或作鄉作嚮上注同書公及者以尊及卑以內及外從常例也上言公會則無嫌於內爲志故此可從常例趙汸曰蒙會文言及得之不致者會夷狄與薄宋同又外皆無君與翟泉澶淵同

三年春王正月公會晉侯宋公衞侯曹伯伐鄭宋衞未葬而自同於正君故書公侯以譏之補曰月者爲下葬日

辛亥葬衞穆公補曰危之者從晉文公例下宋葬亦同也衞宣公但月者五月而葬時事或較愈

二月公至自伐鄭補曰月者爲下災日

甲子新宮災三日哭新宮者禰宮也謂宣公廟也三年喪畢宣公神主新入廟故謂之新宮補曰注後三句本杜預呂本中崔子方以爲當時之辭是也然非傳義傳以新宮爲禰宮之常稱不專以其新入廟**三日哭哀也**補曰何休曰痛傷鬼神無所依歸故君臣素縞哭之**其哀**

禮也曰宮廟親之神靈所憑居而遇災故以哀哭爲禮補則三日哭故曰新宮火亦三日曰有焚其先人之室哭左傳記鄭災三日哭國不市

迫近不敢稱謚恭也近迫言親禰也桓僖遠祖則稱謚補曰迫偪也注遠祖指哀篇也莊公丹楹刻桷傳曰斥言桓宮以惡莊也明此爲恭辭

其辭恭且哀以成公爲無譏矣補曰其辭經之辭也既盡其恭又詳錄其哀哭是以爲無譏

乙亥葬宋文公補曰左傳曰始厚葬用蜃呂氏春秋曰宋未亾而東冢抇高誘曰文公冢也

夏公如晉

鄭公子去疾帥師伐許

公至自晉

秋叔孫僑如帥師圍棘補曰公羊曰棘者何汶陽之不服邑也與左傳同大氐此等處穀梁多略也莊二年伐於餘丘傳言病公子以譏公此圍棘及後圍費圍鄆圍郈亦其例矣伐人邑與圍內邑不同

而非國言伐非國言圍皆是內事取類不異

大雩

晉郤克衛孫良夫伐牆咎如補曰杜預曰赤狄別種○撰異曰牆左氏作廧案牆與廧一字公羊作將

冬十有一月晉侯使荀庚來聘衛侯使孫良夫來聘補曰月者爲下盟日

丙午及荀庚盟丁未及孫良夫盟其日公也補曰來盟不日聘而盟則日來者接公之文聘而盟亦承上來文明皆公盟也明皆非齊高傒晉處父之比非諱也傳特以書日明爲公者疏曰以上文聘既接公下言及則公文未顯嫌不得再煩尊者恐盟時無公故傳云公以釋之案疏說固可通但未知經承來文本自足以顯公而傳之以書日爲說者乃就一邊言也經所以不言公及者下文云以國與之是也以其既足顯公故得以不書公爲義與來盟同來聘而求盟補曰彼來聘因求盟也此

所以別於前定**不言及者以國與之也不言其人亦以國與之也**徐邈曰不言及謂凡書來盟者也若宣七年衞孫良夫來盟是也以國與之謂舉國爲主故直書外來爾此先聘而後盟故不言來盟總言及而不復著其人亦是舉國之辭**不言求兩欲之也**補曰疏曰來聘是他求言及我欲也是兩國同欲之文非獨求之稱文烝案案及之固是我欲而非以書及爲欲凡聘而盟言及及者尊卑內外之辭朝而盟亦然皆與凡內爲志言及者異例

鄭伐許鄭從楚而伐衞之喪又叛諸侯之盟故狄之補曰疏曰叛諸侯之盟者舊解以爲上文背晉爲諸侯所伐是也不於前年伐喪貶者其罪不積不足以成惡鄭既伐喪背盟一年之中再加兵於許故於此夷狄之文烝案賈逵說左氏曰鄭小國與大國爭諸侯仍伐許不稱將帥夷狄之刺無知也何休說公羊曰謂之鄭者惡鄭襄公與楚同心數侵伐諸夏自此之後中國盟會無已兵革數起夷狄比周爲黨故夷狄之賈言仍伐何言數侵伐楊言一年再加兵程子胡安國皆用其說得經旨矣

四年春宋公使華元來聘

三月壬申鄭伯堅卒○撰異曰公羊舊有二本或作堅或作臤徐彥公羊疏曰鄭伯臤卒者左氏作堅字穀梁作賢字今定本亦作堅字案今穀梁不作賢惠棟曰公羊臤穀梁賢一字也說文臤古文以為賢字漢碑有親臤優臤卽賢字又玉篇糸部引成公四年鄭伯絙卒古千古兩二切陸淳纂例堅公羊作姬段玉裁謂玉篇絙乃緊之譌从糸臣聲卽緊字竊疑纂例姬亦絙之譌矣

杞伯來朝

夏四月甲寅臧孫許卒

公如晉

葬鄭襄公

秋公至自晉

冬城鄆補曰杜預曰公欲叛晉故城而爲備左傳以爲晉侯見公不敬公至自晉欲叛晉故杜云爾也孔穎達曰釋例土地名魯有二鄆文十二年城諸及鄆杜云此東鄆莒魯所爭者成十六年傳晉人執季文子公待

于鄆。杜云：此西鄆，昭公所出居者。然則此爲欲叛晉，故城當西鄆也。

鄭伯伐許。喪未踰年，自同於正君，亦譏之。補曰：推傳例，諸侯在喪未葬，或葬而未踰年，凡會盟侵伐皆以稱子爲正，而稱子亦猶有譏，公侯伯子男當無異例也。鄭之子儀被弒無謚，左傳始終稱鄭子，國語楚范無宇亦謂之鄭子，當時不以爲君也。知伯有子稱明矣。董仲舒說此，以爲父伐人喪，子以喪伐人，春秋以其無子恩，不復稱子，謂之鄭伯以辱之。

五年春王正月，杞叔姬來歸。補曰：何休曰：始歸不書，與鄭伯姬同文。烝案：齊子叔姬、鄭伯姬蓋皆夫未爲君時歸之。此杞桓公夫人也。僖三十一年杞伯姬來求婦，或者是歟？又疑以禮不備略其歸矣。文十二年之子叔姬是許嫁之女，左傳誤以爲絶於杞，杜預乃謂杞桓公立其娣爲夫人，孔穎達以爲娣亦字叔者，周之法積叔也，其說皆不足據。**婦人之義，嫁曰歸，反曰來歸。**補曰：隱二年解歸，此解來歸，故各見之。疏曰：范氏云出女例凡三，齊人來歸子叔姬一也，鄭伯姬來歸二也，此杞叔姬來歸三也。又別引文十八年夫人姜氏歸于齊爲例。文烝案：何休曰：婦人有七棄、五不娶、三不去。嘗更三年喪不

喪婦或作喪父宜考

去不忘恩也賤娶貴不去不背德也有所受無所歸不去不窮窮也喪婦長女不娶無敎戒也世有惡疾不娶棄於天也世有刑人不娶棄於人也亂家女不娶類不正也逆家女不娶廢人倫也無子棄絶世也淫泆棄亂類也不事舅姑棄悖德也口舌棄離親也盜竊棄反義也嫉妒棄亂家也惡疾棄不可奉宗廟也大戴禮本命有前貧賤後富貴不去句無賤取貴句

仲孫蔑如宋

夏叔孫僑如會晉荀首于穀穀齊地○撰異曰首公羊作秀

梁山崩梁山晉之望也不言晉者名山大澤不以封也許愼曰山者陽位君之象也象君權壞補曰注首句爾雅文不繫晉者言梁山則爲晉山可知注以王制說之非是沙鹿亦不繫國沙非名山也沙直言沙梁加言山者文不連鹿不可單言梁猶書禹貢或言荊或言荊山皆屬文之宜荀子所謂累而成文不日何也據僖十四年秋八月辛卯沙鹿崩書日高者有崩道也補曰非同山足之林仍從外災時例有崩道則何以書也補曰疑若非變異曰梁山崩壅遏河三

日不流補曰言壅河害大故書公羊曰大也壅者遏也遏過衍字下同漢書五行志引此作廱河公羊作壅河並無遏字晉君召伯尊而問焉補曰左傳國語韓詩外傳皆作伯宗伯尊來遇輦者補曰輦者輓輦者左傳曰重人國語曰大車當道而覆輦者不辟使車右下而鞭之凡車將在左御在中有力之人在右所以備非常補曰凡驂乘有車右有御者范言將是專謂兵車有右非也兵車之制若是君與元帥則皆居中而御者在左與乘車及他兵車不同亦不可槩云將左御中也此車傳車也詩音義以車曰傳以馬曰遽輦者曰所以鞭我者其取道遠矣所用鞭我之閒行道則可遠補曰韓詩外傳取作趨伯尊下車而問焉以其言有理知非凡人補曰下車敬之曰子有聞乎補曰稱子崇之對曰梁山崩壅遏河三日不流伯尊曰君爲此召我也爲之奈何輦者曰天有山天崩之補曰左傳國語曰山有朽壤而崩天有河天壅之雖召伯尊如之何伯尊由忠問焉用忠誠之心問之補曰由古通以爲猶字訓用非也

忠問猶論語云忠告輦者曰君親素縞帥羣臣而哭之素衣縞冠凶服也所
以凶服者山川國之鎮也山崩川塞示哀窮補曰周禮司服大札大荒大烖素服鄭君曰君臣素服縞冠若晉
伯宗哭梁山之崩或以素縞之文俱爲冠案閒傳大祥素縞麻衣鄭君曰素縞者玉藻所云縞冠素紕既祥之
冠檀弓注又以縞冠當素服左傳國語曰國主山川又伯陽父曰國必依山川既而祠焉斯流
矣補曰流者王充以爲水盛土散也素縞而祠示有人事耳知天之變盡人之常輦者之言所以爲善伯
尊至君問之曰梁山崩壅遏河三日不流爲之奈何伯
尊曰君親素縞帥羣臣而哭之既而祠焉斯流矣孔子
聞之曰伯尊其無績乎攘善也績功也攘盜也取輦者之言而行之非己之功
也績或作續謂無繼嗣補曰爾雅績事也業也功也成也又續績繼也績與緝通故與續亦得同訓此傳若作
績而訓功則文義不順韓詩外傳述此事略與傳同其字作無後明傳義自謂繼嗣績續之字得兩通也以其
事考之左傳晉殺伯尊其子州犂奔楚在夫子生前其後州犂仕楚見殺又其後伯氏之族出州犂之孫嚭仕

吳最後又仕越似皆未可爲無後之證以其理斷之如疏引舊說云伯尊蔽賢罪深故被戮絕嗣子夏雖匿聖人之論能播教於西河其罪旣輕故直喪明而已楊氏以爲天道冥昧非人所知徒爭罪之輕重妄說受罪淺深恐非聖賢之旨也然則夫子言此者蓋猶孟子云不祥之實蔽賢者當之此惡之之辭非億之之辭而被戮喪明等事皆可無論矣夫無後之爲大罰人所知也輩者之言之善而攘之者之爲大惡人所忽也正猶作俑象人數典忘祖亦皆人所忽而皆謂之無後也古書之文參伍深思則了

秋大水

冬十有一月己酉天王崩 定王補曰史記名瑜匡王弟國語注作榆又作揄○撰異曰有字各本脫今依唐石經補正

十有二月己丑公會晉侯齊侯宋公衞侯鄭伯曹伯邾子杞伯同盟于蟲牢 蟲牢鄭地補曰後魯衞侵宋渝盟不見有晉師故還從書日常例程子曰天王崩而會盟不廢見其皆不臣本孫復說胡安國同

六年春王正月公至自會補曰孔廣森曰月者正月也

二月辛巳立武宮舊說曰武公之宮廟毀已久矣故傳曰不宜立也禮記明堂位曰魯公之廟文世室也武公之廟武世室也言世室則不毀也則義與此違補曰疏曰禮記周末之書以其廟不廢故謂之世室耳孔廣森曰不云武世室者立毀廟猶可言也擬天子不可言也春秋以其可辭書之文忝案史記眞公灝弟武公敖

立者不宜立也補曰重發傳者嫌與立君異也公羊同蕭楚曰起而置之之謂立文忝案左傳季文子以鞌之功立武宮何休曰臧孫許伐齊有功故立武宮

取鄟補曰內諱滅謂之取皆以易辭書公羊昭四年傳得之諱者經例因史例也

鄟國也補曰此獨釋鄟之爲國明取根牟取邿皆邑而非國也滅例卑國月此取亦蒙上二月下良夫侵宋乃三月事左傳有明文取繒亦月入極亦蒙上月皆與此一例至取根牟取邿皆時知自從取邑常例

衞孫良夫帥師侵宋

夏六月邾子來朝補曰月者爲下卒日

公孫嬰齊如晉

壬申鄭伯費卒補曰鄭悼公也不葬者疏曰魯不會

秋仲孫蔑叔孫僑如帥師侵宋

楚公子嬰齊帥師伐鄭

冬季孫行父如晉

晉欒書帥師救鄭○撰異曰公羊作侵鄭董仲舒所謂楚與中國俠而擊之汪克寬曰明年楚復伐鄭諸侯又救鄭則非侵明矣

七年春王正月鼷鼠食郊牛角不言免牛者以方改卜郊吉否未可知補曰范意以免牛者不郊之謂也時方改卜後牛後牛既定則當卜郊郊或得吉亦未可知故此不言免牛以其實不免也不於宣三年傷口作注者此下有免牛文而彼文無之故說於此也疏未得其解而孔穎達以爲前牛亦免從下免省文誤矣說文曰鼷小鼠也爾雅舊注曰色黑而小有毒博物志曰或謂之耳鼠玉篇曰食人及鳥獸皆

不痛今之甘口鼠也何休曰鼷鼠鼠中之微者漢書五行志京房易傳曰祭天不慎厥妖鼷鼠齧郊牛角劉向以爲近青祥亦牛旤也羅願曰牛繫於牢設楅衡以制其角故鼷得食之各本此經下衍改卜牛鼷鼠又食其角乃免牛十二字今依唐石經十行本刪正**不言日急辭也**辭中促急不容之補曰不言日當爲不言之謂牛角之間無之字異於郊牛之口也注之字亦不誤日今改正下注同疏不知傳與注日字皆誤其說難通**過有司也**補曰欲顯有司之過故爲急辭過謂不敬過有司即過君也哀元年傳曰志不敬也與此互相備**郊牛日展觓角而知傷展道盡矣其所以備災之道不盡也**有司展察牛而即知傷是展察之道盡不能防災禦患致使牛傷故不書之以顯有司之過觓球球然角貌補曰疏曰展省察也言日日皆省察牛之觩角文烝案祭義曰朔月月半君巡牲說文曰觓角皃今詩或作捄爲假借字或作觩爲誤字此觓角角繭栗也詩之犉牡捄角則角握若尺矣備災之道不盡不敬之過也三句申過有司之意

改卜牛鼷鼠又食其角又有繼之辭也前已食故曰繼**其緩辭也**

補曰凡言其者皆緩辭與言之同意曰亾乎人矣非人之所能也補曰曰者目經意也非人所能所以謂之亾乎人孟子曰非人之所能爲也天也又曰莫之爲而爲者天也音義曰能亦作耐所以免有司之過也至此復食乃知國無賢君天災之爾非有司之過也故言其以赦之補曰注失其理五經異義公羊說鼷鼠神物食牛角咎在有司又食咎在人君范說正同尋傳意實不如此備災之道不盡謂之不敬猶大室屋壞由於不脩亦謂之不敬也不敬者人之所爲故直言牛角爲急辭所以過有司也既改卜牛備災必盡重復被食非人所能不敬之罪無所可責故言其角爲緩辭所以免有司之過也宣三年言之口爲緩辭後牛又死但謂之事之變亦此意耳過有司卽過君有司免過君亦可知公羊家及范解語涉禨祥文徒支贅不可用也何休曰不重言牛獨重言鼠者言角牛可知後食牛者未必故鼠故重言鼠

乃免牛乃者亾乎人之辭也免牲者爲之緇衣纁裳有司玄端奉送至于南郊免牛亦然補曰疏曰重發傳者此再食乃免牛嫌與他例別故重發之免牲不曰不郊免牛亦然郊者用牲今言免牲則不郊顯矣若言免

牛亦不郊而經復書不郊者蓋爲三望起爾言時既不郊而猶三望明失禮補曰杜預下注曰書不郊間有事疏曰春免牛夏乃三望故備言之文烝案二句文體與襄十二年傳伐國不言圍邑四句同

吳伐郯補曰左傳載季文子之言謂中國不振旅蠻夷入伐而莫之或恤是即春秋之義周世自小雅盡廢四夷交侵幽王隕爲入春秋即以會戎危公垂四十年而楚見又百年而吳見君子治之無所不盡其辭故其於二國或同焉或異焉或外焉或進焉當以前後傳文比而觀之○楚與吳越代興或謂與後世遼金元相似今案楚荊州之夷也吳越楊州之夷也古所謂夷狄九州之內者也漢以來所謂夷狄九州之外者也由九州而四海由四海而四荒四極浸推浸遠大運爲之春秋之事何可同也雖然有中國大一統之王則有春秋外夷狄之義時異事異名分不異故春秋道名分百世以俟聖人而不惑者也

夏五月曹伯來朝補曰月者爲下三望起

不郊猶三望補曰言猶者皆可以已此在五月尤非禮正月再有言牲變已不郊矣忽於五月行望禮不知當時情事若何

秋楚公子嬰齊帥師伐鄭

公會晉侯齊侯宋公衞侯曹伯莒子邾子杞伯救鄭○撰異曰陸湻纂例曰左氏晉侯下有齊侯案今三家皆有

八月戊辰同盟于馬陵馬陵衞地

公至自會補曰此二事偶則以後事致之例

吳入州來州來楚地補曰林之奇曰楚八御吳以江故用舟師吳人撓楚以淮故用車戰前此吳自徐伐巢淮西也今入州來淮北也吳楚爭淮自此始自雞甫之師一敗而吳得州來滅巢及鍾離矣是則亾郢始於失淮○撰異曰陸湻纂例曰公穀皆作州萊案今皆不作萊

冬大雩雩不月而時非之也補曰亦通秋言之雩以月爲正謂八月九月冬無爲雩也補曰申上意也疏曰八月九月雩之正不雩則不及事故月以明之旣過此節秋不書旱則冬無爲雩也文烝案秋不書旱冬固不須雩秋若書旱其災已成冬雩亦無及故曰冬無爲雩也此年蓋竟九月

雩不得雨而不爲災言早則不可言雩則又嫌得雨本當言不雨以明之因冬初又雩而得雨冬言雩而其曲折盡見故秋未不須言不雨也若然昭二十五年定七年並是兩雩而前雩無所嫌者以其同在一月一時與此異也秋既無災冬亦無爲雩故從時例所以非之

衛孫林父出奔晉

八年春晉侯使韓穿來言汶陽之田歸之于齊晉爲盟主齊還事晉故使魯還二年齊所反之田補曰此本杜預而詳之聘禮曰若有言則以東帛如享禮其記曰東帛加書以將命鄭君引此經爲證拜引告糴乞師爲**于齊緩辭也**補曰似句首脫一之字或省耳疏曰之爲緩辭自是常例于齊之理未明故特釋之疏非也田上加之亦緩辭不言從可知傳文簡略往往如此**不使盡我也**若曰爲之請歸不使晉制命于我補曰盡者唯其所命也七年之中一與一奪晉之盡我乃我之恥故爲緩辭婉其文不使盡此申上句意也不使盡我猶莊八年不使齊師加威於郕矣取汶陽田不加之濟西鄆陰鄆東沂西諸言田皆不加之歸之于京師與歸于京師異義明此經二之字非苟然者趙鵬飛以爲

春秋書法未有若是之詳且婉者其說近是因以見春秋辭句緩急之閒一字不可損益也公羊不達此旨但解來言爲內辭聘禮明載有言之文無關春秋新意新意乃在緩辭耳范言爲之請歸旣涉公羊之見而孔廣森溺於公羊反謂穀梁囹圄於辭例非辭例何以觀春秋哉竊以爲春秋論語皆不與他書同春秋夫子之手筆也片言隻字自然入妙焉論語夫子之口說也發聲送句渾然畢肖焉

晉欒書帥師侵蔡

公孫嬰齊如莒

宋公使華元來聘

夏宋公使公孫壽來納幣婚禮不稱主人宋公無主婚者自命之故稱使納幣不書書者賢伯姬故盡其事補曰案紀履緰來逆女不稱使者譏不親迎傳有明文今此納幣本卿之事稱使自是常文此注本杜預而杜本公羊顯與傳違宜删去婚禮四句其言賢伯姬亦似是而非納幣與來媵爲類當依來媵傳言以伯姬之不得其所故盡其事不當依致女卒葬傳言賢伯姬也疏曰書納幣三莊公以非禮書公子遂

以喪錄此爲賢伯姬文烝案舊史凡納幣皆書君子有書有不書以其所不書著其所書也

晉殺其大夫趙同趙括

秋七月天子使召伯來錫公命補曰何休曰月者例也爲魯喜錄之○撰異曰錫左氏作賜韓滉强說之以爲正書錫不正書賜而陸佃爾雅新義乃以錫爲仁賜爲義其解尤鑿段玉裁曰賜乃錫之譌字左傳曰召桓公來賜公命以賜訓錫凡經作錫傳作賜文元年傳毛伯衛來賜公命俗本改彼傳之賜爲錫者亦非也案陸淳纂例惟云公羊作錫葉夢得傳雅云穀梁作錫皆誤**禮有受命無來錫命錫命非正也**補曰疏曰重發傳者文踰年而賜成八年乃賜嫌異故重發之**曰天子何也曰見一稱也**天王天子王者之通稱自此以上未有言天子者今言天子是更見一稱補曰注首二句本杜預其意則是而未盡傳義公羊曰元年春王正月正也其餘皆通矣此杜氏通稱之說也穀梁亦謂是通稱而以桓文成三錫命共有三稱故於此言見一稱即此一稱包前二文明王與天王亦是各見一稱也易乾鑿度及孟喜京房說王爲美行之稱天子爲爵號左氏賈逵說畿內稱王諸夏稱天王夷

狄稱天子皆於春秋無所當汪克寬曰書洪範云天子作民父母以爲天下王故立政周公稱成王曰告嗣天子王矣王與天子兼言之儀禮覲禮王與天子更互言之左傳宰孔賜齊侯胙富辛石張請城成周皆稱天子荅者亦曰天子則信乎其爲通稱矣文烝案詩小雅言王于出征以佐天子亦是兼且互也惟周禮一書專言王其與大戴禮朝事儀同文者行人司儀皆以天子爲王而典命一句亦言天子其他則司弓矢校人各一言天子而司弓矢與考工記同文司服一言天王而與昏義同文又世子之文甚多無言大子者而諸子職與燕義同文則否觀於世子之一言大子也王之三言天子一言天王也而今之成文可見者四焉又職方之文全同周書唯公方五百里至男方百里等句其義可疑者周書無之直作公侯伯子男五字而已是知周禮一書實有采集傳記者小則依用大則彌縫其河間獻王毛生之倫乎

冬十月癸卯杞叔姬卒杜預曰前五年來歸者女既適人雖見出棄猶以成人之禮書之終爲杞伯所葬故稱杞叔姬補曰注非也杞叔姬不更適人吾爲之變故史錄其卒錄卒自宜繫杞左氏文十二年傳云不言杞絕也失之

晉侯使士燮來聘

叔孫僑如會晉士燮齊人邾人伐郯補曰據左傳晉以郯事吳故也高澍然以爲爲吳通道吳通晉之道二一由宋彭城十八年左傳曰毒諸侯而懼吳晉是也一由郯道莒是年左傳晉侯使申公巫臣如吳假道於莒是也

衛人來媵杜預曰古者諸侯娶嫡夫人及左右媵各有姪娣皆同姓之國國三人凡九女所以廣繼嗣魯將嫁伯姬于宋故衛來媵補曰杜注大略本公羊也何休曰言來媵者禮君不求媵諸侯自媵夫人媵例時

媵淺事也不志此其志何也補曰凡內女將歸而他國來媵者史皆書之君子以爲淺事削而不志**以伯姬之不得其所故盡其事也**不得其所謂災死也江熙曰共公之葬由伯姬則共公是失德者也傷伯姬賢而嫁不得其所補曰此當依范說以爲災死言以伯姬之不得其所者卽襄三十年傳云隱卒災也以伯姬卒災可隱故盡其事謂獨仍舊文存其事也言盡者謂備其本末納幣三媵歸宋一事之本末也常不志特志曰盡常略特不略曰詳皆卽公羊所謂錄也伯姬者春

秋之賢女賢而卒災故尤可隱推極經義賢意自見言不得所不須復言賢故傳不言也江熙以爲伯姬配失德之君卽是不得所之事於理亦通而傳於此無是意也共公失德不葬十五年傳文其失德卽謂不荅伯姬於彼傳論之疏以江爲無所據非也

九年春王正月杞伯來逆叔姬之喪以歸補曰以者不以者也**傳曰夫無逆出妻之喪而爲之也**補曰疏曰叔姬既犯七出之愆反歸父母之國恩已絶矣杞伯今復逆出妻之喪而違禮傷教言其不合爲而爲之是以書而記之以見非徐邈云爲猶葬也言夫無逆出妻之喪而葬理亦通矣但范不訓爲爲葬也俞樾曰徐乃目言其事耳非訓爲爲葬爲當訓治謂不當治其喪

公會晉侯齊侯宋公衞侯鄭伯曹伯莒子杞伯同盟于蒲蒲衞地補曰不日者爲此秋執鄭伯以伐鄭渝盟不信祝柯盟爲惡之亦略同

公至自會

二月，伯姬歸于宋。逆者非卿，故不書。補曰：劉向列女傳曰伯姬者，魯宣公女，成公妹也。其母曰繆姜。文烝案：伯姬不稱子，則非同母。

夏，季孫行父如宋致女。致敕戒之言於女。補曰：注以致爲致命，與劉向列女傳同，而其言大略，義不了也。說具於下。

致者，不致者也。補曰：重發傳者，嫌與致妾母異也。

婦人在家制於父，既嫁制於夫。如宋致女，是以我盡之也。刺已嫁而猶以父制盡之。補曰：此解致者不致之意。盡如八年盡我之盡。已嫁宋而魯致之，是以我盡之。

不正，補曰：以我盡之，故曰不正。

故不與內稱也。內稱，謂稱使。補曰：如者，內稱使之文。注甚謬，疏强爲之說，不可通也。內稱，謂稱伯姬。不稱伯姬而稱女，是不與內稱。傳意言致，故言女，非禮之常，異其文耳，非譏魯，亦非貶伯姬也。疏引徐邈言伯姬責小禮，違大節，非是。惟言稱女則得之，又以不稱夫人爲說，外夫人安得稱夫人乎？父母之於子，雖爲諸侯夫人，猶曰吾伯姬，此內稱之義也。來逆稱叔姬，不稱女，曰不與夫婦之稱；致稱女，不稱伯姬，曰不與內稱，文可互明，義各有當。

逆者微，故致女。補曰：此論致女之由也。先儒說致女互有不同何休曰古者婦人三月而後廟見稱婦擇日而祭於禰成婦之義也父母使大夫操禮而致之必三月者取一時足以別貞信貞信著然後成婦禮又孔穎達曾子問正義曰如鄭義則從天子以下至於士皆當夕成昏舅姑沒者三月廟見故成九年如宋致女鄭云致之使孝非是始致於夫婦隱八年陳鍼子譏鄭公子忽先配而後祖鄭以祖爲祖道之祭應先爲祖道然後配合也若賈服之義大夫以上無問舅姑在否皆三月見祖廟之後乃始成昏故譏鄭公子忽先爲配匹乃見祖廟故服虔注云如宋致女謂成昏也又杜預曰女嫁三月又使大夫隨加聘問謂之致女所以致成婦禮篤昏姻之好又左傳桓三年冬齊仲年來聘致夫人也杜預曰古者女出嫁又使大夫隨加聘問存謙敬序殷勤也在魯而出則曰致女在他國而來則總曰聘統觀諸說賈服何杜以致女爲致之使成夫婦鄭以致女爲致之使孝經不言致伯姬而言致女言女者正明其未成婦則言致者必是致以成之賈服何杜是也鄭非也但賈服何杜以爲女嫁三月必有致女之禮與左傳桓三年致夫人之文極合而此傳云逆者微故致女又上文重發例云致者不致者也則左傳及賈服何杜說皆未可用明大夫以上之禮雖至三月廟見始成昏而要無致女之事也劉向列女傳曰宋恭公不親迎伯姬迫於

父母之命而行，既入宋三月廟見，當行夫婦之道，伯姬以恭公不親迎故，不肯聽命。宋人告魯，魯使大夫季文子如宋致命於伯姬。疏引徐邈曰：宋公不親迎，故伯姬未順爲夫婦，故父母使卿致伯姬，使成夫婦之禮，以其責小禮違大節，故傳曰不與內稱，謂不稱夫人而稱女。劉子政用穀梁家舊說，而徐注因之，大意皆是。劉以致命當子經致字，爲范所本，但以用致夫人之致例之，或致之於宋之廟也。伯姬始嫁，彼自告至，至此因伯姬不是肯廟見成夫婦，故我使人致之。鄭君坊記注引此經而曰：是時宋共公不親迎，恐其有違而致之。彼上文云：壻親迎，見舅姑，承子以授壻，恐事之違。謂恐此女於昏事乖違，不親夫以孝舅姑也。如鄭此注，則不但以爲致之使孝，又不謂致女是常禮，是亦可與傳義相證也。

詳其事，賢伯姬也。補曰：詳者，謂言致女，不直言如宋也。魯變禮，故爲不正；伯姬守禮，故爲賢。前後文來媵皆國之常事，經盡其事，既以不得其所取義；此文致女非常事，乃足見伯姬之爲人，故經詳其事，則取義於賢伯姬，而傳與卒災傳同文也。

晉人來媵。媵，淺事也，不志，此其志何也？補曰：凡內女已歸，而他國來媵者，君子亦以爲淺事不志。**以伯姬之不得其所，故盡其事也。**補曰：重發傳者，此在

歸後嫌有異也

秋七月丙子齊侯無野卒

晉人執鄭伯補曰晉侯稱人者鄭有罪

晉欒書帥師伐鄭不言戰以鄭伯也欒書以鄭伯伐鄭君臣無戰道補曰傳以是役也欒書以鄭伯伐鄭而鄭與晉戰戰重於伐而書伐不書戰故發其義左傳無以鄭伯伐鄭而鄭與晉戰之事**為尊者諱恥**不使臣敵君王師敗績于貿戎是也補曰當云如王師敗績之屬下二句注皆同**為賢者諱過**為齊桓諱滅項是也**為親者諱疾**雍曰欒書以鄭伯伐鄭不言戰是也鄭兄弟之國故謂之親君臣交兵病莫大焉故為之諱補曰疏曰三者之外尙有為魯諱敗之事不言者因為同姓諱疾則文亦包魯可知聖人有作親疏一也今乃以同姓為別者春秋之意因親及疏故仲尼書經內外有別既內外別則親疏尊卑見矣文烝案又有為祖諱之事亦於諱疾中包之三句不特出春秋者省文公羊閔元年傳有此三語皆無下一字尊尊賢賢親親春秋之大義也孝經曰要君者無上非聖人者無法非親

孝者無親此大亂之道也孟子曰天下有達尊三爵一齒一德一其意並與春秋相表裏啖助曰諱者非隱其惡蓋諱避之避其名而遜其辭以示尊敬

冬十有一月葬齊頃公

楚公子嬰齊帥師伐莒補曰卓爾康曰楚兵未有至沂上者今越淮泗而伐莒蓋爲備吳也得莒則足以制鄭

庚申莒潰其日補曰凡潰史皆日君子略之

莒雖夷狄猶中國也莒雖有夷狄之行猶是中國補曰昭五年傳直以莒爲狄與此互相明案左傳成風叔孫婼皆以鄫爲夷仲尼學官於郯子曰天子失官學在四夷邾鄫之爲夷皆莒之類也左傳又言杞用夷禮杞即東夷則似傳之言滕矣晉侯以傳陽子歸謂之夷俘本非夷晉諱之耳與諸國又不同傳此二句所以起下文言彼固夷狄而中國者也而今乃如下所云乎

大夫潰莒而之楚是以叛其上爲事也臣以叛君爲事明君臣無道補曰之適也大夫潰於莒而適楚師是不能事其君上而以叛爲事也傳以叛上乃中國之大惡故指而言之若極論其理則夷狄亦不得矣左傳無大夫叛上之事傳自有所受與

上一條同各本皆作知其上案注云臣以叛君爲事疏曰莒帥衆民叛君從楚又僖四年疏云莒潰書日惡大夫之叛傳文作叛明矣叛與知字左畔相似故誤爲知今特改正又疏曰范別例云凡潰者有四發傳有三僖四年蔡潰傳曰潰之爲言上下不相得文三年沈潰從例可知此莒潰雖同是不相得但與君臣不和自潰散小異故發傳昭二十九年鄆潰彼鄆是邑與國殊故重發傳

惡之故謹而日之也

潰例月甚之故日補曰二句結上文其日二字猶紀侯來朝上云朝時此其月何也下云惡之故謹而月之也公侵宋上云侵時此其月何也下云惡之故謹而月之戊寅大夫宗婦覿己酉郝人執繒子並云惡之故謹而日之也亦略相似也戰國策安陵君曰吾先君成侯受詔襄王以守此地也手受大府之憲憲之上篇曰子弑父臣弑君有常不赦國雖大赦降城亾子不得與焉此得春秋之義矣疏曰上言莒猶中國故日下言惡之故日明若莒非中國雖惡不得日也案疏誤以猶中國句爲正解日義是不審傳之文勢又謂夷狄雖惡不得日於文似合於理實乖傳言莒猶中國以見莒之罪耳豈謂以其猶中國故得日哉夫春秋之視莒介乎中國夷狄之閒者也君臣父子之義無閒於中國夷狄者也楚夷狄也而未嘗無父子也故世子弑君謹而日之也莒夷狄

而中國也而未嘗無君臣也故大夫叛上謹而日之也樊遲問仁子曰居處恭執事敬與人忠雖之夷狄不可棄也人心之不可不存也猶人倫之不可不正也皆不以中國夷狄而有異此聖人之大訓也

楚人入鄆

補曰疏曰魯雖有鄆此鄆非魯也當從左氏爲莒邑大都以名通故不繫莒文烝案此即文十二年之鄆時屬莒耳稱人者嬰齊在莒別以偏師入鄆非嬰齊移師不得爲繼事辭也方苞高澍然葉酉說是

秦人白狄伐晉

鄭人圍許

城中城城中城者非外民也譏公不務德政恃城以自固不復能衛其人民補曰中者中外之中魯都非魯邑也城之者脩舊而又益之若遷都之爲者也中城而益則取之郛古者天子諸侯城郛俱有定制其居民則國中及郊有六鄉三鄉郊外曰野有六遂三遂皆吾民也今公違魯舊制以郛益城外城外之民將悉外之故書以非之非責也凡內書城皆是益城皆有責其外民之意此文尤足顯義故傳特發之范注旣不了劉敞葉夢得遂詆傳失尤非也趙汸曰成城中城而後襄城西郛定城中城而後哀城西郛

成補注十七終

大二千二百卅字
小萬三千九百九十二字
眉注六十九字

春秋成公經傳第七補注第十八

穀梁　范氏集解　鍾文烝詳補

十年春衛侯之弟黑背帥師侵鄭補曰稱弟見其親且貴不論其有罪無罪異於奔殺疏引范荅薄駁及其自爲說皆謂黑背以有賢行稱弟非也

夏四月五卜郊不從乃不郊夏四月不時也郊時極於三月五卜強也補曰疏曰知其不可而強爲之文烝案四月書五卜者蓋十一月下辛卽卜至三月下辛爲五卜至此四月上辛而不郊也或四月下辛又卜爲第五卜卽於是日決意不郊因亦不復行免牲之禮傳以爲強後說似長凡卜免牲不吉則不免如後說則不卜而不免也強或作彊乃者亾乎人之辭也補曰疏曰不時亾乎人重發傳者嫌五卜與四卜異也文烝案公羊曰其言乃不郊何不免牲故言乃不郊也哀元年傳曰卜免牲者不吉則否此因卜免不吉故不行免牲之禮也其牲繫而待六月上甲然後左右之亦見哀元年傳彼注曰未左右時監門者養之孔穎達曰不以其禮免直使歸其本牧

五月，公會晉侯、齊侯、宋公、衛侯、曹伯伐鄭。補曰：月者，蓋爲下卒日。不致者，蓋晉侯有疾，不成伐。左傳以爲在會者是晉世子州蒲，啖助、劉敞辯之。

齊人來媵。媵伯姬也。異姓來媵，非禮。補曰：左傳例：凡諸侯嫁女，同姓媵之，異姓則否。鄭君以爲納女於天子，稱備百姓，則得有異姓。又毛詩傳云諸侯一取九女，二國媵之，公羊同，謂三國來媵非禮。何休以爲唯天子取十二女也。若然，此非禮有二，但經意則以伯姬之不得其所，故盡其事，非以非禮書也。致女、齊媵俱非禮，之非賢之，非以其不得所，無容獨存史文。

丙午，晉侯獳卒。補曰：晉景公。案左傳：秋，公如晉，晉人止公，使送葬。冬，葬晉景公，公送葬，諸侯莫在，魯人辱之，故不書，諱之也。然則晉景不葬，乃仍魯史之舊。

秋七月，公如晉。補曰：杜預曰：親弔，非禮。文烝案：晉人止公，冬而會葬，會葬又非禮，說見襄三十一年。親弔喪則奔喪之比也。往反皆月，與宣奔齊喪同義。

冬十月。○撰異曰：公羊無此三字，唐石經誤衍。段玉裁曰：禮記中庸正義云成十年不書冬十月，賈、服有說。

則左經亦當無之日

十有一年春王三月公至自晉補曰月者從奔齊喪之例又與會淮同非但爲下盟

晉侯使郤犨來聘○撰異曰犨公羊作州後同亦或作犫

己丑及郤犨盟

夏季孫行父如晉

秋叔孫僑如如齊補曰下十四年有逆女文此如齊蓋納幣也納幣得禮則直言如此君子略其文從恒事不志之例也莊之納幣以二十二年冬至二十四年夏而逆女文之納幣以二年冬至四年夏而逆婦姜今此納幣在十一年秋而十三年七月以前公不在國故至十四年秋始逆女也左氏於此但言聘于齊以脩前好殆失其實杜預因不見納幣事則以爲經文闕絕宜無怪焉

冬十月

十有二年春周公出奔晉補曰周公名楚不月者從外大夫例周有入無出鄭嗣曰王者無外故無出也宗廟宮室有定所或即位失其常處反常書入內宗廟也昭二十六年天王入于成周是補曰疏曰言周者總君臣言之注直據天子者以王者出入俱有成文其曰出上下一見之也鄭嗣曰上謂僖二十四年天王出居于鄭下謂今周公出奔上下皆一見之補曰上始言出居至敬王言居不言出下始言出奔至王子瑕王子朝言奔不言出故曰一見之文意與外內寮一疑之同許翰李廉頗得其解言其上下之道無以存也補曰申上意也出者失天下之文君不君臣不臣其道無以存此天下上雖失之下孰敢有之今上下皆失之矣上雖有不君之失臣下莫敢效不臣之過今復云周公之出則上下皆有失矣君而不君臣而不臣是無以存乎世言周之所以衰補曰疏曰僖二十四年傳曰雖失天下莫敢有也此云上雖失之下孰敢有之注觀經立說故二處不同文烝案注義非也上雖失二句即承前傳言之上雖失天下臣下莫敢有之既不敢有天下則猶能爲天子守天下傳所謂大夫國體孟子所謂天位與共於是乎見今上下各見出文明上既失之

下亦不能守之矣周之衰也由上下皆失之故各一見以明義其義既明故後此遂從平文也○傳解兩出字總僖成襄昭五文以爲說其爲春秋本意決然無疑左氏公羊亦知天子無出出自周無出王者無外而於其言出則莫能明其說乃沾沾然就一事求之宜其膠滯瑣屑而終不能通也穀梁之得二家之失大都如此

夏公會晉侯衛侯于瑣澤瑣澤某地補曰當云地闕不致者蓋此會無足善左傳晉楚爲成故會○撰異曰瑣公羊作沙案定七年齊衞之盟左氏經作沙傳作瑣

秋晉人敗狄于交剛交剛某地補曰亦當云地闕言敗不言晉師與箕同**中國與夷狄不言戰皆曰敗之**不使夷狄敵中國補曰此發中國敗夷狄通例也案隱十年傳曰內不言戰舉其大者然則凡中國敗夷狄直言敗乃從內直言敗外之例范解失之范見元年傳有諱敵之言而不審其文義故一誤以爲外不敵內再誤以爲夷狄不敵中國如注說則一外敗內何以直言戰夷狄敗中國何以言戰言敗莘雞甫何以爲變例乎**夷狄不日**補曰此又發中國敗夷狄及夷狄相敗通例也凡日以敗之者成敗之也不日以敗之者直舉其勝者言也結日列陳曰戰故書戰皆日不日者謂之疑戰至於中

國敗夷狄不須爲結日列陳之文夷狄相敗又不知結日列陳一則繫書以疑戰之文一則其事本是疑戰皆不言戰亦皆不得日惟長岸言戰然亦以疑戰而不日也箕交剛婁林長岸檇李又皆不月以略之惟大原蒙上月疏曰不於箕役發傳者以再敗狄師甚之故發於此

冬十月

十有三年春晉侯使郤錡來乞師補曰杜預曰將伐秦乞重辭也補曰疏曰重發傳者公子遂內之始此外之初故發之古之人重師故以乞言之也補曰疏曰言古之人者徐邈以爲引古以刺今文烝案古者春秋前也策書之文實因乎古而君子取之與定十五年傳云喪急故以奔言之同意呂本中曰春秋之世霸主之令小國其强大恣横有甚於平世天子之令諸侯者而猶以乞師爲名則是先王之禮意猶有髣髴存者惜乎其君臣上下不能襲其號以求其意也

三月公如京師公如京師不月月非如也時實會晉伐秦過京師也公行出竟有危則月朝覲京師理無危懼故不月補曰仍史文書月明其本非如非如而曰如不

叛京師也因其過朝故正其文使若本自往補曰不叛者明不敢過也案公羊曰不敢過天子也桓六年傳曰諸侯不以過相朝也二傳互相明諸侯不以過相朝故州公不得言朝諸侯不敢過天子故公得言如此亦諸侯盡朝左傳曰公及諸侯朝王

夏五月公自京師遂會晉侯齊侯宋公衛侯鄭伯曹伯邾人滕人伐秦補曰何休曰間無事復出公者善公鑿行公羊以不敢過天子爲鑿行鑿者何休曰猶更造之意也左傳有劉子成子公親在行史必備錄經不書者王沿謂嫌若實受王命也又左傳稱戰于麻隧秦師敗績賈逵曰晉直秦曲無辭不得敵有辭故不書戰杜預駁其說文烝謂是略之不欲以一秦敵九國君卿故書伐而已月者爲下卒起○撰異曰唐石經左氏穀梁皆作公至自京師至字皆衍字也余仁仲本各本悉無至字徐彥公羊疏曰公下自上有至字者衍文齊侯各本脫今依唐石經余本補正

言受命不敢叛周也使若既朝王而王命已使伐秦已言叛周謂專征伐補曰疏曰傳於公子遂已言不敢叛京師此重發傳者嫌君臣異例文烝案上以非如之辭見義此及公子遂二文皆以繼事辭見義三者皆同意

高閎說此曰其辭若志敬而實志不敬此春秋微辭

曹伯廬卒于師 補曰疏曰不日卒者蓋非嫡子爲君故也又僖四年注云新臣卒于楚故不日耳則此不日者或當爲卒于秦故也若然襄二十六年八月壬午許男甯卒于楚注云許男卒于楚則在外已顯矣日卒明其正二注不同者以無正文二理俱通故爲兩解或亦新臣非嫡子不須兩解理足可通耳文案傳例在外日者爲其未踰竟則知在竟外者例皆不日矣在外未踰竟日者晉侯黑臀鄭伯髡原宋公佐是也在竟外不日者許男新臣曹伯廬曹伯負芻杞伯成是也許男甯例當不日而書日者以其明言卒于楚非若新臣不地及于師于會之不言國故還從正卒書日之常例蔡侯東國亦明言卒于楚而不書日者本非正嗣雖在己國都內亦不日也然則在外未踰竟者正不正皆日在竟外而文不顯者正不正皆不日在竟外而文顯者正則日不正則不日與常例同若夫惡之而時卒者悉不論其正與不正在國內國外竟內竟外但新臣又不入此例耳凡此中國諸侯書卒之別也○撰異曰廬左氏本亦作盧

傳曰閔之也 補曰閔其不卒於常所故地

公大夫在師曰師在會曰會 補曰疏曰諸侯或從會或從伐

皆閔其在外而死故云卒于師于會也卒于師則此曹伯廬及曹伯負芻是也卒于會則杞伯成是也許男新臣亦卒于師彼以內桓師故不書于師也大夫之卒例所不書而與公同例者舊解以爲春秋緣大夫之心非謂外大夫書卒于師若然傳不得云大夫且經無其事傳因外類發例者其數不少卽饑云饉康之等此雖無經何爲不得也又會大夫單伯之徒亦書會諸侯若使卒于師固當書之故知傳謂公及大夫二者皆然也疏又引徐邈注以爲公及大夫所會諸侯在師言師在會言會文丞案疏解公大夫三字如前說則公指外諸侯大夫兼指外內大夫如後注則皆指內後注是也內大夫所會諸侯未有言卒于師卒于會者適無其事也兩在字正指公大夫徐注辭不別白

秋七月公至自伐秦 補曰後事小於先事不以先事致者孫復以爲本非朝京師故不以京師致是也鄭玉曰上書如京師明春秋以朝王爲重使不違於禮而世道有所防下書至自伐秦明諸侯爲伐秦而出使不失其實而後人有所考文丞案此實未滿二時而月者遠用兵而反故危之亦從往月致月有懼之例

冬葬曹宣公葬時正也 補曰疏曰嫌卒于師失正葬故重發之文丞案此非重發也乃因卒

文有異特發以明例書時所以爲正者葬是彼國臣子之事彼國自有史書詳其月日魯史記之但當書時而已此蓋經之新例

十有四年春王正月莒子朱卒徐邈曰傳稱莒雖夷狄猶中國也言莒本中國末世衰弱遂行夷禮葬皆稱謚而莒君無謚謚以公配而吳楚稱王所以終春秋亦不得書葬補曰此莒渠丘公也至此始卒者從夷狄少進之例蓋經例也莒卒皆不日與吳同例左氏載續經哀十四年莒子狂卒文承五月下亦不日則不日者史例也莒卒又皆不葬與楚吳同例莒子狂亦不不葬則不葬者亦史例也吳之不日當爲經例莒小而吳大莒不朝魯而吳聘魯莒爲讐而吳爲昏魯史之例必不同吳於莒故知吳當日也楚吳之不葬當並爲史例莒號夷而楚吳號嫌吳號嫌而又夷魯史之法周禮所在故知楚吳當本不葬也吳楚稱王故不葬公羊及禮坊記皆有其說

夏衞孫林父自晉歸于衞補曰嘗爲大夫不言復歸者據左傳晉侯使郤犫送林父而見之衞侯欲辭因其夫人定姜之請乃始見而復之是歸時猶未復其位故不言復也凡復國中者皆是復其位

秋叔孫僑如如齊逆女泰曰親迎例時大夫逆皆謹月以譏之下云九月僑如以夫人婦姜氏至自齊一事不二譏故此可以不月也宣元年公子遂如齊逆女亦以時逆而月致義與此同補曰疏曰彼雖文承正月下正月自爲卽位發文

鄭公子喜帥師伐許

九月僑如以夫人婦姜氏至自齊大夫不以夫人以夫人非正也刺不親迎也補曰疏曰公子翬如齊逆女傳曰不言翬之以來何也公親受之於齊侯也然則公不親受宜言以夫人至而曰非正者逆女親者也使大夫非正也非正而以夫人至故刺之不發於宣公逆女者宣以喪娶故略夫人而不氏一事不二譏故省其文成非喪娶嫌無罪故傳明之僑如之摯由上致之也補曰疏曰重發摯義者非喪娶嫌異故重明之

冬十月庚寅衞侯臧卒

秦伯卒補曰秦桓公也秦卒自此不名以後葬矣至哀三年日卒矣公羊昭五年傳曰何以不名秦者夷也

匿嫡之名也其名何嫡得之也何休曰嫡子生不以名令於四竟擇勇猛者而立之獨嬰稻以嫡得立之案傳言滕用狄道世子無名不正者名公羊移其事於秦而說又岐異史記秦本紀悉據秦史絶無斯言其明公羊未可用而疏引徐邈說曰秦伯不名用狄道也非傳意也傳於宿男之不名以爲未能同盟薛伯杞子亦當同義疏謂秦之不名蓋同彼傳卽左氏未同盟之例此說是矣但秦康公共公俱未同盟而䓣稻並名者時秦與山東諸侯漸親故轉從同盟例也秦桓公之大夫嘗盟于蜀而桓公不得名者時秦與山東諸侯漸疏其盟亦非魯意故還從未同盟例也景公以後宴處西陲赴告僅通冠裳不接益其勢將於齊其交合於楚而其疏遠自外同於戎翟非復同盟諸侯之比故終春秋遂不名也至若傳所謂秦之爲狄自殽戰始者非指其名不名也少進書卒不書日又少進書日乃是狄之從滕楚莒吳之例○春秋不名者五國未同盟一義也用狄道又一義也左氏得其一公羊得其一所聞皆不備

十有五年春王二月葬衞定公

三月乙巳仲嬰齊卒此公孫也其曰仲何也此蓋仲遂之子據實公孫

補曰歸父弟也謚曰昭子公羊以爲公孫嬰齊爲兄後故以王父字爲氏此不得其說而强爲之辭何休說之曰未見於經爲公孫嬰齊今爲大夫死見於經爲仲嬰齊此注有可取焉**子由父疏之也**雍曰父有弒君之罪故不得言公子父不言公子則子不得稱公孫是見疏之罪由父故補曰嬰齊非有罪也爲欲接足前篇之義疏父以及子若卒歸父亦同之矣遂身以仲爲氏故疏其父子則皆稱之成公時有兩公孫嬰齊六年如晉八年如莒左傳皆以爲子叔聲伯卽十七年卒者二年戰鞌左傳不言其人何休以此嬰齊爲未見經則彼亦當是聲伯竊以古經簡質若書歸父之弟當必從同不別此卒若不疏之則亦從同不別不可以後世史家之學求之家鈕翁以爲此一經舊史必書公孫也

癸丑公會晉侯衞侯鄭伯曹伯宋世子成齊國佐邾人同盟于戚補曰下有執不不如蒲祝柯去日者稱侯斥執其惡已顯不假去日故還從書日常例與湨梁同○撰異曰成公羊作戌音恤亦或作成

晉侯執曹伯歸于京師○撰異曰公羊歸下有之字唐石經及板本誤衍也**以晉侯**

而斥執曹伯惡晉侯也僖二十八年晉人執衛侯歸之于京師此伯討之文也今以侯執伯明執之不以其罪補曰疏曰重發傳者此執歸于京師嫌晉無罪故重明之文烝案左傳謂曹伯殺大子而自立黃仲炎云未必然程端學以爲附會恐當從之公羊但云公子喜時讓國而左傳下年曹人請晉雖重子臧亦未嘗不義曹君也不言之急辭也補曰辭中促迫不容之斷在晉侯也明晉之私

公至自會

夏六月宋公固卒

楚子伐鄭

秋八月庚辰葬宋共公補曰顧炎武曰春秋葬皆用柔日惟此是剛日其如頃熊定公雨不克葬遲至明日者歟月卒日葬非葬者也宋共公正立卒當書日葬無甚危則當錄月今反常違例故知不葬者也然則共公之不宜書葬昏亂故補曰案中國諸侯若立非正嗣而葬則甚危又不如

齊小白之不正前見則亦月卒日葬矣而云月卒日葬非葬者葢以共公卒本宜日葬本不宜日二事俱違例如注所云也紀伯姬叔姬亦是月卒日葬與例相違傳云閔紀之亾不嫌是非葬者內女書葬明是特錄不若諸侯書葬爲常文月卒日葬與宋共姬不同則知是閔紀之亾矣傳言共公非宜書葬則共公爲失德甚明注言昏亂而隱三年徐邈注解此文云伯姬賢而不荅以是爲共公失德之實徐說葢是也共公不親逆女又不使卿共姬以上九年二月嫁至是纔七年而是年三月宋世子成出會諸侯成必非共姬所生成巳立爲世子若早知共姬必無子者其不見荅從可知矣史記宋世家以成爲共公少子何休亦曰共公卒子幼葢皆誤以爲共姬所生當是公羊家說徐氏之言當本穀梁家舊說極合事情

此其言葬何也以其葬共姬不可不葬共公也葬共姬則其不可不葬共公何也夫人之義不踰君也補曰子氏去葬爲其君不葬也共公不去葬爲其夫人葬也因合葬之法明夫婦之義**爲賢者崇也**賢崇伯姬故書共公葬補曰崇伯姬之賢使得達其不踰君之義若共公未嘗失德然紀伯姬叔姬書葬不踰不葬紀侯者紀侯大去非我所葬與此異也

宋華元出奔晉

宋華元自晉歸于宋補曰不省文復出宋華元者史常文也鄭良霄再見則略之矣不言復者作奔卽歸位本未絶也據左傳華元至河上而反李光地高澍然以爲已入晉竟言奔者不必定抵其都也明亦從有奉之例

宋殺其大夫山補曰左傳稱其人曰蕩澤曰子山則山者蕩澤之字也不氏又不名者左傳稱蕩澤爲司馬在祖之位也此與僖二十五年皆稱國以殺並是無罪之文而彼直云大夫此言山者蓋因上書宋華元下書宋魚石此文在中不可空言大夫無以相別故上下文書名姓則此略書字與文八年同義

宋魚石出奔楚

冬十有一月叔孫僑如會晉士燮齊高無咎宋華元衞孫林父鄭公子鰌邾人會吳于鍾離補曰鍾離楚邑何休曰月者危錄之諸侯既委任大夫復命交接夷狄會又會外之也再書會殊外夷狄補曰注順衍傳語甚無發明

當時吳實序，未宜稱邾人、吳人，今因不欲稱吳人，故殊會，是外之也。不言及吳者，與欑函同，與黃池異。會者外爲主，不嫌以吳爲主，與王世子同者，上有會晉文也。疏曰：重發傳者，欑函表中國之辭，鍾離明内外之稱，故兩發之。文烝案：公羊曰：春秋内其國而外諸夏，内諸夏而外夷狄。

許遷于葉。〔補曰：葉，楚地。〕**遷者，猶得其國家以往者也。其地，許復見也。**〔補曰：重發傳者，許遷皆不月，故發傳於始，以明與凡遷同。〕

十有六年春王正月，雨木冰。雨而木冰也，〔雨著木成冰。補曰：朱子曰：上温故雨而不雪，下冷故著木而冰。公羊同。〕**志異也。**〔穀梁説曰：雨木冰者，木介甲胄，兵之象。補曰：疏曰：劉向云：冰者陰之盛，木者少陽，卿大夫之象。此是人將有害，則陰氣脅木，木先寒，得雨而冰也。是時叔孫僑如出奔，公子偃誅死，一日時晉執季孫行父，執公，此執辱之異也。或曰今之長老名木冰爲木介，介者甲也，兵象也。是歲晉有陽陵之戰，楚王傷目而敗。徐邈云：五行以木爲介，介甲也，木者少陽之精，幼君大臣之象，冰者凝陰，兵之象，今冰脅木，君臣將見執之異，根枝折者，象禍害速至也。文烝案：范注與劉向或説同，徐注兼用何休語。〕

公羊於諸異皆曰記異也傳唯此一見周人之書體例高簡不屑屑也左傳亦如此**傳曰根枝折**補曰惠士奇曰言折乃草妖也後世以封條雪爲雨木氷非也

夏四月辛未滕子卒補曰滕文公也滕卒至此始書日以後名且葬矣滕之不名者正名者不正然則日正不日不正之例不施於滕明矣楚卒書日傳曰日少進也滕用狄道故從少進之例本亦不言正不正特其用狄道即於名不名見之故以名不名別之耳或後來舍其狄道亦所不論矣

鄭公子喜帥師侵宋

六月丙寅朔日有食之

晉侯使欒黶來乞師將與鄭楚戰補曰乞師者將伐鄭也伐鄭而楚子救之遇於鄢陵此左傳之明文當從杜注爲是孔穎達曰時欒黶未爲卿得名亦見經者襄二十九年鄭公孫段杜云蓋以攝卿行此亦當以攝卿故書

甲午晦晉侯及楚子鄭伯戰于鄢陵楚子鄭師敗績鄢陵鄭地

補曰鄢陵與鄢異地服虔注此云鄭之東南地

日事遇晦曰晦

補曰與僖十五年同說詳彼

四體偏斷曰敗此其敗則目也

此言敗者目傷故補曰疏曰手足偏斷尙謂之敗目在首重於手足故亦爲敗也文烝案此明楚子所以得言敗

楚不言師

補曰據凡戰稱君者其敗皆稱師

君重於師也

補曰君敗則師可知舉君爲重也敗之訓有異敗之例從同此亦在敗例故爲舉重韓戰師敗君獲不言師敗故爲失民公羊解彼經云君獲不言師敗績何休亦以爲舉重益失之尋傳言君重於師明大夫則重與師等苟爲將見傷而師敗當仍以師爲重也春秋一句之中一字而含兩訓者逆婦姜于齊夫婦之婦也亦姑婦之婦也楚子鄭師敗績傷目之敗也亦大崩之敗也兩句之中一字而兼兩讀者殺其君某長言讀之殺也及其大夫某又承上句爲短言讀之殺也公羊云春秋伐者爲客伐者爲主亦殺字之例也

楚殺其大夫公子側

秋公會晉侯齊侯衛侯宋華元邾人于沙隨不見公

沙隨宋地

孔穎達詩正義謂湻曾子問子非也

不見公者可以見公也可以見公而不見公譏在諸侯也

補曰疏曰不見公是晉侯之意諸侯既無解釋之者即是同不與公相見故以諸侯總之文悉案經意若譏在公而不譏諸侯則言不之文當以公主之當承上公字直書曰不見諸侯或承公而言弗又當曰弗過矣據左傳僑如通於穆姜欲去季孟公將會晉伐鄭姜使逐二子公請反而聽命姜怒公子偃公子鉏趨過指之曰是皆君也公申守而後行遂不及鄢陵戰晉郤犨取貨於僑如訴公於晉侯晉侯不見公

公至自會

補曰不與會而致者內無惡

公會尹子晉侯齊國佐邾人伐鄭

尹子王卿士子爵補曰此本杜預卿士者天子之上大夫也杜以子爲爵其說可從蘇子國於溫溫滅而奔稱溫子後稱蘇子子必是爵明尹子單子劉子之等皆爵也此與詩言聚子內史不同彼以子配氏是卿大夫尊稱之常遍乎列國其上下文或字或直氏皆取便文遍稱明與此異矣周畿內有子爵陸湻以爲因殷制案鄭君說殷爵三等公侯伯也異畿內謂之子又答張逸云微子箕子實是畿內采地之爵非畿外治民之君汪克寬曰伐秦不書劉子成子者所以削其請王師

而著因行朝王之慢也伐鄭游書尹子單子者所以彰其瀆王臣之失也夫苟伐秦書劉成則爲朝王請命而伐秦爲善矣伐鄭不書尹單則無挾王臣之罪而討貳抑楚不爲過矣聖人筆削豈不深切著明哉

曹伯歸自京師不言所歸歸之善者也補曰不言歸于曹以爲最善也孫復曰歸自京師者天子赦之之辭也高澍然曰觀衞侯鄭亦歸于京師不書自則知彼釋於晉而此釋於王也高說略本蕭楚趙鵬飛不言復與衞侯鄭同**出入不名以爲不失其國也**補曰順善文而盈之高澍然曰釋於晉則未入國猶失位之侯故名釋於王不待復國已成之爲君故不名**歸爲善**謂直言歸而不言其國卽曹伯歸自京師不言于曹是補曰此亦兼包鄭世子忽復歸于鄭曹伯襄復歸于曹衞侯鄭歸于衞言所歸不言自某**自某歸次之**若蔡季自陳歸于蔡衞侯鄭自楚復歸于衞是補曰言自某又言所歸也歸與復歸一例此注是也疏曰傳詳發例於此者以歸文與常例異故分別之

九月晉人執季孫行父舍之于苕丘行父魯執政卿其身執則危及國故謹而月之錄所憂也苕丘晉地補曰桓十一年注以爲執大夫無罪者月疏曰晉執季孫意如叔孫婼二文皆承月

下月不爲執發故知此獨爲危而謹月一解意如及婼亦是危也文烝案何休以爲凡執例時此月者痛傷忠臣不得其所據左傳郤犨聽僑如之言故執行父○撰異曰若公羊作招**執者不舍**據昭二十三年晉人執我行人叔孫婼不言舍補曰當據執季孫意如言以歸**而舍公所也**今言舍者以公在若上故也公在若上而言舍者明不得致也若既不致復不言舍則無以見其舍補曰舍者寘也左氏載續經曰齊陳恆執其君寘于舒州左傳曰晉人以宋五大夫在彭城者歸寘諸瓠丘言之亦緩辭杜預以爲言舍之明不以歸其義亦得兼見何休曰不稱行人者在君側非出使杜預亦曰非使人劉敞曰從公也**執者致**據昭二十四年婼至自晉補曰亦當兼據意如**而不致公在也**在在若上也見舍于若上還國則與公俱不得致者重在公**何其執而辭也**問何故書執季孫行父而言舍之復不致之辭邪**猶存公也**時行父雖爲晉所執猶欲存公之所在故不致行父又言舍之皆所以見公在若上**存意公亦存焉**問存舍之不致之意便可知公所在乎補曰焉各本誤作也今依楊疏唐石經余本俞皋集傳釋義本改正**公存也**但存此二事卽知公在若上補曰疏曰舊解舍是一事于若上

是二事今以爲舍于菬丘及不致爲二事文烝案傳謂公還至菬丘而左傳曰公還待於鄆鄆者魯西邑當是先在菬丘後待鄆也

冬十月乙亥叔孫僑如出奔齊徐邈曰案襄二十三年臧孫紇出奔齊傳曰其日正臧紇之出也禮大夫去君掃其宗廟不絕其祀身雖出奔而君遇之不失正故詳而日之明有恩義也補曰范注彼傳云正其有罪得之徐似誤解正字以爲遇之不失正范引之似謂旣正其罪兼明恩義如其說則慶父歸父皆不絕祀何以不日乎

十有二月乙丑季孫行父及晉郤犨盟于扈補曰行父非致故不挈執不致者義在上傳

公至自會無二事會則致會伐則致伐上無會事當言至自伐鄭而言至自會甯所未詳鄭君曰伐而致會於伐事不成補曰李廉曰春秋不以本事致者唯此伐鄭致會襄十八年圍齊致伐文烝案圍齊實伐也

乙酉刺公子偃補曰杜預曰公庶弟大夫日卒正也補曰重發傳者嫌刺與卒異也

先刺後名殺無罪也僖二十八年公子買戍衛不卒戍刺之是有罪者必先列其罪補曰此猶外之稱國以殺也假但爲穆姜所指不與謀故無罪杜預以鉏得不殺臆度假亦與謀非也疏引徐邈云偃爲僑如所譖亦非也

十有七年春衛北宮括帥師侵鄭○撰異曰括公羊作結張洽曰誤

夏公會尹子單子晉侯齊侯宋公衛侯曹伯邾人伐鄭

六月乙酉同盟于柯陵柯陵鄭地補曰此爾雅所謂陵莫大於加陵淮南子作嘉陵

柯陵之盟謀復伐鄭也補曰案左傳曰尋戚之盟也戚盟有鄭則此盟鄭亦與矣而傳云盟謀復伐者晉強盟鄭鄭未肯從當其盟時已有伐意故此冬復伐鄭也此與後文京城北同而與戲盟則異戲盟鄭已服也戲盟不嫌同辭者其下有楚伐鄭文非謀復伐可知故不嫌也

秋公至自會不曰至自伐鄭也補曰疏曰言公至自會者經之常也今傳起違例之問者定四年楚弱而爲諸侯所侵侵訖而盟以盟爲大事故云至自會鄭自鄢陵戰後不助中國二年之閒三

度興兵以伐爲重盟爲輕故決其以伐鄭致僖四年傳云大伐楚不以會致而以伐致是其事也文烝案盟後復伐鄭當以伐致襄十一年事是其明文傳據彼文以問不當如疏取僖四年事爲說疏說固可通然非傳意

公不周乎伐鄭也周信也公逼諸侯爲此盟爾意不欲更伐鄭補曰明以公不欲復伐鄭故雖盟後實復伐而從盟不復伐則以會致之例乃轉同於偶事致後之常例也**何以知公之不周乎伐鄭以其以會致也**補曰知見也反覆言之**何以知其盟復伐鄭也以其後會之人盡盟者也**後會謂冬公會單子等是補曰疏曰案後會齊侯不出而云後會之人盡盟者以今時身在後遣大夫從師故亦得云盡盟文烝案二句又申上傳**不周乎伐鄭則何爲日也**據無伐鄭意而强盟盟不由忠不當日也**言公之不背柯陵之盟也**舍己從人遂伐鄭補曰二句又以足上未盡之意

齊高無咎出奔莒

九月辛丑用郊補曰何休曰日者明用辛例不郊則不日案失禮祭祀例亦日**夏之始可**

以承春以秋之末承春之始蓋不可矣郊春事也僖三十一年夏四月四卜郊不從傳曰四月不時今言可者方明秋末之不可故以是爲猶可也補曰春分爲建卯月之中氣乃在四月故言可承春下言承春之始者郊事起正月欲甚言秋末之不可故追遠言之蓋者發語辭

九月用郊用者不宜用也補曰重發傳者嫌與用致夫人異也公羊同何休曰周之九月夏之七月天氣上升地氣下降又非郊時故加用之李瑾曰猶用牲于社因史文也宮室不設不可以祭衣服不脩不可以祭車馬器械不備不可以祭有司一人不備其職不可以祭補曰疏曰論用郊而陳宮室者禮有五經莫重於祭祭之盛者莫大於郊傳意欲見嚴父然後至其天家國備然後後祭享故具說宮室祭服車馬官司之等明神非徒享味而已何得九月始用郊乎徐邈云宮室謂郊之齋宮衣服車馬器械亦謂郊之所用言一事闕則不可祭何得九月用郊理亦通也文烝案徐說大概得之齋宮者路寢之室也衣服謂皮弁以聽祭報祭則被衮戴冕璪十有二旒車馬器械謂素車大路旂十有二旒龍章而設日月器用陶匏疏布冪蒲越稾鞂大圭不琢之

屬說文曰有所盛曰器無所盛曰械有司之職謂凡所擇所戒者皆是先於澤宮擇可與祭祀者又於庫門內戒百官大廟戒百姓百姓者親屬也此言祭事重大不得輕易用之**祭者薦其時也薦其敬也薦其美也非享味也**補曰承上言祭之正也時謂春時敬者言其心志美者言其禮物享食也如享國享祿之享又言祭之義主薦此三者非徒享味之謂今曰用之而已是徒以爲享味也哀元年傳曰郊享道也貴其時大其禮自宮室以下皆取古書成文亦通於他祭○薦其美藝文類聚初學記太平御覽並引作薦其義王念孫曰作美則與非享味之意不合當作義爲是文烝案祭統言小物備美物備陰陽之物備此美之說也又言唯賢者能盡祭之義盡其道端其義其志厚者其義章其義章者其祭也敬此義之說也但義不可言薦石經以下皆作美未可以他書改本書也美者禮物之備傳次時與敬言之不得謂與享味爲一祭統曰賢者之祭也致其誠信與其忠敬奉之以物道之以禮安之以樂參之以時明薦之而已矣不求其爲誠信忠敬皆敬也物禮即美也時即傳之時也明薦即傳之薦也

晉侯使荀罃來乞師將伐鄭補曰此本杜預○撰異曰陸湻纂例曰罃公羊作嬰案今公羊不

作嬰

冬，公會單子、晉侯、宋公、衛侯、曹伯、齊人、邾人伐鄭。言公不背柯陵之盟也。

十有一月，公至自伐鄭。補曰：何休曰：月者，方正下壬申，故月之。

壬申，公孫嬰齊卒于貍蜃。貍蜃，魯地也。補曰：杜預注及釋例皆曰闕，又稱舊說魯地也。○撰異曰：蜃，蜃，左氏作脤，公羊作軫。徐彥公羊疏曰：正本作貍辰字。十一月無壬申，壬申乃十月也。補曰：下書丁巳朔，知壬申在十月。杜預長厤曰：公羊、穀梁及諸儒皆以爲十月十五日。致公而後錄臣子之義也。嬰齊實以十月壬申日卒，而公以十一月還，先致公而後錄其卒，故壬申在十一月下也。嬰齊從公伐鄭，致公然後伐鄭之事畢，須公事畢然後書臣卒，先君後臣之義也。補曰：言臣子者，連言子耳。注說固得之，亦以恤死恩禮宜自公出也。其地，未踰竟也。補曰：在外未踰竟也。此與敖遂異，故發之。

十有二月丁巳朔日有食之

邾子貜且卒補曰邾定公也范苔薄氏謂連上日食之日定公正當如范說推此則瑣正籧篨不正日不日皆與大國同例孔廣森曰同日二事日食在上者先天道次人事

晉殺其大夫郤錡郤犨郤至自禍於是起矣厲公見殺之禍補曰自禍禍由自取也國語曰殺三郤而尸諸朝納其室以分婦人於是乎國人不蠲遂弑諸翼也此傳與崔杼弑君傳文意略相似此云自禍於是起矣彼云莊公失言淫于崔氏蓋明二君之弑君子所傷要亦聖門相承說經語也陸賈新語曰昔晉厲齊莊楚靈宋襄秉大國之權杖衆民之威軍師橫出陵轢諸侯外驕敵國內剋百姓鄰國之讐結於外臣下之怨積於內而欲建金石之功終傳不絶之世豈不難哉故宋襄死於泓水之戰三君弑於臣子之手皆輕用師而尚威力以至於斯故春秋重而書之嗟歎而傷之是三君皆强其威而失國急其刑而自賊斯乃去事之戒來事之師也董仲舒繁露曰春秋記天下之得失而見所以然之故甚幽而明無傳而著不可不察也又曰孔子曰吾因其行事而加乎王心焉以爲見之空言不如載之行事之博深切明故子貢

閔子公肩子言其切而爲國家資也其爲切而至於殺君亾國奔走不得保社稷其所以然是皆不明於道不覽於春秋也故衞子夏言有國家者不可不學春秋不學春秋則無以見前後旁側之危則不知國之大柄君之重任也故或脅窮失國揜殺於位一朝至爾陸生董生所述論其由來者舊矣皆可與傳意相發故備著之

楚人滅舒庸補曰亦羣舒也在時例

十有八年春王正月晉殺其大夫胥童補曰據左傳欒書荀偃殺之非君殺也經辭從同不別月者爲下弒日左傳在上年閏月乙卯晦盩據他國史也魯麻當爲正月乙卯朔

庚申晉弒其君州蒲補曰晉厲公也何休以庚申爲二日非也正月乙卯朔庚申乃月六日也左傳是月甲申晦○撰異曰州蒲當爲州滿字之誤也孔穎達曰漢末有汝南應劭作舊君諱議云昔者周穆王名滿晉厲公名州滿又有王孫滿是同名不諱則此爲州滿或爲州蒲誤耳今定本作滿

稱國以弒其君君惡甚矣補曰疏曰於此發傳者以州蒲二年之閒殺四大夫故於此發惡例也文烝案傳發例於此者莒吳薛是夷狄小國可以晉包之又晉禍起於殺大夫則明是大夫弒之而特不稱大夫

以見義經既相承傳亦承前傳也左傳稱欒書荀偃既殺胥童遂弑厲公春秋稱國以弑以爲厲公之自禍雖徵書偃亦將被弑所謂國人不鎘者也孟子曰無罪而殺士則大夫可以去無罪而戮民則士可以徙厲公一朝殺三卿晉之諸臣可以盡去苟不能去必弑其君矣孟子又論貴戚之卿曰君有大過則諫反覆之而不聽則易位此所謂有伊尹之志則可者晉無伊尹其人亦必弑其君矣此其爲君之自禍豈非惡之甚哉張洽述所聞於朱子頗及大過易位之說而不言書偃非其人則其義未密又曰厲公昵用小人殺戮無辜舉朝諸卿不保其首領悼公逐不臣者七人而不誅書偃非里克甯喜之比故也斯平情之論也○傳及左傳皆有君惡君無道之義傳發稱國之例而劉賈許潁爲左氏注中成其意并解稱人最爲可據文十八年已論之胡瑗之徒乃以傳及左傳之言爲害教此未深思也夫既以弑書則臣之大惡已見臣惡已見則君惡亦安可不論杜預注謂衆所共絶釋例謂羣下絶望是謂路人孔穎達謂懲創將來之君兩見其義非赦弑君之人以爲無罪其言皆甚明了後世如宋昱隋廣梁温金亮之惡其臣民有不可一日堪者豈可因其被弑而遂不論其惡哉且春秋書弑二十六皆外之五等君耳内君即不言弑若周爲天下共主則既無弑事而亦無書理故魯不言

弒謂之王禮也至若孟子言聞誅一夫紂未聞弒君荀子亦言桀紂無天下而湯武不弒君此本專爲湯武言之然亦據春秋辯別君惡之義推而究之蓋所謂充類至義之盡

齊殺其大夫國佐

公如晉

夏楚子鄭伯伐宋

宋魚石復入于彭城彭城宋邑魚石十五年奔楚經稱復入者明前奔時入彭城以叛也今楚取彭城以封魚石故言復入補曰注非也復者復中國也復其位之辭也入者內弗受也惡辭也內弗受而言復者案左傳楚鄭同伐彭城納魚石以三百乘戍之是所謂復者楚復其位也范乃謂前奔時入彭城以叛於左傳既無證驗又違傳之明例矣彭城不繫宋者不須再出宋也不如公孫寧儀行父言納者彼欲分別楚子善惡故大夫亦得言納此則自從平文又彼納于陳是抵國都此未得入宋都也若然既無楚納文宜言自楚復入以彰楚之有奉而不言者蘇轍曰言伐宋則自楚也王貫道曰伐重於有奉也趙汸曰言故則不言所自

也文烝案前既有奔楚文此又承楚子伐宋自楚明矣故曰春秋貴於省文又曰春秋謹嚴又曰文簡而有法唯春秋可當也不言以叛者楚納之非彼以之趙汸趙鵬飛說近是

公至自晉

晉侯使士匄來聘○撰異曰匄本又作丏案丏者俗字

秋杞伯來朝

八月邾子來朝補曰月者爲下薨日

築鹿囿築牆爲鹿地之苑補曰疏曰知非爲鹿築囿而以鹿爲地名者案郎囿既是地名則此鹿亦當是地名疏是也不言築囿于鹿與築臺于郎異者囿皆以地爲名名也疏又曰何休徐邈皆云天子囿方百里公侯方十里伯方七里子男方五里言魯先有囿今復築之故書以示譏則郎及蛇淵亦是譏也案毛詩傳云囿者天子百里諸侯四十里與何徐二說別者詩傳蓋據孟子稱文王囿七十里寡人四十里故約之云然耳未審何徐據何爲說文烝案魯有囿而又爲公羊義也毛詩傳曰囿所以域養禽獸也說文曰苑有垣也字林以爲有

垣曰苑無垣曰囿與說文異**築不志此其志何也**補曰築或爲虞之或非虞之非虞之則不志如築館之屬常例皆不志也不志者經例因史例也**山林藪澤之利所以與民共也虞之非正也**補曰疏曰築微已發例復發之者彼築邑置官司以虞之此直築囿以虞之囿邑既殊俱是虞之非正故再起傳例

己丑公薨于路寢路寢正也男子不絕婦人之手以齊終也補曰復發之者說見宣十八年

冬楚人鄭人侵宋

晉侯使士魴來乞師補曰杜預曰將救宋疏曰范別例云乞師不釋者三從例可知也乞例有六乞師五乞盟一○撰異曰魴公羊作彭後同

十有二月仲孫蔑會晉侯宋公衞侯邾子齊崔杼同盟于虛朾虛朾某地補曰當云地闕何休曰不日者或喪盟略文烝案先君未葬嗣君又未即位左傳謂孟獻

子請於諸侯先歸會葬言略是也

丁未葬我君成公

成補注十八終

大千六百五十六字
小萬零八百十四字
眉注十四字

春秋襄公經傳第八補注第十九

襄公成公子史記名午母定姒以簡王十四年即位時年四歲

穀梁　范氏集解　鍾文烝詳補

元年春王正月公即位繼正即位正也補曰疏曰襄是定姒之子嫌非正故重明之案此疏與閔元年疏異此疏是

仲孫蔑會晉欒黶宋華元衛甯殖曹人莒人邾人滕人薛人圍宋彭城補曰滕薛微於莒邾又微者則杞小邾也自襄以後諸侯之事四國君臣鮮不從役故夫子曰孟公綽不可以爲滕薛大夫言國小而政煩也**繫彭城於宋者不與魚石正也**魚石得罪於宋成十五年奔楚十八年復入于彭城然則彭城已屬魚石今猶繫宋者崇君抑叛臣也補曰注言彭城屬魚石其說未盡左傳曰非宋地公羊曰楚取彭城以封魚石又曰楚已取之矣然則彭城地屬魚石卽是屬楚所以言非宋地也左傳曰追書明舊史本無宋字與哀三年圍戚同例君子一增之一書仍

之也李光地曰圍宋彭城者主晉之辭也善晉義也圍戚者主衛之辭也誅衛志也晉義善則宋華元無惡矣衛志惡則齊國夏無善矣李氏說此二經皆非正義但經意自足兼見耳程公說曰宋中國之望也齊晉之伯可稱者三君未嘗不加意於宋桓之興首會北杏以平宋亂會鄆以求其服急於得宋如此旣得則爲之伐附庸之郳鄰怨之鄭求以懷宋諸侯之望旣歸而始霸之烈以定桓沒宋襄欲踵霸諸侯從之而圖霸失其道晉文之興亦急於恤宋悼之興亦急於救宋出穀戍釋宋圍執曹伯畀宋人於是成一戰之霸師台谷退楚兵討魚石從宋人於是成三駕之功足驗當時大勢矣

夏晉韓厥帥師伐鄭○撰異曰厥公羊作屈徐彥曰左傳穀梁屈作厥字也

仲孫蔑會齊崔杼曹人邾人杞人次于鄫鄫鄭地鄫或爲合補曰左傳曰東諸侯之師次于鄫以待晉師○撰異曰鄫公羊作合與穀梁或本同徐彥曰左氏合作鄫字也段玉裁曰此鄫非姒姓國故穀梁此鄫不作糸旁繒字蓋其字本作會會合音義皆通一寫作鄫再寫譌鄫耳杜注鄫鄭地在陳留襄邑縣東南可知鄫乃鄫之誤古者鄭國處於留鄭伯寄孥與賄於虢鄫以取其國而遷鄭焉而野留

孟康曰留鄭邑也後爲陳所幷故曰陳留此所亥蓋鄭東鄙錯於宋竟者古爲鄫地故名之鄫左氏音義僖十四年鄫始見音似陵反以後不爲音唯此鄫音才陵反恐本是古外反幾人改之也文烝案說文佮古文會一切經音義會古文佮同疑穀梁或本及公羊皆是佮字

秋楚公子壬夫帥師侵宋

九月辛酉天王崩補曰史記名夷定王子

郳子來朝

冬衞侯使公孫剽來聘

晉侯使荀罃來聘冬者十月初也王崩赴未至皆未聞喪故各得行朝聘之禮補曰此本杜預杜以辛酉爲九月十五日左傳謂此朝聘爲禮故杜解之如此若依孫復胡安國不臣之說以左杜爲不然於經義亦自無礙桓十五年郳人牟人葛人已見夷狄之文其餘皆從平文可矣疏及孔穎達並引曾子問曰諸侯相見揖讓入門不得終禮廢者幾孔子曰六天子崩大廟火日食后夫人之喪雨霑服失容則廢○撰異曰罃

唐石經作嬰後二年三年同嚴可均曰嬰當作賏張參
顏傳經五經文字云罃與賏同見春秋傳說文有罌字
縈變爲賏明此當爲賏也

二年春王正月葬簡王

鄭師伐宋

夏五月庚寅夫人姜氏薨補曰成公夫人也公羊不辯宣成二夫人何休遂亂其姑婦○

六月庚辰鄭伯睔卒補曰鄭成公也不葬者蓋魯不會撰異曰辰各本誤作寅今依唐石經十行本改正音義睔古困反漢書古今人表作綸師古曰綸音工頑反

晉師宋師衛甯殖侵鄭其曰衛甯殖如是而稱于前事也初衛侯速卒鄭人侵之故舉甯殖之報以明稱其前事不書晉宋之將以慢其伐人之喪補曰爾雅曰稱好也漢書注曰稱宜也好亦宜也國語注曰稱副也疏曰稱師者罪重稱名者罪輕文烝案傳言此者明衛從舊史紀實文晉宋皆變文改舊史也晉宋在衛上則無嫌爲將卑師衆之常辭晉主兵而宋衛皆非君將晉雖卑者

將亦宜序上宋則不得以卑者先衞大夫觀後十六年伐許書衞甯殖宋人知當時自有一定之次史從而書之也

秋七月仲孫蔑會晉荀罃宋華元衞孫林父曹人邾人于戚補曰月者爲下葬日

己丑葬我小君齊姜齊謚

叔孫豹如宋補曰豹亦得臣子僑如弟穆叔也亦稱叔孫穆子

冬仲孫蔑會晉荀罃齊崔杼宋華元衞孫林父曹人邾人滕人薛人小邾人于戚遂城虎牢補曰內外皆大夫言遂與季孫宿入鄆自是不同會本爲城出叉霸國之事與內異例若言中國焉內鄭也虎牢鄭邑鄭服罪內之故爲之城不繫虎牢於鄭者如中國之邑也僖二年城楚丘傳曰楚丘者何衞之邑國曰城此邑也其曰城何封衞也然則非魯邑皆不言城中國猶國中也補曰城外城邑志者以其爲國都皆不繫國虎牢非鄭都亦從

其例故曰若言中國焉注以內鄭爲諸侯內之非也內謂春秋之文若言國中之邑是內之所以內之者據左傳諸侯城虎牢以偪鄭鄭人乃成於是盟雞澤聘魯會戚救陳如鄭之會侵蔡會邢丘於是楚伐鄭歷歷書之以皆是鄭服之事故此特爲內鄭文也注言鄭服罪故爲之城是謂鄭服在城前非事實也公羊曰虎牢者何鄭之邑也其言城之何取之也杜預說左傳曰虎牢舊鄭邑今屬晉其義皆得通於此

楚殺其大夫公子申

三年春楚公子嬰齊帥師伐吳

公如晉補曰母喪十月左右而朝亦非禮高閌曰禮童子侯不朝王不可以成人之禮接也其可以朝伯國乎

夏四月壬戌公及晉侯盟于長樗晉侯出其國都與公盟於外地補曰此本杜預也孔穎達曰益近城之地盟訖還入晉

公至自晉補曰不以長樗致者何休曰上盟不于都嫌如晉不得入杜預曰本非會呂本中曰本謀如晉

以如爲重文烝案此亦後事小則以先事致之例

六月公會單子晉侯宋公衛侯鄭伯莒子邾子齊世子光

己未同盟于雞澤雞澤地也補曰當云晉地國語作雞丘此王喪二十二月而命會**同**

者有同也同外楚也補曰疏曰復發傳者楚人轉盛中國外之彌甚故更發之後文戲及京城北重丘之等亦其義也

陳侯使袁僑如會如會外乎會也外乎會者明本非會內也諸侯已會乃至耳

於會受命也補曰疏曰單伯會伐宋傳云會事之成也踐土之盟陳侯如會傳云外乎會也於會受命也是二文互以相通踐土亦是事成乃至伐宋亦外乎會也三處發傳者單伯內大夫陳侯諸侯袁僑爲君所使嫌有異故重發之

戊寅叔孫豹及諸侯之大夫及陳袁僑盟及以及與之也諸侯在會而大夫又盟是大夫執國之權亢君之禮陳君不會袁僑受使來盟袁僑之盟得其義也通言叔孫

豹及諸侯之大夫則無以表袁僑之得禮故再言及明獨與袁僑不與諸侯之大夫補曰凡盟言及者內爲志之文今上言公會足見外爲主故於叔孫豹還從以內及外之例無所嫌也王世子則及以會吳則會又會陳袁僑則及以及吳子則會以及殊文相似殊義不同**諸侯以爲可與則與之**補曰諸侯當親與盟**不可與則釋之**補曰不與盟可矣亦不當使大夫**諸侯盟又大夫相與私盟**補曰疏曰此亦應受君命而謂之私者對君盟非臣事故謂之私**是大夫張也**補曰王引之曰張當爲彊楊疏彊字凡三見則疏所據本作彊音義於定六年傳始爲張字作音則此亦不作張文烝案孫復尊王發微曰大夫彊諸侯始失政用此傳文也呂本中張洽家鉉翁俞皋所見已作張**故雞澤之會諸侯始失正矣大夫執國權**補曰正亦政字也大夫執國權者論語所謂禮樂征伐自大夫出也大夫之專禮樂征伐萌於晉文襄而成於晉悼李廉以爲陳侯如會不再盟今再盟袁僑亦悼公所以不及文公**曰袁僑異之也**釋不但總言及諸侯之大夫而復別言袁僑者是異袁僑之得禮補曰異即公羊之殊也疏曰陳侯不在故與袁僑得盟諸侯大夫君在私盟

故謂之彊文烝案此又申再言及爲與之之意復出陳者屬文之宜何休以爲喜得陳國似非也

秋公至自會○撰異曰會各本誤作晉今依唐石經改正

冬晉荀罃帥師伐許

四年春王三月己酉陳侯午卒補曰午與襄公名同不諱胡安國以爲猶莊篇書同盟僖篇書戊申定篇書宋仲幾從其質也

夏叔孫豹如晉

秋七月戊子夫人姒氏薨成公夫人襄公母也姒杞姓補曰當云襄公妾母何休以弋爲莒姓本公羊下年傳舅出之說莒己姓非弋也杞繒皆姒姓此姒氏或繒女歟孔廣森說公羊謂弋卽是姒當爲鄫女○撰異曰姒公羊作弋下同徐彥曰左氏經作姒氏字聲勢與此同

葬陳成公

八月辛亥葬我小君定姒定謚補曰許翰曰左傳季文子本不欲以夫人禮葬此葬遂葢

禮略也高閌曰距薨纔二十三日補曰非禮與宣同

冬公如晉

陳人圍頓

五年春公至自晉

夏鄭伯使公子發來聘

叔孫豹繒世子巫如晉外不言如而言如補曰重起例者此與內俱往也

爲我事往也外相如不書爲魯事往故同於內補曰疏曰徐邈取左氏爲說云爲我事往者謂請繒於晉以助己出賦也文烝案徐說得傳意傳言繒世子爲魯將屬其國與魯大夫並往晉故同諸內而言如也左傳上四年冬公如晉請屬鄫晉侯許之至此穆叔覿鄫大子于晉以成屬鄫皆確然可據惟下年莒人滅繒則與魯屬繒事無涉乃左氏之誤耳左氏知屬繒事不知滅繒公羊知滅繒事不知屬繒皆以如晉及莒滅二文牽連爲一皆誤也左氏解此云言比諸魯大夫也比諸魯大夫其意有二不言及是比言如亦是比惟可

不言及故可言如是其意實一也杜預經下注云比魯大夫故書巫如晉傳下注云豹與巫俱受命於魯故經不書及比之魯大夫○緡自有世子不宜立異姓爲後此又文外之意

仲孫蔑衛孫林父會吳于善稻善稻吳地補曰依杜當云地闕不言會衛孫林父者會者外爲主之文左傳稱晉將爲吳合諸侯使魯衛先會吳且告會期則是魯衛並受晉命衛非爲主者故不得言會衛也又晉之諸會魯班當在宋下衛上此亦晉事即亦不得言會衛也前後諸文殊會吳者上皆有會晉文晉爲主而殊吳也此但言會吳吳爲主也不言及衛孫林父者吳或會以及矣未聞及以會及以會乃特尊王世子之文非可施於吳也杜預曰魯衛俱受命於晉故不言及此未盡其義也○撰異曰稻左氏作道

吳謂善伊謂稻緩也補曰段玉裁曰謂善爲伊者古合韵也說文沛國謂稻曰稬从禾耎聲謂稻爲緩郎其理也緩古亦讀如暖也**號從中國名從主人**夷狄所號地形及物類當從中國言之以教殊俗故不言伊緩而言善稻人名當從其本俗言補曰此發經辭之例以明伊緩稱善稻之意也號謂地號物號公羊所謂地物從中國也名謂國名人名公羊所謂邑人名從主人也中國謂魯主人者對魯

言之不專指夷狄桓二年傳言物從中國此言號者彼釋大鼎義專是物號此則兼包地物之號也此專是地名號而不言地從中國明包地物言之也桓二年傳言名從主人乃釋大鼎稱郜之義名者國名此經無從主人之文亦并言之者明欲發明全例兼國名人名爲說也前釋國名物號之文此通舉地號物號國名人名之例意指各異故兩處發傳也公羊文在昭元年其言邑人名邑卽國也范此注大略本何休然以主人專屬夷狄不以中國爲魯又不言國名則皆誤也楊疏以越稱於越解名從主人可補注闕但專謂於越之名是從主人而不知越名亦從主人亦終未得傳旨也荀子作正名之篇曰散名之加於萬物者則從諸夏之成俗曲期遠方異俗之鄉則因之而爲通義與此相近

秋大雩

楚殺其大夫公子壬夫。○撰異曰顏師古匡謬正俗以爲王本是王字非也

公會晉侯宋公陳侯衛侯鄭伯曹伯莒子邾子滕子薛伯齊世子光吳人繒人于戚繒以外蜴爲子曾夷狄之不若故序吳下所以不復殊外

吳者以其數會中國故補曰公羊曰吳何以稱人吳鄫人云則不辭何休曰方以吳抑鄫國在人上不以順辭故進吳稱人所以抑鄫者夷狄尚知父死子繼故以甚鄫不使鄫稱國者鄫不如夷狄故不得與夷狄同文文烝案不辭者不成文也何注爲范說所本而不如何之明暢其謂吳數會中國故不殊外實爲大謬前後諸外吳文皆爲不欲稱吳人故會而又會吳既稱人何外之有何氏以吳抑鄫之說雖於公羊無所見必是公羊家舊義此傳於下年滅繒有別之而不別之言明經文實有豫抑之義何說可依用也但此文亦本魯史之舊非夫子特易吳繒之班左傳曰穆叔以屬鄫爲不利使鄫大夫聽命於會杜預曰傳言鄫人所以見於戚會左杜之言深得其實繒於諸晉會皆不與此時新爲魯屬其大夫轉得列會明晉許魯還繒使附會末而班諸吳下也史紀其實而經取其義此春秋逃作之大常非必有所改易然後可以見義也前此齊之盟有楚人鄭人楚無以國舉者故稱人序上無他義吳則前後諸會皆爲外文故此文自足顯抑繒之義若無前後諸文則不得也魯之屬繒是夏始成至秋即以爲不利當時事情未可知或叔孫聞繒將立異姓爲後慮其內亂歟范注言外甥外甥即外孫說見下年左傳曰九月丙午盟于戚陳傳良曰吳初與諸侯盟不書盟爲晉諱也吳晉之盟

春秋終諱之

公至自會補曰會夷狄而致者上文吳稱人故致也楚稱人不致者楚之稱人自其常文又主會異於吳

冬戍陳補曰杜預曰備楚何休曰戍例時**內辭也**不言諸侯是魯戍之補曰內辭猶專辭謂諸侯共以師戍之而經以魯獨往戍辭書也所以爲內辭者侯伯救患備豫不虞得禮之正合義之公春秋與城楚丘歸粟等皆同之於內事無須列序諸侯定五年傳所云義邇也疏亦引彼傳以難注范誤甚矣

楚公子貞帥師伐陳

公會晉侯宋公衛侯鄭伯曹伯莒子邾子滕子薛伯齊世子光救陳○撰異曰左氏無莒子邾子滕子薛伯段玉裁曰公穀皆有此四國不容徐彥陸德明不記其異同疑唐石經脫文貽誤也案陸湻纂例明云左氏無莒邾滕薛四國段所未見

十有二月公至自救陳補曰月者爲下卒日**善救陳也**楚人伐陳公能救中國而攘夷狄故善之善之謂以救陳致補曰疏曰善文於公至下言之者春秋主善以內故於書公至下重發文烝

案注謂以救陳致是善則與凡救言善不同疏又曲爲之說夫傳始本與經別行後來以傳合經者乃以此句附公至下實非傳意此與諸言善者同義當在諸侯救陳下也重發傳者戍而被伐嫌救非善故重明之公至是常文不須釋

辛未季孫行父卒

六年春王三月壬午杞伯姑容卒補曰僖二十三年書杞子卒案左傳繼成公即位者即姑容也自此終於春秋皆名或日或不日皆書葬或時或月悉與大國同例蓋襄昭以下時事之不同於前即諸小國可見也

夏宋華弱來奔○撰異曰陸湻纂例曰弱公羊作溺案今公羊不作溺

秋葬杞桓公

滕子來朝

莒人滅繒非滅也非以兵滅中國日卑國月夷狄時補曰疏曰重發傳者

非兵滅故重明之**繒中國也而時**補曰此亦大概言之耳若細別言之當是卑國在月例**非滅也**補曰言以其如上所云故足明非滅**家有旣亾國有旣滅**滅猶亾亾猶滅家立異姓爲後則亾國立異姓爲嗣則滅旣盡也補曰此言有非滅而得言滅者也俞樾曰此旣字不當訓盡家立異姓其家未亾而實已亾國立異姓其國未滅而實已滅昭四年魯取繒自此至昭四年之繒乃已滅之繒也文烝案家言亾國言滅者對文析言之渾言則同梁亾是也**滅而不自知由別之而不別也**繒不達滅亾之義故國滅而不知補曰疏曰言繒所以滅者立嗣須分別同異姓而繒不別也舊解云別猶識也言繒君唯識知國須立後不能識知異姓之不得立文烝案疏載舊解與注意合別之而不別猶易文言傳云辯之不早辯彼言被弑而不自知者所由此言見滅而不自知者所由其事相類其情亦同隱四年於翬豫貶之文言傳之義也上年於繒豫抑之此傳之義也觀此傳則上經之爲抑繒亦明矣**莒人滅繒非滅也**補曰又覆說以起下文**非立異姓以莅祭祀滅亾之道也**莒是繒甥立以爲後非其族類神不歆其祀故言滅補曰非者責也如非稅畝之災之非

字所以非滅而言滅者責其立異姓以奉宗廟乃滅亾之道故言滅也繒姒姓莒己姓管子曰有者異姓滅也葢古昔遺言矣傳說滅幷說亾者承上家國之文連言之也董仲舒曰諸侯父子兄弟不宜立而立者春秋視其國與宜立之君無以異也此皆在可以然之域也至於鄫取後乎莒以之爲同居目曰莒人滅鄫此不在可以然之域也案公羊上年傳曰其取後乎莒奈何莒女有爲鄫夫人者葢欲立其出也何休曰時莒女嫁爲鄫後夫人夫人無男有女還嫁之於莒有外孫鄫子愛後夫人而無子欲立其外孫又以巫爲鄫前夫人襄公母姊妹之子俱莒外孫故傳謂之甥出依何說頗爲迂曲王引之謂傳文本是鄫女有爲莒夫人者轉寫互誤也若然繒女之子於繒子爲外孫於巫爲出魯定姒亦繒女故襄公於巫亦爲出巫於襄則爲舅事情既合而於公羊本文亦明白通貫矣范以外孫爲甥者毛詩傳云外孫曰甥謂父之外孫爲吾甥又吾之外孫爲子之甥以上見下而爲稱故左傳外孫之子爲彌甥姊妹之孫爲從孫甥皆有甥稱也莒爲繒甥葢穀梁家舊說而范因之也甥之稱又有以下見上者爾雅姑之子爲甥謂子之姑之子爲吾甥又吾之姑之子爲吾父之甥也舅之子妻之昆弟姊妹之夫亦皆爲甥說亦同也經書滅者謂繒至此廢巫立外孫不言繒亾與梁亾同文者孔

廣森據公羊上年傳云莒將滅之以爲立外孫者實莒鄫人使然故春秋歸惡莒人也左氏於此不言立異姓爲後其傳曰莒人滅鄫鄫恃賂也杜預以爲鄫有貢賦之賂在魯恃之而慢莒故滅之蓋繒莒皆無史書左氏不得其事因見簡牘所載上四年冬有邾人莒人伐鄫臧紇救鄫侵邾敗於狐駘之事五年有屬鄫還鄫之事其事又書於經故於滅鄫一經但據上事推測意其爲恃賂耳由其不受經於聖門故有此失不如穀梁公羊家鉉翁以爲大條貫數十皆由洙泗高弟親聞之聖人矣非字各本脫今依唐石經陸淳集傳辨疑余本俞皋集傳釋義本補正十行本空一字

冬叔孫豹如邾

季孫宿如晉宿行父子補曰季武子也許翰曰魯旣世卿而大夫無復三年喪哀典廢於下矣張大亨曰季孫宿仲孫速仲孫羯皆所謂以喪從利者

十有二月齊侯滅萊補曰左傳稱萊爲裔夷其地卽禹貢青州之萊夷也滅在時例月者蓋以萊爲齊之同姓故謹其文與楚人滅夔相對爲詳略也楚之誘蔡誘戎則文異齊之滅萊楚之滅夔則文異夷

夏之辭必不相假

七年春郯子來朝

夏四月三卜郊不從乃免牲夏四月不時也三卜禮也補曰疏曰三卜是禮而書者爲不從及不時故也文烝案四月必不止三卜三卜者當是正月下辛前有牲變已改卜牛以正月下辛爲初卜故言三卜也若使卜從而郊則當先書正月牲變次書四月某日郊與哀元年同文今既不郊郊則牲變可略以卜不從爲重非如再有牲變者須備言也言四月言三卜則牲變亦足見矣或謂僖三十一年書四月免牲成十年及下十一年書四月不郊何以此獨爲牲變曰非牲變則必非三卜魯無十二月下辛不卜之理也乃者亾乎人之辭也補曰不時亾乎人復發傳者三卜是禮嫌有異也

小邾子來朝

城費補曰費季氏邑

秋季孫宿如衛

八月螽

冬十月衛侯使孫林父來聘

壬戌及孫林父盟

楚公子貞帥師圍陳

十有二月公會晉侯宋公陳侯衛侯曹伯莒子邾子于鄬

鄬鄭地補曰孔穎達曰楚既圍陳而陳侯亦列於會者當是圍之不密故得出會求救也文烝案五年救陳左傳曰會于城棣以救之此年傳曰會于鄬以救之二地皆鄭地二事亦不異也會城棣無陳侯故書救陳不於救陳上錄地者善之不得從疑辭例也會鄬有陳侯文承圍陳下其爲救陳可知故不須言救既不言救自當錄地其實亦善之也杜預曰陳侯逃歸不成救故不書救非也此救無功自於下文鄭弒陳逃及不書公至見之此時無所譏也月者爲下卒日○撰異曰鄬本又作隖

鄭伯髡原如會○撰異曰髡本又作郡或作頵原左氏作頑徐彥公羊疏曰正本作頑字亦有一本作原字非也未見諸侯丙戌卒于操操鄭地補曰公羊曰操者何鄭之邑也○撰異曰操左氏作鄵趙坦曰說文無鄵字未見諸侯其曰如會何也補曰據未至會致其志也補曰此亦所謂春秋成人之美也何休曰鄭伯欲與中國意未達而見弒故養遂而致之所以達賢者之心禮諸侯不生名此其生名何也補曰不生名者經例因史例也卒之名也卒之名則何爲加之如會之上見以如會卒也補曰明由如會至死若卒不以如會當名之於卒如曹伯終生不蒙使文何也補曰疑如會何至死鄭伯將會中國其臣欲從楚不勝其臣弒而死補曰是所謂以如會卒其事與公羊同與左傳異弒則左氏公羊皆云爾而傳意以卒名加上便可見弒發義尤精大氏春秋意嚴辭深其微其約固有如此者然則何以不改卒爲弒也曰此當時承赴之文即是當時事實公羊所謂信史不革者也文既不革斯義有所取如下傳云云矣其不言弒何

也不使夷狄之民加乎中國之君也

邵曰以其臣欲從楚故謂夷狄之民不欲使夷狄之臣得弒中國之君故去弒而言卒使若正卒然補曰此猶莊四年不使小人加乎君子宣十一年不使夷狄爲中國胡安國以爲聖人存天理抑人欲之意家鉉翁曰中國之大夫而目之爲夷狄之民其誅斥之典斷自洙泗穀梁子必有所受

其地於外也其日未踰竟也

補曰重發傳者此被弒嫌異故也

日卒時葬正也

補曰疏曰葬在八年此處發之者以鄭伯被弒而同正卒既同正卒宜同正葬故連言也重發正卒傳者今被弒而同正卒嫌與他例異故明之

陳侯逃歸以其去諸侯故逃之也

鄭伯欲從中國而罹其凶禍諸侯莫有討心於是懼而去之背華郎夷故書逃以抑之補曰此傳與鄭伯逃歸不盟傳同注解去諸侯爲背華郎夷與彼注所謂專己背衆亦同但此則指實言之也注首鄭伯以下四句用何休義陳之逃不必因鄭之弒似宜刪去傳重發之者鄭與諸侯行會禮而去會而不監陳亦與諸侯行會禮而去而此會直會而已嫌有異故發以同之不致者鄭伯見弒陳侯又去此會不足善故不致

八年春王正月公如晉補曰汪克寬曰襄嗣位甫八年三朝於晉自宣公媚齊之外春秋事霸之禮未有若是其勤也孔廣森曰月者正月也案疏曰鄭伯歸晉受禍陳侯畏楚逃歸明晉不足恃而公往朝危之道也故書月疏說亦可通也孫復胡銓以爲鄬之會不致自會如晉

夏葬鄭僖公

鄭人侵蔡獲蔡公子濕獲者不與之辭侵者所以服不義無相獲之道○撰異曰濕本又作隰左氏公羊作燮徐彥曰穀梁作公子濕案說文燮讀若溼人微者也侵淺事也補曰重發傳者彼爲追發此爲獲發也而獲公子公子病矣補曰以公子之貴因淺事而爲微者所獲經以爲病與華元不病文相顧疏引徐邈云公子病不任爲將帥故獲之大誤

季孫宿會晉侯鄭伯齊人宋人衛人邾人于邢丘邢丘地補曰當云晉地見左氏宣六年傳故此處杜無注甚矣范之疏也見魯之失正也補曰正亦政字謂魯君公在而大夫會也補曰疏曰公在晉未及告公而大夫爲會是失政文烝案疏非也會

亦是公命言公在而大夫會者猶雞澤言諸侯盟又大夫相與私盟溴梁言諸侯會而曰大夫盟諸侯在而不曰諸侯之大夫皆同意也如是即爲失政非必無君命

○左傳曰五月甲辰會于邢丘以命朝聘之數使諸侯之大夫聽命季孫宿齊高厚宋向戌衞甯殖邾大夫會之鄭伯獻捷于會故親聽命大夫不書尊晉侯也杜預以爲晉悼難勞諸侯故使大夫聽命胡安國據穀梁義以爲朝聘事之大者重煩諸侯而使大夫聽命無乃以姑息愛人而不由德李廉曰此條左氏得其事胡氏得其義論其事則不欲煩諸侯者晉侯之美意也論其義則不可委大夫者春秋之深意也李說是也高厚向戌甯殖稱人胡氏以爲謹其始故貶之

公至自晉

莒人伐我東鄙　補曰左傳曰以疆鄫田蓋以滅鄫爲莒滅而誤

秋九月大雩

冬楚公子貞帥師伐鄭

晉侯使士匄來聘

九年春宋災○撰異曰災公羊作火徐彥曰左傳穀梁作宋災外災不志此其志何也故宋也故猶先也孔子之先宋人補曰疏曰徐邈云春秋王魯以周爲王後以宋爲故也此公羊黜周王魯之說故范不從之文烝案此即桓二年傳所云孔子故宋言以故國視宋也莊十一年傳及此傳皆以外災不志發義而彼言王者之後此言故宋者兩傳之意互相備也魯史本以宋爲王者後特志災異君子存而不削又因以著故宋之義明經中包此二旨故與彼傳各見之也春秋之義尊周親魯而故宋夫子以爲魯事既婉爲諱矣則於宋諱祖之遇難可也孔父不稱名而其後四殺大夫因皆沒其名姓是也魯事既詳爲錄矣則於宋詳災異之變宜也志大水志石鷁志雨螽志災是也此實君子不忘故國之意所以桓二年及此年兩處發傳也後人疑春秋非孔氏一家之書趙鵬飛已辯之而徐仙民輒引何休新周故宋王魯之說以解此之故宋其亦怪矣○案故宋之說聖門所傳而公羊家及諸讖緯謬以爲新周故宋而黜杞又增造其義以爲春秋承周文而反之質自淮南子已云殷變夏周變殷春秋變周後人沿用附益之與論語禮運中庸杞宋不足徵之言從周之言子貢荅公孫朝文武之道無所不學之言皆相背戾漢孝成時梅福上言宜封孔

子世以爲殷後援穀梁在祖位之文證孔子故殷後不直引故宋爲證或當時穀梁家說故宋之義已爲公羊之學所亂歟然猶有爲祖諱一語亦不取證蓋梅子眞隨意指稱也

夏季孫宿如晉

五月辛酉夫人姜氏薨成公母補曰宣公夫人

秋八月癸未葬我小君穆姜補曰劉向列女傳繆姜字同公羊云聽惠而行亂故謚曰繆案穆繆通用如劉說則義異也古書多以秦繆公謚爲惡謚而秦詛楚文曰昔我先君穆公其字从㣎从禾

冬公會晉侯宋公衞侯曹伯莒子邾子滕子薛伯杞伯小邾子齊世子光伐鄭補曰汪克寬曰齊桓之時在於服楚晉文之時在於勝楚晉悼之時在於敝楚故數伐鄭而不與楚戰使楚疲於奔命而莫能爭也汪申胡安國說〇撰異曰杞伯各本脫今依唐石經補正

十有二月己亥同盟于戲戲鄭地不異言鄭善得鄭也補曰疏曰

舊解以伐鄭之文在上卽同盟于戲明鄭在可知故不異言也鄭心服同盟故以爲善又一解謂會伐無鄭伯之文今不序是不異言也所以不異言者善得鄭也心服受盟比之舊同好然文烝案柯陵京城北與此文同事異故此傳特明之彼兩處鄭亦受盟未能得鄭故其盟爲謀復伐鄭文雖與此同而其下文皆復書伐鄭亦足明之矣此則下書楚伐見鄭之已服於晉也傳於此獨以不異言鄭爲義宜善會之左傳曰鄭服也

不致恥不能據鄭也 戲盟還而楚伐鄭故恥不能終有鄭補曰恥者經恥之王念孫曰方言廣雅並曰據定也史記白起傳趙軍長平以按據上黨民按據猶安定也文烝案傳言不能定鄭者下年會柤無鄭伯鄭伐宋而諸侯又伐鄭是諸侯雖已得鄭而不能定鄭也注以戲盟還而楚伐鄭爲說楚伐則是服晉之驗非不能定也

楚子伐鄭

十年春公會晉侯宋公衞侯曹伯莒子邾子滕子薛伯杞伯小邾子齊世子光會吳于柤 柤楚地補曰此本杜預也京相璠曰宋地去傳

陽八十里京得之哀六年之柤則楚地耳**會又會外之也**五年會于戚不殊會今殊會吳者復重發傳者戚不殊今又殊之故復發傳夷狄故補曰注非也說見上五年疏曰

夏五月甲午遂滅傳陽○撰異曰傳左氏公羊作偪國語同徐彥曰左氏經作偪字音夫目反一音逼逼近之逼案漢書古今人表作偪陽地理志及續漢志皆作傳陽王莽改漢縣曰輔陽**遂直遂也**補曰疏曰言遂直遂也者遂是繼事之辭不須云日今加甲午與凡遂異故傳言之**其曰遂何也不以中國從夷狄也**言時實吳會諸侯滅傳陽恥以中國之君從夷狄之役故加甲午使若改日諸侯自滅傳陽滅卑國月此日蓋爲遂耳補曰其曰遂三字當爲其日二字遂字轉寫誤衍日曰形近易誤滅潞傳日亦誤曰戰邲傳疏存兩說明二字自昔相亂也此承上言遂直是遂耳不應復加日加日則非直遂之辭故公孫敖歸父之奔言日則不言遂言遂則不言日此其例也今所以加日遂上者爲晉與吳共滅國不欲以中國從夷狄故仍史文之舊特存其日下傳云無善事則異之明從異事之文小變繼事之例也七年傳云不使夷狄之民加乎中國之君語意亦同也諸侯遂救許諸侯遂圍許閒有他事文不相接無妨

爲繼事甲午遂滅傳陽文相接而加日乃轉爲異事即此見春秋辭句離合之閒皆文章之極筆矣據左傳滅傳陽無與於吳汪克寬曰傳陽國及柤地皆在沛縣乃吳入北方之要衝會吳于柤葢謀滅傳陽而通吳也汪說甚合情事是知吳晉共滅無可疑者左氏固時有疏失耳何下也字各本脫今依唐石經余本俞皋集傳釋義本

補正

公至自會補曰會猶可致滅則不可致故與後事小則以先事致者同**會夷狄不致惡事不致**夷狄不致恥與同惡事不致恥有惡補曰疏曰夷狄不致蜀之盟是惡事不致稷之會是文烝案桓無致會引稷會非也當引侵宋及伐邾取須句之屬**此其致何也**會吳會夷狄也滅傳陽惡事也據不應致**存中國也**以中國之君從夷狄之主而滅人之邑也此即夷狄爾是無中國也故加甲午使若改日諸侯自滅傳陽爾不以諸侯從夷狄也滅中國雖惡事自諸侯之一眚爾從夷狄而滅人則中國不復存矣補曰注邑字當作國所說不得傳意傳謂既會夷狄又是惡事而猶致者特爲存中國之文使若未嘗會吳未嘗滅傳陽此經之變例致其所不當致以見義也下文乃復論遂事加日之義又以鄭之言如會

陳之書逃合此言之**中國有善事則并焉**若中國有善事則不復言會諸侯改日遂滅傳陽如僖四年諸侯侵蔡蔡潰遂伐楚是并焉**無善事則異之存之也**諸侯會吳於柤甲午遂滅傅陽是則若會與遂異八補曰言上所書者亦是存中國**汲鄭伯**汲猶引也鄭伯髡原爲臣所弑而不書弑此引而致於善事補曰引者蓋謂未見而致其志王引之曰汲疑當爲沒形相似而誤沒者終也古謂以壽終爲得沒不以壽終爲不沒鄭伯實弑書卒使若令終得沒者然故謂之沒鄭伯沒鄭伯者卒鄭伯也卒亦終也曲禮曰壽考曰卒卒猶沒也**逃歸陳侯**鄬之會陳侯不會以其爲楚故言逃歸補日當云陳侯在會不字誤**致柤之會存中國也**補曰言三事皆是存中國疏曰傳於此見存中國之文者雞澤之會諸侯失政從此之後日益陵遲又會夷狄之人以滅中國惡事之甚故書公至以存之僖二十六年公至自伐齊傳云危之此云存之者彼尚未陵遲故直云危之公此時微弱之甚故云存中國也文烝案疏專論公至不數遂事陳鄭諸文非也又以諸侯失政爲說不知諸侯失政與此各自爲義此論夷夏之故非論君臣之事不須牽合也悼公之時楚旣日強吳復驟盛中國自此遂衰故君子書經時有存中國

之意而傳明之也夷狄與中國交爭諸侯則因而存中國迫後晉楚共率諸侯盟于宋無侵伐八年則又因而善之足見聖人之情矣春秋隨事而爲義左傳楚沈尹戌曰古者天子守在四夷天子卑守在諸侯諸侯守在四鄰諸侯卑守在四竟當時晉主夏盟安得四夷爲守但能弭兵息民亦足多也若不能則守在諸侯中國固不可不存也此經世之志王道之要也

楚公子貞鄭公孫輒帥師伐宋

晉師伐秦

秋莒人伐我東鄙

公會晉侯宋公衞侯曹伯莒子邾子齊世子光滕子薛伯杞伯小邾子伐鄭齊世子光序滕薛之上蓋驕蹇補曰此本公羊非也左傳曰齊崔杼使大子光先至于師故長於滕杜預曰先至爲盟主所尊故在滕上

冬盜殺鄭公子斐公子發公孫輒補曰盜賤也義在昭二十年傳諸書盜葢皆士

也○撰異曰斐左氏作騑陸淯曰據字子駟宜爲騑案國語稱騶騑稱盜以殺大夫弗以
上下道惡上也兩下相殺不志乎春秋惡鄭伯不能脩政刑致盜殺大夫也以上下道當言鄭
人殺其大夫補曰書大夫者以上道之文也書人爲衆辭者以下道之文也稱盜以殺大夫盜雖下而別於凡
下之文大夫雖上而無上文明以至微賤之輩而禍及國體事異凡常是所以惡上惡上之上當如范注以爲
君也注首二句引傳例非也宜刪去兩臣謂之兩下如王札子殺召伯毛伯是也稱人稱盜則大夫爲上皆非
兩下之文矣疏曰於此發例者盜殺大夫初起於此也文烝案以哀四年傳以校此傳疑傳當疊一道字下道謂
稱道者○程子胡安國以爲失卿職故不稱大夫張洽又謂斐者從夷之人弒君之賊發輒惟斐是從惡積而不
可掩鄭不能討而盜得殺之所謂上慢下暴而致寇至盜之招也故不稱殺大夫王葆胡銓等略同文烝以爲
皆求之過當春秋所未暇論
戍鄭虎牢不稱其人則魯戍也猶戍陳補曰亦文若魯獨戍耳注非也左傳以爲脩其城而置戍蓋亦以
備楚其曰鄭虎牢決鄭乎虎牢也二年鄭去楚而從中國故城虎牢不言鄭使與

中國無異自爾已來數反覆無從善之意故繫之於鄭決絕而棄外補曰注非也決猶決日義決不日而月之決辨嫌之謂也上城不繫鄭嫌遂不得爲鄭地故此決之傳當云決鄭地乎虎牢省一地字耳必爲決文者以後年兩伐鄭終能得鄭其地仍屬鄭也左傳曰非鄭地也言將歸焉公羊曰諸侯已取之矣曷爲繫之鄭諸侯莫之主有故反繫之鄭戴祖啟曰邑已失而仍繫之其國者宋彭城鄭虎牢也如但曰圍彭城則爲君討臣之義隱矣如但曰戍虎牢則爲鄭拒楚之義隱矣

楚公子貞帥師救鄭

公至自伐鄭補曰許翰曰書楚救鄭而致公知諸侯之避楚也

十有一年春王正月作三軍補曰何休曰月者重錄之**作爲也**補曰疏見成元年**古者天子六師諸侯一軍**周禮司馬法曰萬有二千五百人爲軍王六軍大國三軍次國二軍小國一軍其將皆命卿二千五百人爲師然則此言天子六師凡萬有五千人大國三軍則三萬七千五百人諸侯制踰天子非義也總云諸侯一軍又非制也昭五年經曰舍中軍傳曰貴復正也然則魯

有二軍今云作三軍增置中軍爾魯爲次國於此爲明補曰蔬曰魯本周公之後地方七百里而云次國者據春秋時言之文烝案傳與周禮非異也師非二千五百人也魯非次國也諸侯一軍一當爲二此轉寫之誤舍中軍復爲二軍傳以爲正則一爲誤字明矣三略曰諸侯二師方伯三師此言最可據二師即二軍三師即三軍也國語叔孫穆子之言曰天子作師公帥之以征不德元侯作師卿帥之以承天子諸侯有卿無軍帥教衞以贊元侯自伯子男有大夫無卿帥賦以從諸侯韋昭解諸侯無軍曰無三軍傳言諸侯二軍與三略同即國語之諸侯無軍也二軍之上有三軍則國語之元侯三略之方伯是也二軍之下有一軍則國語之伯子男是也左傳曰成國不過半天子之軍周爲六軍諸侯之大者三軍可也於大國云可者言已過其制此即元侯之方伯三軍之證魯僖公之頌曰公徒三萬三萬者二軍之人數此諸侯二軍之證左傳又稱王命曲沃伯以一軍爲晉侯此伯子男一軍之證依公羊大國稱侯小國稱伯子男是大國二軍小國一軍也傳既不言元侯方伯之制又不言小國一軍者但言二軍足見三軍之非且切魯舊制以爲說故略不具文也若然周禮所以與傳及國語三略異者周禮以元侯方伯亦爲諸侯而謂之大國故於大國二軍則謂之次國也二千五百人爲師

五師爲軍而下言二軍上言六師者師有二千五百人之師有通稱兵衆之師通稱之師師即是軍互以成文其義不異惠棟曰詩瞻彼洛矣以作六師棫樸六師及之毛傳並云天子六軍鄭志趙商問棫樸詩及常武詩云整我六師不稱六軍而稱六師不達其意答曰師者衆之通名故人多云焉欲著其大數則乃稱軍耳又臨孝存引詩六師之文以難周禮鄭答之云軍者兵之大名軍禮重言軍爲其大悉故春秋之兵雖有累萬之衆皆稱師詩云六師即六軍也惠引鄭君之言以解此傳最得其旨也凡軍以乘爲數天子六軍兵車三千乘故詩采芑曰其車三千三軍者千五百乘二軍者千乘一軍者五百乘每一乘甲士十人步卒十五人也魯頌言公徒三萬者又有重車二百乘凡步卒五千人故言三萬也○或曰白虎通引穀梁傳曰天子有六軍諸侯上國三軍次國二軍下國一軍與今本不同其文亦可據邪曰此文上國以下十字乃淺人依周禮妄增之非白虎元文觀其下文云諸侯所以一軍者何諸侯蕃屏之臣也任兵革之重距一方之難故得有一軍是知東漢時相承穀梁之本實作諸侯一軍矣曰然則傳云一軍非誤字言諸侯一軍明小國無軍也諸侯一軍者即國語所謂諸侯有卿無軍帥教衞以贊元侯也小國無軍者即國語所謂伯子男有大夫無卿帥賦以從諸侯也

葦昭以爲伯子男無天子之命卿引王制小國二卿皆命於其君明王制本無誤脫鄭君注未允也小國無軍此曹虞諸國所以無師也小國無天子之命卿此曹莒諸國所以無大夫也若此豈不一以貫之邪曰此說不可用也諸侯裁一軍何以舍中軍爲二軍傳謂之復正乎曹莒不得有天子命大夫則不得有名姓將謂魯及齊晉宋衞陳蔡鄭之書名姓者皆爲天子命大夫何以傳獨於內外書字各一人謂之天子命大夫乎如依莊元年范注謂貢士京師受命者稱字就其國命之者稱名何以知當時貢士必行貢士之制又且單伯世卿何以云貢士乎反覆思之一軍必爲誤字國語必不可泥王制上文小國有上中下三卿必當依鄭注以爲二卿之文有誤脫而小國無師無大夫還當如前卷之解也

作三軍非正也補曰此事當時蓋著爲令不言初者以後有舍文不須加初足知爲常令

夏四月四卜郊不從乃不郊夏四月不時也四卜非禮也補曰疏曰上三卜爲禮而非時此卜違禮非禮亦非時故重發傳不行免牲之禮與成十年同

鄭公孫舍之帥師侵宋

公會晉侯宋公衛侯曹伯齊世子光莒子邾子滕子薛伯杞伯小邾子伐鄭補曰左傳曰齊大子光宋向戌先至于鄭杜預曰光至復在莒子之先故晉悼亦進之

秋七月己未同盟于京城北盟謀更共伐鄭京城北鄭地補曰此與戲異與柯陵同故注郎用彼傳語鄭雖受盟猶不堅服晉雖盟鄭實謀共伐故下復伐也又左傳此盟載書祇言十二國啖助據之謂鄭不與○撰異曰京左氏作亳徐彥公羊疏曰穀梁與此同左氏經作亳城北服氏之經亦作京城北乃與此傳同文也案此亳字誤

公至自伐鄭不以後致補曰據偶事當致後盟後復伐鄭也傳例曰已伐而盟復伐者則以伐致盟不復伐者則以會致此言不以後致謂會在伐後補曰注末二語可刪引例在後十九年傳疏曰成十七年夏公會尹子云云伐鄭乙酉同盟于柯陵與此正同彼云至自會此云至自伐鄭致文不同者案彼伐鄭同盟于柯陵爲公不周於伐鄭以會事爲大故以會致此時鄭從楚楚彊諸侯畏之故以伐爲

大事又盟後重更伐鄭故以伐致也文烝案盟後復伐則以伐致此一例也疏據僖四年六年之屬後事小則以先事致又一例也傳但言盟後復伐一例者此以復伐而致伐與下蕭魚以不復伐而致會相對爲義此之致伐本不取大伐鄭之義也疏說固可通然非此傳解經之意

楚子鄭伯伐宋

公會晉侯宋公衛侯曹伯齊世子光莒子邾子滕子薛伯杞伯小邾子伐鄭補曰杜預曰晉遂尊光

會于蕭魚蕭魚鄭地補曰公羊曰此伐鄭也其言會于蕭魚何蓋鄭與會爾何休曰中國以鄭故三年之中五起兵至是乃服其後無干戈之患二十餘年故喜而詳錄其會起得鄭爲重劉敞曰鄭伯如會歟宜以如會書乞盟歟宜以乞盟書今一皆沒之獨稱會何哉曰春秋嘉善矜不能而成人之美悼公之服鄭也有道其信義著於諸侯非一日之積此善之可嘉者也鄭伯之欲從中國也亦非一日之積逼於楚之彊而未果此不能之可矜者也然則晉之取鄭鄭之下晉不始於會蕭魚之日其信已在前矣至其會也諸侯以小息中國以

小安是乃有貴乎約信者也其義不言而諭不盟而壹故略其文以見其實蓋春秋成人之美之意也

公至自會伐而後會不以伐鄭致補曰疏曰傳例曰二事偶則以後事致此云公至自會正是其常而云不以伐鄭致者以鄭從楚伐之尤難故當以伐爲大事**得鄭伯之辭也**鄭與會而服中國喜之故以會致補曰言得鄭伯者明上會有鄭自此遂不復伐既是盟不復伐則以會致之例而後事不小於先事又是偶事致後之例也高閌曰春秋以變文見義屢書盟而不信則以不書盟爲誠屢書伐而無功則以不致伐爲美李廉曰厲公三伐終以伐致悼公三伐終以會致春秋之立文精矣文烝案公羊得意致會不得意致伐之例於此則通

楚人執鄭行人良霄○撰異曰霄十行本獨此作宵張洽程端學所見同**行人者挈國之辭也**行人是傳國之辭命者補曰疏曰舊解挈猶傳也行人傳國使命故云挈國之辭或以挈爲舉謂傳舉國命之辭理亦通耳文烝案注疏皆非也辭者經之辭挈者舉也舉而直言之若祝吁之挈遂之挈是也舉又訓盡若所謂以國與之是也凡言行人皆施於執而外曰某行人內亦曰我行人與齊人執單伯

諸文不同是行人者舉國之辭也左傳曰書曰行人言使人也行人爲使人之稱使事至重一國安危所繫故使能造命可爲大夫使不辱命則可謂士舉國之辭此其義也疏又曰行人之文有六發傳者三此曰摯國之辭也晉人執衞行人石買傳曰稱行人怨接於上也楚人執陳行人干徵師傳曰稱人以執大夫執有罪也稱行人怨接於上也是其文互相通也傳舉三者則晉人執我行人叔孫婼也晉人執宋行人樂祁犂齊人執衞行人北宮結亦然也然則稱人以執稱有罪稱行人怨接於上明君臣兩失之也執大夫稱人又有二義齊人執鄭詹傳曰人者衆辭也以人執與之辭也宋人執鄭祭仲傳曰宋人者宋公也貶之也齊人執陳袁濤塗傳曰齊人者齊侯也不正其踰國而執也是有二也凡執大夫惟齊慶封陳公子招特爲變文餘皆稱人未有稱公侯以執者若被執者有罪則稱人以見罪若執人者有罪亦不稱人以見惡經辭雖有常例傳則分而別之所謂善惡不嫌同辭不可以一槩求之矣文烝又案黃道周說自此至三十年殺良霄一二十年中鄭大夫皆特書名氏蓋深喜鄭之意中國而鄭大夫之得會於諸侯也此說極合經旨鄭之絕楚自執良霄始故終良霄之身皆特文以見義傳於諸鄭事曰內鄭曰恥不能據鄭曰決鄭最後曰得鄭伯明君子於晉鄭之故深致其意

則黃氏此義可推而知也若然稱人稱行人鄭君臣仍爲有罪者鄭既一意中國而復使人往楚則是自取執辱故當罪鄭而不當罪楚非謂鄭從晉有罪也

冬秦人伐晉補曰何休曰爲楚救鄭案左傳曰秦庶長鮑庶長武帥師伐晉以救鄭不言救者晉伐鄭而終得鄭故與與晉得伐不以善辭施秦與上年書楚救異義

十有二年春王三月莒人伐我東鄙圍郃蓋攻守之害深故以危錄其月○撰異曰三月板本公羊或作正月誤也郃本又作台陸淳纂例曰左氏皆作台案今公羊幷下亦皆作台

伐國不言圍邑舉重也伐國重圍邑輕舉重可以包輕**取邑不書圍安足書也**不足書而今書蓋爲下事起

季孫宿帥師救郃遂入鄆鄆莒邑**遂繼事也**補曰疏曰重發傳者此不受命嫌與常例不同也**受命而救郃不受命而入鄆**補曰大夫之事皆君命言季孫宿帥師救郃是受命之常文也若入鄆亦受命則其事非如京師如晉之比當依盟衡雍盟暴之例各爲一事

再出季孫宿帥師不當爲繼事辭明此實不受命矣公羊大夫無遂事之說蓋因此經之義推之

惡季孫宿也

事補曰惡其不受命言遂即是惡之也入本是惡事與救相反但此處未暇論之公羊莊十九年傳曰聘禮大夫受命不受辭出竟有可以安社稷利國家者則專之可也胡安國引其文以爲郤在邦域之中而專行之非有無君之心者不敢爲也錢儀吉曰漢律有矯詔害矯詔不害故劉向曰國有危而不專救者不忠國無危而擅生事者不臣

夏晉侯使士魴來聘○撰異曰公羊此處徐彥疏曰考諸正本皆作士魴字若作士彭者誤矣

秋九月吳子乘卒 補曰吳壽夢也吳始書卒少進之也吳卒皆不日皆不葬義亦見成十四年注吳左傳服虔注曰壽夢發聲吳蠻夷言多發聲數語共成一言壽夢一言也經言乘傳言壽夢欲使學者知之也錢大昕曰壽讀如疇與乘爲雙聲夢古音莫登切與乘爲疊韻孫炎制反切蓋萌芽於此案錢氏此說本顧炎武音論因沈括鄭樵說徧考二聲合一之字信矣但傳稱名從主人而經書乘不書壽夢則知壽夢者吳之本言其赴上國乃改言乘故史承而書之也

冬楚公子貞帥師侵宋

公如晉

十有三年春公至自晉

夏取邿 補曰疏曰當從左氏爲國案左傳未必是也此當是取邑故時齊有邿見左氏十八年傳○撰異曰邿公羊作詩徐彥曰正本皆作邿字有作詩字者誤

秋九月庚辰楚子審卒 共王補曰國語共王名作箴字箴審聲近通用周禮十羽爲審爾雅作箴

冬城防 補曰防卽隱九年會地臧氏邑

十有四年春王正月季孫宿叔老會晉士匄齊人宋人衞人鄭公孫蠆曹人莒人邾人滕人薛人杞人小邾人會吳于向 向鄭地補曰叔老公孫嬰齊子子叔齊子也晉以外獨鄭書名氏者喜其得列中國之會特顯

之也左傳齊宋衞之大夫爲崔杼華閱北宮括不沒其名氏則無以顯鄭故序鄭上稱人也此及伐秦之公孫蠆會澶淵之艮霄城杞之公孫段最爲難通前引黃道周說蠲得之愚因以知蕭魚得鄭伯之義直至終艮霄之身方盡其意蓋晉悼濟河而復霸楚不能爭鄭得所庇春秋深美之也左傳以齊宋衞之不書爲惰以衞之書於伐秦爲攝趙匡既明其不然張大亨則謂非卿而列於卿上其誤甚矣向者左傳十一年諸侯伐鄭師于向即此地黃汝成以爲此漢志沛國之向今鳳陽府懷遠縣地中國會吳往往就之於淮上也與江永說同疏曰何休云月者危刺諸侯委任大夫交會彊夷臣日以强三年之後君若贅流然范雖不注或以二卿遠會蠻夷危之故月從何說理亦通耳

○撰異曰蠆公羊作蠤下皆同

二月乙未朔日有食之

夏四月叔孫豹會晉荀偃齊人宋人衞北宮括鄭公孫蠆曹人莒人邾人滕人薛人杞人小邾人伐秦補曰左傳齊宋衞之將皆上會人也不書齊宋之將以顯鄭將與上會同義衞於上會亦書人此從常文者蓋與前衞甯殖侵鄭相

對見義衞侵鄭獨出名氏故衞與鄭同伐秦亦並出名氏明以報怨之師爲協力之舉深爲鄭喜也傳前獨解衞甯殖之文則此義亦足見矣月者爲下奔日○撰異曰徐彦公羊疏曰舊本作苟偃若作荀罃者誤括公羊作
結

己未衞侯出奔齊諸侯出奔例月衎結怨於民自棄於位君弒而歸與知逆謀故出出入皆日以著其惡補曰疏曰九月乙亥公孫于齊亦日者亦是明公之惡或是內事詳錄不可以外例準之衞侯以惡甚而書日所以不名者以其不失國也出不名以得國歸書名以明其惡一解衞侯出奔不名者既書日以見罪惡甚故不復名也理亦通耳文烝案舊史大國君奔皆書日君子皆略之也從月例左傳二十年甯惠子曰吾得罪於君名藏在諸侯之策曰孫林父甯殖出其君是列國史文也魯史之法以爲臣逐其君不可以訓苟免於見弒皆以婉辭書奔於內之奔則曰孫焉及至弒君大變則外直文而內諱焉此蓋皆周公舊制闕盛衰以垂法蓋曰可言者言之不可言則諱於諸侯之事可諱則諱而魯史悉準其制也記言魯有王禮傳言魯春秋有周禮其事不可備知而內無弒君外無逐君異於諸國所記則較然著明劉敞以此二者爲夫子新意斯不

然矣○撰異曰公羊作衞侯衎陸湻纂例唯云左氏無衎字

莒人侵我東鄙

秋楚公子貞帥師伐吳

冬季孫宿會晉士匄宋華閱衞孫林父鄭公孫蠆莒人邾人于戚補曰左傳曰謀定衞也春會夏伐特顯鄭大夫則冬會從常文二十六年會澶淵特顯鄭大夫則二十七年會宋從常文戴溪曰一年之間大夫三會習見其事以爲當然遂踵而行之不以爲怪

十有五年春宋公使向戌來聘

二月己亥及向戌盟于劉補曰案何休通不說地名杜預於此亦無注而釋例曾地名有之孔穎達曰葢魯城外之近地○高閌以爲于劉二字因下有劉夏誤增鑿空甚矣薛伯卒築臺于薛亦將致疑乎趙與權則又牽合之

劉夏逆王后于齊劉采地夏名書名則非卿也天子無外所命則成故不言逆女補曰此皆本杜

預劉者王季子之采地夏以名書與石尚同則是天子之士蓋劉氏之支子也左傳謂劉夏爲官師與上年傳之劉定公自是異人杜預合爲一人不足據公羊見後有劉子而不知其委曲遂以劉夏爲天子之大夫其稱劉爲以邑氏非也天子之中下大夫亦不名而注但云非卿又失之不言逆女亦當兼略之及無外二義以其過我而已故略之也左傳官師從單靖公逆王后于齊杜預曰劉夏獨過魯告昏故不書單子傳又曰卿不行非禮也杜曰天子不親昏使上卿逆而公監之故曰卿不行非禮

過我故志之也補曰此猶外相如王姬歸皆以過我志公羊亦同以過我志可以略文傳并見此意何休曰明魯當共送迎之禮孔廣森曰外逆女見左傳者莊十八年原莊公逆王后于陳宣六年召桓公逆王后于齊並不書

夏齊侯伐我北鄙圍成補曰圍成書者亦爲下事起成孟氏邑

公救成至遇至遇而齊師已退也遇魯地補曰公羊以爲不敢進杜預從之范不取崔子方曰若畏齊不敢進當書次不當書至案崔氏以郎成之例推之是也不致者竟內兵也

季孫宿叔孫豹帥師城成郛郛郭補曰此杜預傳下注○撰異曰陸淳纂例曰成公羊

作郕案今公羊不作郕

秋八月丁巳日有食之

邾人伐我南鄙

冬十有一月癸亥晉侯周卒補曰周者襄公之曾孫其父祖皆不爲君書日則周亦正也以左傳晉事推論之蓋厲被弑無嗣成景之族皆先散處他國又不宜迎爲君惟周雖出在京師而獨宜爲君故得爲正耳欒書譖郤至於厲公已有奉孫周之言是其宜立明矣周有兄不可立左氏又明言之○撰異曰周公羊一本作雕

十有六年春王正月葬晉悼公補曰前此晉襄三月而葬悼以後皆三月

三月公會晉侯宋公衞侯鄭伯曹伯莒子邾子薛伯杞伯小邾子于湨梁湨梁地補曰晉地也湨水有大隄梁爾雅所謂梁莫大於湨梁月者爲下盟日○撰異曰湨公羊或作狊

戊寅，大夫盟。補曰：下執二君不去盟日者，於執言以歸晉，惡不嫌不顯，故此可不去日，與戚盟同也。蒲祝柯下執無變文，故去盟日以見惡。

溴梁之會，諸侯失正矣。補曰：亦政字也。此承雞澤傳言至此遂失政也。雞澤、邢丘、溴梁三傳文相貫。

諸侯會而曰大夫盟，正在大夫也。補曰：亦政字。此句包雞澤言之。公羊言信在大夫，獨據此經，與傳微異。

諸侯在而不曰諸侯之大夫，大夫不臣也。補曰：不臣故不繫於君。此專解本經也。若書諸侯之大夫，則當書魯卿名氏而言及矣。政既在大夫，又不臣，以見諸侯遂失政。盧仝曰：三桓逐魯，六卿分晉，其所由來者漸。項安世曰：書公會諸侯，晉大夫盟于亳，猶有諸侯也；書大夫盟，言自是無諸侯也。○左傳曰：晉侯與諸侯宴于溫，使諸大夫舞，曰：歌詩必類。齊高厚之詩不類。荀偃怒，且曰：諸侯有異志矣。使諸大夫盟高厚，高厚逃歸。於是叔孫豹、晉荀偃、宋向戌、衛甯殖、鄭公孫蠆、小邾之大夫盟，曰：同討不庭。杜預會下注曰：不書高厚逃歸，故也。盟下注曰：諸大夫本欲盟高厚，高厚逃歸，故遂自共盟也。案左、杜所言，當得事實。杜又曰：雞澤會重序諸侯，今此間無異事，即上諸侯大夫可知。杜以貫服用穀梁、公羊，乃為此說以改之，殊為未允。君目臣凡之文

魯卿仍見名氏非苟從簡略者若無他義何爲省文乎

晉人執莒子邾子以歸補曰疏曰諸侯不得私相治執之以歸非禮明矣文烝案何休曰錄以歸者甚惡晉以者不以者也言執又言以惡之可知惡晉不斥晉侯者明莒邾有罪

齊侯伐我北鄙

夏公至自會補曰王貫道曰書至於齊伐後見諸侯之會未散而齊已抗矣

五月甲子地震補曰孔廣森曰自是迄哀公地比四動皆季氏專强之象

叔老會鄭伯晉荀偃衛甯殖宋人伐許補曰許翰曰晉卿主兵而先鄭伯者臣不可過君也張洽曰垂斂之後晉士穀伐許之後晉荀偃當時名分尚明皆因其事實而書之爾○撰異曰徐彥公羊疏曰正本作荀偃若有作荀罃者誤矣

秋齊侯伐我北鄙圍成補曰此年圍成下年圍桃圍防亦並書者疏曰爲十八年諸侯同圍之地○撰異曰陸湻纂例曰成公羊作郕案今唯左氏作郕音成

大雩

冬叔孫豹如晉

十有七年春王二月庚午邾子瞯卒補曰邾宣公也以後葬矣○撰異曰二月唐石經公羊初刻作三月瞯左氏作牼案从閒从肩及从幵从巠之字聲轉得通孟子注瞯視也士昏禮注引瞯艮人作見或作瞷齊成覸或作成覵又作成荊考工記顧瓬注故書顧或作牼鄭司農云牼讀爲鬜頭無髮之鬜

宋人伐陳

夏衞石買帥師伐曹

秋齊侯伐我北鄙圍桃○撰異曰桃公羊作洮

齊高厚帥師伐我北鄙圍防○撰異曰左氏直云高厚無齊字段玉裁曰以傳考之此與上齊侯伐我北鄙圍桃非有二事唐石經不誤案段從左氏恐非經例

九月大雩

宋華臣出奔陳

冬鄭人伐我南鄙

襄補注十九終

大二千三百八十二字
小萬五千六百九十三字
眉注無

清嘉善鍾氏本春秋穀梁經傳補注

第四册

晋 范甯集解 清 鍾文烝補注

中國國家圖書館藏清光緒二年嘉善鍾氏信美室刻本

山東人民出版社·濟南

春秋襄公經傳第八補注第二十

穀梁　范氏集解　鍾文烝詳補

十有八年春白狄來不言朝不能行朝禮補曰此本公羊杜預與介葛盧同直言白狄更劣於介白狄子不得以名通

夏晉人執衛行人石買稱行人怨接於上也怨其君而執其使稱行人明使人爾罪在上也補曰怨接於上者公羊云以其事執是也疏曰稱人以執是執有罪范云使人者明罪在君上非謂罪晉也文烝案范用左傳也稱人執有罪昭八年傳文也此發行人例與襄十一年傳互相備疏云嫌晉與楚異故重發非也

秋齊侯伐我北鄙補曰許翰曰齊人四年之間五伐鄙而四圍邑又從邾莒以助其虐諸侯之陵暴未有若是者也胡安國曰齊環背盟棄好陵虐神主肆其暴橫數伐鄰國覿加兵於魯則可見矣○撰異曰左氏公羊皆作齊師左傳曰齊侯

冬十月，公會晉侯、宋公、衞侯、鄭伯、曹伯、莒子、邾子、滕子、薛伯、杞伯、小邾子同圍齊。補曰：月者，爲下卒起。或順病文而盈之。非圍而曰圍，據實伐。補曰：疏曰：知非圍者，以下十九年致伐不致圍文。烝案：公羊釋致伐曰未圍齊也，注以曰圍斷句，非也。當讀至下齊字爲句。齊有大焉，亦有病焉。齊若無罪，諸侯豈得同病之乎？補曰：注非也。齊字當上屬。有大焉者，謂有大齊之辭；有病焉者，謂有病齊之辭。皆謂經之立文也。言大，所以非圍而謂之圍齊者，是所以大齊，實亦所以病齊也。其非大而足同與？齊非大國，諸侯豈足同共圍之與？補曰：注又非也。此申上有大意也。言若非以大齊之辭稱圍，則何足言同歟？方欲言同，爲特文故大之，言圍也。若言同伐齊，則不可矣。傳與字各本誤作爲，涉上二句而誤，今依音義、楊疏、唐石經、余本改正。諸侯同罪之也，亦病矣。諸侯同罪大國，是不量力，必爲大國所譬，則亦病矣。補曰：注又非也。此申上有病意也。如上所云，所以大齊者，爲欲言同故耳，非實欲大齊也。言同者，以明諸侯同罪之。許翰曰：言得罪於天下也。是也。夫齊亦一國，今乃爲天下所同罪，則齊亦病矣。故曰有大齊之辭，亦有病齊之辭也。經之此文，專以書同見義伐齊而書同猶外楚而書同皆爲特筆旣書同以見其義則宜書圍以盈其辭此傳六句曲盡經旨特以文義深奧故自注疏以來莫能通其說惟王引之說此大概近是今取其說而增改焉王氏又引僖六年傳病鄭也著鄭伯之罪也以爲文義略與此同亦足匡范之失公羊曰未圍齊則其言圍齊何抑齊也曷爲抑齊爲其亟伐也與傳意亦相近

曹伯負芻卒于師閔之也補曰重發例故省傳曰之文

楚公子午帥師伐鄭

十有九年春王正月諸侯盟于祝柯前年同圍齊之諸侯也祝柯齊地補曰注上句本杜預齊不與盟與諸鄭事異也下年盟澶淵始有齊左傳又謂是年十一月齊晉盟于大隧○撰異曰柯公羊作阿

晉人執邾子補曰晉侯稱人者邾有罪

公至自伐齊春秋之義已伐而盟復伐者則以伐致京城北之

類是**盟不復伐者則以會致**會于蕭魚之類是**祝柯之盟盟復伐齊與**怪不以會致補曰常例二事偶亦當以後事致傳不言者伐齊自是大事不嫌當致會故以據京城北蕭魚之例以問**曰非也**不復伐齊補曰下文獨衞伐齊耳士匄還師又不成伐**然則何爲以伐致也曰與人同事或執其君或取其地**同與邾圍齊而晉執其君魯取其地此與盟後復伐無異補曰明以有執君取地之事故雖盟後實不復伐而從盟復伐則以伐致之例乃又合於後事小則以先事致之例也此與柯陵致會適相反彼當致伐而致會此當致會而致伐也疏曰據此傳文事實在邾不關於齊而以伐齊致者以明既盟之後執君取地與盟後復伐無異故託事以見意罪晉執君惡魯取地也劉敞曰脅人之君而制其國介八之威而私其利晉魯之惡甚焉交譏之謝湜曰以義討齊之暴復以不義侵邾之疆以亂繼亂而已黃震曰晉救魯可也動天下之兵以執邾子而取邾田以歸魯不可也未足以服齊也文烝案諸執諸侯稱八以執者較稱爵斥執爲愈其實亦非全與之傳於此見之矣惟晉文執衞侯爲合義則別有善文

取邾田自漷水以漷水爲界補曰此本杜預也哀篇直言漷此加言水者文無所連單言自漷則意未足與梁山相似書禹貢或軓委曲隨漷水言言灃或言灃水史文之常也**軓辭也**取邾田之多補曰疏曰公羊以爲漷水移入邾界魯隨而有之今云軓辭者謂經言自漷水者委曲之辭也一解言取邾田委曲隨漷水爲界之辭言其多也**其不日惡盟也**補曰盟不日者惡之也疏曰謂執君取地文烝案平丘之會曰其日善是盟也與此文相對此於執君取地後追論盟之不日以見惡彼於陳蔡歸國後又追論盟之謹日以明善其意一也惡之則不日猶渝盟不日

季孫宿如晉

葬曹成公

夏衛孫林父帥師伐齊補曰衛之舊君在齊而伐齊非爲舊君也猶衛之亾父在國而圍國非爲亾父也父子之變大矣故別取義君臣之變多矣故爲平文穀梁公羊皆無說焉孰謂二家之學鑿空哉

秋七月辛卯齊侯環卒○撰異曰環公羊作瑗徐彥曰左氏穀梁作環字也

晉士匃帥師侵齊至穀聞齊侯卒乃還還者事未畢之辭也補曰疏曰重發傳者嫌外內異也受命而誅生死無所加其怒不伐喪善之也補曰受君命而誅其人於我無所加其怒生則誅之死則已此正禮也不伐齊喪合禮詳錄之乃以善之善之則何爲未畢也君不尸小事臣不專大名善則稱君過則稱己則民作讓矣補曰坊記子云善則稱君過則稱己則民作忠董仲舒曰春秋君不名惡臣不名善士匃外專君命故非之也補曰專命卽專大名失善則稱君之義故以未畢之辭責之疏曰何休廢疾云君子不求備於一人士匃不伐喪純善矣何以復責其專大功也鄭君釋之曰士匃不伐喪則善矣然於善則稱君禮仍未備故言乃還不言乃復作未畢之辭還者致辭復者反命案如鄭意以乃還爲惡乃復爲善則公子遂至黃乃復又爲惡之者彼以遂違君命而反故加畢事之文欲見臣不專君命與此意少異此既善不伐喪又爲事畢之辭則是純善士匃故以未畢之辭言之文烝案鄭以還爲致辭不可聽還者將至國而未至也乃者亾乎人之辭說見僖三十一年然則

爲士匄者宜柰何宜墠帷而歸命乎介除地爲墠於墠張帷反命於介
介歸告君君命乃還不敢專也補曰聘禮說聘使習儀事云爲壝壇畫階帷其北無宮公孫歸父至檉聞君薨家遣左氏公羊皆言墠帷復命於介劉敞曰止師而請之君曰可而後止不可則復之期可而後止劉以爲未入齊地宜如此至穀入齊地宜還今案至穀入齊地則宜退至晉竟而請焉還者反而在路也卽含斯義

八月丙辰仲孫蔑卒

齊殺其大夫高厚

鄭殺其大夫公子嘉○撰異曰嘉公羊作喜徐彥曰左氏穀梁作公子嘉也

冬葬齊靈公補曰晉士匄不成侵齊之臣子免於危懼故從時葬正例善晉而幸齊也

城西郛補曰杜預曰魯西郭左傳懼齊也

叔孫豹會晉士匄于柯柯地補曰此柯當云衞地

城武城補曰左傳穆叔歸曰齊猶未也不可以不懼乃城武城杜預曰泰山南武城縣案此卽論語子游爲

武城宰得澹臺滅明孟子稱曾子居武城者也又謂之南武城史記仲尼弟子傳曾參南武城人澹臺滅明武城人實一地文有詳略也其後謂之南城田齊世家齊威王曰吾臣有檀子者使守南城則楚人不敢爲冦是也漢書地理志作南成屬東海郡續漢志作南城屬泰山郡至晉志乃復作南武城與杜氏此注同羊祜傳及宋齊隋志仍作南城又與哀十四年傳注同未知何者爲正也武城即南武城亦即南城顧炎武考之甚詳其故城在今沂州府費縣西南八十里石門山下大戴禮盧辯注以曾子爲魯之南武城人子羽爲魯之東武城人不足據史記平原君傳封於東武城非魯地也

二十年春王正月辛亥仲孫速會莒人盟于向向莒邑補曰速蔑之子孟莊子○撰異曰速公羊作遬後同

夏六月庚申公會晉侯齊侯宋公衛侯鄭伯曹伯莒子邾子滕子薛伯杞伯小邾子盟于澶淵澶淵衛地補曰下魯伐邾渝盟非晉意故從書日常例魯渝邾盟太速者皆日此亦從例

秋，公至自會

仲孫速帥師伐邾

蔡殺其大夫公子濕○撰異曰濕又作隰左氏公羊作燮

蔡公子履出奔楚

陳侯之弟光出奔楚○撰異曰光左氏作黃後同案說文灮从火在人上古文作炗黃从炗聲古書灮與廣通又與桄橫通廣橫皆黃聲諸侯之尊弟兄不得以屬通補曰重發傳者奔而稱弟辭同義異故重舉不以屬通之例其弟云者親之也親而奔之惡也顯書弟明其親也親而奔逐之所以惡陳侯補曰疏曰鄭釋廢疾亦云惡陳侯

叔老如齊

冬十月丙辰朔日有食之

季孫宿如宋

二十有一年春王正月公如晉補曰孔廣森曰月者正月也

邾庶其以漆閭丘來奔補曰黃震曰襄如晉而庶其以漆閭丘來昭如晉而牟夷以牟婁防茲來昭在乾侯而黑肱以濫來三叛皆季孫受之爲逋逃淵藪者也呂大圭曰非公命不書自宣成以來書之政在大夫也○撰異曰漆左氏或作洓

以者不以者也凱曰人臣無專祿以邑叛之道補曰疏曰重發傳者此非用兵之以故

來奔者不言出舉其接我者也補曰重發傳者此以地來嫌有異也

漆閭丘不言及小大敵也補曰君子於言無所苟此與昭五年言及者相對也昭五年傳解以解來奔解及又稱莒無大夫重地而目其人此亦應與彼同傳不於此言之者以邾畀我邾快之來奔直奔不以地來亦目而書之故不於此言重地所以容彼二文亦緣邾小於莒盟會皆在莒下言莒無大夫則邾可知也公羊曰邾婁無大夫左傳於莒挐邾庶其莒牟夷邾黑肱皆曰非卿曰賤賈服諸儒解之以爲邾莒無命卿並合傳旨矣若然莒之來奔以重地而目之邾之來奔有地無地皆得目者邾與魯最爲密邇魯視之不與莒同史書事較莒宜詳經皆因其舊也公羊說畀我快之奔曰以近書蓋

謂邾近魯嚴顏舊說未可用也
此叛也說在昭三十一年傳

夏公至自晉

秋晉欒盈出奔楚

九月庚戌朔日有食之

冬十月庚辰朔日有食之 補曰疏曰此年與二十四年皆頻月日食據今厤法無頻食之理但古或有之故漢書高祖本紀亦有頻食文叅案漢書高帝紀三年冬十月甲戌晦日有食之十一月癸卯晦日有食之文帝紀三年冬十月丁酉晦日有食之十一月丁卯晦日有食之五行志同劉炫以來疑此事者多矣求諸日月交會之術則自漢至今諸厤家皆以百七十三日有奇爲限必不得頻月食若謂古篆隸之遞變簡緗紙之迭代傳寫致誤則不應二十四年及漢初其誤不約而同且古書何一非傳寫者亦遁矣若謂如陳侯鮑卒一事兩日而疑以傳疑則又不類夫甲戌己丑史本從赴日有食之乃據所見於經或可兩存於史不容一誤卽或誤視氛珥豈得遂筆諸書又不應似食眞食頻月爲常而襄公及漢初之史同歸誤視且古

之治麻者合朔之差則由乎朔交食之道無容不知史必不以不食爲食而君子脩春秋旣正其朔亦必不於不食之食而不之正也石介曰天道至遠不可得知後世執推步之術案交會之度而求之難矣予以斯言爲信○謂後月之食爲氛珥相侵此王夫之說猶金履祥以尹氏卒爲鄭尹氏卓爾康謂桓公甲戌年正月己丑史偶倒其文皆穿鑿無稽之言也汪曰楨語日食於古爲災變無推算之術故有誤視者愚以爲然漢書天文志以日食爲大變月食星逆爲小變言紀推月食與災彧太白之逆亾異足知麻所可推者害其爲變也逼典載鄭小同議所稱春秋昭三十一年十二月辛亥朔日蝕晉史墨以庚午之日日始有讁自庚午辛亥四十二日日蝕之兆形於前此爲古有明法是至據也小同荅以黃帝顓頊夏殷周魯六麻皆無推日確法但有考課疏密是則沈約宋麻志所謂古六家麻皆蝕國及秦有畤人所造孔穎達書正義所謂員麻遵戰六及秦而亾六麻皆秦漢之際假託者也會子問論諸國旅見天子諸侯相見入門廢禮之事日食居又有侯祭而日食之文是則劉邵所謂聖人垂制一不變豫當者也曾子問又云日有食之不知其已之遲爲數又云廢知其不見星也是又聖人愼重之意雖有其術而弗論亦所謂知其不可知也

曹伯來朝

公會晉侯齊侯宋公衞侯鄭伯曹伯莒子邾子于商任商任

某地補曰當云地闕

左傳曰錮欒氏也

庚子孔子生補曰左氏無此文今本公羊多十有一月四字唐石經以下皆然據陸氏音義知公羊亦無十有一月其有者乃別本之誤也上有十月庚辰朔則庚子者十月二十一日疏曰史記世家云襄公二十二年生者馬遷之言與經典不同者非一也疏又以此文爲傳所錄唐石經穀梁公羊經傳不可分段玉裁曰此要爲作傳者所記非經語馬端臨以爲經非是文烝案傳始本與經別行豈得於小大敵也之下突接此句不爲傳體而爲經體乎又豈得無月有日乎公羊之傳亦不得爾此蓋弟子既受經於聖人退而教授附記於經以標顯一家之制作穀梁子作傳時所據經已有此句公羊之經出於口授即是此本惟左氏別有傳授故其經無此句而獲麟後則有續經三年事也續經終孔某卒稱名恆稱也此附記孔子生稱子貴稱也凡王朝列國之臣自列士大夫以上通以子爲貴稱大夫以上又稱夫子故書雜誥曰予旦以多子越御事士相見禮曰又

自繚共子石祁子始見

叫與稱小子不同

如穀梁子尸子沈子蓋

某也夫子之賤私春秋列國所稱見於內外傳論語曲禮檀弓孟子者皆如此而魯衞齊晉鄭之上下大夫其生既以子連氏其沒則多以子配氏謚孔子以魯司寇而稱子又稱夫子猶此例也孔門弟子面稱其師或曰子或曰夫子其私論之或言自生民以來未有夫子或言未有盛於孔子其追記師言或稱子或稱孔子皆從大夫之貴稱此與聘禮之某子爲他國之大夫之稱鄉飲禮大射禮大射儀之某子爲酬及比耦之稱士相見禮之某子爲述命之稱聘禮記士昏禮特牲禮之某子爲告神之稱并諸稱吾子稱子者皆不同而同也雖論語檀弓稱二三子稱三子者本是君稱羣臣羣臣相稱之辭而師稱羣弟子平敵相稱皆用之又陳亢於伯魚子貢桀溺於子路子路於丈人平敵皆面稱子此等通學士以下並爲例之小變於是七十子以來學者所師皆稱某子學者亦稱某子於是孟子以來專以夫子爲尊敬之稱而平敵以下面稱通曰子幾與爾女無別世遂以子爲男子之通稱而馬融因誤注論語首句矣○何休曰時歲在己卯徐彥曰何氏自有長麻不得以左氏難之王引之曰何氏精於讖緯讖緯多用殷麻甲寅元漢世說春秋獲麟至漢興年數有謂二百七十五歲者後漢虞恭等所謂歲在乙未則漢興元年又上二百七十五歲歲在庚申則孔子獲麟是也有謂百六十二歲

者則後漢馮光陳晃之説也由虞恭等庚申之説上推之七十一歲至襄二十一年歲在己酉據太初元年丙子殷厤以爲甲寅則庚申爲戊戌己酉爲丁亥與此注不合由馮光陳晃獲麟至漢興百六十二歲之説推之漢興元年漢志以爲甲午年殷厤爲壬申上百六十二至獲麟歲在壬子爲庚寅又上七十一歲至襄二十一歲年歲在辛丑則爲己卯故此注曰歲在己卯也孔廣森曰周十月夏八月日在壽星之次與斗柄同位先儒言夫子生時帝車南指此日加午之驗也於今祿命術得己卯癸酉庚子壬午應四極之位文烝謹案孟子曰由文王至於孔子五百有餘歲證以鄭君緯候之學文王以西伯受命入戊午蔀二十九年其明年改元數至魯惠公末年三百六十歲又加以隱元年至此百七十一歲則自文王受命至孔子生凡五百三十一歲也左傳稱禽父事康王而史記魯世家伯禽以下有年數考公四年煬公六年幽公十四年魏公五十年厲公三十七年獻公三十二年眞公三十年武公九年懿公九年伯御十一年孝公二十七年惠公四十六年十二諸侯年表起共和元年以爲即眞公之十五年而武公凡十年劉歆三統厤乃謂伯禽四十六年成王元年命伯禽至春秋三百八十六年其引世家則煬公六十年獻公五十年武公二年此張衡等所謂歆欲以合春秋横斷年

數損夏益周考之表
紀差謬數百者矣

二十有二年春王正月公至自會補曰孔廣森曰月者正月也

夏四月

秋七月辛酉叔老卒

冬公會晉侯齊侯宋公衞侯鄭伯曹伯莒子邾子滕子薛伯杞伯小邾子于沙隨補曰左傳曰復錮欒氏也時欒盈在齊○撰異曰左氏無滕子

公至自會

楚殺其大夫公子追舒

二十有三年春王二月癸酉朔日有食之

三月己巳杞伯匄卒補曰賈逵杜預以爲庶其之黨○撰異曰

夏邾畀我來奔畀公羊作鼻案說文鼻引气自畀也从自

畀

葬杞孝公

陳殺其大夫慶虎及慶寅稱國以殺罪累上也補曰重發傳者無訟君之事而亦有及文嫌異故也及慶寅慶寅累也補曰重發傳者二慶同族嫌又與箕鄭父異也

陳侯之弟光自楚歸于陳光反稱弟言歸無罪明矣補曰不言復者弟者親貴之稱苟有位無絕理

晉欒盈復入于晉入于曲沃曲沃晉地補曰疏曰欒盈先入曲沃後復入晉故云復入也後入曲沃不云復入者兵敗奔曲沃已有復入文故直云入曲沃不再言復入文烝案左傳稱欒盈帥曲沃之甲因魏獻子以晝入絳公羊謂欒盈將入晉晉人不納由乎曲沃而入此疏所據也其實盈由曲沃入晉經但記入晉耳其先之入於曲沃經所不論也以復中國之辭言之者盈帥甲入絳篡大夫位與復其位者同下

殺著弗有之文，非晉復其位可知，故不嫌也。不言自楚自齊者，二國無奉盈潛至喚趙是也。兵敗奔曲沃，直言入于曲沃，不言以叛者，亦以下殺著弗有之文，則叛可知。春秋謹嚴，語無贅設。何休曰：篡大夫位例時。

秋，齊侯伐衛，遂伐晉。

八月，叔孫豹帥師救晉，次于雍渝。雍渝，晉地。補曰：月者，爲下卒日。○撰異曰：陸淳纂例本作雍俞，云左氏作榆，穀梁作渝。案今公羊亦作渝，國語亦同，或作雝俞。**言救後次，非救也。**惡其不遂君命而專止次，故先通君命而後言次，尊君抑臣之義。鄭嗣曰：次，止也。凡先書救而後言次，皆非救也。僖元年齊師、宋師、曹師次于聶北，救邢，此師本欲止聶北遙爲之援，爾隨其本意而書，故先言次而後言救。豹本受君命救晉，中道不能，故先言救而后言次，若鄭伯未見諸侯而曰如會，致其本意。補曰：非救重發傳者，聶北先言次，此後言次，嫌異也。鄭嗣以聶北爲本欲遙爲之援，又以此文亦爲遂其意，皆非也。公羊曰：曷爲先言救而後言次？先通君命也。此解最明白。此文本當從莊三年次郎、三十年次成之例，特以郎、成是君將，故直言次而不言救，明不得與聶北遂其意者同。此是臣將，臣受命救晉而不能救，不可以其不能救而廢所受之命故先言救以明公命後言次以明豹之不能救也傳於聶北既言非救又言遂齊侯之意此直言非救不言遂其意明與公羊義同也曹伯襄之言復傳曰逼王命公孫敖之言如言復傳曰不廢君命不專君命公子遂之言復傳曰不專公命彼數傳屢言之則此可知也何休曰惡其不遂君命而專止次故先逼君命言救范注本之救爲逼君命則次爲惡豹自明

己卯仲孫速卒

冬十月乙亥臧孫紇出奔邾 補曰紇許之子臧武仲左氏二十二年傳臧武仲如晉服虔曰武仲非卿故不書然則書奔不必皆卿也非卿書氏者紇本有氏而史書臧孫非例所卒則書氏無所嫌故仍史文也

其曰正臧孫紇之出也 正其有罪

遽伯玉曰 補曰遽伯玉衛大夫名瑗謚成子當夫子脩春秋時年近百歲論語記其使人來蔡邕所謂遽瑗保生也

不以道事其君者其出乎 必不見容補曰臧武仲不善處季孟之閒至於出奔故伯玉爲推本之論以爲武仲不能以道事君斯其所以出乎左傳載仲尼曰知之難也有臧武仲之知而不容於魯國抑有由也作不

順而施不恕也夫子論其事伯玉論其理皆以武仲之知一時推重至目之爲聖人故聖賢互有評論也論語又曰臧武仲以防求爲後於魯雖曰不要君吾不信也則又論其奔後事也或謂伯玉平日汎論不指武仲如禮器引君子之人達耳此殆不然案論語稱所謂大臣者以道事君不可則止言止則有去國之義故夫子嘗去魯矣伯玉亦再從近關出矣專之去則合乎春秋矣出奔亦何害於道哉

晉人殺欒盈惡之弗有也不言殺其大夫是不有之以爲大夫補曰經惡之爲弗有辭也稱人者衆辭例

齊侯襲莒輕行掩其不備曰襲補曰左傳例輕曰襲傳稱齊侯還自晉不入遂襲莒孔穎達曰經不言遂者閒有他事故也僖六年遂救許二十八年遂圍許亦閒有他事而言遂者公皆親在事不待告故遠承上事言遂此書齊事雖告稱遂襲莒亦不可書遂爲閒有數事與前文隔絕故也文烝案隔絕既多又伐晉已言遂不可復書遂也

二十有四年春叔孫豹如晉

仲孫羯帥師侵齊補曰羯速之子孟孝伯○撰異曰羯公羊作偈又作禍亦或作羯後同

夏楚子伐吳

秋七月甲子朔日有食之既

齊崔杼帥師伐莒

大水補曰案大水例時此及上伐皆不蒙月也水災成於七月故在七月下八月上以此知夏秋書大水者不必四月至六月七月至九月矣若大旱則必至六月九月雩不得雨而後書與水異也

八月癸巳朔日有食之

公會晉侯宋公衞侯鄭伯曹伯莒子邾子滕子薛伯杞伯小邾子于夷儀補曰夷儀衞地左傳曰將以伐齊水不克許翰曰知水災非特魯也○撰異曰夷公羊作陳後同徐彥曰左氏與穀梁作夷儀

冬楚子蔡侯陳侯許男伐鄭

公至自會

陳鍼宜咎出奔楚○撰異曰鍼公羊作咸亦或作鍼唐石經作鍼

叔孫豹如京師補曰左傳曰齊人城郟穆叔如周聘且賀城齊城郟者國語云穀雒鬬將毀王宮是城之由也益此年水患特甚

大饑補曰大饑由七月大水

五穀不升爲大饑升成也補曰明此大饑之文與有年大有年相反卽莊二十八年之大無麥禾也彼有諱文耳一穀不升謂之嗛嗛不足貌補曰韓詩外傳作歉廣雅作歉文選注引劉兆注曰慊不足也二穀不升謂之饑三穀不升謂之饉補曰爾雅毛詩傳並云穀不熟爲饑蔬不熟爲饉蔬不熟者旣無穀又無蔬也雖與此異亦謂饉深於饑四穀不升謂之康康虛補曰廣雅作歉韓詩外傳作荒爾雅云果不熟爲荒亦謂轉益深管子有比歲歉比歲飢比歲荒之語五穀不升謂之大侵侵傷補曰疏曰大侵者大饑之異名也文烝案傳首一語正解本文已足復舉一穀以上次第言之嗛則公羊所云一災不書以其

不足書也饉與康甚於饑而愈於大饑經以饑包之非不書也傳以經書凶年之事終於此故明其統例何休云有有死傷曰大饑無死傷曰饑義得兼通疏引徐邈云有死者曰大饑無死者曰大饑則不足據也墨子不升並作不收其名饉也旱也凶也餽也饑也交更乖異旱不得爲一名饉不得淺於饑

大侵之禮

補曰此下於經外記舊典

君食不兼味

補曰君謂天子諸侯也曲禮曰歲凶年穀不登君膳不祭肺鄭君曰禮食殺牲則祭先有虞氏以首夏后氏以心殷人以肝周人以肺不祭肺則不殺也天子食日少牢朔月大牢諸侯食日特牲朔月少牢白虎通曰一穀不升徹鶉鷃二穀不升徹鳧鴈三穀不升徹雉兔四穀不升損囿獸五穀不升不備三牲

臺榭不塗

塗塈飾補曰爾雅闍者謂之臺李巡曰積土爲之有木者謂之榭李曰臺上有屋此榭與堂堭不同韓外傳塗作飾

弛侯

弛廢也侯射侯也廢侯不燕射補曰疏曰注獨舉燕射其實大射賓射亦不行也或以爲燕射一侯禮最省故舉之以明餘者亦不爲耳案韓外傳無此句

廷道不除

廷內道路不脩除補曰韓外傳廷道作道路曲禮曰馳道不除鄭君曰除治也不治道爲妨民取蔬食也

百官布而不制

官職脩列不可闕廢不更有造作補曰韓外傳布作補

鬼

神禱而不祀周書曰大荒有禱無祀補曰韓外傳祀作祠曲禮曰祭事不縣雜記孔子曰凶年祀以下牲此皆禱禮通名爲祭祀耳注所引羅匡文祀今作祭此大侵之禮也補曰毛詩傳曰歲凶年穀不登則趣馬不秣師氏弛其兵馳道不除祭祀不縣膳夫徹膳左右布而不脩大夫不食粱士不飲酒不樂賈子曰歲凶穀不登臺扉不塗榭徹干侯馬不食穀馳道不除食減膳饗祭有闕二文與傳及曲禮韓詩外傳皆略同

二十有五年春齊崔杼帥師伐我北鄙

夏五月乙亥齊崔杼弒其君光補曰齊莊公莊公失言淫于崔氏放言將淫崔氏爲此見弒也邵曰淫過也言莊公言語失漏有過於崔子而崔子弒之故傳載其致弒之由以明崔杼之罪甚補曰邵所云有過猶言得罪也案左傳崔杼娶東郭姜莊公通焉驟如崔氏以崔子之冠賜人曰不爲崔子其無冠乎注前說據通姜事邵說據賜冠事其實當兼取爲說失言於崔杼一事也淫通崔杼之妻又一事也傳以莊之無道經歷書之惟此兩事其惡未著故特發傳成十七年論之詳矣莊不從甚惡

例稱國者禍不從殺大夫而起非莒吳薛夷狄小國則治大夫者從詳

公會晉侯宋公衛侯鄭伯曹伯莒子邾子滕子薛伯杞伯小邾子于夷儀補曰案左傳曰伐齊以報朝歌之役齊人以莊公說使隰鉏請成慶封如師男女以班賂晉侯以宗器樂器晉侯許之此與文十五年盟扈相似不從散辭之例略之者初為會時但謀報怨未聞弒君事實與扈盟不同故從常文也至於既聞弒後不能討賊晉與諸侯之罪固無可辭但此等之義文外自見文中所未暇論晉本非以討賊徵會則無為於會而譏之故會夷儀以報怨不譏不討齊會澶淵以救災不譏不討蔡會郭以尋盟不譏不討莒皆以弒事與會事本不相涉得與常會一盟例也澶淵以善事而有變文加文明其若非善事則與夷儀郭同也文十五年盟扈則本以討齊出十七年會扈則定宋新君於伐後其伐亦本以討宋出故皆略之為散辭桓二年會稷則又直為成宋亂出故深誅其心加言以成宋亂也程端學嘗曰春秋者即此事而論此事之義者也未嘗因此事而論他事之善惡也此言大概是也此不書伐齊者杜預曰齊人逆服兵不加杜是也或又以言伐則嫌予晉討賊故沒其文也

六月壬子，鄭公孫舍之帥師入陳

秋八月己巳，諸侯同盟于重丘會夷儀之諸侯也重丘齊地補曰此本杜預杜以爲齊亦同盟孔穎達引二十八年傳齊陳文子曰重丘之盟未可忘也文烝案上既不言伐齊則此并沒之矣

公至自會

衛侯入于夷儀夷儀本邢地衛滅邢而爲衛邑補曰此本杜預也孔穎達曰邢遷于夷儀衛滅邢還名夷儀文烝案十六年以來書衛侯皆爲剽此則衎也從其故稱而書入則無所嫌不名者後復歸名故此略之未得國都故不言復也此事蒙上月與入櫟同

楚屈建帥師滅舒鳩補曰此在時例徐取舒楚滅舒鄝舒庸舒鳩皆偃姓夷國

冬，鄭公孫夏帥師伐陳補曰此亦一歲再伐與成三年伐許同彼既狄之故此從平文矣若齊之侵伐我則一從平文內伐亦然○撰異曰夏公羊作蠆徐彥曰公孫蠆云云亦有一本作公孫蠆字者

十有二月，吳子謁伐楚，門于巢，卒補曰吳諸樊也○撰異曰謁左氏作遏徐彥公

羊疏曰吳子過者亦有一本作謁字者**以伐楚之事門于巢卒也**所以攻巢之門者爲其伐楚之事故也然則伐楚經巢補曰攻門曰門**于巢者外乎楚也**若但言伐楚卒而不言于巢者則卒在楚也言于巢則不在楚**門于巢乃伐楚也**先攻巢然后楚乃可得伐補曰疏曰舊解巢楚竟上之小國有表裏之援故先攻之然後楚可得伐或以爲楚邑非也徐邈亦云巢偃姓之國是也文烝案巢即文十二年楚所圍者**諸侯不生名取卒之名加之伐楚之上者見以伐楚卒也**補曰明由伐楚至死**其見以伐楚卒何也**據伐楚惡事無緣致本意補曰此非致其志注非也問此者疑伐楚亦不至死**古者大國過小邑**補曰謂以師過狀若侵伐者**小邑必飾城而請罪禮也**飾城者脩守備請罪問所以爲闕致師之意補曰飾城請罪則無攻門之事**吳子謁伐楚至巢入其門**補曰左傳曰門焉公羊曰入門乎巢皆謂攻之公羊又申之曰入巢之門則謂攻入之傳意亦同也言巢不飾城請罪**門人射吳子有矢創反舍而卒**補曰舍止息之處是所謂以伐

楚卒蘇轍曰言卒不言滅者死而非獲也卽左傳杜預說古者雖有文事必有武備補曰言古者諸侯相見軍衞不徹況以伐楚之事攻巢之門本非文事可無備乎君親爲飛矢所中是其無備明矣非巢之不飾城而請罪非吳子之自輕也非責補曰自輕謂攻門無備也經意責巢尤責吳子

二十有六年春王二月辛卯衞甯喜弒其君剽補曰史記謂之殤公漢書古今人表有衞殤公猋剽猋猋聲相近作猋者誤此不正補曰疏曰剽元年稱公孫知不正其曰何也殖也立之喜也君之正也父立以爲君則子宜君之以明正也補曰此解書曰義非解君字里克殺卓亦曰弒君明不必父之所立始當奉以爲君但父立而奉爲君者雖不正亦正故不去曰別於凡弒不正者君臣之義父子之道備矣劉歆言微言大義而程子曰春秋大義數十炳如日星乃易見也唯其微辭隱義時措從宜者爲難知也今案此條稱君爲大義書曰爲微文下二條書叛爲大義書曰又爲微文非傳何以知之

衞孫林父入于戚以叛 補曰非自外入無所謂復也以者言叛者皆據有邑土猶後世之言反以者也義在昭二十一年傳凡又與潰略同公羊曰潰者何下叛上也國曰潰邑曰叛是也此處無傳不言叛直叛者非直叛也左傳曰以戚如晉是以戚出奔晉胡銓曰書叛者叛衎也書弒君者君剽也春秋原情定罪故兩君之也張自超曰書叛於剽甫弒衎未歸之閒則林父向日逐君之罪并著何休曰叛時例

甲午衞侯衎復歸于衞○撰異曰衎本亦作衎 **日歸見知弒也** 書喜弒君衎可言歸衎實與弒故錄日以見之書日所以知其與弒者言辛卯弒君甲午便歸是待弒而入故得速也補曰王符潛夫論曰春秋之義責知誅率此類是也此傳及上王傳專發日義聖門相承說也舊史大國君奔歸入者皆上書日日左氏載續經哀十六年春王正月己卯衞世子蒯聵自戚入于衞亦其類也疏曰傳例歸爲善復歸則居其兩端今喜旣弒君衎可言歸但以與弒故從平文云復歸書名因以見惡耳不言入以明歸罪於甯喜也文烝案左傳曰甲午衞侯入疑舊史本言入春秋改言復歸者與突歸于鄭同義歸者易辭彼則祭仲易其

事此則甯喜易其事也但突歸之非善辭易明衛侯衎之復歸則嫌與善辭相亂無以見其知弑故與出奔皆仍史文存日所以明其非善也彼言歸而此言復歸者突本未有國衛侯則舊有國也書衎者失國常文也疏多誤解引善辭之例是一誤謂復歸小劣於歸乃同公羊是二誤專以書名為見惡而不知謹日為正義違戾本傳是三誤

夏晉侯使荀吳來聘

公會晉人鄭良霄宋人曹人于澶淵補曰依左傳晉人者趙武也宋人者向戌也公不會大夫經例宜稱人以會鄭良霄獨仍舊史稱名氏者明欲為異文特顯之序向戌上者蓋時以其先至於會進班在上左傳以為向戌後至也又或謂宋人非卿非卿故稱人序鄭下此說與蜀盟齊人同亦可通也不致者時晉助孫氏以討衛本是惡事又外皆無君故沒至文與翟泉蜀之盟同

秋宋公殺其世子座○撰異曰座左氏公羊作痤程端學曰公羊作座案今公羊不作座呂本中曰穀作座程蓋誤

晉人執衛甯喜補曰左傳曰於是衛侯會之晉人執甯喜北宮遺使女齊以先歸公羊曰不以其罪執之

八月壬午許男甯卒于楚宣九年九月辛酉晉侯黑臀卒于扈傳曰其日未踰竟也此乃在楚何以日邪隱三年八月庚辰宋公和卒傳曰日卒正也許男卒于楚則在外已顯日卒明其正補曰此因朝于楚而卒也疏曰案薄氏駁云此自發例於大國不關於小國其小國或詳或略許男書日未必正也范荅云春秋稱世子固有非正周之襄王晉之恭子曹伯射姑亦是其例玃且之卒連於日食之下何以知其不日然則范之此荅據何文得知又周之襄王與恭子何以爲別又薄氏之駁不問射姑而范荅採意太過者案左氏襄王是惠后之子明襄王是嫡也故文八年書八月戊申天王崩恭世子是獻公烝父妾而生僖五年被殺不日故知雖世子仍非嫡也薄氏之意見射姑稱世子而卒不書日故駁云發例於大國小國自從詳略故范以射姑非正荅之據陳侯款僖七年寧毋之會亦言世子至僖二十八年書卒之上亦不日明稱世子亦有非正也捷菑既貶則玃且是正故知玃且之卒蒙上日食之文可知襄王正恭子不正而亦引以爲例者欲明襄

王正而稱世子申生不正亦稱世子據此言之明有不正而稱世子者文烝案申生款稱世子皆正也申生自在殺例款當在惡之之例惟射姑似非正

冬楚子蔡侯陳侯伐鄭

葬許靈公

二十有七年春齊侯使慶封來聘

夏叔孫豹會晉趙武楚屈建蔡公孫歸生衛石惡陳孔奐鄭良霄許人曹人于宋 補曰晉楚弭兵會盟之善者義在後傳杜預曰案傳會者十四國齊秦不交相見邾滕爲私屬皆不與盟宋爲主人地於宋則與盟可知故經唯序九國大夫楚先晉歃而書先晉貴信也陳於晉會常在衛上孔奐非上卿故在石惡下孔穎達曰爲盟而爲此會故不盟者會亦不序文烝案晉先楚者史文之常不論其信否君子仍史之舊○撰異曰奐公羊作瑗

衞殺其大夫甯喜稱國以殺罪累上也 補曰重發傳者與里克同與元咺陽

處父等不同將發其義故備其文甯喜弑君其以累上之辭言之何也嘗爲大夫與之涉公事矣鄭嗣曰若獻公以喜有弑君之罪而殺之則不宜既入以爲大夫而復殺之明以他故補曰疏曰徐邈云涉猶歷也文烝案公事公家事也此亦所謂殺之不以其罪甯喜由君弑君而不以弑君之罪罪之者惡獻公也獻公卽衎也鄭嗣曰書甯喜弑其君則喜之罪不嫌不明今若不言喜之無罪而死則獻公之惡不彰補曰由君弑君謂由衎弑剽

衛侯之弟專出奔晉。撰異曰專左氏公羊作鱄專喜之徒也專之爲喜之徒何也已雖急納其兄與人之臣謀弑其君是亦弑君者也補曰故曰喜之徒專其曰弟何也據稱弟則無罪專有是信者補曰言專之奔乃有信者也故稱弟君賂不入乎喜而殺喜是君不直乎喜也故出奔晉言君本使專與喜爲約納君許以寵賂今反殺之獻公使專失信故稱弟見獻公之惡也補曰直亦信也古書於尾生直躬或稱直或稱信是信直同義也專承君命以賂約喜君賂不入而反殺之是君使專失信乎喜故出奔晉也三句申上專有是信之意范注未二句似是而非**織絇邯鄲**補曰邯鄲晉地疏引麋信云絇者著屨舄之頭即儀禮絇繶純是也文烝案鄭君曰絇之言拘也以為行戒狀如刀衣鼻在屨頭郝懿行曰織絲為之**終身不言衛**恥失信補曰二句弁言其奔後事以足文意**專之去合乎春秋**何休曰甯喜本弑君之家獻公過而殺之小負也專以君之小負自絕非大義也何以合乎春秋鄭君釋之曰甯喜雖弑君之家本專與約納獻公爾公由喜得入已與喜以君臣從事矣春秋撥亂重盟約今獻公背之而殺忠于己者是獻公惡而難親也獻公既惡而難親專又與喜為黨懼禍將及君子見幾而作不俟終日微子去紂孔子以為三仁專之去備其心若此合于春秋不亦宜乎補曰案上言專以守信而奔故得稱弟正解經文已畢此又言其去國之深得事宜合乎春秋之義也專雖守信終為喜徒嫌其雖著弟文不得以去為善故明專之去實是善也但較叔肸則不如之故一兼稱字一直稱名一云取貴一云台也鄭君比之微子李廉以為過美而其說大概近是宣十七年疏云專之去使君無

殺臣之惡兄無害弟之慾斯言不易矣陳光出奔傳曰其弟云者親之也親而奔之惡也此不言者言專有信言專合乎春秋則舉親以惡甯侯可知上傳已云惡獻公故此不言也

秋七月辛巳豹及諸侯之大夫盟于宋補曰左傳曰盟于宋西門之外**溴梁之會諸侯在而不曰諸侯之大夫大夫不臣也晉趙武恥之**補曰疏曰趙武恥大夫不臣**豹云者恭也**不舉氏姓補曰從大夫書至由上見挈之例明其恭於君**諸侯不在而曰諸侯之大夫大夫臣也**補曰若不曰欲爲大夫臣之辭則當不言諸侯而不出豹凡春秋之義多以兩文相對而見傳合溴梁言之特顯此意**其臣恭也**補曰當云臣且恭省一且字耳溴梁不臣不復論其恭不恭**晉趙武爲之會也**補曰之會是會也是會主於弭兵趙武實倡其議臣恭之美職是之故觀後會澶淵傳見此傳言外不盡之意朱子之說大學所謂咏歎淫液其味深長者也案左傳宋向戌欲弭諸侯之兵以爲名而前二十五年趙文子語穆叔先有此意足與傳相證也葉夢得謂穀梁知其義而不知其事未爲善讀傳者又謂左氏得其事

而不盡其義公羊既不知事又不知義則皆信也趙鵬飛曰夷夏交歡諸侯用寧其功大矣不可謂權出大夫而卑之也權正不並用仁義不兩立權足以濟時君子捨其正仁足以安天下君子不責其義文烝案書及者以內及外之文不嫌是內爲志者上言會明晉爲主可知○國語曰是行也以藩爲軍攀輦即利而舍候遮扞衞不行韋昭曰藩籬落也言不設壘壁攀引也輦車也即就也言人引車就水草便利之地而舍之候候望遮遮罔晝則候遮夜則扞衞謂羅闉狗附也張羅闉去壘五十步而陳周軍之前後左右彍弩注矢以誰何謂之羅闉又二十人爲曹輩去壘三百步畜犬其中或視前後左右謂之狗附皆昏而設明而罷候遮二十人居狗附處以視聽候望明而設昏而罷不行者不設之文烝案晉語記此以明晉之有信楚不敢謀蓋亦齊桓不以兵車之意又可見他會盟之大槩

冬十有二月乙亥朔日有食之

二十有八年春無冰補曰何休曰豹羯爲政之所致

夏衞石惡出奔晉

邾子來朝

秋八月大雩

仲孫羯如晉

冬齊慶封來奔

十有一月公如楚補曰何休曰如楚皆月者危公朝夷狄也

十有二月甲寅天王崩靈王補曰史記名泄心簡王子泄葢當作世世故國語注作大心猶樂大心作樂世心彼世亦或作泄也案左傳記葬靈王在下年五月公至後傳言鄭上卿有事使印段如周又昭三十年傳鄭游吉對晉人曰靈王之喪我先君簡公在楚我先大夫印段實往僘邑之少卿也是時鄭有卿往會葬則魯亦必有會者魯既會葬則知傳及公羊謂以不志葬爲正者信矣公孫敖弔喪若不奔莒或當不書毛詩序稱季孫行父請命于周在僖公時左傳成二年稱臧宣叔如晉乞師而經無行父如京師許如晉之文似卿出竟亦或有不書者以此知平桓惠定靈五王之葬雖有卿往亦不得以不書爲疑也至五王之獨得以

不志葬示義者傳無明文以其時考之平桓之崩則春秋之初也惠之崩則齊霸之盛也定之崩則春秋之中也靈之崩則夷夏之弭兵也不志葬之義獨在五王其以此歟

乙未楚子昭卒補曰楚康王也史記論衡康王名作招字何休曰乙未與甲寅相去四十二日蓋閏月也文烝案下年五月有庚午左傳有二月癸卯若此有閏則不得合故陳厚耀顧棟高皆疑之今姑從何氏

二十有九年春王正月公在楚閔公也閔公爲楚所制故存錄補曰傳例曰存公故也在昭三十年傳公羊曰正月以存君也何休曰正月歲終而復始臣子喜其君父與歲終而復始執贊存存之故言在在晉不書在楚書者惡襄公久在夷狄爲臣子危録之疏以爲成襄昭適晉並踰年不言在親倚之情比之國内孫復曰公在中國猶可在夷狄則甚矣文烝案左傳公於是有親禭之事四月又有送葬之事陳侯鄭伯許男皆與焉

夏五月公至自楚補曰案至自楚亦皆月亦危之又皆危其久此往月致月有懼之例**喜之也**凱曰遠之蠻國喜得全歸**致君者殆其往而喜其反**殆危**此致君之**

意義也補曰疏曰於此發之者以公遠之荊蠻故傳特發之明中國亦同也

庚午衛侯衎卒

閽弒吳子餘祭補曰卽戴吳也不日者卒例也吳與莒弒各二皆不日其例皆同○撰異曰弒左氏音義作殺申志反

閽門者也寺人也補曰門者守門者也易說卦傳曰民爲閽寺疏曰以主門晨昏開閉謂之閽以是奄豎之屬故又謂之寺人也文烝案祭統曰閽者守門之賤者也古者不使刑人守門鄭君曰古者謂夏殷時明周制守門以刑人音義曰寺本又作侍

不稱名姓閽不得齊於人補曰疏曰人稟二儀之氣須五常之性備然後爲人閽者虧形絶嗣無陰陽之會故不復齊於人也

不稱其君閽不得君其君也補曰何休曰不言其君者公家不畜士庶不友放之遠地欲去聽所之故不繫國不繫國故不言其君

禮君不使無恥無恥不知臧否

不近刑人補曰公羊同曲禮曰刑人不在君側

不狎敵不邇怨補曰疏曰言爲人君之道外不得狎敵內不得近怨何者吳謁以狎敵蒙禍餘祭以邇怨害身故不可狎敵邇怨也文烝案傳意重在不

近刑人不邇怨**賤人非所貴也**補曰疏曰卑賤之人無高德者不可獘貴**貴人非所刑也**補曰曲禮曰刑不上大夫鄭君曰不與賢者犯法其犯法則在八議輕重不在刑書**刑人非所近也**補曰公羊曰近刑人則輕死之道鄭君曲禮注曰爲怨恨爲害也**舉至賤而加之吳子吳子近刑人也**補曰疏曰謂經舉而加之譏其近刑人也文烝案不近則何由得弒故知吳子近之劉賁對策曰春秋譏其疏遠賢士昵近刑人是也**閽弒吳子餘祭仇之也**怨仇餘祭故弒之補曰疏曰范以國君不仇匹夫犯罪則誅之故知是閽怨文烝案此言吳子邇怨也近刑人與邇怨一也

仲孫羯會晉荀盈齊高止宋華定衞世叔儀鄭公孫段曹人莒人邾人滕人薛人小邾人城杞補曰據左傳公孫段於亘胥死後乃命爲卿此不言鄭人又不直言鄭段明是特顯之杜預曰蕰以攝卿行或未然也昭元年左傳言城湻于明非緣陵故都蕰遷而後城之故直言城杞也不言遷者略之也杜預謂湻于本州國都州公亾國杞幷之〇撰異

曰儀公羊作齊徐彦曰左氏經作大叔儀段玉裁曰今左經作世叔儀昭三十二年有世叔申哀十一年有世叔齊則此作世叔無疑左傳乃皆作大叔耳齊者儀之會孫申之子公羊誤也左氏無郳人**古者天子封諸侯其地足以容其民**補曰地謂四竟之内王制曰量地以制邑度地以居民地邑民居必參相得也鄭君曰得猶足也**其民足以滿城**補曰城謂都城始封必城其國都**以自守也**補曰言守明宜稍稍補完之**杞危而不能自守**補曰謂時遷國湣于脩其城而有所益亦自守之事杞不能也**故諸侯之大夫相帥以城之此變之正也**諸侯微弱政由大夫大夫能同恤災危故曰變之正補曰盟首戴時政在諸侯故變之正指諸侯城杞時政在大夫故變之正又指大夫觀傳所言知春秋之義因時而殊矣左傳曰晉平公杞出也故治杞

晉侯使士鞅來聘

杞子來盟杞復稱子蓋時王所黜

吳子使札來聘

杜預曰吳子餘祭既遣札聘上國而後死札以六月到魯未聞喪也不稱公子其禮未同於上國補曰杜以爲不蒙上月據左傳閽弑在五月城杞在六月也然則以聘例書時上明矣高澍然申杜曰以書來據已至魯言書使據在彼國言也賈逵服虔皆以爲夷末新即位使來通聘據與杜異杜謂禮未同上國故不稱公子非也此與楚萩秦術並是夷狄得有大夫之文非有異例傳所云成尊於上也稱吳子與楚秦義異稱札與楚秦義同

吳其稱子何也善使延陵季子故進之也

補曰檀弓孔子曰延陵季子吳之習於禮者也吳所使得其人故進稱子家鉉翁曰荊人來聘楚人使宜申來獻捷春秋皆從君臣同辭之例久而後書楚子使萩君臣俱見今吳使始至書君書大夫爲其能使賢故貴之家氏說是此聘與術相當不若非善其所使當書吳人來是聘也秦伯使術楚子使萩不爲善所使者秦稱伯自常文楚於文公時本進稱子故與此異也如傳說吳子即實夷末此子必非喪稱當與齊頃公同例矣札者壽夢之少子其長子諸樊次戴吳次句餘次札故曰季子謂之延陵季子者公羊以爲季子讓國於闔廬去之延陵史記曰季札封於延陵故號曰延陵季子左傳載札讓國事在諸樊時稱之爲延州來季子鄭君以爲延陵

即延州來服虔以爲延者延陵州來邑名季子讓王位居延陵爲大夫食邑州來杜預曰延州來季札邑又曰本封延陵後復封州來釋例又以延州來三字共爲一邑不知其處司馬貞疑釋例誤也**身賢賢也使賢亦賢也**補曰能使賢則亦賢矣故有可進之理所謂欲知其君視其所使**延陵季子之賢尊君也**以季札之賢吳子得進稱子是尊君也補曰又緣札之賢有尊君之心故如其意而進稱子此別爲一義**其名成尊於上也**春秋賢者不名而札名者許夷狄者不一而足唯成吳之尊稱直稱吳則不得有大夫補曰疏曰上謂君上文吳柔案傳言略名札者爲欲成吳子之尊稱略名之取足稱使耳札自從萩術之例無爲再進稱氏也范用公羊未得其解○公羊謂季子讓國故賢之獨孤及譏其以讓階禍劉絢胡安國張洽遂謂春秋貶之皆非經義

秋七月葬衛獻公補曰不如成公去葬者剽弒而入前有明文故○撰異曰左氏公羊作秋九月

齊高止出奔北燕其曰北燕從史文也南燕姞姓在鄭衞之間北燕姬姓在晉之北史曰北燕據時然故不改也傳所言解時但有言燕者補曰疏曰傳言從史文者明時有直言燕者而

仲尼從史文也文烝案經例國名皆從主人此書齊事則齊爲主人但當時齊之稱燕實直稱燕不稱北燕經以北燕書不在名從主人之例乃在從史文之例故傳特明之也史所以書北燕者蓋別於南燕之直言燕或以詳録加北無義例左氏載續經哀十五年齊高無不出奔北燕是北燕從史文之證也名從主人亦是史文既有從主人之義不須言從史文故於不從主人者言之也孟子論春秋曰其文則史傳曰從史文語意相似明穀梁子與孟子其學同出聖門也傳之釋經皆直述所受於師語北燕從史文聖門相承之說如此公羊經師習聞其說而不得其解遂於齊高偃納北燕伯之傳謬爲怪說以說附合夫子信史之言此其展轉失眞最爲乖剌而劉知幾遂肆筆議經矣

冬仲孫羯如晉

三十年春王正月楚子使薳罷來聘聘例時此聘月之何也泰曰桓二年宋督弒其君與夷傳曰書王以正與夷之卒然則義有所明皆須王以正之書王必上繫於春下統于月此書王以治蔡般弒父之罪爾非以録薳罷之聘補曰泰說稱王最得之以弒與夷爲比則小誤也稱王治魯桓足知諸

弑君者並準此義無須一一備文與夷之弑特以其爲春月第一事故耳至於弑父自立尤爲莫大之變應須復顯王文故特存王月於聘以表斯旨孟子曰世衰道微子弑其父者有之春秋天子之事成春秋而賊子懼此之謂也因此又知舊史於諸聘或皆具月矣楚商臣弑父其年本有王月許止書弑而無王月明其實不弑臣所以別之○撰異曰罷公羊作頗一作跛後同

夏四月蔡世子般弑其君固補曰固之被弑爲其淫而不父○撰異曰般本或作班左氏亦同

其不日子奪父政是謂夷之比之夷狄故不日也丁未楚世子商臣弑其君傳曰日髡之卒所以謹商臣之弑也楚公子比弑其君傳曰不日比不弑般弑不日而曰夷之何也徐乾曰凡中國君正卒皆書日以錄之夷狄君卒皆不日以略之所以別中國與夷狄夷狄弑君而日者閔其爲惡之甚謹而錄之中國君卒例日不以弑與不弑也至于卒而不日者乃所以略之與夷狄同例補曰夷之者孟子稱父子相夷趙岐注載一說釋爲夷狄是當時常語也疏引鄭君釋廢疾曰商臣弑父日之嫌夷狄無禮罪輕也今蔡中國而又弑父故不日之若夷狄不足責然公羊云若不疾乃疾之推以況此則無怪然文烝案鄭

說卽徐注所本於理可通今思之楚世子商臣與公子比兩文相對爲義商臣弑日則爲謹之比弑不日則不弑也蔡世子般與許世子止兩文相對爲義般弑不日則爲夷之止弑日則不弑也其義互相易

五月甲午宋災伯姬卒補曰此災董仲舒何休以爲伯姬守節憂傷之所生案齊災以甚志則書大災左傳曰宋大災經不書大者下有伯姬卒則大可知故省文也服虔曰不書大非災大及人伯姬坐而待之耳非也○撰異曰左氏作宋伯姬陸湻曰衍文也**取卒之日加之災上者見以災卒也**補曰明死災也疏曰外災例時今因伯姬災卒進日在上**其見以災卒柰何**補曰疑君母不宜死災**伯姬之舍失火**補曰夜失火**左右曰夫人少辟火乎伯姬曰婦人之義傅母不在宵不下堂**宵夜補曰傅母蓋所以傳相其德行漢書音義曰婦人年五十無子者爲傅**左右又曰夫人少辟火乎**補曰固請**伯姬曰婦人之義保母不在宵不下堂**補曰保母蓋所以保安其身體古者后夫人有傳姆則保保母卽姆也鄭君昏禮注曰姆者婦人年五十無子出而不復嫁能以

婦道教人者也案傳母保母皆女未嫁時所置女嫁隨女同行伯姬時年六十左右傳母保母當已九十左右皆未必存何休說公羊婦人夜出句爲有事宗廟亦與避火無涉然則伯姬言此者蓋自以身爲寡婦昏夜之時不欲下堂出門又不欲明言其故因時傳母保母皆已前沒故假廟中之禮以拒左右推其心則胡瑗孫覺謂之婦人之伯夷劉敞以爲求仁得仁者也論其理則卽程子所謂餓死事極小失節事極大者也左傳說此事以爲待姆公羊以爲傳至母未至當皆傳聞之誤所謂道聽涂說者歟公羊之傳卽傳母也公羊之母卽左傳姆字卽保母也何休注誤

遂逮乎火而死補曰卒不下堂是所謂以災卒也

婦人以貞爲行者也補曰劉向列女傳宋鮑女宗曰婦人一以專一爲貞班昭女誡引女憲曰得意一人是謂永畢失意一人是謂永訖

伯姬之婦道盡矣補曰疏曰共公卒雖日久伯姬能守夫在之貞故曰婦道盡文烝案伯姬遇災猶能守義卒時有貞行可知矣行貞則婦道盡○子妻沈印齡論此傳曰婦人雖無外事然亦有百行雖有百行而貞爲之本故列女傳有母儀賢明仁智貞順節義辯通六目而道則盡於貞矣以敬姜之賢也聖人直曰季氏之婦不淫矣亦此義也子甚善是言謂能通穀梁國語列女傳

詩箋之意夫自劉向作傳孳孿外分六目後漢書因有列女之篇其序云但搜次才行尤高秀者不必專在一操史體固應爾要其立言爲有弊矣**詳其事賢伯姬也**補曰詳者謂以卒日加災上也賢其死正以賢其平時孫覺曰伯夷之賢不見稱於孔子則西山之餓夫耳共姬之行不見列於春秋則宋國之愚婦耳爲伯夷共姬又何恨哉亦信其志而已矣

天王殺其弟佞夫補曰王弟亦王子故名也爲大夫則字王季子是也大夫雖殺亦字召伯毛伯是也○撰異曰佞公羊作年案年與佞聲近佞仁聲秊从禾千聲說文仁古文作忎亦千聲千古讀若仁也又說文邾讀若寧**傳曰諸侯且不首惡況於天子乎**補曰首惡猶主惡謂目君也諸侯猶不爲首惡之文況在天子曲禮曰君子不親惡蓋亦此意疏曰嫌天子之殺弟異於諸侯故以輕況重舉重以明輕是輕重之道並見矣**君無忍親之義天子諸侯所親者唯長子母弟耳**補曰君兼天子諸侯言之天子諸侯皆無忍於其親之義而親之專以今王今公錄者獨此二人何得無罪見殺乎僖五年何休注曰春秋公子貫於先君唯世子與母弟以今君錄親親也何不

論王子王世子王母弟者何注宣十年十五年以爲天子不言子弟故也準諸此傳則天子諸侯皆同

王殺其弟佞夫甚之也補曰甚之者甚其忍親故直稱天王以首惡

王子瑕奔晉不言出周無外補曰此本杜預即傳例所謂周有入無出上下既一見出文以後皆從正例

秋七月叔弓如宋補曰叔弓叔老子子叔敬叔亦稱敬子月者爲葬

葬共姬共姬從夫之謚補曰此本杜預杜又曰卿共葬事禮過厚傷伯姬之遇災故使卿共葬鄭君說左傳曰夫人之喪士弔下大夫會葬禮之正鄭意此是古制晉文襄之霸因而不改也內君夫人葬例日外諸侯葬以時爲正以此差之則內女爲外夫人書葬者宜以月爲正恩錄之文輕重不爽○撰異曰葬下當有宋字此脫也左氏公羊皆有宋字

外夫人不書葬此其言葬何也吾女也卒災故隱而葬之也補曰失國卒災傳各備文者月卒日葬日卒月葬事情各異也春秋於宋共姬盡其事者五詳其事者二特崇之者一隱之者一一人之身錄之甚悉經辭之繁而不殺無若此者良以

家人之義利在女貞夫婦之道人倫所始深著其賢爲後世勸也詩始周南召南春秋錄伯姬其意不異

鄭良霄出奔許自許入于鄭補曰不復出鄭良霄者略之良霄亦篡大夫位不言復入者初奔位未絕

鄭人殺良霄補曰趙汸曰獲麟後史書陳宗豎自楚復入于陳陳人殺之不言殺宗豎者省文也鄭良霄事與陳宗豎同而經書曰鄭良霄出奔許自許入于鄭鄭人殺良霄文不省者以大夫自外入國與國人討而殺之各是一義於經不得相蒙也劉侍讀嘗發此義計夫子改正舊史若此者多**不言大夫惡之也**補曰疏曰欒盈已發傳重發之者嫌與復入異故也

冬十月葬蔡景公不日卒而月葬不葬者也補曰案中國諸侯若本非正嗣而其葬有故則亦不日卒而月葬矣今云不日卒而月葬是不葬者傳專對許悼公爲說也許悼日卒而時葬明其本非弑當書葬者也蔡景不日卒而月葬明其實是弑所謂君弑賊不討不書葬者也不得以他卒葬常例爲疑**卒而葬之不忍使父失民於子也**鄭嗣曰夫葬者臣子之事

也景公無子不可謂無民無民則景公有失於民有民則罪歸於子若不書葬則嫌亦失民故曰不忍使父失民於子補曰春秋變史例而又自變其例者皆義之精也於魯閔之不葬蔡景之葬見之

晉人齊人宋人衛人鄭人曹人莒人邾人滕人薛人杞人小邾人會于澶淵宋災故補曰此澶淵王夫之洪亮吉以爲宋地洪引說文澶淵水在宋○撰異曰鄂本公羊無莒人脫也會不言其所爲補曰史之通例其曰宋災故何也補曰問經何以特增史文與稷成宋亂相似不言災故則無以見其善也補曰明與成宋亂各不同也不言以救宋災者以者內爲志之文此會文無內大夫故不言以其曰人何也救災以衆補曰案左傳晉趙武齊公孫蠆宋向戌衛北宮佗鄭罕虎皆以大夫稱人明救災義主用衆故爲衆辭也救災大事特著善文無嫌於爲卑者亦無嫌於略而貶之故稱人卽足顯其爲衆辭因以示義也左傳稱魯叔孫豹在會以情事度之魯必有大夫聽命經不書者方欲以衆辭一切稱人而於文不得言魯人又不得言叔孫豹會某人某人同於人諸侯以人公之例又不得直言會某人某人同

於盟齊內外皆卑者之文以共姬本魯女叔弓新往會葬魯大夫與於救災義在不疑故遂移會文於下全沒魯文也何救焉更宋之所喪財也償其所喪財故雖不及災時而猶曰救災補曰何休曰更復也如今俗名解浣衣復之爲更衣文烝案周禮注更償也即檀弓庚字國語漢書注更續也周禮大行人致禬以補諸侯之烖大戴禮同左傳曰侯伯分災禮也澶淵之會中國不侵伐夷狄夷狄不入中國無侵伐八年善之也晉趙武楚屈建之力也補曰疏引徐邈云晉趙武楚屈建感伯姬之節故爲之息兵文烝案伯姬事至葬已畢公羊以此亦爲錄伯姬不可通於傳息兵不相侵伐亦不得以澶淵之會爲指實又此會無楚人徐說非也楊氏以澶淵之會句讀斷謂傳特連言之似得其解而牽合左傳主相晉國於今八年之文從二十五年爲始亦非也此傳八年謂宋盟後八年也言所以得優游暇豫爲此澶淵之會者以此八年中乃中國夷狄息兵不用時也但言中國不侵伐夷狄夷狄不入中國而中國夷狄各不自相侵伐亦包之也但言無侵伐而滅入圍戰之事俱無尤可見也全經十一卷從未有三年之外不見中國夷狄滅入圍戰侵伐之事者獨襄二十七年盟宋

以訖昭三年絶無滅入圍戰侵伐之事昭元年雖有取鄆敗狄二事而鄰近之爭曠遠之役固與諸滅入圍戰侵伐者異例君子作春秋愛民重衆而惡戰習亂既久則好始治故於澶淵特見善者乃善其不事兵戎同恤災患其事其時前後僅見也要之皆趙武屈建弭兵通好之力力如論語管仲之力周禮所謂治功曰力者用是又可知宋盟乃春秋所貴灼然著明劉敞說彼經云宋之盟中國不出夷狄不入玉帛之使交乎天下以尊周室晉趙武楚屈建之力也皆用傳語甚卓識也漢有孔氏聘辭之書乃是會宋之時宋以折俎享趙武之禮孔子以其多文辭特舉而用之亦足以見宋盟之事夫子平日所致意也左傳載宋子罕之言以宋盟去兵爲誣道又引詩美子罕非經義也傳特發此數語者以明君子書經用意深遠有文中之義又有文外之文前後相屬彼此相明者也齊召南解無侵伐八年得之而謂此傳是二十七年錯簡澶淵之會當爲宋之會失其旨矣董仲舒曰春秋論十二世之事法布二百四十二年之中相爲左右以成文采其居參錯非襲古也是故論春秋者合而通之緣而求之伍其比偶其類覽其緒著其贅是以人道浹而王法立又曰不在經與在經無以異有所見而經安受其贅也如董生之言則知盟宋不言所爲而會澶淵言所爲誠聖者之文也○劉敞以來說

宋災故牽合蔡事似是而非說見上二十五年

三十有一年春王正月

夏六月辛巳公薨于楚宮楚宮非正也楚宮別宮名非路寢補曰與臺下又異故重發之何休曰公朝楚好其宮歸而作之故名之云爾案此卽左氏說

秋九月癸巳子野卒襄公大子補曰案左傳胡女敬歸之子毀也子卒日正也補曰疏曰嫌與子般同故傳發之以明昭之繼正

己亥仲孫羯卒

冬十月滕子來會葬書非禮補曰杜預曰諸侯會葬非禮文烝案左傳稱先王之制諸侯之喪士弔大夫送葬自晉文襄改制君薨大夫弔卿共葬事夫人薨士弔大夫送葬所言當得其實也公羊於此無傳文元年叔服會葬傳曰其言來會葬何會葬禮也何休於此注曰與叔服同義又於文六年注曰禮諸侯薨使大夫弔自會葬又於定十五年注曰禮諸侯薨有服者奔喪無服者會葬五經異義許愼謹案公羊

說同盟諸侯薨君會葬其夫人薨君又會葬是其不遑國政而常在路周禮無諸侯會葬義知不相會葬從左氏義文烝案此月者葢爲下葬日

癸酉葬我君襄公

十有一月莒人弒其君密州補曰莒犂比公段玉裁曰左傳云書曰莒人弒其君買朱鉏於雙聲疊韻相合疑左以莒語訓中國語也案段說即本服虔論乘壽夢之說其說是也莒言買朱鉏赴魯改言密州

襄補注二十終

大二千七百廿九字
小萬七千零廿四字
眉注廿六字

春秋昭公經傳第九補注第二十一

昭公襄公子公子裯也母齊歸敬歸之娣也以景王四年即位時年二十

穀梁　范氏集解　鍾文烝詳補

元年春王正月公即位繼正即位正也補曰疏見閔元年

叔孫豹會晉趙武楚公子圍齊國弱宋向戌衛齊惡陳公子招蔡公孫歸生鄭罕虎許人曹人于郭補曰杜預曰傳稱讀舊書則楚當先晉而先書趙武者亦取宋盟貴武之信故尚之也衞在陳蔡上先至於會文烝案晉先楚者史之舊與宋同也招是陳侯之弟稱公子者出會與諸國大夫列序不可獨出弟文崔子方得之且因與八年稱弟合以見義如彼傳所云也盟折曰蔡叔此曰陳公子招文各異者後有季則前有叔後稱弟則前稱公子各有所當疑亦因史之舊也郭即左氏號字古通用杜預曰鄭地本東虢國也左傳曰三月甲辰盟經不書盟者傳稱讀舊書加于牲上而已杜預曰不歃血故不書盟也○撰異曰弱公羊作酌徐彥曰亦有作國弱者齊惡公羊

作石惡陸湻曰誤也罕公羊

作軒郭左氏作虢公羊作漷

三月取鄆 鄆魯邑言取者叛戾不服補曰此當依左傳爲莒邑鄆本魯邑後乃屬莒莒魯爭鄆已久季武

子救邰入鄆未能得之至是始取之公羊曰運者何內

之邑也其言取之何不聽也不聽之文與屬棘同皆謂

其叛此范所本但公羊於下疆田云與莒爲竟則亦謂

其本是內邑而叛屬莒耳與左氏不異也不書伐莒者

李廉曰書伐莒是以討賊予魯也文烝案月者交爭已

久幸而得取故危錄之取爲易辭月爲危錄此自無相

妨○撰異曰三月各本誤

作二月今依唐石經改正

夏秦伯之弟鍼出奔晉諸侯之尊弟兄不得以屬通其弟

云者親之也親而奔之惡也 補曰疏曰重發傳者陳侯之弟稱歸爲無罪鍼後無

歸文則罪之輕重不可知故重發義明與陳光同文烝

案傳或又以秦有狄文嫌與諸夏異故重發以明同也

六月丁巳邾子華卒

晉荀吳帥師敗狄于大原 大原地補曰即定十三年之晉陽爲唐叔始封地舊說皆如此

據左傳鄭子產稱臺駘能業其官宣汾洮障大澤以處大原帝用嘉之封諸汾川明晉陽亦名大原故秦莊襄王置爲大原郡即今山西大原府是也而宋翔鳳作小爾雅注據小爾雅高平謂之太原及春秋說題辭云高平曰太原原端也平而有度書大傳釋東原底平云大而高平者謂之太原以爲凡高平之地皆得蒙大原之稱不必專在晉陽其論春秋大原及書禹貢既修大原詩小雅薄伐玁狁至于大原國語宣王料民于大原以爲此諸文皆非秦漢大原郡皆當是漢志安定郡高平縣等處爲今甘肅平涼府固原等州漢之稱高平者取高平曰大原之義也文烝案小雅國語之大原當是平涼非晉陽顧炎武已言之春秋及禹貢之大原亦非晉陽乃宋氏新說宋以漢志說文並稱安定有鹵縣可證大原爲大鹵之說而左傳稱敗無終及羣狄無終爲今直隸遵化州玉田縣由玉田至平涼就戰視晉陽尤遠是則可疑若禹貢大原之文上承梁岐梁岐大原皆雍州地明壺口以西之功既畢乃從壺口東治岳陽宋說蓋是也此不如箕交剛言晉人者蓋以羣狄勢盛進而詳之從正例也然則此事宜蒙上月亦不與箕交剛同○撰異曰原左氏作鹵蓋傳聞夷狄曰大鹵之說因誤原爲鹵也左傳亦曰原徐彥公羊疏曰案左氏作大鹵字穀梁與此同

傳曰中國曰大原

夷狄曰大鹵補曰此中國對夷狄言則不專指魯公羊亦曰此大鹵也又曰原者何上平曰原下平曰隰說文釋安定鹵縣之鹵曰東方謂之庍西方謂之鹵此原與鹵之義也號從中國名從主人襄五年注詳矣補曰此通說經例中國對主人言則專指魯也重釋例者前是吳今是狄嫌異也

秋莒去疾自齊入于莒補曰時者例也

莒展出奔吳補曰疏曰展篡踰年不稱爵者徐邈云不爲內外所與也不成君故但書名文烝案疏以展爲篡依左傳也實未必然○撰異曰左氏作莒展輿亦或無輿字左傳曰莒展之不立

叔弓帥師疆鄆田疆之爲言猶竟也爲之竟界補曰亦義相近也古讀竟亦如疆毛詩傳曰疆竟也是以竟爲本訓公羊曰疆運田者何與莒爲竟也與莒爲竟則曷爲帥師而往畏莒也劉敞曰疆之者何溝封之也

葬邾悼公補曰邾至此始書葬者魯始會葬也或前是史略小國以爲常例

冬十有一月己酉楚子卷卒補曰楚郟敖也卷實弒見下四年書卒者史從赴書卒不

可改也孔廣森以爲春秋爲內諱也楚夷狄之國公子圍親弒君之賊而昭公屈節往朝內恥之大者故略其實沒其文文烝案先儒劉葉胡陳張等各有說孔氏改之較爲近理而亦失之鑿深其文辭者固春秋也書王法而不誅其人者亦春秋也差若豪氂繆以千里朝夷秋卽爲恥遑計楚君何人哉○撰異曰卷左氏作麇徐彥公羊疏曰左氏作麇字二小傳本亦有作麇字者

楚公子比出奔晉

二年春晉侯使韓起來聘

夏叔弓如晉

秋鄭殺其大夫公孫黑

冬公如晉至河乃復乃者亾乎人之辭刺公弱劣受制彊臣補曰注以君弱臣強解亾乎人非也說見僖三十一年言至河不舉所至地名者亦所以大公別於至黃乃復至穀乃還等文**恥如晉故著有疾也**公凡四如晉季氏訴公於晉侯使不見公公懼不利于己故公託至河有疾而反以

殺恥也十二年傳曰季氏不使遂乎晉與此傳互文以見義然則十三年二十一年如晉與此義同二十三年經曰至河有疾乃復是譏有疾而反嫌與上四如晉同故明之補曰恥如晉者恥如晉不得入也與所以不得入則季孫氏不使遂乎晉也此下傳及十二年傳之文明二十一年亦同唯十三年季孫執於晉或小異也范注言殺恥乃二十三年之義此及後三文但有恥義無殺義也殺恥者經恥之著者經著之范言公託有疾又非也言乃復所以得爲著有疾者乃者在天不在人之辭故公子遂如齊有疾而反書至黃乃復若非有疾則不得言乃今此言至河乃復與遂同文是足著其有疾也此傳及下十二年傳與左氏皆不合左傳此年晉人辭公爲公親弔少姜十二年辭公爲莒愬取鄆將治魯將十三年爲辭公爲季孫既執失舊好二十一年辭公爲伐鮮虞辭公之說蓋實有之所爲之事或未可據又五年公如晉辭左傳以爲莒愬受牟夷晉欲止公十五年公如晉十六年公至左傳云晉人止公統觀左氏諸文亦足見晉之有憾其始終無季氏訴公事則由魯國雜史書爲季氏掩罪耳大氏左傳記季氏之事多不以實也公羊曰不敢進也何休曰時聞晉欲執之不敢往孔廣森引穀梁下傳爲說

季孫宿如晉公如晉而不得入季孫宿如晉而得入惡季孫宿也明晉之不見公季孫宿之所爲

三年春王正月丁未滕子原卒補曰自此滕皆有名者諸君皆不正或後舍狄道正者亦以名通○撰異曰原公羊作泉陸湻所見唐石經磨改及板本皆同徐彥曰左氏穀梁作原字案說文泉水原也原水泉本也泉本作㳬象形字原从泉出厂古籀从三泉

夏叔弓如滕

五月葬滕成公補曰滕至此始書葬葢亦所謂少進杜預曰卿共小國之葬禮過厚葬襄公滕子來會故魯厚報之

秋小邾子來朝

八月大雩

冬大雨雹

北燕伯款出奔齊補曰稱名蓋有罪其曰北燕從史文也補曰疏曰前高止之奔欲明從史文今北燕伯出奔嫌自名之故重曰從史文舉此二者以明例故於後不釋文悉案前事自齊言之此事自燕言之燕自稱其國亦直稱燕不稱北燕故復明之也

四年春王正月大雨雪雪或爲雹補曰以大志非是不時無取於月此月知以月爲例也僖十年冬無月當是歷月矣大雨雹皆不月知亦非例○撰異曰雪左氏作雹與穀梁或本同今本公羊作雪自音義唐石經以下皆同徐彥公羊疏曰案正本皆作雹字左氏經亦作雹字故賈氏云穀梁作大雨雪今此若有作雪字者誤也據徐說則公羊作雹陸德明所見已誤矣

夏楚子蔡侯陳侯鄭伯許男徐子滕子頓子胡子沈子小邾子宋世子佐淮夷會于申楚靈王始合諸侯也補曰此本杜預申楚地本中國孔穎達曰釋例班序譜稱齊桓既沒宋楚爭盟起僖十八年盡二十七年陳與蔡凡三會在蔡上楚合諸侯蔡與陳凡六會其五在陳上莊十六年注云陳國小每盟會皆在衞下齊桓進之遂班在衞上然則陳實小於蔡

衞桓公進陳班耳楚以大小爲序不進陳班故蔡多在陳上文孫案淮夷不殊會又下伐吳不言及異於殺者何休以爲楚子主會不殊其類所以順楚子而病中國

楚人執徐子之稱人以執執有罪補曰疏曰僖二十一年雩不與夷狄執中國此時楚彊徐又夷也不言歸者蓋在彼會而執尋亦釋之故不言所歸也○撰異曰楚人板本公羊或作楚子誤唐石經鄂本十行本亦作人

秋七月楚子蔡侯陳侯許男頓子胡子沈子淮夷伐吳國衆之君傾衆悉力以伐彊敵內外之害重故謹而月之定四年侵楚亦月此其例也補曰疏曰舊解凡日月之例多施於內不加於外而云謹而月之者以四夷之盛吳楚最甚從此以後中國微弱禍害既重書亦宜詳故注幷引定四年三月侵楚爲證猶莊六年子突王者之師挫於諸侯僖十五年齊桓霸者之兵屈於伐厲故亦書月是其義也徐邈云伐吳不月而書月者爲滅厲書理亦通也內外之害者內謂吳外謂衆國文孫案杜預曰因申會以伐吳不言諸侯者鄭徐滕小邾宋不在故也張大亨曰諸侯畏楚之彊守宋之盟而從楚然猶不能致

魯衞曹邾至伐吳則諸侯皆去所從惟楚之屬耳人心向背可知執齊慶封殺之補曰依常例當如上執徐子再出楚人此入而殺其不言入何也慶封封乎吳鍾離言時殺慶封自于鍾離實不入吳補曰左傳以爲朱方公羊以爲防慶封自魯奔吳不書者何休曰已絕於齊在魯不復爲大夫賤故不復錄之文烝謂史所本無其不言伐鍾離何也不與吳封也慶封其以齊氏何也據已絕于齊補曰吳爲封之當言吳慶封爲齊討也補曰楚本爲齊討故繫之齊明其實有弒君之罪靈王使人以慶封令於軍中曰有若齊慶封弒其君者乎謂與崔杼共弒莊公光慶封曰子一息我亦且一言補曰息休止也曰有若楚公子圍弒其兄之子而代之爲君者乎補曰楚靈蓋已改名虔此舉其本名也疏曰元年卷卒不云弒者蓋密弒之託以疾卒楚無良史告不以實故春秋從而書之傳因慶封之對以起其事則篡弒之罪亦足以見也洪咨夔論左傳曰學者固當信經舍傳而竟以傳爲誣亦未敢斷穀梁楚圍弒君與左傳同則其事

自在人耳目盍楚諱其事以疾卒赴魯史無從而改春秋無從而革也文烝案此等皆穀梁密於公羊之處劉知幾於卷卒一經譏短公羊無所發明也**軍人粲然皆笑**粲然盛笑貌**慶封弒其君而不以弒君之罪罪之者慶封不爲靈王服也**傳例曰稱人以殺大夫爲殺有罪今殺慶封經不稱人故曰不以弒君之罪罪之補曰依宣十一年例既當出楚人又當直言殺齊慶封也葉酉以爲慶封被執後楚始有殺之之意若不書執但曰殺齊慶封則語勢直急似眞爲討慶封伐吳矣**不與楚討也**補曰不足服人故不與討**春秋之義用貴治賤用賢治不肖不以亂治亂也**補曰貴且賢則人服矣特稱春秋之義所以是非二百四十二年之中者也賈誼上疏曰古者聖王制爲等列內有公卿大夫士外有公侯伯子男然後有官師小吏延及庶人等級分明而天子加焉故其尊不可及也此貴賤之說也論語曰中人以上中人以下又言上知下愚又上下之閒有次有又次漢書人表以聖人仁人智人愚人分九等此賢不肖之說也說文曰不似其先故曰不肖也方言肖法也廣雅肖類也貴治賤以位賢治不肖以德以亂治亂則以暴易暴之謂猶孟子言以

燕伐燕也夫以燕伐燕而猶可以行仁政此不得已之辭耳豈所以爲治**孔子曰懷惡而討雖死不服其斯之謂與**補曰懷惡而討卽上以亂治亂也公羊十一年傳曰懷惡而討不義君子不予何休以爲內懷利國之心而外託討賊與此傳意異此傳曰以亂曰懷惡皆指靈有弑君之罪而言耳疏曰上云春秋之義足以見罪又稱孔子曰者靈王夷狄之君欲行伯者之事嫌於得善故引春秋以明之復言孔子以正之

遂滅厲○撰異曰厲左氏作賴徐彥公羊疏曰有作賴字者孔廣森曰古字厲賴通論語厲己鄭讀爲賴漢武紀祖厲河李斐曰音嗟賴左氏僖十五年作厲此作賴又桓十三年傳有賴人皆寫者異耳杜預云義陽隨縣北有厲鄉水經注曰亦云賴鄉**遂繼事也**補曰重發傳者楚莊得鄭而巳今靈王兼統七國夷狄之盛儕於霸主嫌稱遂別有義例故復明之

九月取繒補曰疏曰襄六年莒人滅繒以繒立莒公子爲後故以滅言之其實非滅故今魯得取之不云滅而云取者徐邈云諱故以易言之文烝案徐本公羊得之或諱言入則是變例

冬十有二月乙卯叔孫豹卒

五年春王正月舍中軍 補曰舍去也何休曰月者善録之案此與巳甲三軍並是謹月而意異

貴復正也 魯亦國舊二軍襄十一年立三軍今毁之故曰復正補曰凡諸侯非受命爲伯者大國二軍小國一軍魯大國故二軍左氏哀十一年傳季氏稱左師孟氏稱右師是知罷中軍爲左右二軍也對作爲文故亦不言初皆省文也此事亦著爲令孔廣森說公羊曰季氏專魯國然後舍中軍陽虎專季氏然後從祀先公而春秋書之壹若國之典制者稱其美不稱其惡臣子之義也重其禮不重其事制作之意也文烝案穀梁兩傳全同明皆不須細論其事孔氏得之抑凡魯國禮樂刑法政俗之變春秋書之直其文而仍婉也諱其義而不盡也蓋多有因史法之舊者明堂位曰魯王禮也禮樂刑法政俗未嘗相變也言史法則然也

楚殺其大夫屈申

公如晉

夏莒牟夷以牟婁及防茲來奔以者不以者也來奔者不

言出以其方向內也補曰注疋傳意卽接我之謂以與來奔重發傳者疏曰庶其以邑來而不言及此言及故各發傳也及防茲以大及小也補曰重發傳者嫌與內城異也杜預以防茲爲二邑莒無大夫其曰牟夷何也以地來也補曰以下各本衍其字今依唐石經刪正以地來則何以書也重地也竊地之罪重故不得不錄其人補曰重地者兼重魯得地胡安國高閌所謂接我以利而我入其利兩譏之也疏曰此傳獨言重地者舉其中以包上下文丞案邾庶其黑肱不言重地所以顧畀我快之文莒牟夷獨言重地又以包邾庶其黑肱之文此等皆穀梁簡於左氏公羊之處蕭穎士欲爲編年之書於穀梁師其簡而不知者乃謂其大體寂寥也

秋七月公至自晉補曰月者蓋滿二時也如晉未知何月若是二月末則未滿當爲下敗師日故月

戊辰叔弓帥師敗莒師于賁泉賁泉魯地○撰異曰賁左氏作蚡公羊作濆徐彥曰左氏作蚡字穀梁作賁泉字狄人謂賁泉失台補曰狄卽莒也段玉裁曰據楊疏字則失

台當本作矢胎謂糞爲矢者卽今俗語謂糞爲矢也**號從中國名從主人**補曰重釋例者前是狄今是莒嫌異也

秦伯卒

冬楚子蔡侯陳侯許男頓子沈子徐人越人伐吳補曰徐得稱人者楚主兵從其類而人之越與徐略同故亦稱人楚也徐也越也皆夷且僭也楚子爲主則彼皆小國不論其夷與僭若論其夷與僭而不稱人則當殊之殊爲外文外徐越則內楚之文而可乎上會淮夷不殊不稱人者淮夷又非徐越比矣不稱於越人者自越言之曰於越自楚言之曰越皆所謂名從主人

六年春王正月杞伯益姑卒補曰疏曰不日者葢非正

葬秦景公補曰秦至此始書葬亦所謂少進歟

夏季孫宿如晉

葬杞文公

宋華合比出奔衛

秋九月大雩

楚薳罷帥師伐吳○撰異曰徐彦公羊疏曰蔿頗左氏穀梁作薳罷字

冬叔弓如楚○撰異曰徐彦公羊疏曰亦有一本云叔弓如齊者誤

齊侯伐北燕

七年春王正月暨齊平平者成也補曰重發傳者此言暨嫌有異也暨猶暨暨也補曰公羊同公羊爾雅又曰及暨與也以疊字釋單字毛詩傳多有此例疊字者物之貌孔穎達詩正義引爾雅序篇云釋詁釋言通古今之字古與今異言也釋訓言形貌也暨者不得已也補曰申上句公羊亦同爾雅又曰暨不及也以外及內曰暨補曰又申上以外及內不可立文故變文言暨陸淳聞於師者得之黃仲炎引書女義暨和及高宗及祖甲及我周文王以爲暨猶及也豈足論春秋之文乎傳三語發經通例此是齊求魯而及魯左傳以爲齊求燕誤矣傳例平稱衆暨某平及某

平云者猶言魯人暨某人平魯人及某人平也文不得稱魯人故外亦不稱人趙鵬飛得之

三月公如楚

叔孫婼如齊莅盟補曰婼豹之子叔孫昭子撰異曰婼公羊作舍後同○莅位也內之前定之辭謂之莅外之前定之辭謂之來補曰疏曰重發傳者嫌公如楚恐婼非是君命故發之明婼亦受命

夏四月甲辰朔日有食之

秋八月戊辰衞侯惡卒鄉曰衞齊惡在元年補曰鄉亦作曏八年同今日衞侯惡此何爲君臣同名也補曰疑臣當辟君名君子不奪人名不奪人親之所名重其所以來也王父名子也不奪人名謂親之所名明臣雖欲改君不當聽也君不聽臣易名者欲使人重父命也父受名于王父王父卒則稱王父之命名之補曰劉敞曰穀梁蓋言臣之子不敢與世子同名有生在世子前王父名之者則亦不改也以言衞齊惡

蓋王父名之爾說者不曉乃謂唯王父名子王父卒則稱王父命名之是則不可文烝案此特發傳者蓋夫子嘗論其義相承說之鄭君曲禮注曰春秋不非也唐石經初刻君子不奪人名不奪人名者不奪人親之所名也較今本多六字嚴可均曰等范意當從初刻爲是

九月公至自楚

冬十有一月癸未季孫宿卒

十有二月癸亥葬衞襄公補曰危之者何休曰世子輒有惡疾不早廢之臨死乃命臣下廢之自下廢上鮮不爲亂故危錄之

八年春陳侯之弟招殺陳世子偃師鄉曰陳公子招在元年今曰陳侯之弟招何也曰盡其親所以惡招也盡其親謂既稱公子又稱弟招先君之子今君之母弟兩下相殺不志乎春秋此其志何也補曰重發例者彼重王命此重世子故並舉以發端世子云者唯君之貳也云

可以重之存焉志之也補曰重發傳者前明會王世子特尊之文此明殺諸侯世子得志之義也疏曰楚公子棄疾殺公子比比不繫楚此世子偃師繫陳者體國重故繫國言之公子繫君故不繫國也文烝案言陳世子不言其者非君殺不得爲緩辭諸侯之尊弟兄不得以屬通其弟云者親之也補曰重發傳者前是奔此是殺世子事不同也弟兄各本誤作兄弟今依唐石經余本呂本中集解本乙正親而殺之惡也惡招補曰若解爲惡陳侯以其寵任而不能制說亦可通然文義不順當是申上惡招也

夏四月辛丑陳侯溺卒補曰案左傳陳哀公元妃生世子偃師二妃生公子留下妃生公子勝二妃嬖留有寵屬諸司徒招與公子過哀公有廢疾招過殺偃師而立留哀公縊杜預曰憂恚自殺也

叔弓如晉

楚人執陳行人干徵師殺之干姓徵師名稱人以執大夫執有罪也補曰所謂以衆辭與之其例亦通於執諸侯稱行人怨接於上也補曰疏曰

重發傳者嫌楚殺爲甚恐其無罪故發傳以同之

陳公子留出奔鄭

補曰案左傳干徵師赴于楚且告有立君公子勝愬之于楚楚人執徵師殺之留奔鄭不曰陳留者杜預蘇轍張大亨曰未成爲君葉夢得曰不與其得成君高閌曰曰世子曰公子別嫡庶也李光地曰目世子殺於上則著公子奔於下也高澍然曰三公子經書各異招目弟過目大夫則知留爲奪嫡之公子矣留奔於殺徵師後又知留之奔懼楚非懼招招之殺世子立留非自立矣

秋蒐于紅

紅魯地補曰疏曰蒐狩書時其例有八狩有三狩郎狩部西狩也曰蒐有五蒐紅大蒐比蒲者二大蒐昌閒也狩言公此不云公者狩則主爲游戲故言公蒐是國家常禮故例不言公也文烝案楊疏元文幷四王守河陽亦入狩例誤同左氏公羊說非也今刪去時之田秋曰蒐冬曰狩皆因田獵習武事而狩以田爲主非公亦得言狩故須言公蒐與大蒐之志於史者以習兵爲主國之常禮不嫌其非公故不須言公也大閱不言公亦與蒐同○撰異曰蒐公羊或作廋

正也

常事不書而此書者以後比年大蒐失禮因此以見正補曰疏曰范例云凡蒐狩書者皆譏也是蒐紅正而書者明比年大蒐失禮故因以此正見不正是范意以秋

蒐得禮欲見以正刺不正故書之范例又云器械有常故不云大言大者則器械過常文烝案蒐與狩同而異者也其同於狩者蓋每歲行之下傳云云是也其異於狩者蓋當略如何休說以爲比年蒐五年大蒐也言大者下十一年注謂人衆器械有踰常禮是也此以正見不正者謂以此秋時之正明後失秋時之爲不正非謂言大不正也但正文至此始見而後又不見正文者竊意魯自舍中軍後季氏專國兵事益重史始志蒐志大蒐君子因存其最始之正者而於後唯譏不正也

因蒐狩以習用武事禮之大者也

補曰書大傳曰戰鬬不可不習故於蒐狩以閑之也閑之者貫之也貫之者習之也傳先言禮之大以起下言舊典公羊桓六年傳曰大閱者何簡車也此年傳曰蒐者何簡徒也下十一年傳曰大蒐者何簡車徒也簡徒者何休所謂比年簡徒謂之蒐也簡車者所謂三年簡車謂之大閱也簡車徒者所謂五年大簡車徒謂之大蒐也今本公羊桓六年及此年傳各衍一字王引之考正之如此也公羊三處又皆曰何以書蓋以罕書也然則公羊之意以爲經書蒐與大蒐非蒐狩之蒐獮今案傳於大閱曰平而脩戎事非正也謂大閱之禮當因四時田獵行之明蒐與大蒐之禮必於秋蒐行之矣彼傳以平而脩戎事爲非正此傳曰因蒐狩以習

用武事禮之大者其意正互相發但彼則解爲閱兵車此下云云則專論其與狩同者而簡徒大簡車徒之義有所未備耳何氏比年三年五年之說雖無明證而大概近是左傳說此以爲大蒐且云自根牟至于商衞革車千乘明是大簡車徒而非簡徒疑是他年事誤在此矣呂祖謙謂春秋時之蒐有二有因時而蒐有因事而蒐因事者如晉蒐于被廬之類文烝以爲因事者亦當因時**艾蘭以爲防**蘭香草也防爲田之大限補曰艾卽刈字**置旃以爲轅門**旃旌旗之名周禮通帛爲旃轅門卬車以其轅表門補曰立旃竿爲門之兩旁其門蓋南開並爲二門用四旃說見詩正義謂之轅門者陳奐曰立旃竿爲門如設轅在兩旁非謂更以轅表門**以葛覆質以爲槷**質椹也槷門中臬葛或爲褐補曰疏曰褐毛布徐邈亦云恐傷馬足故以毛布覆之文烝案臬卽闑字也陳奐曰質者候中的卽正也正方二尺四邊以木爲幹是謂之椹質今以椹質爲門中闑則闑高二尺**流旁握御轚者不得入**流旁握謂車兩轊頭各去門邊容握握四寸也轚挂也挂則不得入門補曰疏曰徐邈云流至也門之廣狹足令車通至車兩軸去門之旁邊四寸或以流爲旒陳奐曰流行也謂車輪行也旁門旁也車行至門兩輪之軹去門旁四

寸音義及詩音義引劉兆注曰輦絓也與范同音義又曰本或作擊**車軌塵**塵不出轍補曰王念孫曰軌者循也謂後車循前車之塵不得旁出也賈子曰緣法循理謂之軌史記天官書言軌道謂循道也文烝案曲禮明言塵不出軌王說非也**馬候蹄**發足相應遲疾相投補曰疏曰舊解四蹄皆發後足躡前足而相同候齊召南以爲四馬步驟如一即詩所謂我馬既同毛傳言田獵齊足是也**揜禽旅**揜取衆禽補曰疏曰禮云不掩羣者謂不得不分別大小一羣盡取之今雖掩衆禽在田則簡其麛卵之流而放之射訖則釋其面傷之徒不獻**御者不失其馳然後射者能中**不失馳騁之節補曰姚鼐曰不失其馳者五馭之逐禽左也古者取禽必引車右旋逐其後自左射若御者詭遇則所獲禽必面傷踐毛謂之不能中文烝案姚說是也詩秦風公曰左之舍拔則獲鄭君以爲從禽之左射之賈公彥周禮保氏疏曰逐禽左者謂御驅逆之車逆驅禽獸使左當人君以射之人君自左射故毛傳云自左膘而射之達於右腢爲上殺是也又詩小雅曰不失其馳舍矢如破王引之曰如破而破也舍矢而破言中之速正與舍拔則獲同意**過防弗逐不從奔之道也**戰不逐奔之義**面傷不獻**嫌誅降**不**

成禽不獻惡虐幼少禽雖多天子取三十焉其餘與士衆以習射於射宮取三十以共乾豆賓客君之庖射宮澤宮補曰鄭君詩箋曰三十者每禽三十也射義曰天子將祭必先習射於澤澤者所以擇士也已射於澤而后射於射宮射而中田不得禽則得禽田得禽而射不中則不得禽補曰蔬曰舊解以爲射宮之內還射死禽中則取之故以重傷爲難論語稱射不主皮則射皮不射禽也是以知古之貴仁義而賤勇力也射以不爭爲仁揖讓爲義補曰墨子經曰勇志之所以敢也力形之所以奮也

案此對文爲訓也毛詩傳曰田者大艾草以爲防或舍其中褐纏旃以爲門裘纏質以爲槸閒容握驅而入轚則不得入左者之左右者之右然後焚而射焉天子發然後諸侯發諸侯發然後大夫士發天子發抗大綏諸侯發抗小綏獻禽於其下故戰不出頃田不出防不逐奔走古之道也又曰一曰乾豆二曰賓客三曰充君之庖故自左膘而射之達于右腢爲上殺射右耳本次之射左髀達于右䯚爲下殺面傷不獻踐毛不獻不成禽不獻禽雖多擇取三十焉其餘以與大夫士以習射於澤宮田雖得禽射不中不得取禽田雖不得禽射中則

得取禽古者以辭讓取不以勇力取

陳人殺其大夫公子過補曰案左傳招歸罪於過而殺之

大雩

冬十月壬午楚師滅陳執陳公子招放之于越殺陳孔奐補曰楚放殺他國之人故招奐並繫國疏論奐亦然孔穎達曰不言殺陳大夫者殺他國之臣例不書爵宣十一年殺夏徵舒是其類○撰異曰奐公羊作瑗徐彥曰左傳穀梁作奐惡楚子也惡其滅人之國放有罪之人反殺無辜之臣故貶是楚子而言師補曰疏曰九年叔弓會楚子于陳知滅陳亦是楚子但爲惡之故貶稱師也不貶稱人而言師者以楚恃彊滅國著其用大衆劉敞曰此楚子也乘人之亂滅人之國執人之賊殺人之臣稱爵則疑於伯稱人則疑於討滅重矣故壹見之於師也

葬陳哀公不與楚滅閔之也滅國不葬閔楚夷狄以無道滅之故書葬以存陳補曰此注不了不與楚滅與閔之二者皆釋書葬義既以不與楚滅而變滅國不葬之例又閔哀公身死國亡徙爲楚

所葬故志葬也此葬是楚子葬之義無可疑公羊及左氏賈服說皆以爲楚葬哀公杜預曰魯往會故書非也史本以楚葬書上滅陳本稱楚子執放殺葬皆承楚子文君子改言楚師執放殺葬皆承楚師文也此與齊侯葬紀伯姬有異彼上文改史沒齊侯滅紀之文并不言齊師齊人故於葬言齊侯黎錞齊履謙等已論之矣閔之各本誤作閔公今依唐石經余本劉敞權衡孫覺經解呂本中集解本張洽集註改正

九年春叔弓會楚子于陳

許遷于夷 以自遷爲文而地者許復見也夷許地徐邈曰許十八年又遷于白羽許比遷徙所都無常居處淺薄如一邑之移故略而不月不得從國遷常例補曰夷楚地

夏四月陳火 補曰劉敞以爲是時楚子在陳彼告而我弔故書劉以諸書外災皆爲弔○撰異曰火左氏作災徐彥公羊疏曰左氏作災字穀梁與此同 **國曰災** 補曰謂內外諸災 **邑曰火** 補曰謂此陳火災與火一也別事大小耳 **火不志此何以志** 補曰不志者經例因史例也 **閔陳而存之也** 陳已滅矣猶書火者不與楚滅也不可以方全國故不云災何休曰月者閔之補曰

范引上不與楚滅本漢書五行志劉向說其實未當閔陳者閔陳之亾與上閔之同而所從言之則異閔哀公故書葬閔陳而欲存之故書火書葬者變滅國不葬之例兼有不與楚滅之意書火者變邑火不志之例專是閔陳而存之也閔陳與閔紀同義存陳與存遂同文不去月者亦是閔而存之又與紀伯姬叔姬日葬相似公羊曰存陳亦與傳同何休解爲天意欲存之劉敞曰此自聖人欲存之故錄爾安知天意

秋仲孫貜如齊補曰貜孟僖子也左傳曰如齊殷聘郝懿行曰七年叔孫莅盟蓋以聘往至是閒一年合於殷相聘之制

冬築郎囿

十年春王正月

夏齊欒施來奔○撰異曰齊公羊作晉王葆曰誤張洽亦曰非也

秋七月季孫意如叔弓仲孫貜帥師伐莒補曰意如宿之孫季平子也意如父悼子名紇左傳曰平子伐莒取郠陳傳良曰舍中軍矣曷爲書三卿帥師四分公室叔弓爲意如貳也文

烝案月者爲下卒日○撰異曰意公羊作隱後同案少儀注隱意也聲轉字通史記蘇意漢紀作蘇隱

戊子晉侯彪卒

九月叔孫婼如晉月者爲葬晉平公起

葬晉平公

十有二月甲子宋公成卒不書冬當所未詳補曰昭之世不得爲遠此自與夏五傳疑異以壬申失其所繫之義推之蓋必有說矣何休曰去冬者蓋昭公取吳孟子之年故貶之孔廣森曰坊記云魯春秋去夫人之姓曰吳謂書夫人至自吳不書姬氏是不脩春秋文如是君子脩而削之矣蓋事在是冬十月或十一月不存其事故亦不存其月若移冬於十有二月之上則諱意不顯故去冬也此公羊師說相承必有所受○撰異曰成公羊作戌案何休元年下注戌惡皆與君同名音義曰讀左傳者音城何云向戌與君同名則宜音恤

十有一年春王二月叔弓如宋補曰月者爲葬○撰異曰二月公羊作正月

葬宋平公晉獻公以殺世子申生故不書葬宋平公殺世子座而書葬何乎何休曰座有罪故也座之罪甯所未聞鄭莊公殺弟而書葬以段不弟也何氏將以理例推之然則段不弟也故不書弟座若不子亦不應書世子書世子則座之罪非不子明矣補曰疏曰申生賢孝遇讒而死故黜獻公之葬座雖無不子之文微有小罪故不黜平公之葬若然范云未聞者不直取何休之說故也何氏直謂座有罪如鄭段之比

夏四月丁巳楚子虔誘蔡侯般殺之于申補曰說文曰羑相訹呼也从厶羑羑誘或从言秀左傳曰曲沃伯誘晉小子侯殺之又曰誘祭仲而執之何休曰使不自知而死故加誘○撰異曰虔本或作乾陸淳所見作乾**何爲名之也**據諸侯不生名補曰謂虔**夷狄之君誘中國之君而殺之故謹而名之也稱時稱月稱日稱地謹之也**蔡侯般弒父之賊此人倫之所不容王誅之所必加禮凡在官者殺無赦豈得惡楚子殺般乎所若謂夷狄之君不得行禮于中國者理既不通事又不然宣十一年楚人殺陳夏徵舒不言入傳曰明楚之討有罪也似若上下違反不兩立之說嘗試論之曰夫罰不及嗣先王之令典懷惡而討丈夫之醜行楚虔滅人

之國殺人之子伐不以罪亦已明矣莊王之討徵舒則
異於是矣凡罰當其理雖夷必申苟違斯道雖華必抑
故莊王得爲伯討齊侯不得滅紀趙盾救陳則稱師以
大之靈王誘蔡則書名以惡之所以情理俱暢善惡兩
顯豈直惡夷狄之君討中國之亂哉夫楚靈王之殺蔡
般亦猶晉惠之戮里克雖伐弒逆之國誅有罪之人不
獲討賊之美而有累謹之名者良有以也補曰疏曰兩
立之說謂兩理皆立之說又解謂兩事立說或以爲不
字下讀云不兩立之說謂事不得兩立恐非也伐弒逆
之國謂蔡誅有罪之人謂里克累謂晉惠彼傳罪累上
是也謹謂楚靈此傳謹之是也文烝案楚靈內懷利心
而外託討賊已於誘字見義不待煩言也至於謹名以
爲特文又謹時謹月謹日謹地以盈其文則全以夷狄
之誘殺中國起義不專以誘殺起義若中國誘殺中國
無爲謹之又謹如是也中國誘殺夷狄更可知也夷狄
誘殺夷狄則戎蠻子尤有明文也傳之釋經平淡精審
注竟欲亂華夷之別謬矣莊王入陳傳亦曰不使夷狄
爲中國注不知引彼傳以明同反引殺徵舒傳以明異
何邪誘殺雖託討名其實既謂之誘不得復謂之討公
羊言誘討而傳不言討與殺徵舒殺慶封傳不同此傳
義所以爲密也殺慶封傳言不與楚
討謂其以賊討賊此處在所不論也

楚公子棄疾帥師圍蔡○撰異曰棄左氏或作弃後同

五月甲申夫人歸氏薨昭公母胡女歸姓補曰襄公妾敬歸之姊也孔廣森曰左傳會于沙隨之歲襄公始生公羊於成十六年傳猶言公幼襄之娶定在即位以後而襄夫人經絕不見者似本未有正嫡云文烝案此即孔穎達之意

大蒐于比蒲夏而言蒐蓋用秋蒐之禮八年秋蒐于紅傳曰正也此月大蒐人衆器械有踰常禮時有小君之喪不譏喪蒐者重守國之衞安不忘危補曰比蒲魯地疏曰注引傳者引正以譏不正文烝案據左傳晉叔向之言則喪蒐又非禮經意亦足兼見范何以決其不譏乎齊履謙曰穀梁於毀泉臺曰喪不貳事貳事緩喪也左氏於大蒐比蒲曰君有大喪國不廢蒐有三年之喪而無一日之慼二傳相發明汪克寬曰君有喪既葬卒哭而服王事大夫士有喪既葬卒哭弁經帶從金革之事惡有小君之喪未葬而不廢講武常事乎

仲孫貜會邾子盟于祲祥祲祥地也補曰當云地闕不日者或與虛朾同歟何休曰蓋諱喪盟○撰異曰祲祥公羊作侵羊徐彥曰穀梁傳作侵祥字服氏注引者直作詳字無侵字皆是所見異也段

玉裁曰據音義穀同左作祲祥而徐彥引穀上字作侵服引穀但有詳一字可見古本不同至多音義不能盡載也文烝案杜預釋例祲祥祥二名意也左氏經爲祲祥傳爲祥歟

秋季孫意如會晉韓起齊國弱宋華亥衛北宮佗鄭罕虎曹人杞人于厥慭

厥慭地也補曰亦當云地闕○撰異曰弱公羊作酌罕作軒厥慭作屈銀徐彥曰齊國酌者賈氏作酌字與此同服氏及穀梁皆作齊國弱字也屈銀左氏穀梁作厥慭字

九月己亥葬我小君齊歸

齊謚

冬十有一月丁酉楚師滅蔡執蔡世子友以歸用之

僖十九年邾人執鄫子用之傳曰用之者叩其鼻以衈社惡之故謹而日之補曰注引衈社之文非也左傳曰用隱大子于岡山杜預曰殺以祭山公羊曰用之防又申之曰蓋以築防何休曰持其足以頭築防皆不以爲祭社疏曰滅中國當日用人亦當日皆傳例也注嫌用之不得蒙日故特言之○撰異曰友左氏公羊作有案荀子曰友者所以相有也

此子也

諸侯在喪稱子

其曰世子何也

補曰見以又見用宜稱蔡子友

不與楚殺也一事注乎志所以惡楚子也一事輒注而志之也何休

曰卽不與楚殺當貶楚爾何故反貶蔡稱世子邪鄭君釋之曰滅蔡者楚子也而稱師固已貶矣楚世子思啟封疆而貪蔡誘殺蔡侯般冬而滅蔡殺友惡其淫放其志殺一國二君以取其國故變子言世子使若不得其君終補曰三句相屬爲義下二句倒文猶曰所以惡楚子一事注乎志也一事猶一役也楚有事於蔡由誘殺而圍而滅非再舉也注屬也范云注而志之卽鄭云淫放其志是也疏曰經稱棄疾圍蔡鄭知是楚子者以云棄疾若貶當云楚人不當稱師又傳云惡楚子明非棄疾矣然則惡楚子變文云世子者以楚四年之中滅兩國殺二君自謂得志若遂其凶暴是表中國之衰申夷狄之彊故抑之使若不得其君也世子父沒仍得稱世子母弟兄死不得稱弟者世子繼體之名父雖沒若意有所見則亦得稱之弟者對兄兄沒則寵名棄矣故不得以稱弟也文烝案凡言以其君歸者傳云猶愈乎執此以歸連文又加執者稱世子不稱子因以別之兼見因繫之如啖助說也公羊以爲未踰年君稱世子者誅君之子不立不君靈公故不成其子與傳異也師協曰春秋之書滅國多矣未有如此其暴者詳其始末而記之書誘書殺書圍書執書用深惡之也師氏說有合經旨王引

之乃以爲傳之注當爲詳詳字左旁草書與氵相似右旁與主相似故詳誤爲注志者記也文烝案傳論稱世子之義不得以詳記爲說王氏改字不可從傳注字依音義張具之住二音爲是

十有二年春齊高偃帥師納北燕伯于陽三年所奔齊者高偃傒元孫齊大夫也陽燕別邑不言于燕未得國都也補曰此皆本杜預言元孫者據世本也左傳曰敬仲之曾孫酀○撰異曰陸湻纂例曰左氏作北燕伯款案今左氏無款字葢陸誤記傳文也傳又以陽爲唐說文暘古文唐从口易疑左氏經本作暘**納者內不受也**補曰重發傳者此稱帥師嫌不同也納稱帥師義在哀二年傳**燕伯之不名何也**據義不可受則應名以絕之**不以高偃挈燕伯也**邵曰公子遂以去公子爲挈燕伯以書名爲挈者臣宜書名故須去公子乃爲挈君不可名而以臣名君者不待去燕伯則爲挈也是以目燕伯而不書名所以不與高偃挈之補曰疏曰楚人圍陳納頓子稱納而不名衞侯入于夷儀亦不名則不名乃是常事而傳怪燕伯不名者衞侯朔入于衞傳曰朔之名惡也則諸侯有惡出入皆名北燕伯亦出入宜名但不以高偃挈之故直出書名而已頓子不名者爲楚微者所納故亦不名

衞侯入于夷儀不名者以復歸有名故未入國略而不名也鄭伯突亦未入國書名者以後不書復歸故入櫟書名也文烝案疏言爲楚微者所納非也當改云以楚人爲文

三月壬申鄭伯嘉卒

夏宋公使華定來聘

公如晉至河乃復季孫氏不使遂乎晉也補曰疏曰二年傳曰惡季孫宿今此譖君之季孫是意如故重明之云季孫氏者欲見其累世同惡

五月葬鄭簡公

楚殺其大夫成虎○撰異曰虎左氏作熊公羊作然徐彥曰左氏作成熊穀梁作成虔字案今穀梁作虎左氏經作熊而傳中成虎字四見與今穀梁合徐疏虔字當由寫者避諱而誤耳段玉裁以爲然與熊字之誤虔與然聲之轉楚靈王名虔君臣同名是以作然爲正而熊虎皆誤字失之矣

秋七月

冬十月公子慭出奔齊補曰公子慭子仲也慭非卿書奔與臧孫紇同紇日此不日蓋史略之○撰異曰慭公羊作整張洽曰字之誤也公羊亦或作慭段玉裁曰左氏音義云慭一讀爲整非也慭無整音

楚子伐徐

晉伐鮮虞其曰晉狄之也其狄之何也補曰據霸國非秦鄭比不正其與夷狄交伐中國故狄稱之也鮮虞姬姓白狄別種也地居中山故曰中國夷狄謂楚也何休曰春秋多與夷狄並伐者何以不狄也鄭君釋之曰晉不見因會以綏諸夏而伐同姓貶之可也狄之大重晉爲厥慭之會實謀救蔡以入國之師而不能救楚終滅蔡今又伐徐晉不糾合諸侯以遂前志舍而伐鮮虞是楚而不如也故狄稱之焉厥慭之會穀梁無傳鄭君之說似依左氏甯所未詳是穀梁意非補曰注解鮮虞本杜預杜惟不言姬姓耳疏曰麇信云與夷狄交伐謂楚伐徐晉伐鮮虞是也范意與麇信同范云甯所未詳是穀梁意非者疑鄭以厥慭之會謀救蔡者作穀梁意也若然范荅薄氏亦言楚滅陳蔡而

晉不能救棄盟背好交相伐攻者范范意以晉不能救陳
蔡者不據厥慭之會故也文烝案范謂如鄭所言則穀
梁意非矣以傳指楚伐徐而鄭乃指楚圍蔡滅蔡疑未
可用與荅薄氏意自是不同疏誤會范意而范又誤會
鄭意也鄭意亦謂傳指伐徐特連圍蔡滅蔡言之以盡
其義晉合諸侯不能救蔡致為楚滅今楚又伐徐晉并
不能合諸侯乃伐鮮虞春秋不正其交伐故上書楚子
而此則狄晉以明晉不如楚也會厥慭不能救蔡既據
左傳文亦本何氏意觀公羊注可知此條晉不見因會
二句亦是何氏自為說以狄晉之義不復取義於伐
徐故鄭駁之以為狄之大重也文烝統觀何鄭麇范諸
說鄭最為近之而亦終有未盡今案襄二十七年盟于
宋晉楚弭兵而三十年傳曰無侵伐八年則明昭元年
晉荀吳敗狄一事經所不論以其絕遼遠也自後楚三
伐吳滅厲滅陳圍蔡滅蔡殺蔡二君至此又伐徐背盟
用兵暴橫不道者皆楚也晉未嘗一用兵用兵於此焉
始舍楚不問乃伐鮮虞非有特文不足著義以其與夷
狄交伐則亦夷狄而已矣故曰不正其與夷狄交伐中
國故狄稱之也中國兼陳蔡徐鮮虞言之成九年傳曰
莒雖夷狄猶中國也徐亦其比也鮮虞則地近而同姓
也傳連陳蔡通謂之中國要以晉不能伐楚而反與楚
共伐人大概言之也弭兵則善之用兵則狄之取義之

相因也楚則生名之晉則狄之立文之相稱也經既深微傳亦簡淡自來遂失其解實則前後貫通

十有三年春叔弓帥師圍費補曰趙匡曰凡內自圍者皆叛邑陳傅良曰因之內曰內不言叛言圍皆叛也文烝案是年圍費左傳稱南蒯以費叛如齊定十年圍郈左傳侯犯以郈叛而續經哀十五年春王正月成叛明是魯史書叛之文則圍費圍郈必先言叛可知矣二十九年書鄆潰以昭公居之故變言潰其實亦是叛君子脩經以鄆潰事闕君身不可不書費郈皆私邑其叛由家臣可爲魯諱又以鄆不言潰無以見其事費郈雖不言叛猶存圍文則未嘗無以見之故鄆潰書費叛郈叛不書至若成圍三年圍棘定六年圍鄆則不疑史本無叛文昭定兩圍成亦皆非叛○馮景曰孔子不言禮樂征伐自陪臣出而曰執國命者禮樂征伐之事必交乎四鄰而國命不出竟南蒯之徒皆以家臣執國命者也春秋賤而略之故南蒯以費叛不書書圍費陽虎入于讙陽關以叛不書書盜竊侯犯以郈叛不書書圍郈公山不狃帥費人以襲魯不書書墮費所謂微而顯

夏四月楚公子比自晉歸于楚弒其君虔于乾溪乾溪楚地補曰

虔靈王也疏曰左氏以爲楚子次于乾谿公羊以爲作乾谿之臺范從左氏也杜預說左氏曰靈王死在五月又不在乾谿楚人生失靈王故本其始禍以赴之杜是也史從赴書四月書乾溪不可改也哀六年不以陽生君荼虔立比奔得以比君虔者胡銓以爲虔於比爲兄居君位已十二年雖使聲罪討之而代立猶不免爲爭國胡安國以爲晉人以羈待比固楚之亾公子也楚又未嘗錮之君臣之分猶在二說皆是歸不言復者被脅立不復大夫位○撰異曰溪左氏公羊作谿 **自晉有奉焉爾** 補曰疏曰重發傳者楚比據之歸實歸非弑嫌自亦非晉力故復明之案惠士奇據左傳叔向曰去晉而不送以爲晉無有奉非也比久仕晉安得無奉不必送者多人始爲奉也左氏賈逵說諸稱自者所自之國有力正用傳例杜預據叔向語駮之惠氏所本 **歸而弑不言歸言歸非弑也** 傳例曰歸爲善自某歸次之然則弑君不得言歸比不弑之一驗也補曰此下皆論比弑之非弑而以不弑有四總結之此先釋言歸義也傳例曰以好曰歸以惡曰入齊陽生歸而弑其君言入是也注未了 **歸一事也弑一事也而遂言之以比之歸弑比不弑也** 歸弑其事各異自宜別書之而今連言之是比之歸

遇君弒爾比不弒之二驗也補曰疏曰齊小白入于齊齊人取子糾殺之齊陽生入于齊齊陳乞弒其君荼彼各異書明知此亦宜別書之文烝案五句釋言歸言弒之義經之正旨也其歸也于楚一事也其弒也于乾溪又一事也經不再出楚公子比四字而連文言之有似遂事之辭與圍陳納頓之文同例明以比之歸于楚而遙弒其君于乾溪也注云比之歸遇君弒其於遙弒之意未切如注說則經宜於弒上加言楚人故知非也比歸遙弒則不弒明矣故曰比不弒也時楚諸謀亂者召比歸楚脅立爲王靈王身在乾溪衆叛於內師潰於外傍徨無歸終於縊死楚人之赴本其始禍故以比主弒而史因書之或即以遙弒爲文而君子因之或本再出楚公子比而君子損其文未敢定焉公羊以爲比之義宜乎放死不立而立故加弒其說亦得之傳言不弒明爲王非比本心但不若放死不立之爲善耳放死句見殷敬順列子釋文又引劉兆注曰放至也今本公羊作效死與繁露同

弒君者曰不曰比不弒也

據文元年丁未楚世子商臣弒其君髡日此不日比不弒之三驗也

楚公子棄疾殺公子比

○撰異曰殺公羊作弒程端學曰案經但書公子不曰其君不可言

弑。汪克寬亦云。段玉裁曰：譌字也。文烝案：公羊經傳凡下殺上之字皆用弑字，而此經弑公子比，則師讀之譌也；二十五年傳昭公將弑季氏，則轉寫之譌也。當上之辭也。當上之辭者，謂不稱人以殺，乃以君殺之也。稱人以殺，謂若衞人殺祝吁于濮是也。今比實不弑，故以君殺大夫之辭言之。補曰：疏曰：謂不稱人以殺，而云楚公子棄疾殺公子比，如王札子殺召伯毛伯也。討賊以當上之辭，殺非弑也。實有弑君之罪，則人人皆欲殺，宜稱人以殺之。今言楚公子棄疾殺公子比，明棄疾所殺非弑君之人。比之不弑，四驗也。比之不弑有四。上四事。取國者稱國以弑，若比欲取國而弑君者，當直云楚比弑其君虔，不應言公子也。若衞祝吁弑其君完、齊無知弑其君諸兒之類是也。補曰：當直稱國而不直稱國，又於四事外見其不弑。傳意幷下句，專以明其不嫌也。楚公子棄疾殺公子比，比不嫌也。今棄疾殺之，又言殺公子比，不言弑其君，是比無欲爲君之嫌。補曰：疏曰：齊公子商人弑其君舍，雖未踰年稱君，是有言弑其君之理，故范決之。春秋不以嫌代嫌。不以亂治亂之義。棄疾主其事，故嫌也。比實無弒君之罪而主殺之者是棄疾欲爲君之嫌補曰疏曰春秋不以嫌代嫌者謂比歸而遇弒雖則無嫌棄疾之意亦以比欲爲君之嫌而殺之是棄疾以比爲嫌棄疾殺比而自立亦是嫌也今棄疾不以國氏者不以嫌代嫌故也若以嫌代嫌當云楚棄疾殺公子比也但由不以嫌代嫌故存棄疾之氏耳傳言棄疾主其事故嫌也者棄疾殺比理實有嫌但爲不以嫌代嫌故經無其事傳以棄疾經無嫌文故云棄疾主其事故嫌也主其事者主殺比之事也

秋公會劉子晉侯齊侯宋公衞侯鄭伯曹伯莒子邾子滕子薛伯杞伯小邾子于平丘平丘地也補曰當云衞地

八月甲戌同盟于平丘公不與盟補曰與郎豫預字○撰異曰陸湻纂例曰甲戌穀梁作庚戌案今不作庚戌**同者有同也同外楚也**補曰疏曰又重發傳者平丘以下中國微弱外楚之事盡於平丘從此以後不復能外故發傳以終之程子曰楚棄疾立諸侯懼之**公不與盟者可以與而不與譏在公也**公以再如晉不得入故不肯與盟補曰注

非也既曰不肯何云不與鄭伯逃歸不盟直言不盟爲不肯盟之文此言不與與明其不得與於盟非不肯也據左傳既會之後邾莒愬於晉晉侯不見公使叔向辭魯毋與盟與沙隨不見公略相似公羊釋弗遇曰公不見要也釋齊侯弗及盟曰不見與盟也釋不見公曰公不見見也釋公不與盟曰公不見與盟也明數者之事皆略相似今此不書不見公者公既列會則盟有可與之理乃因不能治國啟釁邾莒致爲所愬屛不得與故以公主其文而書不與盟不譏諸侯獨譏公也

其日善是盟也 公不與盟當從外盟不日今日之善其會盟因楚有難而反陳蔡之君 補曰劉敞以爲是盟請命於天子興滅繼絕得與宋盟俱比葵丘葉夢得亦云文烝案上年狄晉矣若依常例不日無以見其善故特日之

晉人執季孫意如以歸 以公不與盟故 補曰依左傳當言爲邾莒執之

公至自會 補曰吳澂曰公雖不與盟已與會矣故致

蔡侯廬歸于蔡陳侯吳歸于陳 八年楚滅陳十一年楚滅蔡諸侯會而復之故言歸 補曰傳例歸者歸其所此傳所謂如失國辭然也左傳例曰復其位曰復歸與傳同又曰諸侯納之曰歸與傳

異范依左氏爲說非也傳以爲因會而歸論其事耳非釋歸也此事在時例○撰異曰盧左氏蓋當作盧依二十年音義知之**善其成之會而歸之故謹而日之**二國獲復此盟之功也故於其歸追述前盟謹日之意以美諸侯存亾繼絕非謹陳蔡歸國之日也於盟則發謹日之美於歸則論致美之義補曰之會是會也何休曰時諸侯將征棄疾棄疾乃封陳蔡之君何氏說此事大槪得之左傳載平丘之會晉甲車四千乘其言或涉浮誇而用衆當爲實事意當日因楚有難聲言伐楚楚畏晉衆遂封二國以示公義故上經有同外楚之文而傳言成是會而歸之也左傳於楚封陳蔡惟美平王蓋專據楚國史書而又失之浮誇也何氏言征棄疾亦非也公羊於上經比之弑虔歸罪棄疾殺比之經又誤作弑以棄疾爲賊以上會爲遂亂反陳蔡何氏以爲諸侯從陳蔡之君言還反不復討楚楚亂遂成其說皆不可用也**此未嘗有國也使如失國辭然者不與楚滅也**補曰稱爵稱名而言歸是諸侯失國之辭以失國辭言之若其本有國明不與夷狄滅中國苟可以寄其意者卽寄之也言歸不言復者未嘗有國不沒其實疏曰雖同失國之辭實未嘗有國故不得言復歸也文烝案蔡稱侯在葬前而其葬非他例可比與

夷陵陳稱侯略同

冬十月葬蔡靈公變之不葬有三變之謂改常禮春秋之常小國夷狄不葬補曰疏曰彼不赴我不會及小國與夷狄不書葬舊史之常也變之不葬謂舊合書葬而仲尼改之文烝案隱三年徐注及此注合之義乃備疏是也失德不葬無君道弒君不葬謂不討賊如無臣子滅國不葬無臣子也然且葬之補曰孟子曰然且至然且不可然且仁者不爲是當時文體不與楚滅且成諸侯之事也蔡靈公弒逆無道以致身死國滅不宜書葬書葬者不令夷狄加乎中國且成諸侯與滅繼絶之善故葬之補曰滅國復封無危文者文相接從可知與鄭莊公同也隱大子乃未踰年君故不志葬廬者隱大子之子也然則公羊所云有子則廟廟則書葬者殆不然矣

公如晉至河乃復

吳滅州來補曰疏曰虞虢之滅由於夏陽之亾州來楚之大都而吳滅之令楚國稍弱入郢之兆由滅州來所致故並書滅

十有四年春意如至自晉補曰大夫致例時大夫執則致致則名補曰疏曰重發傳者單伯書字意如則書名嫌異故也文烝案此不言由上致之者省文意如惡補曰前譖訴君後逐君知其本惡然而致見君臣之禮也大夫有罪則宜廢之既不能廢不得不盡爲君臣之恩故曰見君臣之禮補曰敬大臣體羣臣是之謂禮上傳曰失德不葬然且葬之此傳曰意如惡然而致所謂春秋書王法不誅其人身至明至著胡安國據左傳說之曰其始執之爲乇之邾莒之供其終歸之爲土地猶大所命能具晉惟以利故平丘之後諸侯不合二十餘年至於召陵又以賄敗高閌略同黃震曰平丘之會以威始之以利終之文烝案春秋善是會不論此等之事以其有益於論史姑記之

三月曹伯滕卒

夏四月

秋葬曹武公

八月莒子去疾卒補曰莒著丘公疏曰不正前已見可以書日今月者莒行夷禮本無嫡庶日不

日之例文烝案莒吳卒皆月而已

冬莒殺其公子意恢言公子而不言大夫莒無大夫也莒無大夫而曰公子意恢補曰傳曰公子之重視大夫言公子是猶有大夫意恢賢也補曰賢之故舉其貴者曹莒皆無大夫其所以無大夫者其義異也曹叔振鐸文王之子武王封之于曹在甸服之內後削小爾莒己姓東夷本微國補曰疏曰總而言之則小國無大夫就事而釋則曹莒有異文烝案傳意指莊二十六年曹殺其大夫言之一則明言大夫而以不稱名姓微見其無大夫一則不言大夫明見其無大夫同是崇賢書之各別由其所以無大夫者其義有異如注所云也盟會之序許曹莒邾相亥君卒葬則曹與許爲類太夫奔則莒與邾爲類二國不同亦明矣

十有五年春王正月吳子夷末卒補曰吳句餘也服虔以句餘爲餘祭非也○撰異曰末公羊作昧音末亦或作末

二月癸酉有事于武宮籥入叔弓卒去樂卒事補曰左傳曰禘于武

公案魯禘無常月此不行春祠犆祭之禮而行禘言武宮則明大廟及羣廟皆禘矣事在武宮故言武宮爲下變禮張本故略之言有事也言籥入不言萬者陳奐以爲但有羽籥不用干戚祭羣廟異於大廟也唯大廟得用天子禮文烝案左傳禘襄公有萬又稱考仲子之宮將萬焉公問羽數彼兩言萬葢專指羽籥舞耳孔穎達曰去樂者鍾鼓管磬悉皆去之非獨去籥舞何休曰日者爲卒日

君在祭樂之中聞大夫之喪則去樂卒事禮也 祭樂者君在廟中祭作樂補曰何休曰卒事畢竟祭事孔廣森曰去樂者哀也卒事者君事重也文烝案傳明以得禮書也以爲籥入而聞叔弓卒皆與公羊同與左傳言叔弓涖事異

君在祭樂之中大夫有變以聞可乎 變謂死喪補曰疏曰復問言禮意

大夫國體也 君之卿佐是謂股肱故曰國體

古之人重死君命無所不通 死者不可復生重莫大焉是以君雖在祭樂之中大夫死以聞可也補曰疏曰命告也孔廣森曰非卿喪則不得以聞檀弓衞有大史曰柳莊寢疾公曰若疾革雖當祭必告明非有命則不敢告正以大史非卿故也孔說視啖助劉絢爲勝

夏蔡朝吳出奔鄭朝吳蔡大夫○撰異曰朝公羊作昭無出字徐彥曰左氏穀梁皆言朝吳出奔鄭今此作昭吳字又不言出者所見之文異

六月丁巳朔日有食之

秋晉荀吳帥師伐鮮虞

冬公如晉

十有六年春齊侯伐徐補曰李廉曰此齊景公爭伯之始事

楚子誘戎蠻子殺之楚子不名戎蠻子非中國故補曰卽公羊所云若不疾乃疾之也孔穎達曰戎是種號蠻是國名子爵也文烝案言戎蠻猶言赤狄潞氏也戎蠻子例不得名楚亦不名又不月不日不地者略戎以別於蔡也春秋詳略之例如公之追齊追戎楚之誘誘蔡誘戎其最著者也○撰異曰蠻公羊作曼

夏公至自晉補曰以左傳推之上如晉蓋十一月末此至蓋四月初實未滿二時故不月

秋八月己亥晉侯夷卒○撰異曰陸淳纂例曰亥公羊作丑案今公羊不作丑

九月大雩

季孫意如如晉

冬十月葬晉昭公○撰異曰陸湻纂例曰公羊作十有一月案今公羊亦作十月

十有七年春小邾子來朝

夏六月甲戌朔日有食之

秋郯子來朝

八月晉荀吳帥師滅陸渾戎滅夷狄時潞子嬰兒賢則日此月者葢亦有殊于常戎補曰或當以陸渾戎處於伊川在雒西南畿甸之地重而詳之故進從卑國例案左傳周本有伊雒之戎至僖二十二年秦晉又遷陸渾之戎於伊川也洪咨夔以左傳事論之曰荀吳在春秋最善兵敗狄則舍車崇卒伐鮮虞則僞會而假道滅陸渾則先用牲於雒乘其不虞而從之戰國孫吳廉白之先導也○撰異曰左氏作陸渾之戎公羊作賁渾戎

冬有星孛于大辰補曰左傳載申須梓愼禆竈語爲四國俱災之應梓愼之占最詳而申須言彗所以除舊布新也天事恆象其說近正劉向以爲星傳曰心大火天王也其前星大子後星庶子也孛星加心象天子適庶將分爭也其在諸侯角亢氐陳鄭也房心宋也文烝案不月者歷月也一有一亾曰有補曰前發孛義此發有義嫌星與蟲不同類也于大辰者濫于大辰也劉向曰大辰者大火也不曰孛于大火而曰大辰者謂濫于蒼龍之體不獨加大火補曰爾雅曰大辰房心尾也大火謂之大辰大火謂心也又次名也自氐五度至尾九度濫溢也東官蒼龍心三星房四星角二星亢四星氐四星尾九星箕四星左傳曰有星孛于大辰西及漢杜預曰夏之八月辰星見在天漢西今孛星出辰西光芒東及天漢顧炎武曰有星孛入于北斗不言所起重在北斗也有星孛于大辰不言及漢重不在漢也

楚人及吳戰于長岸長岸楚地補曰左傳楚司馬子魚曰我得上流杜預以爲順江而下是吳以舟師泝江伐楚也姜炳璋曰此大江水戰之始文烝案何休曰不月者略兩夷兩夷狄曰敗夷狄不能結日成陳故曰敗於越敗吳于檇李是也補曰凡戰以結日列陳爲常夷狄不知結日列陳不言日

亦不言戰也婁林檇李是也

中國與夷狄亦曰敗晉荀吳敗狄于大原是也補曰中國之敗夷狄舉其大者言敗而已既不言戰又略舉其勝者言之不爲結日列陳成敗之之文悉同之於疑戰箕交剛大原是也

楚人及吳戰于長岸進楚子故曰戰補曰疏曰鄬之戰楚言及在下直在楚今楚稱及而在上與鄬戰義反嫌惡楚而善吳故明之吳以伯舉有辭序上稱及以罪楚彼時有蔡在也今兩夷言戰有違常例二國曲直得失未分故須起例以明之文悉案疏失傳旨依左傳是役楚敗吳獲餘皇而吳旋敗楚取餘皇終是吳敗楚也楚爲吳所敗非有獻武髡盈之事若書吳敗楚師于長岸是兩夷相敗之常文也今欲進楚子故變文言戰以其序上言及則得爲進明外今甚於外楚也春秋外戰言及者皆是以主及客而其例亦有變通內晉而外秦必以晉及秦內晉而外楚必以晉及楚外楚而尤外吳必以楚及吳雖以客及主亦無不可此義蓋因由內及外之序例而起春秋之權衡也長岸本是楚主吳客而楚之序上稱及不以主客論故既變敗言戰則無以吳及楚之理乃得申其進楚之意若以伯舉相例則大不然彼時吳爲蔡以乃是以蔡及楚吳又初進稱子也楚之有師久同中國言戰不稱師又不加言楚師敗績者兩夷相

戰事在時例故略不具文也疏以曲直得失爲言所舉皆公羊義例何以通乎

十有八年春王三月曹伯須卒

夏五月壬午宋衛陳鄭災其志以同日也其日亦以同日也補曰公羊曰記異也異其同日而俱災也若非同日當專志宋災略其月日公羊諸書災者皆云記災同唯此爲記異疏引劉向以爲宋陳王者之後衛鄭周同姓時景王老劉子單子事王猛召氏尹氏事王子朝朝楚之出也宋衛陳鄭皆南附於楚無尊周室之心後三年崩王室亂故天災四國若曰不救周反從楚廢世子立不正以害王室明皆同辜文烝案劉說似有理觀下傳所言則天意未易知也劉敞曰其序宋衛陳鄭春秋之正也同德則尙爵同爵則尙親同親則尙齒**或曰人有謂鄭子產曰某日有災**補曰某日卽指壬午日人言壬午之日四國皆當有災蓋以占候之術知之據左傳其人是鄭裨竈其言在上冬星孛時言宋衛陳鄭將同日火若我用瓘斝玉瓚鄭必不火**子產曰天者神子惡知之是人也同日爲四國災也**補曰四句皆子產語非子產答辭乃旣災之後

子產告此人之辭言陰陽不測之謂神天者神道子之術何足知之今是之變皆由人事不藏以致同日爲四國災耳據左傳上冬裨竈欲用瓘斝玉瓚禳火子產弗與今此災後裨竈曰不用吾言鄭又將火子大叔請用之子產曰天道遠人道邇非所及也何以知之竈焉知天道是亦多言矣豈不或信遂不與亦不復火左氏所載與此傳雖有出入而意則大同其言在既災後亦可互證也夫子產之言至矣天猶人也人者血脈流行而心在焉天者大氣運轉而神在焉人藏其心不可測度況之於天陰陽不測非神而何也莊子言季眞之莫爲接子之或使或使則實莫爲則虛今子產言神不可知是莫爲之說也以人召災是或使之說也旣莫之爲又或之使天人相與非實非虛與晉華者之告伯尊若合一契而意尤著明書稱洚水警余念用庶徵而荀子曰唯聖人爲不求知天又論聖人之明於人事曰夫是之謂知天楊子法言曰史以天占人聖人以人占天皆可發明斯理春秋記災異正是意耳傳以公孫僑名氏不見於經而師述他說有此數語故特記之明其知道猶僖篇特稱管仲語矣○唐德宗言建中之亂術士豫請城奉天此蓋天命李泌曰天命者他人皆可言之嗟君相不可言君相所以造命也紂曰我生不有命在天此商所以亾也夫以子產之博物也李長源之好神也而

其言如此謀國者可以思矣張廵謂令狐潮未識人倫焉知天道則此義豈獨在君相哉

六月鄀人入鄀

秋葬曹平公

冬許遷于白羽白羽許地補曰當云楚地

昭補注二十一終

大二千六百七十六字
小萬七千三百六十六字
眉注無

春秋昭公經傳第九補注第二十二

穀梁　范氏集解　鍾文烝詳補

十有九年春宋公伐邾

夏五月戊辰許世子止弒其君買日弒正卒也蔡世子般實弒父故以比夷狄而不書日止弒而日知其不弒止不弒則買正卒也補曰注倒下傳文以明意

不弒也不弒而曰弒責止也責止不嘗藥

止曰我與夫弒者止自責曰我與弒君之人同罪於是致君位於弟補曰與夫弒與聞乎弒何休以爲許男斯代立此云虺未聞

不立乎其位以與其弟虺哭泣補曰有聲曰哭無聲曰泣歠飦粥嗌不容粒嗌喉也補曰厚曰飦希曰粥禮親喪三日後食飦飲粥歠飲也食亦飲耳嗌咽也咽嗌雙聲說文互相訓喉亦訓咽也哭泣過則哽而痛故不容粒矣孟子曰諸侯之禮吾未之學也雖然吾嘗聞之矣三年之喪齋疏之服飦粥之食自天子達於庶人三代共之又引孔子曰君薨聽於冢宰歠粥面深墨卽位而哭

未踰年而死補曰傷腎乾肝焦肺毀甚以至死也言未踰年或死在葬前矣劉敞說下葬謂以止之自討爲討之亦得兼通故君子卽止自責而責之也就其有自責心故以備禮責之補曰傳逃其事以申上責止之義嘗論之止自言與夫弒於是當時謂之弒而史亦書弒書弒卽其事實矣事實之文不可革其義則卽止自責而責之也加損之文存乎辭其義則上云正卒下云不使止爲弒父是也春秋屬辭比事微而顯志而晦卽日弒時葬兩文可得其概家鉉翁謂春秋多因舊史此事則舊史得之傳聞而夫子因以垂法又書葬以別於趙盾其言傳聞未是而大致得之歐陽脩乃謂盾止並是眞弒以加弒爲過三傳所同而一概不信趙鵬飛且以闢楊墨比之固哉不亦妄乎

己卯地震

秋齊高發帥師伐莒

冬葬許悼公日卒時葬不使止爲弒父也補曰既正卒矣葬而又正葬以蔡般相較則不弒自明春下不特書王月亦以異之於般傳略之耳曰子既生不免乎水

格訓量度本蒼頡篇物有本末

火母之罪也補曰曰者目經意也通下二十一句唐石經初刻母上有父字案韓子祭女孥女文曰不免水火父母之罪孫汝聽注引傳亦有父字

羈貫成童不就師傳父之罪也羈貫謂交午翦髮以爲飾成童八歲以上補曰內則曰三月之未擇日翦髮爲鬌男角女羈鄭君曰鬌所遺髮也夾囟曰角午達曰羈傳言羈不言角者對文男女異散文通也詩曰總角丱兮毛傳曰總角聚兩髦丱幼稺也丱當依唐石經作卝說文以爲古卵字傳之貫卽詩及說文之卝也成童者內則指十五以上此亦當同言自三月羈貫至十五也晉胥臣曰文益其質故人生而學非學不入是故先王爲之節八歲教小學十五教大學貴師重傳事鈞所生藥食先嘗亦教所及矣內則云十年出就外傳學書計幼儀卽教小學之傳下云成童舞象學射御承上就傳而省其文范氏未悟故解成童爲八歲以上也傳以後包前記以前見後各有當也言師傳者疊言之單言則或曰傳或曰師孟子論君子不教子朱子或問用徐氏說引据此傳

就師學問無方心志不通身之罪也補曰學以聚之問以辯之中庸明善擇善之教大學致知格物之義也格量度也車若水說是學問無方三十時也內則二十博學三十博學無方鄭君曰方

量度之乃能知本乃爲知之至知之至則知止矣致至言乎明也格言乎撑出

子今本誤予

猶常也至此學無常在志所好也文烝案學有正業二十學禮而始備正業之外謂之博學博而又博謂之無方傳以學則必問故兼言問張洽集註引此作問學記兩言博學傳亦以後包前謂自十五就師至三十也學記曰教必有正業謂詩禮樂也毛詩傳曰古者教以詩樂誦之歌之弦之舞之即內則云十三學樂誦詩舞勺是也昏義曰夫禮始於冠本於昏重於喪祭尊於朝聘和於射鄉王制曰六禮冠昏喪祭鄉相見皆即今儀禮十七篇教學者所執以爲容即內則云二十而冠始學禮是也三者爲正業矣心思心也今文尚書洪範曰思心曰容志意也字从心之心所之也單言曰志疊言曰心志春秋說題辭曰恬澹爲心思慮爲志恬澹之心不思而得此乃管子所謂心以藏心心之中又有心非傳所指也通謂由之而知其道也論語曰吾十有五而志乎學三十而立四十而不惑五十而知天命此則所謂下學而上達聖人之通也志乎學即是志於道志於道而後適道適道而後立立而後不惑焉知天命焉謂之聞道夫道之大小隨人者也自聖人而下七十達者及諸賢士大夫各有所立則各有所聞之道無論中行狂狷皆謂之通矣○辛酉歲邵懿辰詒書言高堂生所傳禮即夫子所述別無闕逸予韙其說子入大廟每事問諸侯喪禮孟子未學通在學問無方中也讀書謂之學

李之才教邵子義理之外有物理之學又有性命之學邵子則曰學以人事爲大郎楊子之意

依魯論語五十以學四字爲句

聞道謂之通楊雄以通天地爲伎通天地人爲儒周子則曰誠立賢也明通聖也朱子以論語說之故通即不惑而不惑由於立故論語又曰古之學者爲己今之學者爲人新序墨子對齊王解此二句曰古之學者得一善言附於其身今之學者得一善言務以悅人言過而行不及此論學之大要也論語又曰六十而耳順七十而從心所欲不踰矩此心謂恬澹之心五十以學猶學也至是則化而神焉

心志既通而名譽不聞友之罪也

補曰名聲名也譽稱美也單言曰譽疊言曰名譽論語曰四十五十而無聞焉言無可聞也此則有可聞而不聞故罪在友矣荀子稱孔子曰入而行不脩身之罪也出而名不章友之過也曲禮曰僚友稱其弟也執友稱其仁也交遊稱其信也中庸孟子並言信乎朋友然後獲乎上朋友者同師同志其情親於相見相問相揖相趨言友以該朋

名譽既聞有司不舉有司之罪也

補曰古者選舉之法依王制鄉論秀士升之司徒曰選士司徒又論其秀者升之學曰俊士又免其徒征徭曰造士大樂正又論其秀者告於王升諸司馬曰進士司馬又論其賢者告於王而定其論自造士以下皆鄉人也造士以上則王大子王子羣后之大子卿大夫元士之適子國之俊選皆與焉周禮鄉大夫三年則

大比興賢者能者鄉老及鄉大夫以禮禮賓之獻書于王射義及書大傳諸侯三年貢士於天子**有司**

舉之王者不用王者之過也不敢罪上故言過補曰自子既生至此當是古書成文皆以爲士者言也天子之元子猶士也**許世子止不知嘗藥累及許君也**許君不授子以師傳使不識嘗藥之義故累及之補曰傳言經意如此師說相承云云也古者以嘗藥爲敎賈子稱湯之言曰藥食嘗於卑然後至於貴敎也是其義也上傳但述止之自責未顯不嘗藥之文此特顯之左傳以爲飲止之藥古者藥皆由醫未有不爲醫而用藥製方者是左之誤也公羊言止進藥而藥殺而董仲舒說公羊以爲不嘗藥繁露言之甚明則知公羊所云進藥者謂其不嘗而遂進之與此傳同與左氏異也凡金玉之土石草木菜果蟲魚鳥獸之類可以祛邪養正者總謂之藥見王冰素問注子事父所以必嘗藥者曲禮曰君有疾飲藥臣先嘗之親有疾飲藥子先嘗之鄭君曰嘗度其所堪文王世子載世子之記曰子疾之藥必親嘗之鄭君曰試毒味也此二注正義無說案素問五常政大論岐伯曰能毒者以厚藥不勝毒者以薄藥王冰曰謂氣味厚薄者也鄭解周禮毒藥以爲藥之辛苦者林億等校正素問引甲乙經胃厚色黑大骨肉肥者皆勝

壽其瘦而薄冑者皆不勝壽凡此即禮記注意也五常政大論下文論病有久新方有大小有毒無毒服之皆有約下品大毒治病十去其六中品常毒治病十去其七上品小毒治病十去其八上中下品無毒治病十去其九皆至約而止以五穀五肉五果五菜隨五藏宜者食養以盡其餘病餘病不盡復如前四約治之必無使過觀岐伯此論足明醫之用藥亦於毒者爲尤慎也夫治療之道物齊之宜官有專書事參祕術常人所不習聖人有不知至於醫既定方則不得以未達不嘗爲說藥之人氣味與夫人之體質固較然易明矣臣子之於君父無所不盡其心禮有爲君嘗羞之文有火孰先君子之說況藥者扁倉之所難言也是故先王重焉許君之疾左傳以爲瘧未知是否張洽曰姑以瘧言之今之治瘧以砒煅而餌之多愈然煅不得法則反殺人悼公之死必此類張說大概近是今以爲許君體不勝毒醫用厚藥止不嘗而遽進之遂以藥卒也卒由飲藥故傳聞之誤則以爲止之藥也止初不知此禮後乃知之而哀痛自責推原其事許君不得無咎此春秋文外之意也

傳止字各本脫今依唐石經胡安國傳呂本中集解本張洽集註家鉉翁詳說李廉會通本補正

二十年春王正月

夏曹公孫會自夢出奔宋補曰夢曹邑○撰異曰夢本或作蒧左氏公羊作鄸趙坦曰說文無鄸字**自夢者專乎夢也**能專制夢**曹無大夫**補曰重發傳者前是戰今是奔也**其曰公孫何也**補曰略名之當言曹會**言其以貴取之而不以叛也**會以公孫之貴而得夢既而不以之叛明曹君無道致令其奔非會之罪故書公孫以善之補曰傳文以叛即謂入于戚以叛之屬若書入于夢以叛則不言出奔矣書自夢者著其能以而不以傳釋公孫兼見此意劉敞曰春秋之時臣能專其邑無不畔其國者能使其衆無不要其君者臧武仲之智可謂智矣然猶據防以求爲後於魯是以孔子譏之以爲其罪當與不孝非聖者均也不孝則無親非聖則無法要君則無上三者皆大亂之道也故深察公孫歸父之至檉奔齊公孫會之自夢奔宋也其賢於臧武仲遠矣

秋盜殺衛侯之兄輒○撰異曰輒左氏作縶音義輒如字或云音近縶陸湻曰衛侯之孫名輒故宜爲縶**盜賤也**補曰卿爲大夫非卿爲卑者曰盜者賤辭又下於卑者蓋士也春秋有三盜此發通例也左傳謂齊豹爲衛司寇則豹非士傳又言奪之明是時已奪官陳傳良說是**其曰兄母兄**

也補曰與弟同**目衞侯衞侯累也**凱曰諸侯之尊弟兄不得以屬通經不書衞公子而斥言衞侯之兄者惡其不能保護其兄乃爲盜所殺故稱至賤殺至貴補曰若不欲累衞侯當書盜殺衞公子輒**然則何爲不爲君也**嫡兄宜爲君**曰有天疾者不得入乎宗廟**補曰天疾惡疾何休說惡疾者謂瘖聾盲癘禿跛傴不逮人倫之屬也左傳曰孟非人也將不列於宗孔廣森說公羊曰春秋記事皆爲後王示法常辭立適以長而有衞侯之兄所以起其問發其義卽知適長子有惡疾亦有廢道苟非惡疾亦必無廢道經變之制靡不包舉矣**輒者何也曰兩足不能相過**補曰以其疾爲名臧琳曰玉篇廣韻五經文字類篇皆無能字疑能字衍**齊謂之綦**補曰音義引劉兆云綦連併也文忝案廣雅曰綦蹇也書大傳曰禹其跳湯扁其跳者踦也王念孫以爲其卽綦字廣雅踦亦訓蹇**楚謂之踂**補曰音義踂女輒反劉兆云聚合不解也臧琳曰此字當作踙从足从取故劉以聚合訓之玉篇廣韻五經文字皆从耴與音義同集韻从取遵須切類篇亦从取皆與音義異文忝案廣雅曰聚蹇也王念孫以爲聚者踂之誤或輒之誤文忝以爲踙从取而訓聚廣雅直作聚字卽踙字也

禮升階足不相過謂之聚足意相似衛謂之輒補曰音義輒本亦作槷劉兆云如見絆縶也

冬十月宋華亥向寧華定出奔陳徐邈曰月者蓋三卿同出爲禍害重也君以臣爲體民以君爲命凡爲憂者大害民處甚春秋皆變常文而示所謹非徒足以見時事之實亦知安危監戒云耳補曰疏曰宋萬以一人而謹月者見宋不討賊致令得奔弟辰以五大夫而不月者辰爲仲佗所彊元無去意爲患輕也○撰異曰寧公羊作甯後同

十有一月辛卯蔡侯盧卒○撰異曰盧左氏作盧亦或作廬

二十有一年春王三月葬蔡平公○撰異曰三月板本公羊或作二月誤唐石經鄂本十行本亦作三月呂本中曰穀梁作正月案呂蓋誤

夏晉侯使士鞅來聘補曰自此後無書來聘者

宋華亥向寧華定自陳入于宋南里以叛○撰異曰叛公羊作畔自陳陳有奉焉爾補曰疏曰叛而加自自實有力嫌其言叛不由外納力故復發傳入者

內弗受也補曰疏曰嫌與入邑異例故明同弗受文烝案自外入言叛位不復可知其曰宋

南里宋之南鄙也補曰宋之南鄙謂宋南鄙之里也里者邑居之名爾雅曰里邑也毛詩傳里廣雅曰里居也周禮五家爲鄰五鄰爲里以五鄰必同居故亦取其名此南里汎指南鄙之里非一地之專名故南上復言宋非若凡地名不須繫國也高澍然曰不繫國疑於據邑而華向遏君都城之罪不著不書南里疑得全宋而宋分國以守之勢亦不著徐彥公羊疏曰左氏穀梁皆作南里字而賈氏云穀梁曰南鄙葢所見異也案此疏不足據南鄙既是傳文經必不得作鄙字賈逵爲左氏經作注或但引穀梁經字或幷引用傳義此當是引用南鄙之義而徐彥誤以爲引經字也左傳稱華氏居盧門以南里畔孔廣森據呂氏春秋楚莊王圍宋九月宋公告病爲却四十里而舍於盧門之闉以爲盧門去宋城四十里以者不以者也補曰疏曰嫌異於竊地故復發例同之

叛直叛也言不作亂補曰疏曰作亂若欒盈良霄文烝案注疏皆非也叛與作亂何以異乎良霄本不據邑故無叛文欒盈亦不言以叛者其文別有所見也傳言叛直叛者謂此之書叛直是叛耳不出奔他國宋辰晉趙鞅皆云直叛亦此意也若衞孫林父之書叛則左傳以爲

出奔晉矣邾庶其莒牟夷邾黑肱之叛則以來奔書矣

秋七月壬午朔日有食之

八月乙亥叔輒卒叔弓之子補曰子叔伯張○撰異曰輒公羊作痤徐彥曰左氏穀梁作叔輒

冬蔡侯東出奔楚補曰何休曰大國奔例月此時者惡背中國而與楚故略之案公羊經雖是朱字然何說說亦可通於此○撰異曰東左氏公羊作朱徐彥公羊疏曰左氏與此同穀梁作蔡侯東杜譜引集義及呂大圭並謂朱無歸入卒葬之文奔卒當爲一人顧棟高曰史記十二諸侯年表是年書東國奔楚

東者東國也補曰言此之東一即後二十三年之東國也聖門傳此經本之闕一字雖知其別無義例而莫敢增益其字故因就釋之是師說如此也此既釋東爲東國明後定哀之篇仲孫忌即仲孫何忌也魏多即魏曼多皆與此同故不復發傳也左傳衞祝佗述踐土載書稱晉重耳爲晉重國語曹僖負羈稱叔振鐸爲先君叔振是古人二字作名或時但稱其一知經無此例者經例名從主人言無所苟前後不得異也且晉重叔振之文亦殊可疑夫子之母名徵在言在不稱徵則非名矣言徵不稱在則非名矣**何爲謂之東也**

補曰上既言東卽東國故遂以東言之猶莊二十四年言何爲名也上十一年言何爲名之也非問何以去國字

王父誘而殺焉楚子虔誘蔡侯般殺之于申**父執而用焉**子執蔡世子友以歸用之是也補曰杜預說左氏東國者友之子盧之弟若作朱則盧之子矣**奔而又奔之曰東惡之而貶之也**奔既罪矣又奔讎國惡莫大焉補曰惡其奔而又奔之故貶而書名猶桓十一年云曰突賤之也凡諸侯出奔名者皆惡其有罪而貶之鄭伯突衞侯朔北燕伯款莒子庚輿邾子益五者皆貶也非以去國字爲貶嘗謂蔡之於楚平猶魯之於齊桓也魯與齊桓盟會可也娶仇人子弟則不可矣蔡從楚可也奔而又奔之則不可矣楚雖封蔡猶爲讎國宋襄雖立齊孝猶以伐喪而謂之惡意亦相類

公如晉至河乃復

二十有二年春齊侯伐莒

宋華亥向寧華定自宋南里出奔楚自宋南里者專也專制南里補曰專辭與公孫會同不嫌者前有以文故傳亦不具言但重發自例高澍然曰左傳有赭丘之戰南里

之圍不書而書三叛之奔其義與彭城書圍不書寘魚石互證自明彼義繫於抴楚故重在圍而魚石之究竟可略也此義繫於失賊故重在奔而諸侯之圍戰可略也

大蒐于昌間補曰昌間魯地○撰異曰蒐公羊或作廋間公羊作姦穀梁音義一音簡**秋而曰蒐此春也其曰蒐何也以蒐事也**補曰疏曰蒐紅見正譏不正比蒲蒐在夏近秋之初尚可以蒐此春蒐不可之甚故發傳文烝疑周禮左傳爾雅之春蒐周之末失也春事蒐秋乃獮矣

夏四月乙丑天王崩補曰史記名貴靈王子

六月叔鞅如京師叔鞅叔弓子月者亦爲葬景王起補曰鞅穆伯也

葬景王天子志崩不志葬志葬危不得以禮葬也補曰左傳丁巳葬疏曰不書日者傳言日之甚矣其不葬之辭也恐其甚之不明故日以起之今下言王室亂則甚之可知故省文也

王室亂補曰室者家之通稱三王家天下故言家董仲舒言立爲天子者天予是家此其義王室猶周家也詩曰王室如燬亦謂殷家周虞箴曰用不恢于夏家洪咨夔引書大誥曰亦惟在王宮邦君室**亂之爲**

言事未有所成也尹氏立子朝劉氏單氏立王猛俱未定也補曰王猛事自在下文與此無涉左傳是年載子朝事於尹氏無與注皆非也傳爲亂字作訓是明經之通例事未有所成即桓二年傳云不成事之辭也以此經言之時子朝欲篡王猛之位而未成事者子朝之事如左傳所載是也是年事未成至下年而成故此言亂而彼言立文相對也猛之謚曰悼王知是時周人立猛爲王猛已立定位矣其位雖定實亦不正故名而以國氏究以已踐王位其事不可不書故備書居入也○左傳曰叔鞅至自京師言王室之亂也而胡安國趙汸等遂推之陳火梁亾以爲皆不由告命今未敢從

劉子單子以王猛居于皇皇地補曰當云周地左傳劉獻公摯以上四月戊辰卒單穆公旗立其庶子伯蚠即此劉子則亦在喪與定三年郱子同例矣伯蚠即卷左傳又謂之劉狄

以者不以者也補曰疏曰復發傳者劉單王之重卿猛王之庶子以貴制庶嫌其義別起例以詳之也

王猛嫌也直言王猛不言王子是有當國之嫌補曰疏曰春秋以王爲國若言齊晉劉炫曰以王當國如莒展以名繫國也文烝案二說是也經多以王字代周王人王師之屬皆是國風有王與衛鄭等並爲國名知

是史文之舊言居者不正已明不嫌是居其所

秋劉子單子以王猛入于王城補曰公羊曰王城者何西周也成周者何東周也何漢書地理志曰河南故郟鄏地是爲王城雒陽周公遷殷民是爲成周不月者蔬以爲王猛雖則非正事異諸侯故不月**以者不以者也**補曰重發傳者嫌居入異也**入者內弗受也**猛非正也補曰重發傳者嫌與諸侯異例也此與後文天王入于成周不同雖並以入爲文而一稱天王一以國氏王則其義自足見王城卽京師是時王城爲京師至敬王入于成周以後成周爲京師皆不言入于京師者孫復曰周自天子言之則曰王城成周諸侯言之則曰京師趙汸曰凡王者之都自諸侯言曰京師不敢斥其地也自王者言則以地舉曰王城曰成周王者不自稱京師也諸侯城王都亦以地舉曰城成周王者有遷都之義故城築當以地舉也趙意此等皆從史例其說並得之自諸侯言自王者言異其稱史亦用名從主人之例也

冬十月王子猛卒補曰不日者未成君**此不卒者也**未成君也補曰此非魯之子又嫌不當書卒者**其曰卒失嫌也**猛本有當國之嫌其卒則失嫌故錄之補曰注非也以猛繫國

者嫌文也稱王子猛者失嫌之文也既卒則得爲失文今欲見失嫌之文故特錄卒也祝吁無知以摯爲失嫌此於文不可直摯故加王子從其常稱其爲失嫌一也胡瑗孫復等皆以此王子爲在喪稱子之子是不然若使猛非嫌而稱子則當在上居皇時又宜從既葬不名之例又不宜稱卒

十有二月癸酉朔日有食之 補曰江永曰居皇書六月而左傳在秋秋七月戊寅入王城書秋而傳在冬十月丁巳猛卒書冬十月而傳在十一月乙酉又此年未有閏明年春王正月爲壬寅朔則經之十二月癸酉朔日食即傳之閏月是周厤魯厤置閏有不同矣續經哀十六年春王正月己卯衛世子蒯聵自戚入于衛推之是二十九日夏四月己丑孔子卒推之是十日而傳載蒯聵事在上年末之閏月盖衛厤也文烝案左傳月日參差者甚多江氏此論明確他處則難盡通矣杜預所見汲冡紀年記晉事起自殤叔皆用夏正建寅月爲歲首以其說推左傳晉事之差亦或合或否宋取長葛經冬傳秋齊弑舍差兩月齊靈公卒差兩月一日凡此類今槩不論

二十有三年春王正月叔孫婼如晉 補曰月者爲下卒日○撰異曰徐彥公羊

疏曰叔孫舍者左氏穀梁作婼字

癸丑叔鞅卒

晉人執我行人叔孫婼 補曰案左傳武城人取邾師邾愬晉也

晉人圍郊 郊周邑也補曰杜預曰討子朝也劉敞曰稱晉人惡其微也葉夢得曰籍談荀躒書人貶也

夏六月蔡侯東國卒于楚 不日在外也以罪出奔又奔讎國故不葬補曰蔡悼侯也奔君得言卒者葢二三年間蔡不別立君歟不日者葢以其不正文言卒于楚則在外已明矣疏曰傳例諸侯時卒惡之今東國奔讎得書月者書其卒于楚則惡已明矣諸侯之奔例不書卒今東國上書奔楚下書卒于楚見其奔讎國而死惡之可知故不如蔡侯肸書時也又諸侯不卒則已卒宜有葬故注復論不葬之義

秋七月莒子庚輿來奔 補曰莒共公也稱名葢亦有罪月者爲下敗師日

戊辰吳敗頓胡沈蔡陳許之師于雞甫胡子髡沈子盈滅 雞甫楚地國雖存君死曰滅補曰此本杜預也頓胡沈序蔡上者孔穎達謂皆其君自將君在臣上各自以大

小序也何休曰不稱國國出師者賤略之言之師者辟許獨稱師上五國稱國之嫌案此卽所謂緩辭也胡子沈子例不記卒與繒子同繒被用被戕不名義主於用之戕之者耳見滅則不可不名以其君歸非夷狄亦不可不名故髡也盈也嘉也牂也豹也皆名也以歸名者傳云絕之之則見滅名當爲賢之矣各本此經下衍獲陳夏齧四字今依唐石經十行本删正○撰異曰甫左氏公羊作父盈本亦作逞左氏作逞案史記欒盈亦作欒逞也公羊作楹

中國不言敗此其言敗何也據宣十二年晉荀林父及楚子戰于邲晉師敗績不言楚敗晉師補曰此注贅**中國不敗胡子髡沈子盈其滅乎**

其言敗釋其滅也若師不敗則君無由滅也賢胡沈之君死社稷補曰此義與荆敗蔡全同傳備文者一獲一滅也注言若師不敗則君無由滅非傳意也傳言若不直言敗而言戰則當先言胡子沈子及吳戰而後言師敗績以中國之君親與夷狄戰何以見滅乎是其恥深於文不可也注言死社稷又非也國未亾不得言死社稷當依公羊言死於位也以爲賢而釋之又非也此亦爲中國殺恥故釋之賢意自在文外

獲陳夏齧獲者非與之辭也賢夏齧雖獲不病以其得衆也義與華元同補曰疏曰此

與華元文雖不同明賢之義不別故君死重發傳齊國書文同義同故無傳也**上下之稱也**曰滅臣得曰獲君臣之稱補曰左傳曰君臣之辭也公羊曰其言滅獲何別君臣也君死於位曰滅生得曰獲大夫生死皆曰獲胡安國曰書其敗不以國分而以君大夫爲序書其死不以事同而以君臣爲別皆所以辨上下定民志

天王居于狄泉敬王辟子朝狄泉周地補曰注首句本杜預即下所書是也史記曰敬王居澤左傳亦曰王師在澤邑賈逵曰即狄泉也**始王也其曰天王因其居而王之也**天子踰年即位稱王敬王踰年而出故曰始王雖不在國行即位之禮王者以天下爲家故居于狄泉稱王補曰注皆非也傳言始王者據左傳猛卒後敬王即位館于子旅氏則敬王之定位爲王前此矣但前此經未有王文至此始王之也又言其曰天王因其居而王之者申上意也前此朝雖與王爭王不辟朝無事可記故無王文至此尹氏立朝王居狄泉以辟之其事當書於策本以辟朝而書故因對朝而王之所以至此始王之也公羊以未三年稱天王爲著有天子其言稱王著有天子亦謂對朝而正其王稱其以未三年爲義則不可通

於傳許翰葉夢得並以爲春秋之法踰年書王豈有三年然後稱王者其說近是文九年論之矣敬王者史記名匃漢書古今人表以爲悼王兄此說是也左傳稱景王大子壽早卒下文子朝書立爲不正傳及公羊並言猛不正不言敬王不正又未聞周別有正當立者則敬王乃當時正嗣以兄繼弟者也史記以猛爲長子賈逵韋昭杜預並以敬王爲猛之母弟殆皆失之夫使敬王亦不正則春秋必有異文雖以其終爲天下共主不可斥言其名書爲王匃亦必不遽成其爲王也

尹氏立王子朝隱四年衞人立晉傳曰稱人以立得衆也此言尹氏立明唯尹氏欲立之補曰不稱尹子者蓋其後尹氏奔楚天王因削其爵絕其位故不得以爵稱又不得稱名則稱尹氏而已**立者不宜立者也**補曰疏曰重發傳者衞晉得衆子朝失衆不同故也**朝之不名何也**據晉之名惡今朝亦惡怪不直名而言王子**別嫌乎尹氏之朝也**若但言尹氏立朝則嫌朝是尹氏之子故言王子以別之補曰疏曰衰亂之世何所不爲縉立異姓周亦致疑疑而須別故不曰立朝文烝案注疏皆非也傳意以爲衞人立晉者衆辭故晉直名無所嫌今以尹氏爲文若言尹氏立朝則嫌以朝

繫尹氏故加言王子以別之別嫌乎尹氏之朝猶曰不以尹氏摯朝也北燕伯辟摯文而不名此書名猶不爲摯者立自宜以名錄不直名則非摯也傳言別嫌猶公羊所謂辟嫌特發義者明朝實惡例當直名經本當書立朝與晉同也後文尹氏等以朝奔楚亦言王子亦別嫌也別嫌必言王子者繫於先王之稱也若然前文劉單以猛不正國氏以明其嫌朝亦不正不言王朝者土無二王上已有天王不得復有嫌也其實上言天王之居下言尹氏所立非二王而何未嘗沒其事也至此言立者前年欲篡立而未立今則定立爲王以敵王當時謂子朝爲西王敬王爲東王春秋所不忍言也張自超曰書曰天王居于狄泉尹氏立王子朝則天位既定而朝之爲篡分明可知居狄泉爲朝之黨所逐亦分明可知

八月乙未地震

冬公如晉至河公有疾乃復補曰何休曰舉公者重疾也子之所愼齊戰疾文烝案墨子曰聖人惡疾病不惡危難言有亦一有一亾之例**疾**易以疾愈爲有喜○撰異曰左氏直云有疾無公字

不志此其志何也補曰四如晉著有疾皆不言疾故據以問**釋不得入乎晉**

也補曰前此無疾而著有疾恥之也今此實有疾而志之則釋之也公羊曰殺恥也殺亦釋也左傳但言爲叔孫故如晉有疾而復不言諸文同異之義彼書往往然矣董仲舒曰晉惡而不可親公往而不敢至人情耳君子何恥而稱公有疾也曰惡無故自來君子不恥內省不疚何憂何懼是已今春秋恥之者昭公有以取之也臣淩其君始於文而甚於昭公受亂陵夷而無懼惕之心囂囂然輕計妄討犯大禮而取同姓接不義而重自輕也人之言曰國家治則四鄰賀國家亂則四鄰散是故季孫專其位而大國莫之正出走八年死乃得歸身亾予危困之至也君子不恥其困而恥其所以窮董言予危謂定公也公羊家說如此

二十有四年春王二月丙戌仲孫貜卒

婼至自晉○撰異曰公羊作叔孫舍徐疏有說而何氏無注疑何本傳寫誤多二字劉敞以來多誤從之呂本中以爲原父能知他人之鑿而不自知其鑿也大夫執則致致則挈由上致之也名上謂宗廟也致臣于廟則直名而已所謂君前臣名補曰疏曰重發傳者單伯意如有罪婼無罪故各發之傳釋與意如有異辭者亦以意如訴公於晉而婼無罪也宣元年注上謂宣公此云宗廟者釋有二家

一云禮夫人三月始見宗廟遂與僑如之致由君而已故知上爲宣公成成公意如與婼被執而反理當告廟故知上謂宗廟也又一釋二者互文相通見廟之時君稱臣名以告則二者皆當書名此云宗廟亦是昭公告之彼云宣公亦是宣成告宗廟明矣

夏五月乙未朔日有食之

秋八月大雩

丁酉杞伯郁釐卒○撰異曰郁公羊作鬱徐彥曰左氏穀梁作郁釐字今正本亦有作郁字者

冬吳滅巢

葬杞平公

二十有五年春叔孫婼如宋

夏叔倪會晉趙鞅宋樂大心衛北宮喜鄭游吉曹人邾人滕人薛人小邾人于黃父補曰叔倪叔鞅子黃父晉地一名黑壤○撰異曰倪左氏

作詁後同大心公羊作世心後同徐彦公羊疏曰叔倪者穀梁與此同左氏經賈注者作叔詣字

有鸜鵒來巢劉向曰去穴而巢此陰居陽位臣逐君之象也補曰漢書五行志劉以爲有蜚有蜮不言來者氣所生所謂眚也有鸜鵒言來者氣所致所謂祥也劉又謂鸜鵒白羽旱之祥也穴居而好水黑色爲毛急之應也何休曰鸜鵒猶權欲趙汸曰今鸜鵒在處有之實自春秋所書始乃地氣推遷使然中國治亂之候也宋治平間邵子居洛陽聞杜鵑聲曰洛陽舊無杜鵑今始至矣或問何也曰天下將治地氣自北而南將亂自南而北今南方地氣至矣禽鳥飛類得氣之先者也春秋書六鶂退飛鸜鵒來巢氣使之也蓋先王所以觀天下之妖祥者非一端周禮在魯故時史於鸜鵒始至猶能謹而書之說者多弗察也○撰異曰鸜本又作鸛音權公羊作鸛左氏或作鴝與說文同說文鵒之或字作雗

一有一亾曰有補曰疏曰重發傳者飛鳥與蜚蜮異也

來者來中國也鸜鵒不渡濟非中國之禽故曰來補曰五經異義載穀梁公羊家舊說皆以爲鸜鵒夷狄之鳥今來中國鄭君駁之以爲春秋言來者甚多非皆從夷狄來也從魯疆外而至則言來鸜鵒本濟西穴處今踰濟而東耳孔廣森說公羊曰中國國中也文烝案如孔氏說則鄭義

得通於二傳鄭據考工記故云爾
疏曰蜚蜮不言來者不見所從也
鸜鵒穴者而曰巢或曰增之也
加增言巢爾其實不巢也雍曰凡春秋記災
異未有妛加之文或說非也補曰爾雅曰增
益也鸜鵒實來巢而史不言巢君子增益史文以著其
異故也穴者而曰巢也言或曰者師疑之不正言也所以
得增益者據運斗樞言鸜鵒來巢于楡楡木之上不爲
穴而爲巢衆人所見聖人所知故足成之也注既不得
其解而惠士奇引鳥以山爲卑而會巢其上之說會巢
即檜巢其字亦或作增要非傳所謂增矣公羊曰宜穴
又巢文烝妻沈印齡在郡城東恒見鸜鵒穴於薺莢木
其近地多楡顏師古乃謂此鳥不皆穴處童品又以爲木
假鵲巢以生子能飛即羣棲於木未聞穴居於地是並
不知穴字之義所宜訂正鴝也鸜鵒也皆書海鳥曰爰
居止於魯東門之外三日不書者蓋因展
禽言止不記於策李廉謂魯以爲瑞非也

秋七月上辛大雩季辛又雩
補曰疏曰凡八月九月雩則
書月以見正七月雩者皆書
時以見非正此亦書月者以一月再雩故案疏得之於
文不得云秋上辛也雩得雨曰雩前雩不得雨言雩者
以有又雩之文
所嫌又雩則雨無
季者有中之辭也
不言中辛中辛無
事補曰雩例本不

日故以上季爲文舉日不舉辰也雩小於郊郊亦以別之郊用上辛而卜日例當錄日不與雩同**又有繼之辭也**縁有上辛大雩故言又也補曰言又故省大文重發傳者嫌與又食角異例也

九月乙亥公孫于齊補曰伐季氏而敗遂出奔也夫人奔月公日者詳略之差○撰異曰乙亥左氏公羊作己亥**孫之爲言猶孫也諱奔也**補曰疏曰復發傳者前發例於夫人今發例於公明其同義以別尊卑之辭詳略也

次于陽州補曰此經各本誤跳在傳孫之上今依唐石經十行本移正○撰異曰陽公羊作楊亦作楊**次止也**陽州齊竟上之地未敢直前故止竟也補曰重發傳者此非用兵之次嫌異故也注本杜預杜云齊魯竟上邑范刪魯字案左傳襄三十一年齊閭丘嬰帥師伐陽州則彼時地屬魯定八年公侵齊門于陽州則其後屬齊疑是時已爲齊竟矣

齊侯唁公于野井弔失國曰唁補曰何休曰弔亾國曰唁弔死曰弔弔喪主曰傷弔弔所執紼曰綍文烝案唁與言古同聲爾雅曰訊言也廣雅曰言訊訊問也**唁公不得入於魯**

也野井齊地齊侯來唁公公逆之往至野井補曰注亦本杜預依左傳也傳曰齊侯將唁公于平陰公先至于野井唁辭公羊詳之又稱以遇禮相見

冬十月戊辰叔孫婼卒補曰昭公出後季孫不別立君惟以上卿攝行公事卿卒禮數列國會葬之屬皆如公在國時史亦據舊所應書者書於策蓋魯無情而有名於是可見而史法亦不與他國同矣若其涉公者容有君子加損之辭而大體亦因史文家鉉翁趙汸之論殆未可用

十有一月己亥宋公佐卒于曲棘曲棘宋地補曰公羊曰曲棘者何宋之邑也與操扈同邡公也邡當爲訪訪謀也言宋公所以卒于曲棘者欲謀納公補曰左傳曰爲公故如晉公羊曰憂內也注訪謀爾雅文

十有二月齊侯取鄆取鄆以居公補曰此本杜預卽傳及公羊所云爲公取之鄆者汶陽田也何休曰月者善錄齊侯取易辭也內不言取以其爲公取之故易言之也補曰疏曰昭公失國之君忠臣喜公得邑故以易辭言之宣元年齊人取濟西田傳曰內不言

取言取授之也以是爲賂齊也不言易辭者魯人不得已而賂之取雖易而我難之故直云授之其實亦易辭也

二十有六年春王正月葬宋元公

三月公至自齊居于鄆補曰何休曰月者閔公失國居運後不復月者始錄可知公次于陽州其曰至自齊何也據公但至陽州未至齊以齊侯之見公可以言至自齊也齊侯唁公于野井以親見齊侯爲重故可言至自齊補曰疏曰并明後乾侯之致見晉侯不居于鄆者公在外也若但言公至自齊而不言居于鄆則嫌公得歸國欲明公實在外故言居于鄆補曰左傳於下年亦曰言在外也鄆言居者鄆屬公爲竟內地左傳曰言魯地也傳例曰居者居其所也二十年衞侯避亂如死鳥齊侯曰猶在竟內則衞君也鄭伯入櫟衞侯入夷儀皆言入此言居者汪克寬以爲內辭文烝案鄭衞別有君魯無二君也至自齊道義不外公也至自齊者臣子喜君父得反致宗廟之辭爾今君雖在外猶以在國之禮錄之是崇君之道補曰道義謂

春秋之義襄二十九年言意義此言道義皆疊言以足句也居鄆本魯史舊文書至至蓋春秋新意傳上文先釋至自齊次釋居于鄆以至文乃君子所加經意所重故復論之高澍然說近是

夏公圍成成孟氏邑○撰異曰陸湻纂例曰成公羊作郕○案今公羊不作郕

非國不言圍補曰此據常例定十二年傳同

所以言圍者以大公也崇大其事補曰言經所以言圍者著其以一邑之細而親自合圍大公之事也大公之事則公爲甚病而經之病公亦見是君子所取義也定十二年傳直言圍成大公也猶隱二年傳曰會戎危公也其文意甚相似皆明君子之取義如此也圍棘圍費圍鄆圍郈皆不發傳明從伐於餘丘推例可知公親圍成事亢異常故特發傳病不待言言大則病可知故特言大也左傳稱齊侯使公子鉏帥師從公齊師圍成師及齊師戰于炊鼻則此與定公圍成蔵然不同所以得與彼同文且同義者公之以齊師推校上下自是可知至於君臣交兵不可得書祇可書公圍既書公圍則義之所取亦如此而止也若然傳不發不言戰之義者成九年晉欒書以鄭伯伐鄭鄭與晉戰傳曰不言戰以鄭伯也又發例曰爲親者諱疾彼有明文此可從略也不致者猶從竟內兵例亦所謂不外公

秋公會齊侯莒子邾子杞伯盟于鄟陵鄟陵某地補曰當云地闕不日者齊謀納公而不果從渝盟例也既不日又不月者益以公在外異之○撰異曰鄟板本公羊或作剸唐石經蜀大字本亦不誤

公至自會居于鄆公在外也補曰復發傳者此至自會而言居也至自會道義不外公也補曰疏曰復發傳者自齊爲虛至自會爲實文嫌有異故發之文羕案書至皆新增之文嫌與至自齊異故復發之後不論書至義者從可知

九月庚申楚子居卒補曰楚平王也圍改名虔棄疾改名居四名並書所謂名從主人五經異義公羊說譏二名謂二字作名若魏曼多左氏說二名者楚公子棄疾卽位之後改爲熊居是爲二名文羕案楚昭王名軫而左傳稱大子壬則亦改名也穀梁之意當與左氏說同七年傳言王父名子重其所以來明故名非禮矣曲禮曰君子已孤不更名是春秋之義

冬十月天王入于成周補曰何休曰月者爲天下喜錄王者反正位周有入無

出也始卽位非其所今得還復據宗廟是內故可言入若卽位在廟則王者無外不言出補曰疏曰重發傳者彼明上下一見出文此明天王之身入也文烝案此入非是內弗受常例與王猛異傳欲見此意故發之公羊曰其言入何不嫌也以文稱天王與凡入不同明矣杜預曰子朝餘黨多在王城敬王畏之從都成周此三十二年左傳注也左傳是年十一月癸酉王入于成周甲戌盟于襄宮十二月癸未王入于莊宮杜預曰莊宮在王城注克寬曰蓋敬王畏子朝黨入王城而弗居遂[illegible]者成周也李廉以爲三十二年城成周乃徙都案杜預但云成周狹小故請城之似非彼時始徙都

尹氏召伯毛伯以王子朝奔楚。○撰異曰徐彥公羊疏曰尹氏召伯穀梁與此同左氏召伯作召氏案左氏經亦作召伯傳則云召氏之族杜注召伯當言召氏以爲經誤徐氏所見豈當時有依杜以改經者邪**遠矣非也**雍曰奔篡君之賊其責遠矣補曰疏以爲刺諸侯文烝案注疏皆不了此經因子朝終事之文以明春秋文外之意謂自此後諸侯無桓文之君春秋責之其意遠也前此莊僖不志崩有失天下之道而齊桓興焉襄言出有失天下之道而晉文興焉卒賴其力王室卑而復尊至於頃不志崩周公

世本敬王後爲貞王元王史記先元王後定王

言出晉霸未替猶有所望今者猛朝爭簒澤邑寄居弱類莊僖禍侔子帶一入一奔皆非晉力大亂既定霸者不興於是周遂陵夷故所責爲遠也國語曰景王崩王室大亂及定王王室遂卑定王者貞王也義通於此

奔直奔也 補曰言書奔者直是奔耳朝已立爲王春秋鄭則書曰出居矣昭公之出奔齊則書曰孫矣孫覺曰子朝之惡當誅絶猶不曰出者周無出不以子朝之惡而亂春秋之大義也

二十有七年春公如齊 自鄆行補曰此本杜預

公至自齊居于鄆公在外也 補曰疏曰重起例者前會而至今如而至至而亦言居嫌異義故重言之

夏四月吳弒其君僚 補曰吳州于

楚殺其大夫郄宛 ○撰異曰郄當作郤左氏公羊作郤

秋晉士鞅宋樂祁犂衞北宮喜曹人邾人滕人會于扈 補曰

左傳曰令戍周且謀納公也

冬十月曹伯午卒

邾快來奔徐邈曰自此已前邾庶其畀我並來奔今邾快又至三叛之人俱以魯爲主邾魯鄰國而聚其逋逃爲過之甚故悉書之以示譏也小國無大夫故但舉名而略其氏補曰注末二語贅畀我快無邑非叛注數之爲三叛非也

公如齊

公至自齊居于鄆

二十有八年春王三月葬曹悼公補曰何休曰月者爲下出也

公如晉次于乾侯不得入于晉乾侯晉地補曰孫齊下言所次內事詳也言如又言所次亦詳之也何休曰月者閔公內爲强臣所逐外如晉不見荅後不月者錄始可知公在外也補曰重發傳者前謂至下言居此謂如下言次也次亦是止省文可知至而言居者魯地故也孫而言次如而言次者非魯地

故也

夏四月丙戌鄭伯寧卒○撰異曰寧公羊作甯

六月葬鄭定公

秋七月癸巳滕子寧卒○撰異曰寧公羊作甯

冬葬滕悼公

二十有九年春公至自乾侯居于鄆以乾侯致不得見晉侯故補曰此本杜預也何休曰不致以晉者不見容于晉未至晉

齊侯使高張來唁公補曰何休曰言來者居運從國內辭不月者例時也唁公不得入於魯也補曰疏曰復發傳者前齊侯唁公于野井野井齊地今高張唁公于鄆鄆是魯地唁有遠近人有尊卑君臣同文故重發例魯地而言唁不得入魯者謂不得入魯國都

公如晉次于乾侯

夏四月庚子叔倪卒季孫意如曰叔倪無病而死此皆無公也是天命也非我罪也言叔倪欲納公無病而死此皆天命使魯無君爾魯公之出非我罪補曰皆者皆宋公佐蔬引前傳邡公是也左傳齊梁巨據曰宋元公為魯君如晉卒於曲棘叔孫昭子求納其君無疾而死與此文正同但以叔倪為叔孫婼耳左傳固非無據而觀婼之家臣助季氏逐公婼不罪焉以是推之豈有無病祈死之事當以穀梁為正矣注以上言無病死下言無無公故加欲納公三字以顯傳意此最得解而王引之欲改讀無公為譏公與前邡公為一意據集韻謨古作譏以為無者譏之借字爾雅謨謀也其說於文義殊滯○叔倪納公事不知若何今無可考凡古書事有相類者皆當時記載之異鄭毀游氏廟一事也而或以為葬或以為蒐晉城成周一事也而或以為冬或以為春左傳兼采之晉獻公寢不寐一事也而或以為伐翟祖國語據之或以為伐虞郭公羊據之魯大夫欲納君暴死一事也而或以為叔孫氏左傳據之或以為叔氏穀梁據之

秋七月

冬十月鄆潰補曰公羊曰邑不言潰此其言潰何郛之也曷爲郛之君存焉爾何休曰昭公居之故從國言潰不言國之言郛之者公失國也孔穎達曰公既如晉必留人守鄆鄆人潰散而叛公使公不得更來

潰之爲言上下不相得也補曰疏曰重發起例者上下不相得之罪邑與國同故詳之一解鄆不伐而自潰與常例異故重發之文烝案邑叛而從國文爲變例故重發傳以明同

上下不相得則惡矣亦譏公也公既出奔不能改德脩行居此鄆小邑復使潰亂德之不建如此之甚補曰言亦者諸書國潰皆見其國之惡爲譏文疏曰嫌自潰不責公也汪克寬曰或謂意如誘其民使潰然亦由昭失民既久故若是也

昭公出奔民如釋重負傳明昭公有過非但季氏之罪補曰言昭素不得於民出則民喜之若負擔重物者初得息肩然此申上譏公意葢師說云爾或共公康公景公平公之時魯人相傳有是言矣

三十年春王正月公在乾侯補曰言在者皆承上在楚承如此承文後儒有謂帝在房州宜書居不宜書在者不知此義也葉夢得又引易文言傳居上位而不驕在下位而不憂亦無足取

中

國不存公存公故也中國猶國中也補曰爾雅曰在存也疏曰范例云在有四言在非所在也文烝案傳明經通例也國中不存公者凡居竟內則無存文二十七年二十八年不言在鄆是也二十六年不言在齊鄆已屬公也二十九年不言在乾侯猶有鄆也成襄昭如晉皆不書在晉亦從國中例也存公故也明者歲首既有存文則知其有變故異於平時書在乾侯明其失鄆而寄於他國無所歸也故書在楚明其遠朝夷狄不得歸也若專就此經言則國中謂鄆故謂鄆潰不得入○後世唐中宗之事書帝在房州者非也昭公雖出猶公也故每歲存之也中宗既廢王也非帝也非帝言帝無年而爲有年非實也皇后武氏稱帝紀年也紀帝而存王又非名也竊謂脩唐史者宜於帝周之中每寓存唐之意四月陳火正堪取法公在乾侯不可同條明乎此可以言春秋名實之際矣

夏六月庚辰晉侯去疾卒

秋八月葬晉頃公補曰注克寬曰是時公在晉地不弔其喪不送其葬者晉不受公公亦淹恤在外不能備其禮也

冬十有二月吳滅徐滅夷狄時月者爲下奔起補曰疏曰案滅中國日出奔月輕於滅滅夷狄時奔何得更月范荅薄氏云國不滅而出以月爲例國滅而出出重於滅滅夷狄雖時猶加以月然則溫子之國滅而出奔何以不月有義而然弦子之奔文承入月之下溫子奔在正月之後何知不月傳於弦子滅言不日微國微國則例月例月則不關於君出君出之重不大於滅國范云出重於滅者言既滅其國君不死難比之常奔恆滅則爲重矣滅在月例者君出不復加日明滅重矣文烝案此注蓋合經意疏云云者多不明白以弦滅爲在月例亦誤凡滅在月例者以其君歸則日之沈許頓胡是也君奔則併於月文譚是也溫蒙上月與譚同也滅在時例者以其君歸則無加文夔是也君奔則月之此文是也弦滅不得蒙上月奔則得蒙之也國滅君不能死以歸者尤重於奔夔所以無加文者蓋以奔既錄月則獲宜謹日而重其事本在時例不欲苟爲特筆之文故自從其常例也潞子書日傳以爲賢明不從獲起義乃是特爲變文矣

徐子章羽奔楚奔而名者有罪惡也補曰疏曰注於譚子云蓋無罪蓋者疑而辭今此章羽不疑者名義多見傳故從正例而不疑也唊助曰徐子名者初已自服吳子吳子唁而送之非能自奔也劉絢曰力不能勝而奔者義未絕也章羽

已服吳而後奔楚則既降矣故名以著其絶○撰異曰羽公羊作禹唐石經左氏與此同岳本則作禹左傳皆作禹

三十有一年春王正月公在乾侯

季孫意如會晉荀櫟于適歷適歷晉地○撰異曰櫟舊作躒左氏作躒下同公羊又作躒作濼

夏四月丁巳薛伯穀卒補曰莊三十一年書薛伯卒至此復來赴書名則同盟情親也書日則正也書葬而時則亦正也皆與大國同例終於春秋

晉侯使荀櫟唁公于乾侯唁公不得入於魯也補曰疏曰復發傳者今在晉地晉將納公公有可入之理故重明之**曰既爲君言之矣不可者意如也**言已告魯求納君唯意如不肯補曰上言意如會櫟此言已櫟唁知是意如不肯納君明矣意如逐君未有見文於此微見之傳即以唁辭明之左傳所載似尚爲意如解免者蓋魯人護季氏之辭非實錄也

秋葬薛獻公

冬黑肱以濫來奔○撰異曰肱公羊作弓案鄉射禮注今文弓爲肱易家有馯臂子弓亦肱也

其不言邾黑肱何也據襄二十一年邾庶其以漆閭丘來奔言邾補曰當依何休云據讀言邾孔廣森以爲春秋口授恐久而失實故文雖無邾師法自連邾讀之因以起其義也別乎邾也邾以濫邑封黑肱故別之若國補曰公羊以爲黑肱之先人叔術讓國不受惟受五分之一卽濫是也服虔長之義森曰邾本附庸三十里耳而言五分之爲六里國也孔廣森曰邾建國制地要取開方方三十者其積九百五分之一爲一猶有百八十里何言六里乎文烝案百八十里之積爲方十三里而有餘設稱三十分之一爲方五里而有餘可謂之方一里乎其不言濫子何也據既別之爲國則應書其爵非天子所封也補曰雖是邾之別封終不得爵命於天子明非濫子也猶夫邾大夫也來奔內不言叛也補曰此言凡竊邑以來奔者皆叛也若奔他國卽當云黑肱入于濫以叛邾庶其叛亦當云入于漆以叛莒牟夷亦當云入于牟婁以叛今有以文無叛文者爲其來奔內書其以地接我爲重兼爲內諱也不發

傳於庶其牟夷者彼處一人據二邑三邑此惟一邑彼若書叛亦當但書一邑故就此一邑者明之以包前二文也杜預曰以邑出書叛適魯而言來奔內外之辭劉歆賈逵說三叛人以地來奔不書叛謂不能專也釋例駁之以叛杜氏頗合傳義亦以襄二十六年衞孫林父入于戚以叛左傳云以戚如晉足明竊邑而奔他國者皆書叛矣書叛則不書出奔書來奔則不書叛而書以之文則同是春秋之義也疏不得傳旨以爲黑肱不繫邾嫌其專地不責叛罪故重發傳以明例此傳是初發何云重乎

十有二月辛亥朔日有食之

三十有二年春王正月公在乾侯補曰趙鵬飛曰三年之間歲首皆書公在存公所以誅季氏也而左氏各爲之說鑿矣謂左氏專信國史而不附會殆不然也案葉夢得亦謂左氏妄

取闞補曰據左氏定元年傳則闞者魯羣公墓所在賈逵曰昭公得闞季氏奪之杜預曰公別居乾侯遣人誘闞而取之文烝案此蓋不蒙上月或如齊侯取鄆不可以常例準

夏吳伐越補曰不稱於越者自吳言之也與楚同

秋七月

冬仲孫何忌會晉韓不信齊高張宋仲幾衛大叔申鄭國參曹人莒人邾人薛人杞人小邾人城成周補曰何忌貜之子孟懿子二十七年戍周此罷戍而城之書城不書戍僖十四年論之備矣不言城京師說亦見前○撰異曰大左氏公羊作世準之前後文宜從世世左氏無郕人

天子微諸侯不享覲享獻也覲見也言天子微弱四方諸侯不復貢獻又無朝見之禮

天子之在者惟祭與號祭謂郊上帝號謂稱王補曰傳言此者明時既以下都爲京師而微弱之至不能增脩其城亦所謂危而不能自守

故諸侯之大夫相帥以城之此變之正也補曰蹴曰變之正重復起傳者平桓之世雖復禮樂出自諸侯諸侯猶有享覲之心襄王雖復出居猶賴晉文之力札子雖云矯殺王威未甚屈辱至於景王之崩嫡庶交爭宋衛外附楚亦內侮天子獨立成周亟教不行天下諸侯無桓文之伯不能致力於京師權柄委於臣手故大夫相率而城之比之正禮而傳與城杞釋不異辭也文烝案經與城杞同文傳嫌其

事迴別故重顯此二句謝湜曰當王室危弱之時乃能從王命以安王室善之大者呂本中曰周室雖微諸侯猶勤之先王之德澤猶有存焉者也

十有二月己未公薨于乾侯

昭補注二十二終

大千九百五十五字
小萬四千三百零六字
眉注百十三字

春秋定公經傳第十補注第二十三

定公亦襄公子昭公弟公子宋也以敬王十一年即位

穀梁　范氏集解　鍾文烝詳補

元年春王三月徐邈曰案傳定元年不書正月言定無正也然則改元即位在于此年故不可以不書王書王必有月以承之故因其執月以表年首爾不以謹仲幾也補曰凡執史皆書月而此之仍史文書月者其義不從執起徐注是也或疑執仲幾若適在正月又此年或竟春無事豈得無正此皆文外巧辯非所疑也舊本三月二字退在下晉人上以王字斷句與桓元年同誤今改正之并移下條徐注於此公羊此年亦以王字斷句孔廣森本改正

不言正月定無正也補曰言十二公惟定無正隱雖十二年無正定元年猶有之

定之無正何也補曰據莊公有正月

昭公之終非正終也死在外故

定之始非正始也補曰始謂即位即位者一國之始定即位不在正月是非正始故無正凡元年之正月爲即位書也莊雖不書即位而正月實即位故桓非正終而莊猶正始是以有正月

昭無正終，故定無正始。補曰上言非此言無則此謂春秋之立文也言春秋無於昭定終始之際因事見義昭無正終之文故定亦無正始之文明後君當念先君不得安然自正其位也凡非繼正爲君者有正月則以不書即位爲義言不忍即位也無正月則以不書正月爲義言不敢同於正始也**不言即位，喪在外也。**補曰此又承上定之始非正始言之正月所以不即位者緣喪在外未殯也明定實不即位故不言即位與莊閔僖不同非謂此處有言即位之理也傳申言此者因以見即位之文史所本無君子更爲去正月以著義

晉人執宋仲幾于京師。晉執人於尊者之側而不以歸京師故但言其執不書所歸補曰此本杜預也疏曰薄氏駁云仲幾之罪自當委之王吏非晉人所執故傳云不正其執人於尊者之所也譏執不譏無所歸晉執曹衞在他處並可言歸若晉人執仲幾于京師復何得言歸于京師若如此論何以通乎范荅云晉城成周宋不即役晉爲監功之主因而執之此自晉人之事安得委之王吏傳當以執人於尊者之所而不以歸於王之有司故譏之非言其不可以執晉執曹衞之君各於其國而並不書國者以其歸于京師故也

今執仲幾不書所歸唯舉其地者此晉自治之效若使歸于京師與執諸侯同是君臣無別也今直以執在京師不可言歸此義猶自未通上言城成周序仲幾於會此言歸于京師其言足證天王居于狄泉在畿內而別處若上言城成周下稱晉人執宋仲幾歸于京師具見執之異處而歸天子今晉人於尊者之側而執人以歸自治於國故春秋不與其專執地於京師文烝案此條左傳與經違異杜作注又自異其傳而語殊不安范用杜而力申之皆飾說也今備錄以見其失當以

此大夫

薄叔元義爲長○撰異曰此幾公羊或作機補曰文承上城足明其爲晉大夫此字下各本衍其字今依唐石經呂本中集解本張洽集註俞皋集傳釋義本刪正

其曰人何也微之也

補曰疏曰大夫當稱名而大夫相執無稱名之例因此見義明大夫相執不書書則微之見伯討失所故傳云云非謂大夫相執得見於經

何爲微之不正其執人於尊者之所也

補曰疏曰仲幾雖逆命當歸王之有司今晉大夫執人於尊者之側故地于京師以見尊稱人以見微

不與大夫之伯討也

補曰疏曰諸侯執人稱侯以執者非伯討稱人以執者爲伯討今此稱人非伯討者伯討宜施諸侯若大夫則不得也李廉曰此條

以事言之則以王事討有罪以義言之則大夫專執人於王側而不歸之王吏故春秋亦不與以伯討文烝案公羊謂仲幾不衰城與左傳同衰謂差次受功

夏六月癸亥公之喪至自乾侯戊辰公卽位補曰左傳曰夏叔孫成子逆公之喪于乾侯喪及壞隤公子宋先入從公者皆自壞隤反六月癸亥云云殯然後卽位也周人殯于西階之上補曰丁卯殯然後戊辰卽位此句解經已了下文反覆申明之定無正見無以正也補曰無以正者正月不卽位是無以正踰年不言卽位是有故公也謂昭公在外故補曰故猶舊也正月不卽位則不言公卽位而公之稱猶屬故公故書曰公之喪也此解上公字蘇轍得其意言卽位是無故公也補曰文公成公等正月言公卽位所謂公者非復故公矣此戊辰之文與彼相當解下公字也卽位授受之道也先君見授後君乃受故須棺在殯乃言卽位補曰位者先君所授後君所受起下四句意也注非也此自遍凡卽位者言先君無正終則後君無正始也補曰申上踰年不言卽位二句先君有正終則

後君有正始也（補曰申上言即位二句）戊辰公即位謹之也（補曰謂謹日公羊曰即位不日此何以日錄乎內也）定之即位不可不察也（補曰疏曰即位雖同而時義有別理有所見見必有意故曰不可不察）公即位何以日也（據未有日者）戊辰之日然後即位也（補曰言其遲緩失正月即位時）癸亥公之喪至自乾侯何爲戊辰之日然後即位也（癸亥去戊辰六日怪不即位）正君乎國然後即位也（諸侯五日而殯今以君始死之禮治之故須殯而後言即位補曰君先君也正君乎國即下引沈子正棺楹間語是其事也以明即位必於殯）沈子曰正棺乎兩楹之間然後即位也（兩楹之間南面之君聽治之處補曰何休曰正棺者象既小斂夷于堂昭公死於外不得以君臣禮治其喪故示盡始死之禮禮始死于北墉下浴於中霤飯含於牖下小斂於戶內夷於兩楹之間大斂於阼階殯於西階之上祖於庭葬於墓奪孝子之恩動以遠也禮天子五日小斂七日大斂諸侯三日小斂五日大斂卿大夫二日小斂三日大斂夷而經殯而成服故日戊辰然後即位文烝案上傳言殯

然後即位謂五日殯而成服也而此言正棺兩楹之閒
以三日夷而經爲節者蓋沈子大概言之耳鄭君以爲
正棺即殯故雜記注曰凡樞自外來者正棺於兩楹之
間尸亦俠之於此皆因殯焉殯必於兩楹之閒者以其
死不於室而自外來留之於中不忍遠也孔廣森曰周
人殯於西階之上殷人殯於兩楹之閒魯有王禮辟時
天子故多雜殷法檀弓曰殷朝而殯於祖而左氏說魯
喪殯廟即殷法也鄭禮注及孔說俱有理故並述焉書
顧命成王以四月乙丑崩于路寢大保逆子釗不言逆
王至大斂之明日癸酉布設既畢將授冊命始稱王麻
冕黼裳由賓階隮及受冊命畢乃稱王出在應門之內
白虎通以爲既殯而即繼體之位也然則殯而即位者
天子亦然明魯他公皆然但他公既有殯後即位之禮
又有元年正月即位之事定公值事之變葉夢得謂以
喪衮之嗣位遂正朝廟之君位是其異也杜預釋例曰
昭公喪在外踰年乃入故因五日改殯之節國史用元
年即位之禮因以此年爲元年其說是也公羊曰癸亥
公之喪至自乾侯則曷爲以戊辰之日然後即位正棺
於兩楹之間然後即位子沈子曰定君乎國然後即位
與此文互異俞樾語予彼定字亦當讀爲正書堯典即定
四時史記作正國語正卒伍漢書作定二字古多通用
也公羊與穀梁文雖互異義實相同古經師口授但求

大旨之無乖不斤斤於字句閒如此何休既失定字之讀孔廣森尤不然矣內之大事日補日如公夫人薨葬之屬卽位君之大事也其不日何也補曰問凡正月卽位者何以不謹以年決者不以日決也補曰元年卽位必在三朝月正元日著自帝典言正月足明其爲朔矣本非日事不須遇朔言朔此則其日何也補曰怪獨謹此著之也欲有所見何著焉踰年卽位厲也厲危也公喪在外踰年六月乃得卽位危故日之補曰不謹日則無以見其危於厲之中又有義焉先君未殯則後君不得卽位補曰於此危文又因見義者下文所云是焉或作也未殯雖有天子之命猶不敢況臨諸臣乎以輕喻重也雖爲天子所召不敢背殯而往況君喪未殯而行卽位之禮以臨諸臣乎周人有喪魯人有喪補曰疏曰並有喪周人弔魯人不弔周人曰固吾臣也使人可也魯人曰吾君也親之者也使大夫則不可也故周人弔魯人不弔補曰弔周喪必諸侯自親之以有父喪未殯故

不弔疏曰既殯君乃奔喪也先殯其父後奔天子喪者亦是不奪人之親門外之治義斷恩門內之治恩掩義至如伯會越紼赴金革之重不拘此例文衆案傳以魯人遣魯事不知其當何王何公觀此傳則知經所書大夫弔者非禮又因知會葬亦當親往而經所書葬或大夫或卑者皆非禮矣五經異義公羊說天王喪赴者至諸侯哭雖有父母之喪越紼而行事葬畢乃還左氏說王喪赴者至諸侯既哭問故遂服斬衰使上卿弔上卿會葬經書叔孫得臣如京師葬襄王以爲得禮許慎謹案易下邳侍其容說諸侯在千里內皆奔喪千里外不奔喪若同姓千里外猶奔喪親親也容說爲近禮

以其下成康爲未久也周道尚明無愧于不往補曰鄭君詩箋曰下猶後也成康周道之盛左傳曰成王靖四方康王息民

君至尊也

夫父之殯而往弔猶不敢況未殯而臨諸臣乎補曰定公爲昭公弟以弟繼兄猶以子繼父其義不異也自周人有喪至此又申上未殯四句意前篇言春秋之義不以親親害尊尊義斷恩也此言君雖至尊不敢去父殯而往弔恩掩義也○考諸喪服傳於父於天子於君妻於夫妾於君皆曰至尊也於祖父母於曾祖父母亦曰至尊也於母對至尊言曰私尊也於妻曰至親也凡尊親之理

以是而推

秋七月癸巳葬我君昭公補曰左傳季孫葬昭公於墓道南孔子之爲司寇也溝而合諸墓方苞以爲昭亦書葬則隱閔之不葬非非舊史以葬不成禮而不書明矣

九月大雩雩月雩之正也補曰重釋例者將詳論雩道故重釋以發端秋大雩非正也冬大雩非正也秋大雩之爲非正何也冬禾稼既成猶雩則非禮可知秋禾稼始苗嫌當須雨故問也補曰雩字下之字上各本又衍雩字今依唐石經余本張洽集註俞皋集傳釋義本刪正毛澤未盡人力未竭未可以雩也邵曰凡地之所生謂之毛公羊傳曰錫之不毛之地是也言秋百穀之潤澤未盡也人力未盡謂耕耘之功未畢補曰明凡書秋者皆七月雩月雩之正也月之爲雩之正何也其時窮人力盡然後雩雩之正也何謂其時窮人力盡是月不雨則無及矣是年不艾則無食矣是謂其時窮人力盡也

補曰艾穫也疏曰是月不雨則無及者謂八月求雨雩而得之則書雩明有所及故也是月雩不必有雨而曰無及者人情之意欲其有得故以兩月請是年不艾則無食者指謂九月之雩雩而得雨是年有食雩不得雨則書旱旱則一歲無食故曰是年傳於仲秋言月季秋言年年月之情以表遠近深淺之辭也雩之必待其時窮人力盡何也雩者爲旱求者也求者請也古之人重請何重乎請人之所以爲人者讓也補曰人無禮無以立禮之行以辭讓也請道去讓也則是舍其所以爲人也是以重之補曰舍釋也去也除也置也案此與乞爲重辭求爲之得不得未可知之辭義皆相貫程子不爲妻求封或問今人陳乞恩例以爲本分曰只爲而今道慣乞字因問陳乞封父祖如何曰此事體又別讀傳宜知此意焉請哉請乎應上公補曰疏曰魯與天子同雩上帝上帝既雩及百辟卿士有益於民者故言請乎應上公天尊不敢指斥故請其屬神也古之神人有應上公者通乎陰陽補曰生通陰陽死而爲神謂之神人也物曰怪人曰神相似而異風俗通引傳曰神者申也怪者疑

也中郎信字**君親帥諸大夫道之而以請焉**道之謂君必爲先也
明無可疑
其禱辭曰方今大旱野無生稼寡人當死百姓何謗不
敢煩民請命願撫萬民以身塞無狀禱亦請也此即請
辭也補曰案成七年疏曰鄭釋廢疾去冬及春夏案春
秋說考異郵三時雖有禱禮無雩祭之事雖四月龍星
見始有常雩耳故因載其禱請山川辭云云與此注七
句同唯大旱作天旱何謗作何依此疏曰考異郵說僖
公三時不雨禱于山川以六過自責又曰方今大旱野
無生稼此注所云其禱辭或亦用之故引以明之耳
夫請者非可詒託而往也必親之者也是以重之詒託猶假
寄補曰再言是以重之者前通論請道之重此專指君
親請禱之重案傳惟言八月九月爲雩之正不言孟夏
之雩者龍見常祀非是旱雩經無書六月雩者故傳亦
不及也疏曰聖人重請請必爲民民之本務在於春夏
春夏祈穀必先嚴其犧牲具其器物謹脩其禮冀精誠
有感故一時盡力專心求請求請不得失時時在孟夏
之節是月有雨先種得成茂實後種更生故重其
時時過以往至於八月九月乃是脩雩之節也
立煬宮煬宮伯禽子廟毀已久補曰案史記魯公伯禽子考公酉考公弟煬公熙**立者不宜立**

者也補曰疏曰重發傳者此不日與武宮異故發之范例宮廟有五文有詳略見功有輕重丹楹功少故書時刻桷功重故錄月范荅薄氏云考宮書月比丹楹爲重武宮書日者范云始築之事煬宮不日比武宮爲輕此例以宮言之也立廟之例以立言之在不宜立中不宜立例有四文烝案左傳昭公出故季平子禱于煬公九月立煬宮

冬十月隕霜殺菽建酉之月隕霜殺菽非常之災補曰此本杜預也何休曰菽大豆汜勝之種植書曰大豆保歲易爲宜廣雅小豆別名荅也劉向以爲周十月今八月消卦爲觀陰氣未至君位而殺誅罰不由君出在臣下之象也○撰異曰菽左氏又作叔陸淳纂例本作叔云公羊作菽**未可以殺而殺舉重**舉殺豆則殺草可知**可殺而不殺舉輕**不殺草則不殺菽亦顯僖三十三年隕霜不殺草是也補曰重發傳者各有所主也**其曰菽舉重也**補曰申言以結之疏曰隕霜二文不同故范特爲一例文烝案傳釋二文甚明公羊皆謂之記異此是災菽而以異書以爲異大乎災何休遂以爲獨殺菽不殺他物杜誤引集義曰誤也

二年春王正月

夏五月壬辰雉門及兩觀災 雉門公宮之南門兩觀闕也 補曰此本杜預也明堂位說

魯制曰庫門天子皋門雉門天子應門鄭君曰言如天子之制也天子五門皋庫雉應路魯有庫雉路則諸侯三門與此此經雉門卽桓三年傳之闕門謂之闕門者以此門兩旁有兩觀故也爾雅曰觀謂之闕孫炎曰宮門雙闕雙闕卽兩觀也兩觀亦卽周禮左傳之象魏以其中央闕然爲道而其上縣法象狀巍巍然高大使萬民觀之故曰闕曰象魏曰觀也亦卽禮記之臺門左傳之門臺葢兩邊築闍爲基基上起屋謂之臺臺門亦曰門臺也公羊載子家駒對昭公以魯兩觀爲僭天子禮何休曰禮天子諸侯臺門天子外闕兩觀諸侯內闕一觀準此言之魯雉門旣如天子制而兩觀又直僭天子也何氏說此經以爲雉門兩觀皆天子之制定公不去其失故天災之疏引劉向云雉門天子之門今魯過制故致天災說與何同劉雖不言兩觀爲僭當亦不異公羊也○劉敞以爲天子亦三門戴震申之謂天子有皋應路諸侯有庫雉路皋門天子之外門庫門諸侯之外門應門天子之中門雉門諸侯之中門異其名殊其等門數則同皆三朝皆三門也

其不曰雉門災

及兩觀何也據先書雉門則應言雉門災及兩觀鄭嗣曰據災實從雉門起應言雉門災及兩觀災自兩觀始也不以尊者親災也始災者兩觀也鄭嗣曰今以災在兩觀下使若兩觀始災者不以雉門親災補曰公羊曰主災者兩觀也何休曰時災從兩觀起又曰兩觀微也不以微及大也何休曰門爲其主觀爲其飾故微也先言雉門尊尊也欲言兩觀災及雉門則卑不可以及尊災不從雉門起故不得言雉門災及兩觀兩觀始災故災在兩觀下也鄭嗣曰欲以兩觀親災則經宜言兩觀災及雉門雉門尊兩觀卑卑不可以及尊故不得不先言雉門而後言兩觀欲令兩觀始災故災在兩觀下兩補曰注三引鄭嗣以存異說范意則與何休同也劉緦曰春秋辯理一字見義五石六鷁以詳略成文雉門兩觀以先後顯旨其婉章志晦諒以遂矣尚書則覽文如詭而尋理即暢春秋則覩辭立曉而訪義方隱此聖人之殊致表裏之異體者也

秋楚人伐吳

冬十月新作雉門及兩觀補曰月者重其作何休曰月者久也當即脩之如諸侯禮言

新有舊也作爲也有加其度也補曰疏曰重發傳者此災而更脩嫌與作南門異故發傳以同之此不正其以尊者親之何也不正謂更廣大之不合法度也據當諱而以雉門親新作之下雖不正也於美猶可也改舊雖不合正脩飾美好之事差可以雉門親之

三年春王正月公如晉至河乃復補曰左氏賈逵注曰刺緩朝見辭失所不諱罪己劉炫謂公以六月卽位此年便往於事未爲緩晉何以辭之此後更無謝罪之處明年會次依常乃復之意不可縣知劉說是也但其事不可知其義則亦當以恥之爲義從著有疾之例也孔廣森曰月者正月也疏曰昭公四如晉并有疾爲五皆不月公不入晉則無危也昭卽位二年而脩朝禮乃爲季氏所譖使不得入公無危懼之意猶數數脩朝於晉晉雖不受朝公無危懼之理今定立三年始朝於晉晉責其緩慢不受其朝公懼而反非必季氏所譖公有負於晉而心內畏懼故危錄之文烝案昭既無危文何以危定乎疏說紆蔓而鑿孔說爲允

三月辛卯邾子穿卒。○撰異曰三月左氏及唐石經公羊磨改作二月徐彥曰公羊穀梁皆作三月左氏作二月未知孰正

夏四月

秋葬邾莊公

冬仲孫何忌及邾子盟于拔。拔地名補曰當云地闕邾本子爵而喪未踰年亦稱子辭窮則同也不日者哀元年何忌伐邾渝盟與昧同義也既不日又不月者蓋以昧是公盟此是大夫盟故特異之○撰異曰拔公羊作枝

四年春王二月癸巳陳侯吳卒

三月公會劉子晉侯宋公蔡侯衛侯陳子鄭伯許男曹伯莒子邾子頓子胡子滕子薛伯杞伯小邾子齊國夏于召陵侵楚。補曰地而後侵疑辭也與襄同滕班在頓胡下與昭四年異月者義見昭四年注

夏四月庚辰，蔡公孫姓帥師滅沈，以沈子嘉歸，殺之。補曰：凡書以歸者，不殺之也，殺則書殺。若君死於其位，則但書滅國，舉滅爲重也。滅卑國例月，此日者，爲以其君歸。後文許、頓、胡三國亦同也。曹、鄅書入，故或日或不日。○撰異曰：姓，左氏又作生，公羊姓上有歸字，後並同。段玉裁曰：歸姓即歸生也。音義：三姓字皆音生，一音如字。

五月，公及諸侯盟于皋鼬。召陵會劉子，諸侯總言之也。皋鼬，地名。不日者，後楚伐蔡，不能救故。補曰：此當云鄭地。注首二句本杜預。齊國夏亦包在內。陸湻曰：劉敞說非也。○撰異曰：皋鼬，公羊作浩油。陸湻纂例公羊作浩由。案鹽鐵論作誥鼬。

一事而再會，公志於後會也。後志疑也。公畏强楚，疑於侵之，故復者更謀也。補曰：疏曰：案傳例地而伐，疑辭。今經言會于召陵侵楚，則疑於前會不關於後，而云志於後會，後志疑者，楚當時爲吳所困，削弱易可得志。今一會之中，十有九國，衆力之彊足以服楚，不敢深入，淺侵郊竟，則責諸侯之疑，居然可曉。公疑於楚强，是謂無勇，故會盟二文並見，魯公外內之疑兩顯文。烝案：傳解經加言公及也。凡前目後凡之文，言諸侯之大夫，則內別出大夫名氏；言諸侯，則內不別出公此通例也僖之篇盟薄盟宋皆言公會諸侯其上無公是後至之文今此上既言公會又言公及一事也而再出公與後至書會之文不異是明公志於後會矣公實不後而志於後者其志有所疑謂楚不可侵也上地而後侵見晉之疑此復出公見公之疑內外互見明會盟皆不足善其後晉不救蔡致使請救於吳晉無能甚矣以王臣之重十八國之衆而從渝盟不日之例則春秋之意不可見乎書及者上言公會明外爲主故此從以內及外常文也陳則通曰自幽以後伯主之大盟皆書會天下有伯而諸侯始合也至皋飀書及天下無伯而諸侯始散也陳說亦得兼通鹽鐵論曰春秋存君在楚詰飀之會書公殆夷狄也彼意謂侵楚有危爲公危錄蓋用公羊家舊說與傳異也傳一事二字各本誤作後一字涉下二句而誤義不可通今依唐石經余本俞皋集傳釋義本改正

杞伯成卒于會○撰異曰成公羊作戌或又作戌音恤

六月葬陳惠公

許遷于容城補曰容城楚地

秋七月公至自會補曰此二事偶則以後事致之例實亦未滿二時月者何休曰爲下劉卷卒

劉卷卒劉采地補曰此注贅劉儆曰何以不言爵畿內之君也不世爵故不與爵稱也王者之制內諸侯祿外諸侯嗣於經未有以言之觀乎劉卷卒則可信矣故生稱爵其祿也卒稱名從正也葬稱公主人之事也文烝案劉云大夫不世爵內諸侯祿外諸侯嗣皆王制文與公羊言大夫不得世世卿非禮合左氏說卿大夫皆世父祿賢則世位官有世功則有官族左氏義爲備傳云寰內諸侯也非列土諸侯故卒不言爵所以相別趙之匡得

此不卒而卒者賢之也寰內諸侯也非列土諸侯此何以卒也天子畿內大夫有采地者謂之寰內諸侯非列土之諸侯雖賢猶不當卒補曰書禹貢說虞夏之制五百里侯服百里采二百里男邦三百里諸侯胡渭曰男始言邦則王官雖得以本爵自君其采邑而不敢稱邦可知

天王崩爲諸侯主也昭二十二年景王崩嘗以賓主之禮相接能爲諸侯主所以爲賢補曰疏曰傳又云爲諸侯主故書卒則書卒不關其賢而范例云非列土諸侯而書卒者賢之也賢之一文而義當兩用上言不卒而得書卒之意下言賢猶不當卒以其爲諸侯主明賢之義故得

書卒反覆二事皆是爲賢故例復云賢之文柔案史書卒者彼來赴也彼來赴者以其嘗爲我主也故君子取其義而傳明之也王崩爲主者前此多有其卒皆不赴魯今此會盟相接近在本年情尤親故赴也不日者卒之已是加錄不復須日故略去舊文與王子虎同也尹氏亦爲主而日者甫爲主而即卒恩痛尤深故不去日也傳於尹氏曰於天子之崩爲魯主於此曰天王崩爲諸侯主互文而同義公羊於尹氏曰天王崩諸侯之主於此曰我主之亦互文而同義公羊於此不言王崩者省文也何休孔廣森遂滋異解

葬杞悼公

楚人圍蔡

晉士鞅衞孔圉帥師伐鮮虞補曰昭十二年狄晉此承楚圍蔡從平文猶襄二十五年鄭公孫夏伐陳亦是狄鄭之後爲平文也蘇轍曰晉雖狄棄諸侯而蔡未有國滅之禍輕重異也文柔案前篇狄晉其義深遠但以滅不滅較輕重非經意○撰異曰圉公羊作圄虞公羊或作吳案古讀虞若吳

葬劉文公補曰疏曰葬之者明亦爲賢之有采地比之畿外諸侯故書葬文柔案以賢錄葬異之於尹氏

王子虎或尹氏王子虎魯不會史所本無

冬十有一月庚午蔡侯以吳子及楚人戰于伯舉楚師敗績補曰吳楚交兵楚主吳客反以吳及楚者吳爲蔡以順蔡侯之文吳初進稱子又不順進文也此戰楚囊瓦帥師不稱及楚囊瓦帥師戰又不稱及楚師戰但略稱楚人敗乃稱師下出奔乃見囊瓦名氏皆從城濮例者皆順及文也順之者盈之也後有存楚文則此不嫌抑楚或謂長岸以來楚復以書人爲例非也伯舉楚地○撰異曰伯左氏作柏古通用舉公羊作莒陸湻纂例唯云公羊作伯莒

吳其稱子何也補曰何休曰據滅徐稱國以蔡侯之以之舉其貴者也貴謂子也補曰李廉曰宋以四國公以楚師傳皆曰以者不以云云此曰舉其貴則又變不以之例蓋所以雖同而事則異觀於吳進書爵則無譏矣春秋所以不可一槩論也案此說與家鉉翁同蔡侯之以之則其舉貴者何也補曰據公會吳伐齊不舉貴者吳信中國而攘夷狄吳進矣補曰攘卻也能憂中國善行可進故因蔡侯之以之則舉其貴其信中國而攘夷狄奈何子

胥父誅于楚也子胥父伍奢也爲楚平王所殺補曰子胥伍員誅討也責讓殺戮皆言誅挾弓持矢而干闔廬見不以禮曰干欲因闔廬復父之讐補曰注本何休何又曰挾弓者懷格意也闔廬即光闔廬曰大之甚勇之甚子胥匹夫乃欲復讐於國君其孝甚大其心甚勇爲是欲興師而伐楚子胥諫曰臣聞之君不爲匹夫興師補曰何休曰必須因事者其義可得因公託私若以匹夫興師討諸侯則不免爲亂且事君猶事父也虧君之義復父之讐臣弗爲也補曰君爲匹夫興師是虧君義言輕君而重父也於是止蔡昭公朝於楚有美裘正是日囊瓦求之正是日謂昭公始朝楚之日補曰正當也昭公不與爲是拘昭公於南郢南郢楚都數年然後得歸歸乃用事乎漢用事者禱漢水神補曰公羊曰用事乎河傳聞誤曰苟諸侯有欲伐楚者寡人請爲前列焉補曰老子曰侯王自謂孤寡不穀此其以賤爲本邪非乎又曰人之所惡惟孤寡不穀而王公以爲稱楚

人聞之而怒爲是興師而伐蔡蔡請救于吳子胥曰蔡非有罪楚無道也君若有憂中國之心則若此時可矣補曰何休曰猶曰若是時可興師矣激發初欲興師意爲是興師而伐楚補曰何休曰不書與子胥俱者舉君爲重文烝案公羊曰父不受誅子復讎可也疏曰傳稱子胥云虧君之義復父之讎未論子胥是非公羊左氏論難紛然賈逵服虔共相教授戴宏何休亦有脣齒其於此傳開端似同公羊及其結終不言子胥之善夫資父事君尊之非異重服之情理宜共均既以天性之重降於義合之輕故忠臣出自孝子孝子必稱忠臣今子胥因一體之重忽元首之分以父被誅而痛纏骨髓得耿介之孝失忠義之道而忠孝不得並存傳不善子胥者兩端之閒論忠臣則傷孝子之恩論孝子則失忠臣之義春秋科量至理尊君卑臣子胥有罪明矣君者臣之天天無二日土無二王子胥藉吳國之兵戮楚王之尸可謂失矣雖得壯士之偏節失純臣之大道傳舉見其爲不言其義蓋吳子爲蔡討楚申中國屈夷狄非直申子胥之情不嫌子胥得善也何以不言救也據實救蔡補曰伐楚所以救蔡也救大也夷狄漸進未同於中國補

曰疏曰案狄救齊亦是善事而得書救者狄雖書救未得稱人許夷狄不使頓備也今吳既進稱子復書曰救便與中國齊蹤故不使與救若書救當言吳子救蔡蔡侯以吳子及楚人戰于伯舉文烝案不書其救而書蔡侯之以仍不沒其救之實也舉其貴以進之又不言救以抑之之猶宣十一年明楚之討有罪又不使夷狄爲中國皆經世之深意也

楚囊瓦出奔鄭知見伐由己故懼而出奔補曰輟戰而奔見其逃軍與先蔑同義言出者從伯舉去猶楚竟也杜預京相璠輿地之學自當別爲一家而某地屬某國則治經者宜知

庚辰吳入楚○撰異曰楚左氏作郢案凡入國皆書國獨此以楚都地名書劉知幾曰豈左氏之本獨爲謬歟陸湻曰誤也汪克寬曰恐因昭三十一年傳吳其入郢之文而誤也左傳於後十五年亦曰吳之入楚也則當作楚

日入易無楚也補曰傳例日入惡入者也此文去子從狄稱惡入可知不假具日故知日入易無楚也

易無楚者壞宗廟徙陳器撻平王之墓鄭嗣曰陳器樂縣也禮諸侯軒縣言吳人壞楚宗廟徙其樂器鞭其君之尸楚無能亢御之者若曰無人也補曰周

禮小胥鄭衆注曰軒縣三面其形曲鄭君曰去南面辟王也何以不言滅也據宗廟既毀樂器已徙則是滅也欲存楚也補曰書入入見其滅但書入又欲見其不滅其欲存楚奈何昭王之軍敗而逃補曰昭王自郢西涉睢也父老送之曰寡人不肖亾先君之邑補曰邑國也散文通左傳楚鬭廉曰日虞四邑之至杜預曰四邑隨絞州蓼也邑亦國也父老反矣何憂無君寡人且用此入海矣補曰且將也司馬彪莊子注曰凡言入者皆居於州島之上與其曲隈中也案此陸贄所謂楚昭以善言復國也故勸德宗不吝改過以言謝天下卒使遠近感奮用定唐之多難父老曰有君如此其賢也補曰此者指上語以衆不如吳以必死不如楚雍曰吳勝而驕楚敗而奮補曰案吳闔廬時孫武典兵仁義機權其法詳備而楚父老二語足以勝之可以識用兵之本故淮南子曰百人之必死賢於萬人之必北又曰兵之所以強者必死也民之所以必死者義也相與擊之一夜而三敗吳人復立楚復立也補曰因楚能存故欲存楚賈子曰楚昭王當房而立愀然有寒色曰

王念孫曰醖與醞同說文醖小觶也廣雅巵也

寡人朝飢時酒二醞重裘而立猶憯然有寒氣將柰我元元之百姓何是日也出府之裘以衣寒者出倉之粟以振飢者居二年闔閭襲郢昭王奔隋諸當房之賜者請還致死於寇闔閭一夕而五徙臥不能賴楚曳師而去昭王乃復**何以謂之吳也**據戰稱子**狄之也何謂狄之也君居其君之寢而妻其君之妻大夫居其大夫之寢而妻其大夫之妻蓋有欲妻楚王之母者**補曰王母伯嬴也闔閭盡妻後宮次至伯嬴伯嬴持刃拒之劉向列女傳載其事蓋者承上語辭**不正乘敗人之績而深爲利居人之國故反其狄道也**補曰公羊同左傳亦有其事秦穆爲晉所敗亂人子女之教無男女之別秦所以爲狄也吳入楚君妻君妻大夫妻大夫妻吳所以反狄也白虎通論周代五霸秦穆吳闔閭並列春秋於二君但有狄文何霸之足云

白虎此說無宋襄

五年春王三月辛亥朔日有食之○撰異曰三月公羊作正月段玉裁曰蓋誤字案陸湻纂例所據已誤

夏歸粟于蔡蔡侯比年在楚又爲楚所圍饑故諸侯歸之粟補曰此本杜預杜無侯比以下六字當刪之末句杜作魯歸杜誤也粟者禾實也粟實曰米諸侯無粟諸侯相歸粟正也補曰周禮大司徒大荒大札則令邦國移民通財鄭君曰移民辟災就賤其有守不可移者則輸之穀春秋歸粟于蔡是也孰歸之諸侯也補曰盍魯亦在內不言歸之者專辭也不言歸之者主名若獨是魯也補曰雖魯不在亦然義邇也言此是邇近之事故不足具列諸侯補曰注非也義謂公義邇者引而近之言此是諸侯公義之舉春秋引而近之比諸內事猶究陘內桓師深美之也此申上句并逼前篇三專辭言之

於越入吳舊說於越夷言也春秋卽其所以自稱者書之見其不能慕中國故以本俗名自通補曰此記越事也逸周書王會有於越明其國本自稱於越與楚吳稱之異前自楚吳言之故曰越此自越言之故曰於越皆從主人也陳岳劉敞戴溪李廉注克寬說近是越入皆無月日皆略之

六月丙申季孫意如卒傳例曰大夫不日卒惡也意如逐昭公而日卒者明定之得立由于

意如春秋因定之不惡而書日以示譏亦猶公子翬非桓之罪人故於桓不貶補曰此本鄭君釋廢疾見隱元年疏其說非也定固不以意如爲罪人而書日以卒非欲見此意也翬不去公子固明桓不以爲罪人而翬弒君意如逐君翬不書卒意如書日以卒非所以爲比也如其說則叔孫得臣宣亦不以爲罪人何以不書日明書日之意不論其君之以爲罪否也書日自是常例所以從常例者前書意如會荀櫟荀櫟啗公則逐君事已有所見不嫌得無惡故此得仍史文從常例也叔孫得臣與聞乎弒君而其惡未有所見故須去日以著之公子益師俠之惡亦無所見無侅之惡又不止入極恐其不明故皆去日公子牙之惡亦無所見而從常例書日者彼順下諱文其諱者亦以其有所見也左傳曰六月季平子行東野還未至丙申卒于房不書于房從貍蜃例者行東野非公家之事史本不地也

秋七月壬子叔孫不敢卒補曰不敢婼之子叔孫成子

冬晉士鞅帥師圍鮮虞

六年春王正月癸亥鄭游速帥師滅許以許男斯歸補曰陳則

通曰紀恃魯而誤於魯黄恃齊而誤於齊許恃楚而誤於楚可爲恃人而人不足恃者之戒○撰異曰速公羊作遬後同

二月公侵鄭補曰陳傅良曰自宣之季年凡伐不言公魯無君將者八十年矣至是而書侵鄭則以公山不狃侯犯陽虎之專也故曰政逮於大夫四世矣故夫三桓之子孫微矣趙鵬飛曰魯自舍中軍後軍皆隸三家公無一旅之衆今意如死定公復自將侵鄭其後侵齊會晉師圍成皆以師行黄仲炎曰蓋三家之謀使其君親將也文烝案月者危之危之者以晉初失鄭也

公至自侵鄭

夏季孫斯仲孫何忌如晉補曰斯意如子季桓子

秋晉人執宋行人樂祁犂

冬城中城城中城者三家張也大夫稱家三家季孫叔孫仲孫也三家侈張故公懼而脩內城譏公不務德政恃城以自固**或曰非外民也**補曰或說謂與成九年同義

季孫斯仲孫忌帥師圍鄆

仲孫何忌而曰仲孫忌當所未詳公羊傳曰譏二名補曰此注舊在上如晉下其首句之文云仲孫忌而曰仲孫何忌轉寫錯誤妄改耳今移正之范引公羊非也唐虞有咎繇許愼言文武賢臣有散宜生蘇忿生經必不譏二名又必不於一人一事譏之或謂如夏五傳疑之例又非也地名人名不得假以示闕疑之義且同時之人非隱桓遠日比也此蓋聖門相傳二尺四寸之策本少一字莫敢增益與蔡侯東正同前已論之矣杜預曰鄆有貳於齊○撰異曰徐彥公羊疏曰仲孫忌古本無何字者誤也穀梁及賈經皆無何字又哀十三年經云晉魏多率師侵衛傳亦云譏二名何以此言之則此經無何明矣而賈氏云公羊曰仲孫何忌者此蓋誤段玉裁曰定十六年夏曰仲孫何忌冬則曰仲孫忌哀七年曰魏曼多十三年則曰魏多故公羊釋之今本左穀經定六年冬仲孫忌皆不誤哀十三年皆有曼字蓋誤衍也文烝案唐石經穀梁此處又衍何字猶音義載桓十四年夏五有衍月字者皆寫者之不愼

七年春王正月

夏四月

秋齊侯鄭伯盟于鹹補曰鹹衞地陳傅良曰石門志諸侯之合也鹹志諸侯之判也文烝案外盟不日此又不月者自此而沙曲濮凡三盟皆諸侯叛晉之事故皆略之甚從邢鹿上夷陵衞人及狄盟之例也

齊人執衞行人北宮結以侵衞以重辭也補曰重發傳者嫌君臣異也

衞人重北宮結齊以衞重結故執以侵之若楚執宋公以伐宋凡言以皆非所宜以

齊侯衞侯盟于沙沙地補曰當云衞地○撰異曰公羊作沙澤與成十二年同左氏彼經傳皆曰瑣澤此傳曰瑣

大雩補曰下有九月大雩雖言雩不嫌已得雨

齊國夏帥師伐我西鄙

九月大雩補曰明至此乃得雨也若此雩猶不得雨則兩大雩皆不書當如宣七年書秋大旱矣

冬十月

八年春王正月公侵齊

公至自侵齊

二月公侵齊未得志故補曰此本杜預

三月公至自侵齊公如往時致月危致也往月致時危往也往月致月惡之也補曰此發往月致時之通例因重明往時致月往月致月之例也知是特發往月致時例者案左氏賈逵注曰還至不月爲曹伯卒月賈明於穀梁必用穀梁家之義明此年兩侵兩致皆是往月致時之例而傳特發之凡公如某公至在正月者例皆書月苟非危之則書月猶書時此正月一侵一致侵自以月爲義致自以時爲義不足疑也莊二十三年通說往時致月往月致月之例未著往月致時之文則此傳之爲往月致時特發例尤足明也傳以此二侵在一時之間往致四文皆相承接有異凡常故特發以明例莊二十三年傳曰致月故也往月致月有懼焉爾危致卽故惡之卽有懼重說之以見一經全例又錯其文於上下者危往甚於危致惡之又甚於危往故次第言之二侵皆爲危者以晉初失齊也

曹伯露卒

夏齊國夏帥師伐我西鄙補曰許翰曰宣以後用兵則侵多而伐少被兵則伐多而侵少文烝案自此後不言某鄙矣

公會晉師于瓦瓦衞地也補曰此晉士鞅救我之師公逆會之也不以善辭書救我者杜預以爲齊師已去未入竟也不言公會晉士鞅者公不會大夫又不如嬰齊後有屈文也不從包來之例言公會晉人者兵會非好會也此與趙盾稱師同而不同杜諤曰若言晉士鞅而解則無以見其帥師高澍然曰使書晉救似齊師因救而解使書會晉士鞅似期會而非因救我必如是而後見事實也宣元年趙盾救陳亦未逮救而書者不書則不知棐林之晉師爲救陳而至以四國同會無適主也此言公會則知爲救我雖不言救而救已明也彼書四國會于棐林雖言救而未逮救亦明也

公至自瓦補曰凡會大夫皆不致此致者兵會非好會重其事故從離會危致之例以地致也危之者晉新失諸侯是其事危

秋七月戊辰陳侯柳卒

晉士鞅帥師侵鄭遂侵衞補曰兩事葢並受命直爲繼事辭不從公子遂盟暴之例轉與季孫宿入鄆同文明外與內異例也沈棐曰定哀之閒晉不足以主盟征伐四起交亂天下國君弱於大夫齊晉夷於魯衞○撰異曰公羊作趙鞅

葬曹靖公○撰異曰靖公羊作竫亦或作靖案說文竫亭安也靖立竫也

九月葬陳懷公

季孫斯仲孫何忌帥師侵衞

冬衞侯鄭伯盟于曲濮曲濮衞地

從祀先公貴復正也文公逆祀今還順補曰公羊曰從祀者何順祀也葉夢得曰古者謂從爲順横爲逆何休曰不書禘者後祫亦順非獨禘也言祀者無已長久之辭不言僖公者閔公亦得其順何氏訓祀與說文同以先公專屬閔僖未是先公者統辭也服虔曰自躋僖公以來昭穆皆逆賈公彥周禮冢人疏以

爲兄弟別昭穆既躋僖則於後諸公昭穆皆亂也趙汸曰前言躋則後爲降後言從則前爲逆互文見義也文烝案左傳曰冬十月順祀先公而祈焉辛卯禘于僖公杜預謂於僖廟行順祀此於傳文不合又無其理也順祀者禘於大廟正閔僖之昭穆時僖廟雖不毀實在毀數故閔從穆班則僖在昭而文在穆矣大廟之外又禘於宣成襄昭四親廟各更其昭穆而世室及煬宮武宮桓宮僖宮當皆各禘焉傳獨舉僖公又似與順祀異日皆所未諭杜以辛卯爲十月二日若順祀在前不應魯祭乃用剛日又此事在曲濮盟後或左傳月日都未可據也○凡祭宗廟筮日爲重而春秋或月或時焉則謂春秋不以時月日爲例者妄矣當定之世而不日不月焉則謂策書久遠遺落不與近同者又妄矣從祀下連盜文明陽虎爲之此陳師道王沿杜諤等說

盜竊寶玉大弓 補曰季氏之宰陽虎竊於季氏家見下傳

寶玉者封圭也 始封之圭

補曰詩言宣王命申伯曰錫爾介圭以作爾寶毛傳曰寶瑞也案周禮有六瑞王執鎮圭公執桓圭侯執信圭伯執躬圭子執穀璧男執蒲璧六者皆爲瑞皆當謂之寶玉此寶玉爲魯封圭其是信圭與否無以言之或成王襃大魯國特用桓圭或魯得用天子禮亦爲鎮圭也鄭君詩箋云圭長尺二寸謂之介非諸侯之圭故以爲

寶其解寶字與毛異義鄭以爾雅云珪大尺二寸謂之玠卽詩介字乃是王之鎭圭韓奕之介圭爲韓之所貢故改毛義如鄭言則惟鎭圭稱寶玉矣凡瑞玉鎭圭長尺二寸桓圭九寸信圭躬圭皆七寸穀璧蒲璧皆五寸鄭君周禮注曰瑞符信也何休說公羊曰謂之寶者世世保用之辭

大弓者武王之戎弓也

是武王征伐之弓補曰明堂位曰越棘大弓天子之戎器也何休曰言大者力千斤杜預曰寶玉夏后氏之璜大弓封父之繁弱案此本劉歆以來左氏說據傳祝佗言魯分器也

周公受賜藏之魯

周公受賜於周藏之魯者欲世世子孫無忘周德也補曰鄭君說周公居攝五年營雒作召誥大保以庶邦冢君出取幣復入錫周公其時以王命賜寶玉大弓

非其所以與人而與人謂之亾

亾失也補曰疏曰經言饑大饑而康饉無例應之今因盜而發亾例經亦無應之或說非其所以與人謂之亾梁伯可以應其義文烝案如疏前解當以有或二言賵賻二事爲比也

非其所取而取之謂之盜

補曰案何休曰不言取而言竊者正名也定公從季孫假馬孔子曰君之於臣有取無假而君臣之義立疑此謂之盜當爲謂之竊涉後哀四年傳而誤假馬事見韓詩外傳新序○家鉉翁曰此一事

自常情而觀必以家臣執大夫賊人謀國爲事之最重而當書矣

九年春王正月

夏四月戊申鄭伯蠆卒○撰異曰蠆公羊作囆

得寶玉大弓杜預曰弓玉國之分器也得之足以爲榮失之足以爲辱故重而書之補曰杜意本公羊也左傳例獲器用曰得劉敞曰向曰竊者失之也失得相對言得所以見失也

其不地何也補曰疏曰據獲宋華元等皆蒙上戰地

寶玉大弓在家則羞不目羞也國之大寶在家則羞也況陪臣專之乎恥甚而不目其地補曰注非也家者季氏之家季氏專魯取寶玉大弓藏於家陽虎從而竊之經以國寶在季氏家爲羞故不目言所從竊之地也上問不地本謂文無可蒙此三句乃論上竊不地之意非論得之之地下文云堤下者叉別自起義也何休說公羊謂季氏逐昭公後取寶玉藏於其家虎拘季孫奪其寶玉其事與左傳不同

惡得之惡於何也補曰小爾雅曰惡乎於何也公羊檀弓注並同宋翔鳳曰於何合言爲惡或言惡或言惡乎言有長短緩急

得之堤下補曰玉篇引劉兆注曰堤

緣邊也文烝案堤本作隄說文防隄也隄唐也玉篇隄塘也橋也爾雅曰隄謂之梁李巡曰隄防也障也然則隄者也積土高爲之以障外水其名亦通於橋梁也言得之堤下則非陽虎所歸矣**或曰陽虎以解衆也**補曰疏曰或曰之義以爲得非魯力也陽虎竊國重寶非其所用畏衆之討送納歸君故書而記之文烝案如疏說解當爲解說之義或是解散衆人之追又或承堤下說讀爲解遣之解謂虎置之堤下以怠追者也依左傳虎歸弓玉後魯乃討虎孫復曰不曰盗歸者盗微賤不可再見也

六月葬鄭獻公

秋齊侯衞侯次于五氏五氏晉地補曰畏晉也

秦伯卒補曰上無月則時卒也疑康公共公桓公景公亦皆在時卒例與楚及莒吳皆不同

冬葬秦哀公

十年春王三月及齊平平前八年再侵齊之怨補曰此本杜預

夏公會齊侯于頰谷補曰頰谷蓋齊地○撰異曰頰左氏作夾下同

公至自頰谷離會不致雍曰二國會曰離各是其所是非其所非然則所是之是未必是所非之非未必非未必非者不能非人之眞非未必是者不能是人之眞是是非紛錯則未有是是非不同故曰離離則善惡無在善惡無在則不足致之于宗廟補曰史本書至君子以爲不足致何爲致也危之也補曰例當致者以謹月爲危例不致者以致爲危危之則以地致何也補曰據猶當言會爲危之也補曰危之若其不成會其危柰何曰頰谷之會孔子相焉補曰相相會儀時重孔子知禮蓋使攝卿以行如論語賓退復命亦是攝上擯賈公彥謂與此同知者慮義者行春秋之會此爲最善案史記世家孔子由中都宰爲司空又爲司寇而戰國策奉陽君云陽虎之難孔子逃於衞明上年虎亂既平乃反魯而仕也左傳孟子檀弓皆言孔子爲司寇兩君就壇兩相相揖將欲行盟會之禮補曰公羊莊十三年何休注曰土基三尺上階三等曰壇會必有壇者爲升降揖讓稱先君以相接所以長其敬揖者推手齊人鼓譟而起欲以執魯君羣呼曰譟孔子歷階而上不盡一等而視歸乎齊侯階會壇之

階補曰歷階謂左右足相過不連步急於上也檀弓曰杜蕢入寢歷階而升燕禮記作栗字云凡栗階不過二等謂惟上二等足各一發其下猶連步此會壇之階未知同異曰兩君合好夷狄之民何爲來爲命司馬止之兩君合會以結親好而齊人欲執魯君此無禮之甚故謂之夷狄之民司馬主兵之官使禦止之補曰夷狄之民據左傳謂萊人也上文鼓譟者即萊兵下爲字語辭司馬掌軍大夫也周禮小司馬之下有軍司馬輿司馬行司馬晉之中軍司馬曰元司馬上軍司馬曰輿司馬齊侯逡巡而謝曰寡人之過也補曰廣雅曰逡巡卻退也退而屬其二三大夫曰夫人率其君與之行古人之道二三子獨率我而入夷狄之俗何爲屬語也夫人謂孔子也齊人欲執魯君是夷狄之行補曰王念孫曰屬會也聚也孟子曰乃屬其耆老而告之呂氏春秋曰於是屬諸大夫而告之趙岐高誘注並曰屬會也屬而後語屬非語也文烝案爾雅曰率自也自者從也又說文達先道也玉篇衛導也字並通行古道謂動必以禮入夷狄之俗謂以裔謀夏以夷亂華也罷會齊人使優施舞於魯君之

幕下優俳施其名也幕帳欲嗤笑魯君補曰國語晉獻公之優曰施此同名也左傳虢齊並有史嚚鄭衞並有行人子羽又衞有祝佗晏子春秋齊亦有之復有行人子羽蓋古人官職同者名字或相因矣陸賈新語載此事作優旃亦與史記楚優同名也周禮注曰在旁曰帷在上曰幕皆以布爲之四合象宮室曰幄幕幄中坐上承塵曰帟皆以繒爲之新語又曰傲戲欲候魯君之隙以執定公孔子曰笑君者罪當死補曰急就篇曰倡優俳笑笑者戲謔使司馬行法焉首足異門而出補曰後人或疑此事謂爲已甚非也魯爲齊弱已久時見萊兵既郤復使優施害公戲笑而舞意不在舞與史記項莊舞劒相似陸生所謂候隙也夫子先事誅之隱折强鄰奸惡之謀明正匹夫熒惑之罪不如是則先王無刑罰而聖人將率其君爲宋襄公矣張九成嘗謂孔子郤萊人戮一侏儒比之大禹周公盛矣哉文烝以爲聖人之事固非一端故曰馬用殺又曰刑罰中曰軍旅未學又曰我戰則克齊人來歸鄆讙龜何休曰齊侯自頰谷歸謂晏子曰寡人獲過於魯侯如之何晏子曰陰之田者蓋爲此也君子謝過以質小人謝過以文齊嘗侵魯四邑請皆還之補曰杜預曰三邑皆汶陽田文烝案鄆讙二邑名田

論語東周謂東方之周鄭注以爲據時成周非其義而俗儒增飾爲王魯之說又失之

字專繫龜陰龜陰山北之田也三者皆在汶水北徐彥以賈服意分別田邑是也其曲解何注四邑非也徐以爲注出晏子春秋及家語孔子世家今檢新語亦云四邑殆諸書誤耳葢者幸較之辭胡安國本劉敞說謂仲尼一言威重於三軍亦順於理而已矣故天下莫大於理而强衆不與焉

因是以見雖有文事必有武備孔子於頰谷之會見之矣補曰古者武備之設不以文事而廢傳言因是可以見古者之法而孔子之有備亦於此會見之也案此會雖危因孔子而無危還從危文與唐穀瓦氏黃不別者下有歸田文則此之危而獲安昭然可見不嫌黃與唐穀瓦黃相同故可書至也○此傳與左氏有同有異而文事武備之說正所謂行古人之道者其陳義甚大其述事獨眞也文王以文治武王以武功夫子學文武之道曰如有用我者吾其爲東周乎此楊子法言所謂魯作東周即莊子所謂行周於魯

晉趙鞅帥師圍衛

齊人來歸鄆讙龜陰之田○撰異曰說文邑部引春秋傳齊人來歸鄆此之字衍文涉上傳誤衍也左氏公羊皆無之

叔孫州仇仲孫何忌帥師圍郈郈叔孫氏邑補曰州仇不敢子叔孫武叔

秋叔孫州仇仲孫何忌帥師圍郈○撰異曰此郈公羊作費徐彥曰左氏穀梁此費字皆爲郈但公羊正本作費字與二家異賈氏不云公羊曰費者蓋文不備或所見異也陸湻曰公羊誤也

宋樂大心出奔曹○撰異曰公羊此世心徐彥疏曰世字亦有作泄字者故賈氏言焉左氏穀梁作大字

宋公子地出奔陳○撰異曰地公羊作池下同

冬齊侯衛侯鄭游速會于安甫安甫地名補曰當云地闕○撰異曰公羊作會于鞌徐彥曰左氏穀梁作安甫賈氏不云公羊曰鞌者亦是文不備穀梁經甫亦有作浦字者陸湻纂例曰公羊作鞌父

叔孫州仇如齊

宋公之弟辰暨宋仲佗石彄出奔陳辰爲佗所强故曰暨補曰傳例曰以外及

內曰暨言暨則以佗彄爲主故仲佗上復加宋○撰異曰左氏直作暨仲佗

十有一年春宋公之弟辰彄補曰各本此經下衍及仲佗石公子地自陳入于蕭以叛十五字傳文又衍宋公之弟辰五字今並依唐石經十行本刪正**未失其弟也**言辰未有失其爲弟之道故書弟以罪宋公補曰未失其弟故爲親之之辭并解上也

及仲佗石彄公子地以尊及卑也補曰上言暨明非辰志故此仍從以尊及卑之常例不嫌也重發傳者上言暨故也

自陳陳有奉焉爾

入于蕭以叛蕭宋邑補曰本蕭國楚所滅**入者內弗受也以者不以者也叛直叛也**補曰疏曰案辰以前年出奔離骨肉之義今歲入邑有叛國之罪失弟之道彰於經文而曰未失何也公不能制御彊臣以撫其弟而使二卿脅以外奔故著暨以表彊辭稱弟以見無罪罪在仲石亦可知矣今而入國兩子之情非辰之意書及以辨尊卑言弟以顯無失然則自陳之力力由二卿入蕭之惡

叛專歸仲石故重發例以明無罪文烝案疏說非也辰固未失弟道而入邑以叛安得無罪辰及佗彊地無優劣也傳以辰未失弟道嫌言自言入言以言叛與他處有異故皆重發例以同之劉傚引表記事君可貴可賤可富可貧可生可殺而不可使爲亂此得其旨叛則位不復可知故不言復入也不以下各本脫者字今依呂本中集解本張洽集註補正

夏四月

秋宋樂大心自曹入于蕭入蕭從叛人叛可知故不書叛補曰此本杜預注亦即何休注說也春秋謹嚴此類最著

冬及鄭平平六年侵鄭之怨傳例曰盟不日者渝盟惡之也取夫詳略之義則平不月者亦有惡矣蓋不能相結以信補曰注首句本杜預其說不月義非也平及者以道成也且下有莅盟豈不能結信乎此與上年及齊平相承相對彼平而公會既從正例月此平而大夫盟不可無以別之故特略之矣昭七年暨齊平亦大夫莅盟而月足明不月爲變例若左氏載續經哀十五年及齊平文承冬下則史以齊魯事屢見故略之耳鹽鐵

論曰孔子仕於魯前仕三月及齊平後仕三月及鄭平務以德安近而綏遠當此之時魯無敵國之難鄰境之患案桓寬言前仕三月後仕三月猶公羊於歸田墮費兩傳兩言行乎季孫三月不違也齊既服義魯復無患所謂齊一變至於魯魯一變至於道蓋此時之言也國家閒暇則專意內治故又曰聽訟吾猶人也必也使無訟乎此自說司寇之官亦足知春秋之志也○凡不和而訟無施而可故事大比小親仁善鄰亦無訟之道也兒善訟飲食必訟訟者亂之所起外內無訟則大平功成矣此所謂定哀之閒著治大平者也春秋以平二國書而內治可推焉論語以治一官言而王道可見焉

叔還如鄭涖盟補曰叔還叔弓曾孫成子也前定之盟不日此與會賴谷文相當會不月故盟亦不月又或與平同月

十有二年春薛伯定卒補曰時卒者惡之

夏葬薛襄公

叔孫州仇帥師墮郈補曰墮壞也啖助曰毀全除之也墮但損之令不周爾蕭楚曰壞而撤之

曰毀夷其陪臣專强違背公室恃城爲固是險阻曰墮**墮猶取也**以叔孫墮其城若新得之故云墮猶取也墮非訓取言今但毀其城則郈永屬已若更取邑於他然補曰疏曰傳言墮猶取也即其訓矣而注曰非者何休難云實取當言取不言墮墮實壞耳無取於訓詁鄭君如此釋之文烝案范依釋慶疾爲注非傳意也傳專釋墮郈乃承上十年兩圍郈言之十年圍其邑而此年墮其城明至此始取之也左傳稱侯犯以郈叛一再圍之而駟赤設謀納魯圍師侯犯奔齊齊人致郈其事並在十年秋依此傳則彼時魯雖克郈齊雖致郈而郈猶兩屬不專屬魯今此墮壞其城魯乃取之故曰墮猶取也言猶者以事釋義比之他言猶者則小異也墮之本訓爲壞世所共知故不煩釋至下墮費則圍成又因墮郈及之其理易見故不復發傳也魯所以墮郈費者自爲城固數叛而起注首四句可用亦可依左氏公羊以爲夫子子路之謀也

衛公孟彄帥師伐曹

季孫斯仲孫何忌帥師墮費補曰王葆曰墮郈以一卿墮費以二卿者費强於郈也文烝案季氏有費猶衛孫氏之戚晉趙氏之晉陽矣

秋大雩

冬十月癸亥公會齊侯盟于黃補曰黃齊地○撰異曰齊公羊作晉張洽曰誤也

十有一月丙寅朔日有食之

公至自黃補曰離會致者齊景無信猶危之

十有二月公圍成補曰月者危錄之異於昭非國不言圍圍成大公也以公之重而伐小邑則爲恥深矣故大公之事而言圍使若成是國然補曰傳義已於昭篇論之注非也公實圍成非伐成成而言圍即爲大非強使成同於國也重發傳者月與不月致與不致嫌有異也左傳稱孟孫不肯墮成公圍成弗克何休曰天子不親征下土諸侯不親征叛邑傳不字各本脫今依唐石經余本俞臯集傳釋義本補正

公至自圍成何以致補曰據竟內兵不致昭公圍成猶不致也危之也補曰時特告廟危而書至經因其危而危之諸公唯定之行皆致何危爾邊乎齊也邊謂相接補曰爾雅

邊垂也與疆界衞圉同訓說文曰埀遠邊也國語曰思邊垂之小怨玉藻邊邑鄭君曰謂九州之外是邊之言遠也遠乎此則近乎彼故轉其義而爲近史記高祖本紀齊邊楚文穎曰邊近也是即范注相接之訓猶言瀕河傍海也成在魯北竟爲魯之遠垂而接近乎齊與竟外兵不異故危之矣

十有三年春齊侯次于垂葭 補曰垂葭衞地亦畏晉○撰異曰齊侯下當有衞侯此脫也左氏公羊皆有衞侯葭公羊作瑕

夏築蛇淵囿 蛇淵地名

大蒐于比蒲 補曰李光地以爲是年春郊後夫子去魯築囿大蒐皆夫子去後事胡宏已有此義李廉季本皆以爲然又論於後○撰異曰蒐公羊或作廋

衞公孟彄帥師伐曹

秋晉趙鞅入于晉陽以叛以者不以者也叛直叛也 補曰重發傳者非自外入嫌異也或又以其非自外入故不釋入疏曰趙鞅自入己邑以其無君命同于內弗受之文耳

文烝案孫林父亦同矣

冬晉荀寅士吉射入于朝歌以叛補曰朝歌晉人謂之舊衞胡安國以爲晉至是諸侯叛於外大夫叛於內又以左傳事論之曰晉卿始禍緣衞貢也樂祁見執獻楊楯也蔡侯從吳荀寅貨也昭公弗納范鞅賂也晉自是不復能主盟矣故爲國以義不以利○撰異曰公羊作及士吉射

晉趙鞅歸于晉此叛也其以歸言之何也據叛惡而歸善**貴其以地反也**補曰以地反則非叛矣叛則惡之故上言入非叛則貴之故此言歸若言入于晉是仍叛也呂本中曰不言入不以叛入此說是**貴其以地反則是大利也**補曰疑若大其利**非大利也許悔過也**補曰過而能改善莫大焉於是許之故貴之矣不言復歸者非自外歸位未絶**許悔過則何以言叛也**補曰能悔過者似不宜有叛君之事**以地正國也**地謂晉陽也蓋以晉陽之兵還正國也公羊傳曰逐君側之惡人補曰鞅爲荀寅士吉射所伐奔保晉陽其意欲以晉陽之兵還正國也正國者謂逐寅吉射公羊言以地正國而說之如此**以地正國**

則何以言叛據是善事其入無君命也凱曰專入晉陽以興甲兵故不得不言叛實以驅惡而安君則釋兵不得不言歸春秋善惡必著之義補曰公羊亦云無君命也聖人之論人亦多術矣其粗者趙鞅之惡亦善其可善其精者則士匄爲非而管仲猶有臧所謂無可無不可者歟可而有不可焉故無可不可而有可焉故無無不可或嚴或寛誰毀誰譽裁自聖心唯變所適

薛弑其君比補曰疏曰傳於剽弑發不正書日之問則庶子爲君而被弑者當書月矣於例時卒惡之則薛比亦惡也

十有四年春衞公叔戍來奔補曰段玉裁曰春秋宋公戌向戌皆十二辰之戌也衞公叔戍則戍守字傷遇切世本作朱朱與戍音相近

晉趙陽出奔宋○撰異曰晉左氏作衞徐彥公羊疏曰穀梁與此同左氏作衞趙陽字也陸淳纂例唯云公羊作晉汲古閣公羊誤作晉趙鞅

二月辛巳楚公子結陳公孫佗人帥師滅頓以頓子牂歸

補曰葉夢得曰不別以歸何國者楚強且主兵可知○撰異曰二月公羊唐石經初刻及板本作三月陳公孫公羊作陳公子䍧作艙鄂本公羊作搶蜀大字本作愴皆誤也徐彥曰左氏穀梁皆作傾子䍧字賈氏不注文不備

夏衛北宮結來奔

五月於越敗吳于檇李 檇李吳地補曰當云越地賈逵杜預同杜曰吳郡嘉興縣南醉李城國語曰句踐之地北至于禦兒韋昭曰今嘉興禦兒鄉是也何休曰月者爲下卒出○撰異曰檇公羊作醉又作雋國語注或作鄗

吳子光卒 補曰吳闔廬也案左傳靈姑浮以戈擊闔廬闔廬傷將指取其一屨還卒於陘去檇李七里杜預曰釋經所以不書滅趙汸曰吳楚之君雖卒於外不地略夷狄案哀六年左傳楚昭王救陳卒于城父亦不地也

公會齊侯衞侯于牽 牽地補曰當云衞地○撰異曰牽公羊作堅又作掔

公至自會

秋齊侯宋公會于洮補曰洮曹地

天王使石尚來歸脤脤祭肉天子祭畢以之賜同姓諸侯親兄弟之國與之共福補曰注後三句本杜預依周禮也謝湜曰王受神福賴諸侯所致則宜與諸侯共之故不曰賜而謂之歸黄道周曰歸脤而不舉月日何也其來者遠矣紀受者則不尊紀賜者則不親爲之紀時焉脤者何也俎實也祭肉也補曰說文俎从半肉在且上禮所謂房俎也俎實卽祭肉生曰脤熟曰膰補曰公羊與此同左氏說宜社之肉曰脤爲其盛以蜃器祭宗廟之肉曰膰音義曰膰本或作燔其辭石尚士也辭猶書也補曰上士或中士也何休以爲上士案上士亦有采則石亦以采氏矣石尚者石速石張之後石速爲惠王膳夫周禮膳夫上士二人中士四人下士八人何以知其士也補曰問經文何以見之天子之大夫不名補曰大夫通上中下大夫言之案曲禮曰列國之大夫入天子之國曰某士左傳晉韓宣子聘周曰晉士起是也故春秋天子之士則與列國之大夫皆名石

親周即新周董仲舒書亦作親字

尙欲書春秋欲著名于春秋補曰春秋者魯史記也此即左傳晉韓起所見之魯春秋公羊所謂不脩春秋石尙所以欲書者葢以其承周公典策之制備有王禮所謂天下資禮樂而周禮盡在魯者也嘗竊論之此傳言石尙欲書春秋左傳言韓起見魯春秋坊記孟子皆言魯春秋是夫子據魯史記脩經之明文也公羊引不脩春秋亦似謂魯史記也而漢世諸公羊家及諸讖緯及何休說並以爲夫子廣采諸國史記特造此經非因魯史記之舊以爲使子夏等十四人求周史記得百二十國寶書刊而脩之託新王受命於魯司馬遷作史記亦言孔子西觀周室論史記舊聞興於魯而次春秋約其辭文去其煩重又言因史記作春秋十二公據魯親周故殷葢皆秦漢閒齊趙俗師之夸辭而胡毋子都董仲舒輩沿用之斯王充所謂語增者歟諫曰久矣周之不行禮於魯也請行脤補曰請王使己歸魯貴復正也補曰經貴王能復正與志會葬同與聘異疏曰自此以前無失正之文而曰貴復正者天王不行禮於魯即是失正今由石尙而歸脤美之故曰貴復正也王樵曰書天王止此所謂天子之在者惟祭與號

衞世子蒯聵出奔宋

衞公孟彄出奔鄭

宋公之弟辰自蕭來奔稱弟猶未失爲弟之行補曰前有以文亦不嫌與自夢同言自不言以非邾庶其等比也

大蒐于比蒲補曰疏曰此年無冬蒐文承秋下秋蒐則常事也常事而書者上年夏蒐失正書正以明前不正與書蒐紅意同文烝案此年無冬此蒐或在冬亦未可知左傳載蒯聵彄事在秋辰奔以下俱無傳何休以爲五年大簡車徒謂之大蒐故其注此云譏亟也

邾子來會公會公于比蒲補曰此本杜預也在魯地與蕭叔朝穀異故言來實非公會故言會公從沓棐之例不地者文承蒐下可知

城莒父及霄無冬甯所未詳補曰杜預曰公叛晉助范氏故懼而城二邑論語子夏爲莒父宰閻若璩以爲莒父魯之西鄙子夏衞人去其家近蓋或然矣定之世不得援夏五傳疑之例去冬者時孔子去魯已將二年兆足以行而不行傷定公季孫之不能有終也廣韻引尸子漢書律厤志並云冬終也說文冬从仌夂聲

舟古文終也隱十年無正而元年有正正隱之始也定十三年有冬而末年無冬惡定之不終也王申失其所繫其取義亦猶是也不於明年去冬者定薨在夏故也何休以爲是歲齊饋女樂以閒孔子定公聽季桓子受之三日不朝當坐淫故貶之歸女樂不書者本以淫受之故深諱其本又三日不朝孔子行魯人皆知孔子所以去附嫌近害雖可書猶不書孔廣森曰史記孔子世家定公十四年季桓子受齊女樂子路曰夫子可以行矣孔子曰魯今且郊如致膰乎大夫則吾猶可以止云且郊者謂明年春當郊明女樂事實在是冬也文烝案受女樂之後卽郊郊膰不至孔子卽行事皆相接而明年郊在五月知女樂事不在是冬矣史記十二諸侯年表魯世家皆於定十二年書女樂去魯事年表衞世家皆於靈公三十八年書孔子來當定之十三年又孔子世家云孔子之去魯凡十四歲而反乎魯江永據此諸文以爲女樂事在十二十三冬春之閒去魯在十三年春郊時最得其實也女樂事史本無之何氏說皆不可用而此年無冬就孔子去魯事生義則其來古矣

十有五年春王正月邾子來朝補曰月者爲下牲變起

鼷鼠食郊牛牛死改卜牛不言所食食非一處以至死補曰公羊曰漫也何休曰偏食其

身俞檖以爲漫卽曼字唐石經元本作曼曼者延也初食雖止一處而其傷曼延不能知其初食處也趙匡曰常怪鼷鼠食郊牛致死上元二年因避兵旅於會稽時有水旱疫癘之苦至明年而牛災有小鼠能噬牛纔傷皮膚無有不死者

不敬莫大焉定公不敬最大故天災最甚補曰注不達傳意下年食角傳曰志不敬也成七年食角傳曰過有司亦是志不敬也不敬謂備災之道不盡此以其徧食故曰不敬莫大牛災也廟壞也烝也嘗也諸言不敬皆同義並指實事不涉空言

二月辛丑楚子滅胡以胡子豹歸

夏五月辛亥郊譏不時也補曰正月改卜牛不可郊其在或其後至下辛前忽有改卜牛事或正月上辛本當郊而上辛前有改卜牛事於是而卜郊則除前年十二月下辛之卜不計正月下辛爲初卜二月下辛二卜三月下辛三卜四月下辛四卜而後從也若改卜牛在正月下辛後則無正月一卜凡三卜而後從也

傳言夏始猶可承春此五月不可明矣

壬申公薨于高寢高寢非正也高寢宮名補曰此本杜預也疏曰重發傳者高者大

名嫌是路寢之流故明之文烝案劉向說苑以爲諸侯正寢有三曰高寢曰左路寢曰右路寢高寢在中但高寢專爲始封君之寢繼體君世世不可居之繼體君惟居二路寢耳路寢有二者子不居父寢故也此論寢制頗有理張尚瑗取之

或穀梁家相傳說歟

鄭罕達帥師伐宋 ○撰異曰罕公羊作軒後同

齊侯衛侯次于渠蒢 渠蒢地也補曰當云地闕左傳曰謀救宋也杜預曰不果救故書次○撰異曰渠蒢公羊作籧篨板本或作蘧篨徐彦曰左氏作蘧挐字賈氏無說文不備也陸湻纂例曰渠左氏作蘧

案今左氏經與穀梁同左傳作蘧挐

郳子來奔喪 補曰杜預曰諸侯奔喪非禮公羊曰其言來奔喪何奔喪非禮也何休以爲郳婁與魯無服故以非禮書何氏非也諸侯相弔當使士或下大夫從左氏說爲允此葢在時例不蒙月

喪急故以奔言之 補曰疏曰奔喪之制日行百里故傳言急所以申匍匐之情也文烝案經諸言奔者皆是逃避而去奔訓走是急辭喪事以急遽爲主故謂之奔檀弓曰喪事欲其縱縱爾縱縱者趨事急遽貌奔喪禮

曰日行百里不以夜行唯父母之喪見星而行見星而舍夫古者師日行三十里吉行五十里而奔五服之喪者皆行百里是喪事貴急之一端以其事急故禮謂之奔而策書因之君子取之此與解乞師義正同也傳曰古之人重死故譏弔含襚賵不及事又書奔喪皆明喪事尚急其意一也

秋七月壬申弋氏卒○撰異曰弋左氏公羊作姒下同徐彥曰穀梁作弋氏字案襄公母左穀作姒公作弋哀公母左公作姒穀作弋妾辭也不言夫人甍補曰既得書明非妾矣而其辭猶為妾辭哀公之母也補曰哀母定公妾也成風以來妾子為君母皆為夫人弋氏是哀之母其歿不可不書特以未葬未踰年稱子未稱公故不言甍又不言夫人公羊是矣

八月庚辰朔日有食之

九月滕子來會葬邾滕魯之屬國近則來奔喪遠則來會葬於長帥之喪同之王者書非禮補曰疏曰范荅薄氏云屬國非私屬五國為屬屬有長曹滕二邾世屬服事我故謂之屬文烝案此月者蓋亦為下葬日

丁巳葬我君定公雨不克葬葬既有日不爲雨止禮也雨不克葬喪不以制也宣八年注詳矣補曰疏曰重發傳者頭熊夫人今此人君嫌禮異故明之

戊午日下稷乃克葬稷昃也下昃謂晡時補曰何休曰昃日西也下昃蓋晡時文烝案稷即昃字於六書爲假借易象傳孟喜本日中則稷諸家皆作昃書中候握河紀漢碑太尉有日稷大稷語晡時者時加申也史記天官書曰日跌至餔餔至下餔餔即晡字漢書天文志皆作晡五行志有晡時日下晡時素問亦有下晡然則下昃者下晡申時末也又疑日跌謂之日中昃晡時謂之日下昃○撰異曰稷左氏公羊作昃

乃急辭也補曰錢儀吉引夏小正傳說乃瓜曰乃者急瓜之辭不足乎日之辭也補曰時加於申是不足乎日故爲急辭所謂乃難乎而也疏曰范例云克例有六克段弗克納不克葬者二而克葬乃克葬也

辛巳葬定弋補曰君母錄葬明是小君猶未踰年故亦爲妾辭也此皆史文之舊也陳壽祺曰不夫人

不小君者哀未君不及尊其母也且定之適夫人不見於經容其時尙存故尊不加於妾母也孔廣森曰辛巳距戊午二十三日葢定公七虞卒哭既畢然後啟禮也文烝案上書八月庚辰朔而九月有辛巳葢與襄二十八年乙未同例不如葬齊景公著其不正者葢喪服以年計者不數閏以月計者兼數閏故依常例立文歟數閏不數閏之說見鄭志荅趙商

冬城漆 補曰杜預曰邾庶其邑

定補注二十三終

大三千百九十一字
小萬八千六百廿八字
眉注七十一字

春秋哀公經傳第十一補注第二十四

哀公定公子史記名將世本名蔣母定弋以敬王二十六年即位閻若璩曰哀公見存焉得有謚必後人以例改繫也汲冢紀年稱魏哀王爲今王史記紀武帝題今上本紀孔子當日必稱今公

穀梁　范氏集解　鍾文烝詳補

元年春王正月公即位

楚子陳侯隨侯許男圍蔡隨久不見者衰微也稱侯者本爵俱侯土地見侵削故微爾定六年鄭滅許今復見者自復也補曰疏曰隨自僖二十年以來更不見經衰微不能自通於盟會也文烝案杜預曰隨世服於楚不通中國吳之入楚昭王奔隨隨人免之卒復楚國楚人德之使列於諸侯故得見經定六年鄭滅許此復見者蓋楚封之杜說最可據范本何休非也

鼷鼠食郊牛角改卜牛○撰異曰左氏公羊無角字案疏引范例云書郊有九其所數九事則遺去成十年五卜不數又以定十五年及此年之食牛合爲一事云定公哀公並有牲變不言所食處不敬

莫大二罪不異幷爲一物又分出上年今年之辛亥郊辛巳郊各爲一事兩年爲三事舛誤實甚後人據此疏遂疑此年穀梁之經亦無角字矣孫志祖曰范誤據左公羊也

夏四月辛巳郊補曰高閌曰兩年連書知魯郊歲一行之**此該郊之變而道之也**該備也春秋書郊終於此故於此備說郊之變變謂郊非其時或牲破災害補曰此此經文也食牛角四月郊備郊之變也傳郊字各本脫今依唐石經余本呂本中集解本俞皋集傳釋義本李廉會通本補正**於變之中又有言焉**於災變之中又有可善而言者補曰春秋書郊事皆郊之變也而惟此最爲可言食角愈於徧食食角得郊愈於口傷及成七年之食角四月郊愈於五月九月又愈於四月免牲不郊此三句爲一傳綱領**鼷鼠食郊牛角改卜牛志不敬也郊牛日展斛角而知傷展道盡矣**展道雖盡所以備災之道不盡譏哀公不敬故致天變補曰先出經上二句也志不敬猶成七年傳云過有司謂所以備災之道不盡也成七年言展道盡又言備災之道不盡此但直言展道盡者此處欲明變中有可言之義故省其文乃文章之體也注皆失之**郊自正月**

至于三月郊之時也夏四月郊不時也補曰次出經下二句也僖三十一年成十年襄七年十一年四月並廢郊不與此同此郊或三卜而從或二卜而從皆未可知五月郊不時也補曰謂定十五年夏之始可以承春補曰雖不時而猶可以秋之末承春之始蓋不可矣凱曰不時之中有差虧也夏始承春方秋之末猶爲可也補曰五月以後俱不可而成十七年之九月爲甚傳矣字或作也九月用郊用者不宜用者也在成十七年補曰以其甚不可故加用文申上意也郊三卜禮也以十二月下辛卜正月上辛如不從則以正月下辛卜二月上辛如不從則以二月下辛卜三月上辛所謂三卜也鄭嗣曰謂卜一辛而三也求吉之道三故曰禮也補曰此三卜謂襄七年四月三卜也范言正禮直用下文語鄭嗣非也卜一辛而三顯與傳背求吉之道三三公羊文四卜非禮也僖三十一年襄十一年皆四卜五卜強也成十年五卜補曰強或作彊卜免牲者吉則免之補曰僖三十一年襄七年是也不吉則否補曰成十年襄十一年皆直言不郊不言免牲是也牛傷不言傷之

者傷自牛作也故其辭緩宣三年郊牛之口傷以牛自傷故加之言緩辭補曰此明傷不自牛作則宜爲急辭矣此年及成七年言郊牛角皆不加言之是急辭也全曰牲傷曰牛未牲曰牛其牛一也其所以爲牛者異已卜日成牲而傷之曰牛未卜日未成牲之牛二者不同補曰卜牛既定卽稱牲注依左傳卜日始稱牲非也此通解言牲言牛十三文有變而不郊故卜免牛也補曰免牛者成七年是也時因後牛又有變已牛矣其尙卜免之何也烖傷不復以郊怪復卜免之補曰禮已以傷而稱牛疑不若牲須卜免與其亾也寧有於禮有卜之與無卜寧當有卜嘗置之上帝矣故卜而後免之不敢專也嘗置之滌宮名之爲上帝牲矣故不敢擅施也補曰呂氏春秋注荀子注並云置猶委也左傳注云委屬也俞樾取其訓以爲范解增字太多上帝天也王曰天王以天稱君也天曰上帝以君稱天也此言牛與牲名異而實同故皆須卜卜之不吉則如之何不免補曰經無不免牛事故特明之言與不吉不免牲同安置之繫而待六月上甲始庀

牲然後左右之庀具也待具後牲然後左右前牛在我用之不復須卜已有新牲故也周禮曰司門掌授管鍵以啟閉國門祭祀之牛牲繫焉然則未左右時監門者養之補曰此承不免牛言之亦兼說不免牲子之所言者牲之變也而曰我一該郊之變而道之何也補曰疏曰子者弟子問穀梁子之辭文烝案言子言我設言弟子問夫子也論語弟子稱夫子皆曰子我者弟子述夫子自我之意我以六月上甲始庀牲十月上甲始繫牲補曰疏曰我以六月者穀梁子荅辭文烝案我者我魯亦夫子自我也具牲者先取牛於牧擇其毛而卜之吉則養之十月而繫諸滌滌宮芻之三月至正月而郊是為在滌三月春秋緯謂滌為三牢牢各主一月也其牲帝牲稷牲各一帝牲有變則易稷牲為帝牲說見宣三年十一月十二月牲雖有變不道也牲有變則改卜牛以不妨郊事故不言其變補曰十二月不道牲變者經既無其事傳亦大概言之若十二月下辛已卜郊而下辛後正月前有牲變又不得以二月三月郊又不以三月免牲則亦當道之從正月牲變例矣待正月然後言牲之變此乃所以該郊至郊

時然後言其變重其妨郊也十一二月不道自前可知也至正月然後道則二月三月亦可知也此所以該郊言其變道盡補曰牲變在正月雖在下辛前已無十二月一卜假令卜不遽從至於三月卜卜尙合禮郊則踰春我當以其不時記郊然後言其牲變言牲變爲言郊而起是所以該郊也以此觀之襄七年必有牲變以其不郊故不言明矣定十五年與此同例宣三年成七年則在再有牲變之例與此異也注言二月三月可知者謂若二月三月有牲變踰春而郊記其郊必言其變以經既無其事故傳亦不言也傳論正月牲變但據初時帝牲若十二月下辛之卜郊之前帝牲已有變改卜稷牲爲帝牲而正月上辛之前後又有牲牲變則不得又有牛不須又卜郊經當書之從再有牲變之例此亦可推而知也**郊享道也貴其時大其禮其養牲雖小不備可也**享者飲食之道牲有變則改卜牛郊日已逼庀繫之禮雖小不備合時得禮用之可也補曰此上說春秋所記郊之變其義已盡此復論郊道之正也享謂飲食飲食者禮之所始人之所以相接聖人推生以事死又推祖以至天一以人道接之從而爲之差等故曰郊享道也時春時也禮者前篇云薦其敬薦其美是也注言郊日已逼謂猶及二月三月郊者牲變在二月下辛前皆得有其事

矣庞繫釋養字非上文之庞繫也劉向說上宜興禮樂曰爲其俎豆管弦之閒小不備因是絕而不爲是去小不備而就大不備惑莫甚焉其言本此傳可以推明傳旨**子不志三月卜郊何也**三月謂十二月正月二月也補曰此下復論春月郊否不志之義三月卜郊謂所卜正月二月三月之郊或從或不從或郊或不郊也問春月郊否何以悉不志志各本誤作忘今依唐石經余本呂本中集解本張洽集註俞皋集傳釋義本改正**郊自正月至于三月郊之時也**有變乃志常事不書補曰覆說前文明春郊得時故不志或三月免牲而不郊因亦不志若正月二月有牲變而二月三月得郊亦不志又不言牲變同於常年其以三月免牲亦如之**我以十二月下辛卜正月上辛如不從則以正月下辛卜二月上辛如不從則以二月下辛卜三月上辛如不從則不郊矣**意欲郊而卜不吉故曰不從郊必用上辛者取其新絜莫先也補曰言下旬卜者亦大概言之若使中旬末爲辛而下旬無辛則以中旬末卜矣卜必皆前期十日者周禮大宰職曰祀五帝前期十日帥執事而卜日鄭君曰十日容散齊七日致齊三日是其

義也其卜辭當依曲禮旬之外曰遠某日以今月下辛卜來月上辛實爲旬有一日是旬之外日也卜至三而止者公羊曰求吉之道三曲禮亦曰卜筮不過三王肅謂禮以三爲成也必以春三月卜者子月有報本之義寅月有祈穀之義丑月在其閒郊非春不可故因以爲三卜之節何偃不達禮意乃以三春皆郊之說證成晉詔虞淺之譏其誣傳甚焉何休說公羊以爲正月者歲首上辛猶始新皆取其首先之意范略本之三卜不從則不郊謂三月免牲也傳以祭期卜法上皆未言故具述之申足上意○嘗論春秋書郊九事而已錯綜而不可紊簡質而多所包所謂化工之文也其中脈絡盡在於傳要須悉心推之耳若左氏公羊及其注疏或有可相補備者文烝既盡取之矣今更記其異說於此左氏杜孔之意禮不卜常祀而卜其牲與日牛卜日曰牲謂卜牛既吉未稱牲卜得吉日乃稱爲牲但當卜牲與日不當卜可祀與否魯諸卜郊書於經者皆卜可祀與否故皆爲非禮四月四卜者三月每旬一卜四月上旬更一卜四月五卜者三月三卜四月又二卜四月三卜者三月二卜四月又一卜郊日用辛不必上辛其月以三月爲正若四月猶在啟蟄中氣內未過春分則亦可郊襄之三卜春分既耕而後卜郊故孟獻子譏之正月牛再有變猶當更卜牛郊不可廢不郊爲非禮公羊之意

二吉或作一吉

史記引周官冬日至祀天於南郊夏日至祭地祇又似以丘爲郊今姑從鄭說

書卜皆是卜日天子之郊不卜魯郊非禮故卜卜吉則郊不吉則止求吉之道三三卜爲禮四卜爲非禮定之五月郊爲三卜之運運轉也郊之正禮用正月上辛徐彥以爲襄之三卜在四月亦是不時何休以爲魯郊轉卜春三正三王之郊一用夏正春秋之義當用周正三卜吉凶必有相奇者可以決疑故求吉必三卜定五月郊者已卜卜春三正不吉復轉卜夏三月周五月得二吉文烝以爲禮莫重於祭祭莫大於郊廣采異聞可資博物至於圜丘一祭用冬至不用辛日周官以外不見他書而考大司樂章與漢孝文時竇公所獻書同竇公本魏文侯樂人其來已古自史記封禪書約引其文以爲南郊而鄭君則分郊丘爲二彌縫羣經世所依用此不復論焉

秋齊侯衞侯伐晉 補曰許翰曰楚得專封王道盡矣晉受衆伐霸統亾矣春秋之變至是而窮陳傅良曰春秋之初諸侯無王者齊鄭宋魯衞爲之也春秋之季諸侯無伯者亦齊鄭宋魯衞爲之也

冬仲孫何忌帥師伐邾 補曰趙鵬飛曰定公之世撫邾爲厚邾亦事魯爲勤哀即位而即伐邾七年之間虐之無所不至諸大夫之意也

二年春王二月季孫斯叔孫州仇仲孫何忌帥師伐邾取漷東田補曰月者爲下盟日各本此經下衍及沂西田四字傳文又衍取漷東田四字今並依唐石經十行本刪正漷東未盡也及沂西田沂西未盡也漷沂皆水名邵曰以其言東西則知其未盡也補曰於此兩言未盡明前文濟西汶陽及龜陰亦同也此與襄十九年自漷水爲軋辭正相對故於此發傳

癸巳叔孫州仇仲孫何忌及邾子盟于句繹句繹邾地補曰據左氏續經十四年則小邾地也後三年州仇何忌圍邾六年何忌伐邾七年公入邾渝盟肆虐莫此爲甚不去盟日者事近且著無待去日而見故還依常例不與昧拔同事也上取二邑亦從時例與文七年異文郎此意三人伐而二人盟何也各盟其得也季孫不得田故不與盟胡安國曰莫強乎季孫何獨無得季氏四分公室有其二昭公伐意如叔孫氏救意如而昭公孫陽虎四桓子孟孫氏救桓子而陽虎奔今得邾田蓋季氏以歸二家而不取也胡本王沿說

夏四月丙子衞侯元卒

滕子來朝

晉趙鞅帥師納衞世子蒯聵于戚鄭君曰蒯聵欲殺母靈公廢之是也若君薨有反國之道當稱子某如齊子糾也今稱世子如君存是春秋不與蒯聵得反立明矣江熙曰鄭世子忽反正有明文子糾但於公子爲貴非世子也補曰鄭說固非江亦失之鄭昭公前稱鄭忽後稱鄭世子忽相對爲義與蒯聵不同蒯聵稱世子自是策書常文

納者內弗受也補曰重發傳者納父於子之邑嫌無弗受之義也

帥師而後納者有伐也補曰納稱帥師明有伐事君將言伐大夫則以帥師當伐文經辭簡省從可知

何用弗受也以輒不受也以輒不受父之命受之王父也信父而辭王父則是不尊王父也其弗受以尊王父也甯不達此義江熙曰齊景公廢世子世子還國書曓若靈公廢蒯聵立輒則蒯聵不得復稱曩日世子也稱蒯聵爲世子則靈公不命輒審矣此矛楯之喻也然則從王父之言傳似失

矣經云納衞世子鄭世子忽復歸于鄭稱世子明正也明正則拒之者非邪補曰范用江說非也齊陽生與子糾同皆正皆非世子陽生取國于荼故以國氏其與荼又非父子也靈公自命輒蒯聵自可稱世子無相妨也是時晉伐衞喪蒯聵以詐謀入戚而衞輒未聞用師相禦則拒父之名不得施於此經著弗受之文以爲輒有不受父之義非謂輒有不受父之事因明其可以拒父也輒拒父事自在下年此處在所不論解者自亂之耳〇傳言以輒不受也解經已畢又以子不受父其事異常故復申說之足成其意不受父命受之王父者父得罪於王父出奔他國不得繼統己之主衞國而爲君非受父命乃受王父之命此兩受字與上下文受字異也信父辭王父不尊王父者若因王父已沒志在崇父辭不爲君是不尊王父命也弗受以尊王父者父在他國子爲衞君不以親親害尊尊重本尊統是尊命也此數語皆論輒之宜爲衞君以顯不可受之義明經所以同於常文公羊於下圍戚傳論輒之可立曰不以父命辭王父命以王父命辭父命何休注云輒之義不可以拒父故但問可立與不得之矣孟子論瞽瞍殺人一章朱子據以斷蒯聵事竊謂義隨事變有異有同輒可以爲舜而衞之諸臣不得爲皋陶輒而能逃義之盡也衞之諸臣而擅以甲兵伐蒯聵則大罪也是故衞之諸臣其

義至立輒而止

秋八月甲戌晉趙鞅帥師及鄭罕達帥師戰于鐵鄭師敗績鐵衞地補曰杜預曰在戚城南案此文全似大棘戰李廉曰夷晉於列國矣○撰異曰鐵公羊作栗亦作秩徐彥曰及鄭軒達戰于鐵者諸家之經軒達之下皆有帥師唯服引經者無與諸家異于鐵者三家同有作栗字者誤也今定本作栗字

冬十月葬衞靈公七月葬蒯聵之亂故也補曰上下有爭國事無危文者從鄭莊公例

十有一月蔡遷于州來補曰爾雅淮南有州黎丘郎州來也鹽鐵論云孔子飢於黎丘案論語在陳絕糧孔安國曰吳伐陳陳亂故乏之食是後六年事也其地與故蔡都接故曰從我於陳蔡孟子亦曰戹於陳蔡之間後人遂以黎丘目蔡矣

蔡殺其大夫公子駟

三年春齊國夏衞石曼姑帥師圍戚此衞事也補曰戚不繫衞者主

衞之辭足見其爲衞事此經文首尾相明自然之妙李光地嘗發此義**其先國夏何也子不圍父也不繫國於衞者子不有父也**江熙曰子圍父者爲人倫之道絶故以齊首之國夏首兵則應言衞國今不言者辟子有父也子有父者國繫衞則爲大夫屬于衞補曰公羊以爲曼姑之義可以爲輒距蒯聵此拒父之說也謂可拒非也子不可圍父故不從邾人鄭人宋人齊人之例子不可有父故不從宋彭城之例此論語不爲衞君之意也兄弟交讓無怨則以爲賢且仁子與父爭國則爲之深正其義明父雖不父子不可不子父雖以國事晉子終當以衞事父既不能舍國而逃以從其父則亦已矣柰何以兵圍之哉公羊亦謂父有子子不得有父乃發其義於上文納世子之經而與衞侯入于夷儀並以不言入于衞爲說足知其流傳之誤而左氏於此但曰齊衞圍戚求援于中山絶不一言其義則論語爲何說乎明左氏有考史之功無受經之事矣○案左氏考史之功自僖文以後尤爲該備詳密如此文齊衞圍戚求援于中山自足見當時情事時晉之荀寅士吉射與趙鞅爲敵構兵不已齊衞及魯宋鄭鮮虞皆助士氏荀氏而齊衞救之尤力左氏詳載其事始於定十四年會牽之謀終於哀五年荀士之奔齊本末具備此年圍戚亦

其事也趙鞅居蒯聵於戚以爲晉援則戚已屬晉矣齊衞圍戚乃是伐晉以救其叛人因鮮虞嘗與伐晉故仍求其爲援論其本謀固非衞圍父而齊助之左氏序事實有條理但蒯聵實在戚齊視之則晉之援也爲我寇者也衞視之則父也齊圍戚則可曰我以敵晉衞圍戚則是圍父而已矣君子作春秋正名定分論其義之大不論其事之細策書舊文本書曰齊國夏衞石曼姑帥師圍戚以其事而論則是救晉之叛人以敵晉也齊主兵而衞從焉者也以其義而論則是以子圍父也衞主兵而齊從焉者也衞主齊從則此事乃爲衞事以齊首兵之義由此而生戚不繫衞之義由此而起文仍舊史之文而義非舊史之義矣此所謂其義則某竊取之者固不必奮筆改易而後謂之竊取也左傳此條何嘗不信而有徵而要非經義所在故惠士奇力辯圍戚之爲救范氏以駁二千年相傳拒父之說於左傳之理上下皆貫而不知其不可也何休公羊注引論語文而鄭君論語注亦引此經論語不爲衞君之義正是此經之義學者明乎春秋事與義之分則可與言春秋矣

夏四月甲午地震

五月辛卯桓宮僖宮災 補曰左傳孔子在陳聞火曰其桓僖乎杜預曰言桓僖親盡而廟不

毀宜爲天所災服虔曰季氏出桓公又爲僖公所立故不毀其廟服說與漢書五行志同公羊謂毀而復立案毀而復立謂之不毀亦可也桓僖並災廟必相接疑其別立廟矣**言及則祖有尊卑**解經不言及僖**由我言之則一也**遠祖恩無差降如一故不言及補曰公羊亦曰何以不言及敵也孔廣森曰自義率祖則大廟而外其尊同自仁率親則高祖而上其疏等服虔說左氏曰俱在迭毀故不言及也

季孫斯叔孫州仇帥師城啟陽稱帥師有難補曰此注贅啟陽魯邑本鄅國也杜預曰魯黨范氏故懼晉比年四城許翰曰鼠食地震廟災變異之弗圖而取田城邑兵役相繼可謂不畏天命矣中失而外鍵本亾而末務此魯之季世也○撰異曰啟公羊作開案公羊經傳孝景時始著竹帛故辟諱改之傳所謂恆事不志公羊則曰常事又曰常之母是辟孝文諱

宋樂髡帥師伐曹

秋七月丙子季孫斯卒補曰曾子問載夫子之言衞靈公適魯遭季桓子之喪弔焉哀公爲

主康子立於門右北面云云案是時靈公已卒夫子又不得稱輒爲某公又不得稱哀公康子謚春秋又不應不志衞侯來葢禮家於春秋事傳聞不審者多又往往託諸夫子不可不察

蔡人放其大夫公孫獵于吳宣元年晉放其大夫胥甲父于衞傳曰稱國以放放無罪也然則稱人以放放有罪也補曰注是也人者衆辭

冬十月癸卯秦伯卒補曰秦卒至此始書日者從少進之例非以正不正論也敗殽後秦爲夷狄少進卒之先於楚莒吳又少進日之同於楚異於莒吳以此見嬴芊爲兩雄也觀於春秋之末可得戰國大勢屢書於越知越將强也屢書鮮虞知中山將盛也書趙鞅歸晉則三家分晉之局也書陳乞弑君則田氏盜齊之形也書癸卯秦伯卒則秦楚從横角勝之漸也

叔孫州仇仲孫何忌帥師圍邾

四年春王二月庚戌盜弑蔡侯申○撰異曰二月公羊作三月弑左氏公羊音義皆作殺左氏申志反公羊音試中與宣十七年文侯名同陸德明孔穎達皆疑高祖[元]孫不容同名段玉裁曰

此當從史記作甲字**稱盜以弑君不以上下道道也**以上下道道者若衞祝吁弑其君完之類是直稱盜不在人倫之序補曰書其君者以上道道之文也或書衞祝吁宋督或書宋人齊人或書莒晉者皆以下道道之文也稱盜以弑君不得繫國不得君其君乃與刑人同文不以上下道道**內其君而外弑者不以弑道道也**襄七年鄭伯將會中國其臣欲從楚不勝其臣弑而死不使夷狄之民加乎中國之君故曰鄭伯髡原如會未見諸侯丙戌卒于操是不以弑道道也**春秋有三盜**補曰並是士爲賤辭而其類有三**微殺大夫謂之盜**十三年冬盜殺陳夏區夫是補曰當云如盜殺鄭公子斐之屬是**非所取而取之謂之盜**定八年陽貨取寶玉大弓是補曰左傳周公作誓命曰竊賄爲盜盜器爲姦**辟中國之正道以襲利謂之盜**卽殺蔡侯申者是非微者也補曰疏曰辟中國之正道行同夷狄不以禮義爲主而徼幸以求名利若齊豹殺公孟縶之類故抑而書盜也襲掩也謂求利之心不以禮義爲意文烝案疏與注異說然齊豹亦是微殺大夫則疏非是而注得之但注謂非微者則亦誤也時蔡已遷于吳之州來據左傳是年蔡昭

侯將朝于吳諸大夫恐其又遷公孫翩逐而射殺之史記蔡世家以爲諸大夫令賊利殺之傳云辟中國之正道以襲利則此弒蓋吳意也中國者對吳之稱事或然歟

蔡公孫辰出奔吳

葬秦惠公

宋人執小邾子補曰宋公稱人者小邾有罪

夏蔡殺其大夫公孫姓公孫霍

晉人執戎蠻子赤歸于楚補曰此執據左傳是士蔑請於趙鞅而執之則晉人非是晉侯以蠻子非中國不入諸執例故略稱人與君執有罪同辭也蠻子名者有歸于楚文若不名則與凡歸于京師文全同以蠻子非中國無嫌於生名故名以別其文也公羊引子北宮子曰辟伯晉而京師楚也何休以爲此解稱名之意深得其旨但又加以迂曲漫衍之說則非也張自超曰晉執曹伯曰畀宋人者曹伯晉之所欲得非宋之所欲得也執戎蠻子曰歸于楚者戎蠻子楚之所欲得非晉之所欲得也高澍然曰不曰畀而曰歸爲

楚執也且畀對人言歸對國言也○撰異曰蠻公羊作曼徐彥曰左氏作戎蠻子也

城西郛郛郭也補曰杜預曰魯西郭

六月辛丑亳社災殷都于亳武王克紂而班列其社于諸侯以爲亾國之戒劉向曰災亳社戒人君縱恣不能警戒之象○撰異曰亳公羊作蒲徐彥曰賈氏云公羊曰薄社也者蓋所見異文烝案薄卽亳字與僖二十一年盟薄同也何氏所據本作蒲者蓋薄字右旁脫其下半遂誤爲蒲而何注乃以爲先世亾國在魯竟其說殊妄

亳社者亳之社也亳亾國也亳卽殷也殷都于亳故因謂之亳社

亾國之社以爲廟屛戒也立亳之社於廟之外以爲屛蔽取其不得通天人君瞻之而致戒心補曰廟在雉門內之東明亳社亦在東矣周社則在西所謂左宗廟右社稷左傳說季氏執政曰閒于兩社謂周社亳社呂氏春秋狐援曰殷之鼎陳於周之廷其社蓋於周之屛

其屋亾國之社不得達上也必爲之作屋不使上通天也緣有屋故言災補曰郊特牲曰喪國之社屋之不受天陽也薄社北牖使陰明也公羊以爲揜其上而柴其下汪克寬曰七年左傳云以邾子益來獻于亳社則新脩

亳社之屋可知文烝案達上十行本作上達蓋誤倒

秋八月甲寅滕子結卒

冬十有二月葬蔡昭公不書殺弑君之賊而昭公書葬既謂之盜若殺微賤小人不足錄之補曰據左傳翩弑後卽見殺不書殺者書葬則殺之可知盜賤不足言殺也

葬滕頃公

五年春城毗補曰高士奇引汲冢紀年殷祖乙二年自耿遷于庇八年城庇至南庚三年遷于奄○撰異曰毗公羊作比又作芘或作庇

夏齊侯伐宋

晉趙鞅帥師伐衞

秋九月癸酉齊侯杵臼卒○撰異曰杵公羊作處

冬叔還如齊

閏月葬齊景公不正其閏也閏月附月之餘日喪事不數補曰不正其數閏故明言不聞月不如書楚子昭卒依常例傳省一數字注所用文六年傳文也洪咨夔曰三年之喪二十五月再朞若於再朞之中以閏數則朞不再矣是不能三年也列國喪娶喪會喪師不能通喪者皆是獨於此託閏月以著喪期之縮禮壞不可盡紀因事以正之文烝案下有陽生荼事無危文者亦從鄭莊公例

六年春城邾瑕補曰邾瑕魯邑何休以爲取邾婁之葭邑葢失之○撰異曰公羊作邾婁葭

晉趙鞅帥師伐鮮虞

吳伐陳

夏齊國夏及高張來奔補曰言及者以尊及卑或是累也國高奔而荼弒於是陳氏有齊見國家不可一日無世臣此許翰洪咨夔楊于庭說

叔還會吳于柤

秋七月庚寅楚子軫卒補曰楚昭王也不地說見定十四年

齊陽生入于齊

齊陳乞弒其君荼不日荼不正也補曰此二事蓋蒙上月荼安孺子○撰異曰荼公羊作舍音舒案古讀舍皆如此予聲余聲之字通陸湻曰誤也陽生入而弒其君以陳乞主之何也補曰陽生不入則乞不弒入而後乞弒焉宜以陽生主之不以陽生君荼也補曰既用史文則取此義其不以陽生君荼何也陽生正荼不正補曰新入者正新立者不正故不宜君之也公羊亦曰廢正而立不正晏子春秋曰湻于人納女于景公生孺子荼景公愛之諸臣謀欲廢公子陽生而立荼公以告晏子晏子曰不可夫以賤匹貴國之害也置子立少亂之本也夫陽生長而國人戴之君其勿易不正則其曰君何也荼雖不正已受命矣已受命于景公而立故可言君補曰自非亾公子之本正者皆有君臣之義入者內不受也補曰重發傳者以正奪不正嫌異故也不各本作弗今依唐石經改荼不正何用不受以其受命可以言不受也先君已命立之於義可以拒之補曰二不受亦依唐

石經改**陽生其以國氏何也**補曰據正**取國于荼也**何休曰即不使陽生以荼爲君不當去公子見當國也又穀梁以爲國氏者取國于荼齊小白又不取國于子糾無乃近自相反乎鄭君釋之曰陽生篡國故不言公子不使君荼謂書陳乙弒君爾荼與小白其事相似荼弒乃後立小白立乃後殺雖然俱篡國而受國焉爾傳曰齊小白入于齊惡之也陽生其以國氏何取國于荼也義適互相足又何自反乎子糾宜立而小白篡之非受國于子糾則將誰乎補曰何既失之鄭又非也此與上不以陽生君荼各自爲義荼以不正新立故正者不宜君之荼已受命國實其國故謂之取國于荼不君之可取其國不可此經義之精而傳發之也陽生事與小白不同小白以不正殺正正者實未有國陽生以正弒不正不正者實已有國齊小白齊陽生文同事異其義亦異傳一曰惡之一曰取國各順經意爲說非自相反亦不得以爲互相足穀梁之文圓轉無窮鄭君猶惑焉何怪劉敞葉夢得之倫矣王晳曰鄭氏經傳洽熟獨出時輩然其於春秋之意多不知聖人微旨又性好穀梁往往回護文烝以爲穀梁何事回護鄭君於穀梁正患其不精耳乃以回護爲病乎

冬仲孫何忌帥師伐邾

宋向巢帥師伐曹

七年春宋皇瑗帥師侵鄭

晉魏曼多帥師侵衛

夏公會吳于繒補曰繒本繒國魯所取左傳曰盟于鄫衍不書盟者杜預以爲禮儀不典今以爲諱也不致者會夷狄又離會○撰異曰繒左氏公羊作鄫

秋公伐邾八月己酉入邾補曰入不言伐並舉之惡內也公羊失之薛季宣曰伐邾本三家之謀而公親之不得已也文烝案傳例曰日入惡入者也以邾子益來以者不以者也夫諸侯有罪伯者雖執猶以歸于京師魯非霸主而擅相執獲故日入以表惡之補曰注未句當改云故曰以者不以者也傳發例於此者因內以見外益之名惡也惡其不能死社稷補曰荆以獻武歸傳曰何爲絕之獲也此曰惡也互以見義春秋有臨天下之言焉徐乾曰臨者撫

有之也王者無外以天下爲家盡其有也補曰疏曰謂若守于河陽是內辭也出居于鄭則爲外辭**有臨一國之言焉**諸侯之臨國亦得有之如王於天下補曰謂若公居于鄆地屬公爲竟內不言次鄆未潰不言所在公觀魚于棠竟內不言如晉侯卒于扈未踰竟不言會宋公見釋于薄不言歸明不當言公來也疏但引卒于扈而曰以內外顯地說不了**有臨一家之言焉**大夫臨家猶諸侯臨國補曰謂若天子之三公以下氏采爲家也疏但舉毛伯劉卷亦漏略**其言來者有外魯之辭焉**非己內有從外來者曰來今魯侯身自以歸而曰來是外之也補曰言來非臨一國之辭是外之也外之者所以惡之如不欲爲外辭當如徐彥說云以邾子益至自某或云還○案春秋於魯君臣未有外之如此者時異事異而文異也趙鵬飛曰說者曰定哀多微辭吾讀春秋未見其微辭也於此尤足證說者之謬趙說愚深取焉杜預駁公羊曰制作之文所以章往考來情見乎辭言高則旨遠辭約則義微此理之常非隱之也聖人包周身之防既作之後方復隱諱以避患非所聞也

宋八闓曹

冬鄭駟弘帥師救曹

八年春王正月宋公入曹以曹伯陽歸補曰公羊曰曷爲不言其滅諱同姓之滅也何諱乎同姓之滅力能救之而不救也何休曰不日者深諱之文悉案案春秋之文多殷勤致意於魯哀篇尤甚焉以諱爲說當得經旨鄭玉曰或謂滅者亾國之善辭上下之同力曹亾與虞同故不書滅言自滅也案曹之與虞事既不同書法亦異難以例觀或又以爲曹亾於春秋之終夫子興滅繼絶之心不忍言滅義失之巧

吳伐我補曰據左傳吳師直造城下雖造城下猶應先言某鄙再爲加文從不以難邇國之例今直言伐者内無政事外召兵戎將不能守其國故直文同魯於諸侯也吳伐本爲前年入邾前年有外魯之辭此亦相因見義傳發外辭義則此可知也董仲舒論哀篇事曰微國之君卒葬之禮錄而辭繁遠夷之君内而不外當此之時魯無鄙彊諸侯之伐哀者皆言我繁露之言足明變文之義矣何休曰不言伐鄙者起圍魯也不言圍者諱使若伐而去文文悉案何說失之言伐爲平文非諱圍也不言鄙爲直文爲變文非起其圍也左傳亦不言圍但

以內外之文相準伐衞侵宋之等則當彼言鄙之文入許闉鄶之等則當此不言鄙之文耳左傳曰吳人盟而還不書盟亦諱也杜預所謂恥吳夷

夏齊人取讙及闡宣元年傳曰內不言取言取授之也以是爲賂齊此言取蓋亦賂也魯前年伐邾以邾子益來益齊之甥也畏齊故賂之○補曰注皆是也爲邾邾故賂齊本公羊益爲齊甥依左傳○撰異曰讙漢書地理志應劭注引作酄闡公羊作僤下同玉篇阜部作鄲字林廣韻並同徐彥曰左氏穀梁作讙闡字

惡內也補曰疏曰此傳與齊人取濟西田齊侯取鄆不同者以哀公犯齊陵邾而反喪邑故言惡內取是易辭已有明文而惡內之理未顯故此特言之

歸邾子益于邾畏齊故也補曰不言邾子益歸言歸之者以魯主其事內外異辭張大亭以爲畏強國而歸之故變文書之非也

益之名失國也於王法當絕故補曰重發傳者以內歸之爲文嫌與衞侯鄭等異也

秋七月

冬十有二月癸亥杞伯過卒

齊人歸讙及闡凱曰歸邾子故亦還其賂補曰杜預曰不言來命歸之無旨使也文烝案此亦無專使接公

九年春王二月葬杞僖公

宋皇瑗帥師取鄭師于雍丘雍丘地也補曰雍丘宋地左傳有明文十三年取師不月知此不蒙上月何休曰疾略之○撰異曰陸湻纂例第十七篇用兵例引趙子曰不言帥師闕文也而第三十六篇脫繆略三十七篇三傳經文差繆略並無此條今三家皆有帥師取易辭也補曰與諸取同例以師而易取鄭病矣以師之重而宋以易得之辭言之則鄭師將劣矣補曰以鄭師之重而令宋得以易辭言取經以爲病病其不戒備也蕭楚謝湜高閌等說是公羊曰其言取之何易也其易柰何詐之也左傳例曰覆而敗之曰取某師用左氏之意又用啖助說取以得爲義謂凡悉俘之曰取不但敗之劉敞則謂覆而敗之不遺一人之辭戴溪又因謂取師獨哀篇兩見蓋春秋末年用師無復節制以至

大敗見世變之愈下文烝案穀梁但言易辭此是春秋著例以易見病明非取義於詐之覆之詐之覆之經皆通言敗故乘上疑戰之等皆言敗晉敗秦于殽匹馬倚輪不反亦言敗也言敗者易與不易皆得包之故前此無取師文今以宋鄭互喪其師近在五年內特變敗而言取別爲一例其辭皆易辭其義以病鄭病宋相對故唯哀篇兩見也戴氏節制之說失其本恉而考之又不詳左傳昭二十三年邾人城翼還過武城武城人取邾師此左氏言取師之明文若以鄭莊取載爲取三師則固解經之誤耳

夏楚人伐陳

秋宋公伐鄭

冬十月

十年春王二月邾子益來奔補曰書名者有罪亦所謂奔而又奔之也何休曰月者魯前獲而歸之今來奔明當尤加禮厚遇之文烝案何氏非也月者以邾最近魯故仍史文錄月也郕邾皆月皆別於他小國

公會吳伐齊

三月戊戌齊侯陽生卒補曰陽生雖正然簒也書日盍與小白同據左傳是弒也不書弒與楚子卷同

夏宋人伐鄭

晉趙鞅帥師侵齊

五月公至自伐齊傳例曰惡事不致公會夷狄伐齊之喪而致之何也莊六年公至自伐衞傳曰不致則無用見公之惡事之成也將宜從此之例補曰伐時齊侯未卒注當言會夷狄伐鄰近大國又當引僖二十六年傳危之之例無取於見惡事之成月者爲下葬

葬齊悼公補曰不去葬盍從鄭厲公例

衞公孟彄自齊歸于衞補曰言自齊者左氏定十四年傳云自鄭奔齊也史例不志故經無文不言復歸者蓋雖歸不復其前日在國之位

薛伯夷卒○公羊作寅撰異曰夷

秋葬薛惠公

冬楚公子結帥師伐陳

吳救陳補曰凡書救皆善也伯舉戰稱吳子故不言救今還稱吳從其常文不嫌同中國也狄救齊後有進文此但以書救爲善者事各異也據左傳此救是延州來季子主之不交兵而退不書人不書大夫名例之常也延州來季子杜預謂是季札蓋年九十餘孫毓謂是札之子與孫也趙汸曰救晉救曹救陳春秋末世書救三事可觀世變其始伯主不能自立而諸侯救之其繼中國無伯主可控告而諸侯自相救其終中國不足以爲中國而夷狄救諸夏矣

十有一年春齊國書帥師伐我補曰據左傳伐我及淸戰于郊涉泗是未造都城也直言伐不言其鄙明以魯之不國特爲變文足知吳伐我不言鄙者非爲圍矣是役也冉求帥左師樊須爲右實入齊軍許翰論之曰以魯之微搆怨大國郊之戰非其風俗禮義正勝則國幾亾此仲尼之化也

夏陳轅頗出奔鄭○撰異曰轅公羊作袁

五月公會吳伐齊甲戌齊國書帥師及吳戰于艾陵齊師敗績獲齊國書與華元同義艾陵齊地補曰常例言戰不言伐爲不欲以吳及齊故戰上復言伐若但書戰則當言五月甲戌公會吳及齊國書云云是雖從由內及之之常文終是以吳及齊於文不可也伐戰兩舉準諸例則爲惡吳而并惡內此役固可惡也但雖伐以戰兩舉若使由內及之猶當直言及齊國書戰無由辟以吳及齊之文故沒公而以齊及吳既從以華及夷以主及客之常例又無以外及內之嫌也戰所以可沒公者內兵屬於吳舉吳則公在可知上書公會不嫌戰無公何休杜預皆以爲魯與伐而不與戰非也趙汸謂以齊主之從外辭葉酉謂沒魯不書者窮於辭其說皆得之若然伯舉吳爲蔡以而不言伐楚不以楚及吳者楚非齊比彼時又進吳稱子故不同耳不致者會夷狄以伐鄰國大惡也前年從僖二十六年之例再見自從常例

秋七月辛酉滕子虞毋卒

冬十有一月葬滕隱公

衛世叔齊出奔宋補曰高閌曰春秋書內外大夫出奔五十有八蓋君之股肱治亂所寄故重而書之然春秋之末何出奔之多也是時政在大夫各欲自專始則相猜相忌終乃相逐也○於是孔子以魯召自衛反魯論語讖曰自衛反魯刪詩書脩春秋

十有二年春用田賦古者九夫爲井十六井爲丘丘賦之法因其田財通共出馬一匹牛三頭今別其田及家財各爲一賦言用者非所宜用補曰注丘賦六句杜預語也賈逵曰田一井也周制十六井賦戎馬一疋牛三頭一井之田而出十六井之賦也文烝案賦與稅異賦者賦其馬牛賈杜所同也但杜意田爲一丘之田田者對乎家財之辭既計一丘民之家資令出一馬三牛又計田之所收更令出一馬三牛也賈意田爲一井之田田者對乎丘之辭以一井之田而令出一丘一馬三牛之賦也左傳孔子云以丘亦足矣似賈得之杜以昭四年傳鄭子產作丘賦亦是於一丘家資之外別賦其田在鄭謂之丘賦在魯謂之田賦其事不異故既改服虔丘賦復古之說又改賈逵田賦之說也凡此皆左傳之學也國語載孔子之言曰先王制土藉

田以力而砥其遠邇賦里以入而量其有無任力以夫而議其老幼於是乎有鰥寡孤疾有軍旅之出則徵之無則已其歲收田一井出稯禾秉芻缶米不是過也趙汸曰此與左傳自不同孔廣森解魯語據異義周禮說有軍旅之歲一井九夫百畝之賦出禾二百四十斛芻秉二百四十斤釜米十六斗以爲即此田賦昔伯禽征淮夷徐戎芻茭餱粻郊遂峙之田賦之法也今魯用田賦者是無軍旅之歲亦一切取之此說國語之可通者也公羊何休注曰田謂一井之田賦者斂取其財物也言用田賦者若今漢家斂民錢以田爲率矣洪咨夔亦曰禹貢厥賦厥田不同周禮九賦斂財賄非出於田魯既有諸賦復使出於田是三農九穀之地亦斂其財賄也此又於左傳國語之外其說可通者也古事無徵擧言穀亂今姑並記之用田賦大惡甚於丘甲三軍故略不錄月與稅畝同意左傳曰春王正月用田賦知舊史當有月

古者公田什一用田賦非正也

古者五口之家受田百畝爲官田十畝是爲私得其什而官稅其一故曰什一周謂之徹殷謂之助夏謂之貢其實一也皆通法也今乃棄中平之法而田財並賦言其賦民甚矣補曰宣十五年傳云古者什一藉而不稅此言古者公田什一公田即藉也異其文者彼論稅此論賦彼當言不稅此不可言不賦也言

非正者明用田賦爲什二也用者不宜用也此不言初者蓋亦不以爲常令左氏七年十三年傳稱魯賦於吳八百乘此足明用田賦之故何休所謂哀公外慕彊吳空盡國儲○嘗謂魯於是時匱乏之極矣而傳釋經義以什一爲說左傳記孔子之言云以丘亦足又論語哀公問於有若曰年饑用不足如之何有若對曰盍徹乎曰二吾猶不足如之何其徹也對曰百姓足君孰與不足百姓不足君孰與足此三文者其意若一呂本中以爲君子爲政民力屈財用竭則反其本譬諸療病者先實元氣乃攻其病也左氏載續經十四年冬饑則論語所記蓋在其時歟

夏五月甲辰孟子卒孟子者何也昭公夫人也補曰昭公夫人吳之女當時謂之孟子也論語陳司敗曰君取於吳爲同姓謂之吳孟子賈逵曰言孟子若言吳之長女杜預曰謂之孟子若宋女孔廣森曰孟子者貴母姊妹之稱詩曰齊子由歸可證也文烝案禮雜記曰夫人之不命於天子自魯昭公始也其不言夫人何也諱取同姓也葬當書姓諱故亦不書葬

補曰疏曰范據弋氏書葬也范例夫人薨者十卒者二而書葬者十文烝案傳以諱取同姓解不言夫人者謂

言夫人則當言某氏不得諱言孟子故不言夫人某氏非謂有言夫人孟子之理也既不言夫人某氏故亦不得言薨此與弋氏異何休曰禮不娶同姓買妾不知其姓則卜之為同宗共祖亂人倫與禽獸無別案國語又曰懼不殖也務和同也和者以他平他也左傳孔子與弔適季氏季氏不絻放經而拜

公會吳于橐皐橐皐某地補曰當云楚地左傳公使子貢辭盟不致與繒同

秋公會衛侯宋皇瑗于鄖鄖某地補曰當云吳地左傳曰衛侯會吳于鄖公及衛侯宋皇瑗盟而卒辭吳盟不書三國盟者孔穎達曰魯自不書仲尼亦從而不書之耳文烝案不致者宋公不在從離會例與洮向同○撰異曰鄖公羊作運

宋向巢帥師伐鄭

冬十有二月螽補曰劉向以為春用田賦冬而螽十三年九月螽十二月螽比三螽虐取於民之效也文烝案宣十五年蝝生傳稱非稅畝之災劉取彼意也比三螽猶不饑至十四年冬續經書饑公羊解此曰記異也左傳載夫子言司厤過也蓋魯人所託○撰異曰公羊此亦一作螽

依馮光陳晁說則止百八十九年

十有三年春鄭罕達帥師取宋師于嵒補曰嵒鄭地取易辭也以師而易取宋病矣補曰疏曰與上九年事正反嫌宋爲人所報非宋之病故重發以同之家鉉翁以爲先責宋今責鄭責在取師則兵端有不同論矣文烝案公羊曰其易柰何詐反也言詐未盡其義言反得之天道好還出爾反爾與隱二年入向入極同義也春秋後百有餘年而爲戰國君子蓋豫見焉故宋鄭之特文與莒魯之變例相爲終始其戒明其坊遠也天下大亂孔道不絕自獲麟之明年凡三百有一年而有文景之盛則兵禍盡而儒道興矣

夏許男成卒補曰時卒亦惡之○撰異曰成左氏或作戌公羊作戌亦或作成案戌音恤

公會晉侯及吳子于黃池及者書尊及卑也黃池某地補曰當云鄭地此地近濟水疏曰凡言會者皆外爲主今言公會晉侯則晉侯爲主矣會無二尊故言及以卑吳文烝案疏說未盡凡公會諸國晉侯下皆無及文豈會有二尊乎爲吳以夷狄進稱子不可遂從列數之文與中國同例故加及文而注明其爲書尊及卑也書尊及卑亦進於前之殊會矣黎錞曰經書及皆內及外尊及卑中國及夷狄此亦中國及夷

狄也黃池之會吳子進乎哉遂子矣進遂稱子吳夷狄之國也祝髮文身祝斷也文身刻畫其身以爲文也必自殘毀者以辟蛟龍之害補曰左傳曰吳髮短又曰大伯端委以治周禮仲雍嗣之斷髮文身臝以爲飾杜預以爲仲雍效吳俗權時制宜以辟災害孔穎達引漢書地理志越人文身斷髮以辟蛟龍之害應劭曰常在水中以象龍子故不見傷害欲因魯之禮因晉之權補曰魯秉周禮晉爲伯吳欲冠必因之者疏曰恐臣子不肯變從以魯禮天下共依晉權諸侯所服故也而請冠端而襲襲衣冠端元端補曰疏曰吳俗祝髮文身皮衣卉服今請加冠於首身服元端則衣冠上下共相掩襲文烝案冠者委貌冠俞樾讀端字絕句而襲下屬以爲襲之言入也如國語使晉襲於爾門小國襲焉大國襲焉之襲其藉于成周以尊天王藉謂貢獻補曰疏曰貢獻之物著於藉錄以爲常職吳進矣補曰申美之吳東方之大國也累累致小國以會諸侯以合乎中國累累猶數數也補曰謂次序積之吳能爲之則不臣乎吳進矣言其臣也補曰又申美之自吳夷狄之國至此皆申上進

乎哉句

王尊稱也子卑稱也辭尊稱而居卑稱以會乎諸侯以尊天王補曰子者四夷之本爵曲禮曰其在東夷北狄西戎南蠻雖大曰子楚子其大者也徐子吳子越子之等其次也弦子夔子舒子宗子蠻子萊子潞子陸渾子白狄子戎子肥子鼓子無終子之等又其次也左傳有驪戎男國語亦謂之驪子越范蠡曰吾先君固周室之不成子既言不成子則子爲爵稱甚明史記孔子世家曰吳楚之君自稱王而春秋貶之曰子是前交諸所書楚子吳子皆貶從其本爵也此傳云辭尊稱居卑稱是吳於此會自稱本爵也國語晉董褐對吳曰命圭有命固曰吳伯不曰吳王韋昭以爲周禮伯執躬圭吳本稱伯故曰吳太伯又曰後武王追封爲吳伯故曰吳太伯據此似吳爵是伯非子但太伯之伯自當爲字與仲雍季歷同不得爲爵也國語董褐又言君若無卑天子而曰吳公孤敢不順從君命吳王許諾乃退就幕而會吳公先歃晉侯亞之又似此會吳稱公不稱子左傳此盟吳晉爭先卒先晉人外傳又與之異似皆未可據耳自王尊稱至此皆申上遂子矣句

吳王夫差曰好冠來補曰謂所新請得冠夫差光子

孔子曰大矣哉夫差未能言冠而欲冠也不知冠有

差等唯欲好冠補曰注非也謂之好冠是未能言此冠名必請之是欲冠夫差慕中國故大之也五句又以足上吳進之意戰國策謂夫差爲黃池之遇以會爲遇不足據左傳曰秋七月辛丑盟陳傳艮曰盟不書者吳晉之盟春秋終諱之雖兩伯之辭終不以吳晉同主盟也又左傳會有單子陳氏曰不書不忍書也公羊解稱子曰吳主會解先晉曰不與夷狄主中國解言及曰會兩伯之辭重吳也又曰吳在是則天下諸侯莫敢不至何休曰時吳敗齊臨莒乘勝大會中國齊晉前驅魯衞驂乘滕薛俠轂而趨程端學曰晉主中國會盟百有餘年自伯舉之戰晉侯不見者二十四年至此遂與吳會而魯從之中國之衰蠻夷之强極矣程略本孫復說

楚公子申帥師伐陳

於越入吳補曰薛季宣曰吳子忿不共戴天之讐爭中國諸侯於外而越卒入吳所謂無遠慮有近憂矣胡安國曰夫以力勝人者人亦以力勝之矣吳嘗破越遂有輕楚之心及其破楚又有驕齊之志既勝齊師復與晉人爭長自謂莫之敵也而越已入其國都矣吳侵中國而越滅之越又不監而楚滅之楚又不監而秦滅之秦又不監而漢滅之曾子曰戒之戒之出乎爾者反乎爾老氏曰佳兵不祥之器其事好還其言豈欺也哉

春秋初書於越入吳於伯舉之後再書於越入吳於黃池之後後皆因事屬辭垂戒後世深切著明之義也黃仲炎引魏李克對文侯吳所以亾者數戰數勝民疲主驕也文烝案伯舉黃池皆有進吳文而皆書越入於下文少事備辭約指明百代史家以是爲楷○又案春秋於楚先州之後乃人之後乃有君有大夫有師猶以夷狄視之於吳皆國之最後乃爵之於於越始終國之以三國皆夷俗不可治以周禮雖有賢君大夫猶夷也觀於屈原之書不言孔子而孟子稱陳良北學於中國荀子以干越夷貉並言蓋終周之世南人隔絕華風焉

秋公至自會會吳進稱子又會晉侯故致也補曰疏曰傳例會夷狄不致致者一以吳進稱子二又爲公會晉侯文烝案注雖兼言之其意主於吳稱子也若吳無進文雖晉侯在不致此致公明越入時吳子未歸矣

晉魏曼多帥師侵衛○撰異曰公羊無曼字段玉裁曰二經亦當然

葬許元公

九月螽

冬十有一月有星孛于東方不書所孛之星而曰東方者旦方見孛衆星皆沒故補曰

此公羊杜預意也公羊曰其言于東方何見于旦也何休曰旦者日方出時宿不復見故言東方知爲旦董仲舒劉向以爲不言宿名者不加宿也以辰乘日而出亂氣蔽君明也王應麟曰星孛東方在於越入吳之後彗見西方在衞鞅入秦之前天之示人著矣文柔案王氏不言其占而言其理最爲得之三孛文各不同又左氏載續經明年冬有星孛不言所在杜預曰史失之也今人或惑於荒外新法改九重之稱增四七之宿謂彗孛亦可以術推實蕩且妄張衡能作器候地震而今不能則術亦不精矣夫日食之道甚著聖人猶不憑術況其他乎堯言洚水警余以災爲警卒致太平受嘉瑞斯聖人之志事也大戴禮誥志子曰古之治天下者必聖人聖人有國則日月不食星辰不孛海不運河不滿溢川澤不竭山不崩解陵不施川谷不處深淵不涸於時龍至不閃鳳降忘翼鷙獸忘攫爪鳥忘距蠭蠆不螫嬰兒蟁蝱不食夭駒雒出服河出圖

盜殺陳夏區夫 傳例曰微殺大夫謂之盜○撰異曰夏公羊一本作廉王引之曰廉葢廡字之誤古聲夏廡相近檀弓注以夏屋爲門廡隸書廡作廡與廡相似故廡誤爲廉耳區公羊作彄一作嫗

十有二月螽 補曰許翰曰春秋書魯人事至用田賦書魯天災至此年三螽見其重賦害民傷和致異

民力已窮天命已去君子之心於魯已矣洪咨夔曰星孛在衆星皆沒大明將升之旦未有烈於此時者也螽於十三月之閒爲害者三未有數於此時者也

十有四年春西狩獲麟杜預曰孔子曰文王既沒文不在茲乎此制作之本旨又曰鳳鳥不至河不出圖吾已矣夫斯不王之明文矣夫關雎之化王者之風麟之趾關雎之應也然則斯麟之來歸於王德者矣春秋之文廣大悉備義始於隱公道終於獲麟補曰疏曰聖人受命則有鳳鳥河圖之瑞孔子言已無瑞應道終不王歸於王德者謂由孔子有王德也文烝案杜語見左傳序斯不王以下皆無之范用己意而失於分別也麟者太平之嘉應帝王之極瑞故以王德一言之麟實爲孔子至傳下詳其說爾雅曰麟麇身牛尾一角何休曰一角而戴肉京房易傳曰麕身牛尾狼額馬蹄有五采腹下黃高丈二李光地曰石鶡猶書月日此止書時蓋欲始於春終於春案王應麟嘗言易始乾初九終未濟上九終始皆陽此等姑存其說○撰異曰論衡引公羊說稱春秋曰西狩獲死麟案何注亦曰時得麟而死

引取之也言引取之解經言獲也傳例曰諸獲者皆不與也今言獲麟自爲孔子來魯引而取之亦不與魯之辭也補曰疏曰必使魯引取之者天

意若曰以夫子因魯史記而脩春秋故也文烝案注疏言魯引而取之言不與魯皆非也麟瑞為夫子脩春秋至非為魯至今言魯獲麟則是經之文辭引而歸之於魯以為魯取之如言引其君以當道引而進之是也此獲為引取之之辭則非不與之辭其事既與他言獲者異明其義亦不同也引取之者謙不敢當麟為己出乃善則稱君之指正以與魯不得云不與也書稱鳳皇來儀汲冢紀年言有麟此經如下傳所云不可言麟來不可言有麟依左傳少皞摯立鳳鳥適至及論語鳳鳥不至之文或當直言麟至為欲引諸魯而取之故不言至而言獲獲者通生死之稱公羊家謂獲死麟相傳以為折其前左足而死也注言麟自為孔子來疏言以夫子脩春秋故此皆穀梁家舊說五經異義載石渠議奏尹更始劉向周慶丁姓王亥諸穀梁家皆以為麟應孔子至劉向說苑曰夫子行說七十諸侯無定處意欲使天下之民各得其所而道不行退而脩春秋采豪毛之善貶纖介之惡人事浹王道備精和聖制上通於天而麟至此天之知夫子也左氏諸家亦同此說異義載左氏說以為麟生於火而游於土中央軒轅大角之獸孔子作春秋春秋者禮也脩火德以致其子故麟來而為孔子瑞鄭衆賈逵服虔潁容等皆以為孔子自衛反魯考正禮樂脩春秋約以周禮三年文成致麟脩毋致子之

應獨公羊諸家及諸讖緯幷何休說以爲獲麟而作春秋春秋乃因麟作史記孔子世家杜預注並依用之而孔穎達引孔衍公羊傳本云今麟非常之獸其爲非常之獸奈何有王者則至無王者則不至然則孰爲而至爲孔子之作春秋與何氏本絕異是亦與穀梁左氏諸家同矣今以爲母子信禮之說瑣碎未足深據而麟鳳河圖之屬實爲古聖嘉瑞傳言引諸魯而取之則明麟不爲魯來不爲魯來則明爲孔子至穀梁之微言簡語每多如此左傳曰仲尼觀之曰麟也然後取之公羊曰有以告者曰有麕而角者孔子曰孰爲來哉孰爲來哉是皆謂因孔子言乃知其爲麟故韓子曰麟爲聖人出聖人者必知麟張洽深取之此不易之論也夫麟旣爲聖人出而適出於脩春秋三年之後遂以絕筆焉於是七十之徒因以爲春秋文成所致自後後學者相承用之竊嘗推究而信其必然未可任意哆口以相訾議而亦不必如胡安國之說也**狩地不地不狩也**且實狩當言冬不當言春補曰注當云實狩當書月以見非正又當言公也傳但略言之**非狩而曰狩大獲麟故大其適也**適猶如也之也非狩而言狩大得麟故以大所如者名之也補曰大所如而言西狩言狩爲大大由於實非狩非狩由於言西言西從濟西河陽之例又足見大也公羊

曰孰狩之薪采者也薪采者則微者也曷爲以狩言之大之也曷爲大之爲獲麟大之也左傳曰西狩于大野叔孫氏之車子鉏商獲麟左氏直記事亦言狩言獲順經言之耳**其不言來不外麟於中國也其不言有不使麟不恆於中國也**雍曰中國者蓋禮義之鄉聖賢之宅軌儀表於遐荒道風扇於不朽麒麟步郊不爲暫有鸞鳳棲林非爲權來雖時道喪猶若不喪雖麟一降猶若有恆鸜鵒非魯之常禽蜚蜮非祥瑞之嘉蟲故經書其有以非常有此所以取貴于中國春秋之意義也補曰左氏賈頴注曰書稱鳳皇來儀今麟不言來非外麟也顯本於賈賈兼通五家穀梁說故據以爲注又引虞書文明春秋之辭不同他經也此中國不專指魯公羊謂鸜鵒非中國之禽麟非中國之獸孔廣森並以中國爲國中彼是此非也夫不外者實外也不使不恆者實不恆也在中國之外而不恆故公羊謂之記異要是以極遠之物而爲中國之瑞也大氏麒麟鳳皇龍圖龜書於物爲靈於聖人爲瑞是故麟鳳之德也靈也爲聖人至則瑞矣圖書之神也靈也爲聖人出則瑞矣麟鳳生而在遠猶圖書成而未出不可以言瑞言瑞必自聖人而聖人必在中國中國者五政之所加七賦之所養以夏別裔以華殊夷自天下之生未之有改也是

曹大家以百葉一體之義說左傳三變李士謙引千變萬化之句證佛書五道益亦有理

故春秋貴焉○王通中說曰春秋其以天道終乎故止於獲麟案此說與文成致麟之義足相發明夫春秋之世天道之變也春秋之書人道之至也書成而麟至則明天道變中有常而天人之意合也魯隱讓國而被弒無後桓弒之而位定文姜弒夫淫兄而令終且子孫世國季氏以盛紀侯得民而滅楚商臣弒父而強衞宣姜以淫長世宋共姬以貞燔死此皆衰周運數適丁極變而然夫子無位顏子短命亦由是也春秋撥亂世反諸正以仁施人以義治我以智辯理以禮正名皆所以立人道而卒之精和聖制遂致麟祥與包犧之河圖舜文之鳳鳥如出一軌隱然有垂法百世之象謂非天道可乎南宮适問羿奡不得其死禹稷有天下而夫子不荅朱子以爲卽罕言命之意竊謂胡安國引孟子志壹則動氣氣壹則動志天人感應大略固如此矣

哀補注二十四終

大二千零七十一字
小萬五千七百六十八字
眉注百零六字

律句四十韻

紀世當秦孝談文妙柳州其評爲峻厲柳集報袁君陳秀才避師名書荅韋中立論師道書於傳最殊尤若論精醇處還須反覆求柳集荅元饒州論春秋書云反覆甚喜謂陸伯沖書也善經經獨合六藝論云穀梁善於經南宋鄭綺有穀梁合經論辯理理何幽法言云說理者莫辯乎春秋文心雕龍云春秋辯理聖代風蒸蔚微儒志紹搜字難徵七錄阮孝緒七錄云穀梁子名俶字元始他書則云名赤亦名寘名喜而不記其字道未喪千秋體正辭逾切三家之論穀梁最正所謂善於經文清旨自稠荀崧謂穀梁文清義約其實彌約彌密孟荀符梗概孟子同時荀則弟子也書多合桓鄭證源流觀桓譚新論鄭君釋廢疾知穀梁出公羊前乘記奔陳亮史通引汲冢瑣語晉春秋書鄭棄其師晉乘文也明魯史舊文亦然可與傳相證論箴仕衞由論語正名章末二句與隕石傳同內儲韓子述韓非子內儲說上載夫子解春秋隕霜語卽傳所本新語陸生修

陸賈爲漢儒開先新語中兩引傳文又說宋襄晉厲及頰谷事並合傳義又論衡引其說性道語歷歷都相印孜孜不暫休專精終日夜一覘廿涂陬夙昔粗闚豹蒐羅積汗牛楊烏初受指予年九歲十歲受春秋三傳國語等書於先君子高鳳慣埋頭東晉遺箋注西京舊校讐議宗甘露代漢甘露元年召五經名儒太子太傅蕭望之等大議殿中平公羊穀梁同異各以經處是非時公羊博士嚴彭祖侍郎申輓伊推宋顯許廣穀梁議郎尹更始待詔劉向周慶丁姓中郎王亥各五人議三十餘事蕭望之等十一人各以經義對多從穀梁名誌晧星儔江公弟子榮廣晧星公梅福陳謨碩梅明穀梁春秋上書引傳明夫子爲殷後劉賛對策優策多引傳旁推何杜冠近莫澤汸侔百籍皆封菲羣疑幾盾矛直從明越宋上溯夏僧游或者譏膚淺晉元帝太興初詔語宋大明二年何偃議郊猶述之茲爲定豫猶墨原輸可發鄭君發公羊墨守、歆實向之羞劉向受穀梁春秋其子歆治左氏數以難向五例三科競杜預說左

氏有三體五例何休著公羊文謚例有五始三科九旨七等六輔二類七缺單詞隻義紬眞傳
歸魯國穀梁魯學先路導瑕丘自瑕丘江公遞傳榮廣蔡千秋尹更始等竊比崧扶
墜荀崧請立公羊穀梁博士而元帝但許立公羊非同光釋仇晉劉兆以三傳互爲讐敵著春秋調
八七萬餘言又兼解三傳懸將孤詣苦息彼衆人咻口誦期詳熟心通
異矯揉章分兼句解隱索又深鉤幡布時時拭紙醪壘壘
投殺青功甫竟明白語無廋勿使瑕藏璧徐看粹集裒意
言書畢貫摘駁弼全收吳程秉有周易摘尚書駁論語弼曲說芟燕郢俄
空歎夾鄒浦陽懷渺渺宋浦江鄭綺著穀梁合經論三萬言康熙中朱檢討彝尊於書賈舟
中見一鈔本未之買深悔之溧水悵悠悠溧水王芝藻者順治甲午舉人著春秋類義折衷十六卷
專主穀梁見四庫附存目後來說穀梁者則有如鎮江柳氏等書予俱未得見周禘殘編檢閔二年注
謂禘祫通於諸侯文二年注謂禘大祖不及親廟主皆癸亥所定稾未知有劉向五經通義語乙丑秋乃檢得唐

郊贈箾訓隱九年注大唐郊祀錄太平御覽引傳云云今年庚午秋烏程汪教諭曰楨詒書見貺尤侯幽部韻會以上皆有訓字多聞終有愧絕學庶長留老大無生計窮愁甚拙謀惟勤思問辨曷問疾貧憂信矣公羊俗本序誠哉左氏浮韓集進學解未應嫌黨護柳集陸文通先生墓表云黨枯竹護朽骨謂說三傳諸家也是用作歌謳

同治癸亥三月初稾庚午臘月改定將使同志之士知予爲此書之難也加注附末以當後序嘉善鍾文烝伯媺甫

翼日又以前詩未盡之意率成二首

萬派千枝異茲編自日星墨朱塗乙徧兵火苦辛經取善宏高密鄭君兼取三家無專注傳疑愼考亭朱子於春秋未爲書兩賢不可作誰踞竈觚聽

詁傳爲知傳河汾漫品題三家須主一魯學實先齊驗決章條備精詳歲月稽（參驗稽決擇精語詳予書要處）謂超文字相亦妟聽之奚（門人沈善登讀予書輒謂合於妙有空無之旨語殊駭俗而會意深矣）後二年正副本俱成予妻言曰書未殿以韻語法言漢書說文自序例也竊亦爲四言體仿金石錄後序之意二十八年積此篇帙二百卌部（四庫春秋類著錄及附存目二百三十三部）遝此詳密君子用心終始若一病起促書脊興呵筆惟我能知非我弗悉我學幼昭（陳傳艮妻張令人葉適銘墓謂與夫同志）我懷與弼（吳康齋集言與妻皆夢見孔子）志歟夢歟亦勿深詰惟記艱勤以俟來日秀水沈印齡瑑華附記時壬申三月既望也

後序各詩終

大六百七十九字
小八百七十一字
眉注無

通計大肆萬伍阡零拾玖字
又首末壹萬貳阡伍伯伍拾叁字
小叁拾伍萬壹阡肆伯玖拾叁字
又首末肆阡捌伯字
眉端附注玖伯叁拾貳字
又加書後以下肆阡貳伯肆拾玖字
都凡肆拾壹萬玖阡零肆拾陸字

書後

六經惟春秋爲聖人手筆而穀梁子獨得眞傳先生自序及論經論傳兩篇言之詳矣道光己酉善登年二十始受業於先生之門每見未嘗不言穀梁然亦未嘗得讀藁草越九年咸豐丁巳始授以隱公經傳補注一卷曰是未敢自信以子請之勤可先覩吾書大略耳旣更亂離違函丈者三閱寒暑同治癸亥夏復得侍於滬瀆客舍曰吾書首尾略具矣曩子所見十不存六七吾益以知此事之難也又曰傳稱梁鄭正其名石鶂盡其辭豈惟是一經之遍體抑凡學者所當究心焉吾猶未敢自信也他日又錄示莊元年傳補注論性累千言曰吾自問於體驗功少子好深

思其爲我熟復之小子有所請未敢竟越二年又錄示今所定本曰曩者子言實起予今以孟子爲主而通諸論語殆不背於相近之指矣吾於昭十九年傳論爲學之序亦以內則爲主而通諸論語皆用意之最深者也子其識之自是每見必言論語與本傳印證處或指授槀本若干條使讀讀或反覆不能下必曰得毋猶有疑義否蓋先生於此見愈實而心愈虛歷二十餘年未嘗厭倦如此也戊辰冬始手自寫定越四年潔本成復塗乙數十事既又命工錄副又數數塗乙之乃舉全書二十四卷畀讀賜書曰吾此中甘苦舍子殆無可告語者今將授梓問世矣其不可以無言則又錄示所致德清俞編修樾書略謂穀梁家學

已徵甚私竊慼歎專力成書會萃見聞折衷一是於范注載其全於楊疏擷其要而一一指其違謬於鑿文佚注則從他籍弋獲於二傳國語管晏史記則舉其可相補備者辯其大相乖刺者於羣經及唐以前諸古書苟相出入必備援證於董何賈服韋杜諸說及徐孔二疏與夫啖趙以來百餘春秋家并諸雜著一字可用亦必摘采有數說同者則舉其最先有已說爲昔人所已道者則改從昔人大氐風氣日開聰明亦日啓至近儒講制度訓詁更有突過前賢者要無取乎過鑿過巧此皆二十餘年來實事求是之意而究不知其眞是與否也小子荒經不學於穀梁傳尤無所窺測先生不謂其不肖使得掛名簡末又從而教

督之如此其何敢辭竊嘗聞先生稱莊生之言矣曰春秋以道名分曰春秋經世先王之志聖人議而不辯夫道名分者卽正名之謂也議而不辯者卽盡辭之謂也蓋萬物載名而生大則君臣父子小則事物細微皆名也名生於眞春秋則因任以紀其眞紀其眞而意有餘焉春秋則又委曲以表其意其眞其意名所由載也而紀之表之則辭也故曰君子之於物無所苟猶曰君子於其言無所苟也凡傳議經之所紀所表增多於經者二萬五千餘言宜若辯矣補注議傳之所議增多於傳者三十六萬九千餘言抑尤辯矣要於無所苟一也是故名有專有通曰義理曰訓詁曰功用專名也羣經所同也而統貫以異同詳略先

後離合婉直微著諸書法其密極於名字日月之閒則逼名也春秋所獨也皆不可以不辯也小子乃今卒讀先生此書乃今敢舉此書之章較爲讀者告焉有如道恆言也先生辯之曰天人之際可言可行之名則義理備而訓詁在其中矣推此類於全書則有若性命之原死生之說天人虛實之應仁義人我之施王霸勤怠之所以分夷夏內外之所以辨伊管之所以異術儒墨之所以殊塗凡古今講學家所謂反之於心而胥同推之於事而無不曲當者皆爲之根據雅故別白其淺深而未嘗有鑿空過高之蔽又如君子常稱也先生辯之曰伊尹所謂君國子民孔子所謂人之成名則訓詁明而義理亦在其中矣推此類於

全書凡古今考據家所持論斷斷者若立君若世卿若田制軍制廟制宮寢之制冕弁之制喪葬祔練之制祖禰昭穆之制其小者若形聲假借近似傳譌以至一名一物一助字之用亦莫不貫穿羣籍擇精而語詳而其諸家聚訟之展轉不可通者若禘若祫若日食若五等封地六國年數之類則又爲之備論同異聞疑載疑不敢顯己是非巧求其必合又愼之至也蓋先生初治鄭氏三禮於小學諸書亦徧歷其堂奧繼乃由博反約一宗朱子之學歸宿於此書故能義理訓詁本末一貫不少偏倚而功用出焉功用者其審端在正名其致力在盡辭而其大效則極於可正可變可經可權可以別等衰可以識時勢可以裁成庶

政可以平治四民是何也是經世之要務不外乎三者而一於書法之異同詳略先後離合婉直微著求之則是非之斷無弗平而眞似之界無或亂也是春秋所以爲聖筆穀梁所以爲眞傳而先生此書所以爲二千年來諸家之師匠也抑又思之名者以口自命人治之大者也春秋所治莫非朝聘會盟喪祭嫁娶軍旅賦役之大經大法而其所命則至纖至悉卽所以稱其人者與所以記其時月日者亦井然而列於章句而不可紊非故爲是怪異曲折也今人述身事證舊聞或日決之月決之於其所愛敬所賤惡或官稱之字稱之否則名稱之彼其緩急抑揚之間豈有成例而胥中以出聽者不煩春秋書法猶是已魯之與

策本於周禮周之禮無所不備將使後人各因其心口所同觸類參稽以爲勸戒固未有平易明顯之過於是者而積之既久聚之益多則物情之變又各自有其差次分劑雜然其不齊等而上之則仁不勝道之説也等而下之則亂極思治雖一節之可取亦以爲彼善於此而不忍沒焉蓋美惡始於相形而成於各足權以權輕重而輕重實生權度以度長短而長短實生度聖人之於春秋亦因其本有之差次分劑與爲權度焉已耳是故王在辭端必加天而文五年則無天矣晉文公一年七見其六皆爵之而其一則人之矣猶是尹氏也隱篇氏之成篇子之昭篇則又氏之矣猶是高傒也莊篇名之閔篇則子之矣猶是殺大

夫也於宋則不名不氏不目其人矣猶是序王人也於救衞則人之字之且月之矣猶是會盟也十一公之會皆不月而桓則獨月矣公與外諸侯盟皆日於齊桓獨不日而葵丘則又日矣如此之類隨舉卽是使魯史之所記本若是其錯出不倫也聖人何難整齊之使本整齊聖人又豈無故而紛更之也讀者狃於後世史法但欲以據事直書之說推測乎聖心無怪乎愈解而愈惑已且孔子之作春秋非爲史也不獨心異其事亦不同何則史官載筆不出一手編年繫事此不及待彼後不必顧前廣記備言取足傳信斯善已至孔子託以見志則策書所載事實與其一時禮俗教治之得失朝廷宮閫之臧否往來赴告之睽合

固已本末具存而其舊制之顛若畫一者又足因之以爲損益苟適於義無爲仍用其文故董生言春秋論十二世之事人道浹而王道備法布二百四十二年之中相爲左右以成文采其居參錯非襲古也此之謂也今更觀其舉舉大者如正隱治桓美齊桓偵晉文之屬數十百條一經之綱要也有所謂內外一疑之上下一見之者霸之興周之衰一焉而義足也有具一人之始終繁而不殺者文姜之惡共姬之賢不詳則不著也亦有孤文細事無關宏指又前後無所屬比而特存史文者介人侵蕭之屬是也蓋聖心猶天初無方體因物付物莫非化工論語弟子好學之對君詳而臣略聞斯行諸之告進求而退由於言且然

況在文字不然後世綱目之作先具條例可受可傳而謂文學高第游夏之徒顧不能贊一辭改一字豈通論哉然則何以知穀梁之必合聖心也曰三傳皆出周秦之交皆有所受皆託於孔子然左公羊之述聖言何寥寥也傳則明稱子曰與其顯白目言者無慮十許事此一證也左公羊所言趙盾泄冶伯于陽三事其意象不似聖人傳則多爲荅述語不獨取郜大鼎用致夫人諸文灼然訓釋當經也此又一證也抑梁鄭石鷁兩傳尤有明徵矣曰我無加損焉曰故月之故日之聖人豈發凡起例自申其説哉亦應問之辭爾史稱七十子之徒口受義指蓋卽此類而左公羊皆無之是以知其可信也且春秋萬六千字其指數

千西河卒業共撰微言固必有質疑問難之事此兩條尤爲千八百事筆削之宗本故告語特詳用祛未寤而其餘采善鉏醜諸例與夫漢儒所稱因行事而加王心者則屈伸之志文皆應之舉一反三本無通義史乃謂其有所諱避不可以書見又何誣也小子曩讀舊注嘗請仿杜氏釋例意刺取楊疏以補范氏略例之闕先生不可曰經圓而例方難可具釋要在隨事觀理得其會通如昔人之訓論語爲倫次倫理爲經綸今古爲輪環不窮妙達此旨始爲善讀他日又謂近時張氏屬辭辨例編門目過碎義類太煩轉恐與聖心不相似然則古學三體五例之設今學三科九旨之分其必不免於鑿枘不入也亦較然明矣是故

學者欲求聖人之心必於春秋欲通春秋必於穀梁而欲通穀梁又必於先生此書信如先生之盡心平心而不自絶於希通也當必深韙乎斯言夫著書之難與讀書者所得之深淺誠不可誣也以鄭君之括囊大典而魏儒猶巧詆之以朱子析理之精審而或信或疑至今不能無異說天下之爲鄭學朱學者多矣又未嘗不區分時代矜守其一塗而自知言者觀之固昭昭然猶白黑也今小子於先生此書穴知孔見鑽仰無成誠不能道萬分一顧竊以爲異同之見賢者不免而　治教方興瓌望碩儒亦不絶於天壤意必有合鄭朱爲一其人者出而尊信表章之使吾道不孤絶學有繼則豈惟小子之私言哉聖經廢興上關

天運先儒卓論蓋不我欺也小子敢再拜稽首綴言以竢

同治十一年壬申夏六月門人桐鄉沈善登謹書

再書後

是書既脩定一時賢士大夫知與不知相勸助剞劂越三年遂付手民於是先生謂諸君子嘉惠之意甚盛不可忘則於卷尾備書之用漢碑陰記出錢例也客或私於善登曰若是其不類於釋子之募刻諸經乎而可乎曰是固紀實也奚而不可且先生以身世之多故而穀梁家學之垂絕復興也難故謹而志之亦春秋所謂變之正也奚而不可客笑曰有是哉人謂子好佛氏書癖固有至是者乎曰然然則子今殆進矣乃好春秋曰否始吾於佛氏書三入

三出讀先生此書而後乃今不復出子謂吾進焉否也且子獨未聞洪氏慶善之說乎曰春秋本無例學者因行事之迹以爲例猶天本無度治厤者即周天之數以爲度是說也其於三乘權實之旨亦猶二五之於十也吾爲子言之子行復大笑之夫行事之迹其可見者也而周天之數不可見所可見者七曜列星之懸象而已其寓焉者也然且推步家舍是無以布其算則從而經之緯之平之穹之俄而得其贏縮侈斂焉則又制爲里差歲差諸密率以求之益始亦雜候氣朔取足順時序列人事而已而機數既極還達本原恢恢大圓亦幾一引鍥而如在戶牖然則其寓焉者其即眞焉者邪其諸佛氏所謂顯密不二者物固

莫不有然者邪以事迹求春秋何以異於是夫春秋者載道之文盡性之書而傳心之要典也其事則齊桓晉文其文則史以爲心與性道之無在無不在而不可以察察言也則生乎春秋而言春秋焉可目接乎魯史而言魯史焉可也是故始元終麟之千八百事猶懸象也寓也是其是非其非固其是其非之相形而愈出則彰而存焉亦寓也雖然有辯焉亦旣身際乎其時而愀然不獲已於言矣而又謂此是是非非之相形愈出者均之未槩乎所欲言之數是卽與於惑之甚者也寓云乎哉故曰我欲託之空言不如載之行事之深切著明也此之謂也子休矣吾所竊竊於先生此書者若此則未知吾果進也否矣客旣退以

質於先生先生曰善哉喻乎弗亦已察察言之乎盍幷次斯語以貺後賢吾爲子分謗焉遂書諸記出錢之右甲戌冬十月庚午朔善登又書

記出錢

大夫君子凡以庶士贈資刊書此風古矣漢碑所陳出錢某人今我記之數踰千緡每者每者次第列寫銀兩銀餅佰百而下

江蘇按察使永康應寶時敏齋

廣西巡撫六安涂宗瀛朗軒

四川按察使歸安沈秉成仲復

蘇松太道南海馮焌光竹儒

縉雲縣學訓導烏程朱丙瑩蘭第
候選中書科中書烏程龎雲鐕芸皋
候選郎中烏程周昌熾味六
江蘇升用知縣候補府經歷嘉興金涵藴青
四品卿銜内閣中書南陵何愼脩子永
前臺灣道沅陵吳大廷桐雲
江蘇候補直隸州知州監利李慶雲景卿
太倉直隸州知州歸安吳承潞廣安
江蘇候補知府秀水錢卿鉌伯聲
江蘇候補知府嘉善錢寳傳君硯
江蘇試用府同知桐鄉沈寳樾茂庭

浙江試用知縣上海潘承湛露圃
直隸候補知府門人秀水趙銘桐孫
門人南匯于鬯醴尊
門人烏程鄭興森念枝
門人秀水張王熙欣木
門人上虞經元智鳳君
光緒二年丙子閏五月雕成門人姪壻上海李邦黻覆校

吳申甫勾工　　謝潤卿鐫字